宁波大学中国语言文学系学术文库

巴尔扎克研究

（上编、下编）

杨德煜◎著

吉林大学出版社

·长春·

图书在版编目（CIP）数据

巴尔扎克研究：全2册 / 杨德煜著. —— 长春：吉林大学出版社, 2023.9
ISBN 978-7-5768-2196-3

Ⅰ.①巴… Ⅱ.①杨… Ⅲ.①巴尔扎克(Balzac, Honore De 1799–1850)—人物研究 Ⅳ.①K835.655.6

中国国家版本馆CIP数据核字(2023)第192614号

书　　　名：巴尔扎克研究：全2册
　　　　　　BA'ERZHAKE YANJIU：QUAN 2 CE

作　　　者：杨德煜
策划编辑：米路晗
责任编辑：付晶淼
责任校对：张　驰
装帧设计：雅硕图文
出版发行：吉林大学出版社
社　　　址：长春市人民大街4059号
邮政编码：130021
发行电话：0431-89580028/29/21
网　　　址：http://www.jlup.com.cn
电子邮箱：jldxcbs@sina.com
印　　　刷：长春市中海彩印厂
开　　　本：787mm×1092mm　　1/16
印　　　张：35
字　　　数：610千字
版　　　次：2023年9月　第1版
印　　　次：2023年9月　第1次
书　　　号：ISBN 978-7-5768-2196-3
定　　　价：98.00元

前　言

　　尽可能多地占有资料，才能把关于巴尔扎克（1799—1850）的研究向前推进一步，笔者不才，十几年磨一剑，也算是我对外国文学研究领域尽了绵薄之力。

　　一、巴尔扎克作品及相关论文论著汉译概览：（一）作品汉译方面，先把巴尔扎克的小说介绍到中国来的是林纾和陈家麟。他们合译了巴尔扎克的四个短篇，取名《哀吹录》，于1915年5月6日上海商务印书馆铅印出版。之后，周瘦鹃、钟宪民、穆木天、徐霞村、蒋怀青、伍光建、罗塞、白冷、黎烈文、褚候、韩云波、陈原、傅雷、高名凯、陈占元、东林、索夫、郑永慧、李伧人、沈怀洁、郑克鲁、金志平、方平、李金波、梁均等相继翻译了巴尔扎克的作品。在抗日战争之前介绍到中国来的巴尔扎克的长篇小说，只有穆木天译的《欧也妮·葛朗台》。在读者中影响较大的译者，要推傅雷。1944年傅雷首次翻译了巴尔扎克的《欧也妮·葛朗台》和《高老头》。到了1984年全面启动《巴尔扎克全集》的翻译。耗时远远超过了预期，原计划5年之内完成的工作由于内容繁多而最终花费了12到15年，1997年和1998年终于出版了《巴尔扎克全集》30卷。其中第1—24卷属于《人间喜剧》部分，每一卷的最后都有艾珉等人写的题解，对巴尔扎克的每一部作品做了详细深入的介绍。（二）论文汉译方面，丽尼翻译了西蒙的《巴尔扎克论》（1927），宗尧翻译了圣·佩韦的《巴尔扎克论》（1929）和法朗士的《谈巴尔扎克》（1930），白宁翻译了英国波奈杰尔的《论巴尔扎克的短篇小说》（1930）和丹麦勃兰兑斯的《巴尔扎克论》（1931），戴望舒翻译了波兰显克维支的《浪漫主义革命和巴尔扎克》（1930），李辰冬翻译了丹纳的《巴尔扎克论》（1934）；论著汉译方面，张秀筠、周铧和达理翻译了苏联雷巴克的《巴尔扎克的错误》（1986），米尚志、谭渊翻译了茨威格的《巴尔扎克》（2000），胡尧步翻译了特罗亚的《巴尔扎克传》（2013），高岩翻译了阿尔贝、吕梅的《巴尔扎克传》（2014），艾珉、俞芷倩翻译了莫洛亚的《巴尔扎克传》（2014）。

二、中国对巴尔扎克的研究述评：介绍巴尔扎克的文章和研究著作，较早的有佩蘅的《巴尔扎克底（的）作风》（1934）一文，方壁的《西洋文学通论》第7章（1930），杨璜编《法国文学史》第2卷第9章第3节（1934），夏炎德的《法兰西文学史》第31章，都是关于巴尔扎克的专论。1980年，陕西师范大学学报编辑室印刷了苏成全编选的专题资料《巴尔扎克研究》，1981年，黄晋凯出版《巴尔扎克和〈人间喜剧〉》，1983年，李清安出版《巴尔扎克》，1991年，杨昌龙出版《巴尔扎克创作论》，王路、艾珉分别于1999年和2017年出版了《巴尔扎克传》，2001年李胜凯编著出版《巴尔扎克传》，2004年柳鸣九出版《法兰西文学大师十论》，里面有论文《论巴尔扎克和他的〈人间喜剧〉》。2018年，黄晋凯的遗著《巴尔扎克长短录》出版。几十年来，我国外国文学研究工作者、翻译家和文艺理论工作者在全国各种报刊上曾发表了相当数量的关于巴尔扎克的论文。

瞿秋白在译述《马克思、恩格斯和文学上的现实主义》时，把《人间喜剧》翻译成《人的滑稽戏》，金钱是巴尔扎克作品中的绝对主人公，《人间喜剧》所反映的历史就是资本家从高利贷者向银行家转变的历史："象（像）格沃尔格·白朗德斯所说的，金钱是'巴尔扎克作品里的没有姓名的没有性别的英雄'。他的东西《人的滑稽戏》是一部法国资产阶级从高利贷的守财奴发展到银行家的历史。"[1]379瞿秋白提到了巴尔扎克世界观的悖谬："他是非常之反对共和的。……（他信奉的是：）'民可使由之，不可使知之'……他自然反对1848年的革命。"[1]379巴尔扎克并没有真诚地相信过宗教，这一点在作品中会不由自主地表现出来："《人的滑稽戏》却仍旧成了'教皇国'——梵谛（蒂）冈的禁书，罗马教皇认为这部大著作是赞美科学而'亵渎宗教'的。"[1]381与巴尔扎克的针锋相对形成对比的，是左拉的折衷主义："左拉的现实主义已经是更加调和的现实主义了，已经要曲解阶级斗争的现实的动力，尤其在左拉的后半期——无产阶级和资产阶级之间的阶级斗争剧烈起来的时期。"[1]381瞿秋白接下来的话暴露了阶级论的局限："至于英国女作家哈克纳（奈）斯的《城市姑娘》，它的主要的缺点就在于作者把工人阶级描写成'消极的群众，不能够帮助自己什么，甚至于并不企图帮助自己。一切企图——要想从那种麻木的穷困之中挽救出来的企图——都是从外面来的，从上面去的。"[1]381类似地，巴尔扎克在《农民》中虽然反映了农村的残酷斗争，事实上，巴尔扎克并不太了解农民，甚至具有反农民的倾向。

提到巴尔扎克的理想式作品，黄晋凯说，1833年"发表的《乡下（村）

医生》不是一部成功的文学作品，它引人注目之处在于它全面地反映了作者的乌托邦理想和政治主张。"[2]26巴尔扎克在世时，文学领域并没有"现实主义"的概念，他把自己的创作称为"文学折衷主义"："'现实主义'一词被法国小说家尚佛勒里从绘画借用到文学上来，已是巴尔扎克身后的事了。"[2]117但这并不影响巴尔扎克成了欧洲19世纪现实主义文学的重要代表："《人间喜剧》的丰富多彩的创作实践，把现实主义的创作方法推向了一个新的、更高级的阶段——它标志着欧洲的现实主义文学达到了成熟的境界。"[2]118欧洲19世纪现实主义有不止一个高峰，巴尔扎克至少代表了其中的一个高峰。

关于巴尔扎克社会思想的来源，艾珉说到，巴尔扎克于1823年"7-9月，在都兰小住，与正统主义者托马西（1795—1874）建立友谊，在其影响下写作《论祈祷》。这段友谊对巴尔扎克的宗教、政治思想有相当大影响。"[3]218艾珉概括了巴尔扎克的社会改良思想："一个'头脑中装着整个社会'的人，怎么可能不考察和研究政治呢！"[3]84巴尔扎克的本能想法其实是对的："他不相信革命的暴力手段能使社会进步，认为法国大革命提出的各项目标其实是在拿破仑治下'通过逐步改良的措施实现的'。他坚信'除了渐进的改良，没有任何东西能改变人类社会的等级制度，小说家的任务就是揭露这个等级社会的面貌'。所以他的一切社会主张均以改良社会为出发点。他指出贫富的过度悬殊是造成社会不稳定的重要因素，因此他把发展工商农业、改善人民生活视为根本的治国之道，而且主张将净化灵魂的宗教教化工作与引导民众走勤劳致富道路的务实精神相结合，规劝富者扶贫，引导贫者自救。《乡村教士》《乡村医生》等作品，便集中反映了他这种社会改良思想。"[3]84艾珉也分析了巴尔扎克崇尚君主制的部分原因："他在《贝姨》中曾谈道：'任何权力若没有平衡它的力量，没有束缚，一意孤行，都会产生弊端，导致疯狂。独断专行必然滥用权力。'……和许多因不满现状而缅怀过去的人一样，小说家由于厌恶代议制政府的争吵不休和效率低下，而把君主制理想化了。"[3]85艾珉也指出了巴尔扎克君主制思想的谬误所在："可是他回避了这样一个历史事实：真正目光高远，既充满睿智又具有魄力与才干的明主极为罕见，而祸国殃民的专制暴君或昏君则不乏其人。"[3]85-86在任何暴力革命中，普通民众往往是被利用的炮灰，革命成功之后窃取政权的往往是原来潜伏着的次统治阶级，巴尔扎克从骨子里是否定资产阶级暴发户和市民阶层的："他的一个医生朋友告诉他，七月起义的伤员都是普通百姓。而资产阶级却把七月革命真正的参与者统统排斥在政权之外。……巴尔扎克的正统派立场和对贵族社会的某种同情，在很大程度上是来自对资产阶级暴发户的憎恶和对见识浅短的市民阶级的不信任。他不相信一帮'唯利是图的家伙'能管理好一个国家。"[3]86巴尔扎克会让作品中的人物为他代言："他在《幻灭》中这样描写德·阿泰兹：'与其说这个青年属于保王党，不如说他属于君主原则。'这句话恰恰是说他自己。"[3]87巴尔扎克虽然热衷于评说政治，却不赞成文学创作该受政治所左右："热心研究和评说政治的巴尔扎克，在现实生活中一直与政党政治保持着距离，特别是不赞成文学创作受党派利益的辖制。"[3]87米歇尔·克雷斯蒂安是巴尔扎克在《幻灭》中塑造的小团体的成员，共和主义者，他代表了巴尔扎克的社会理想。在巴尔扎克最亲密的友人中，确实存在着坚定的共和主义者，珠尔玛·卡罗便是其中比较醒目的一位。

国外对巴尔扎克的研究：法国的研究是多方位的，专著有洛尔·絮尔维尔（巴尔扎克的妹妹）的《从巴尔扎克的通信看他的生活和作品》（1878），菲利贝尔·奥得勃朗的《奥诺雷·德·巴尔扎克的父亲》（1893），于贝尔-比莱的《巴尔扎克在旺多姆学校》（1939），约瑟夫·德玛尔的《1822年奥诺雷·德·巴尔扎克在巴耶》（1940），冉·马丁-德梅齐尔的《巴尔扎克与都兰》（1949），J.E.魏伦的《到旺多姆以前的巴尔扎克》（1952），安德烈·莫洛亚的《巴尔扎克传》（1965），亨利·特罗亚的《巴尔扎克传》（1995），阿尔贝·凯姆、路易·吕梅的《巴尔扎克传》（国内译本2014）（高岩，译），菲利普·贝尔托的《巴尔扎克与宗教》（1942），贝尔纳·居庸的《巴尔扎克的政治和社会思想》（1947），以及乔治·普拉达利叶的《历史学家巴尔扎克》（1955）。奥地利茨威格的传记《巴尔扎克》（1928）也对巴尔扎克的生平和创作进行了广泛深入的探讨。

苏联的普塞柯夫在《巴尔扎克创作的现实主义特征》一文中叙述了巴尔扎克创作与之前文学传统的关系："在《高老头》里巴尔扎克采用了莎士比亚的《李尔王》里的局面。高里奥老头与李尔王一样把自己的财产分给了两个女儿。他的女儿与李尔王的女儿一样用卑鄙的忘恩负义来还报他。但如果李尔王由于从皇帝变为平民，经过巨大的考验终于恍然大悟，从而变得崇高起来的话，那么我们在这位从前的面粉商这里发现的只是一种父爱与对金钱势力的崇拜交错着的人类感情的类似弱点罢了。莎士比亚笔下悭吝的夏洛克退化而为葛朗台和葛（高）贝（布）塞克，唐璜退化为淫荡好色、见了女人就爱的于洛男爵，墨（摩）菲斯特菲尔（勒斯）退化而为逃亡苦役犯柴克·柯林（伏脱

冷）。" [4]426

巴尔扎克生前好友戈蒂耶在《回忆巴尔扎克》一文中概括了巴尔扎克创作的整体特征，首先说到了他创作的众多的人物形象："一个人的头脑能创造出这样多活生生的人物，的确从来还是没有过。" [5]331戈蒂耶提到了巴尔扎克著名的修改："巴尔扎克辛勤地劳动着，他象（像）是顽强的铸铁匠，把不合规格的产品十次、十二次重新投入炉中；……他一次又一次修改，改得几乎等于同一主题的另一本书，……他所预期的款项常常不够偿还宿债，为了要应付他笑着说的这些'流水账'，他便发挥惊人的才思紧张地工作着，……在巴尔扎克的作品中却很少有几页和初稿相同。" [5]331-32巴尔扎克的很多作品是为清还宿债而创作出来的："他成了自己的著作的奴隶，而且甘心做奴隶。" [5]334巴尔扎克笔下的很多形象都具有他自传的色彩："巴尔扎克作品中的许多典型人物，是在他自己身上进行观察的，虽非经常如此，但往往这样。" [5]335戈蒂耶也没有回避巴尔扎克过分描写的方面："过分夸张地详细，大得不可理解而怕人" [5]336。有时，急功近利的巴尔扎克也会想到创作戏剧以图迅速发财，扭转经济颓势："决定他作这些尝试的动机，与其说是出于真正的喜爱，毋宁说是，我们应该这样肯定，想得到一笔巨款，能够一下子解决他经济上的困难。大家知道，戏剧的收入要比书籍多得多；不断演出，加之上演税又高，很快就能积成大笔款项。……你得到的报酬却比你弯着腰伏在书桌面前艰苦地工作了整个星期还要多。一本通俗悲剧替作者带来的收入多过于《巴黎圣母院》带给维克多·雨果的收入，多过于《穷亲戚们》带给巴尔扎克的收入。" [5]338-39关于巴尔扎克的道德取向，戈蒂耶流露出了对巴尔扎克袒护的倾向："巴尔扎克虽然死了，可是还有人在诬蔑他。他们要损坏他死后的名声，说他不道德，真是无聊之至；这是自己写不出好作品因而妒嫉别人的庸才或十足的最卑鄙的咒语。《人间喜剧》的作者，不但不是一个不道德的人，而且还是一个严格的道德家。" [5]343但无可否认的是，去掉感情色彩去客观地评论，巴尔扎克确实存在着不道德的方面，这一点不容回避。

戈日朗《巴尔扎克怎样给人物取名字》一文道出了巴尔扎克对笔下人物名字的主张。巴尔扎克说："人有名姓，就象（像）挂上一张神符或者一张魔符，这张符录也许要来指引他在尘世上的路程，也许要来毁灭他。" [6]348在《Z·马尔卡斯》里面，巴尔扎克写道："二十六个字母里面最后的这个字母使人想起一种连我也说不出来的宿命的东西。" [6]354有时名字确实会对人生产生重要的影响，巴尔扎克却把这一点引向了神秘的境地："在人生现象和人的姓名之间，有着秘密的无法解释的一致性或显然可见的不一致性，这真叫人奇怪；某些邈远的可是作用很大的交互关系常常在这里透露出来。我们的地球是满满的：地球上的一切都血肉相连。将来终有一天人们也许会重新研究占星术的。"[6]355 "地球上的一切都血肉相连"是对的，然而巴尔扎克得出这样的结论不是通过科学的手段，而是靠一种迷信的方法。

布吕及耶尔在《巴尔扎克小说的历史意义》一文中阐明巴尔扎克的小说不是历史，而是一种虚构："谁敢说巴尔扎克的《路吉艾利家族的秘密》里的卡特琳·德·美第奇（即梅迪契），比司各德（特）的《昆亭·德瓦尔得》里的路易十一或者欧仁·苏的《拉太欧孟》里的路易十四更真实？反正我是不肯做担保的。"[7]359文学家巴尔扎克还想当历史家，这必然要引起很多批评，然而巴尔扎克的重要贡献是披着历史的外衣而塑造出来的著名的文学形象："……显得有点冗长，还不说没完没了。他对这种批评的种种反感，也护卫不了他不止一次该挨这种批评。……这种把当地的过去和现在打成一片而又凝为一个难以令人忘却的形象的艺术，半世纪以来，还没有人越过巴尔扎克。"[7]362-63巴尔扎克的小说虽然不是历史，却有着历史性的价值："巴尔扎克的小说不是历史，尤其不是历史小说，但是它们有一种历史意义、价值、重要。这种价值也正因为符合历史，才成其为价值，可是说来说去，他的小说还是小说。"[7]365小说是与现实生活平行发展的另一条线，由于接近现实生活，从而对现实生活发挥借鉴意义："'酷肖生活'，即使只是小说的一种价值的话，也正是它的一种价值，或者不如说是主要价值。"[7]368巴尔扎克小说里塑造的世界是与现实生活并行不悖的虚构的存在，它是以现实生活为重要参照而得出的一个酷肖的样本，所以人们可以从巴尔扎克的作品中得到类似于历史的一种解读。

四、巴尔扎克创作上的悖谬：傅雷给自己的译本写过几篇序文，颇具特色。他在《赛查·皮罗托盛衰记》的《译者序》里说，巴尔扎克"比任何作家都挖得深，挖得透。但他放下解剖刀，正式发表他对政治和社会的见解的时候，就不是把社会向前推进，而是往后拉了。……归根结底他是一个天才的社会解剖家，同时是一个与时代进程背道而驰的思想家。"[8]445-46这里已经涉及巴尔扎克创作上的悖谬问题。上世纪50年代，我国曾经围绕巴尔扎克思想与创作的矛盾展开了世界观和创作之间关系问题的讨论，这是对巴尔扎克创作中悖谬问题的延伸性探讨。对此，艾珉极其尖锐地指出："曾经有一段时期，我国学术界热衷于讨论巴尔扎克的'反动世界观'和现实主义创作方法的矛盾。其实，笔者认为，这场讨论的前提设定相当荒谬。首先，'世界观'的原义本应涵盖对宇宙万物、社会、人类的总体认识。而不能片面地理解为政治观；其次，巴尔扎克的现实主义创作观也是其世界观的重要组成部分，而不单纯是个方法问题。何况对政治观也要具体分析，有保守观点的人不能笼统地称之为反动；主张君主制不等于反对资本主义生产方式的确立。二百多年的世界历史已经证明，资产阶级革命后的国家政体原本可有多种选择，暴力也不是革命的唯一手段。以是否主张共和、是否赞同暴力革命为依据，轻率地给作家们贴上'进步''保守'或'反动'等标签是极不科学的。"[3]88 艾珉进一步说道："如果说有些作家的作品不一定能全面反映作者的世界观，巴尔扎克的作品却真正是他的世界观的完整表现，他在作品中和盘托出自己对整个世界的全部见解，包括他那些自相矛盾之处。没有人比他的世界观和创作更加统一的了。上述'矛盾'一说之所以产生，原因大约在于把文学创作仅仅看成一种政治行为，以为作家理当以作品来宣传政见。因而无法理解一个'保王派作家'，何以能写出有悖于其政治信念且深刻反映现实的作品。"[3]88-89 这里说出了问题的实质。

　　为了对这些悖谬问题进行深入的探讨，我们运用拉康的镜像理论系统地进行研究实属必要。巴尔扎克的生活充满了矛盾，他把这种矛盾稍加变形带入了创作之中，最后他的生活与创作达成了悖谬统一。他丰富的想象力对现实生活进行了修饰，从他笔下的很多形象身上都可以寻得他自传性因素。运用拉康的镜像理论，正好澄清巴尔扎克创作中真实与想象的混淆，通过作品去寻找已经粉饰过了的镜中我。法卢伯爵曾指责巴尔扎克爱出风头，缺乏鉴赏力，爱发表悖论。悖论的进一步发展，终于酿成了诸多悖谬。然而，这些悖谬在某种程度上最终成就了伟大作家巴尔扎克。

参考文献：

[1]瞿秋白译述. 马克思、恩格斯和文学上的现实主义[M]//苏成全编选. 巴尔扎克研究专题资料[M]. 西安：陕西师范大学学报编辑室，1980.

[2]黄晋凯. 巴尔扎克和《人间喜剧》[M]. 北京：北京出版社，1981.

[3]艾珉. 巴尔扎克传[M]. 北京：华文出版社，2017.

[4]普塞柯夫. 巴尔扎克创作的现实主义特征[A]//苏成全编选. 巴尔扎克研究专题资料[M]. 马柯，译. 西安：陕西师范大学学报编辑室，1980.

[5]戈蒂耶. 回忆巴尔扎克[A]//苏成全编选. 巴尔扎克研究专题资料[M]. 沈宝

基，译.西安：陕西师范大学学报编辑室，1980.

[6]戈日朗.巴尔扎克怎样给人物取名字[A]//苏成全编选.巴尔扎克研究专题资料[M].王道乾，译.西安：陕西师范大学学报编辑室，1980.

[7]布吕及耶尔.巴尔扎克小说的历史意义[A]//苏成全编选.巴尔扎克研究专题资料[M].李健吾，译.西安：陕西师范大学学报编辑室，1980.

[8]程代熙.巴尔扎克在中国[A]//苏成全编选.巴尔扎克研究专题资料[M].西安：陕西师范大学学报编辑室，1980.

目　　录

上　编
巴尔扎克生平研究

　　拉康提出的镜像现象，是指混淆了真实与想象，进而可以引申到其它的各种混淆，从而产生了悖谬，在巴尔扎克的一生中，由于他丰富的艺术家的想象力，镜像现象比较普遍，从而产生了一系列的镜像悖谬。

第一章　世俗贵族与文坛贵族

巴尔扎克处心积虑地伪造了世俗贵族的身份，以至于经常引起人们的讪笑。殊不知他通过自己的毕生努力，最后成为文坛上的真正贵族。作为伪造的世俗贵族，巴尔扎克是可笑的；而作为文坛上的贵族，巴尔扎克又是很少有人能比的，毕竟，拿破仑用剑开创的事业，巴尔扎克用笔完成了它，他当之无愧地该被看作是真正的文坛贵族。贵族与资产者的主要区别是前者有所为有所不为，有一份坚守，在贵族已经丧失了统治权力的时候，巴尔扎克难能可贵地还坚持着自己赋予的贵族身份。

巴尔扎克在《于絮尔·弥罗埃》中描写米诺莱医生望弥撒的表情时说，他"颇有贵族气息，但不是在意识方面，而是在习惯方面，不是性格的贵族，而是思想的贵族。"[1]260类似地，我们可以说巴尔扎克本人是个真正的贵族，但不是指世俗方面，而是指他在文坛上的地位。

一、伪造世俗贵族的身份，巴尔扎克可笑至极

巴尔扎克在创作上稍有成就之后，突发奇想，要甩掉自己的平民身份，于是在19世纪30年代初自己摇身一变而成了贵族。歌德是在成了名诗人和作家之后花钱买了贵族称号，变成了约翰·沃尔夫冈·封·歌德，巴尔扎克干脆省掉了购买这一程序，他直接给自己名字里加了一个贵族的标志"德"字。与歌德和巴尔扎克相比，倒是卢梭既主张突破平民与贵族的界限，又从来没有想过要把自己变成贵族显得要清高许多了。卢梭在《新爱洛伊斯》中，借英国的爱德华绅士之口，指出以前的贵族都是因为保卫国家或为国王救驾有功，才获得了贵族的称号，现在的贵族还死守着祖上留下的荣誉称号不放又有什么意义呢？歌德成了新贵族，巴尔扎克作为保王党，则自己加封了贵族称号，在他们看来，作为贵族自有其意义。他们有着常人所具有的爱虚荣的弱点，因为他们突出的文学贡献，他们受到了更多的关注，而这些弱点在伟人身上就显得尤为突出。

（一）父子相承，伪造贵族身份

茨威格在传记《巴尔扎克》里面，非常调侃地写到了巴尔扎克伪造贵族身份的过程："其时的巴尔扎克大约是三十岁，有一天，他发现自己不叫奥瑙利（奥诺雷）·巴尔扎克，而是叫奥瑙利·德·巴尔扎克；他还进而断言，他一向完全有权使用贵族这个称号。……他在自己的信函和著作上都签署'德·巴尔扎克'大名。"[2]3他父亲开玩笑说自己可能和古高卢的巴尔扎克·德·昂特拉格骑士家族沾点远亲，而巴尔扎克自己则干脆让人把这个家族的贵族纹章装在马车上，然后招摇过市地去维也纳旅行，引来了同时代人的讪笑，他又信誓旦旦地说他父亲早在他出生之前就已经在官方的文件上确定了这种贵族血统。茨威格说："巴尔扎克得意洋洋引用过的那份出生证保存在图尔市档案里，但他的姓名上却没有表示贵族'德'的字样。"[2]4同样，"其它文件，诸如他父亲的死亡证和第一个女儿的婚嫁证，都没有提起贵族这个头衔。"[2]4艾珉说："他们本不姓巴尔扎克，而姓巴尔萨，贝尔纳-弗朗索瓦嫌这个姓氏带有农民印迹，便在进入行政法院任职时，将'巴尔萨'改为颇有些来历的'巴尔扎克'，后又在姓氏前面加上了作为贵族标记的'德'字。"[3]6后来，老巴尔扎克在第二个女儿洛朗丝的结婚通知书上，又在"巴尔扎克姓氏上加上表示贵族头衔的介词。通知书由（未婚夫）蒙塞格尔分发，并指明未婚妻是洛朗斯（丝）·德·巴尔扎克小姐。"[4]49贝尔纳的这一举动还是有些谨小慎微的，既想冒险，又怕惹怒真正的贵族。王路说："伯（贝尔）纳当然不会糊涂，他将这种请柬只送给自己的下属和门户相当的资产阶级朋友，而在给真正的贵族送的请柬上，他还是老老实实地署上'伯纳·弗朗索瓦·巴尔扎克'。招摇撞骗只能在外行人面前进行，否则很容易会穿帮。"[5]9黄晋凯说道："巴尔扎克把父母的这个'小动作'留在了记忆中。"[6]171830年年初，"巴尔扎克就效法其父，在一些作品和书信的署名中，堂而皇之地在姓氏前加上了表示贵族身份的'德'字。"[6]24王路说："打开任何一部文学史，查阅一下法国伟大的现实主义作家巴尔扎克的全名，一定都赫然写着'奥诺雷·德·巴尔扎克'，而不是'奥诺雷·巴尔扎克'，更不会是'奥诺雷·巴尔萨'。"[5]1对此，王路不无讽刺地说道："'奥诺雷·德·巴尔扎克'这个名字意味着我们景仰的伟大作家是贵族的后裔。这也是作家本人确信不疑的，虽然他的这种确信是从父亲那儿继承过来，但直到30岁以后才建立起来，那时他已经在文坛上站稳了脚跟。"[5]2即便在当时，巴尔扎克的这一大胆举动也没有获得世人的认可。"可怜巴尔扎克父子的一片苦心，作家将贵族纹章镶在马车上，也没能让他的敌人相信他的出身。……在他们眼中，巴尔扎克只不过是盗用贵族名号、欺世盗名的骗子。他应当叫'奥诺雷·巴尔扎克'，更确切地说是'奥诺雷·巴尔萨'。"[5]2王路详细地注明："巴尔扎克，原本姓巴尔萨。祖籍法国南部格朗独立省的诺加伊利安村。"[5]2

李健吾在《欧也妮·葛朗台 高老头》译本序中说："他（巴尔扎克）的父亲本来姓巴尔萨（Balssa），一七四六年生在一个农民家庭，成了这个农民家庭中的第一个知识分子。一七七六年，他为了向上爬，和十七世纪书信家巴尔扎克接上了宗，便以这个姓在路易十六驾下的庞大松散的政务会议里当上了一名并不高贵的秘书"[7]3。丽列叶娃也说："他的父亲柏纳尔（尔纳）-弗朗棱（索）瓦·巴尔扎克是一个姓巴尔萨的农民的儿子"[8]1。李清安说："（十七世纪的）盖·德·巴尔扎克就是这样一位正经八百的贵族。而奥诺列（雷）·德·巴尔扎克，却是一个'假贵族'。他这个'德'纯属子虚乌有、别出心裁；而且，不仅如此，连他这个'巴尔扎克'都是杜撰的。"[9]4巴尔扎克的祖父本姓巴尔萨，"在他们的故乡，有大量的普通农民都姓巴尔萨，……想必是出于发迹登龙的需要，到了他父亲这一代，不知何时，就改姓了巴尔扎克。而这个'德'，则是儿子步老子后尘，到巴尔扎克三十一岁，靠着《舒昂党人》和《婚姻生理学》一举成名之后，才突然启用的。"[9]4第一部署名"德·巴尔扎克"的小说是1831年发表的《驴皮记》。法国巴尔扎克的传记作家阿尔贝·凯姆、路易·吕梅说："是贝尔纳·巴尔扎在自己的父姓后面添了'克'字，后来又在姓前面加上小品词'德'，为此这位伟大的小说家后来常为人所诟病。"[10]2实际上，是巴尔扎克的父亲别出心裁地伪造了贵族身份，而巴尔扎克紧继其后。阿尔贝这样评说巴尔扎克："他头脑里的想法跟现实生活中正在发生的事件纠缠在一起，他分不清自己创作的人与事跟现实中的人与事。"[10]63而他名字中的这个"德"字应该就是他丰富的想象力创作的结果。特罗亚也说："他们家系真正的姓氏是巴尔萨，姓这个姓的是塔恩省卡纳扎克附近努加里埃村贫苦的农民。……贝尔纳-弗朗索瓦……22岁时就在巴黎的诉讼人办事处做事。在此期间，他把巴尔萨这个姓，换成更响亮的姓巴尔扎克。1776年，他以这个姓氏进入王国政府部门，担任枢密院审查官约瑟夫·达尔贝的秘书。"[4]5更进一步，"1802年4月18日，他们又有了第二个女儿洛朗斯-索菲。在受洗上，贝尔纳-弗朗索瓦加上了一个表示贵族姓氏介词，签上了'德·巴尔扎克'。"[4]8

而据巴尔扎克在《〈幽谷百合〉诉讼始末》中说："我父亲在《契据宝

典》中找到了五世纪时巴尔扎克家族给予的土地使用特许证，为的是在巴尔扎克山城附近建立一所寺院。他告诉我，他已经精心地将这一文件的复制件在巴黎法院备了案。"[11]371巴尔扎克又说："有几位好心的爱开玩笑的人问，为何我到了一八二六年才成为德·巴尔扎克？"[11]372由此可以推断，巴尔扎克具体地是早在1826年就在自己的名字前面加上了贵族的标志，但他当众使用这个名字却是在1831年。

李胜凯在《巴尔扎克传》中说："法国文学史上先后有两个巴尔扎克：第一个是17世纪的贵族作家，叫盖·德·巴尔扎克，第二个就是人们常说的、名字中加了'德'的这个奥诺雷·德·巴尔扎克。法国人姓氏中的'德'（de），通常是出身贵族的标记，它后面的姓来自古代国王或皇帝封赏的采邑。盖·德·巴尔扎克是一位真正的贵族。而奥诺雷·德·巴尔扎克是一个冒牌贵族。他这个'德'纯系无中生有。不仅如此，连他的'巴尔扎克'这个姓氏也是杜撰出来的。"[12]5至于在作品中签署贵族姓名，李胜凯说道："他的《舒昂党人》和《私人生活场景》的署名是奥诺雷·巴尔扎克，1831年4月他在一本政论小册子和随后不久出版的《驴皮记》中才壮着胆子署以'奥诺雷·德·巴尔扎克'的姓名"[12]127。

黄晋凯说："巴尔扎克的祖上是姓'巴尔萨'的农民世家。他的父亲伯纳尔-弗朗索瓦不甘贫穷，善于应变，富有进取精神，又正赶上大革命的风潮，便巧妙钻营，先后到军需处、银行等颇为实惠的部门里任职，经济地位逐步上升，甚至还曾在政界露过头角。他的姓氏也就变成与其地位相适应的、具有资产阶级气息的'巴尔扎克'了。"[6]5黄晋凯又说："贝尔纳-弗朗索瓦是长子，他自学成才，1776年进入路易十六的枢密院任秘书，这时他悄悄将农民的姓氏巴尔萨改成具有市民气息的巴尔扎克。"[6]245 1802年"4月18日，巴尔扎克的二妹洛朗丝诞生。在她5月13日受洗的证书上，贝尔纳-弗朗索瓦在自己的姓氏前赫然加上了标志贵族身份的'德'字。"[6]246

莫洛亚曾这样谈到巴尔扎克的父亲贝尔纳-弗朗索瓦·巴尔扎克："由于和大人物有过这样的接触，他终生对贵族阶级怀有钦羡之情。他一直梦想在自己的姓氏前加上标志贵族的'德'字，……"[13]6到二女儿洛朗丝订婚的时候，"他发了两批喜帖，第一批是前国王参政院秘书和军需部主任巴尔扎克先生和夫人为女儿洛朗丝订婚的启事，第二批是德·巴尔扎克先生和夫人为女儿洛朗丝·德·巴尔扎克小姐和阿芒-德西雷·德·圣皮埃尔·德·蒙泽格勒先生举行婚礼的启事。婚约于1821年8月12日签字。巴尔扎克夫妇给女儿三万法郎的陪嫁。'妈妈认为一笔经济上的赠与比一个世纪的好脾气更珍贵。'"[13]69 "贝尔纳-弗朗索瓦·巴尔扎克……他虽是拉伯雷的信徒，却不能自称都兰人。他的真姓是巴尔萨，祖先原是塔尔纳省努盖里耶的贫困农户。巴尔萨的词根bals，在奥克语里原意是峭壁。……（他认为自己的祖先是）一个门第极高的贵族——安塔格的巴尔扎克。"[13]5 所以，"1802年4月18日，第二个女儿洛朗丝降生了。为她举行洗礼的时候，巴尔扎克夫妇终于在自己的姓氏前面加上了'德'字，这在过去是偶尔为之罢了。"[13]12 提到巴尔扎克的第一个情人贝尔尼夫人，莫洛亚说道："贝尔尼姓氏上代表贵族的'德'字比巴尔扎克的'德'字来得正规，因而他们的社会地位自然要高一些。"[13]71 莫洛亚说道了巴尔扎克改用贵族姓氏之后遭遇的尴尬："冷言恶语企图堵住他的成功之路。他名字中表示贵族身份的'德'字成了笑料。他并没有一开始就使用它。《舒昂党人》和《私人生活场景》的署名是奥诺雷·巴尔扎克。1831年4月，他才壮着胆在一本政论小册子的封面上署以'奥诺雷·德·巴尔扎克'。他相信只有居心不良的人为了取笑他才给他加上'德·安塔格'，使他本人和他的作品后来一辈子都成为最愚蠢、最无礼、最恶毒的攻击对象。别人的嫉妒只有在你卑躬屈节时才会罢休。"[13]177-78

王路说道："到1831年8月出版《驴皮记》时，他就把原先的'奥诺雷·巴尔扎克'换成了'奥诺雷·德·巴尔扎克'，一派俨然地做起贵族来，实现了他们父子两代人的宏愿。"[5]102

纳·雷巴克前后矛盾地戏谑巴尔扎克的姓名："阴沉的黎明在驿道边的客店里迎接了奥诺雷·德·巴尔扎克。"[14]18 "篷车里面，奥诺雷·巴尔扎克身裹雨衣，沉湎于自己的幻想之中。"[14]20 雷巴克站在过世的韩斯基的角度写到："（奴仆们）为这个远道而来的外国人，这位出身贫贱的蹩脚作家准备篷车，供他出外游览；……只需看到这一切，这位从阴间来的死人（韩斯基）便会目瞪口呆，火冒三丈。"[14]65

与巴尔扎克带有贵族纹章的马车相配套的，就是他的镶有绿松石的极其夸张的手杖，因为这根手杖，巴尔扎克"从一个真实的人变成了小说中的人物。"[4]197 巴尔扎克在手杖上刻下了一位土耳其苏丹的箴言："我是粉碎障碍的专家"。卡夫卡认为"他绝对没有那位前辈大师的勇气和魄力，只能将这句名言演绎为'一切障碍都能粉碎我'。"[5]121 德·吉拉尔丹夫人据此写出了小说《德·巴尔扎克先生的手杖》。这根手杖，巴尔扎克在《于絮尔·弥罗埃》中描写花花公子但羡来时似乎曾经提到过："背心上的金钮（纽）扣和戴在棕色山羊皮手套外面的戒指，仍免不了暴发户气息。他还拿着一根手杖，柄的头上装着一个镂刻的金球。"[1]264在某种意义上，巴尔扎克身上有着更多的暴发户的气息。

巴尔扎克之所以不遗余力地要伪造贵族身份，根本原因是他对贵族圈子的迷恋。王路分析了巴尔扎克对贵族圈子迷恋的原因："在巴尔扎克的头脑中，有一种天生的贵族情结。他向往贵族社会，喜欢豪华的宴席、盛大的舞会、粉黛佳人、紫绸红绡，这是他一生的梦想。尽管他也能看穿浮世荣华下面的枯骨残骸，可是他却驱逐不了自己的那种迷恋。或许同经历过贫穷的人更看重金钱一样，从那间寒伧的书房中跑出来，他更喜欢跑进贵族的圈子。"[5]120

（二）痴迷君主政体

巴尔扎克一心向往君主政体。他于1832年5月26日至6月2日在《革新者》报上发表了《论保王党的处境》一文，他说："路易十四时代开始了贵族……的堕落；路易十五断送了高等法院；从此人民和王权之间没有了阻隔，结果王权垮台了。"[15]110-11他同时认为等级制度极其合理："至于想给一个国家的所有公民以同样大小的面包，同样的衣服，把土地按家庭的数目分成等份，这是又一种荒唐主张；家庭大小不一，胃口要求迥异，人的欲望各式各样，这一切将证明这种奇怪的制度是错误的，如果它得以实施的话。"[15]120巴尔扎克极力鼓吹君主政体，而在君主政体已经逝去的年代他便愈加留恋这种政体。他认为："七月革命破坏了正统君主制，也不愿要一个占主导地位的宗教，而且，为了一种不可能实现的自由，它推翻了贵族院。……法国人民早已身受保王党的思想体系所依靠的那两条根本原则（指王权和宗教）的恩泽，那时他们有工作的自由，受教育和获得财富的自由，并且在经历了四十年的混乱后，终于享受到和平与繁荣。"[15]120他极端地崇拜君主政体，以致他完全否定了新兴的资产阶级政权的任何进步方面。

巴尔扎克的君主制理想在去到俄国向韩斯卡夫人求婚时发展到了极致。据纳·雷巴克记载，1843年，巴尔扎克给俄国沙皇尼古拉写了一封信，里面写道："作为作家的德·巴尔扎克先生和作为贵族的德·巴尔扎克先生，恳请陛下不致拒绝他前来拜谒。"[14]87沙皇的批文暗含深刻的嘲讽："作为贵族的德·巴尔扎克先生和作为作家的德·巴尔扎克先生，可以在他认为方便的时候随时使用驿车。"[14]87这里沙皇也委婉地表明了态度，他不喜欢作家。据特罗亚记载，1843年，在圣彼得堡，莱昂·纳里钦基纳将军让巴尔扎克参加在红村举行的沙皇一年一度的著名阅兵式。"巴尔扎克受宠若惊，到现场观看，他赞扬士兵服装威武、步伐整齐，但觉得检阅时间太长，最后差一点成为灼热阳光的牺牲品。他最大的骄傲是身处'距皇帝几步之遥'，他暗中感到遗憾的是没有被介绍给沙皇。沙皇尼古拉一世身材雄浑有力，目光炯炯有神，精神抖擞，确使巴尔扎克折服。他偷偷地捉摸着，这个大理石般的专制君主，确是专制制度最好的体现。他看到在这位君主身上，体现了神圣意志的民族主宰。"[4]301 为了能够与韩斯卡夫人顺利成婚，巴尔扎克甚至愿意加入俄国国籍："早在1月22日，离开巴黎之前，他在给韩斯卡夫人的信中说：'我从来没有见过俄国的皇帝，对他颇为景仰，理由是：一、因为他是能接受皇帝这个词的唯一君主，也就是说他本人就是主宰和统治者，而这体现了我关于政治方面的思想，这种政治，其本质都表现在：1.一个人掌握着强权；2.因为他实施权力，就像应该实施的那样；3.其实，他对那些来看他的城市的法国人是友好的。因此，我祝愿皇帝能再活50年，那我对当俄国人毫不反感。我认为当俄国人比当别国人要好。我憎恨美国人，也厌恶奥地利人，意大利人也不怎么样……我要不是法国人该多好！这就像《喧嚣》说的那样，我愿意当俄国人，愿意到圣彼得堡去，去看看皇帝，他可能看不上我这个舞文弄墨的人。'在红村见到沙皇尼古拉一世后，他后来曾写道：'所有人们说的、写的关于皇帝的美都是真的。在欧洲，没有一个人能与他相比。他的外貌由于深思熟虑，表现得冷冰冰的，因为他像拿破仑一样，很自然地微笑。'"[4]301-02 1847年9月，巴尔扎克到了韩斯卡夫人的家威尔卓尼亚庄园。"有一个农奴为他服务，当他一见到'法国作家'就俯首听命。这种子民对领主的崇敬使他感到这是对族长的尊重，颇为得意。他是赞成尊重等级制度的。在他看来，俄罗斯是政治的楷模，大家各得其所，而且满足于所处的地位。主人们对他的盛情款待使他对整个国家都很乐观。"[4]346 1848年2月22、23日，巴尔扎克从巴黎给韩斯卡夫人写信说："我要拿护照去办手续，因为我不愿生活在共和体制里，它可能只存在半个月。"1848年的法国二月革命把巴尔扎克彻底推向了极端："他再次宣称需要有一个君主专制政府：'政治应该是无情的，这样国家才得以安稳，在看到我刚见到的事情后，我更觉得该赞扬奥地利的监狱和西伯利亚使用的办法及极权的方式。我的极权主义理论日见得人心，我的妹夫也站到我一边。这两天的事是可耻的……'"[4]352 2月26日，他又对韩斯卡夫人写道："拉马丁在搞什么玩意儿！……向全体劳动者保证有工作，向他们保证'按各取所需'给予报酬的工作……这是民主主义的精神错乱症。如果以这种许诺作为开始，那结局又会如何？"[4]353 1848年"8月22日，巴尔扎克获得警察局的护照，几天以后，获得俄使馆领事处的签证。他比以前更坚决地要躲开腐朽的法兰西，如果沙皇提出要求，他就加入俄国籍。……事实上，正在法国建立的生活方式确与他格格不入。直到如今，他是在《人间喜剧》人物的社会中演变发展。他自己也不知不觉地成为他们中的一员。一个新的世界已快诞生，而他却不知内中奥秘。各种事件快速将他卷走。他跌跌撞撞，已经是过时的人物。他感到，除了创造伏脱冷、吕邦普雷或贝姨之类人物，以及《幻灭》中那类冒险投机之外，他已无力表现其他人物和事件了。"[4]359

巴尔扎克认为贵族阶层将永世长存。他在《论现代政府》一文中认为，社会中明显地形成了三个不同的阶级。"这三类人是：贫穷而无知的群体，中间群体和贵族群体，后者包括金钱、权力和才智创造出来的所有出类拔萃者。这三个阶层构成了一个民族的永恒的基础……"[16]151-52同时，巴尔扎克又认为贵族院是唯一可能公正地、毫不专横地接受和承认才干超群者的机构。这些才干超群者是维持社会的必不可少的人，他们通过一种法律上升到贵族院。这是巴尔扎克的痴心妄想，这也许是他当初不遗余力地伪造贵族身份的真正企图。

1842年，巴尔扎克写道："我是在两种永恒的真理，即宗教与王权的照耀之下从事写作的；当今发生的种种事件，都表明了这两者的必要性，一切有理性的作家，都应当努力把法国引导到这两者所体现的必然方向。"[17]11因为巴尔扎克认为，君主制能够恢复荣誉感，宗教则能保全道德观。王路说道："好像巴尔扎克家族的绵长历史真是受了教皇和国王们世世代代的照拂。这种表达忠心的方式，鬼才相信！明眼人都会知道，巴尔扎克只不过是在为自己的贵族梦想镀金，在政治与宗教信仰上他都一样，是半拉子基督徒加半拉子保皇党。"[5]102-03巴尔扎克非常认真地扮演着自己所选定的角色。"作为半拉子保皇党人，巴尔扎克对革命及暴力是深恶痛绝的。年青时代，追求贵族荣誉的虚荣和对所谓的共和政治的失望支持他选择了保皇党的立场，虚假的自尊再也没有允许他改变自己的这种立场，尽管他明知选择这个立场是站错了队。"[5]296-97

（三）彻底否定自己所从出的资产阶级

巴尔扎克把《外省的诗神》题献给费迪南·德·格拉蒙伯爵，因为后者的《为〈风俗研究〉设计的贵族家徽》一书所提供的家徽和格言为巴尔扎克帮了大忙，《人间喜剧》中常常用较多的篇幅来介绍各个贵族家庭的家徽和家徽上面所刻写的铭言。与对贵族绝对地崇拜相比，对于自己所从出的资产阶级巴尔扎克是彻底否定的，这在他没有完成的著作《小市民》中表露无遗。巴黎，虚荣的渊薮，巴尔扎克在自己的作品中塑造了无数虚荣的形象，最后自己也变成了虚荣队伍中的一员。

实际上，巴尔扎克一直在为逝去的王政时代耿耿于怀，对于新兴的资产阶级政府他在骨子里从未买过账。在《梯也尔先生的部，基佐先生的议院和反对党》一文中，巴尔扎克说道："今天的现实意味着贫困，争吵，虚荣，……问题还涉及君主政体和共和政体，而且愤怒已引起了内战，贵族已经退隐；……一些毫无真才实学的人还大搞阴谋以束缚法国的政治，想想这些您就会感到恶心，人们正在为法国堕落到这个地步而痛心疾首。"[18]359-60时代已经改变，巴尔扎克却一心沉溺在一去不复返的贵族特权时代，这只能说他已经固执到了走火入魔的程度。

巴尔扎克的《昔日的巴黎》一文，同样表达了他对新兴资产阶级的彻底鄙弃："教会和贵族的遗迹，封建制度、中世纪的遗迹，都是雄伟壮丽的，今天仍使那些诧异的胜利者惊讶万分，赞叹不已；而资产阶级的废墟将是一堆五颜六色的硬纤维板、石膏装饰，毫无用处的破烂。那些大量制造的小物件，变化莫测的廉价繁荣，什么也留存不下，甚至连尘埃也留不下。"[19]576

巴尔扎克虽然伪造了贵族的头衔，行动上却是个资产者。他的很多创作都是为了赚钱，为了还债，一旦拿到了或是预支了稿费，他马上出席贵族的沙龙聚会，但马上被债权人发现了行踪，他便又躲到乡下朋友家里去秘密创作。他一生最大的想望，就是娶一位有钱的寡妇，很快把目标锁定在俄国的一个崇拜者——韩斯卡夫人身上，巴尔扎克称她为伯爵夫人，并约她到日内瓦相会。她是全家前往的，巴尔扎克匆匆赶去，单独与夫人见面，几乎是强行与她发生了性关系，之后就是漫长的等待。一直等了将近十年，终于把那位不幸的丈夫韩斯基等死了，可婚姻并不顺利，原因是韩斯卡夫人家属已经洞悉了巴尔扎克的动机，同时他又不断有绯闻传到俄国，与韩斯卡夫人的通信中充满了美丽的谎言。王路说道："她（老巴尔扎克夫人）知道那个贵夫人（韩斯卡夫人）看中的是儿子的名声，却同时又以他的市民出身而脸红。巴尔扎克这个姓氏前面偷偷加上的'德'字无助于使自己的家族和真正的贵族世家平起平坐。"[5]300巴尔扎克在早期作品《婚姻生理学》中，为了讨好女性读者，说尽了丈夫们的坏话，最后证明他自己也没有作丈夫的福分，待韩斯卡夫人为了避嫌，把财产绝大部分都给了女儿，只给自己留了一份养老金之后终于与巴尔扎克结婚了，他的寿命也就接近了尾声。在情感的道路上，他是一个地道的投机者，就和他在生活的道路上一样，表现出了一个资产者彻头彻尾的粗俗。

在成了名作家之后，最让追捧者无法容忍的就是，一旦有隆重的可以演讲的场合，他张口闭口谈论最多的就是钱。为了摆脱贫困的纠缠，他既想投机从莫斯科倒运木材，又想开发撒丁岛废弃的银矿；为了搞到钱，他创作之初就从戏剧的捷径入手，可惜失败了，慢慢地他才认识到戏剧是最难掌控的文体。是的，他是崇尚奢华的生活的，他曾花巨资装修雅尔迪别墅，结果被法院查收，在生命的最后几年，他同样豪华装修巴黎幸运街的婚房（装修费预计10万法郎，结果花了30万法郎），当然这次花的是韩斯卡夫人的钱，巨额的开支引起了夫人的不快。此外他还进行政治投机，想做议员，可惜在多方努力未果的情况下只好放弃。他也想成为法兰西学院的院士，可在38名院士中只有两名对他投了赞成票，结果不言自明。

同时巴尔扎克身上还具有猥琐的一面，他模仿簿伽丘的《十日谈》创作了《都兰趣话》（《巴尔扎克全集》第25卷），内容淫秽，语言猥琐。这都是他作为一个资产者无法净除的一些弱点。

据黄晋凯记述，"8岁时，他（巴尔扎克）被送到更远的旺多姆市的教会学校寄读。在那里，他度过了6年（1807—1813）监狱般的痛苦生活"。[6]5巴尔扎克一生都对这段经历耿耿于怀。"大约在20年之后（1832年），巴尔扎克在一本自传性的小说《路易·朗贝尔》里，对这段悲惨童年的辛酸回顾和愤怒控诉，使人可以想见，它在作家的心灵留下的创伤有多么深重。"[6]5-6创业之初，巴尔扎克追求的就是经济独立。"什么崇高的悲剧，什么作家的声誉，先统统放到一边去吧！钱，当务之急是钱，只要写的东西能卖出去，能变成钱，写的是什么又有何相干呢！"[6]11在贵族阶级与资产阶级之间，巴尔扎克选择了前者。"攀附名贵的虚荣和追求金钱的欲望，对资产阶级唯利是图的道德准则的痛恨，都使他较多地寄希望于贵族阶级。贵族们也由于他的名声渐起而曲意逢迎。"[6]19-20与卡斯特里夫人恋爱之后，巴尔扎克参加了保王党，这"主要是出于对七月王朝的不满，也说明他的思想是倾向保守的。"[6]20与此相适应的，"1833年发表的《乡村医生》，全面地反映了作者的乌托邦理想和政治主张。"[6]21成名之后，"短篇小说《法西诺·卡讷》（1836年）里关于'我'的活动的描写，显然带有一定的自传性质，有助于我们认识此时的巴尔扎克"[6]13。

二、作为文坛上的真正贵族，巴尔扎克属于高山仰止

《巴尔扎克全集》共30卷，其中前24卷是《人间喜剧》。单从创作数量上来说，莎士比亚、列夫·托尔斯泰、歌德、雨果和左拉这些大家都没办法

与他相比。雨果在巴尔扎克悼词中说："他的一生是短暂的，但却非常充实，他的作品比数不清的日子还要丰富。"雨果还称巴尔扎克是"哲学家""思想家"和"天才"。[2]512 他确实是一位像他笔下的《高利贷者》（法语原名叫《高布赛克》）中的高布赛克一样的哲学家，像《幻灭》中的大卫一样是个天才，他更以自己丰富的文艺思想为后世留下了不朽的财富。巴尔扎克通过自己的创作表达了特别丰富的思想。正如雨果在巴尔扎克悼词中说的那样："众人的目光现在不是仰望统治者的面孔，而是仰望思想家的面孔。"[2]512 雨果自己就是思想家，无疑，他把巴尔扎克也列入了这一领域。巴尔扎克自己也表露过他笔下的众多人物形象，实际上代表的就是一种思想，那就是贵族阶级在资产阶级日甚一日的逼攻之下无可挽回的失败命运。巴尔扎克在《人间喜剧》的97部小说中塑造了两千多个人物，比较有名的就有449个，这一点几乎无人能敌。至于作品的质量，巴尔扎克虽有诸多瑕疵，也可以列入世界作家中的前列，所以在文坛上，他当之无愧地应该被看作是真正的贵族。李清安说："'假贵族'巴尔扎克的文名早已远远超过了那位真贵族，即便再讲到攀附云云，也该颠倒过来了。"[9]4

关于巴尔扎克的贵族头衔，茨威格也叙述到了一个事实，"尽管没有一位法国国王曾把贵族荣誉恩赐给他或他的一位先辈，可是，在人们问及这位最伟大的叙事文学作家的姓名时，后世总是听从他的嘱咐，称他是奥瑙利（奥诺雷）·德·巴尔扎克，而不称他为奥瑙利·巴尔扎克，更不会叫他奥瑙利·巴尔萨。"[2]5 可见，人们是部分自愿地把他看成是贵族的，这除了文学上的突出贡献就找不到别的解释和理由了。

巴尔扎克写作高瞻远瞩，他介绍很多琐屑的事实是为了让外国或外省或后代的人对当时当地的状况有个切实的了解。就像他在《公务员》中写到的："我们试把拉比亚迪埃先生所在那个司描绘一番，也许足以使外国或外省人对这些办公室的内情有个概念，因为所有欧洲国家机关的主要特点也都大同小异。"[20]510

巴尔扎克在成名之前经历了多年的商海沉浮。"在此期间，巴尔扎克不得不和各种各样的商人和债权人打交道，正是在这个过程中，他得以见识了这些铜臭人物的贪婪本相。"[6]16 这是为后来的创作积淀素材的时期。"如果巴尔扎克没有这样一段经商、借债、挣扎、奋斗，直至几乎因破产而身败名裂的历史，那么，人们就不可能在《人间喜剧》里读到那些有关逼债、清算、高利盘剥、敲诈勒索等精彩的描写，……头破血流的记录，拖累终生的债务，使他丧失了在商业圈中继续参加竞争的勇气，但却为他丰富了生活的积累。祸福相倚，晦气重重的经商活动，也是作家成长史上不可缺少的一段经历。"[6]16厚积薄发，"在三四十年代里，巴尔扎克以惊人的热情、惊人的毅力、惊人的速度、惊人的文思从事创作劳动，最后，获得了惊人的成就。"[6]23茨威格在《巴尔扎克未发表的作品》中说："他的二十页书，往往等于一百页未发表的书，一本书实际是十本书。"[6]251836年10月1日，巴尔扎克致信韩斯卡夫人："最要命的是修改。《该死的儿子》第一部分让我费的劲儿，比我写好几卷书还要大"[6]25。

作为生活上的资产者，巴尔扎克大部分时间生活在巴黎贫穷的安东尼区，但作为文坛上的贵族，他却以自己的作品叩开了心向往之的贵族聚居的圣日耳曼区的大门。达文在《十九世纪风俗研究》导言中提到了巴尔扎克出入贵族圈子而创作出的杰作："《朗热公爵夫人》是一部完全贵族式的作品，只有在圣日耳曼区才能为人理解。德·巴尔扎克先生曾经在这里出入，他也将是唯一描绘这个区的画家。"[21]311

由于不知道自己之后会成为文坛上的贵族，巴尔扎克在创作之初，认为像他这样来自下层的人是具有极其可贵的品质的，那就是能够忍受贫困，而且坚韧不拔，这是他最终成为文坛贵族的必要潜质。他在《论艺术家》中这样描写艺术家："他在庸人看来十分懒惰。……一个有才能的人往往来自下层民众。一个百万富翁或贵族的儿子，穿得好，吃得好，惯于生活在奢侈之中，是不大会选择困难重重令人气馁的生涯的。即使他有艺术感，这种感觉也会在提早的物质享受中烟消云散。上述两个最原始的恶习，由于艺术家在社会中所处的地位，看上去好像是懒惰和自愿受穷的结果，于是这两个恶习就更加令人厌恶。"[22]578巴尔扎克认为艺术家有些"婊子"气。他像孩子一样，对于一切使他惊异的事物都很着迷。他设想一切，感受一切，他看得见人类这块硬币的正反两面，他会怀着偶像崇拜热爱他的情妇，却又并无明显理由地离开她。他对蠢人们为之沉醉、着迷且加以神化的最愚蠢的事情，很坦率地表明自己的想法。他任凭自己的躯体受人世变迁所摆布，因为他的心灵始终在高空翱翔。他行路时双脚在地，脑袋却在天上。他既是孩子，又是巨人。巴尔扎克进而对比了才子贵族和姓氏贵族的差别，并描述了艺术家的艰难处境："1.对他们心怀恐惧的大人物为何对他们十分蔑视，因为才子贵族和才干的能量要比姓氏贵族和物质权力实在得多；2.智力有限的人为何对他们漠不关心，因为这些人不理解他们的崇高使命，凡夫俗子害怕他们，宗教界人士摈弃他们。"[22]581

巴尔扎克接下来也从艺术家自身的特点去找寻到处不受欢迎的原因，认为艺术家自身已是一大障碍，使他不能见容于社会，一个从人群中匆匆而过便会与那里的人、事和思想发生摩擦的人，当然到处受到排斥。巴尔扎克最终归结出一句话："伟人注定是不幸的。"[22]581在艺术家身上，安于命运是一种高贵品质。在这方面，基督是最精彩的范例。他因在大地上撒播天国的光辉而牺牲性命，上了十字架，并在十字架上从人变成神。这一宏伟景象的展现，已经超越了宗教，成为人类荣光的永恒模式。艺术家们既是人，又是神；先是人，后是神。对大多数人来说，是人；对几位忠实信徒来说，是神；先是不大被理解，尔后骤然间备受崇拜。实际上，巴尔扎克的一生就是这样的一个过程，由一个被人侧目的贫困的艺术家，终于通过自己不懈的努力，最后登上了常人难以企及的文坛贵族的宝座。

巴尔扎克的作品力求真实，同时又表现了丰富的想象力，总体上是一部规模庞大的风俗史。费利克斯·达文在《〈哲学研究〉导言》中对巴尔扎克的文学成就有很高的评价："他从我们时代的贵族、资产阶级和平民的那些苍白模糊的面貌上，选择那些一瞬即逝的表情、细致微妙的变化以及为一般人很难看出来的细腻之处；他研究他们的习性、分析他们的动作、探索他们的眼光以及有时什么都不说明、有时又什么也都说明的声调的变化和面部表情的转换；于是，他的肖像画廊便丰富地展示出来，取之不尽，应有尽有；而占主导地位的，往往是那些富有表情的妇女形象"[23]189。

巴尔扎克最早从事创作的时候直接着手于戏剧，这和雨果犯了同样的错误，因为戏剧是最难把握的文体，所以，他们创作的剧本《克伦威尔》都同样地遭受了失败的命运。直到晚年巴尔扎克才成功地创作出了《投机商》（开始叫作《好吹牛的人》，后来改成《麦卡代》，即以剧中的主人公命名）这样的像模像样的戏剧作品，据我推测，贝克特的《等待戈多》中的戈多，就应该是源出于巴尔扎克的《投机商》。在提到这部作品时，茨威格说道："不管怎样总结归纳他的创作力量，说得再伟大也永远不会过分。"[2]473

巴尔扎克是19世纪现实主义的伟大代表，他所达到的高度属于高山仰止，让后人难以为继。程代熙在《巴尔扎克论文学》一书代序《伟大的现实主义大师巴尔扎克》中说："被马克思誉为对现实关系有着深刻理解的巴尔扎克，用蘸满浓墨的画笔给我们绘出了一幅法国资产阶级的血腥史的长卷。……巴尔扎克让我们宛如身临其境地亲眼看到了什么是资产阶级的自由竞争；什么是杀人越货，巧取豪夺；什么是交易所的投机勾当和大鱼吃小鱼；什么是动产和不动产的'合法的'与'不合法的'转让；什么是拍卖和破产，一句话，什么是买和卖。在这里，一切都是商品，连文人的灵魂，女人的贞节，贵族的门第，皇家的诏书，以及名誉和地位，信守和情操等等，……都被他纳入到一个总的主题：黄金的饥渴。"[24]3-4巴尔扎克的笔触伸向了各行各业，以前为人所忽视的外省和没人敢去触碰的报界及圣日耳曼区的秘密，他都勇敢地予以表现，而且达到了出乎意料的深度。程代熙在《巴尔扎克论文学》一书代序中又说："巴尔扎克有深厚的生活积累和再现社会生活的卓越艺术才能，更可贵的是他还有艺术家的胆识和勇气。在阶级社会里，对生活作出真实的描写，就必然会触犯某些阶级、阶层或某些社会集团的利益。在这个时候，一个作家敢不敢坚持真实地反映生活，敢不敢抒发广大读者的心声，对于作家来说，就成了敢不敢坚持真理的严重问题。"[24]10这样的精神一直到当代还具有深刻的启迪意义。

我们看到，巴尔扎克虽然极不善于经商，他却以资产者孜孜不倦的创作为自己赢得了文坛上的贵族席位。在《于絮尔·弥罗埃》中巴尔扎克曾经说过："贵族是靠经久不变的制度保护的，布尔乔亚是凭孜孜不倦的劳动与巧妙的经商生存的"[1]234。而出身布尔乔亚的巴尔扎克艰苦劳动的结果是收获颇丰，以致远远超出了他当初的预料之外，在法国和德国，雨果和歌德主要是诗人，而只有巴尔扎克，独独靠小说成就了自己文学家的身份，而且闯出了国界，获得了难以相比的世界性声誉。

三、难能可贵的那一份坚守

巴尔扎克是在贵族即将退出历史舞台的时候赋予了自己世俗贵族的身份，到了19世纪40年代后期，贵族已经彻底失去了复兴的可能，巴尔扎克却仍以一名老贵族自居，这份不合时宜的坚守确实让人很是感动。而在他的作品中，通过他对贵族形象的塑造，我们能窥得他对贵族的那种矛盾的情感，那就是既无限同情，又表达了贵族无法避免必然衰败的命运。

在《于絮尔·弥罗埃》中，巴尔扎克塑造了包当丢埃这个旧贵族的家庭，贵族统治的时代即将结束，复辟王朝的末代国王查理十世即将逃亡，然而包当丢埃太太还严格保持着传统贵族的那份清高，有所为有所不为，这在资产阶级逐渐取代贵族占了统治地位的时代，实在是难能可贵的，同时也让人为逝去的贵族时代无限地怅惋，与贵族的那种文雅高贵的气质相比，资产阶级更显得像暴发户一样粗俗不堪，平庸鄙陋。

包当丢埃太太的儿子萨维尼昂已经认识到了时代的变换："……如今

只有优秀人物，没有贵族阶级了。"[1]352他对母亲说："母亲，现在没有家庭，只有个人了！……今日之下，人家不问你是否姓包当丢埃，是否勇敢，是否政治家，只问你纳多少税！"[1]358而他同样知道母亲虽然受着资产阶级的围攻，却仍旧"把道德和荣誉看得很重，也知道她为人清白，贵族的成见很深"[1]356。米诺莱医生花钱把萨维尼昂从监狱中救出，包当丢埃太太却毫不感激，她非常冷酷地照章办事，表现出了"对这件事跟对金钱一样的瞧不起。"[1]361她极力反对儿子去娶这个富有的医生的干女儿于絮尔·弥罗埃，对此，巴尔扎克写道："那时阶级的限制已经打破；醉心平等的风气使所有的人不分高低，使一切都受到威胁，连军队的服从，在法国代表权力的最后一个堡垒也岌岌可危了；……在这样一个时代，只有一位布勒（列）塔尼老太太的固执和米诺莱医生的尊严，才会在两个情人之间立下几道关塞……"[1]368-69在两年的时间里，"除了子爵一再央求母亲许婚而无效以外，别无他事。"[1]389直到医生去世之后，于絮尔陷入了暂时的贫困又受到了多方侮辱而奄奄一息、萨维尼昂又以自杀相威胁，老太太才肯最终让步。无疑，巴尔扎克是抱着肯定的态度来刻画包当丢埃太太这一形象的，他的所有同情都在贵族方面。但他知道资产阶级取代贵族已经大势所趋，他写出了资产阶级对贵族日甚一日的逼攻，正因为客观地写出了历史的变化过程，恩格斯才称巴尔扎克的描写是"现实主义的伟大胜利之一"[25]463。同时，包当丢埃太太的形象也是巴尔扎克自身形象的一种概括。

巴尔扎克在《论劳动的信》中说："在目前情况下，对于共和派的种种空想，难道能够不加任何思考吗？沉默可能意味着灾难，就我自己来说，我要打破这种沉默。"[26]706虽然贵族阶级已经不可挽回地失势了，但巴尔扎克还坚持着自己赋予的贵族地位，他认为自己有义务来说一些逆耳忠言："如果左派取得多数地位，我不愿预测他们内部将出现的不和，那肯定是很激烈的；……法兰西不会垮台，法兰西各民族也不会消亡，但是她将处于无政府状态，或是在很长时期处于激进政权统治之下。"[26]708巴尔扎克指出了绝对平等的荒谬："想要利用劳动时间和工资的平等，使个人生产达到平等，等于想要实现人人的胃口、身量、头脑一律平等的幻想，也就是要使人的能力平等，这是违反自然规律的。"[26]714一直到1848年资产阶级已经彻底地取代了贵族而占据了法国的统治地位，巴尔扎克还一直固守着自己的贵族地位和立场，取舍之间我们看到了一份可贵的坚持。

我们说，对于巴尔扎克可以二八开，时过境迁，我们看到他伪造世俗贵族身份并无必要，然而我们更注重他文坛贵族或才子贵族的身份，我们更尊重他在逆境中的那份孤独的坚持。王路提到了巴尔扎克要从事文学事业时他父亲在无可奈何的情况下的一种预感："说不定奥诺雷这小子真有两下子，能把自己整成个伏尔泰什么的，那不但有了钱，而且能为巴尔扎克和萨朗比叶（耶）这两个家族增光添彩呢！那时他就变成真正的'德·巴尔扎克'了！"[5]39现在，巴尔扎克父亲的这种预感已经变成了现实。

巴尔扎克是在法国贵族已经丧失了其政治地位的历史背景下开始崇拜贵族并赋予了自己贵族身份的。杨昌龙这样评说巴尔扎克在《舒昂党人》中对贵族形象的塑造："蒙托朗侯爵是巴尔扎克心目中'心爱的贵族'的第一个形象，是《舒昂党人》的男主人公，……小说写作初期被命名为《好汉》，出版时又定名为《最后一个舒昂党人》，都指的是他，足以说明他在作品中的中心地位。……巴尔扎克在没落阶级营垒中寻找自己的希望，选取一个革命的敌人、叛军的首领，赋予他以坚强、果敢和纯洁的美德，对之进行讴歌，必然要掩盖其反动本质，颠倒是非概念，违背性格逻辑，从根本上歪曲人物形象。巴尔扎克在看到了封建贵族衰败没落的历史命运的同时，却又对之怀有深切的同情，为其大唱哀挽之歌，说明他思想上仍保留着旧的传统观念，还没有站到应有的时代高度。"[27]76巴尔扎克作为一个资产者，虽然内心鄙俗不堪，但是他还是真心景仰贵族的，这也是他不合时宜地为自己伪造了贵族身份又一直在坚持的根本原因。

参考文献：

[1]巴尔扎克. 于絮尔·弥罗埃[M]. 傅雷，译. 合肥：安徽文艺出版社，1998.

[2]茨威格. 巴尔扎克[M]. 米尚志、谭渊，译. 合肥：安徽文艺出版社，2000.

[3]艾珉. 巴尔扎克传[M]. 北京：华文出版社，2017.

[4]特罗亚. 巴尔扎克传[M]. 胡尧步，译. 北京：商务印书馆，2013.

[5]王路. 巴尔扎克传——未完成的雕像[M]. 石家庄：河北人民出版社，1999.

[6]黄晋凯. 巴尔扎克长短录[M]. 桂林：漓江出版社，2018.

[7]李健吾.《欧也妮·葛朗台 高老头》译本序[A]//巴尔扎克. 欧也妮·葛朗台 高老头[M]. 傅雷，译. 北京：人民文学出版社，1980.

[8]丽列叶娃. 巴尔扎克年谱[M]. 王梁之，译. 北京：作家出版社，1962.

[9]李清安. 巴尔扎克[M]. 北京：北京师范大学出版社，1983.

[10]阿尔贝·凯姆，路易·吕梅. 巴尔扎克传[M]. 高岩，译. 南昌：江西教育出

版社，2014.

[11]巴尔扎克.《幽谷百合》诉讼始末[A]//《人间喜剧》第24卷[M]. 袁树仁，译.北京：人民文学出版社，1997.

[12]李胜凯.巴尔扎克传[M].北京：世界知识出版社，2001.

[13]莫洛亚.巴尔扎克传[M].艾珉、俞芷倩，译.杭州：浙江大学出版社，2014.

[14]纳·雷巴克.巴尔扎克的错误[M].张秀筠、周铧、达理，译.天津：天津人民出版社，1986.

[15]巴尔扎克.论保王党的处境[A]//《巴尔扎克全集》第29卷[M].陆秉慧、刘方，译.北京：人民文学出版社，1998年.

[16]巴尔扎克.论现代政府[A]//《巴尔扎克全集》第29卷[M].陆秉慧、刘方，译.北京：人民文学出版社，1998.

[17]巴尔扎克.《人间喜剧》前言[A]//《人间喜剧》第1卷[M].丁世中，译.北京：人民文学出版社，1997.

[18]巴尔扎克.梯也尔先生的部，基佐先生的议院和反对党[A]//《巴尔扎克全集》第29卷[M].陆秉慧，刘方，译.北京：人民文学出版社，1998.

[19]巴尔扎克.昔日的巴黎[A]//《巴尔扎克全集》第30卷[M].蔡鸿滨，译.北京：人民文学出版社，1998.

[20]巴尔扎克.公务员[M]//《人间喜剧》第14卷.资中筠，译.北京：人民文学出版社，1997.

[21]费利克斯·达文.《十九世纪风俗研究》导言[A]//《人间喜剧》第24卷[M].袁树仁，译.北京：人民文学出版社，1997.

[22]巴尔扎克.论艺术家[A]//《巴尔扎克全集》第27卷[M].袁树仁，译.北京：人民文学出版社，1998.

[23]费利克斯·达文.《哲学研究》导言[A]//王秋荣编.巴尔扎克论文学[M].柳鸣九，译.北京：中国社会科学出版社，1986.

[24]程代熙.伟大的现实主义大师巴尔扎克[A]//王秋荣编.巴尔扎克论文学[M].北京：中国社会科学出版社，1986.

[25]恩格斯.致玛·哈克奈斯[A]//《马克思恩格斯选集》第4卷[M].北京：人民出版社，1972.

[26]巴尔扎克.论劳动的信[A]//《巴尔扎克全集》第30卷[M].蔡鸿滨，译.北京：人民文学出版社，1998.

[27]杨昌龙.巴尔扎克创作论[M].西安：陕西人民出版社，1991.

第二章　洛尔情结

　　巴尔扎克的母亲洛尔·萨朗比耶·巴尔扎克、妹妹洛尔·絮尔维尔、情妇洛尔·德·贝尔尼和洛尔·德·阿布朗泰斯一起构成了巴尔扎克生命中的洛尔情结。其中母亲是这一情结的缘起，妹妹洛尔形成了最早的这一情结，情妇贝尔尼夫人递进了这一情结，情妇阿布朗泰斯公爵夫人则终结了这一情结。这一情结文学上的来源是意大利诗人彼特拉克与洛尔的爱情。因为母亲与妹妹都叫洛尔，于是巴尔扎克把两个都叫洛尔的贵族妇女发展成了情妇，这样其实是不能称作原因的理由。洛尔情结的悖谬都直接影响了巴尔扎克的创作，他的一生都以这一情结为中心轴线，向外辐射，最后形成了他丰富多彩的独特的文学世界。

一、洛尔情结的缘起

　　巴尔扎克的洛尔情结有文学上的缘起和现实缘起。

　　首先是文学上的缘起。巴尔扎克在给韩斯卡夫人的信中提到了威尼斯诗人彼特拉克与情人洛尔的关系："我个人以为彼特拉克要比洛尔更伟大。假使她丈夫休格·德·萨德给她自由，她一定会借故对《歌集》的作者施行控制，把蜘蛛网织得严密坚固，并且纠合亲属对他进行责难和攻击……"[1]448巴尔扎克又说："像贝阿特丽（克）丝和洛尔这样的女人在我们生活中占有重要的位置……"[1]265巴尔扎克在《幽谷百合》中也说道："她（莫尔索夫人）的爱，犹如诺伏的洛尔之爱彼特拉克"[2]444。叙事主人公费利克斯写道："她在我的心目中，成为佛罗伦萨诗人（指但丁）的贝阿特丽克丝，威尼斯诗人的洁白无瑕的洛尔"[2]392。可见，巴尔扎克十分景仰彼特拉克与洛尔的爱情，这是在洛尔情结形成之后他为这一情结寻找到的文学上的来源。

　　其次是现实的缘起，这就是巴尔扎克的母亲洛尔·萨朗比耶·巴尔扎克。李清安说到巴尔扎克的母亲："在宗教信仰上，巴尔扎克的母亲信奉天启派的教义，但并不十分笃实，只是逢年过节才带着孩子们到教堂走走。这种半吊子的信仰，也被巴尔扎克承继去了。"母亲和巴尔扎克都更信奉神秘主义："当时的巴黎和欧洲，神秘主义风靡一时。巴尔扎克的母亲，也十分热衷。她收集了一百多本有关的书籍，这些都成了小巴尔扎克的读物。母子俩可能还一块参加过催眠幻术的表演。这些都在巴尔扎克的思想和日后的作品中留下了痕迹。"[3]6

1798年5月20日，洛尔·巴尔扎克生下了一个男孩，她坚持自己哺乳，结果孩子只活了33天。因此1799年5月20日第二个孩子奥诺雷出生的时候，巴尔扎克夫妇就把儿子托给别人喂养，奶娘是圣西尔-卢瓦尔村一个宪兵的妻子。巴尔扎克曾在《幽谷百合》里抱怨过母亲："我生来身心有什么缺陷，母亲对我竟如此冷漠？难道我是义务的产儿？难道我的出生是一件意外的事？……我被送到乡下哺养，足足三年家里无人过问。等我回到家中，家人视我若无，连仆役见此情景都心生怜悯。"[2]258-59实际上，巴尔扎克的母亲只是由于自己哺养的第一个男孩夭折，而照当时的习惯去做而已。

巴尔扎克一生的绝大部分时间都是恨母亲的，这与小时候母亲对他进行的他所不喜欢的教育有关："……他的母亲则严格遵循自己的有关父母与子女关系的理论——每天晚上她在大起居室里接见他们，态度高贵而冷淡。逐个吻过他们后，她开始把这一天里他们犯过的错误重新数落一遍，这些都是家庭女教师向她报告的，责备之后是惩罚，好让他们记住。小巴尔扎克走近她时总是胆战心惊，压抑着自己全部的情感和对爱的渴望。他暗地里承受着这种痛苦，然后跟他唯一的朋友和安慰者洛尔一起跑掉。"[4]5

据特罗亚记载，在查理大帝公学就读期间，"奥诺雷的母亲对他的零花钱算得很精细，她从来也没有对这位集体生活中的重要人物花过什么钱"[5]25。

为了达到无限挥霍的目的，巴尔扎克像一棵参天大树，吸干了周围土壤的养分。在亲情方面，主要体现在对母亲的掠夺和苛求上。巴尔扎克认为母亲洛尔·巴尔扎克与情夫让·德·马尔戈讷生下了弟弟亨利，于是他很小就感觉到母爱缺失，在作品中对母亲进行了多处指责，这里面既有对母亲的苛求和想象的成分，也有事实的因素。但在现实生活中，巴尔扎克每次做生意失败，债务缠身之时，都是母亲前来为他抵挡门面，他自己却躲到乡下去创作，他还经常到萨榭马尔戈讷家去创作，这就使巴尔扎克在作品中对母亲的种种抱怨失去了客观性，从而产生了亲情悖谬。

巴尔扎克8岁时母亲将他送进旺多姆学校住读。"他刚从冷冰冰毫无亲情的家庭里出来，又落入了纪律严明且毫无人性的学校。"[4]5那时候他的母亲正怀着身孕，人们传说这个孩子是马尔戈讷的，马尔戈讷比巴尔扎克夫人小两岁。他们的私生子是亨利，"1848年6月，他（巴尔扎克）在给韩斯卡夫人的信中无可置疑地证实了这点。"[5]10在旺多姆学校期间，巴尔扎克几乎与家庭没什么联系。"在6年中，奥诺雷只见过两次父母。"[5]11幼小的巴尔扎克在学生中毫无威望。"他不能宽恕母亲将他投入这种牢笼。特别是她（他）母亲为了防止受外界引诱，连零花钱也不给。"[5]12其他孩子的父母都来参加学校的发奖仪式，只有他的父母从不光临。巴尔扎克非常害怕母亲，知道她更喜欢亨利。后来巴尔扎克曾把《苏镇舞会》"献给亨利·德·巴尔扎克"[4]73。巴尔扎克太熟悉母亲那深蓝色眼睛的严厉目光了，每当孩子们惹她生气的时候，她就以这种眼光注视他们。据丽列叶娃在《巴尔扎克年谱》中记述，1809年5月1日"巴尔扎克从中学寄给母亲一封信，这是保留下来的巴尔扎克的书信中最早的一封。"[6]3巴尔扎克特别敏感，所以便夸张地感觉到了痛苦。特罗亚写道："奥诺雷有时想，当外公的狗穆什，也许比当巴尔扎克先生和太太的长子要好。"[5]10相比之下，"小弟弟亨利，既任性又爱嘟囔，脸色也难看，叫人看不上他。然而，他妈妈却疼爱备至，这使他想起让·德·马尔戈纳（讷），这个人是她过去爱过的，可能现在还爱着他。这个小杂种的一举一动，她都赞不绝口，而对奥诺雷只是冷眼相待，指责训斥。对他的思想和他的为人，还没有人有这么反感。为什么她会对他如此冷淡，而对那些和她毫无干系的沙龙客人，却笑容可掬？好像是她对谁都讨好，只有他例外。"[5]17巴尔扎克在多部作品中详细地写到了自己对母亲的怨恨。王路说："巴尔扎克的痛苦和不幸倒成了他文学上的财富。"[7]11

巴尔扎克后来在作品中经常描写一些有罪的母亲，她们疼爱私生子而虐待自己合法婚生的儿子。他作为一个天生具有文学气质的人，无疑夸大了自己童年的痛苦。巴尔扎克慢慢地使自己陷入了经常被逼债的境地。到了1832年6月，他逃离巴黎的愿望更加强烈，主要是为了躲避债主，摆脱金钱上的烦恼和出版商们的纠缠。巴尔扎克把母亲安置在卡西尼街的家中全权处理他的事务，他不知羞耻地把一个又一个重担压在母亲的肩上。他委派给母亲的一切对于日趋衰老、体弱多病的可怜女人来说，的确非常艰苦，她竭尽全力，而她的儿子还要埋怨她。其实，巴尔扎克拼命工作，与其说是为了摆脱贫困的生活，毋宁说是为了过上更为奢侈的日子。他每次拿到稿费之后，首先想到的不是清偿债务，而是大手大脚地挥霍一番。

巴尔扎克实际上与德·马尔戈讷关系还是不错的。阿尔贝说："尽管他白天和晚上的大部分时间都在创作，但还是频繁光顾某些著名的沙龙，经常跑到沙谢（萨榭）的德·马尔戈（讷）先生的家里"。[4]40事实上，巴尔扎克后来的一些作品就是在母亲的这位情夫家里完成的。在那里，巴尔扎克"受到了女主人德·马尔戈（讷）夫人的热情招待。在别墅里他有想要的绝对的自由。吃饭时他不必出现在餐桌上，也不用顾及任何可能会打扰他最宝贵的时间的社会习俗。"[4]46在那里，巴尔扎克还获得了经济上的支持。"德·马尔戈纳先生经常借钱给他，但为了能让他在这里待得尽可能久一些，他总是在他离开的时候才把钱给他。"[4]47特罗亚写道："1830年7月25日，他为了透透空气，换换脑筋，从格勒纳迪埃这座位于图尔的镇里，步行到离此15公里的萨谢，那里住着他的朋友马尔戈纳一家。"[5]103 1831年，巴黎发生了骚乱，"巴尔扎克慑于运动的规模，动身到萨谢，住在德·马尔戈纳家。"[5]119 1836年巴尔扎克经营的《巴黎纪事》杂志倒闭，"在巴黎不可能顺利地计时赛跑似地玩命写作。他需要的是安静，是恬静的乡村生活，是亲爱的人们的友谊：萨谢（榭）和马尔戈纳一家万岁！"[5]219 1837年夏天，"纳卡尔医生发现他的肺部有啰音。他将巴尔扎克送到萨谢的马尔戈纳处以便休息治疗。"[5]246 1848年"2月22日，巴尔扎克在让·德·马尔戈纳处吃饭，此人在巴黎有一套房子。大多数来宾在最后一分钟因骚乱未能赴宴。巴尔扎克欲租车前往，出租人怕出事未答允，他只好步行。"[5]351 6月，"让·德·马尔戈纳要在萨谢款待巴尔扎克，他决定接受这个友好的邀请。他想，离开巴黎混乱的环境，他可以有个合适的平静气氛继续干工作。他打算在那里完成刚开始的剧本《小资产者》。也许还可以策划其他喜剧。但是，一到萨谢，他却由于疾病影响而懒得动手。"[5]356据王路记述，"萨舍（榭）距离杜（图）尔市不远，成名后的巴尔扎克还不断光顾萨舍别墅，为了躲债，为了写作，也为了休息。"[7]10

黄晋凯在《巴尔扎克长短录》中说到了萨榭，"少年时代的巴尔扎克曾随母亲来过这里度假。"[8]229随着巴尔扎克在文学史上的地位越来越高，"20世纪50年代，梅达狄埃先生在此（萨榭）建立巴尔扎克博物馆。"[8]247

1819年，家里要巴尔扎克去当公证人，而"他唯一的雄心壮志就是搞文学。……对一个出身名门的人来说，那是自寻倒霉，超出常规，自甘堕落。巴尔扎克夫人直截了当地把这话告诉她的儿子。"[5]33但儿子执意不听，于是开始了试作时期。他创作的诗剧《克伦威尔》开始由妹妹洛尔为他誊写，后来妹妹订婚了，"巴尔扎克夫人竟然自告奋勇，接替了忙于终身大事的洛尔，为奥诺雷修改、誊写文稿。感谢这位母亲吧，巴尔扎克写出的被涂抹得一塌糊涂的亚里（历）山大悲剧诗，经巴尔扎克夫人之手变得清晰隽秀了。"[7]51但"这位作家在写诗方面是一窍不通的！"[7]51他创作的诗体悲剧《克伦威尔》最终失败了，"享受了十五个月独立学习和工作的生活之后，巴尔扎克在母亲的召唤下又回到了家人身边。毫无疑问，做母亲的想要照顾他，让他恢复因饮食不佳而失去的健康和强壮，但是她也想把他置于自己严密的监控之下，因为贫困没能磨灭他的意志，创作悲剧失败也没能让他放弃理想。巴尔扎克没有被失败击倒，反而要求家里人每年给他1500法郎，好让他可以尽早弥补失败造成的损失。他的要求遭到了拒绝"[4]21。巴尔扎克这样的要求实在是有点过分。

认识市侩作家之后，巴尔扎克开始制作一些下三流的作品，母亲对此很不满意。"巴尔扎克对这个称之为母亲的妇人从心底里感到愤怒，憎恶她的冷酷无情，仇恨她的专制残暴。这个妇人似乎以打击他的自尊、毁灭他的生活为能事，显示自己的存在。正如选定文学道路时他背叛了母亲一样，这一次他在反叛的道路上跑得更远，……是的，巴尔扎克已经脱开了这位文学与生活上的残酷导师，他讨厌被那只手牵着，因为它一点儿都不温暖，他长大了。"[7]58

1824年，巴尔扎克单独住在巴黎，母亲给女儿洛尔写信说："如果他表现出才能，这对我们来说也是很大的快乐，如果他能控制自己，正确对待情欲，也就是不因此损害他的才能和工作，我相信他就算学乖了，希望这个时刻能到来；自从他到巴黎后，这个太太（德·贝尔尼太太）常去巴黎，通常是两天，这就使我想到我的想法是对的，他离开家只是为了更自由些。"[5]70

同年，巴尔扎克与出版商康耐尔等合作出版法国著名作家的缩微版全集。王路说："康耐尔的话语击中了巴尔扎克的心脏，使他一下无限度地放飞了他的欲望和想像（象）。像他的第一个剧本《科（克）伦威尔》一样，计划还没付诸实施，他就开始数钱了。欲望跑在行动的前面很远很远，这是巴尔扎克做事的特点。"[7]76这就像贝莱特的奶罐。"巴尔扎克在还没有卖出一本《拉封丹全集》的时候，已经准备着手《莫里哀全集》的出版了。……两项工程结束时，巴尔扎克背了1.5万法郎的债务，当然这还没算他本人应得的工资。"[7]79

1826年6月，巴尔扎克觉得"靠写流行小说谋生令他看不到任何前途，决定为生计先下海经商。"[7]219这一年，巴尔扎克又开办了印刷厂。王路说："这次，巴尔扎克找到了一种干大事业的感觉。可以说，这种'大事业情结'支撑了他一生。不仅在商业经济上，而且在文学和政治领域都是如此；他想在任何公众注目的领域建立自己的丰碑，但到头来只留下了一座文学上的丰碑，而且是一座未完成的丰碑。"[7]81 1827年年底，巴尔扎克又要开铸字厂。"巴尔扎克天才的想像（象）力又在铸字技术上飞腾开了。他要发明一种新的铸字技术，带动出版印刷业的进步，在法国的文明史上写下浓墨重彩的一笔。这将是他的专利，他光躺在这顶（项）专利上也够风光一辈子了——这也是巴尔扎克的小说《幻灭》中理想人物大卫的梦想。"[7]84到最后清理时，"正如巴尔扎克在小说中涉及到金钱计算时经常出错一样，两企业的账目一塌糊涂。"[7]85

《舒昂党人》出版之后，巴尔扎克回到家里。"他母亲指责他是不孝之子，自己没法养活自己，却把钱浪费在买小摆设和梳妆打扮上。"[5]94特罗亚说："如果他爱一大帮，那可能是在她们身上找寻他母亲在童年没有给过他的女性温情。"[5]96巴尔扎克一生都与母亲之间存在着他一直不肯归还的债务。"奥诺雷眼高手低，不想还借她（他的母亲）的贷款，而她很需要钱。"[5]109在母亲眼里，巴尔扎克是个忤逆的孩子。"在她的孩子中，她最想摆脱的就是无赖似的奥诺雷，当初，她对这个儿子不寄什么希望。他写的书在书店里出售了，名字经常出现在报纸上，他对巴黎，什么都清楚。但是，他过着放荡的生活，开支入不敷出。他对母亲要他节制过日子的意见不理不听，就像童年时一样。"[5]110

巴尔扎克为了躲债要离开巴黎，"因为自己也不知道会离开多久，所以巴尔扎克会把家务事托付给母亲去打理。两个人脾气秉性截然相反，一个想象力丰富，喜欢铺张浪费，把全部的生活和财产都押在虚构的数字上，而另一个则一丝不苟，精于算计，相当简朴，他们几乎都不指望对方能够理解自己。两人之间频繁的冲突破坏了他们的关系。老巴尔扎克夫人不能理解儿子的愚蠢，以致对他严加苛责。巴尔扎克生活奢华，喜好挥霍，深信自己会成为伟人，这些都让他的母亲感到痛苦，她的讲求实际的头脑到现在还没找到任何证据来证明自己儿子的伟大。做母亲的，根本没有注意到儿子的天赋，因而做出了错误的判断。而她曾经做出过牺牲，把儿子从破产中拯救了出来，尽管她眉头紧蹙，唠唠叨叨，但当儿子需要帮忙的时候，她又会不吝援手相助，把自己的经验传授给他。"[4]47

1832年2月28日，"出版商高斯林转给巴尔扎克一封寄自奥德萨的信，署名是'一个外国女人'。这是巴尔扎克接到的他未来的妻子韩斯卡夫人的第一封来信。"[6]26之后两人迅速定情。"她是1800年出生，在整个生活中，为了卖俏，少报了6岁。她不敢向巴尔扎克承认她的真实年龄。"[5]328提到巴尔扎克给韩斯卡夫人的信，王路说道："多么沉痛凯切的辩白！但却脱不了巴尔扎克式的狡辩与虚浮。他将20万法郎债务一股脑儿地推到了母亲身上，似乎这些债务并不是他'各种新颖的方式'以及奢侈的生活造成的。实际情况恰恰相反，很多次在他的债务一塌糊涂之际，都是他母亲出面收拾局面，削减开支，紧缩银根，使他的浪子本性收敛一些，债务减少一些。"[7]255-56王路说到了巴尔扎克因生活奢华而欠下的无数债务："一方面是巨大的债务亏空，一方面却又极其奢华糜烂——面包店里的账就有700法郎，养活那两匹英国马和那几个喂马的人要900法郎，服装店里送来的扣子都是镂金的，光衬衣就有130多件……天啊！巴尔扎克夫人痛心疾首。"[7]145

据阿尔贝记载，"老巴尔扎克夫人跟出版商和编辑打交道，研究合同，跟进已经开始的谈判，最后敲定合作意向。简而言之，他的母亲在巴尔扎克介入的各种不当的生意中全权代表他。他从远处以敏锐的数学眼光对运作进行监控，而他的母亲则去实现他的愿望，凭借敏锐的判断力和狡诈的手法，竭尽全力地进行争斗。巴尔扎克没让她闲过。因为他估量着她的忍受力，他一到沙谢（萨榭）就给她发出稍显混乱的指令。她需要把已经在《侧影》上发表的《食品杂货商》誊写一遍；给他寄一本《黑暗故事集》；去德·贝尔尼夫人那里取校对好的《朱安党人》（即《舒昂党人》）；阅读《世界名人传》上关于伯纳德·帕利西的文章并抄一份……这些作品是巴尔扎克在创作《绝对之探求》时需要的材料。"[4]47-48阿尔贝也提到了巴尔扎克的生活极尽奢华，因此欠债不断。"几个月的时尚生活和频繁光顾贵族俱乐部已经置巴尔扎克于一种非常可怜的境地。老巴尔扎克夫人一点儿也不想饶了他，她不客气地列了张收支清单，指出他需要做出怎样的牺牲。尽管他拼命地苦干，但根本清还不了这笔沉重的债务。……他计算着自己最多能赚多少钱，他假想着自己能拿到预付款，他把它们加起来，乐观地把可能的收入扩大了许多倍，但是还是不能满足所有债权人的需要。……他同意卖掉自己的马和篷式双轮轻便马车，反正现在他也没什么可喂它们的了"[4]48。为了还债，"他花了三十个白天和十五个晚上就完成了《路易·朗贝尔》，为此他消耗了巨大的精力，结果中风倒下，差点儿死掉。"[4]48

巴尔扎克也有良心发现的时候，1832年7月15日他给母亲写信说："你现在是在受苦，这就使得你也成为我遭厄运的受难者之一。除了你自己的难处外，我几乎所有的困境都给你了。这使我很难过。"[5]129难过是假的。为了与德·卡斯特里夫人在艾克斯浪漫，巴尔扎克骗母亲说他在那里遇见了他的债权人奥古斯特·萨纳古先生，他欠对方一千一百法郎，"于是，老巴尔扎克夫人必须马上给儿子送来一千一百法郎，外加两百法郎的个人花销。……在他收到钱后，他承认自己仅仅还了一半欠萨纳古的钱，另一半用来还款的钱他用来支付去意大利的旅行了。"[4]51在艾克斯，"与侯爵夫人的单独密谈简直像坦塔罗斯似地受罪。她喜欢挑逗他，但只限于眼睛注视，用手一碰而已。"[5]136巴尔扎克与卡斯特里夫人的"旅行开始于10月，16日他们临时在日内瓦下车，从那里他给母亲寄去两块自己围肚子用的法兰绒布。他想让她拿给磁疗师沙普兰先生看看，向他咨询一下自己的病，他怀疑自己生了病，想知道病在何处，需要用何种方法治疗。……他不仅对磁疗感兴趣，他还相信算命，他认为这源于不为普通人所知的感官的敏锐性。"[4]52巴尔扎克很容易被小小的胜利冲昏头脑，"民主俱乐部的年轻人拜访他，向他保证，尽管他持有贵族观点，但他们还是支持他做候选人。巴尔扎克突然意识到自己名字的价值，并在给母亲的一封处理出版事务的信中语气显得更加颐指气使。"[4]50终于，"巴尔扎克夫人在巴黎被儿子的命令和逆命令惹烦了，要求把她这个管家职务给撤了。聚（珠）尔玛的朋友，贝里地区年轻的画家奥古斯特·博尔热建议让他住到卡西尼街，在巴尔扎克不在时帮助照顾作家的家务。"[5]144

1837年2月，巴尔扎克去意大利为维斯孔蒂伯爵办理遗产继承事务。"佣金是拿到了，但这点收入对补债务的无底洞无济于事。他母亲很伤心地埋怨儿子把她忘了，而她周围的人谈起法国人最喜爱的作家花钱如流水，慷慨大方。1834年9月，他轻率地答应他母亲，从1835年4月1日开始，每季度给她200法郎以支付房租和佣人的工资。到1837年4月，已有两年补贴费没结清了。她给儿子的信中说：'奥诺雷，这两年，真是一场噩梦，我负债累累……现在已到我得跟你说这样的话了：儿子，你给我口饭吃吧！这几个礼拜，我吃的是女婿的饭，但是，奥诺雷，这样下去不行了，你有法做耗资巨大的、显赫的长途旅行……儿子！既然你能应付桑多的朋友，维持情人，置手杖，戴戒指，购银器，买家具，你母亲只好直截了当地要你履行诺言，"[5]242。

1843年，巴尔扎克去了俄罗斯3个月。"他的母亲在热切地盼望着儿子归来。在巴尔扎克离开巴黎的这3个月的时间里，他又把一个烂摊子扔给了这个老太婆。巴尔扎克夫人在债主们的进攻下苦苦支撑，险些倒了下来。巴尔扎克回来了，她可以将球踢给儿子了：都是自己作的孽，自己去受吧！巴尔扎克又陷入了债务危机之中，这是他3个月的逍遥必须付出的代价。"[7]276

在巴尔扎克和母亲的冲突中，巴尔扎克要负更多的责任。"1846年元旦，他到母亲处拜年，母亲冷若冰霜。由于欠她的债务，母子间，情断义绝。回家后他觉得自己是被驱赶的贱民，他只得对唯一能理解他的女人（韩斯卡夫人）倾吐衷肠：'我从来也没有母亲，今天，她已成为敌人。我从来也没有向你透露过伤痕，她非常可怕，眼见为实'"[5]324。1848年，巴尔扎克再次来到乌克兰。"韩斯卡夫人对嫁这样一个负债累累且挥霍浪费的人还有些犹豫。文珠尼亚（威尔卓尼亚）的收入已经减少，她怕是难以维持巴尔扎克在法国的家庭开支。吉祥（幸运）街的家开支是无底洞。此外，艾芙担心她不得不负担巴尔扎克的母亲和妹妹，她们都在念苦经。"[5]361-62巴尔扎克却把全部的希望都押在了韩斯卡夫人身上，他"害怕家人的粗暴要求会激怒艾芙，弄得结不成婚，而这桩婚姻是他幸福和财富的保证"[5]365。李胜凯这样公正地评说道："巴尔扎克把自己结婚计划的未能实现归咎于母亲，这实在是不公正的，虽然巴尔扎克的母亲在他小时候显得过于严厉，有些不近人情，但终归还是爱他的。"[10]371

巴尔扎克的母亲为他受过很多苦与罪，可是当她出一点点差错的时候，他便严厉指责她。"从1848年2月到9月，在待在巴黎的几个月里，他没有按照惯常的习惯从事文学活动，似乎一心只想着收拾自己的新家，把它变成一处奢华的居所。而当接待未来新娘的一切东西都准备停当以后，9月底他出发前往威尔卓尼亚庄园，让母亲替他照管新房子，他跟母亲之间经常发生冲突并常处于冷战状态，但是做母亲的从未停止对儿子的奉献，尽管有时显得有点儿小气。但是这种奉献是基于深厚感情和对自己义务的准确认识"。孩子对母亲的回报永远没办法与母亲的付出成比例。"于是，老巴尔扎克夫人照看着儿子的利益，就像1832年他去艾克斯陪德·卡斯特里夫人时她做的那样。巴尔扎克从俄罗斯送来指令，……这些指令涉及他正想进行的商业投机。"[4]82巴尔扎克把母亲当成了自己婚房的监工，"然后是关于帮他把房子最后安顿好的指令，这已经花了他至少40万法郎，老巴尔扎克夫人必须监督装修工洛厄、客厅装修的承包人派拉尔以及做铜活的佛谢尔；他想让母亲定做两个镀铜的壁架；与此同时，将所有银餐具的清单寄给他。他关注最微末的细节，这显示了他对秩序的偏好，恳求他的母亲提醒自己的仆人之一弗朗索瓦把灯清洁干净并填满灯油，……给母亲的每一封信里都包括这样细碎的提醒，这表明他是一个十分细心的管家，厌恶不必要的浪费。"[4]83这最后的话里含有明显的善意的反讽。为了缴付北方铁路股票的款项，他让夏娃·韩斯卡给母亲汇去31000法郎，并吩咐罗特希尔德银行把钱送到吉祥街14号，收款人的名字是萨朗比耶夫人。这是他母亲娘家的姓氏，然而当银行的听差带着钱款来到吉祥街他的住宅时，仆人却说他们不认识萨朗比耶夫人。罗特希尔德银行向俄罗斯银行查问，后者又向威尔卓尼亚请示，这弄得巴尔扎克十分难堪。他给母亲写道："这简直像一把匕首刺中了我，我多么痛苦啊！"[11]559匕首刺中的是他特别的虚荣，为了这份虚荣他会毫不犹豫地牺牲亲情。在他看来，母亲一直是有罪的，而且最不可饶恕的是母亲没有给予他所渴望的温情。1849年5月，巴尔扎克夫妇要回巴黎。归途中，巴尔扎克又花费了25000法郎买了梳妆台。"5月20日，老巴尔扎克夫人遵从奥诺雷的命令离开吉祥街，……她作为该宅的女主人，待了19个月以后，这位73岁的老太太就像是被不孝之子赶出自己的家一样。她本过着奢华的生活，这回又得忙忙碌碌，窘迫烦恼。她驼着背，带着包裹，提着篮子，坐着马车走了。"[5]373

关于巴尔扎克的死亡时刻，王路说道："巨星陨落了，陪伴他的只有他憎恨了一生的一个老妇人——他的母亲。"[7]312

二、洛尔情结的流变

巴尔扎克的洛尔情结缘起于母亲，之后妹妹洛尔部分弥补了母亲所缺少的温情，这样就形成了连续的洛尔情结，接下来洛尔·德·贝尔尼扮演情人兼母亲的角色使这一情结得到了递进，最后由与巴尔扎克互相利用的情人洛尔·德·阿布朗泰斯终结了这一情结。

（一）洛尔情结的形成

从母亲洛尔身上没有感受到的温情，巴尔扎克从妹妹洛尔身上感受到了，从而使他形成了最初的洛尔情结。李清安说："洛尔·德·巴尔扎克是一家人中与大作家感情最深的一个。终其一生，巴尔扎克把洛尔视为知己，无话不谈。巴尔扎克是坚强的，也是不幸的，他把内心的欢乐与痛苦，希望与烦恼，理想与愤怒，统统对着洛尔倾诉，从妹妹那里得到极大的安慰和感情上的支持。"[3]164-65

1800年9月29日，妹妹洛尔出世后和奥诺雷寄养在一起。特罗亚说："他们最初的亲吻代替了他们没有得到的母亲的爱抚。……在拿着响铃和抱着洋娃娃的年龄，这种几乎是乱伦似的温情在奥诺雷的生活中起了觉醒作用，并激发了渴望得到女性的爱抚。他既需要爱也需要被爱抚。"[5]7-8

去旺多姆学校住读时，巴尔扎克非常不愿意离开他的妹妹洛尔，她是他"忧患中"的伴侣。之后很长时间里，兄妹两个的感情一直非常亲密。阁楼时期，女仆经常为巴尔扎克带来妹妹洛尔的信，信中总是催他快写，他乖乖地服从。

据妹妹洛尔证实，1812年"巴尔扎克写了一篇《意志论》，但被校中的一个教师销毁。"[6]3

阁楼期间，妹妹洛尔向他宣布她要嫁给路桥工程师絮尔维尔了，"看到自己最喜欢的妹妹今后竟让这么个男子拥有，抱上床睡觉，奥诺雷的感情可想而知。当然，他有点妒忌，但也确信这个可能是很可爱的丈夫，今后可能代替她童年的哥哥。他俩的情爱多少有点乱伦色彩，那比人类法则更为强烈。" [5]39

巴尔扎克关于写作的想法，总愿意与妹妹分享。1820年年底之前，他给妹妹洛尔的信中写道："半个月来我打定主意要从读者身上获得十万埃居，这些钱我要分期分批地用我将在巴耶小住时高速度创作出来的几部小说来换取。" [12]60巴耶是妹妹洛尔的家的所在地。巴尔扎克曾写小说《斯特尼或哲学的错误》，主人公雅各布回到图尔，找到了儿时即已离别的奶姐妹斯特凡妮。"他对她有一种颇为暧昧的爱，但后来因姑娘的母亲强迫她嫁给普兰克赛先生，所以心灰意懒。他们俩书信来往，感情热烈，相互倾心，但残酷的命运使他们不能发展关系。在一次散步时，斯特（凡）尼差点投入她（他）的怀中。粗暴的和醋意十足的丈夫要和雅各布决斗。雅各布莫名其妙地死了。" [5]44

关于婚姻之事，巴尔扎克也希望妹妹帮忙。1821年6月，他要求妹妹洛尔在巴耶为他物色个把"有钱的寡妇"做妻子："啊！你把我好好吹嘘吹嘘吧；年纪二十有二，仪表堂堂，性情温顺，双目炯炯，热情似火，真是上帝捏出来的头等的丈夫材料。事成之后，我从女方陪嫁中提出百分之五给你作佣金，外加一些别针什么的。" [13]66谈到巴尔扎克想娶一个有钱的寡妇，王路说："如果这样一种婚姻成功，就可以弥补巴尔扎克情感世界的不足，同时也不失为一种救他脱离家庭苦海的妙计。这似乎有些荒谬，但生活就是这样，荒谬也有它的严肃性，巴尔扎克沿着这条道路走完了一生的感情历程。有人戏言说巴尔扎克心中似乎有种解不开的'寡妇情结'。他一生的情感生活都与这种女子耗在一起，这大概是巴尔扎克图省时间，略去许多谈情说爱的中间环节的缘故吧。" [7]59~60

巴尔扎克后来走上成功的道路，与妹妹洛尔始终如一的维护和鼓励是分不开的。《克洛蒂尔德·德·吕西尼昂》出版了，巴尔扎克的父母发现这部著作有严重的缺陷，而在妹妹洛尔看来，这部作品里面是有些重复和疏忽的地方，但这是因为巴尔扎克要在两个月里写出4卷书来，太匆忙了。其中有些章节从头到尾都是很好的，这样丰富的想象力大有发展前途，而哥哥确实越写越好。

面对母亲的指责，洛尔总是袒护哥哥。不错，他是买了桃花心木书橱和好些摩洛哥皮的精装书，还有几尺帷幔，一点流苏，一块地毯，这点小事算什么？巴尔扎克自己说，对一个艺术家来说，在工作时间里只需要一间阁楼和面包。"但是，在这思想上的长途跋涉之后，在住过拥挤的贫民窟和那些魔殿之后，他则是最需要人类文明为富人和无所事事的人创造的生活条件的人。"[14]578但是，巴尔扎克这种消遣是没有限度的，他为此欠下了一生都无法偿还的债务，我们不能不说这是一种极不理智的疯狂，妹妹洛尔的话实际上是对哥哥有失原则的祖护。

1829年2月11日，巴尔扎克致信洛尔·絮尔维尔："在我痛苦时候，我的思想就飞到一个地方，如同飞到情妇身上一样。刚才我坐在火炉前下意识地用手臂做了一个动作，很像翅膀的扇动，那是你得意时候，或说出一句妙语，想出一个好主意，或者激动高兴的时候常做的动作。"[12]138-39莫洛亚说："这样温柔的兄妹感情似乎很像爱情"[13]139。

1832年8月巴尔扎克致信妹妹洛尔："直到现在，我能克服生活里的困难，勇气全是你给我的！……我不能停下来，我要前进，我一定要达到目的，总有这么一天，你会看到我列身于祖国伟大文化人里的！"[15]117他也把自己要进行戏剧投机的事告诉妹妹："今年冬季，如果我的环境不改变，我决定写些剧本，好让可怜的母亲摆脱她的困境。我要为她牺牲我的政治前途；千万不要告诉她这话。"[15]118-19

1836年9月，洛尔在自己过生日那一天来看望巴尔扎克。巴尔扎克在给外国女子的信中写道："我们俩用眼泪庆祝了她的生日！可怜的小妹妹，她一直在看表，因为她只有二十分钟的时间，她的丈夫忌妒心太重。怎么能私自找哥哥去解闷儿呢？"[1]345

戏剧《伏脱冷》禁演之后，洛尔悄悄从丈夫交给她的每月500法郎伙食费中匀出60法郎借给哥哥。尔后，洛尔又鼓起勇气，收留了病倒的巴尔扎克。他躺在她家的床上，受到精心的护理。

巴尔扎克去到乌克兰之后，渐渐地与妹妹洛尔的关系开始僵化。巴尔扎克认为洛尔不懂得韩斯卡夫人完全可以弃巴尔扎克及其家庭于不顾，实际上巴尔扎克是在进行一场婚姻赌博。他给妹妹的信中写道："目前进行的这件事撇开感情不谈（这件事的失败将从精神上置我于死地），对我来说，成则可以获得一切，败则陷入一无所有。这件婚事若不成功，我无法活下去……"[11]562巴尔扎克此时押上了全部赌注，为了追求韩斯卡夫人，巴尔扎克甚至可以牺牲与妹妹的手足之情，这体现了巴尔扎克薄情的一面。

1849年4月30日，巴尔扎克给妹妹洛尔写信说："你非解雇玛格丽特不可，我不要她了。"[15]151玛格丽特是巴尔扎克的管家兼情人。巴尔扎克也把自己视力越来越差的情况告诉了妹妹："别用太薄的信纸，因为我简直看不清楚。"[15]151

（二）洛尔情结的递进

洛尔·德·贝尔尼是巴尔扎克第一个情人，她与巴尔扎克相恋14年，这属于巴尔扎克洛尔情结的递进阶段。李清安说："巴尔扎克的青少年时代，苦恼多于欢乐，他得不到良师益友的指点，得不到家庭和母爱的温情，柏（贝）尔尼夫人正好填补了这个双重的空缺。"[3]158李胜凯也说："巴尔扎克自童年时期日夜渴慕的就是这种母性的慈爱，而这种慈爱他从自己母亲那里所得甚少。他一直苦苦寻求，而现在终于从贝尔尼夫人身上获得了他期待已久的东西。"[10]70巴尔扎克后来这样评价贝尔尼夫人："……一个能够尽心竭力向我解释各条道路上存在的暗礁………给我忠告而不伤害我的自尊心的女人。"[13]60贝尔尼夫人出身贵族家庭，但大革命之后她也只能出入于布尔乔亚沙龙："洛尔·德·贝尔尼夫人是位有幸的女子，她因为巴尔扎克而从庸俗的布尔乔亚沙龙走进了法兰西的文学史。……贝尔尼夫人究竟有什么特殊的魅力吸引住了这位未露头角的天才呢？……女性的温柔和爱，这正是巴尔扎克干枯的情感世界最最需要的东西。"[7]62-63王路说到了巴尔扎克在贝尔尼夫人这里得到了母亲所不能给予的温情和幸福："在她身上，在她的客厅里，巴尔扎克看到了温柔的母性，找到了听他热情谈话的耳朵，能让他尽情凝视的眼睛，以及他在家中永远也不会享受到的安宁。和自己家庭中虚伪而枯燥的气氛比起来，这儿简直是天堂，而贝尔尼夫人就是一位天使，一颗幸福之星。"[7]64-65

1793年4月8日，加布里叶·德·贝尔尼（当时20岁）娶了洛尔·伊奈（当时16岁）为妻。洛尔·伊奈于1777年5月23日出生在凡尔赛，路易十六和王后是她的教父和教母。她从小就熟悉宫廷生活，学得一派高雅风度。加布里叶·德·贝尔尼身体很坏，性情暴躁，自1800至1805年间，两人曾经分居。特罗亚说："她多次欺骗丈夫，而丈夫为少惹麻烦，对妻子的放荡行径不闻不问。她情人中有个名叫安德烈·康皮的'凶暴'的科西嘉人。她的名叫朱莉的女儿就是这次结合时生养的，开始时保密，后来公开了。"[5]52

巴尔扎克当时22岁，是贝尔尼夫人的女儿们的家庭教师。"她们的母亲见到辅导老师编词儿解释教女儿，想把女儿中一个朱莉·康皮嫁给巴尔扎克。这可是一个不坏的求婚者。虽然其貌不扬，但是他聪敏、热情、风趣，这补偿了不足。"[5]53素有寡妇情结的巴尔扎克很快被近乎寡妇身份的贝尔尼夫人所吸引："日复一日，他感到是这个家庭的女主人成熟的风度使他动情。……他看到的只是这个女人的特殊魅力，她饱经沧桑，比之纯洁的处女更有神秘的吸引力。"[5]53他兴味盎然地倾听她那悦耳的声音："从她口中讲出来，i结尾的词宛若鸟鸣，ch音犹如爱抚……"[2]287一直景仰贵族的巴尔扎克终于找到了攻入上流社会的入口，导火索是他自觉母爱缺失，他要在这个比母亲还大一岁的女人身上重新寻得母爱。"奥诺雷从小没有得到过母爱，沙洛特-洛尔从没有给他的，这个女人给了他，他十分感激。"[5]53巴尔扎克意识到唯有这个女人能给他带来他所缺乏的高雅的情趣和丰富的阅历，同时也能满足他对爱情的渴求。"他想，这个人来到他的生活中，比什么人都强，这会使他忘记早年在家庭中的伤感、羞辱和被剥夺的温情。面对着她，他觉得既有儿子的尊敬，又有情人的狂热。他愿融合在她的心灵，进入她的肉体。全无顾忌、完全信赖，蜷缩成一团，紧靠着她那哺育的胸脯，战胜她，占有她。"[5]53

　　1822年3月，巴尔扎克以《忏悔录》里的卢梭自许。卢梭不也同样追求一个情妇兼母亲的华伦夫人吗？贝尔尼夫人不是也同巴尔扎克的母亲和他的妹妹一样名叫洛尔吗？对妹妹的感情只能留在记忆中和心里，而在这位新洛尔身边却"燃烧起爱情的烈火和满足情欲的希望。"[12]75-76巴尔扎克"要求允许他今后谈话时用洛尔这个名字称呼她。他也是用这个名字称呼母亲和妹妹的。他母亲是代表漠不关心，她（他）妹妹象征着心灵沟通。母亲把他生下，妹妹给了他温情。有了这第三个人，他就到了天堂。德·贝尔尼夫人觉得挺逗乐，也就接受改变名字称呼。自从这个新的命名后，奥诺雷发现与德·贝尔尼夫人更为亲近，并成为活着的主要原因。"[5]55巴尔扎克的言语循循善诱："人终有一死，那时就无所谓罪恶，无所谓贞操，无所谓地狱也无所谓天堂了，因此，引导我们的唯一公理应该是'及时行乐'……"[12]75-76巴尔扎克虽然是初出茅庐，却可以看出，他日后必是一个追求女性的行家。"巴尔扎克在家里落落寡欢，无法排遣，无处释放，痛苦万分，于是为了幸福和自由，迫不及待地彻底拜倒在这位新朋友的石榴裙下。她值得巴尔扎克信赖，为他出谋划策，为他排忧解难，做他的朋友。她倾听他的梦想，分享他的雄心壮志，支持他的计划，培养他的才华，给他带来快乐，而当他在奋争中受到重伤时，她会用温柔舒心的话语安慰他。"[4]28

　　贝尔尼夫人把巴尔扎克从低俗的创作氛围中挽救出来，把他引向了良性的写作事业。艾珉说："她爱惜这个年轻人的才能，为他虚掷光阴去写些上不了档次的流行小说感到惋惜。后来正是在她的劝导和帮助下，巴尔扎克终于和巴黎那个文学作坊分道扬镳。另一方面，贝尔尼夫人丰富的阅历、对社会对人生的深刻感受，还有高雅的情趣和文学鉴赏力，对年轻的巴尔扎克也有巨大的吸引力。他经常没完没了地向她提各种各样的问题，兴味盎然地听她讲述旧王朝时期、大革命时期、督政府时期及帝国时期贵族社会的人情风俗、炎凉世态和种种轶闻掌故。"[9]21 这决定了巴尔扎克日后对贵族社会的矛盾态度的形成："巴尔扎克对法国贵族社会的脉脉温情和入木三分的剖析批判，显然与贝尔尼夫人的影响有关。"[9]22

李胜凯这样谈到贝尔尼夫人对巴尔扎克的一生所起到的决定性的影响："与贝尔尼夫人的爱情是巴尔扎克生涯中具有决定性意义的转折点，她不仅让这个男人发现了真正的自我，使这个几近绝望的作家获得了信心和自由，而且还决定性地影响了他以后的人生道路特别是他所要爱恋的女人的模式。从此以后，巴尔扎克就从每一个女人身上寻求母爱式的保护和陪伴，这种女人的第一个原型贝尔尼夫人所带来的幸福使他终身难忘。"[10]78 贝尔尼夫人奉献的属于过了花季的爱情，她只有忠实的份："贝尔尼夫人始终忠于和巴尔扎克的爱情，为他提供了力所能及的帮助。在巴尔扎克几度经商均遭失败而负债累累的时候，要不是她及时慷慨解囊，恐怕巴尔扎克便难以继续他那些伟大的创作事业。"[10]79 贝尔尼夫人对巴尔扎克的影响是全方位的："在与贝尔尼夫人耳鬓厮磨、卿卿我我的同时，他对社会和人生的见识也日渐增长。这个既性感又温情的女人，以一种母爱的口吻向他传授着有关社交界的常识，谆谆教导他如何在上流社会应付自如；她告诉他旧王朝时期、大革命时期、拿破仑时代的种种轶闻趣事；她以自身的经历向他剖示社会上人心的奸诈与险恶，为他指点迷津。由于这个心爱的女人的辅佐，他的自信心空前地增强了，他已成为自己精神世界的主人。"[10]80 当巴尔扎克为了卡斯特里夫人而误入歧途时，贝尔尼夫人会耐心地剖析贵族阶层想利用巴尔扎克的心理："贝尔尼夫人虽然不是自由派人士，但对于巴尔扎克为正统派的主张摇旗呐喊的做法也深感不安，劝说他不要去充当'这批人的奴隶'。她凭自己在贵族社会的各种经验，准确地指出，这些人并不是真正敬重巴尔扎克这个大作家，而仅仅是在利用他攀龙附凤的心理罢了。"[10]165

出版商于尔班·卡内尔要用小字号八开本出版法国经典著作，然而"卡内尔对自己项目的成功所抱有的希望远远多于自己口袋里实施该项目的资金，因此，只要是不用乞求与别人合作，他随时准备接受任何人的任何投资。当巴尔扎克把这个计划告诉德·贝尔尼夫人时，她并没有劝阻他参加这个项目，相反，作为忠诚而且容易相信他的朋友，她提供给他一大笔钱，任由他去支配。"[4]29之后又"为了买断卡内尔的股息，从1825年5月15日到1826年8月31日德·贝尔尼夫人共签出了9205法郎的支票。这场交易最终让巴尔扎克损失了15000法郎。"[4]29之后巴尔扎克又想当印刷商，他"花了30000法郎买下了马雷-圣日耳曼街17号印刷商老洛朗的产业，他还给巴尔比耶（合作的技术能手）12000法郎作为赔偿金，因为他辞掉了之前有保障的工作。此外，买设备还花了他15000法郎。"[4]30巴尔扎克开始了不顾一切的商业冒险："购买……印刷厂及其设备款项6万法郎由约瑟菲娜·德拉努瓦夫人贷款支付，她是银行家杜梅克的女儿、巴尔扎克家交情深厚的朋友"[5]81。贝尔尼夫人在全副身心地支持着巴尔扎克的创业："在印刷厂的楼上他为自己安排了一间相当奢华的小公寓，在那里他每天都接待德·贝尔尼夫人，她会用鼓励和温柔的话语安慰他，对巴尔扎克来说，这些话就好像打开了一扇通向未来的金色大门。对于德·贝尔尼夫人来说，这是一段可以袒露自己炽热而敏感的灵魂的时光，而对巴尔扎克来说，则是一段接受了一位有见识、有经验的女士在情感和社交上全部教育的时间。在这段时期，德·贝尔尼夫人对巴尔扎克产生了巨大的影响，她向他描述大革命前的时尚生活，贵妇、宫廷阴谋、激情和野心的神秘。她给他灌输王家的规范。但是，最重要的，德·贝尔尼夫人就像是一团生命之火，点燃了巴尔扎克的智慧之火。巴尔扎克终其一生似乎都在消化着从她那里学到的那些知识，而每次回忆起德·贝尔尼夫人在自己最艰难的时刻所给予的帮助时，巴尔扎克都难以抑制住自己的激动之情。"[4]30-31印刷生意最终惨败，巴尔扎克"成了债主和律师猎食的对象，这些人可不会对一个穷困潦倒的失败者发善心，他们只盯着数字，对其他毫不关心，最终把他逼入绝境。治安官、诉讼代理人、高利贷者，一大群麻烦的办事员和送传票的涌向印刷厂和巴尔扎克，也想在巴尔扎克的最后毁灭上出一份力。巴尔扎克在这场'可怕的战斗'中孤身应战，站在犄角里面对这么一伙人，使出了这些年在争斗中学会的能够躲避他们的进攻、挽救自己仅有的一点东西的种种诡计和花招。尽管他把自己日积月累的聪明才智和弄虚作假的手法都使出来了，但结果还是寡不敌众，眼睁睁看着自己曾寄予了那么多希望的事业顷刻之间就土崩瓦解了。"[4]32事情还不止于此。"1827年9月，一家铅字铸造厂在生意失败后准备出让。巴尔扎克联合巴尔比耶和代理人洛朗花了36000法郎把它买了下来。德·贝尔尼夫人对巴尔扎克的忠诚一如既往，加入了他的新生意，投资了9000法郎。"[4]32-33这场生意又以失败而告终，是巴尔扎克的母亲"做出牺牲，介入到这场即将来临的大灾难中，她拿出了自己所有的私人财产还给债权人。……债务总共高达113081法郎，卖印刷厂的67000法郎偿还了一部分，剩下的37600法郎债务落在了老巴尔扎克夫人身上。在解决债务的记录中，我们能看到此时巴尔扎克开始喜好奢华生活的一些迹象。他欠奥尔良公爵书籍装帧商图弗南175法郎，用来装帧《拉·封丹集》《布瓦洛集》和《天方夜谭》，此外，他还欠制鞋商至少300法郎，账单有一大摞。"[4]33贝尔尼夫人不止一次地用金钱支持过巴尔扎克的生意。巴尔扎克后来在给韩斯卡夫人的信中写道，贝尔尼夫人"尽管在经济上受到丈夫的控制，但她还是设法借给了我至少45000法郎。1836年，我把最后一笔6000法郎的欠款还给了她，还包括百分之五的利息。她从来没有催着向我要钱。没有她，我肯定早就不在人世了。她总是会注意到我已经连续几天没吃东西了，她会用一颗天使般慈悲的心给予我所要的一切。"[4]31

洛尔·德·贝尔尼则直言不讳自己从来没有这样热恋过，这是一个为爱全番投入的女人。做生意期间，唯有贝尔尼夫人每日的来访使巴尔扎克得以忍受印刷机的隆隆噪声和逼债人带来的烦恼。10年之后他写道："一位天使在这场恶斗中支持着我，德·贝尔尼夫人仿佛是我的上帝。她是我的慈母、女友、亲人、知己、参谋，她造就了我这个作家，安慰了这个青年人，她如亲姐妹般地哭泣、欢笑，她像一位善良慈爱的催眠人，每天都来将我这个受苦人引入梦乡……"[1]117-18巴尔扎克之所以开始做生意，是因为"他渴望自由，想要逃脱家人的严格监控和母亲的苛责，巴尔扎克已经到了随时准备接受任何未来有希望成功的提议的地步，当然更是因为德·贝尔尼夫人——一位深爱着他并盼望着他出人头地的女人的鼓励。"[4]27

巴尔扎克在卡西尼街那座小楼里面阅读资料，来拜访他的只有贝尔尼夫人。巴尔扎克经常被各种各样的非议、呵斥和反对的声浪所包围，只有贝尔尼夫人在支持着他。只要在她身边，他就干得很出色。"不管怎么样，德·贝尔尼夫人对巴尔扎克有着深远的、决定性的影响。她是巴尔扎克的初恋情人。需要补充的是，如果我们从时间角度来看的话，巴尔扎克心中始终珍藏着对她的怀念，她也是巴尔扎克唯一的真爱。"[4]27

甜蜜的爱情终有厌腻的时刻，终于，巴尔扎克与贝尔尼夫人年龄上的差距日见显现，巴尔扎克要去寻找年青一点的情人。王路说："巴尔扎克已经开始冷落她了，这种冷落更多的是肉体上的，而他的精神却一直离她很近。她一直是他书信的清理和检查者，不论巴尔扎克如何躲避藏匿，那些异性来信还是会落入她的手中。但她又能怎么样呢？她也像一般的女人一样忌妒、狂怒、羞愧，但她还是会原谅他。自己毕竟已是50多岁的老太婆了，而他才30多岁，正是情欲炙热的年龄。能够做天才的发现者和守护者，她已经很满足，她已不再奢望能全部占有天才了。正是贝尔尼夫人的这种宽容精神，使巴尔扎克同她保持着终生的爱情和友谊。很多时候，他像个受伤的孩子一样跑回来，再次扑进她的怀抱。"[7]128-29

1830年年初，巴尔扎克的政见在巴黎遭到普遍的反对，"奥诺雷对巴黎的不安定生活已很厌烦，他回转身来找德·贝尔尼夫人，他至少相信，她确能赞同他，帮助他继续干他的事业。确实，他已经不再想她了。对他来讲，她只不过是个女人。她已瘦骨嶙峋，面色苍白，目光暗淡，笑起来也有些凄凉，她在他眼里只代表青年时期的回忆。"[5]102

除了爱情和写作以外，巴尔扎克还有从政的奇想。李胜凯说："一次当他从贝尔尼夫人那里了解到外界的一些消息后，突然心血来潮：为什么不去参加1831年的国会议员竞选呢？从政可是一条名利双收的捷径。"[10]119

巴尔扎克开始考虑结婚了，目前他要找的结婚对象既要有钱，又要有青春美貌，还要有社会地位。而他自己能够提供的聘礼，除了他那不能在公证人那里登记的天才之外，只有十万法郎的债务。1831年，"他想娶一位名叫埃莱奥诺尔·马莱·德·特吕米莉的女子，她的父母过去是侨民，有一笔殷实的财产。这个想法使德·贝尔尼夫人感到不安。她怕她的情人因结婚而离开她。但是，巴尔扎克对合法的夫妻生活极为反感，很快地抛弃这种过于俗气的尝试。"[5]114

1831年10月，巴尔扎克结识了德·卡斯特里夫人，她比奥诺雷大3岁。她先是在信中"指责在《婚姻生理学》中对女人的看法是厚颜无耻。"[5]122王路说出了巴尔扎克当时的感觉："凭第一眼，他的直觉告诉他这是一位贵族女子来的信，否则便不会有这样隽秀的字体、细致的火漆封口以及神秘的英文签名。信中那含蓄委婉的指责与批评并不能掩藏写信人的惊奇与钦佩。巴尔扎克热血奔涌，双目放光。这是一位贵族女子，而且是已婚的女子，因为她对婚姻似乎很了解，如果她能是一位有钱而独居的女子，岂不意味着他的浪子生涯有了依托？这是一次机会，不可失去。"[7]139之后，"她告诉巴尔扎克，如果他能在她接待自己密友的那天到瓦朗纳街来拜访她的话，她会十分高兴。毫无疑问，巴尔扎克朗声大笑了起来，笑声中充满了成功的喜悦，也带着些许的自豪。"[4]44巴尔扎克是绝对不会放过这千载难逢的机会的，"德·卡斯特里夫人是圣日耳曼区贵族圈子里地位最高的宫廷命妇，是贵族中的贵族。……对巴尔扎克来说，她可以把自己领进曾在德·贝尔尼夫人的记忆中匆匆一瞥过的那个世界，她带着神秘的微笑欢迎他的到来。"[4]44巴尔扎克的非凡想象力被激发了起来，他"知道来信者的真实身份后，就像背上长上翅膀，急于相见。侯爵夫人邀他相见。这是市郊贵族向他敞开了门。"[5]123一旦追求卡斯特里夫人成功，巴尔扎克就可以离开贝尔尼夫人了。"由于年龄的差距，他跟德·贝尔尼夫人之间的关系已经被蒙上了一层苦痛，他从未得到过完满的幸福。这种关系即将结束，然而，即使是在这种关系破裂之后，两人注定仍然会心灵相通，一种深沉、持久的感情把两人牢牢地拴在了一起，这是绝对不会被割断的。尽管如此，这一时期巴尔扎克正在计划着另一次大胆的征服游戏，这要比他最远大的志向还要精彩。于是精彩的游戏继续下去，半是嬉笑，半是严肃。"[4]44王路提到了巴尔扎克任自己想象力驰骋的情景："这是个落魄的女子，一定需要爱，需要一个真正倾心的男子，那他不就是合适的人选吗？巴尔扎克总是让自己天才的想像（象）力四处横溢，这一次，他又滥用了一回。一幅美妙的蓝图在吸引他，他火热的毅力与情感立时爆发出来。他向这个寂寞中的女子展开了热烈的情感攻势，想一举占领这座历史久远的城堡，但等待他的却是一场注定失败的攻坚战。"[7]141但要去见贵夫人需要好好打扮一番，巴尔扎克预支了一些稿费。"他卖了几本未来的书，就换来了他需要的钱币，接着便是疯狂地采购：衣服、车子、马匹、仆人的号衣等等。"[7]142

果然不虚此行。"当他第一次到侯爵夫人家时，她那纯白的肤色、橙黄的头发、谈吐的风韵十分使他着迷。……他想，在法国能有这么大名声的情人，真使他有点晕头转向。……整个巴黎的人都认识她和羡慕她，因此他想征服她，并在名人的台阶上更上一层楼。"[5]123王路说出了卡斯特里夫人是情场老手："她曾是社交场中的皇后，很熟悉女人笼络男人的技巧和手腕。所以，她总能将自己和巴尔扎克的距离控制在若即若离、冷热适度的范围内，既能对这个鲁莽的男人顿生诱惑力，又可以拒他于千里之外。"[7]143巴尔扎克与德·卡斯特里夫人从艾克斯到了日内瓦。"侯爵夫人由于回忆起拜伦的往事，暗地里飞吻了他，这使巴尔扎克恢复了一点信心。但不久，她又恢复常态，并以斩钉截铁口吻向他表示，她永远不会属于他的。"[5]143爬得高，摔得狠，巴尔扎克终于迎来了这场疯狂追逐的悲惨结局。"他真正的怨恨是发泄在纸里，写了一篇《贝那西斯医生的忏悔》，准备插入《乡村医生》一书中。书中的主人公承认，他之所以要避开这个世界，那是因为铁石心肠的女人使他失望"[5]143。巴尔扎克又改变了主意，"这段满怀怒火的抱怨没有写在《乡村医生》的文字里，"巴尔扎克构思了另一部小说，"书里写的是朗热公爵夫人，实际上是惩罚瞧不上他的德·卡斯特里侯爵夫人。"[5]144他与德·卡斯特里夫人本来计划去意大利旅行。"就巴尔扎克而言，这次快乐的旅行注定就在日内瓦结束了。……这次经历留下的一道伤口，五年后才愈合。他痛苦万分，从《乡村医生》的字里行间我们能听见这次苦痛经历的回响，'对于一颗受伤的心来说，只有黑暗和静寂。'他为了报复德·卡斯特里夫人，写了一部叫《兰吉斯（朗热）公爵夫人》的作品，故事讲述了一位社交界名媛如何通过折磨一位敏感、热忱的绅士而寻开心的故事。"[4]52

在这期间，巴尔扎克还下了很大的工夫去追求卡罗琳·德贝鲁克男爵夫人，"她的优点是年轻，寡居，而且有一大笔财产。她在萨谢，是德·马尔戈纳的邻居。……如果他娶了她，他就可以清偿一切债务，那些出版商都会拜倒在他脚下。"[5]125但最后并没有成功。

1832年7月，巴尔扎克把《路易·朗贝尔》的书稿拿给德·贝尔尼夫人看，她回信"恳求巴尔扎克在表现主人公的雄心壮志时要谦虚些，尤其是在表现他自己的雄心壮志时更应如此。"[5]130

巴尔扎克在说到贝尔尼夫人那感人的形象以及他同她之间的亲子关系，他的描写基本上是符合实际的。这"既是永恒的关系，又是破裂的关系。"[13]219巴尔扎克在《幽谷百合》中写道："这种欢乐，……能牢牢地拴住年轻人，使他们眷恋比自己年长的女人；不过，这种恋情犹如苦役犯的锁链，能给心灵留下不可磨灭的印迹，使人产生先入之见，不待领略就厌恶了清新纯真的爱情……"[2]470贝尔尼夫人读到这样的文字会是怎样的感受呢？她病得很重，一个月内简直衰老了20岁。

1835年10月19日，巴尔扎克"赴布洛尼埃尔给贝尔尼夫人朗读《幽谷百合》，并在此完成《豌豆花》的写作。这是巴尔扎克最后一次和贝尔尼夫人见面。"[9]228

巴尔扎克带着女扮男装的卡罗琳娜去意大利旅游，他一回到巴黎，就接到了噩耗：贝尔尼夫人已于1836年7月27日去世。"巴尔扎克拆开旅意期间在巴黎堆积的信件时，突然注意到1836年7月27日发自纳穆尔的信件。这封信发出的时间是他和'马塞（赛）尔'出发的前夕。写信人具名亚历山大·德·贝尔尼，这封信已等了他3个多星期了。"[5]232来信告知了德·贝尔尼夫人的死讯。她死前最后的乐趣就是重读《幽谷百合》中的颂词："她岂止是我的心上人，而且成为我最爱的人了。……她在我的心目中……成为伟大思想之母、解救危难的未知因素、走向未来的助力、黑夜的明灯，……她给了我柯利尼那种坚韧不拔的精神，以使我转败为胜，拖垮并战胜最强大的对手。"[2]391-92只有在贝尔尼夫人死后，巴尔扎克才真正地感觉到自己的失去。他在给路易丝的信中写道："……每当我在生活中遇到雷雨风暴，她都用她的言语、行动和忠诚的心给我以支持。我是仗着她活下来的，她是我的一切。……她一直在影响着我，她是我精神上的太阳。《幽谷百合》中的莫尔索夫人只不过是她身上最微不足道的优点的苍白写照，同她本人相去甚远。"[16]332王路这样提到巴尔扎克与贝尔尼夫人之间多少有些畸形的恋情以及贝尔尼夫人的无限付出："不可否认，这是一次始于通奸的恋情，但是从这个丑恶的蛹中化出了美丽的蝴蝶——它塑造了我们的天才。贝尔尼夫人站在了巴尔扎克身后，伸出一双温柔的手为他遮挡了许多寒风苦雨。他们的恋情逐渐淡化成友情，但贝尔尼夫人的一双手却从没有缩回去，她始终在关心着巴尔扎克，为他投资，为他还债，为他抚平心中的创痕。"[7]67

贝尔尼夫人在巴尔扎克生命中的位置是无人能够替代的。"贝尔尼夫人的逝世给巴尔扎克的打击是巨大的。她走了，无法再保护他了，鼓励他了。虽然在乌克兰有他的情人，在巴黎有他的情人，但是，在他的生活中，还没有一个女人能够完全取代贝尔尼夫人的位置，他感到了一种从未如此强烈的孤单。"[10]252

1830年，巴尔扎克在《论艺术家》一文中就曾深有感悟地写道："如果有值得世人感恩不尽的功绩，那就是某些女性为爱护这些光辉的天才——这些可以左右世界而自身不得一饱的盲者——所表现的至诚和忠心。"[15]19

（三）洛尔情结的终结

1825年，巴尔扎克开始移情别恋洛尔·德·阿布朗泰斯公爵夫人，这是巴尔扎克生命中最后一个洛尔，她终结了巴尔扎克的洛尔情结。有人曾经告诉德·阿布朗泰斯公爵夫人，说巴尔扎克已经"陷入柔情的羁绊"，影射他与贝尔尼夫人的关系，巴尔扎克则辩解道："如果说我有长处的话，那就是强悍……受制于人是我无法忍受的，我不接受任何屈从的地位。在这一点上，我可以说是一个名副其实的野人。"[12]111美人儿总是喜欢野人的，而他那些独立不羁的言论更能激起女人想要征服他的欲望，这正是他所希望的。

德·阿布朗泰斯公爵夫人是拿破仑部将朱诺元帅的遗孀，曾做过奥地利首相梅特涅的情人。王路说："首先是她比贝尔尼夫人要年轻，整整小8岁，尽管还长巴尔扎克15岁，但她足可以凭借这点来打倒贝尔尼夫人了。不错，巴尔扎克是喜欢比他大的女人，但决不是喜欢那种已过更年期的老女人。其次，阿布朗台丝（泰斯）夫人有比贝尔尼夫人更显耀的家世。她是……帝国时代的女子，目睹过那个时期历史的秘密。不用说她的公爵夫人称号会令巴尔扎克狂热不已，单是她亲近过拿破仑这一点，便会让天才钦慕万分了。"[7]129巴尔扎克与德·阿布朗泰斯的恋爱也是惨淡收场，也许他真爱的只有贝尔尼夫人，他只对德·阿布朗泰斯公爵夫人的肉体和地位感兴趣，而这些是很难持久的。"如果说在1828年他们之间的交往还有情欲色彩的话，在这以后就暗淡下去了，直到老死不相往来的程度。不过，巴尔扎克还是应当感谢这位夫人，不仅是为了那些一手的历史资料，而且还因为她曾不遗余力地将他介绍给当时的文人圈子。"[7]130巴尔扎克曾帮助德·阿布朗泰斯公爵夫人写《回忆录》。她的回忆以及她给巴尔扎克介绍的许多朋友，对作家认识帝国时期的历史大有裨益。

德·阿布朗泰斯公爵夫人同巴尔扎克夫人、絮尔维尔夫人和贝尔尼夫人同名，也叫洛尔。"4个洛尔对一个男人来说是太多了！为了与其他人相区别，巴尔扎克重新命名。"[5]79巴尔扎克给她起名叫玛丽。贝尔尼夫人为巴尔扎克的负心行为心痛欲裂，她禁止他同另一个洛尔接触。"在一段时间里，这个脚踏两只船的情人在两个女人间摇摆不定。一个就像拿破仑时代英雄史诗录，另一个有真诚的爱和富裕的银行界的关系。最后，理智和感激战胜了他。但是，为了对借贷款子的身份不高的债主而牺牲了代表历史的情人，他感到有些遗憾。"[5]82迫于选择，他只好同洛尔·德·阿布朗泰斯暂时分手。这引起她在信中以蔑视的语气作出了强烈的反应。1826年，阿布朗泰斯公爵夫人致信巴尔扎克："我是个女人，请对我保持一切男人对上帝的最后造物应有的起码礼貌。假如您懦怯到竟然屈从于一道禁令，那真是个可怜的男人！比我想象的还要可怜。"[12]116-17

他们分手了两年，之后巴尔扎克又回到公爵夫人身边，但是性欲和情欲并不就是爱情。巴尔扎克曾经说过，男人和女人可以不失体面地陷入好几种情爱，因为追求幸福是十分自然的事情。不过，他又认为人一生中只有一次真正的爱情。这唯一的爱情，他在同贝尔尼夫人的关系中模糊地感觉到了。她既妩媚又聪明温柔，她培养他，启发他，指引他。没有她，巴尔扎克的天才也许永远得不到发挥。

1828年7月22日，巴尔扎克致信德·阿布朗泰斯公爵夫人："我养成了一种倔强的刚毅性格、一种对一切具有您所不能设想的枷锁意味的东西的厌恶心理。……您竟以为我是受人操纵，不然也是有人对您说我受人操纵！荒谬之至。"[15]108巴尔扎克这是想复合的节奏。"世上谁也没有我这么憎恨枷锁的，就是您在信里想谈起的枷锁。"[15]108-09接下来巴尔扎克又过了一段脚踏两只船的时间。"奥诺雷对泪流满面的迪莱塔（对贝尔尼夫人的爱称）安慰体贴一番，但并不因此抛开热情奔放的公爵夫人。他模糊地感到，这两个女人相互补充各有其长，都是他平衡生活所必需。对他来说，德·贝尔尼是天上的圣餐，而达（阿）布朗泰斯夫人则是地上的圣餐。甚至可以说，他既哄骗了第一个，又哄骗了第二个，他并未真正感到有什么过错。他希望迪莱塔接受他的偶尔的荒唐行径以换得他对她那种脱离肉欲的爱情。……在他看来，在两个女人的如此不同的情欲中来来往往，那是他艺术家的作风。他想，一个作家有权利，甚至有义务有尽可能多的艳遇、很多错综复杂的感情经历。如果只是审慎从事，那拿什么来做写小说的题材？那些倾心于他的女人算是倒霉！她们为那些阅读他作品时发痴发呆的女读者付出了代价。"[5]95

贝尔尼夫人在信中对巴尔扎克说道："我不相信这个女人能够或者愿意对你有所帮助……她不会乐意的，你在凡尔赛不会交到好运，她不过是不乐意让你离开她而已。"[12]140此话应验了，后来巴尔扎克还是与洛尔·德·阿布朗泰斯分了手。

1831年10月5日，巴尔扎克又开始移情别恋了，他致信卡斯特里夫人："我这本书（《婚姻生理学》）的意义，就在于把妇女所犯的一切错误，全部归在丈夫身上。一言以蔽之，等于一次大赦。……目前我做独身汉，如果以后结婚的话，我要娶就娶一个寡妇。"[15]112巴尔扎克对这本讨好女性读者的作品自我感觉良好："我只是历史家，故事的叙述者，道德从来没有像在这本书里那样受到尊重和夸耀。"[15]113

1838年巴尔扎克外出归来，传来的是洛尔·德·阿布朗泰斯的死讯，阿布朗泰斯公爵夫人的去世宣布了巴尔扎克洛尔情结的终结。

两个月以后，巴尔扎克致信韩斯卡夫人："您一定在报上读到了可怜的德·阿布朗泰斯夫人悲惨的结局。她同帝国覆灭一样悲惨地死去。有朝一日我要向您详细介绍这个女人，这故事将伴随我们在威尔卓尼亚庄园度过一个美妙的夜晚"[1]368。当年被他苦苦追求过的情妇的一生，如今竟然成了一个"美妙的夜晚"茶余饭后的谈资，这种语气无耻至极。

三、洛尔情结对巴尔扎克写作事业的意义

洛尔情结对巴尔扎克一生的创作都产生了影响，他始终在为一项极其庞大的计划而奋斗，其规模之大，任何超人的力量也难以完成。

关于母亲，巴尔扎克在《幽谷百合》《路易·朗贝尔》等多部作品中写到了她缺少温情。

巴尔扎克很多作品里都留下了妹妹洛尔的影子。1820年，巴尔扎克开始写一本小说《斯坦妮或哲学的错误》。巴尔扎克在斯坦妮身上倾注了他对妹妹洛尔的感情，他们兄妹之间除了手足之情外还存在着一种纯洁的、不可抗拒的脉脉温情。巴尔扎克的计划中有一部小说要描写两姊妹，姐姐就是洛尔，妹妹是巴尔扎克的二妹妹洛朗丝。

《公务员》起初的构思是要写洛尔·絮尔维尔的故事。赛莱斯蒂娜嫁给了公务员拉布丹，财政部的一个处长。每天早上她穿着便袍，趿着旧拖鞋，披着头发料理家务。然而有一天厚颜无耻的财政部秘书长克莱芒·德·吕卜克斯突然闯入赛莱斯蒂娜家里，发现衣冠不整的女主人格外妩媚动人。德·吕卜克斯手中掌握着拉布丹的前途和命运，越发肆无忌惮起来。这个家庭主妇就是妹妹洛尔的形象。

而在创作之初，巴尔扎克却屡经挫折，是妹妹洛尔和贝尔尼夫人一直在支持着他。巴尔扎克在图尔农街几乎每天都与贝尔尼夫人会面。她教给他有关社交界的常识，并谆谆告诫他如何在上流社会应付裕如。巴尔扎克作品内容如此丰富，思路如此开阔，与贝尔尼夫人的机智引导和发掘是密不可分的，她是第一个发现他的天才的人。王路说："可以说没有这初次的爱情，就不会有他以后的《婚姻生理学》以及《人间喜剧》中的众多场景，不会有他对那些幽怨女子特别是30岁以后女人的心灵世界的真切把握。"[7]67

在《三十岁的女人》中，老于世故，看破红尘的哀格勒蒙夫人有几段自白，这是"贝尔尼之歌"的光辉照亮了巴尔扎克的思想。《幽谷百合》这部小说不只反映了巴尔扎克对母亲的种种怨恨，而且综合表现了贝尔尼夫人对巴尔扎克的多方面的影响。费利克斯将要进入宫廷——这个他连语言都不甚熟悉的陌生世界时，亨利埃特写给他的那封"教诲信"充满了对整个社会和政治的深刻见解，这就是贝尔尼夫人的形象在作品中的再现。阿尔贝总结道："巴尔扎克把她身上的一些特征安在了自己作品中最高贵的女主人公身上，她先后成为菲尔米阿（亚）尼夫人、小说《幽谷百合》中的德·莫尔索夫人和小说《路易·朗贝尔》中的波利娜的原型。在同德·韩斯卡夫人的通信中，他常常提到她，而且字里行间总带着一种尊敬和感激之情。"[4]28王路说："我们的天才从他一生中的第一个女人贝尔尼夫人开始，就矢志不渝地将爱情放到了30岁以后的女人身上，这种女人能够给予他所需要的一切：母亲般的呵护、妻子般的体贴、情人般的热情……这种女人会张开母性的怀抱，静静地等候他这位文学上的苦修者，经过了炼狱般的创作，尽情地投入。所以，那种处子的安宁、纯洁、娴雅打动不了他；他欣赏和追寻的是另一种风格的美，是青春朝花的最后一次灿烂，万丈阳光的最后一抹彩霞；他如同狂热的教徒一样，无数次在作品中歌咏过自己心中的圣母——30岁的女人"[7]126-127。

巴尔扎克通过阿布朗泰斯公爵夫人介绍得到了雷卡米埃公爵夫人的接待，巴尔扎克还结识了督政府时代的时髦妇女福尔蒂内·海默兰，她能给他讲许许多多的浪漫故事。在莎菲·盖依的客厅里，聚集着一批年轻的浪漫派，她也接待巴尔扎克，使他听到大量的趣闻轶事和精辟的议论。这些，都构成了他日后创作的丰富的素材。"这间出了名的房间里，挂着海绿色的锦缎，完美地衬托出德尔菲娜（即莎菲·盖依）的金发和白皙的皮肤。"[4]45特罗亚写道："他的兴趣游移在名人们出入的沙龙和那些他可以引以为荣的漂亮女人之间。这些女人对他都有吸引力。有多少张面孔，就有多少个秘密可探求。他希望自己有百倍的漂亮，有百倍的手腕去诱惑她们。"[5]98巴尔扎克在《私人生活场景》初版跋中说，他"在读这本书（《阿那托尔》）时，觉得在三行文字里找到了《苏镇舞会》的主题。"[17]200《阿那托尔》是莎菲·盖依夫人于1815年发表的作品，被巴尔扎克用来构思他的《苏镇舞会》的基本情节的那3行文字是："请用对V夫人的回忆来使你的遗憾之情平静下来吧！V夫人一次住在旅店里，旅店失火，她被一位美男救出。她爱他爱得发了疯。有一天她到里昂的一家店铺里去买缎子长裙裙料，见她的救命恩人正和蔼可亲地给顾客看料子。假如没有这件事，那个男子很可能成为她一生中爱恋的对象。"[17]200巴尔扎克接下来又说："不巧他最近才读到《阿那托尔》，其时他的场景已经写就。"[17]200不可能如此巧合，是虚荣心驱使巴尔扎克如此地自我辩护。

在日常生活中，阿布朗泰斯公爵夫人要巴尔扎克帮她写回忆录，获得成功以后却厚颜无耻地否认巴尔扎克为此书出过力。1835年8月，巴尔扎克把《被遗弃的女人》"献给德·阿布朗泰斯公爵夫人"[18]442。公爵夫人在她的《王政复辟时期回忆录》中发表了一篇雷同的故事。巴尔扎克笔下的被遗弃的女人的形象除了阿布朗泰斯公爵夫人外，还有贝尔尼夫人的影子，她们都是《高老头》中的鲍赛昂夫人的原型。

巴尔扎克一生的创作色彩斑斓，而在他的所有文学作品之中有一条中心轴线，那就是洛尔情结，由此向外辐射，形成了他极其丰富的独特的文学世界。

参考文献：

[1]巴尔扎克.《致外国女子的信》第1卷[M]//安德烈·莫洛亚.巴尔扎克传.艾珉、俞芷倩，译.杭州：浙江大学出版社，2014.

[2]巴尔扎克.幽谷百合[M]//《人间喜剧》第19卷.李玉民，译.北京：人民文学出版社，1997.

[3]李清安.巴尔扎克[M].北京：北京师范大学出版社，1983.

[4]阿尔贝·凯姆、路易·吕梅.巴尔扎克传[M].高岩，译.南昌：江西教育出版社，2014.

[5]特罗亚.巴尔扎克传[M].胡尧步，译.北京：商务印书馆，2013.

[6]丽列叶娃.巴尔扎克年谱[M].王梁之，译.北京：作家出版社，1962.

[7]王路.巴尔扎克传：未完成的雕像[M].石家庄：河北人民出版社，1999.

[8]黄晋凯.巴尔扎克长短录[M].桂林：漓江出版社，2018.

[9]艾珉.巴尔扎克传[M].北京：华文出版社，2017.

[10]李胜凯.巴尔扎克传[M].北京：世界知识出版社，2001.

[11]巴尔扎克.家书集[M]//安德烈·莫洛亚.巴尔扎克传.艾珉、俞芷倩，译.杭州：浙江大学出版社，2014.

[12]巴尔扎克.《通信集》第1卷[M]//安德烈·莫洛亚.巴尔扎克传.艾珉、俞芷倩，译.杭州：浙江大学出版社，2014.

[13]安德烈·莫洛亚.巴尔扎克传[M].艾珉、俞芷倩，译.杭州：浙江大学出版社，2014.

[14]巴尔扎克.论艺术家[M]//《巴尔扎克全集》第27卷.袁树仁，译.北京：人民文学出版社，1997.

[15]巴尔扎克.通信集[A]//苏成全.巴尔扎克研究（专题资料）[M].西安：陕西师范大学学报编辑室，1980.

[16]巴尔扎克.《通信集》第3卷[M]//《巴尔扎克全集》第27卷.袁树仁，译.北京：人民文学出版社，1997.

[17]巴尔扎克.《私人生活场景》初版跋[A]//《人间喜剧》第24卷[M].袁树仁，译.北京：人民文学出版社，1997.

[18]巴尔扎克.被遗弃的女人[M]//《人间喜剧》第3卷.黄晋凯，译.北京：人民文学出版社，1997.

第三章 友情与献词

约瑟芬·德拉努瓦夫人是心甘情愿被巴尔扎克利用的朋友。被巴尔扎克利用的友谊几乎涉及到所有他可以向他们借钱的人。住在雅尔迪时，他甚至向自己的园丁借了600法郎。"有一天，莱昂·戈兹朗很吃惊地看见奥诺雷蹲在院子里，不敢到小树林里去散步，怕的是遇见债主中地位最低的看园子工人。这种穷极潦倒的境况又迫使巴尔扎克去搞戏剧。"[1]262

巴尔扎克《人间喜剧》的献词中绝大部分关乎友谊，有的属于与韩斯卡夫人或贝尔尼夫人的恋情的延伸性友谊，有的属于写作事业上的朋友、日常生活中的朋友（有世交，也有经常在经济上赒济巴尔扎克的老朋友）、旅途中结识的朋友和一些当代国内国外名人，只有少数几篇献词无从了解他与题献对象的具体关系。巴尔扎克通过这些献词表达与题献对象的具体友谊，有的是希望题献的对象对作品予以保护或赏识，有的是为了给对方以光荣，有的献词还进一步阐明作品写作的具体意图或所使用的写作方法，这些对于研究巴尔扎克的生平创作都有一定的价值。

《人间喜剧》中，除了《石榴园》（第3卷）、《法西诺·卡讷》（第11卷）、《德·拉尚特里夫人》（第15卷）、《初入教门》（第15卷）、《阿尔西的议员》（第16卷）、《沙漠里的爱情》（第17卷）、《乡村教士》（第19卷）、《夫妻生活的烦恼》（第23卷）、《风雅生活论》（第24卷）、《步态论》（第24卷）和《论现代兴奋剂》（第24卷）等11篇作品没有献词以外，其余的作品都有题献，而且绝大多数情况下有明确的题献对象。其中与亲情有关的献词8篇，与爱情有关的6篇，其余的则关乎友情。

1833年9月26日，"巴尔扎克同韩斯卡夫人在纳沙台尔初次会面。"[2]32之后两人之间通信频繁。"巴尔扎克致韩斯卡夫人书信四卷集（在1899—1950年间发表），是作家自1833年至1847年间的一部独特的日记，是研究他的生活和创作的珍贵资料。巴尔扎克把中篇小说《塞拉菲达》（1835）和长篇小说《谦逊的密尼永》（1844）献给韩斯卡夫人。"[2]30

巴尔扎克与题献对象的关系错综复杂，总体上呈现出碎片式特征，各类朋友，不一而足，表现出巴尔扎克交游甚广的多方友情。

一、爱情的延伸

巴尔扎克与韩斯卡夫人的恋情长达18年，爱屋及乌，巴尔扎克把《比哀兰特》献给韩斯卡夫人的女儿安娜·德·韩斯卡："亲爱的孩子，你是全家的欢乐，你身穿白色或粉色的披肩，就像夏日里威尔卓尼亚的树丛中飞来飞去的蝴蝶，受到父母的亲切关注，……书中的不幸，对你这样可爱的姑娘来说，是永远不会有的，因为你美丽的双手能逢凶化吉。……当你读到你的老朋友寄给你的故事时，也许会明白你是多么的幸福。"[3]5安娜时年十一岁。长大结婚之后，她依然是巴尔扎克的好朋友。安娜特别喜欢奢侈购物，即使母亲把几乎全部的财产都转移到了她的名下，她的挥霍也使丈夫感到很紧张。

巴尔扎克把《柯内留斯老板》献给安娜的未婚夫乔治·莫尼泽伯爵："有的心胸狭窄的人，看到本页上一个萨尔马特人最古老、最著名的名字赫然在目，也许会以为，我像当今金银器业流行的奇想一样，试图给一件旧首饰重新加工，但您，亲爱的伯爵，还有另外几位朋友会明白，我是想在这里偿还我对才能、思念和友谊所欠下的情分。"[4]594韩斯卡夫人、安娜、莫尼泽和巴尔扎克四个人曾在一起度过非常快乐的时光，他们都给自己起了喜剧性的名字，巴尔扎克叫比尔博盖。

贝尔尼夫人比巴尔扎克的母亲大一岁，但她是巴尔扎克最早的恋人，她与巴尔扎克相恋12年。巴尔扎克把《菲尔米亚尼夫人》献给亚历山大。[5]138王路说，巴尔扎克在这部作品中对贝尔尼夫人极尽了赞扬，"为心中的天使唱出了醉人的情歌"[6]65。亚历山大是贝尔尼夫人的第六个孩子，比巴尔扎克约小10岁，两人的关系一直十分密切。

二、事业上的朋友

巴尔扎克把一些献词送给在写作事业上对他有帮助的人，或者是徽章学家，或者是为他画过肖像的画家、塑造过雕像的雕塑家，更多的是送给在文学事业上与他同气相求的人。

作者把《外省的诗神》献给费迪南·德·格拉蒙伯爵先生，"亲爱的费迪南：……您是《风俗研究》的家徽之王；构成《人间喜剧》中贵族的百家，纳瓦兰家族，卡迪央家族，朗热家族，布拉蒙-绍弗里家族，绍利厄家族，阿泰兹家族，埃斯格里尼翁家族，莫尔索家族，瓦卢瓦家族，多亏了您，才有了他们美妙的铭言和充满智慧的家徽。……《为〈风俗研究〉设计的贵族家徽》一书是部完整的法国徽章史，一无遗漏，甚至帝国时期的徽章也未遗漏。我要将这本书，作为埋头钻研和饱含友情的巨著永远保存。……您这位诗人（格拉蒙曾发表过一些诗剧）将大大有助于我的事业，在我这部浩瀚的肖像集中，千百个细节都将显示对您的忠诚和深厚情谊！"[7]54-55费迪南·德·格拉蒙伯爵的《为〈风俗研究〉设计的贵族家徽》一书所提供的家徽和格言为巴尔扎克帮了大忙，《人间喜剧》中常常用较多的篇幅来介绍各个贵族家庭的家徽和家徽上面所刻写的铭言。

巴尔扎克把《三十岁的女人》[8]393题献给画家路易·博尔热。据李清安介绍，巴尔扎克住在卡西尼街时博尔热住在楼下，"二人情投意合，常来常往。"[9]129 1836年博尔热曾为巴尔扎克画一肖像：巴尔扎克身穿修道士式睡袍，交叉双臂站立着。1837年3月1日展出，现藏凡尔赛博物馆。巴尔扎克对这幅画非常满意，认为画出了他不屈不挠的意志和性格。《人间喜剧》第4卷的前面附有这幅肖像。可以说，这幅肖像是对巴尔扎克事业和性格的双重肯定。1836年9月30日，巴尔扎克在给韩斯卡夫人的信中说："……我感到满意，布朗瑞（博尔热）能够把握住的正是顽强，象（像）在高里尼和彼得大帝身上所表现的那样，而这正是我的性格的基础——对未来的确信。"[2]44-45据艾珉记载，1837年3月1日，这幅"画像在巴黎展出。"[10]231

《图尔的本堂神甫》献给雕塑家大卫："我把你享有两代盛誉的大名题在拙著的篇头，而拙著的寿命还颇成问题；你把我的名字镌刻在青铜上，即便铜章铸造得十分粗糙，青铜却是与世长存的。后世的奖章学家们将在巴黎的灰烬里发现多亏你才名垂千古的人物，并想通过这些人物了解已往的朝代，……"[3]168大卫·德·昂夏，法国雕塑家，曾做过两枚巴尔扎克头像，一幅巴尔扎克素描和一尊巴尔扎克半身大理石像。1842年11月21（黄晋凯说20）日，大卫在雨果家晚餐时"向巴尔扎克提出为他作（做）一个大理石的胸像（半身像）。"[5]493最后于1844年年底做成。据黄晋凯记述，1845年1月12日，大卫"邀请巴尔扎克看他创作的作家半身雕像。"[11]290青铜复制品现坐落在拉雪兹神甫公墓的巴尔扎克墓上。

《奥诺丽纳》"献给阿希勒·德韦里亚先生以表深情怀念"[2]62。这是一位法国画家，雕刻家，1825年，他曾为巴尔扎克出版的"莫里哀和拉封丹一卷集作插图，他后来成为巴尔扎克的挚友。"[2]12

1842年1月20日，巴尔扎克把《两个新嫁娘》献给乔治·桑，题词是：

"亲爱的乔治，此书不能为您添加丝毫光彩，倒是您的大名将神奇地为拙作增光；……尽管工作繁忙，社会上又有恶语中伤；尽管我们远游他乡，阔别多年，而我们之间却依然存在着真正的友谊。无疑，这种感情永远不会改变。……对了解您的人来说，能象（像）我此刻这样自称为您的朋友，不就是一种幸福吗？"[12]3-4这篇献词是巴尔扎克于1840年6月写于巴黎。他们于1831年八、九月间结识，乔治·桑在文学领域的声誉是他们最终成为密友的真正原因。"他自始至终珍视同乔治·桑的友谊。"[2]23李清安说，巴尔扎克《贝阿特丽克斯》的题目和内容"都是乔治·桑提供的。……在《人间喜剧》多灾多难的创作过程中，乔治·桑给巴尔扎克很大的支持。"[9]169-70王路写道："奥诺雷·德·巴尔扎克，这位滚滚红尘中命妇红颜的心灵倾听者，无疑是一位人类心理暗藏世界的审判者。丹麦大批评家勃兰兑斯说过，乔治·桑喜欢描写像植物一样的人类的枝叶、躯干，它们在热烈的阳光下美丽动人，而对于泥土下的黑暗，她则漠不关心了；那是巴尔扎克的世界，他和他的乔治兄弟所关心的正相反，他描写的是人类的根，是这种高级生物华丽外表下的私欲，是在性欲、权欲与物欲困扰下的罪恶与挣扎。所以，他不能赞同乔治·桑的艺术观念，当然，后者对他的作品也颇有微辞。但这并没有妨碍他们成为肝胆相照的朋友，而且只能是朋友。巴尔扎克不符合这位喜欢穿男人裤子的妇人对情人的要求，所以他没有在她的情人名单上和于（儒）勒·桑（多）、缪塞、圣勃甫（夫）、肖邦等并列，当然也没有出现过她和这些人之间的类似决裂。作为朋友，他们是始终的。巴尔扎克明白这一点，所以很自觉地把他们的交往限定在'兄弟'区间内。"[6]136

《阿尔贝·萨瓦吕斯》"献给爱弥儿·德·吉拉尔丹夫人"[13]487。据丽列叶娃记载，"从1829年起巴尔扎克开始与艾米勒·日（吉）拉尔丹交往，这是一个十分走运而又不择手段的记者，他把报刊变成了一笔有利可图的交易。"[2]16这是《幻灭》中斐诺的原型。巴尔扎克的作品曾经在吉拉尔丹先生办的杂志《新闻报》上发表，于是他成了吉拉尔丹一家的朋友。不幸的是，巴尔扎克不只自己乘坐自备的豪华马车出过车祸，吉拉尔丹夫人坐他的马车出行，也曾颠覆路旁。"《欧也妮·葛朗台》销路极好，读者们热烈颂扬。德尔芬·德·吉拉尔丹写道：'欧也妮·葛朗台非常可爱，还有大个子拿侬，葛朗台老爹，真是天才，天才。喔！伟大的巴尔扎克！！！我妹妹 、我母亲，还有我，我们全家都着迷了。您的作品中没有一部像这样成功的。快来看看我们，听大家讲讲对您的感想……'"[14]246-47

《高布赛克》献给巴尔苏·德·邦荷恩男爵："……原旺多姆中学的全体学生中，在文坛上重逢的，大概只有我们两人。你致力于写作有关德国哲学的美妙著作时，我们曾经相见。当时我正在创作的作品，就是这一部。现在我将它献给你，说明我们两人都实现了自己的志愿。别人将你的名字写到这本书上感到快乐，你在这里看到你的名字，也一定和那个人感受到同样的快乐吧？"[15]585这位旺多姆中学时期的同学曾在军界服务，复员后致力于哲学研究，于1836年发表《从莱布尼茨到黑格尔的德国哲学史》。

《无神论者望弥撒》"献给奥古斯特·博尔热"[16]361。博尔热是法国画家，经朱尔玛·卡罗介绍与巴尔扎克结识，巴尔扎克想利用他合作剧本。

《妇女再研究》献给莱翁·戈兹朗，"以表文学同行之谊"[17]644。这是巴尔扎克的友人，曾写过两部回忆巴尔扎克的作品。

《耶稣降临弗朗德勒》献给玛瑟莉娜·代博尔德-韦莫尔："……您是弗朗德勒的女儿，您是弗朗德勒人的当代光荣之一"[18]341。这是一位法国女诗人，生于杜埃。1833年秋天，巴尔扎克与她建立了友情。《耶稣降临弗朗德勒》便是为她写的一个短篇。

1842年10月，《幻灭》献给维克多·雨果："先生，您兼具拉斐尔和皮特之天赋，在常人还渺不足道的年纪，已成为鼎鼎大名的诗人；……时人认为本书既是真实的故事，亦为胆识的凭证，现谨奉献于您，但愿阁下的赫赫盛誉有助于这部作品蜚声文坛。……"[19]3 1828年年初，"巴尔扎克通过艺术家吉维里阿结识了维克多·雨果。"[2]13据丽列叶娃记载，1843年，"在初版的《人间喜剧》第8卷中，第一次全部发表了长篇小说《幻灭》，署有献给维克多·雨果的题词。"[2]53雨果很年轻的时候就成了法国著名诗人、法国文学界领袖和法兰西学院院士，巴尔扎克对此羡慕不已。1829年7月10日，"巴尔扎克第一次出席了在诗人雨果家举行的作品朗诵会。此后，他经常在各种文艺沙龙和作品朗诵会上抛露头角，并相继结识了作家雨果、梅里美、大仲马、贝朗瑞、缪塞、乔治·桑、戈蒂埃（耶），批评家圣-佩韦，画家德拉克洛瓦，音乐家罗西尼等知名人士。在共同的事业中，他和许多文学艺术家结下了深情厚谊。"[11]21 1839年7月，"维（克多）·雨果为文学家协会的事情到扎（雅）尔迪访问巴尔扎克。"[3]245在巴尔扎克生命垂危之时，雨果不止一次前往看望巴尔扎克。据丽列叶娃记载，雨果曾于1850年7月初，"探视病中的巴尔扎克。"[2]82又于8月18日晚9时左右，"探视弥留时的巴尔扎克。"[2]82后来在巴尔扎克葬礼上雨果作了最充分肯定巴尔扎克的演讲。

《搅水女人》献给法兰西学院院士，兵工厂图书馆馆员夏尔·诺迪耶先生："……你对我们的时代明察秋毫，你的大作对时代的思考富于哲理，鞭辟入里，力透纸背；你对四种不同的政治制度（即君主专制政体、大革命、拿破仑帝国和王政复辟）在我们思想中所引起的混乱比谁都看得清楚。所以我把这部历史记实交给具有真知灼见的权威，以求保护，或许你的大名能使这部著作免受非难，因为这样的书引起非议在所难免……"[14]475巴尔扎克自己想成为法兰西学院院士，他就不得不尽可能寻找支持者和在投票时可能会投他一票的人，诺迪耶就是巴尔扎克认为除了雨果之外的最合适的支持者。但诺迪耶逝世于1844年，他在生命垂危之际对巴尔扎克说："喂，朋友，您要求我投您一票，而我却把席位让给您。我已经离死期不远了"[2]66。1月27日，"巴尔扎克的挚友、小说家、批评家夏尔·诺迪耶去世，巴尔扎克参加了29日的葬礼。"[11]288他对诺迪耶"始终十分尊敬"[14]558。这样，1849年1月11日，法兰西学院投票填补夏多布里昂死后空缺的位子时诺迪耶已经无能为力。维克多·雨果就座以后，昂比和邦日维尔凑到他耳边问道："巴尔扎克，是吗？"雨果答道："不错！"两个候选人中，结果是诺阿依获得二十五票，巴尔扎克四票，两张废票，一票弃权。八天以后，再次投票填补瓦图空出的位子。巴尔扎克获得两票：雨果和维尼。[14]558

《驴皮记》"献给科学院院士萨瓦里先生"[20]3。萨瓦里是法国天文学家、数学家、科学院院士，巴尔扎克的朋友。

《纽沁根银行》献给珠尔玛·卡罗夫人："夫人，您那聪慧与正直的头脑被朋友们视若珍宝。对我而言，您既是最有鉴赏力的读者，又是最宽容的姐妹，难道我不应该把这篇作品敬献给您吗？……"[21]335卡罗夫人一直是巴尔扎克事业上的坚决支持者，而且对巴尔扎克的弱点从不回避地予以正面抨击，这是对巴尔扎克特别重要的一位知己朋友。李清安说："卡罗夫妇先后在安古兰末和伊苏顿（屯）住过，巴尔扎克曾经到他们府上作客，并且在他们的帮助下搜集了必要的素材，写下了《幻灭》和《幽谷百合》等小说。"[9]166巴尔扎克这样评价珠尔玛："你是我的舆论，你给我勇气，使我独善其身。你拔去我园中的莠草。每一次看到你，我都得到一些收获，使我终身受益。"[9]166阿尔贝说："卡罗夫人是对巴尔扎克最忠诚的女人之一，巴尔扎克能跟她说心里话，甚至是那些最隐私的话。当巴尔扎克的行为惹恼她时，她会毫不犹豫地把他带回到自己的工作上去。"[22]49王路说："卡罗夫人像一颗纤尘不染的星辰一样升到了天才作家的心灵图景上，占据着不可超越的地位。她精神的高超、纯美、灵透使巴尔扎克对她没有一丝越轨的想法，而始终保持着柏拉图式的爱情。这在肉欲色彩极强的巴尔扎克身上是极其罕见的。苏（珠）尔玛·卡罗像一股清新的风，吹散迷雾；像一座永恒的路标，指向正途；她是巴尔扎克一生最珍视的女人，其地位可以和贝尔尼夫人相提并论。"[6]130旁观者清，"看得出，苏尔玛比巴尔扎克本人更知道他的天才在哪一方面，知道他为一些无聊的爱情、虚幻的政治，还有危险的商业浪费了太多的精力和热情。"[6]133卡罗夫人为巴尔扎克提供精神和物质上的支持，"她不仅支撑了作家纯洁的精神空间，也为他提供了一间随时打开的小屋，以及一些质朴忠厚的朋友。巴尔扎克会到她那儿去放风，去逃债，不论什么理由，他都不会被拒绝。"[6]135王路说："唯有靠这个女子，他才能将自己定位在一个高高的星座上。"[6]146李胜凯评价到："他知道她的忠告、批评并不含有卑劣的动机，也不是卖弄才情，而是出于对他艺术的不朽精神最诚挚的关怀。她在他的生活中也像贝尔尼夫人一样，扮演了母亲和顾问的角色，只是排除了肉欲的成分而已。"[23]144这是巴尔扎克最为珍视的友谊。"巴尔扎克把他和珠尔玛·卡罗的关系置于所有别的友情之上，认为这种冰清玉洁的异性之间的友谊是不能与其他关系相提并论的。"[23]144珠尔玛·卡罗的督促也使巴尔扎克不断地努力写作，她时刻关注着他，不断地从正面或者反面激励、鞭策着他。

《卡迪央王妃的秘密》"献给泰奥菲尔·戈蒂耶"[24]421。这是巴尔扎克文学上的合作伙伴，曾"帮助巴尔扎克写成剧本《伏脱冷》"[2]41。1845年12月2日-7日，"《新闻报》发表《夫妻生活的烦恼》第25至第38段，并附有由泰奥菲尔·戈蒂耶撰写但未署名的'导言'。"[11]291 1850年6月20日，"巴尔扎克由夫人代笔写信给戈蒂耶。在信的末尾，作家写下一行附言并签名：'我既不能读，也不能写。'这是巴尔扎克留在人世间的最后一行字。"[11]299

《冈巴拉》献给德·贝卢瓦侯爵先生："这里写的是一个值得霍夫曼大书特书的人物，……这个人物，是思想丰富的您有一天早上通过您那如焰火般光芒四射的谈话中时生时灭的千百个念头，掷到我笔下的。……创作《冈巴拉》的是您，我只不过为他穿上了一身衣裳。……"[25]4这位侯爵曾经充当巴尔扎克的秘书，并参与《冈巴拉》的写作。

《萨拉金》"献给夏尔·德·贝尔纳·杜·格拉依"[26]518。这是一位法国文人，也许巴尔扎克与他有过事业上的合作。

《恐怖时期的一段插曲》献给吉约内-梅尔维勒先生："亲爱的老东家，我应当向那些什么都想知道的人们说明，我在哪里学到足够的法律程序，使我能驾驭我的小天地里的种种事务；我应当怀念那位幽默而和善的人，……但是我想，不用我在此当众表明，您也会深知本文作者对您的深厚情谊。"[27]3恐怖时期是指1793年8月至1794年7月雅各宾派实行革命恐怖政策的非常时期。吉约内-梅尔维勒是位诉讼代理人，开办一家事务所。巴尔扎克于1816年至1818年期间在他的事务所当见习帮办，学到很多有关法律程序的知识。

《玛西米拉·多尼》献给雅克·斯特龙茨："……您努力让我体会出深奥的乐理，这种尝试也许是徒劳的，但对您的勇气，我谨赠此书，以表示我深深的感激和诚挚的友谊。……"[28]446这个写于1839年5月的献词，献给音乐家斯特龙茨，他曾为巴尔扎克反复弹奏《摩西》的乐章，并且教给他一些精确的乐理知识。

《刽子手》"献给马蒂内·德·拉罗扎"[29]554。这是一位西班牙作家，曾任西班牙驻法国大使，与巴尔扎克有过交往。

《卡特琳娜·德·梅迪契》献给美术学会会员德·帕斯托雷侯爵先生："……我相信，我们分别对卡特琳娜·德·梅迪契伟大美丽的形象做过同样的研究之后，我们的观点是一致的。因此我想应当把我关于这位王后的历史论著投寄给一位长年致力于宗教改革运动史研究的作家，并以此向这位君主主义者的骨气和忠诚表示公开的，或许因罕见而弥足珍贵的敬意。"[30]4-5 1846年1月29日，"巴尔扎克在卡斯特里夫人家晚餐，在座的有复辟时期的重臣、文学家、历史学家帕斯托雷侯爵。"[11]292这是一位拥护波旁王朝长系的正统主义者。巴尔扎克认为自己也是一位君主主义者，所以觉得与侯爵同气相求。

《红房子旅馆》"献给居斯蒂讷侯爵先生"[31]663。1839年3月8日，巴尔扎克曾在这位侯爵家里朗读过自己的剧本《家事学堂》。"司汤达、戈蒂叶（耶）出席了朗读会。"[2]51据黄晋凯记述，"该剧于1907年才首次发表，1910年在奥德翁剧院首演。"[11]277

三、日常生活中的朋友

巴尔扎克把一些献词送给日常生活中的朋友，有的是世交，有的在经济上给过他很大帮助，有的则属于沙龙里的朋友。

《舒昂党人》献给批发商泰奥多尔·达布兰先生，"谨以第一部作品呈奉第一位友人"[32]3。达布兰是五金批发商，这是作者青年时代的朋友，常从经济上帮助作者。据李清安记载，达布兰"比巴尔扎克长十六岁，一家人都称他'小达布兰叔叔'。据巴尔扎克自己解释，他把达布兰写入了《赛查·皮罗多（托）盛衰记》和《邦斯舅舅》之中，另外取名唤作格劳特-约瑟·比勒罗。……巴尔扎克死后，寒（韩）斯卡履行遗嘱，将那支名贵的手杖赠给达布兰，可见巴尔扎克对他始终是情深意笃的。"[9]154-55据莫洛亚说，在巴尔扎克去世后，"达布兰大叔始终和絮尔维尔一家保持着友谊。他在遗嘱中赠给洛尔（巴尔扎克的妹妹）一只银质大汤碗和五十件小玩艺（意）儿，给莎菲一只萨克森瓷盒和一只中国瓷茶杯，给瓦朗蒂娜的是巴尔扎克生前非常喜欢的一对景泰蓝花瓶。……他的名字将同巴尔扎克的名字一起永远为后人所知，因为巴尔扎克的第一部作品《舒昂党人》就是献给这第一位朋友的。"[14]585王路说："虽没有受过什么正规教育，但老五金商人却培养了一种对文学的痴情，这种痴情支持着他始终忠于巴尔扎克，为这位天才尽可能地提供一切需要和慰藉。"[6]50李胜凯描述道："达布兰大叔从巴尔扎克在阁楼写作的时候起就已经成为他的莫逆之交，他时常慷慨解囊，帮助巴尔扎克渡过难关。"[23]145

《经纪人》"献给奥地利驻巴黎总领事、银行家詹姆斯·罗特希尔德男爵先生"[33]344。巴尔扎克从罗特希尔德银行借了很多钱，还通过这位男爵购买了很多北方铁路的股票。巴尔扎克又把《被诅咒的孩子》献给"罗特希尔德男爵夫人"[34]286。

《一桩神秘案件》献给德·马尔戈讷先生，献词是"曾在他的萨榭古堡作客并对他感恩不尽的"[35]25德·巴尔扎克。巴尔扎克遇到生活困难的时候经常躲到萨榭古堡去创作。这是他母亲的情人，她与德·马尔戈讷生下了巴尔扎克的弟弟亨利。李胜凯说道："他在萨榭的别墅里为巴尔扎克安排了一个舒适的房间，使他在这里十几次小住期间的生活都过得非常愉快。"[23]145

《农民》献给P.-S.B.加沃先生："……在这么多盲目的作家为之倾倒的民主狂热之中，描写一下那些有本事把财产弄得若有若无从而使法典无能为力的农民，难道不是当务之急吗？……这个长着一个脑袋和两千万只胳膊的罗伯斯比尔永不停息地工作着，到一八三0年时已钻进所有的市镇机关，登上了参议员的宝座，在法国的国民自卫军中披挂起武器，那时已没有人记得当年拿破仑是宁冒遭难之险也不要群众武装的！……"[36]3-4加沃，巴黎的诉讼代理人，巴尔扎克的好友，特别是1840至1844年间巴尔扎克最困难的时期，加沃给过他很多帮助。巴尔扎克在给韩斯卡夫人信中曾说加沃对他恩如父母。

《幽谷百合》献给王家医学科学院院士J-B·纳卡尔先生："亲爱的博士，这是我长期勤奋建造的文学大厦第二层基的精雕细琢的石头，我要在上面镌刻您的名字，既是为了感激曾经救过我性命的学者，又是为了颂扬与我朝夕相处的朋友。"[37]257冉-巴蒂斯特·纳卡尔，著名医生，1815年开始同巴尔扎克家交往密切，对巴尔扎克来说，他既是忠实的医生，见解深刻的读者，又是多次慷慨解囊的朋友。黄晋凯在《巴尔扎克长短录》中记述，1835年10月15日，"巴尔扎克将《幽谷百合》的清样赠给邻居、挚友纳卡尔医生。巴尔扎克以他为原型塑造了皮安训的形象，作家去世后，巴尔扎克夫人（即韩斯卡夫人）把作家那根著名的手杖赠予纳卡尔医生作为纪念。"[11]269李胜凯说道："纳卡尔大夫一直到巴尔扎克病逝前都在照顾他的健康，发表对他小说的看法，也数次拿出几百法郎去补缀他口袋上那个永远修补不好的破洞。"[23]145好心的纳卡尔医生不时借给巴尔扎克三百五百，并不指望他归还，还给他写信说，为了国家的光荣和朋友们的幸福，继续成长吧！但这促成了巴尔扎克在没有饭吃的时候频频向纳卡尔医生伸出求援之手。王路说："巴尔扎克没有钱支付他的医疗费时，便在作品中对纳卡尔大夫赞扬几句，用以报销"[6]52。

《改邪归正的梅莫特》"献给德·波姆勒男爵将军阁下 以纪念把我们的父亲结合在一起并继续存在于儿子之间的始终不渝的友谊"[38]362。这位将军于1828年在富热尔市接待了巴尔扎克。他父亲是巴尔扎克父亲的朋友。

《绝对之探求》献给约瑟芬·德拉努瓦夫人："夫人，但愿上帝使这部作品的生命比我的生命更久长；这样我对您怀有的感激（希望它抵得上您对我近乎生母的亲情）在我们的感情终结之后仍将存在。……"[39]84这是大革命时期和拿破仑帝国初期的军粮供应官达尼埃尔·杜迈克之女。杜迈克与巴尔扎克两家是世交，约瑟芬经常给巴尔扎克以忠告和金钱上的帮助，被巴尔扎克视为"第二位母亲"。1832年7月27日，德拉努瓦夫人致信巴尔扎克："我喜欢您的才华和您本人，我不愿意看到您的才华受束缚和您本人受折磨，我能够做点事情来改变这种状况。一个偶然的机会使我手头有一笔未派用途的款项，这可以使您清偿债务和作一次您想要作的旅行，无论您作何安排我都毫无异议……"[1]200

《玛拉娜母女》"献给梅兰伯爵夫人"[40]459。梅兰伯爵夫人生于哈瓦那，于1811年与帝国的将军梅兰伯爵结婚，并随他定居巴黎，梅兰夫人才貌双全，从1830年直至去世，她主持的沙龙接待许多著名作家和音乐家，她本人也是极为出色的歌手，并有多种作品问世。

《戈迪萨尔第二》献给"克里斯蒂娜·德·贝尔乔若索亲王夫人"[41]420。这是科维尔斯之女，生于米兰，因参加烧炭党活动被流放，财产被奥地利没收。客居巴黎以后，成了上流社会的风云人物，巴尔扎克于1833年与她结识。

四、旅途中结识的朋友

巴尔扎克时常会在国内外旅游，他把一些作品题献给旅途中结识的朋友。

《双重家庭》献给路易丝·德·屠尔海姆伯爵夫人，"以志怀念和深情的敬意"[42]3。路易丝是韩斯卡夫人的女友，常住在维也纳。巴尔扎克1835年旅居维也纳时曾是她姐姐和表兄的座上客。

《妇女研究》"献给冉-查理·迪·奈格罗侯爵"[43]167。这位侯爵是巴尔扎克于1837至1838年在意大利旅行期间结识的意大利作家和政治家。

《信使》"献给达玛索·帕勒托侯爵先生"[44]397。这是一位热那亚学者，诗歌翻译家，革命家马志尼之友。巴尔扎克于1838年与他结识。

《禁治产》"献给波旁岛总督巴佐什海军准将"[45]382。

《古物陈列室》献给德·哈默尔-皮尔斯塔勒男爵："……您对我的连篇累牍而且包罗万象的十九世纪法兰西风俗史，表现出那么热诚的关心，给予我的工作那么多的鼓励，使我有权把您的名字放在这风俗史中一页的卷首。……"[46]457这位男爵是奥地利宫廷枢密顾问官，著有《奥斯曼帝国史》。

《交际花盛衰记》（一译《烟花女荣辱记》）献给阿尔封斯·赛拉非诺·波西亚亲王殿下："本书基本上描写巴黎，近日在尊府孕育而成。请允许我将您的名字列于卷首。这是在尊府花园中生长起来、又为怀念之情所浇灌的一束文学之花。……今后当我有著作待发表，可以题献给米兰女子时，我定会在我们热爱的人中，幸福地找到你们那些古代作家已经十分珍视的名字。我十分怀念我们热爱的这些人，……"[47]3-41833年，巴尔扎克曾经到米兰这位亲王家中作客。他所说的米兰女子，是指亲王的情妇博洛尼尼伯爵夫人和亲王的妹妹桑塞弗里诺伯爵夫人，后来巴尔扎克将《夏娃的女儿》和《公务员》分别题赠给她们。1838年，在去撒丁岛返回途中，他到了米兰。李胜凯说："他这次米兰之行不如上次那样风光，除了波西亚亲王和博洛尼尼伯爵夫人对他热情，并提供给他一间可以安静工作的房间外，其他的米兰人对他明显地冷淡了。顺便提及，巴尔扎克为'忠诚不渝，不忘旧情'的波西亚亲王和博洛伯爵夫人所感动，后来便把《交际花盛衰记》和《夏娃的女儿》分别献给这两位朋友。"[23]271

《夏娃的女儿》献给博洛尼尼伯爵夫人："夫人，还记得吗？有个在米兰旅行的人，他和您交谈时便如同回到了巴黎，得到莫大的乐趣。倘若您还记得这段往事，那么，今天他为了在您身边度过那么多美好的夜晚而把他的一部作品奉献给您以表谢意，您就不会感到惊讶了。……"[44]247欧也妮·维梅卡蒂·塔迪尼，即博洛尼尼伯爵夫人，巴尔扎克于1837年在米兰旅行时与她结识。

《公务员》献给生于波西亚的赛拉菲纳·桑塞弗里诺伯爵夫人："……您本人处处表现出心灵充满着诗意；但是既然一个可怜的散文作家只能奉献其所有，也许他能以您所激发出来的最诚挚而深切的仰慕之情向您顶礼膜拜，从而赢得您稍加眷顾，庶几不负他微薄的献礼。"[48]437

《穷亲戚》献给泰诺亲王，堂米歇尔·安吉洛·卡热塔尼殿下："……伟大的布丰曾说：Homo duplex（拉丁语：人具有双重性），为什么我们不补充一句：Res duplex（一切事物都具有双重性）。一切都具有双重性，甚至德行。……我这两部小说恰成一对，好像孪生的兄妹。……"[49]6这位殿下是但丁评注者，巴尔扎克特别崇拜他的博学与优秀的演讲。

《泽·马尔卡斯》"献给威廉·德·符腾堡伯爵阁下，谨以此文作为笔者由衷的谢意。"[50]412符腾堡伯爵是德国符腾堡国王的堂兄弟。

《永别》"献给弗雷德里克·施瓦岑贝格亲王"[25]405。这是奥国陆军元帅之子，其父曾于1813年率军与拿破仑大战，先在德累斯顿败于拿破仑之手，后在莱比锡大胜法军。1814四年，他又率军入侵法国。亲王1835年5月31日曾带巴尔扎克去参观瓦格拉姆战场。《永别》中有战争场面，因此巴尔扎克将作品献给亲王。本篇创作于1830年，题辞是后来加上的。

《海滨惨剧》献给根特霍德的卡罗琳·加利赞王妃："以表作者的尊敬与怀念"[29]568。加利赞王妃是波兰人，原为瓦尔沃斯卡伯爵夫人，第二次结婚成为俄国将军加利赞亲王的妻子。她为了照顾患肺结核的儿子，在瑞士边境购置了根特霍德城堡。巴尔扎克曾于1845年在此地小住，与王妃有较多交往，1846年，作者将本篇题献给她。

五、名人

巴尔扎克把一些作品题献给国内国外的一些当代名人，像雨果等名人前面已列入，这里便不再讨论，下面这些名人在前面各类中无从归属，我们只得另列一类。

《高老头》"献给杰出伟大的若夫华·圣伊莱尔，以示对他的才华和著作的敬佩。"[45]3圣伊莱尔，法国著名动物学家，进化论的先驱，曾于1830年同居维埃进行震撼全欧思想界的公开论战。杨昌龙说："巴尔扎克受圣伊莱尔

'统一图案论'的启发，在人类和动物的比较中，建立起他的艺术整体观，因此，他把自己最重要的作品《高老头》题献给圣伊莱尔。"[51]264

《行会头子费拉居斯》"献给埃克托·柏辽兹"[52]13。这是一位法国著名作曲家。

《金眼女郎》"献给画家欧也纳·德拉克洛瓦"[53]339。德拉克洛瓦是法国著名画家，是巴尔扎克小说中画家勃里杜的原型。

《赛查·皮罗托盛衰记》"献给阿尔封斯·德·拉马丁先生"[54]3。拉马丁是巴尔扎克最为羡慕的成为政治家的诗人，他希望自己也能够获得这般幸运。1833年，巴尔扎克"在台尔菲纳·日（吉）拉尔丹家同诗人阿·拉马丁相识。"[2]33

《婚约》"献给罗西尼"[52]465。罗西尼是意大利作曲家，著有歌剧《摩西》。巴尔扎克曾于1834年11月1日在住处举行极其豪华的午宴，由罗西尼主持。

作者把《朗热公爵夫人》"献给弗兰兹·李斯特"[55]162。李斯特是匈牙利作曲家、钢琴家。巴尔扎克是从乔治·桑那里遇到李斯特的，[2]57李斯特曾一度是乔治·桑的情人，巴尔扎克曾因朋友桑多被乔治·桑抛弃而与她龃龉，后来则成了至密的朋友。

《浪荡王孙》献给亨利·海涅，"这篇研作献给您，亲爱的海涅。献给您，因为在巴黎，您象征着德意志的才智和诗情；而在德国，您又象征着法兰西的犀利而幽默的批判。献给您，因为谁也不比您更懂得其中所能包含的嬉笑怒骂、爱和真谛。"[48]374据李清安说，海涅"于一八三一年迁居巴黎，也与巴尔扎克过从甚密。"[9]170据丽列叶娃称："巴尔扎克通过自己朋友——作曲家厄克多·柏辽兹结识了亨利（希）·海涅。巴尔扎克时常拜访海涅"[2]37。

六、无从考证和题给读者的献词

少数的几部作品，我们无从考证巴尔扎克与题献对象的具体关系，还有两部作品巴尔扎克直接题献给读者，以期获得广大读者泛泛的认可和可能的友谊。

《猫打球商店》"献给玛丽·德·蒙托小姐"[56]3。

《钱袋》"献给索芙卡：小姐，您可曾注意到，中世纪的画家或雕塑家将两个崇拜上帝的人置于一位美丽的女圣徒身旁时，他们务必使这三个人如同胞一般彼此相象（像）？我将自己的作品献给某些我最亲爱的人，当您看到您也在其中的时候，请您回想一下上述动人的和谐情景，那么，您就会感受到，这样做，除了敬意之外，更主要的就是表达我对您的手足之情。"[56]145

《家族复仇》"献给米兰雕塑家皮蒂纳蒂"[57]619。

《夏倍上校》"献给夏特莱·伊达·德·博卡尔梅伯爵夫人"[45]286。1843年年底,巴尔扎克结识博卡尔梅伯爵夫妇。

《皮埃尔·格拉苏》献给佩里奥拉炮兵中校,"以表明作者诚挚的敬意"[58]561。

《不自知的喜剧演员》"献给于勒·卡斯泰拉纳伯爵先生"[59]3。

《玄妙的杰作》"献给一位勋爵"[60]412。题献的日期是1845年。

《新兵》"献给我亲爱的阿尔贝·马尔尚·德·拉里贝勒里"[61]533。献词写于1836年,图尔。

《长寿药水》和《婚姻生理学或从折中主义哲学观点探讨夫妻生活的甘苦》的献词直接献给读者,体现了巴尔扎克希望获得他人的普遍友谊的意图,这里不予具体分析。

参考文献:

[1]特罗亚.巴尔扎克传[M].胡尧步,译.北京:商务印书馆,2013.

[2]丽列叶娃.巴尔扎克年谱[M].王梁之,译.北京:作家出版社,1962.

[3]巴尔扎克.《人间喜剧》第7卷[M].傅雷,译.北京:人民文学出版社,1997.

[4]巴尔扎克.《人间喜剧》第21卷[M].郑克鲁,译.北京:人民文学出版社,1997.

[5]巴尔扎克.《人间喜剧》第3卷[M].秦雨,译.北京:人民文学出版社,1997.

[6]王路.巴尔扎克传——未完成的雕像[M].石家庄:河北人民出版社,1999.

[7]巴尔扎克.《人间喜剧》第8卷[M].袁树仁,译.北京:人民文学出版社,1997.

[8]巴尔扎克.《人间喜剧》第4卷[M].沈志明,译.北京:人民文学出版社,1997.

[9]李清安.巴尔扎克[M].北京:北京师范大学出版社,1983.

[10]艾珉.巴尔扎克传[M].北京:华文出版社,2017.

[11]黄晋凯.巴尔扎克长短录[M].桂林:漓江出版社,2018.

[12]巴尔扎克.《人间喜剧》第2卷[M].刘益康,译.北京:人民文学出版社,1997.

[13]巴尔扎克.《人间喜剧》第2卷[M].程增厚,译.北京:人民文学出版社,1997.

[14]安德烈·莫洛亚.巴尔扎克传[M].艾珉、俞芷倩，译.杭州：浙江大学出版社，2014.

[15]巴尔扎克.《人间喜剧》第3卷[M].陈占元，译.北京：人民文学出版社，1997.

[16]巴尔扎克.《人间喜剧》第5卷[M].何友齐，译.北京：人民文学出版社，1997.

[17]巴尔扎克.《人间喜剧》第5卷[M].王文融，译.北京：人民文学出版社，1997.

[18]巴尔扎克.《人间喜剧》第20卷[M].王士元，译.北京：人民文学出版社，1997.

[19]巴尔扎克.《人间喜剧》第9卷[M].傅雷，译.北京：人民文学出版社，1997.

[20]巴尔扎克.《人间喜剧》第20卷[M].梁均，译.北京：人民文学出版社，1997.

[21]巴尔扎克.《人间喜剧》第11卷[M].罗芃，译.北京：人民文学出版社，1997.

[22]阿尔贝·凯姆、路易·吕梅.巴尔扎克传[M].高岩，译.南昌：江西教育出版社，2014.

[23]李胜凯.巴尔扎克传[M].北京：世界知识出版社，2001.

[24]巴尔扎克.《人间喜剧》第11卷[M].梁均，译.北京：人民文学出版社，1997.

[25]巴尔扎克.《人间喜剧》第21卷[M].袁树仁，译.北京：人民文学出版社，1997.

[26]巴尔扎克.《人间喜剧》第11卷[M].陆秉慧，译.北京：人民文学出版社，1997.

[27]巴尔扎克.《人间喜剧》第16卷[M].陆秉慧，译.北京：人民文学出版社，1997.

[28]巴尔扎克.《人间喜剧》第20卷[M].韩沪麟，译.北京：人民文学出版社，1997.

[29]巴尔扎克.《人间喜剧》第21卷[M].冯汉津，译.北京：人民文学出版社，1997.

[30]巴尔扎克.《人间喜剧》第22卷[M].王文融，译.北京：人民文学出版社，

1997.

[31]巴尔扎克.《人间喜剧》第21卷[M]. 何友齐，译. 北京：人民文学出版社，
1997.

[32]巴尔扎克.《人间喜剧》第17卷[M]. 罗芃，译. 北京：人民文学出版社，
1997.

[33]巴尔扎克.《人间喜剧》第14卷[M]. 丁世中，译. 北京：人民文学出版社，
1997.

[34]巴尔扎克.《人间喜剧》第21卷[M]. 张英伦，译. 北京：人民文学出版社，
1997.

[35]巴尔扎克.《人间喜剧》第16卷[M]. 郑永慧，译. 北京：人民文学出版社，
1997.

[36]巴尔扎克.《人间喜剧》第18卷[M]. 资中筠，译. 北京：人民文学出版社，
1997.

[37]巴尔扎克.《人间喜剧》第19卷[M]. 李玉民，译. 北京：人民文学出版社，
1997.

[38]巴尔扎克.《人间喜剧》第20卷[M]. 金志平，译. 北京：人民文学出版社，
1997.

[39]巴尔扎克.《人间喜剧》第21卷[M]. 王文融，译. 北京：人民文学出版社，
1997.

[40]巴尔扎克.《人间喜剧》第21卷[M]. 陆秉慧，译. 北京：人民文学出版社，
1997.

[41]巴尔扎克.《人间喜剧》第14卷[M]. 刘方，译. 北京：人民文学出版社，
1997.

[42]巴尔扎克.《人间喜剧》第3卷[M]. 丁世中，译. 北京：人民文学出版社，
1997.

[43]巴尔扎克.《人间喜剧》第3卷[M]. 王文融，译. 北京：人民文学出版社，
1997.

[44]巴尔扎克.《人间喜剧》第3卷[M]. 陆秉慧，译. 北京：人民文学出版社，
1997.

[45]巴尔扎克.《人间喜剧》第5卷[M]. 傅雷，译. 北京：人民文学出版社，
1997.

[46]巴尔扎克.《人间喜剧》第8卷[M]. 郑永慧，译. 北京：人民文学出版社，
1997.

[47]巴尔扎克. 《人间喜剧》第12卷[M]. 袁树仁，译. 北京：人民文学出版社，
1997.

[48]巴尔扎克. 《人间喜剧》第14卷[M]. 资中筠，译. 北京：人民文学出版社，
1997.

[49]巴尔扎克. 《人间喜剧》第13卷[M]. 傅雷，译. 北京：人民文学出版社，
1997.

[50]巴尔扎克. 《人间喜剧》第16卷[M]. 冯汉津，译. 北京：人民文学出版社，
1997.

[51]杨昌龙. 巴尔扎克创作论[M]. 西安：陕西人民出版社，1991.

[52]巴尔扎克. 《人间喜剧》第10卷[M]. 袁树仁，译. 北京：人民文学出版社，
1997.

[53]巴尔扎克. 《人间喜剧》第5卷[M]. 袁树仁，译. 北京：人民文学出版社，
1997.

[54]巴尔扎克. 《人间喜剧》第10卷[M]. 傅雷，译. 北京：人民文学出版社，
1997.

[55]巴尔扎克. 《人间喜剧》第11卷[M]. 袁树仁，译. 北京：人民文学出版社，
1997.

[56]巴尔扎克. 《人间喜剧》第1卷[M]. 郑永慧，译. 北京：人民文学出版社，
1997.

[57]巴尔扎克. 《人间喜剧》第2卷[M]. 郑克鲁，译. 北京：人民文学出版社，
1997.

[58]巴尔扎克. 《人间喜剧》第11卷[M]. 方平，译. 北京：人民文学出版社，
1997.

[59]巴尔扎克. 《人间喜剧》第15卷[M]. 何友齐，译. 北京：人民文学出版社，
1997.

[60]巴尔扎克. 《人间喜剧》第20卷[M]. 张裕禾，译. 北京：人民文学出版社，
1997.

[61]巴尔扎克. 《人间喜剧》第21卷[M]. 王聿蔚，译. 北京：人民文学出版社，
1997.

第四章　崇尚奢华的巴尔扎克

巴尔扎克崇尚奢华的生活，为此不惜债台高筑，他冒充贵族，喜欢自己财力所不及的豪华排场，他又有收藏古玩的癖好，最后陷入了一种病态的程度，为了获得金钱，他还做北方铁路股票的投机生意，股价却一路下跌。巴尔扎克这种非理性的生活注定了他一生都在极度奢侈与极度贫困的道路上往返徘徊。

追逐金钱，过奢靡生活，一直是巴尔扎克一生不懈的追求。然而，他的一生并不顺遂。巴尔扎克在《贝姨》中借克勒韦尔之口这样讴歌金钱："在大宪章之上还有那圣洁的、人人敬重的、结实的、可爱的、妩媚的、美丽的、高贵的、年轻的、全新的、五法郎一枚的洋钱！"[1]333可以说，这就是巴尔扎克多年来对金钱切实的感悟。也正因为这些对金钱的超凡的感受，金钱成了他《人间喜剧》里第一主人公。李文琳在《论巴尔扎克作品中的金钱观》[2]一文中从巴尔扎克的成长经历分析了他作品中的金钱观的形成，是有一定的道理的。

巴尔扎克很早就流露出了崇尚奢华的倾向，事业上成功之后这种倾向便变本加厉。不管他的收入如何可观，他也总是入不敷出。他在生活上的很多极端体验最后都在作品中体现出来，这倒成就了他伟大的创作。

一、装饰奢华居所

早在莱迪吉耶尔街9号的阁楼时期，巴尔扎克的奢侈倾向已露端倪。妹妹洛尔的来信中转达了母亲对浪子的责备："你的第一个自由行动是买了一面镀金框的镜子和一幅画来装饰你的房间，妈妈和爸爸对此都不满意。"[3]41这些花了8法郎，而他母亲曾花了5法郎给他买了一个镜子，现在只好让佣人玛丽·佩勒蒂埃带回。巴尔扎克日后的生活极度奢侈，致使他终生欠债不断，这种喜欢装饰住处的毛病只是其中一个原因。李清安说："他作为一个资产阶级作家，思想上挂满铜锈，不管怎样艰辛、拮据，终归与普通劳动者不同，他所过的仍然是一种十足的风雅生活。"[4]116其实，巴尔扎克就像他所塑造的花花公子马克西姆一样，通过负债累累来过奢侈的生活，反倒以为这是一种时尚。

据特罗亚记载，1826年1月14日，巴尔扎克的父亲给女儿洛尔写信时这样说到巴尔扎克："他不过27岁，可是花费了差不多40余年的钱财，至今未迈开一步，也没干什么有用的事。"[5]80这从侧面反映了巴尔扎克挥霍的事实。

1826年6月，巴尔扎克开办了印刷厂。王路说："从那时起，巴尔扎克便爱上了卧室的华丽装修，即使在他负债最沉重的时候，这个癖好都没有丢掉，它正好满足了巴尔扎克那种无度的情欲。"[6]81-82

巴尔扎克小有名气之后受到了上层社会时髦妇女沙龙的接纳，他一方面感受到一种天真的幸福，另一方面，每当他意识到自己仅仅是被他们容忍的外人，就有一种钻心的痛楚。于是他在《驴皮记》里面写道："啊！绮罗丛中的爱情万岁！它被最华丽的奢侈品装饰得美妙绝伦，也许它本身就是奢侈品。我喜欢在情欲冲动之下揉皱绮丽的服装，掐碎美艳的花朵，用狂暴的手去抚弄馨香的时髦发式。"[7]124由此我们就能够理解为什么巴尔扎克会疯狂地布置豪华卧室，他是想实现他梦寐以求的理想爱情。

1828年，生意失败之后巴尔扎克住进了卡西尼街，现在他所有的支出都只能指望稿费的收入，但他并不懂得量入为出。阿尔贝提到了巴尔扎克的自负："巴尔扎克有自己的计算——他总是在做自己的计算，并且对这些计算的准确性深信不疑。他可以去买地毯、杂物、利摩日的餐具、银器和珠宝，这些都是为了装饰他在卡西尼街的那个小窝。他定做了枝形吊灯。现在他只缺一个银火锅。他债台高筑，但这又有什么关系，因为成功在即，伸手可及，还债不会遇到任何问题！"[8]53

巴尔扎克耽于享乐是由他的人生观决定的，特罗亚这样分析巴尔扎克的人生观："他对卡西尼街的新居非常满意。……卧室是白色和玫瑰色的，是颠鸾倒凤的场所。……他想尽快享受尘世快乐，哪怕冒早死的危险。"[5]84-85巴尔扎克信奉的是今朝有酒今朝醉，"由于他为他小说中的人物发明了护身符（驴皮），也可能是为他自己发明的护身符，对他来说，任何荣光都不是不可以找到的：人生苦短，及时行乐"[5]113。

1835年巴尔扎克住进了战斗街，"他叫挂毯商莫罗布置房间时别考虑花费，他的工作室兼客厅像'金眼女郎'帕基塔的客厅。"[5]195也就是说，巴尔扎克是以自己的客厅为原型描绘了帕基塔的客厅。巴尔扎克的客厅里，"家具黑白相间，一张半环形的长沙发，配备了12个枕头。这是为奥林匹亚的仙女准备的卧床，不久将接待'上流社会贵妇人'的拜访。"[5]237巴尔扎克在《金眼女郎》中所描述的极尽豪华的卧室，就是他对自己卧室的再现。阿尔贝说道："泰奥菲勒·戈蒂埃（耶）参观过这个房间，可以证明这段描述的准确性和真实性。"[8]58王路说："作家的虚荣心在《金眼女郎》中得到了满足，他将自己拥有的大理石烛台和炉台、波斯诗歌似的地毯、深具富丽雅趣的一张大床等等物品都写进了作品，这才更像巴尔扎克的生活风格。"[6]199

莫洛亚在传记中提到："巴尔扎克的开销大得惊人。为了能够快乐地工作，他需要住在摆满漂亮家具、铜器、精装的书籍和柔软地毯的房间里。"[3]273-74韩斯卡夫人结识巴尔扎克之后，从别人那里听到了很多关于巴尔扎克奢侈浪费的描绘，"她特别不相信那些人说他是乱花钱的凡夫俗子。"[5]152后来却证实这一点是真的。"几个星期以后，他怕她受流言飞（蜚）语的影响，告诉她在文人圈里，有名气的人都会有污点"[5]153。接下来他列举了一些身边名人的缺点。特罗亚说："与这些倒霉的事和卑鄙勾当相比，巴尔扎克的生活如果像他所讲的那样，还是显得光明正大，勤奋和有品德的。"[5]153

母亲不止一次地责备巴尔扎克奢侈，她不能理解，他欠了这么多债，为什么还要买家具、挂毯和小摆设。巴尔扎克经营生意失败后负下的债主要是由母亲清还的，本来他是能够比较轻松地还清母亲的这笔债的，但他根本无心偿还，而是不断地在购买奢侈品，不断地在加重自己的债务。

1837年9月，巴尔扎克又在郊区购置了一块地皮。"他要的是威尼斯、维也纳、凡尔赛的宫殿式住宅"[5]248。关于这件事，李胜凯写道："他在一个叫做'雅尔迪'的地方选中一块土地和一幢简陋的房子。房主是一个名叫瓦尔莱的织布工人，巴尔扎克与他签订了一份转卖合同，以4500法郎的价格买下了这块土地和这所房子。"[9]264接下来巴尔扎克又购置了附近大约40公亩的土地。据阿尔贝记载，"他估计，这块地的价格不会超过25000法郎，但事实上，最后他总共花了90000法郎。"[8]65巴尔扎克在雅尔迪里面同样布置了极其豪华的卧房。这座别墅最后以负债被拍卖而告终，只拍卖了17500法郎。阿尔贝说："他渴望得到比实际拥有的更大的快乐，……他仅受自己欲望的限制，而他的欲望几乎是无限的。"[8]67

1846年年末，"巴尔扎克渐渐地注意到，有一种奇怪的现象正搅乱了他的生活：在他的周围，真实的生活正在报复他臆想的世界，在那些有血有肉的男男女女面前，他小说中的人物，过去是他梦幻中的特殊贵宾正变得苍白无力。现在，再也不是吕西安·吕邦普（泼）雷或高老头那样的人物使他着迷，而是那些承包商、供货商、挂毯商、古玩商等手拿着发票找他算账的人。他对作品不感兴趣，即使改写也乏味，只是沉湎于计划或估价单。新的《人间喜剧》，那就是吉祥街的房子。如果说他希望房子完美无缺，那是对艾芙（对韩斯卡夫人的昵称）和她怀在肚子里的小维克多-奥诺雷的爱。为了他们仁的幸福，他对工程的任何细节都不放过。他不仅是关心装潢。为了敬重他未来的妻子，他对家居的最微小的细节都很关注。"[5]332未婚妻这次德国之行的结果就是腹中婴儿流产了，死掉了，并不像巴尔扎克所希望的那样是个男孩，而是个女婴。巴尔扎克为了装修未来的婚房一掷千金，"这一切付出昂贵的代价，那些出版商都因付款的事害怕了，再不愿意在没收到一本完整书稿前付款。"[5]332-33

二、喜欢排场，追求豪华服饰

与装修豪华住处相伴随的，就是巴尔扎克喜欢排场，过分地追求豪华服饰，一切东西都该配套才对，但是，奢华是没有底线的，巴尔扎克却不惜一切代价热衷于这方面的极限追求。

有因必有果，巴尔扎克追求奢华生活，直接导致了他一直游走在赤贫的边缘。即使在文学试作期间，巴尔扎克也有很多稿费收入，但他总是入不敷出。1822年，《比拉格的女继承人》为他赚了800法郎，于贝尔为他出版的四卷本的《让-路易或孤女》使他得到了1300法郎。他还跟于贝尔合作出版了《克洛蒂尔德·德·吕西尼昂或英俊的犹太人》，他赚了2000法郎，但他仍然一直感觉到贫穷。他给妹妹洛尔写信说："我开始感觉到并开始估量自己的力量。我想弄清自己的价值，但却把思想盛开出的第一朵花浪费在这些愚蠢的东西上！真是痛心疾首！啊，要是有钱，我就能很快为自己找到一个合适的位置，我就能创作出一些可以持续更长时间的书了！"[8]24他在这一年赚了那么多钱，他也并没有用来立即去实现自己的理想，而是特别随意地挥霍掉了。阿尔贝正确地评价了巴尔扎克的矛盾心理："他讨厌平庸，既想在阁楼里过清贫的日子，又想在王宫里享受富贵荣华的生活。"[8]37

印刷厂生意失败之后，"巴尔扎克已经沾染上了铺排浪费的习惯，而且陷得很深，一生都没有摆脱掉，这成了他终生债务缠身的另一个主要原因。"[6]93

李胜凯分析了巴尔扎克挥霍浪费的原因："就像《驴皮记》的主人公拉

法埃尔一样，他准备向与名誉联袂而至的迷人的诱惑低头，向奢侈和浪费的欢乐让步。什么豪华宴会，什么香车宝马，这些都不在话下，他要把自己所有的梦想一一化为现实。于是，他的开支急剧增加了。"[9]148 1831年9月，他居然买了一匹马，一辆马车。一个月以后，他又买了第二匹马。为了侍弄这些牲口，他又雇佣了仆役小莱克莱尔克。所有这一切，都使巴尔扎克染上了粗鄙暴发户的令人生厌的色彩。

在追求卡斯特里夫人的时候，由于深知自己是个假贵族，巴尔扎克便只好尽自己最大的努力装出贵族的气派。李胜凯说："他认为既然追求的是一位贵族夫人，总要有一种相应的气派，这种摆阔气的做法更使他的债台高入云霄了。单是他坐车去卡斯特里夫人家，拉车的两匹马就已经花掉他900法郎以上的草料费；而三名仆人的日常开销、裁缝的账单和奢华的生活，更使他负债累累。"巴尔扎克这时头脑里只有追求的狂热，却绝无半点清醒和理智，结果就是："即使他使尽浑身解数，一天工作24小时，也不可能偿清在过去几个月里所积欠的债务。"[9]166-67

1831年是巴尔扎克的创作丰收年，然而，到年底他已欠下15000法郎，这还不包括他欠母亲的45000法郎。他根本抵挡不住花钱的诱惑，他的开销比前一年整整多了两倍，他如今动辄出入托尔托尼酒店，成为巴黎显贵、时髦作家以及交际花们的座上客。他认为自己变成了一个时髦人物，"既然如此，就该处处表现出时髦人物的潇洒和高雅的气派。"[9]148 裁缝布依松为他做了631法郎的新衣服；作为一部短篇小说的代价，他向发行人于尔班·卡内尔索取一打上光的草黄色手套，外加一副驯鹿皮手套。他还一直喜欢存储昂贵的精装本书籍，这方面的开销就更加可观了。李胜凯说："1831年是巴尔扎克创作丰收的一年。对他来说，这本该是收支平衡的年份。他有好几项稿费收入：《驴皮记》得1125法郎，《私人生活场景》3750法郎，《哲理小说故事集》和《都兰趣话》5000法郎，为报纸杂志撰稿的收入有4166法郎，合计1.4291万法郎。这笔钱用于一个单身汉的生活，是绰绰有余的。然而，他的负债反而增加了6000法郎"[9]147。

巴尔扎克特别追求时尚的服饰。特罗亚说："巴尔扎克为了使自己与闻名作家名声相称，不惜巨资购置最时新式样衣服，鞋子，上光的黄手套。他还在裁缝比松（布伊松）店里订制了3件白色睡衣，腰带有金属球。他说，这种阔气的道袍有助于在夜晚长期工作时的灵感。他母亲央求他减缩开支，但不管用。他花钱像流水。他想，他之所以像疯子似地玩命，为的是让巴黎公众知道他生活得很舒服。"[5]120-21王路也提到了巴尔扎克的白袍："在这件白袍的腰间束着一条羊毛织的带子，后来，巴尔扎克用一条金链子把它取代了；原先带子上挂的铁镇纸、剪子、小刀也都换成了金压纸、金剪子、金小刀。"[6]109

1834年8月，尽管巴尔扎克已身无分文，但还备了一根绿松石的手杖。"恩特拉格的巴尔扎克家的纹章很招摇地刻在手杖上。这根华丽的高级手杖引起了新闻记者们的挖苦讽刺。"[5]177勒库万特为巴尔扎克制作了两根手杖，一根镶嵌了肉红玉髓，一根镶嵌了绿松石球柄。尤其是那柄镶嵌绿松石的镂金手杖，后来成了巴黎甚至那不勒斯、罗马的热门话题，这根手杖价值700多法郎。

巴尔扎克为了让人觉得自己很成功，特别喜欢打造豪华的场面。艾珉说："他喜欢朋友聚会，动不动在卡西尼街的寓所大宴宾客，从巴黎最著名的舍韦酒家预订菜肴"[10]39。艾珉认为巴尔扎克对自己的天才太有信心了，总以为千金散尽还复来，所以总是毫无顾忌地提前消费未来的稿酬，旧债未了，又不断欠下新债。母亲被他的债主纠缠得焦头烂额，到了实在招架不住的时候，他只好让母亲把他的车、马卖掉，把小马夫打发走。

特罗亚说到了巴尔扎克之所以讲究排场的心理："他脑子里有很多计划，心里渴望爱情，他不会满足于平淡的命运。他为了名副其实地像个人物，在思想中，在装饰和衣着上，都得讲点排场"[5]85。特罗亚这样概括巴尔扎克的愿望："在名气上比得上雨果，在讲阔气和排场方面比得上欧仁·苏或拉图尔-梅泽雷。特别是拉图尔-梅泽雷更使他着迷。此人神气十足，满脸络腮胡子，颇得女人欢心"[5]120。拉图尔-梅泽雷和朋友们包下了歌剧院楼下的一个包厢，后来被人戏称"恶魔包厢"。巴尔扎克曾一度在那儿订过一个座位，后来因停止付钱而收到了一封侮辱性的讨账信。1834年11月1日，巴尔扎克为"恶魔包厢"的五头雄狮大摆宴席，并邀请了罗西尼和他的夫人奥琳珀来主持。席间饮用的是欧洲最名贵的酒，桌上摆着最珍奇的鲜花和最精美的佳肴。宴会使用的金银器皿在炫耀一时之后就直接送进了当铺。罗西尼认为这次晚宴比他参加过的任何皇家的宴会都要豪华。儒尔·桑多曾回忆巴尔扎克设宴招待歌剧院"下等包厢五虎"的情景。特罗亚说："巴尔扎克摆这种阔气为的是表示他成就卓著。他还喜欢在身边摆些珍奇的小摆设，丝绸的织品，稀罕的家具以证明他的梦想已实现，他没有白白写作，如果批评家敢惹他，他也有自己的读者群。"[5]185

李胜凯这样提到巴尔扎克的多情："他太多情了，虽然从来没有见过对方一眼，他就打算把自己将要出版的《私人生活场景》第四卷献给她（韩斯卡夫人），以表示他万分的友好和慷慨。"[9]198巴尔扎克到日内瓦与韩斯卡夫人相会。"从这时起，他会在这个外国女人身上倾注自己的全部耐心、坚毅和精力，她将成为他生活的中心人物，指导他事业的'北极星'。他一度'永远选中'的德·贝尔尼夫人到了退居幕后的时候了。"[9]205而在给韩斯卡夫人的信中，巴尔扎克往往谎话连篇。"他还向她庄严地保证：'三年来我的生活一直都像少女那样的纯洁。'说出这句话的时候，不知道巴尔扎克是否脸红，或者有一丝的内疚，因为不久前他还和一个叫玛丽-路易斯-弗·达米诺瓦的年轻女子有染，……巴尔扎克从法国上流社会沾染上的不良习气是何等的根深蒂固！虽然这并不影响他作为一个伟大作家所取得的成就，但也总是他私生活上抹不去的瑕疵。"[9]207-08巴尔扎克恋爱不断，"每当他大把大把地花钱，布置一个新的寓所的时候，就是他又一次堕入情网、准备迎候一个新情妇的时候。……他写给韩斯卡夫人的那些感人和热情洋溢的情书曾令无数的少男少女倾倒。然而，要知道，这些情意绵绵的书信却是他在和另外一个女人卿卿我我的间隙中写下来的。"[9]238-239在情场上，巴尔扎克是个好演员。"他是善于演戏的，在同一个时期他分别同几个女人行苟且之事，是不需要深深自责的。"[9]242提到维斯孔蒂伯爵夫人，李胜凯说道："……《幽谷百合》，就受到了她的启发。这部小说的题名显然得之于基多博尼·维斯孔蒂伯爵夫人的英文别名——'幽谷中的百合'。"[9]243巴尔扎克有给每一个情人起一个爱称的习惯，"他叫她'萨拉'，她则叫他'巴利'，像《幽谷百合》中的阿拉贝尔·杜德莱女士称呼她的情人费利克斯一样。'巴利'的意思就是'亲爱的'。"[9]245

特罗亚记载了巴尔扎克去维也纳见韩斯卡夫人的豪华排场："巴尔扎克对摆阔气十分重视，即使一文不名也要讲究排场。为了到维也纳，他向韦尔代预支款项。韦尔代手头缺钱，求助于雅姆·罗特席（希）尔德男爵，借到了一笔足够的钱。巴尔扎克马上神气起来，也不想省钱，到普里厄·庞阿尔处租了一辆'带座的四轮邮车'和马，花了400法郎。像他这样身份的人出行，也少不了带仆从，于是带随身仆从奥古斯特同行。"[5]199[9]220见完韩斯卡夫人后，巴尔扎克决定回国。但是在巴黎庞阿尔那里租来的车子已经损坏，他只得将车子交车铺修理，韩斯基先生答应支付修理费用。"他很遗憾，只好坐驿车。"[5]203对巴尔扎克来说，他似乎在缺钱的时候总能想办法弄到钱。"巴尔扎克把钱都花光了。他已无法支付旅馆费和旅费。可他又一次化险为夷，事情解决了。他抽出一张韦尔代的汇票，维也纳的罗特席尔德乐意提前支付。"[5]202据李胜凯记述，"他于1835年5月9日离开巴黎，并于16日抵达维也纳。"这样的出行，花费很高，可巴尔扎克绝不在乎。"受幼稚的虚荣心所驱使，他极力把自己打扮成一个贵族，以此抬高自己；他负债累累，仍要打肿脸充胖子，讲究豪华气派，要世人把他看成阔佬。"那就要装扮出一副阔佬的门面，"他不屑于像普通人一样乘拥挤的公共马车旅行，而是租了一辆豪华的四轮马车，……单是到维也纳的一个单程他就付出了约5000法郎。在这次历时五个星期的旅行中，他有两个星期是在那辆昂贵的马车里度过的。余下的时间有一半花在写作上，一半花在社交和休息上。在这五个星期，他一共花掉了1.5万法郎。"[9]219-20

享乐的结果就是债台高筑。李胜凯说："他四处借贷：向纳卡尔医生、博尔热、达布兰大叔和德拉努瓦夫人借钱。威尔代也为《幽谷百合》预付了款。尽管如此，这些钱仍不敷使用。卡西尼街的房东继续向他催要两个季度的租金，母亲也没能按时收到儿子答应供给的赡养费。"[9]225李胜凯这样提到巴尔扎克的债务："巴尔扎克挣来的钱在左手没有捂热，就又从右手溜走了。到1835年12月时，他的财政赤字上升到了10.5万法郎。即使不算欠他母亲的4.5万法郎，也还有6万法郎的债务或欠款。连一向对他慷慨解囊的威尔代也财源枯竭，表示爱莫能助了。"[9]225

1836年4月27日，因为逃避服兵役，派出所所长带了两个警察来到卡西尼街将他逮捕，他被关进了"扁豆公馆"，他与朋友们一起在囚室里聚餐。特罗亚说："囚室里举杯痛饮，欢声笑语。……8天的囚徒阔绰生活，花费了575法郎。"[5]218

李胜凯说："对于巴尔扎克来说，1836年是灾祸频仍的一年。与比洛兹的官司、经营《巴黎纪事》的惨败、'扁豆公馆'里的监禁、每况愈下的家境、出版商对稿件的催逼、身体健康的损害等等，所有这些不幸使他饱受了生命的磨难。"然而，"就在这个1836年，当巴尔扎克所欠债务的总额已高达14万法郎的时候，当他不得不向纳卡尔医生或布依松裁缝借饭钱的时候，他买了另外一根手杖，堪与他那支赫赫有名的'德·巴尔扎克先生的手杖'相媲美，这是一根饰宝石的犀牛角手杖，价值600法郎。此外，他花190法郎买了一把金质小刀，110法郎买了五个皮夹，420法郎买了一根项链。他为自己在战斗街的秘密住所添置了一套昂贵的家具，甚至把他的仆人奥古斯特打扮一通，订做了一套蓝色制服和一件红色背心，价值368法郎。"[9]237

珠尔玛·卡罗曾经指责巴尔扎克太会花钱，喜欢讲排场，挥霍无度。1836年10月9日，她在给他的信中写道："您在开始写作生涯时，那时怎么样？负债累累，今天呢，还是债务缠身，只不过债务数量不同而已！然而，这8年来，您没有挣到钱，对一个思想家来说，要花这么多钱来维持生活吗？要有这么多物质生活享受吗？奥诺雷，在您的发展中，您把生活扭曲了，才能也受到抑制。'"[5]234但朋友的规劝和母亲的抱怨一样没用，巴尔扎克在花钱上依然我行我素。

据丽列叶娃《巴尔扎克年谱》记载，1836年7月，"《巴黎时报（纪事）》倒闭。巴尔扎克为偿还报纸债务，损失46000法郎。他的债务总额已逾100000法郎。"[11]44负债累累的结果就是四处受法警追捕。1837年夏，为了逃避债务，巴尔扎克住进了维斯孔蒂家里，但还是被乔装打扮的商业警察抓住了，因3000法郎的债务要对他进行逮捕。尽管维斯孔蒂伯爵一家自己也较拮据，还是和商业警察算清了债务。艾珉说到了巴尔扎克是怎样加重自己的债务的："他从来不能从自己的失误中吸取教训，《巴黎纪事》让他付出沉重代价还不够，一八四〇年又重蹈覆辙，办了一份《巴黎评论》，这次才办了三个月就不得不停刊。新一轮破产害得他雪上加霜，原本还不清的债务益发还不清了。"[10]43巴尔扎克办刊物就是为了投机，以期大赚一笔来满足他奢侈生活的需要，结果却使他在债务的泥淖中越陷越深。

关于巴尔扎克的债务，特罗亚写道："大债小债，奸诈的债或友好的债，紧急的债或可缓付的债，统统逼上来了。到1840年6月，他共欠债务达26.2万法郎。最可怕的是皮埃尔-亨利·富隆提前支付的《伏脱冷》版税的5000法郎，还带高利贷利息。"[5]267-68 1840年7月3日，绝望的巴尔扎克给韩斯卡夫人写信说："我觉得我该离开法国，带着我这副老骨头到巴西的发疯似的企业里去闯一闯，我选择这种企业是因为它的疯狂。……我去寻找我所缺少的财富"[5]264-65。

不管有多少钱，也是不够巴尔扎克挥霍的，他一生在奢侈与贫困的道路上交叉往返，是由他的基本性格决定的。

1843年，巴尔扎克要去圣彼得堡见韩斯卡夫人。为了在韩斯卡夫人面前能体面一些，他在裁缝布依松那里定做了一套价值800法郎的行装，还在金银器商人雅尼赛那里花810法郎买首饰，其中有3个结婚戒指。俄国大使馆秘书维克多·巴拉比纳在日记中写道："我面前马上出现了一个身材不高、肥胖的人，面孔像面包房师傅，姿态像补鞋匠，身段像箍桶匠，举止像针织品商，气色像小酒店老板，就是这副样子！他没有钱，然而要到俄国去；他要到俄国去，可是没有钱。"[5]300

虽然没有钱，为了支撑起足够的豪华场面，巴尔扎克总能东挪西借，或者以作品的写作计划提前预支稿费，结果是他的负债数额在大幅度地增加。据阿尔贝记述，巴尔扎克喜欢做梦，他想："他不可能落选法兰西学院院士，当选意味着能得到2000法郎，想到这儿他微笑了起来，他确信自己会被任命为辞典编纂委员会的委员，这又是6000法郎，他笑得更开心了，为什么他就不能成为法兰西铭文与美文学术院的院士或是常任秘书长呢？这又是6000法郎，一共14000法郎！想到自己能得到这个既有保证又受尊敬的职位，他朗声大笑起来。"[8]77只要会做梦，再豪华的排场也是能够应付的，巴尔扎克经常如是想。

三、醉心收藏，达到痴迷的程度

住进卡西尼街之后，巴尔扎克开始醉心于非理性的收藏。王路说："从这时起，巴尔扎克养成了一种对古玩的偏执爱好，一件可心的古玩会让他寝食不安，在欲望的苦海里挣扎翻腾。在经济最困难的这个时期，他依然如此。"[6]93这种倾向，越是到了晚年，越是发展到了病态的程度。

巴尔扎克后来在小说里塑造了邦斯舅舅的形象，就是对自己收藏癖好的概括和总结。艾珉说："他花钱毫无节制，克制不了收藏古董的癖好，他后来在《邦斯舅舅》中描写老音乐家的收藏癖，其实是写他自己"[10]43。

任何不如意的事情都可能成为巴尔扎克去收藏古玩的借口和理由。据特罗亚记载，"1844年2月8日，圣-马克·吉拉丹当选为法兰西学院院士。巴尔扎克耸耸肩膀，转身去玩别的玩意去了。他想，这种事算不了什么，去猎奇一些珍宝古玩就可以忘掉这些苦恼。他对藏在古玩店和旧货店里的财富挺热心，有时就买一些超越他财力的高价物品，他倾家荡产去购买'两件镶嵌铜和珍珠的乌木家具'"[5]309。

要与韩斯卡夫人结婚的时候，巴尔扎克在巴黎幸运街（一译吉祥街）购买了豪宅，开始计划装修费用10万法郎，最后竟然花了30万法郎。据茨威格说，"尽管巴尔扎克每两个月要因为两百或三百法郎的债务被短期扣押"，但他在买幸运街的房子的钱还没有着落的时候，就开始到处在旧货商店里收罗，他要把自己的豪宅布置成卢浮宫的规模，走廊里要挂满名家名画，客厅里要摆上贵重家具和中国瓷器，"他的一生就像沿着一条游丝不停地在理智与愚蠢之间往返。"[12]442-44自从与韩斯卡夫人结婚的问题确定以后，巴尔扎克就开始乐此不疲地为未来的家寻找美丽的装饰品。他已经买了一些佛罗伦萨家具，一个五斗橱和曾属于玛丽·德·梅迪契的一个写字台（一说衣柜）。"虽然在给韩斯卡夫人的信里，他为自己的挥霍辩护，但这样的'好买卖'还在继续。一座具有王家气派的钟和一对灰绿色的石榴石花瓶，以及一幅埃德姆·布沙东的基督像。好几年来他一直都在搜集小玩物、绘画和其他艺术品。1845年……（他）定制了一些中国的'丰收角'和一些'十米长三米高，带着繁复的装饰和雕刻的非常精美的书架'。"[8]79他所购买的玛丽·德·梅迪契的写字台就备受韩斯卡夫人的诟病。巴尔扎克给梅里写信说："千万别成为收藏家，因为，要是您这样做了，您就让自己养成了一种恶习，它让人兴奋，让人嫉妒，就像是赌博一样。"阿尔贝说："但是在警告自己的朋友不要放纵的时候，他自己却带着强烈的快感向收藏缴械投降。……他很高兴自己被人认为是具有商业直觉的人。当他重复自己的出版商苏威兰说的'德·巴尔扎克先生在数字方面比罗斯柴尔德还强'这句话时，他的胸脯挺得高高的。"[8]79他在那不勒斯、罗马和热那亚广泛地收集家具、小玩物和绘画。在罗马，巴尔扎克购买了塞巴斯蒂亚诺·德尔·皮翁博、布龙齐诺、米莱维德、纳托瓦尔和布吕赫尔的绘画作品。"他决定把布吕赫尔的作品卖掉，因为他的作品没什么天赋，他想要的是'第一流或是绝无仅有的画作'。"[8]79他还把献给乔尔乔涅的《帕里斯的裁判》、一幅格勒兹画的他妻子的素描、一幅凡戴克的作品、一幅保罗·布里尔的作品、一幅将路易十四的出生表现为《崇拜的牧羊人》的素描、一幅盖得的《黎明女神》以及多梅尼基诺的《诱拐欧罗巴》带回到巴黎。1846年3月，在热那亚，"巴尔扎克又买了一张圆柱腿的床。"[5]325从1846年11月开始，巴尔扎克总是跑到高级木器商、地毯商和古玩商那里。韩斯卡夫人同意巴尔扎克去购置与妻子身份相称的贵重的首饰盒，然而对开支颇感不安。她认为巴尔扎克不知道控制奢侈的欲望，这很可能会导致他们破产。从《邦斯舅舅》中的描写我们可以知道画廊是如何开始的。与此同时，他从阿姆斯特丹得到了一套萨克森餐具和一套德国家具；韩斯卡夫人从德国寄给他一些瓷器；他派人从图尔运来了一个写字台和一个路易十五时期的五斗橱柜；他买了一张被认为是德·蓬巴杜夫人的床——他想把它放在客房里，此外还有一套木制雕花客厅椅和一个由贝纳尔·巴里西为亨利二世或是查理九世制作的餐厅用喷泉。李清安说："真正的'古董楼（古物陈列室）'，就作品而言，是《邦斯舅舅》；就真实而言，是巴尔扎克的住房。他曾经十分得意地说：'我的住宅是一个名人字画、古玩玉器的王国'。……他的藏品，是名扬巴黎的；他的藏品的陈列方式，也是无人敢比的。一般的收藏家，都是用藏品装饰正厅、书房，而巴尔扎克的藏品，在充斥正厅、书房之余，还挤进了仆人、车夫的下房。真是独树

一帜！"[4]130-31

1846年年末，巴尔扎克让他的未婚妻到德国购置被褥衣着，以及拖布，一打四周镶边绣花的枕头套。卫生间里的驱水装置手把是绿色的波希米亚玻璃。李清安说："巴尔扎克一提到自己的收藏品，得意的心情几乎不能自持，简直是个活的'邦斯舅舅'。巴尔扎克在这个人物形象身上注入的，不仅有自己对于艺术品的热爱，还有他自己那种执着专注的性格。……巴尔扎克本人对于艺术品的狂热，结局也是灾难性的。"[4]131-32李清安这样分析巴尔扎克喜欢收集古玩的原因："巴尔扎克收集古玩，并非为了作（做）买卖，而纯粹是为了满足自己对于艺术的嗜好。不少用心血换来的钱财，就这样破费掉了。尤其可悲的是，他煞费苦心收集起来的艺术品，到头来一件也没有保住。……巴尔扎克死后不久，全部家当被变卖一空。"[4]133巴尔扎克临终前，雨果前去探视，发现"楼梯上塞满了工艺品、花瓶、雕塑、绘画和放着珐琅器的橱柜。"[8]84其实，巴尔扎克后来痴心地收集古玩、绘画和家具，只是他先前喜欢装饰豪华卧室的癖好的一种膨胀性的延伸。

巴尔扎克有着无穷的欲望。特罗亚说："他不满足于买了吉祥街的房子，这回又谈起蒙孔图尔的别墅，……但到哪里去搞钱？无论如何，不是在她（韩斯卡夫人）那里。她已直截了当地回绝了他。他拿出一大批数字来辩解，并从中推断出，他早晚会成为法兰西学院的院士，有院士的薪俸，还有出售《人间喜剧》，这本巨著会年复一年、像滚雪球似地来钱，会使他很快成为法国最富有的人之一。她只要踏上巴黎，他就会双倍地工作，工作得更快，工作得更好，挣比双倍还多的钱。"[5]336 1847年2月4日，巴尔扎克前往法兰克福，韩斯卡夫人在那里等着他。"法国使她害怕，奥诺雷使她害怕，前程也使她害怕。她几乎是后悔同意这次旅行。她预计车旅费要花7000法郎。这笔数字现在对她来说是笔巨款。巴尔扎克让她放心，到巴黎后，他们可以节省开支，不出门，少串门，在家吃饭。巴尔扎克迫不及待地向她展示吉祥街为她准备的舒适和豪华的杰作。她到实地看了一下，他希望她能热情地欢呼。然而，艾芙踏进房子，竟大吃一惊。这座粗陋的房子，他竟花费了这么多的钱，门庭里简直是货栈。这些贵重的工艺品，大理石，铜器，堆积如山的玩意儿，只能使整体形象变得丑陋。房间供暖不好，窗户密封也差。每个部分都有炫耀的气息，让人既看不上眼又迷惑不解。人们以为到了旧货店老板的货栈。……她的意见是不容置辩的：他干了一件大傻事！还有对这么糟糕和肮脏的建筑，她是不会再出一个子儿。"[5]337-38韩斯卡夫人告诉巴尔扎克别再买装饰品。然而，他还是到古玩店买了些装饰办公室和厨房的用品。为一只艾丽莎·波拿巴的柜子，他花了400法郎，他还找到了豪华的壁炉装饰品———一对值100法郎的蜡烛台。"他向艾芙发誓：'这是我最后要买的物品，……'尽管做了这样的保证，他还继续购置物品，而韩斯卡夫人在文珠（威尔卓）尼亚，竭力在斥责他（她）的未婚夫挥霍无度，尤其是'爱情财富'价值越来越低级。在交易所里，北方铁路公司的股票每周都在跌价，巴尔扎克却为写作忙得不可开交，还获得一些新的合同。"[5]340巴尔扎克又雇用了3个佣人，每年总支出达12000法郎。"使他失去活力的是艾芙的冷淡，她甚至对他诉述的痛苦都没有反应。"[5]342

1848年2月，巴尔扎克把年轻作家尚弗勒里（笔名，原名尤里·约瑟·弗勒里）带到自己住处，参观他的画廊。"在他（尚弗勒里）赞赏这些展出的艺术品时，他不由得想起他是在游历邦斯舅舅的宝库。"[5]353

泰纳在《巴尔扎克论》一文中说："他在《邦斯舅舅》里细加描绘的那个画廊，据说便是他自己的画廊。……他对美丽物品的热爱象（像）是肉体上的发痒，可说是官感性的贪欲而不是精神上高尚的欣赏。"[13]259

四、投机亏本的股票生意

为了满足豪奢生活的需要，与父母一样，巴尔扎克也会醉心于一些投机性的投资，但他追求金钱的冒险是注定要以失败而告终的。1845年年末，韩斯卡夫人寄来了10万金法郎，为了让巴尔扎克在巴黎购置他们未来的居所。"巴尔扎克虽发誓不得艾芙同意不动用这笔款子，但他认为让这笔钱在银行保险箱里睡大觉也是罪孽。他相信自己的金融嗅觉，购买了北方铁路的股票，专家们预测，该项股票在交易所的行市很快要上升。"[5]322然而，表面上稳操胜券的事情却并不尽如人意。"交易所的买卖总是有风险的，北方铁路公司的股票正在下跌。但是，他说，这就像生气发火一样，股市行情会上升，那时就会获得巨大利润。不管怎样，'小乖乖'心情平静下来了，而'爱情财富'受到一定损害。"[5]330李胜凯说："他买这买那花钱如流水，从来不知量入为出。在头一封信里他得意洋洋地宣称欠债已全部偿还，第二封信里又会莫名其妙地冒出许多新债务。唉，真拿他没办法。"[9]343

北方铁路公司的股票还在一路下跌。后来，这些股票需要支付28000法郎或亏本抛出。巴尔扎克向韩斯卡夫人求助，但她不愿意支付原已答应的补充款项，她"对经济上的折腾害了怕，在给奥诺雷的信中说：'我的诺雷，做点白菜萝卜吃吃吧，别把我的家底给吃光了。'此外，她作出一个使他很伤心的决定：在目前情况下，她希望将结婚推迟一年。……他向她保证："我为咱俩的事会有足够的财力。1847年，我将挣10万法郎"[5]333。他这样的保证是靠不住的，即使能挣上10万，他也会挥霍净尽，他是典型的挣一个花两个的主。

1847年8月，巴尔扎克要去乌克兰，他以15张北方铁路公司的股票作抵押，从出版商伊波利特·苏弗兰那里借到4000法郎。1848年1月31日，"北方铁路公司的股票价格上下波动，急需有新的资金投入以挽回损失，否则全部赔光。"[5]349巴尔扎克离开乌克兰时，韩斯卡夫人又给了他9万法郎"以解远在他乡等她的奥诺雷的最迫切需要解决的难题。"[5]350不料，共和国要把铁路收归国有，北方铁路公司的股票即刻下跌。3%的利息日益降低。幸运街的房价也跌了四分之三。韩斯卡夫人有时也会被裹挟着参与巴尔扎克的投机行为。1848年7月，她给巴尔扎克"送来1万法郎，让他在北方铁路公司做新的投资，铁路即将完工，该公司股票肯定会上涨。"[5]357

五、穷奢极欲的生活，成就了他非凡的写作事业

巴尔扎克并不是主观故意要用生活的不堪去换取事业的成功，然而他穷奢极欲的生活，却在某种程度上成就了他非凡的写作事业，这也正贴合了他欲与能的理论。特罗亚说："他也以作品（《驴皮记》）中钟爱的主人公的榜样，对任何一次邀请和任何寻欢作乐的机会都不放过。"[5]112或者可以这样说，巴尔扎克正是在现实生活中体验过了穷奢极欲的生活，他才能出色地写出了《驴皮记》中拉法埃尔的放浪生活的场面。

对于巴尔扎克试验期的创作，李胜凯说："尽管这段时期巴尔扎克的创作生活充满着浓重的商品气息，但是繁忙的写作也磨炼了他的笔锋，培养了他勤奋刻苦的习惯。通过大量的阅读和创作，巴尔扎克对文学语言的运用能力不断提高，对艺术技巧的掌握也越来越得心应手。在此期间，他与各种出版商打交道，与形形色色的小报记者和政治掮客周旋，了解到新闻出版界的内幕，对出版商和无耻文人的惟利是图、心狠手辣，对政客的狡诈阴险有了较深入的观察。这就为他日后的成功创作奠定了基础。"[9]58李胜凯这样分析巴尔扎克性格的矛盾性："在他的精神世界中总有两个互相对立又互相统一的自我存在，一个是幻想家巴尔扎克，一个是现实主义者巴尔扎克。前者具有超凡的想像（象）力，后者有着律师的冷静和智慧，巴尔扎克所设想的事业，一开始总是正确的"[9]88。关于巴尔扎克经商时期的体验，李胜凯说道："由于有了与工人们共同劳动、与批发商讨价还价和与高利贷者锱铢必较的这段经历，他获得

了空前丰富的社会知识和对社会问题的深邃的洞察力。……只有他亲身体验了走投无路的商人所受的困难，经历了无法挽救的破产的厄运。如果没有这三年所经历的磨难和绝望，很难想像（象）他日后会完成诸如《幻灭》《驴皮记》《路易·朗贝尔》《高老头》等一批不朽的杰作。"[9]91

关于《驴皮记》的写作，李胜凯说道："1831年1月，巴尔扎克与夏尔·戈斯兰和于尔班·卡内尔这两位出版商谈妥了条件，以1135法郎的价格将这部题为《驴皮记》的两卷小说卖给了他们，约定2月25日交稿。……实际上，巴尔扎克并没有在约定的日期交稿，他最初的写作进展非常缓慢，因为他当时常常外出，或参加上流社会的沙龙，或与朋友在咖啡馆聚会，或者在自己的卡西尼街的寓所里大摆宴席款待客人，这就占去了他大量的精力和时间。"[9]119常言道，磨刀不误砍柴工，工夫在诗外，巴尔扎克这些貌似与写作无关的生活体验最后都集中在了写作方面。"当情况变得糟糕之至的时候，他倒成了一个最好的艺术家了。他的烦恼和忧虑、他的各种欲望反而转化为一种专心致志的创作源泉。"[9]168像麦卡代一样，巴尔扎克"天天算计着自己的日渐减少的现钱，平息预付了稿费而久未得到手稿的出版商的怨气，挖空心思地施用各种手段去推迟看来已无法避免的破产厄运的降临。"[9]169

关于巴尔扎克在作品中的虚构，李胜凯说道："在日内瓦受到打击后，他很快就恢复了平和的心态，一如既往地和她（卡斯特里夫人）互通书信，甚至还登门拜访过她几次。在《朗热公爵夫人》这本书中所出现的惊涛骇浪式的悲剧，在现实中是在礼节性的交往中徐徐消逝的。不妨说，巴尔扎克在描绘自己情感生活的时候几乎没有真话。"[9]178这是研究巴尔扎克的人往往都会得出的结论。"为巴尔扎克写传记的奥地利作家斯蒂芬·茨威格特意提醒人们，在研究巴尔扎克的时候，一定不要轻信巴尔扎克本人提供的证据，它会使人误入歧途。"[9]178

李胜凯也不得不承认："的确如波德莱尔所说，巴尔扎克的缺点，又往往恰是他的优点。……'巴尔扎克的天才就在于他寓崇高于平庸之中。'"[9]315认识到巴尔扎克是一位有着人们往往会有的弱点的伟人至关重要。"虽然他的双脚深陷在日常生活的泥淖之中，但他的思想、他的精神已飞到了他笔下的世界之中。在那个世界，他俨然是一个造物主。"[9]315

放浪的生活使他负债，债务逼迫他更加勤奋地创作，于是产生了一部部出色的作品。特罗亚说道："奥诺雷当上文学新贵，欣喜异常。……他和卡西尼街住房的房主订了合同，将房间面积扩大一倍。理所当然，房租也增加一倍。这没什么，这支笔会挣钱来支付。他将沙龙挂上灰色贝克林纱，……主人（巴尔扎克）准备了美味佳肴的盛宴，香槟酒芳香扑鼻。为此项开销负债也心甘情愿。为支付这笔开支，他夜以继日，拼命写作。不过一年多时间，他写了41篇小说和专栏文章。"[5]112-13 王路分析了巴尔扎克时而沉醉时而贫困的生活："偏偏我们的天才又喜欢丰富的生命感受，即使在贫穷中，他也不会放过所有的奢侈享受。这种悖论使他的命运充满了奇幻的色彩。一会儿是漫天风雪，一会儿是纸醉金迷，一会儿又是饥寒交迫。"[6]153

巴尔扎克在意各种生活体验，以此来了解形形色色的人物。特罗亚说："他永远在生活的基点和其他琐事方面摇晃不定，那些生活琐事使他可以深入到各种人物的深层。"[5]121其中，最深刻的体验就是因为债务而发生的各种纠缠不清的人际关系。"他得与债主周旋，粉碎执达员的圈套，对付出版商……他不时请母亲看管卡西尼街的房间，而自己跑到布罗尼埃尔的德·贝尔尼夫人家，或到萨谢（榭）的让·德·马尔戈纳（讷）的别墅。他有几处工作休整站，甚至还有几处心中人的幽会地点。"[5]121巴尔扎克不时地会把这些生命体验都写入自己的作品。

阿尔贝分析了巴尔扎克为了奢侈享受而负债、进而拼命写作的情形。与德·卡斯特里夫人恋爱失败之后，"尽管有医生的严命，但他发现自己根本没办法停止工作，因为前有自己的天赋催他前进，后有债务的逼迫，以及无论花多大的代价都要满足自己对奢华的追求。他对《乡村医生》抱有极大的希望"[8]53。

巴尔扎克的不堪生活使他陷入了一个循环的怪圈，进而促进了他的写作。艾珉分析道：

> 巴尔扎克的一生也像是一出悲壮而辛酸的"喜剧"，如果把他的一生写成小说，肯定是《人间喜剧》中最可惊可叹的一幕。……他的生活充满惊涛骇浪，挟带着多次神话般的破产。他虽是举世公认的现实主义小说家，他本人却是个最浪漫的梦想家。他的生活似乎由一连串想入非非的梦幻和梦幻破灭的惨痛经历连缀而成。或许可以说，正是他那些梦幻与现实的碰撞，使他获得了对现实的深刻理解。他绝大部分时间都生活在虚构的世界里，结果所有的实际事务都被他搅得一团糟。他一辈子在债务中挣扎，做梦都想发一笔大财，可是每一次发财的尝试都让他在债务中越陷越深。巨额的债务拖累了他一生，他只能靠一支笔来偿还。他时刻受着高利贷者和出

版商的追逼，永远在为到期的期票发愁。在他同时代的作家中，没有一个人对金钱的统治、物质的迫害有过他那样深切的、痛苦的感受，在生活体验上他比任何人都富有。他正像自己所描写的一些天才人物那样，在巴黎这个炼狱里"生活过，搏斗过，感受过"。正是这些切身的体验和感受，给他提供了无穷尽的创作题材，成为《人间喜剧》中的精彩篇章。[10]49-50

巴尔扎克身上存在着明显的相互矛盾的两个方面，对此，李胜凯探索道："他的酒账和饭费直线上升。……他认为自己变成了'时髦人物'，既然如此，就该处处表现出时髦人物的潇洒和高雅的气派。"[9]148巴尔扎克很喜欢痛快花钱的感觉。"巴尔扎克如此大把大把地花钱，再多的收入也不敷使用。"[9]149好在他花的还主要是自己靠笔杆挣来的钱。"1831年底，巴尔扎克的花销比前一年翻了两番。他充分体验到花钱的乐趣，这种挥金如土的生活是何等美妙啊！"[9]149这就是极端的生活体验。"还是今朝有酒今朝醉，得过且过吧！等到事情果真闹到自己无法收拾的地步，就找个地方隐居起来，拜托母亲大人来料理这个烂摊子。就这样，巴尔扎克像一个顽劣的小儿，忘情于眼前的美妙生活，一任心灵和肉体放荡不羁。这时，名作家巴尔扎克不见了，只剩下一个浪子，一个满脑子功名利禄的'时髦人物'了。"[9]150李胜凯接下来像连珠炮似的揭开了巴尔扎克的多处伤疤："巴尔扎克的弱点或者说他浅薄的一面表现得十分明显。无论他怎样刻意修饰自己，摆出一副道貌岸然的贵族架势，都显得不伦不类。……巴尔扎克是一个大言不惭的人，是一个换女人比换衬衫还勤的情夫，是一个一顿能狼吞虎咽36只牡蛎、接着再吃一块牛排和一只家禽的贪食者，是一个附庸风雅的古董和名画收藏家，还是一个因无力偿还1000法郎的债务而不得不更名改姓、四处躲避的空想家。"[9]150事情的另一面是，"当情况变得糟糕之至的时候，他倒成了一个最好的艺术家了。他的烦恼和忧虑、他的各种欲望反而转化为一种专心致志的创作源泉。"[9]168巴尔扎克在写作事业上有着高远的追求："由于感觉到自己的力量，他的灵魂中燃烧起一种更高目标的生命的火焰，他冒着失去他广大读者的风险，在艺术王国里放开胆量探索，他要探知他力量的极限，而它的范围是如此之广袤，以至（致）他本人在奋笔疾书的时候也常常感到惊愕。"[9]179巴尔扎克认识到自己巨大的潜力，于是他要担负起对读者的更崇高的责任："雄心壮志鞭策着他不断地向上攀登，他要向世人证明，他并不满足于'手帕的成功'——即赚读者眼泪的才能，他现在已是一个成熟的艺术家，应负有把小说提高到崇高的艺术形式上去的重任。"[9]181巴尔扎克一生百般求索，他总希望能够走捷径，捷径走不通之后，他又总能回到他所擅长的写作上来，最难能可贵的是他能把不堪生活与写作事业合二为一的本领："每当生意失败，他就遁入创作世界，在那里，生意场上的失败便转化为最优秀的小说。"[9]226李胜凯写到了巴尔扎克的麦卡代式的生活："巴尔扎克让他小说的主人公所玩的每一条诡计，他自己都曾试用过：期票被转到第三者、第四者手中；运用合法的计谋，使法庭的审讯得以延期；让邮件无法投递到他那里，以避免接收传票。他采取了许许多多狡猾的方法去对付他的债权人，他的期票在出版商和放债人之间满天飞。在巴黎，没有一个法警手里不拿着一张扣押财产的法院证明书要送交巴尔扎克先生，但是他们没有一个人能够见到他。"[9]232这种说法多少有点夸张，不过也点明了巴尔扎克时常被债务弄得焦头烂额的窘境。

而巴尔扎克笔下为了生活而不得不斗智斗勇的比较突出的形象除了麦卡代以外还有伏脱冷："生活中的这段插曲（躲债）也给巴尔扎克的小说创作增添了不少素材，使他可以更生动、形象地描写他的伏脱冷们如何与科朗坦等法律鹰犬巧妙周旋。"[9]233

李胜凯挖掘出了巴尔扎克赋予小说《冈巴拉》的哲理意义："艺术无情地要求艺术家为它奉献一切，包括牺牲他的感情生活和一切物质享受，艺术家的不幸就在于此，他在艺术上愈伟大，在生活上便愈不幸。这真是一个棘手的两难问题。"[9]259-60提到《赛查·皮罗托盛衰记》时，李胜凯说道："巴尔扎克在过去的岁月里所经历的痛苦和屈辱几乎都再现在这幅描绘资产阶级社会的画卷当中"[9]262。然而李胜凯终究还是无法原谅巴尔扎克的过度挥霍："如果巴尔扎克不那么挥霍无度，他也满可以舒舒服服地享福，过上中产阶级相当富足的好日子。"[9]311事实是，假如巴尔扎克过一个正常人的生活，他就不会有超凡的体验，也就很难创作出超凡的作品。

在巴尔扎克伟大事业的背后有着不堪的生活现实，而正是这些不堪的现实成就了他事业上的伟大。他有着一般人的弱点——崇拜金钱，生活奢靡，为此不惜终生负债，绝大部分时间处在贫困状态。

巴尔扎克工作起来的劲头不得不让人佩服，每天午夜起身，一直写作到8点钟，用一刻钟吃完早饭，再一口气工作到下午5点，然后吃晚饭，第二天接着干。就这么干，他40天里写出了5卷书：《两个新嫁娘的回忆》《假情妇》《于絮尔·弥罗埃》《搅水女人》《一桩神秘案件》。他那巨大的材料库似乎永无枯竭之日，而且像他的债务一样越积越多。多年下来，他积累了不少题材。1833年曾纳入写作计划的《遗产》，后来产生出两部小说：《搅水女人》和《于絮尔·弥罗埃》。只是他这种拼命的工作严重地损害了他的健康，最终造成了他的早死。

巴尔扎克靠这种拼命的劲头，使自己不堪的生活与伟大的事业最终达成了统一。毕竟，作为小说家，他需要从危机和忧虑中汲取营养。巴尔扎克不是完美的。特罗亚说："把他逐出精英圈并非是他缺少才能，而是因他的行为举止。他血气方刚，办事怪诞，喜出风头，爱吹牛皮，对他说长道短的都有。他过于张扬，笔调又太沉浊。"[5]265王路说："巴尔扎克的一生正是被欲望和憧憬折磨的一生，"值得肯定的是，"当巴尔扎克为获取名誉、金钱和爱情而投身于一种神圣而崇高的事业时，欲望使他粉碎了一切障碍。"[6]36-37

我们把他拉下神坛之后应该给他一个大写的巴尔扎克，作为浪漫的法国男人，他的浪漫近于糜烂，而作为重要作家，他的事业又很少有人能够超越。李清安说到了同代人对巴尔扎克的矛盾印象："有的说，他优雅非凡，是个典型的艺术家；有的说，他庸俗不堪，活像个杂货店老板；也有的说，他神采飞扬，是个天马行空的才子；更有的说，他神情沮丧，象（像）一条'丧家之犬'……"[4]117巴尔扎克自己则说："把我说成懦夫或者英雄，智者或者蠢货，天才或者笨蛋，都能同样符合事实。"[4]118

王路说，去日内瓦与韩斯卡夫人约会回来之后，"巴尔扎克又被拴到了书桌上，一部部地撰写他那些为还债、为爱情、为事业而诞生的不朽著作。"[6]174

其实，巴尔扎克与我们又非常接近，假如我们也有志于写作，我们只需像巴尔扎克一样有足够的生活阅历，坚持再坚持，越挫越勇，决不言弃，我们自然也有望成为巴尔扎克。

参考文献：

[1]巴尔扎克. 贝姨[M]//《人间喜剧》第13卷. 傅雷，译. 北京：人民文学出版社，1997.

[2]李文琳. 论巴尔扎克作品中的金钱观[D]. 汉中：陕西理工学院硕士论文，2016.

[3]安德烈·莫洛亚. 巴尔扎克传[M]. 艾珉、俞芷倩，译. 杭州：浙江大学出版社，2014.

[4]李清安. 巴尔扎克[M]. 北京：北京师范大学出版社，1983.

[5]特罗亚.巴尔扎克传[M].胡尧步,译.北京:商务印书馆,2013.

[6]王路.未完成的雕塑——巴尔扎克传[M].石家庄:河北人民出版社,1999.

[7]巴尔扎克.驴皮记[M]//《人间喜剧》第20卷.梁均,译.北京:人民文学出版社,1997.

[8]阿尔贝·凯姆、路易·吕梅.巴尔扎克传[M].高岩,译.南昌:江西教育出版社,2014.

[9]李胜凯.巴尔扎克传[M].北京:世界知识出版社,2001.

[10]艾珉.巴尔扎克传[M].北京:华文出版社,2017.

[11]丽列叶娃.巴尔扎克年谱[M].王梁之,译.北京:作家出版社,1962.

[12]茨威格.巴尔扎克[M].米尚志、谭渊,译.合肥:安徽文艺出版社,2000.

[13]苏成全编选.巴尔扎克研究专题资料[M].西安:陕西师范大学学报编辑室,1980.

第五章　以喜剧形式上演的悲剧

　　《人间喜剧》到底是喜剧还是悲剧？这只有与巴尔扎克的生平事迹结合起来才能彻底解读。实际上，《人间喜剧》是以喜剧的面目上演的一幕幕悲剧、惨剧，所有有价值的东西都在金钱面前被击打得粉碎，这就是奢华与贫困一生的巴尔扎克想要向读者传达的内容。奢华使巴尔扎克的生活具有了喜剧色彩，他的贫困却是奢华生活的悲剧性结局。雷巴克说："在巴黎，……他（巴尔扎克）写出了长达数百页的法国社会的大悲剧，这是他用自己的笔、自己的心、自己的大脑、自己痛苦的感受、自己的灵魂创作出来的；他不是用墨水、（，）而是用自身的鲜血进行写作。"[1]25提到沙皇在准许巴尔扎克入境的同时又让手下"严加监视"，雷巴克说道："生活本身在创造着人间喜剧。巴尔扎克本人也成了这场可怕的历史剧中的人物。"[1]374巴尔扎克曾对韩斯卡夫人说过："您无法想象，在那座苦难的城市（指巴黎）里，我看到了多少悲剧、惨剧和稀奇古怪的事。"[1]384

一、题名之辨

　　巴尔扎克在《人间喜剧》前言中说："这就是形象云集、悲、喜同台串演的地基，作品的第二部分'哲学研究'就在这个基础上峥嵘突起"[2]20。《〈人间喜剧〉前言》除了丁世中的译本还有陈占元的译本。"这个计划同时包括社会的历史和对它的批评，对它的弊害的分析以及对它的原则的讨论，我觉得这个包罗万象的计划允许我把它今天发表时所用的名字：'人间喜剧'，作为这部著作的名字。这是不是野心呢？还是作（做）得恰当呢？这就是这部作品完成之日，留待读者判断的事情了。"[3]95陈占元在《后记》中说："1842年，巴尔扎克把从1829年起他所写的小说收集起来，编成一个总集，定名'人间喜剧'，这个名字一方面可以把一系列的创作联系起来，另一方面又可以把全部作品的意义突出地显示出来，所以是非常合适的。"[3]95雨果在巴尔扎克葬词中说到了《人间喜剧》既可以叫做（作）喜剧，也可以叫做（作）

历史："一部了不起的书，他题作喜剧，其实就是题作历史也没有什么，这里有一切形式与一切风格，……一部又是观察又是想象的书"[4]227。其中的"一切形式与一切风格"应该也包括悲剧的成分。

黄晋凯在《巴尔扎克长短录》中写道，1999年4月，"在北京外国语大学、北京大学和中国人民大学举行的纪念学术活动，……每次会上论及这一译名问题时都是泾渭分明的两种意见。会后，《文艺报》专版摘登了专家们的发言，并以《是〈人间喜剧〉还是〈人间戏剧〉？》为题，发表了两篇针锋相对的文字，一篇署名张放，主张译为'戏剧'；另一篇署名'《巴尔扎克全集》编校组'，持相反意见，认为'喜剧'才是正译。双方各列举了四条理由。"[5]164真理不辩不明。"对于La Comédie的理解，《全集》编校组的文章已有明晰的阐释，……法文中还有Le théatre、La tragédie和Le drama等词，既然你们认为巴氏的创作都是悲剧、惨剧，为何作家却偏偏要选用La Comédie一词呢？巴尔扎克在小说和论文中，都不止一次地使用过上述三个词来说明一些具体的故事，但他却偏偏要用La Comédie一词来作概括性的总题，这正是巴尔扎克丰富的幽默感和想象力的体现，人生百态与人生百感尽在其中，'喜剧'一词生动地传达的正是这一复合的文学韵味，可谓恰到好处。如若换作'戏剧'，给人们留下的最多是索然无味的匠气。"[5]165黄晋凯对"喜剧"有着深刻的理解："他（巴尔扎克）有意使其中的许多作品，故事相互关联，人物反复再现，……作家将其定名为《人间喜剧》。这一总题，不仅体现了巴尔扎克要撰写一部'完整历史'的宏大旨意，还颇具调侃意味地把本是由许多'悲剧'故事组成的历史称为'喜剧'，更增添了耐人寻味的艺术情趣。"[5]210黄晋凯分析《玄妙的杰作》说："这是一出可悲的喜剧，又是一出可笑的悲剧。巴尔扎克惯用的这种悲喜剧手法，更丰富了作品的色彩，增加了作品诱人品味的魅力。"[5]217黄晋凯认为"喜剧"一词包含着巴尔扎克的讽刺意味："他的作品实际上却几乎没有一篇是本来意义上的'喜剧'，而绝大多数都是悲剧，甚至是惨剧。……时代是一个惨象环生的时代，以忠实反映时代风貌为己任的作家自然不会放过这一特征。他故意取名'喜剧'，包含着明显的讽刺意味。"[5]224巴尔扎克的作品中叙述悲惨事件时往往采用一些黑色幽默的手法："在这一幕幕的悲剧里，确实又包含着某种喜剧因素。在《红房子旅馆》里，作家把一个肥肥胖胖、笑容可掬的银行家和一个用外科手术刀残忍地切断商人喉咙的杀人犯连为一体，不是会使人产生某种滑稽感吗？宴会上，泰伊番种种神经质的表现和歇斯底里的发作，在使人震动之余，不也让人感到有点可笑吗？良心法庭上那些心怀鬼胎的议论，多多少少都透露出某种幽默感。因此，可以说，悲喜剧色彩交融的悲剧，是巴尔扎克创作的基本特色。"[5]224-25从某种意义上说，巴尔扎克作品中的这些黑色幽默的色彩，使悲惨的故事获得了举重若轻的呈现。此外，黄晋凯《哗众取宠的"误读"说》一文是驳陈明远1999年8月26日在《光明日报》上发表的《对巴尔扎克的误读》一文的。

关于《人间喜剧》是以喜剧的形式上演的悲剧，特罗亚说："在巴尔扎克已经消失的世界上，遗产继承问题，债务的困扰，爱情的狂热，落空的宏愿，利益的诱惑，丧事，喜事，家庭争吵等等在继续。好像这个真实的世界正在笨拙地模仿巴尔扎克创造的臆想的世界？如果巴尔扎克能够活得更长，无疑会从亲人们的经历中汲取材料，为他的《人间喜剧》写一个悲剧性的可笑的续篇。"[6]389"可笑的"是喜剧的形式，"悲剧性的"才是巴尔扎克关注的重点。

二、潘神巴尔扎克

加香在《论巴尔扎克》一文中说到了巴尔扎克生活和想象之间的悖谬之处："一切事业都遭到失败。因此他负债累累。他在想象中调度着万贯的家私，实际上自己却做了高利贷者追逐的目标。为了偿清债务，他签发了期票。他因为深怕期票到期终年焦虑。他只有用他的作品来偿还欠款。但他永远无法如期完成他的作品来清偿他对债主和出版商所负的债务。"[7]390《人间喜剧》中塑造了很多成功的典型："他所创造出来的人类典型永不磨灭，堪与法国和别国任何时代的最伟大的作家和心理学家所创造出来的典型媲美。"[7]391加香下面的话我们要仔细甄别："他是描写他那个时代的资产阶级风俗的谨严不苟的历史家。他是各种不朽的人类典型的创造者！"[7]391至少目前，"谨严不苟的历史家"是存疑的。"在二百多年之后，这些人物还象他们初被创造出来的第一天一样使我们感动。所以他是一个非常卓绝的艺术家。"[7]408这一点是毋庸置疑的。

泰纳在《巴尔扎克论》一文中说到了极富喜剧色彩的巴尔扎克的悲剧生活，他沦为金钱的奴隶，因而创作出了很多优秀作品："巴尔扎克是一个买卖人，一个负了债的买卖人。……为了不依赖人，他做了投机商人……经过四年的熬煎，他把营业脱手，剩下一身亏累，只好写小说来偿还。这是一付（副）吓人的重担，他挑了它一辈子。……在一天不停的包围和逼索下，他干着不可思议的重活。……有几次，在和朋友们闲谈之中，他突然止住话头，咒骂自己……于是他算计算计这虚费了的时间给他赚来多少金钱，多少钱一行的稿子，……初版多少钱，再版多少钱：如此一乘又一加，这笔钱便大得惊人——金钱，到处找金钱，时刻找金钱，金钱是他一生的逼害者，专制暴君。由于需要，由于面子，由于想象和期望，他成了金钱的猎获物，金钱的奴隶。金钱凌驾着他，虐待着他，使他伏在案头，拉不起身，金钱把他牢牢地绑在工作上，激发着他的灵感……铸造着他的诗思，金钱使他的书中人物活跃起来，在他的全部作品上投上了一层金色的闪光。"[8]252-54巴尔扎克一直在进行着生命的极端体验："巴尔扎克谈到巴黎时，称之为：'敷陈在赛（塞）纳河两岸的毒气熏蒸的大疽痼'。谁是比他吸收这毒气更多的人呢？谁是比他更多地斗争过、思想过、享乐过的人呢？谁的血和精神比他的发过更高的热病呢？……（他）怎样和债主斗争，怎样受交易的逼迫，怎样疯狂的贪图光荣，怎样抱着宇宙难容的野心，怎样蹈厉奋发，又怎样疲惫颓唐，怎样翻滚在各种失意绝望的深渊里面。……小说家在寻欢作乐上边也是善于发挥创造力的，对奢华的生活和观感的享受，他是既贪馋而又知味的。他的私生活，即使在他死后的今日，也不宜去窥视。"[8]258-59巴尔扎克的作品中反映了当时巴黎的可悲的镀金时代："在这人群里蠕动着一片肮脏的人形甲虫，爬行的土灰虫，丑恶的蜈蚣，有毒的蜘蛛，它们生长在腐败的物质里，到处爬、钻、咬、啃。在这些东西上面，则是一片光怪陆离的幻景，由金钱、科学、艺术、光荣和权力所缔造成功的梦境，一场广阔无垠、惊心动魄的噩梦。"[8]259-60情欲十足的巴尔扎克在作品中有时不免流露出一副贪馋的嘴脸："他在小说里放进了一些女人私密生活的情节，谈时又不是带着生理学家的冷静态度，而是用两只知味和贪馋的眼睛从半启的门缝里窥看一盘炙肉的神情。……（在《滑稽故事》里，）一切肉体的贪欲，在此脱缰而出，得到满足，象（像）一群动了性欲的五通神，跳起了狂欢节舞。……他这付（副）劲头有时已经很近于粗俗。他很容易掉到粗俗里面去。他的偏于肉体性的欢乐是一个出差卖货员的欢乐"[8]260-61巴尔扎克毕竟还是肉体凡胎，"质地是不精致的，甚至还有些粗率，但是自己按捺不住，非冒出来不可。"[8]262巴尔扎克的种种欲望最后都汇集到了小说之中："财富和荣华的追求，买卖交易，政体、语言和科学的改革，行政体系，和探险规划无所不包的各式各样的谬见和真知，一片奇光异彩纵横交错照亮了、显示了整个世纪，整个世界。他的生活，他的环境和性格都引导他到小说上来。他就在小说里，依仗他的天赋，依仗他的意志，建立了自己的王国。"[8]264

左拉在《批评公式运用到小说上》一文中说到了债务的逼迫催生了《人

间喜剧》的过程："巴尔扎克在债主逼债之下，想出许许多多出奇的计划，好些夜晚不睡为了还债，脑筋一直开动，结局就是《人间喜剧》。"[9]330

巴尔扎克为了生活和创作都付出了最大的努力。1833年10月29日巴尔扎克致信韩斯卡夫人："我的生活就是为钱斗争，同忌妒者搏斗，不停地同我的作品战斗，这场战斗需要鼓起全部肉体的和精神的力量。"[10]125 1835年8月10日巴尔扎克又致信韩斯卡夫人："依然是这些不停的工作，无尽的奔忙，为的是设法支付票据……就同一位正在指挥一场既无粮草又无皮靴的战役的共和主义者将军有些相像。"[10]126

黄晋凯这样说到《高老头》："这是一个社会，是波旁时期一幅生动的风俗画。"[5]86 在这幅风俗画中，金钱成了作者真正关注的中心。"人人翘首仰望的金钱，给世界洒下的究竟是福还是祸？给人类带来的究竟是悲还是喜？"[5]89 综合看来，《高老头》中的喜剧成分并不多，这是一部悲剧色彩相当深厚的作品。

王路说："伯纳·巴尔扎克的血脉有承，他对于女人和金钱的兴趣以及顽强的生存意志都被他的头生子、天才作家奥诺雷·德·巴尔扎克继承了下来。"[11]8 1830年到1832年间，"他（奥诺雷·德·巴尔扎克）也需要不断地充实一下自己的钱包。为此，他甚至不惜再次弄脏自己的双手，见缝插针地再造上一件'破烂儿'；不过，现在他已经像爱护自己的眼睛一样，爱惜自己好不容易得来的文名了，有时表现得比还未出名更甚，所以他仍会采用各式各样的假名。茨威格曾嘲笑巴尔扎克的这种行径，说他好比从了良的妓女，仍忍不住到以前呆的地方去鬼混一夜，的确如此。"[11]116 王路分析了巴尔扎克生命中的喜剧色彩："在大多数人眼中，巴尔扎克更多的是以潘神的形象出现的：他酣醉若狂地吐着热气，发着火光，穿过绅士淑女们组成的森林，双手挥舞着，双脚蹬踏着，喉咙里呜咽着，奔跑，跳跃，自由地驰骋；一副狂态吓走了别的鸟兽精灵，他们根本无法欣赏这种张扬的生命。"[11]124-25 巴尔扎克有庸俗的一面，也有超凡脱俗的一面。"巴尔扎克不是个禁欲主义者，他对红尘迷恋太深，但他也决不是个跌倒在情欲、物欲和权欲中的俗物；他有庸俗的影子，更有非凡的气魄；他热爱感官的满足、享受，也热爱精神的超越、空灵。"[11]125 王路也分析了正是俗世中的巴尔扎克成就了非凡的巴尔扎克："如果没有尘世的干扰，巴尔扎克一直在苦修室里过着禁欲的生活，那他的金子（字）塔会垒筑得很快。当然，也会有人提出疑议，没有丰富的尘世生活，又怎么能有巴尔扎克的'文学金字塔'。唉！难解的悖论，但这就是生活。"[11]184

　　巴尔扎克投机的生意在不断地加重他的债务。经营《巴黎纪事》后，"一大堆数字堆到了巴尔扎克的桌案上，它们彼此纠缠着、厮咬着，令作家焦头烂额。最后他干脆一下跑开了。……7个月的劳累，留给他的仅是一笔天文数字式的欠款，他的债务累计已达10万法郎。"[11]189为了方便逃避法警的追捕，"细心的人会发现，30岁以后，巴尔扎克的所有住宅都有后门或一条不为人注意的秘密通道。这是他选择住房的条件之一。"[11]189巴尔扎克一直在矛盾中挣扎、升华。"对于他，痛苦是真实的，幸福也是真实的；深渊中的挣扎是真实的，从深渊一步跨到顶峰也是真实的。这一切都是生活，都会汇入他矮胖的躯体之中，并鼓动起他新的生活欲望。"[11]190-91巴尔扎克的债务是随着他年龄的增长在不断地加重。"在35、36岁两年中，巴尔扎克被债务压得喘不过气来，这种愁云惨雾有时遮蔽了日头，让他看不到一丝光亮。而生活其他方面的事情又往往加重这种惨状，把他拉向悲苦的深渊。"[11]191

　　债务越重，巴尔扎克越要追求幸福。"经验告诉我们：别相信巴尔扎克！不错，这个时期他的确遭到了许多不幸，特别是债务危机；但是，这些危机却在一定程度上更把他赶向了性格的另一方面——在压抑之外追求放纵，在不幸之外追求幸福，在地狱之中追求天堂。一方面，他生活在贫苦与压抑之下，但正如阴影中的植物更加疯狂地追逐阳光，在水下憋了太久的潜水者更需要空气一样，他更需要解脱与放纵。……尽管生活中有那么多浓重的阴云，他也会不顾一切地撕开一道裂缝，尽情地啜饮一次幸福的玉液琼浆。这种生活在他的一生中已不是第一次出现，从第一次大失败，即他29岁时，这种生活已然成形，折射出他所具有的禁欲者与潘神二体合一的性格特征。"[11]194

　　有英国出生背景的维斯孔蒂夫人就是这时潘神巴尔扎克的恋伴。"她不会刻意要求对方如何，她给他以充足的自由，而只管自己尽情地去爱、去拥抱对方。这是一个能够欣赏爱也能够创造爱的女子。她厌倦生命的枯燥单一，喜欢它的流动、丰富，因而她可以包容一切，欣赏到许多常人所不能领略的生活之美。美的本质特征是自由，莎（萨）拉将这种自由带入了自己的生活和爱情，使自己在众生中显得特立独行。"[11]196-97王路指出了巴尔扎克经常装修住处的秘密："巴尔扎克每装修一次房子就说明他又恋爱了。他可真够厚脸皮的了。"[11]198王路关于维斯孔蒂夫人为巴尔扎克生下孩子的事其实是巴尔扎克错了，维斯孔蒂夫人怀的是别人（博诺瓦尔伯爵）的孩子："维斯孔第（蒂）夫人决定接受巴尔扎克，便接受了他的一切，包括才情、声誉以外的各种灾祸：在作家躲债时，她会为之提供一间温暖的小屋；在作家摆脱不开债务时，她会从自己并不丰厚的收入中拿出钱币，收下账单；在作家感到孤独时，她会悄然出现在巴达依街的公寓里……甚至，她还会为巴尔扎克生下一个没有名份的孩子"[11]200。

　　巴尔扎克虽非故意，他解决债务的方式确实充满了十足的喜剧色彩。"《巴黎纪事》的破产通知他已经看到了，这项不成功的事业使他的债务累计到了13万法郎。……困顿之中，巴尔扎克不得不再去求助于早年的'文学垃圾'。1836年9月，他偷偷摸摸地再版了《贺拉斯·德·圣多宾作品全集》，但所得稿酬也是杯水车薪，无法挽救他的危机。他的生活再一次进入残酷斗争阶段，和债主们斗，和执达吏斗，和空白的稿纸斗，和自己日渐虚弱的身体斗。"[11]204-05为了帮助巴尔扎克，维斯孔蒂夫人派他去意大利料理丈夫接受的遗产事宜。"这位刚从苦难的巴黎跑出来的穷光蛋，竟然忘乎所以，在意大利海阔天空地胡吹自己所得的稿酬是天下第一，完全不把当地作家曼佐尼等人放在眼里。说民族主义也好，地方主义也好，意大利人自然不愿听这些刺耳的闲话，所以把他们对巴尔扎克的青眼换成了白眼。吹牛大王很知趣，知道是自己闯了祸，所以赶紧把伯爵夫妇委托的事情办妥——事情本来就不复杂，经热那亚、里窝那和佛罗伦萨匆匆回国了。"[11]205

　　王路非常形象地描述巴尔扎克加重自己生活负担的情状："熟悉他的人都知道，巴尔扎克喜欢这样的人生：刚从断头台上下来，定定神，他就又会乐呵呵地跑上绞刑架，并将绳索套在脖子上，让它越勒越紧。"[11]206王路满带诙谐地说道："依靠巴尔扎克的天才，一年用笔挣来几万法郎还是不成问题的，如此发展下去，他会很辉煌进入40年代，走向人生和他事业的又一个高峰。但巴尔扎克却不会让生活如此一帆风顺，他有把一切都变糟的先天本领。希腊神话中的达弥斯（弥达斯）会点石成金，而他的技能也毫不逊色，只不过价值是相反的，他能点金成石。……他抛出一个钱，会引诱他抛出第二个、第三个钱，直至让这个手段并不高明的赌徒输得彻底精光，然后再拿鞭子将他赶回到书桌上去。这就是巴尔扎克的生活怪圈，是他难以超越的荒谬轮回。这倒具有典型的黑色幽默味道。"[11]207关于巴尔扎克的雅尔迪田园梦，王路说："为了这个梦想，他投入了10万法郎和一位可爱的妇人（维斯孔蒂伯爵夫人），而最终却血本无回，这一向是巴尔扎克的做事风格。"[11]220巴尔扎克在制造债务方面总是自己玩得挺嗨："继失败的《巴黎纪事》之后——或许巴尔扎克已经忘了他还有这样一个'孩子'，他炮制出了《巴黎评论》。"[11]227

　　巴尔扎克的文学事业其实与他的多种生活旨趣是分不开的，所以王路下面的话我们是要拉开一段距离来研究的："他总是不能够安守自己的天才领域，安安稳稳地写小说，当作家。他内心奔腾的激情与力量一次次鼓动他走出书房，做一个逾矩的人。在商业、社会领域他依然把自己当作是一个天才，而实际上他已变成了笨伯。这是很简单的辩证法，而这位文学天才却怎么也看不破，所以结局便是'每样事情都越来越糟——我的工作和债务都如此。'文学创作的源泉还在奔涌不息，而过剩的精力依然在制造着无穷的麻烦。"[11]233王路认识到了债务催促巴尔扎克去创作，却没有道出这些债务本身也成了巴尔扎克创作的内容："经历了那么多人生悲喜剧，我们没有必要去同情他的磨难与不幸，因为这一切磨难与不幸正是天才创作的不竭的动力和源泉。在其他方面遭受的每一次失败，都要求巴尔扎克在文学上用双倍的成功加以补偿。"[11]249

巴尔扎克与韩斯卡夫人的恋爱经过也是一出悲喜剧。"韩斯卡夫人和巴尔扎克两人的心中都明白不过地认定：他们已走到了尽头。巴尔扎克已打算将他的自我拯救计划放到别的女人身上了。……他已经被远在乌克兰的那个女人折磨得太疲惫了，他已经为她付出了太多的邮资和时间；'北极星'已经暗淡，不再能指引他前行。"[11]257物极必反，绝境中却峰回路转："韩斯卡（基）先生死了！他全身的神经立即抖动起来。这么说他和韩斯卡夫人多年的梦想终于可以实现了？他经年梦想得到的贵族封号和大批的财产可以到手了？巴尔扎克简直不相信自己的眼睛，将那份讣告看了多少遍。乌克兰的那颗'北极星'已被时光与尘事的浮云遮住，就要从他的心头隐去了；这时却乌云散尽，骤然闪烁在他的心灵天宇中。"[11]257

王路这样分析巴尔扎克的文学才能与他的生活之间的悲喜剧关系："他在生活其他方面的失败都与这种可怕的文学才能有关，他用太多的虚构、推演、想像（象）来对待文学外的许多东西，自然会导致令人啼笑皆非或事与愿违的结果。在文学与现实之间，他永远不能找到一条严格的界限。文学是他的生命；他生命中的一切都有着文学的浓重色彩，他所痴迷不悔的金钱梦不就化作了一部部不朽的作品吗？他将许多的故事和生活弄混淆了。在他那里，虚构也成了真实，这种真实的力量不仅使巴尔扎克相信，而且也会使别人相信。"[11]271

巴尔扎克虽然获得了文学上的成功，但他的生命已经透支了。"在这里，他得到了自我求证，得到了胜利的勋章和绶带，整个世界都在向他低头，这是他苦难的光荣，痛苦的伟大！但他又不能不厌恶这种生活，甚至他所做的一切，都是为了最终抛弃这种生活，逃避这种苦役。十几年来，这种生活像个吝啬鬼一样吸尽了他的气力，他的青春。它是命运之神手中的一条鞭子，无情地打落在他身上，令他苦不堪言。"[11]278-79

在巴尔扎克与韩斯卡夫人的爱情角力中，韩斯卡夫人最后败给了自己的虚荣："经过一段惨烈的心理斗争，韩斯卡夫人终究没能放弃她所爱慕的虚荣。她不能无视那一卷卷印有'奥诺雷·德·巴尔扎克'名字的著作；不能无视那位天才作家所到之处掀起的阵阵狂风；多少贵妇为他倾倒，多少王公向他脱帽；在维也纳时，不可一世的铁腕政治家梅特涅不也向这位天才致意吗？……这一切都具有巨大的诱惑力。"[11]273-74

巴尔扎克是巴黎的产物："泰那（纳）说过，在巴尔扎克这人身上有强烈的巴黎气息，即巴黎特有的那种文化环境所造成的他的一种精神特征，如张狂、浮躁、深刻、欲望强烈、沉浮不定等等。"[11]287

王路这样分析巴尔扎克身上的悖谬现象："他是一颗'炮弹'，这是他的自信，也是他的自负。他的自信，使他在文学上最终取得了成功，而他的自负致使他在政治、商业和爱情等方面都遭到了惨败。"[11]55王路也认识到了巴尔扎克文学上成功的部分原因："我们要感谢巴尔扎克生活中的那些失败，政治上的、商业上的、婚姻上的，这些失败一次次地将他赶回了书桌，赶回了研究生活、写作生活，铸造了他不竭的诗思，满足了他对荣誉和金钱的饕餮欲望。"[11]106巴尔扎克为了写作透支了生命："他有许多次都是被厄运推回到书桌边来的，于是，他痛恨写作，虽然写作能给他以巨大的成就感，但它也无情地吸干了他的精力、血液，他笔下的每个字都凝结着他的血肉精华。"[11]166

巴尔扎克的生活过于追求奢侈，他的欲求远远超过了自己的能力，结果就是一生都债务缠身。正因巴尔扎克一直负债累累，时常被逼债，他后来在戏剧《投机商》中描述麦卡代被逼债的画面才特别地震撼，他在这方面的感受太深切了。王路说："别以为巴尔扎克30岁以后是生活在文学世界里的，债务这个幽灵始终在纠缠着他，不肯放手。可以毫不夸张地说，金钱是激发30岁以后的巴尔扎克进行文学创作的动力；但他这时的写作和20岁时的写作有着本质的不同，虽然都是为了钱而写作，但30岁以后他不会为了钱而出卖文学了，特别是关涉到他名誉的作品，有时他甚至会为了文学而牺牲金钱。在以后的岁月里，文学是他圣洁的理想，而金钱是他的母亲，他对这位母亲又爱又恨，受她的奴役，受她的支配。"[11]88王路说到了巴尔扎克在金钱与文学之间的选择："他写作是为了金钱，但不惟是金钱，在金钱与文学之间，他更看重后者。对这一点，他从没有放弃过，他情愿少收入几千法郎，也要将书稿改到自己满意的程度。每部书稿他都四遍、五遍甚至十几遍地修改。"[11]113

王路分析了巴尔扎克独特的生活体验与文学创作之间的关系："一重磨难，一重风景，人生的绮丽造就了他那丰富的文学世界。……他只需将自己生活中的一砖一石捡出来，用想像（象）加以渲染，便会成为独一无二的杰作。所以，他的文学世界是真实的，是他独自拥有的个性化宇宙。试问，同时代的作家中，有谁像他一样被金钱灼痛，而又对它如此痴迷？没有，没有一个人能像他一样，在金钱世界里陷得那样深，那样沉。生活的独特性、丰富性促成了他文学上的成功，而这种成功又加深了他对这种生活的迷恋。"[11]153-54但巴尔扎克仍不屈不挠地坚持着自己的文学理想："欲望折磨着他，贫穷也在折磨着他；一轮欲望的实践又加重了他一层贫穷的灾难。在困顿中，他想像的翅膀却依然那么强健。"[11]154

巴尔扎克不断向韩斯卡夫人诉苦，她支助他1000法郎。巴尔扎克对这个数目不以为意，1833年10月29日，他在信中对她说："你这是1000法郎，而每个月都得花上万法郎"[6]167。

巴尔扎克的本性是崇尚奢侈的，写作只是为了满足奢侈的需要不得不去做的一项苦工。他在《驴皮记》中这样写道："尽管我爱好东方的安逸生活，迷恋自己的幻想，喜欢肉欲，我却始终辛勤地工作，……我喜欢漫步和在海上旅行，想多游历几个国家，……但我却经常坐在椅子上从事写作……"[12]119这就是巴尔扎克的自况。正因为他手头经常没钱，他必须靠自己的笔杆去赚钱。被债主逼迫太紧的时候，巴尔扎克便隐居起来，或到布洛尼埃尔的贝尔尼夫人那里，或到萨榭的马尔戈讷家，或到昂古莱姆的朋友珠尔玛·卡罗家里住下，躲过纠缠不清的债主，安心写作。

但是巴尔扎克的创作远非一帆风顺，有时他毫无激情，还忍受着神经痛的折磨："我是把双脚泡在芥末中写作《皮罗托》，把脑袋浸在鸦片中写作《农民》的！"[13]482只要有更便捷的赚钱方式，巴尔扎克会毫不犹豫地放弃写作这件苦差事的，但是他赚钱的想象力很丰富，操作起来却发现只有写作最靠得住，因为多少年来他下工夫最多的就是这个领域。

特罗亚说："巴尔扎克在辩解需要同时写几部作品时，说这是为了满足各种报刊和各种出版商的不同口味，以备向他们出售'产品'。这样，他就可以根据他们当时的要求，建议给他们较长的或较短的小说，以及带有感情色彩的小说或有暴力情节的小说。这样他的'商品'在商店里就有很大的选择余地，总可以找到买主。生意做成了，库里还得有点存货。奇就奇在他在履行这种商业义务时，却导致产生出这么多的美妙事物。甚至好像是同时写三四个题材倒鞭策了他的想象力。他一边咒骂不堪重负，但一篇又一篇地写，乐此不疲。他像是一个耍杂技的演员，交替抛接在头顶上飞舞的圆球。"[6]262

不管有多少债务，巴尔扎克都相信能够通过写作来了结这些债务。有一笔2500法郎的欠款，一个短篇足以支付。还有一笔7500法郎，只需在《新闻报》上发表个长篇就行了。他在给韩斯卡夫人的信中写道："一个人必须挣钱糊口时如何想得到这许多？难道罗西尼为了二百埃居而创作《塞维利亚的理发师》时会想到荣誉吗？他当时的情况同我在写作《婚姻生理学》时一样，就是为了挣口饭吃。"[13]497-98受着债务的逼迫，巴尔扎克一直在写作着，最终形成了令人惊叹的宏篇巨制《人间喜剧》。

关于最后装修婚房，巴尔扎克也陷入了收藏的偏执："'保荣'公馆既然已经买了下来，接下来的工作是装修房子，使它成为名副其实的宫殿，一所豪华程度不下于卢浮宫的住处。这项工作大大地刺激了巴尔扎克原本就有的一种嗜好——收藏古玩字画，使其达到了狂热的程度。巴尔扎克的这种嗜好在他于这个时期创作的《邦斯舅舅》中可见一斑。作品中许多关于古玩字画的专业性论述，都是他在生活中的收获。巴尔扎克一向思维敏锐，但他那种天才的想像又会将他的机智冲得七零八碎，狼籍一片。他对古玩字画的爱好也并非仅仅是出于一种业余情趣，而是有功利目的的。从实业到投机，凡是货币流通最快的地方，都能吸引巴尔扎克的注意力。从他第一次经商起，就培养起了对古玩字画的兴趣。这种兴趣在他很快就变得如痴如狂了，即使在第一次破产中，他还念念不忘在商店里发现的两扇屏风。但值得注意的是，他的鉴赏水平却没有提高，始终和一个门外汉差不多。他之所以如此走火入魔，原因很简单，那是因为在古玩字画中同样寄托着他的金钱梦想。"[11]288-89藏品投机再一次证明了巴尔扎克缺少专业的商业眼光："事实证明，巴尔扎克的文物投机又是一桩彻头彻尾的赔本买卖。他向人夸耀的那些'珍品'，并没有像他想像的那样令国王皇胄瞠目结舌，它们大都是些不值钱的赝品。上面提到的中国古瓷花瓶，不几日便由一位行家指出它们是荷兰仿造的货色。巴尔扎克为此伤心了好几天。但这种教训正如他第一次下决心从商时，妹妹朗丝洛（洛朗丝）对他的警告一样，根本起不了多大作用。"[11]290韩斯卡夫人彻底否定了巴尔扎克把婚房搞成货栈的愚蠢行为："当她看到巴尔扎克毫无计划地将钱投向一堆堆的'破烂儿'时，也懊悔不迭，赶忙写信制止他的这种愚蠢行为。她的信不能说不管用，但是她听到的更多的是巴尔扎克的饶舌辩白。"[11]290-91韩斯卡夫人面对与巴尔扎克的婚姻一直在做着切实的考量："韩斯卡夫人能够容纳这样一个情人，她肯容纳这样一个丈夫吗？他的出身，他的粗鲁举止，他的债务等等，都令她不得不慎重考虑。"[11]291在去乌克兰之际，"为了捍卫'保荣'公馆，巴尔扎克又一次向他的母亲、那位已经70岁的老妇人挑起了白旗。……她立即出任了'保荣'公馆的临时总管，像一条看家狗一样忠实地履行起了自己的职责。"[11]292

王路说："尽管巴尔扎克在文学上可以带动一种思潮，创造一个流派，显示出文坛巨人的气魄，但在政治上他却绝对是个庸人，而非他心目中的拿破仑。"[11]297其实，我们只要一个文学上的拿破仑——巴尔扎克就已经足够了。

三、萨特儿巴尔扎克

巴尔扎克感情绝不忠实，他一直蔑视丈夫的角色，在爱情的道路上，他就是一个有点淫荡的萨特儿。

据特罗亚记载，早在法学院上学期间，"奥诺雷已有寻花问柳之事……他还和外婆打100埃居的赌，说他能勾引到巴黎最漂亮的女郎，结果是他赢了！……老太太有时还给小外孙一些零花钱以便到王宫街逛市场。奥诺雷也舍得花钱，只要腰包里还有几个子儿，他总会花得精光。当然，他是和那些小妞们玩时花掉的。"[6]30

巴尔扎克身体矮胖，头发零乱，二十几岁就没了门牙，着装或者粗俗不堪，或者过于花哨，但他却能靠超凡的热情和睿智的谈吐迅速吸引女性，此外他还善于书写美妙的情书。

1822年，巴尔扎克遇见了第一位情人，是比他母亲还大1岁的贝尔尼夫人。她发现了巴尔扎克的文学才能，并且积极引导，他们一共相恋14年。

1825年，巴尔扎克又爱上了阿布朗泰斯公爵夫人。在贝尔尼夫人的坚持下，他与阿布朗泰斯公爵夫人断绝了两年的关系，之后又走到了一起。但时间不长，两个人的关系就彻底恶化了。

1829年年末，巴尔扎克出版了旨在讨好女性读者的《婚姻生理学》，这部作品引起了他的好朋友珠尔玛·卡罗的极大反感，她给巴尔扎克写信，"对他肆无忌惮否定婚姻感到愤怒。"[11]99同时，"法卢伯爵，指责他爱出风头，缺乏鉴赏力，爱发表悖论。"[6]101

1832年，巴尔扎克开始追求卡斯特里侯爵夫人，但是被彻底地挫败了，就在这时，外国女子——远在乌克兰的有夫之妇韩斯卡夫人出现了，由于夫人相当富有，巴尔扎克又一直负债累累，于是韩斯卡夫人成了巴尔扎克结婚的首选目标。王路说："在韩斯卡夫人一方面是为了攫取那个天才的桂冠；而在巴尔扎克一方面则是为了那个贵族的徽章以及进行自我拯救的金钱，他为这两样东西进行过生生不息地（的）奋斗，即使是在生命的暮年也没有放弃过此种努力。"[11]174

　　将近10年之后——1841年韩斯卡夫人的丈夫韩斯基去世，但直到1850年巴尔扎克才与韩斯卡夫人结为夫妇。这中间发生了很多事情，最主要的就是巴尔扎克在巴黎绯闻不断。巴尔扎克很容易沉浸于一种狂热的恋情，可惜，每一段感情都难以持久，他的感情的热度与持续的时间长度是成反比的。不过，他与韩斯卡夫人的恋情毕竟实现了他对女人的部分理想："巴尔扎克理想的女人是年轻漂亮，很风趣，社会地位很高，有贵族头衔，并且富有。"[6]146

　　艾珉叙说了巴尔扎克与韩斯卡夫人相约日内瓦并定情的经过："在她（韩斯卡夫人）的精心安排下，一八三三年九月韩斯基先生一家在瑞士风光秀丽的纳沙泰尔'巧遇'巴尔扎克。大作家与夫人一见倾心，从此通信频繁。韩斯卡夫人许诺巴尔扎克，一旦她成为寡妇，就和他结为连理。"[14]39王路说到了巴尔扎克的恋情所具有的欺骗性："千里之外的伯爵夫人是不会知道天才作家一边和她谈情说爱，而一边又同另一个神秘的路易丝打得火热的；而且后边那个女人就要给她的情郎生下一个私生子了。"[11]164路易丝后来为巴尔扎克生下了一个女儿，这是巴尔扎克一生留下记录的唯一的孩子。也就是说，认识了韩斯卡夫人之后，除了忠实、焦虑和病弱的贝尔尼夫人之外，巴尔扎克还与路易丝有一段风流秘史，他说那是一个可爱的人儿，宛如从天而降的一朵鲜花，她是造物主创造的最天真的女人。这朵来自天上的鲜花名叫玛丽-路易丝-弗朗索娃·达米诺瓦，她是基·杜·弗勒内依的妻子。1833年她24岁的时候，腹中怀着巴尔扎克的孩子。他把正在创作的《欧也妮·葛朗台》献给了她。

　　雷巴克这样评说韩斯卡夫人："当那位比她年长二十三岁的丈夫还在世的时候，她学会了控制自己的感情。"[1]46

　　韩斯卡夫人提到了巴尔扎克的《夫妻生活的烦恼》："看了这本书后，你在我的眼里便威信扫地了。婚姻对你来说无非是一桩商业交易。是做买卖。……不能用商贩的观点来看待婚姻和家庭。"[1]89-90

　　巴尔扎克在战斗街居所装饰了一个极其豪华的欢爱卧室，期待着诱捕一位年轻漂亮的女性崇拜者。他首先想到的是几年前挫败了自己的德·卡斯特里夫人，1835年3月10日他给她写信说："如果我将您放在长沙发上，您会像宫中的仙女。我会对您说您会喜欢这种生活。而您会不喜欢它吗？热烈的爱情是心灵的食粮。"[6]195他还告诉她，他正在写作的《幽谷百合》的女主人公名字与她的一样，叫亨丽埃特。在3月末，他又给她写信说："为什么不准时来，我会起来把您像小鸟一样放在长沙发上，一个小时？世界上谁知道这件事呢？咱们俩。从夜里11点到1点，您将会享受到诗歌般和神秘的时刻，但是，我相信这种青年人寻欢作乐的事干得太多了，您就会无缘无故地衰老。"[6]195-96

他最后诱捕到的是维斯孔蒂伯爵夫人——萨拉。据艾珉记述，1835年2月9日，巴尔扎克"结识意大利望族基多博尼·维斯孔蒂夫妇。"[14]227特罗亚调侃道："在他迫不及待地完成这本'行会性作品'（《塞拉菲塔》）飞到外国女人身边时，在他这里发生了一件有趣的事：这里来一个新人，即漂亮的基多波（博）尼-维斯贡（孔）蒂伯爵夫人。他一有空闲，就到凡尔赛和默东与她相会。"[6]197另一方面，巴尔扎克还在对韩斯卡夫人谎言不断："巴尔扎克一封信接着一封信向韩斯卡夫人竭力表白，说服她相信他是忠贞不二的：读这些信，他的生活是完全被工作占有，没有工夫寻欢作乐，他关心的只是那些不会妨碍韩斯卡夫人的老相识老女朋友。这些虔诚的谎言，目的是平息她的妒忌心。在表白此意时，他自己也相信是这么做的。每当他封上信封，就又萌发惯常的诱惑。在他看来，他对艾芙没有不贞，因为在哄骗她时，他也是爱她的。心灵的贞洁比肉体的贞洁更为可敬。一段时间以来，他被漂亮和神采奕奕的女人所迷住了，她就是基多波尼-维斯贡蒂伯爵夫人。"[6]223 1835年4月17日，巴尔扎克给卡罗夫人写信说道："这几天，我拜倒在一位非常惹人喜欢的人儿面前，我不知如何能摆脱她，因为我也像少女一样，无力摆脱讨我喜欢的人。"[6]198巴尔扎克是个情种，他"对拥有与艾芙完全不同的尤物甚为欣喜。这个英国女人体魄健全、宽宏大量、生性活泼，与那个波兰女人生性多疑、忧虑不安的性格大相径庭。"[6]225巴尔扎克同时会多方出击："巴尔扎克在与萨拉（即维斯孔蒂伯爵夫人）同床共寝，并向韩斯卡夫人信誓旦旦其始终不渝的爱情的同时，他与一个陌生的女子保持通信关系，他从未与她谋面，她信中的签名为路易丝。"[6]225-26特罗亚调侃道："一边是韩斯卡夫人，另一边是意大利伯爵夫人。这两个女人在生活中演不同角色，一个是梦想中的人，一个是床第上的人。而路易丝是多余的。这是试笔，练习文风。"[6]226维斯孔蒂夫人自己有着不止一位情人，她也不要求巴尔扎克对她忠实。在巴尔扎克经济困难之时，她不止一次地借钱给他，还让他去意大利代办她丈夫继承遗产事宜，使他从中获得可观的提成。前往意大利，与他同行的是女扮男装的卡罗琳·马尔布蒂，旅途中用化名马赛尔。

1839年年末，巴尔扎克又通过书信结识了埃莱娜-玛丽-费利西泰·瓦莱特。"1840年年初，他见到了新的'玛丽'，拜倒在石榴裙下，倾诉他的不幸。她理解他，并安慰他，不费吹灰之力，她成为他的情人。而且，她愿意提供帮助，使他渡过难关。他向她借了1万法郎。"[6]270后来，他得知"天使般的埃莱娜原来是个满口谎言的骗子，她卖身献媚，见男人就沾。"[6]271最终认识到他们乃一路货色，"巴尔扎克对他的反复无常的情侣的谎言欺骗也就一笔勾销，并与她一起到布列塔尼旅行，参观了盖朗德、勒克鲁瓦西克和巴茨。回程中，他感到异常疲劳。或许是出游使他精疲力竭，也可能与埃莱娜·德·瓦莱特亲昵过多，归途中，对巴尔扎克来说，她已无任何诱惑力。关系破裂迫在眉睫。她对此并无痛苦。"[6]272-73

后来在巴斯街，管家菲利贝特-路易丝·布勒尼奥"成为他的情妇后，依然照料如故，就像是在等级上并未上升。巴尔扎克也很心满意足，她既可以担负家庭的后勤，又可满足他的性要求。两种女人合二为一，既是干活的又是床上伴侣，真是如梦一般美妙！"[6]276他给韩斯卡夫人的信里面在诉说自己多么辛苦，但"不能说他身边有个能干的布吕（勒）尼奥夫人，她既给他管家又能满足他的欲求。"[6]282后来韩斯卡夫人到了巴黎，还是发现了这个秘密，巴尔扎克要把这位管家打发走，她对巴尔扎克进行了各种威胁，还偷窃了韩斯卡夫人写给巴尔扎克的信件。1848年2月，巴尔扎克发现"德·布吕尼奥夫人终于勾搭上一个丈夫；……富有的工业家伊西多尔·塞戈尔，一个鳏夫，两个年幼孩子的父亲。巴尔扎克叫嚷：'这个人准是个疯子！'他忘了他自己就是这个女人的情人，而今天瞧不上她并憎恨她。总之，这回他放心了，一旦光彩地、安稳地结婚安家，这个丑老太婆不会再来敲诈，也会交还偷走的信件。"[6]354-55

这里提到的都是巴尔扎克比较著名的爱情故事，实际上巴尔扎克一生恋爱的对象还远不止这些，当然，他的爱情主要表现为赤裸裸的肉欲。

巴尔扎克从早期作品《婚姻生理学》开始一直到后来的《幽谷百合》等作品都在尽情地嘲笑丈夫的角色，他的目的就是一味地讨好女性读者，他达到了目的，他的情人一般都是他的文学崇拜者。

结识韩斯卡夫人后，巴尔扎克认为"他们是天作之合。因为丈夫的存在而分享，那是不公道的，也是不能容许的。当然，万斯拉·韩斯基是男人中的佼佼者，但是他不该存在于这个世界上。如果他消失了，他们俩的幸福就完整了。他们冒大不韪计算日子。即使韩斯基在12年后归天，她也不过

40岁。"[6]175终于，韩斯基在巴尔扎克的期许下离世了。"1842年1月5日，他收到艾芙一封带黑色封蜡的信：万斯拉·韩斯基于1841年11月10日逝世。这个死讯，他等待已久，使他像渎圣似地欢快。如何对未亡人说，他既为她感到悲伤，又为他们俩感到喜悦？对这个正直的人的死，他等了很多年，他的存在是他们结合的障碍！现在道路自由了。艾芙将属于他，或差不多要属于他！"[6]285艾珉评说道："巴尔扎克同样对韩斯基先生没有任何罪恶的想法，而且他也没有浪漫到那种程度，为了等待韩斯卡夫人就不和其他女性交往。"[14]45这里前半句是在为巴尔扎克开脱，后半句说的却是实情。但在巴尔扎克尽情地嘲笑了丈夫的角色之后，也注定了他没有做丈夫的福分，在与韩斯卡夫人结婚的时候，他已经病入膏肓，又过了几个月便撒手人寰了。

巴尔扎克的生活一塌糊涂，为了摆脱生活的困顿，他曾不断地尝试做生意，但在屡屡失败之后，他发现最靠得住的还是写作。他把自己不堪的生活经历加以艺术的提升，最后写出了一部部优秀的文学作品，这样，他的生活与事业之间的悖谬最终达成了统一。特罗亚说："为使文学作品更完美的大修大改也挡不住他到社会上去寻欢作乐。在严肃和寂寞的工作后，这种世俗的乐趣好像也是不可缺少的。他在世俗社会越投入，回到家里后就越能集中精力在白纸上写黑字。也许他既需瞬息即逝的消遣，也需要永恒的写作。"[6]124巴尔扎克一直需要平衡工作、金钱和爱情之间的关系："对巴尔扎克来说，工作、金钱、爱情这三个概念是紧密联系在一起的。在他看来，没有工作就没有钱，没有钱就没有爱情。他羡慕那些豪绅随意旅行，不计较开支多少。然而他，为了和他的'天使'（韩斯卡夫人）在日内瓦相聚，他得在巴黎将工作安排妥帖，节衣缩食以支付驿车、旅馆和其他日常开支。只要这个女人不是贪财的，对追求她的男人来说，就是很宝贵的。"[6]167

巴尔扎克是靠自己的文学才能赢得了一次次的爱情，为了继续博得女性的青睐，他也必须写作。特罗亚说："在他仓促的人生中，爱情和文学总是陪伴着他。"[6]135

王路说到了与卡斯特里夫人恋爱的失败又把巴尔扎克赶回到了书桌前："为了弥补自己在卡斯特丽（里）侯爵夫人身边度过的日日夜夜，以及付出的旅游花费，巴尔扎克又不得不将自己拴在书桌上，像个奴隶一样进行他伟大的事业了。"[11]151-52

巴尔扎克的许多作品都是爱情的产物。"当韩斯卡夫人在日内瓦向哥哥倾吐心中的想法时，巴尔扎克在巴黎使出浑身解数、玩命地写作，迫不及待地与书商打交道，一个子儿一个子儿地攒旅行的经费。"[6]171王路提到了巴尔扎克为去见韩斯卡夫人而拼命写作攒路费的劲头："韩斯卡夫人踏上旅程的消息，如同在巴尔扎克的心灵中投入了一道爱的强光，这道强光可以照亮那间苦修室，使它变得温暖宜人。作家这次是为了爱而写作了，虽然他的作品还得要拿出去卖钱，但毕竟不是为了还账，而是为了支付他去和情人约会的花费。一时间，爱的光环笼罩在他头上。"[11]166约会完归途中的心情也是一样的："在回巴黎的途中，他已下定决心：为爱情而战！他要把从现在到下次见面前的日日夜夜都用在写作上，换一大笔金钱，以无与伦比的富丽堂皇给他的情人一个意外的惊喜，告诉她，她不是找了一个流浪汉，而是找到了一个天才的作家，而且还是个富翁。"[11]169巴尔扎克也有短暂的忠实时刻："痴迷的情人一头扎进了书房，他那伟大的事业似乎都浓缩成一个目标：为艾芙琳娜而写作，为爱情的欢乐而写作！"[11]170从某种意义上说，与韩斯卡夫人的恋情最终催生了《人间喜剧》的体系。"在她同巴尔扎克热恋的那段日子里，她燃起了作家的创作热情，给原本马力强劲的机器注入了新的催化剂。在她虚荣的爱情鼓舞下，巴尔扎克开始考虑将自己的作品纳入一个系列，首尾相联（连），形成一个庞大而有机的世界，造就自己辉煌的事业，以博得那个爱情的王冠。"[11]170巴尔扎克获得了前所未有的写作动力："巴尔扎克怀着巨大的热情和喜悦投入了创作，这是在他以前的创作生活中没有过的。"[11]170

与韩斯卡夫人相爱之后，巴尔扎克开始写作《塞拉菲塔》，这是属于他们两个人的小说。实际上，"《路易·朗贝尔》一书出版后未获成功，读者不买账，批评家抨击，巴尔扎克觉得写这种难懂的神秘的作品不成功，不能再写。他只好重新脚踏实地写现实的作品。"[6]153在韩斯卡夫人身边的时候，巴尔扎克的才思变得格外敏捷，以致不靠咖啡也照样能写作。爱情对写作的刺激实际上是任何其它外物的刺激所没办法相比的。贝尔尼夫人去世之后，巴尔扎克继续寻找类似的能够理解他、崇拜他，并且能在写作上启发他的女人，他把希望寄托在夏娃·韩斯卡身上，但最后发现韩斯卡夫人并不能满足他的多方愿望。

1835年4月17日，巴尔扎克致信珠尔玛·卡罗："在我身上同时存在着好几个人：金融家，同报刊和公众作斗争的艺术家，为自己的作品和主题而奋斗的艺术家，而且我还是一个有七情六欲的男人，我会拜倒在一朵鲜花面前，陶醉于她的美色和芬芳。……近几天来，我的确落入一位咄咄逼人的女人的情网之中……"[13]278从这段话中，我们就能感受到巴尔扎克多方面的特征，既花心无限，又是明白自己的正经事的苦行僧，两者同样肯于付出，一往情深。结识女人本身对他来说是件乐此不疲的事，同时他又总能把与女人的相爱故事写进文学作品，结识女人并不是为了写作，它本身就是目的，但结果却是成就了他的写作，两个目的异曲同工。他更愿意以爱情为职业，但是又必须以写作为活生资本，没有写作他就不会接连不断地有女性崇拜者，爱情就成了无源之水。

1836年，巴尔扎克在一次长达26天的浪漫旅行之后又投入到苦役式的创作生活。茨威格写道："对巴尔扎克来说，每次工作的中断都会导致一场灾难；他就像一个锯断锁链逃出牢笼的囚徒，每个自由的月份为他换来的都是一个新的披枷带锁之年。"[15]305巴尔扎克是与女扮男装的卡罗琳娜一起完成的这次旅行，两人居于一室，只是因为卡罗琳娜身体方面的原因，他们才没有成为情人。巴尔扎克在追求女人和写作方面表现出了同样的坚韧不拔的韧性。而且，他有很多女性崇拜者，经常给他寄上一些热情洋溢的信件，"这些陌生的来信者有些成为他小说中的出色的女主人公。"[6]147

除了爱情，巴尔扎克也会为亲情而写作。从1819年与母亲签订了两年的写作计划开始，巴尔扎克就要向亲人证明自己的写作才能。之后负债累累时，他又不断地通过自己的写作来向母亲和妹妹展示希望。母亲一直是巴尔扎克忠实的读者，并为作品提出批评意见；妹妹洛尔则是他的文学事业的坚决支持者，从开始时不成熟的写作，一直到后来非常出色的文学作品的诞生，都离不开妹妹的肯定、鼓励和支持。

巴尔扎克的创作部分地还要感谢读者的激励。他到维也纳去会见韩斯卡夫人，发现维也纳的全体贵族都是他的读者，他们恨不得整天缠住他，这就是写作为他带来的令他备感荣耀的友谊，所以他更加努力地在创作。

朋友的督促也使巴尔扎克要不断地努力写作。珠尔玛·卡罗时刻关注着他，不断地从正面或者反面激励、鞭策着他。

参考文献：

[1]纳·雷巴克.巴尔扎克的错误[M].张秀筠，周铧，达理，译.天津：天津人民出版社，1986.

[2]巴尔扎克.《人间喜剧》前言[A]//《人间喜剧》第1卷[M].丁世忠，译.北京：人民文学出版社，1997.

[3]巴尔扎克.《人间喜剧》前言[A]//苏成全编选.巴尔扎克研究专题资料[M].陈占元，译.西安：陕西师范大学学报编辑室，1980.

[4]雨果.巴尔扎克葬词[A]//苏成全编选.巴尔扎克研究专题资料[M].李健吾，译.西安：陕西师范大学学报编辑室，1980.

[5]黄晋凯.巴尔扎克长短录[M].桂林：漓江出版社，2018.

[6]特罗亚.巴尔扎克传[M].胡尧步，译.北京：商务印书馆，2013.

[7]加香.论巴尔扎克[A]//苏成全编选.巴尔扎克研究专题资料[M].徐公肃，译.西安：陕西师范大学学报编辑室，1980.

[8]泰纳.巴尔扎克论[A]//苏成全编选.巴尔扎克研究专题资料[M].鲍文蔚，译.西安：陕西师范大学学报编辑室，1980.

[9]鲍文蔚.后记[A]//苏成全编选.巴尔扎克研究专题资料[M].西安：陕西师范大学学报编辑室，1980.

[10]苏成全编选.巴尔扎克研究专题资料[M].西安：陕西师范大学学报编辑室，1980.

[11]王路.巴尔扎克传——未完成的雕像[M].石家庄：河北人民出版社，1999.

[12]巴尔扎克.驴皮记[M]//《人间喜剧》第20卷.梁均，译.北京：人民文学出版社，1997.

[13]安德烈·莫洛亚.巴尔扎克传[M].艾珉，俞芷倩，译.杭州：浙江大学出版社，2014.

[14]艾珉.巴尔扎克传[M].北京：华文出版社，2017.

[15]茨威格.巴尔扎克[M].米尚志，谭渊，译.合肥：安徽文艺出版社，2000.

第六章　用笔去完成拿破仑用剑没有完成的事业

拿破仑四处征伐，客观上为所到之处带去了法国文明。但拿破仑要征服俄罗斯，莫斯科大火之后遭遇了惨败；拿破仑要征服欧洲，却在滑铁卢遭遇了最后的重挫。巴尔扎克在书房里一只乌木文件柜的顶上放置了一座拿破仑石膏像，在塑像的剑鞘上挂着一块小卡片，上面刻下这样的字句："他用剑没有完成的事业，我将用笔来完成。——奥诺雷·德·巴尔扎克。"[1]123 巴尔扎克要用杰作来铺设自己的前程，他要使自己成为文学事业上的拿破仑，在19世纪30至40年代他以惊人的毅力创作了大量作品，一生共创作出了97部小说，塑造了2472个栩栩如生的人物形象，合称《人间喜剧》。巴尔扎克以自己的作品征服了世界范围的读者，拿破仑没有把法国文明推向世界，巴尔扎克做到了，这些都与他自小志向远大、青年时期也不甘于平庸密切相关。

一、崇拜伟人，树立理想

巴尔扎克自小崇拜伟人，这种心理一直潜伏在他的骨子里。在旺多姆学校读书时，巴尔扎克虽然学业成绩平平，却在广泛阅读各种著作，并偷着写作《意志论》。离开旺多姆之后，"当初让他头脑混乱不清的混浊的新葡萄酒，现在已经澄清了。他的头脑现在异常深刻和成熟。"[2]11 他崇拜伟人，自己也要成为伟人，那么就要走一条不同于常人之路。在学习法律的三年时间里，他也没有放弃当初曾向两个妹妹洛尔和洛朗丝预言过的在写作上要成为伟人的雄心壮志。

巴尔扎克出生在图尔，是拉伯雷的老乡，所以拉伯雷一直是巴尔扎克心目中的偶像。李清安说："巴尔扎克把这位伟大的先哲引为良师，以做他的同乡而感到自豪。"[3]12 李清安这样说到巴尔扎克："他本是法国南方的劳动者出身，却得意地自引为拉伯雷的同乡。……巴尔扎克自觉地把历代大思想家、文学家奉为先驱，并且当仁不让地将他们的事业推向新的阶段。"[3]1-2 王路也明白巴尔扎克对拉伯雷的这种情愫，所以说道："在这部作品（《滑稽故事集》，汉译《都兰趣话》）中，巴尔扎克准备创作100个令人捧腹、令道德家们皱眉的笑话，以表达他对自己的同乡拉伯雷的景仰 ——后者也是杜（图）尔人。巴尔扎克甚至幻想过等自己有了钱，要给这位创造巨人的巨人立块纪念碑，并亲自撰写碑文。遗憾的是他的钱包从来没有满到能填充他这个幻想的程度。"[4]117巴尔扎克后来想通过《乡村医生》获得蒙基永奖金，以为拉伯雷建造这座纪念碑，结果没有如愿。但他模仿拉伯雷的风格创作的《滑稽故事集》却是对拉伯雷最好的纪念。李清安说："在已经完成的三十篇故事中，巴尔扎克运用十六世纪的语言，模仿拉伯雷的风格和笔调，通过大胆的想象，讲述了一系列离奇古怪的故事。"[3]12-13李清安分析了巴尔扎克的仿作与拉伯雷《巨人传》之间的精神联系："巴尔扎克作为拉伯雷的'学生'，更多的是继承了《巨人传》的精神。他热爱现实生活，勇于冲破旧的传统，热烈地追求自由和真理，渴望科学与未来。"[3]13艾珉从民族特征的角度说到巴尔扎克所写作的《滑稽故事集》，是以拉伯雷的"大胆直率、生猛鲜活的风格"模仿的薄伽丘的《十日谈》式的作品："巴尔扎克是拉伯雷的崇拜者，在他看来，拉伯雷的风格最能体现法国高卢民族的精神气质和性格特征，而浪漫派文学中的忧郁感伤情调则有悖于高卢人豁达坦率的性格。"[5]37拉伯雷的原著中两次出现了"喝啊，喝啊，喝啊"，20世纪的法国作家法朗士解读出了"请你们到知识的源泉那里……畅饮真理，畅饮知识，畅饮爱情"[6]VIII-IX的蕴含。李清安概括到："《巨人传》中有一句有名的格言：'到知识的源泉中去畅饮。'巴尔扎克正是这样做的。"[3]13

巴尔扎克很小就开始如饥似渴地博览群书，涉猎的范围包括神学、历史、哲学和科学著作。巴尔扎克"不止一次地热烈推崇十八世纪启蒙思想家伏尔泰、卢梭，称赞狄德罗小说的现实主义成份（分）。他经营出版事业，头一件大事就是编辑出版莫里哀与拉封丹的全集，并且亲自作序。这一切，虽然在经济上使巴尔扎克吃尽苦头，但是，在思想和艺术上却是他深入学习的好机会。"[3]14

阿尔贝也提到了巴尔扎克心目中的偶像不止一位："年轻的巴尔扎克热情洋溢，忽而博马舍，忽而莫里哀，时而伏尔泰，时而卢梭。"[2]13达文在《十九世纪风俗研究》导言中说："经过精心准备的结局，是作者写得最美的一个结局，达到了那样的尽善尽美，他完全赢得了自己喜欢以莫里哀方式为其戏剧收尾的权利。"[7]310巴尔扎克在《驴皮记》中借拉法埃尔之口说道："我自幼就立志做伟人，我曾经拍着前额象（像）安德烈·谢尼耶那样对自己说：

'这里面有点东西！'我感觉到在我心里有某种思想要表达，有某种体系要建立，有某种学术需要阐释。"[8]109文学与绘画是相通的，所以面对着画作，巴尔扎克也能够获得文学启迪。据李清安描述，站在戴奥多·席里柯的《梅杜斯之筏》画前，"巴尔扎克心潮澎湃。'我心中有这样的感觉，'他在给妹妹洛尔的信中写道：'我有一个思想要发挥，我有一种体系要构成，我有一套新的学说要阐发！'"[3]20付诸实践的结果，就是后来《人间喜剧》庞大体系的建构，当然，这个体系的最终完成，还要加入布封的理论的影响。

不管后来巴尔扎克的生活有着如何不堪的一面，他还是一直心怀着远大的理想的，否则他也不可能完成那么庞大的写作计划。据李清安说，巴尔扎克去听居维叶的课，就在心里默默地想："当今的世界上，将会有四个伟人：第一个是拿破仑，第二个是居维叶，第三个是奥康瑙尔（英国宪章运动领袖），第四个是我。拿破仑与长枪大炮为伍，居维叶娶下了整个地球，奥康瑙尔与他的人民溶（融）为一体，而我，要把整个社会装进我的脑袋……"[3]18所以后来的《人间喜剧》以反映十九世纪上半叶法国（主要是巴黎）的社会风俗见长。阿尔贝说："比这位科西嘉中尉（拿破仑）幸运，巴尔扎克创作了一部无人能及的具有永久价值的著作，因为思想总是比行动更伟大。尽管在他为自己的大厦砌上最后一块石头之前死神就来到了他面前，但是这不完美的宏伟建筑仍足以满足他崇高的志向。"[2]85

在法学系毕业之后，父母决定让他正式跟达布兰大叔实习，准备将来承接他的公证人事务所。

> 巴尔扎克却说："不。要是去干那种职业，我就完啦。我不当公证人，我要当作家。"
>
> "什么？"这一惊非同小可，父母以为巴尔扎克中了什么邪魔了。"耍笔杆子，那算个什么营生！要知道，干那一行，你要不能称王称霸，就会落得倾家荡产，跟要饭的差不多……"
>
> 二十岁的巴尔扎克斩钉截铁地回答：
>
> "那么，我来当文坛上的国王。"[3]20

不知道李清安记述的这样对话是否真正地发生过，不过事实上巴尔扎克后来确实成了文坛上的一任霸主。

王路也说道，1819年"4月10日——文学史应当记下这个日子，奥诺雷·巴尔扎克从巴赛先生的公证人事务所中扔下手头正在起草的公文，像一个疯子似的跑回家，对父母宣称他要做'文坛国王'。"[4]38

阿尔贝的传记中也有类似的记述，当父母要巴尔扎克去当公证人时，他说："不，我不想当公证人，我想成为一名作家，一名伟大的作家。"[2]13

阁楼期间，巴尔扎克给妹妹洛尔写信说："如果巴尔扎克这个名字出了名，你想我有多么幸福！将来别人不会忘了你，名垂青史！"[9]37

1839年去撒丁岛途中，巴尔扎克"跑到阿雅克肖，去瞻仰了拿破仑的出生地，用伟人的事业激励自己。"[4]217

1843年1月22日，巴尔扎克在给韩斯卡夫人的信中写到了巴黎这座艺术之都对他精神上的影响："只有在巴黎，而在别的地方没有，在这里能找到有思想、有娱乐、有智慧、充满欢乐和风趣的气氛，然后是培育我心灵的伟大气概和独立思考精神。这里酝酿了这一切，并能干大事。"[9]305

但好事多磨，面对通俗小说的畅销，巴尔扎克的作品遭到了冷遇，出版商认为他的作品太严肃、刻板，对此，巴尔扎克说："欧仁·苏把他那本《流动的油脂》（巴尔扎克故意把"犹太人"说成了"油脂"）卖给一家报纸，得到十万法郎。我永远也不会有这一天的！……我不能够，不应该，也不愿意因为欧仁·苏的得势而改弦更张，降低自己的水平。我要依靠真正文学的成就，拿出杰作来，去证明他们那些作品无非是些雕虫小技。我要在他们那些平庸之作当中，摆出我的拉斐尔。谢天谢地！我的对手是莫里哀、司各特和伏尔泰等人，而绝非这些平庸之辈……"[3]42-43目标定得高远一些，有了远虑就少了很多近忧，巴尔扎克最终是实现了自己的目标。李清安概括道："巴尔扎克的目标的确高人一等，他从来不去追求离奇曲折的情节，也从来不在作品中哗众取宠、搞低级趣味。他认为，'作为一个见信于人的作家，如果能使读者思考问题，那才是做了真正有益的事情。'"[3]43

崇拜伟人的结果，就是最后巴尔扎克自己也成了巨人。有一天，巴尔扎克在塞纳河边朗诵了拜伦的《普罗米修斯》中的诗句，朋友便戏称他为普罗米修斯，所以后来莫洛亚写巴尔扎克传记的时候用的标题是《巴尔扎克传——普罗米修斯或巴尔扎克的一生》。普罗米修斯每天忍受着鹫鹰啄食肝脏，但他仍不失为一位不凡的形象。同样，巴尔扎克虽然时刻面临着庸俗的金钱、地位与情感的诱惑，他也最终完成了自己的丰功伟业。

二、上下求索，潜心磨砺

伟人往往具有两个特征，一是在事业上是超群的，二是在生活上是平庸的。巴尔扎克正是在伟人形象的激励下产生了极强的自尊心，他要让伟大的事业从平庸的生活中超脱出来："我常常想自己是将军，是皇帝，也曾是拜伦，而最后，什么也不是。在人类事业的顶峰上神游过之后，我发现还有无数高山需要攀登，无数艰难险阻需要克服。这种巨大的自尊心在激励着我，又绝对相信命运，我想一个人要是在和纷纭的世事接触之后，不让自己的灵魂给撕成碎片，就象（像）绵羊通过荆棘丛时被刷下羊毛那样轻而易举，那么他也许会成为天才，正是这一切挽救了我。我希望得到荣誉，并愿为我终有一天要得到的情妇而默默地工作。"[8]109-10 他事业上的理想最后又被拉回到对生活平庸的希冀上来，这就是真实的巴尔扎克，矛盾的巴尔扎克。艾珉分析了巴尔扎克身上这种伟大与平庸的矛盾："他整个灵魂都在追求伟大，而生活却总是把他推向渺小。他深感没有稳定的收入就很难从事严肃的艺术创造，由此对卖文为生越来越丧失信心。"[5]23 李清安下面的话是很客观的："他在思想上超越了一般资产者的境界，在生活中却没能摆脱一个追逐名利之徒的逻辑。"[3]138 巴尔扎克是矛盾的，他既有崇高的理想，又很难摆脱在生活中是个肉体凡胎，人无完人，他的伟大的理想正是在生活的磨砺中上下求索才最终得以实现的。

巴尔扎克的成功不是一蹴而就的，他经历了10年的创作探索期。王路说："巴尔扎克在文学的道路上摸爬滚打了十年才登堂入室。"[4]56 两年的尝试期创作失败之后，他一边做生意试图赚钱，一边与下流文人合作创作了一些庸俗不堪的读物。李清安说："巴尔扎克经历了比同时代的任何作家都要漫长的成长道路。但是，我们却很少从《人间喜剧》的字里行间看出作者的这种变化。巴尔扎克好像是始终如一、一成不变的。其实不然。巴尔扎克恰恰是由于走了太大的弯路，以至首尾不一，判若云泥，他才出于对艺术的真诚感情和严肃的自我否定精神，坚决抹掉了自己探索的轨迹。"[3]21 结识了市侩作家莱格列维尔之后，巴尔扎克写了很多质量不高的长篇小说，他是在"出卖他的才华，出卖他的灵魂和追求。"[4]57 巴尔扎克属于大器晚成，终于厚积薄发。

想象力对文学创作至关重要，巴尔扎克也不例外。王路分析了巴尔扎克的想象力的偶尔误用："巴尔扎克有天才的想像（象）力，他毫不吝惜地将这种想象力同样地放在文学之外的任何领域。……金钱的欲望翻腾起黑云，遮蔽了理想的太阳，巴尔扎克在这种黑色的欲望中挣扎，试图通过这种奋斗来挽救贫穷，创造财富，创造未来。可当走出那方斗室的时候，他心里却很清楚，正如同阳光可以投射出他身躯的真实暗影一样清晰，他走进了误区，他为几个铜子或几片面包而出卖了自己的理想。这时，一种更深层的东西就会啃噬他的心。"[4]71 客观地说，没有这么长时间的锻炼和探索，巴尔扎克的文学创作技巧还远不成熟，他是没办法创作出像样的作品的，这是每位作家都要经历的上下求索的过程，只不过绝大多数人在中途就放弃了，巴尔扎克位于坚持到最后成功的少数人之列。

在给妹妹洛尔的信中巴尔扎克说道："我希望靠这些小说发财致富。这有多么堕落！为什么我没有一千五百法郎的年金，使我能够体面地工作！可是，我总得独立起来。为此，就只有用这样的方法。"[3]32后来的事实证明，一年几万法郎的收入也是不够巴尔扎克挥霍的，难能可贵的是，创作成熟期的巴尔扎克一想起早期的胡乱创作就会感到深深的自责和耻辱，以至于他从来不肯承认这些作品，再说，像大多数创作尝试期的作家一样，他当时也并未使用真名。据李清安说，"巴尔扎克深深地感到这种生涯的可耻，曾经称那些作品为'不折不扣的文学垃圾'，始终不肯署上真名实姓，而且到后来还羞于提起，并且在《人间喜剧》前言中郑重其事地否认那是自己的作品。"[3]32虽然巴尔扎克成名之后不再承认先前创作的低级趣味的作品，但他的很多文学手法却无可否认是在那些低级创作中培养起来的。"这段时期倒是锻炼了巴尔扎克的笔力，培养出刻苦写作的习惯。……而且，在这个过程中，巴尔扎克熟悉了文学的语言，掌握了对作品中的人物、情节驾轻就熟的本领。这终归也是难能可贵的训练。"[3]32后来巴尔扎克在对批评家尚佛勒里谈及年轻时代的这些作品时就曾提到了这个锻炼期的具体操作内容："我曾用七部小说来从事简单的创作锻炼：一本练习对话，一本学习描写，一本研究组织人物，一本揣摩结构安排。"[10]15-16他给一直对他信心十足的妹妹洛尔写信说："我思考，再思考，我的想法日趋成熟。我意识到造化对我不薄，它给了我我所拥有的心灵和头脑。请相信我，妹妹，因为我需要有个人相信我，尽管我从未放弃过某天成为大人物的想法。"[2]24其实，与其说是造化之功，还不如说是巴尔扎克自己付出了超常努力的结果，而且这与他自小的广泛阅读形成了深厚的文学积淀密切相关。

王路分析了巴尔扎克早期制造的"垃圾山"与他成名之后的"文学殿堂"之间的必然联系："不几年以后，当巴尔扎克骤然以成熟的姿态出现在文坛上时，许多文学界的人士都吃惊于他文笔的老道，原因何在？这是因为他们忽视了他偷偷摸摸地制造的这座垃圾山。用纯文学的标准看巴尔扎克手工作坊里的东西，似乎毫无价值，但它对我们天才作家日后从事正当文学创作的影响却非同寻常。就是在这个时候，巴尔扎克懂得了文字技巧，掌握了如何将枝叶繁乱的故事梳理得服服帖帖而又曲折耐看，同时也了解了自己的特长：他更适合作小说，而不是韵文。尽管这一切都还不是文学的本质——他也认识到了这一点，他只是没有时间去做触及本质性的工作；但它却磨炼了巴尔扎克，使他由一个搬弄文字的小工成了一名匠人。更进一步，巴尔扎克的这座垃圾山里也有散珠碎玉隐没其间，他在步入文学正途之后，还经常在夜深人静的时候，偷偷跑来拣拾这些珠宝，经过细心地（的）加工后，再放到挂有巴尔扎克正式招牌的文学殿堂里。"[4]74

在创作锻炼期，巴尔扎克的生活体验和积累也为后来大部头的创作提供了丰富的养料，他熟悉了各种出版商，与多家小报合作，"他窥视了新闻出版界的内幕，看到了那些没有灵魂的文人是怎样无耻之尤，靠书籍赚钱的老板们又是如何心黑手辣。……经过长期的酝酿，日后写成《幻灭》那样的杰作，为十九世纪上半叶法国的新闻出版业留下一部形象生动的历史。"[3]32其中极其无耻又异常可怜的罗斯托的形象就很好地概括了这个时期巴尔扎克的自身形象。

巴尔扎克并不满足于燕雀的行为，他一直心存鸿鹄之志。艾珉说："巴尔扎克可不满足于当新闻界的明星。他追求的是不朽的创作、永恒的荣名，而不是转瞬即逝的记者威风。何况为那些暗中受党派利益操纵的报刊写文章，并不总是一件愉快的事情。他心中一直在酝酿一部恢宏的巨著，他要建造一座前所未有的文学纪念碑。"[5]35

不管为了基本生存巴尔扎克多么堕落和没有理性，以至于百般投机，但他并没有忘记自己的高远理想。"他有他的理想和抱负，他要写出远比那些'垃圾'高尚得多的作品，他要与歌德和拉辛比个高低。年轻人心中充满了痛苦与不平，他哀叹道：'我看见，有个东西在向我招手，只要物质条件稍稍有所保障，我一定要脚踏实地地工作。然而，现在却不得不把精力消耗在如此荒谬的勾当上，这多么令人难过。……我那些辉煌灿烂的计划破裂得多么惨呀！'"[3]32-33所以时机成熟之后，他就义无反顾地去践行他的辉煌计划，这可以算是巴尔扎克成长过程中先抑后扬的阶段。

做生意失败之后，巴尔扎克负债近6万法郎。"债主们无情地追逐着他。巴尔扎克狼狈不堪，想方设法销声匿迹。他没有学会发财，相反，却学会了躲债的技巧。"事情的积极方面在于，"巴尔扎克尽管依然是腹中空空，但脑子里却是空前地丰满起来。失败的经验帮助巴尔扎克进一步品尝了人生的滋味，认识了社会的面目。他得到了对于一个作家来说是十分宝贵的阅历，他的视野比起莱迪盖（吉耶）尔顶楼时期是大大开阔了。"[3]36巴尔扎克属于屡败屡战那一类人："巴尔扎克厄运连连，但他并未因此而气馁。他奋力抵抗，拿出了全部的意志力和精力。他天生乐观开朗，因此，懊恼、失败和伤痛只会刺激他前行得更快，失败后反而更加坚强。"[2]35王路提到了巴尔扎克理想暂歇的片段，这是一种痛定思痛的经历："几年的商海沉浮使他远离了书桌，金钱铜垢尘封了他的伟大梦想。这时，当金钱以及这层铜垢被高利贷者们统统刮走以后，那个伟大的梦想又浮现了出来。他应当在文学上成就他的声誉，这是最佳的选择。"[4]90

《乡村医生》没能获得巴尔扎克所预想的成功，但他表现出了愈挫愈勇的气概。1833年9月13日，他给韩斯卡夫人写信说："我打算统治欧洲的智识界。再耐心等待、努力工作两年，我就会把所有那些现在想要束缚我，阻止我高飞的人都踩在脚下！迫害和不公正只会让我勇气倍增，更加勇往直前。"[2]54

三、辟出蹊径，创造辉煌

1828年4月，巴尔扎克搬进了卡西尼街。接下来他就一步步地走上了正轨，实现他崇高理想的作品一部接着一部地诞生。李清安说："单纯说到作品的多寡，巴尔扎克数不上第一。……但巴尔扎克的可贵之处，在于他创作的密度与质量。"[3]40巴尔扎克的创作可谓是在拼命，像卡夫卡所说的那样，巴尔扎克也过着晨昏颠倒的日子，"他工作的效率大概无可争论地首屈一指了。"[3]41

（一）从晦暗走向光明，为大厦奠定了最早的基石

《舒昂党人》是巴尔扎克的成名作，他付出了很多努力，要让这部作品能够为自己和家庭带来荣誉，但必然地，里面还存在着一些不尽如人意的地方，他的写作技巧还没有达到炉火纯青的地步，他后来的不懈努力才使自己这方面的技艺日臻完美，直至走向巅峰。李胜凯在提到《舒昂党人》时说："在这之前巴尔扎克的作品带有深刻的浪漫主义小说的印记，而这部小说是他从浪漫主义风格到现实主义风格开始过渡的一部著作。……巴尔扎克忽视了交代来龙去脉，在对事件因果关系的解释上显得不够，许多细节禁不住推敲。"[11]102

《舒昂党人》并没有为巴尔扎克带来预想的成功，但这部作品已经昭示了一位伟大作家的诞生，以雨果为代表的浪漫主义作家团体也向他敞开了大门，接触的多方精英进一步开阔了巴尔扎克的眼界。艾珉说："《舒昂党人》并没有成为畅销书，八个月后，卡奈尔才售出四百五十册。但在内行人眼里，

巴尔扎克已不是等闲之辈了。经过十年的摸爬滚打，他终于在巴黎文坛初露头角。一些著名的文化沙龙向他敞开了大门，浪漫派的聚会也常常邀请他参加。如今他经常接触的已经不是沼泽区的市民阶层，而是巴黎的文化精英。"[5]32《舒昂党人》带有过渡式的桥梁性的特征，既具有之前创作弱点的残留，又表现了现实主义的一些实质性的内涵，王路指出《舒昂党人》"并不能算是一部杰出的作品，甚至带有许多硬伤——这是巴尔扎克以前的创作留给他的，如小说的色彩没有洗净哥特式小说神秘、离奇的底子，还有夸张的激情和妄想，有些人物特别是女主人公不像是位巴黎出身的交际花，倒像江湖出身的女侠等等。但是这部小说亦有许多可取之处，这些优点展示出一个天才作家的萌芽，比如它有一种清晰而真实的色彩，既有历史及人性之真，亦有文学之虚；巴尔扎克将故事的背景及人物特别是于洛队长塑造得朴实感人，令读者回肠荡气。"[4]98这部作品"显示了巴尔扎克的现实主义才能，也保留了当时流行小说对他的影响。"[10]21思想内容上，《舒昂党人》也开始透露出了巴尔扎克世界观上共和主义和保皇主义之间的矛盾纠缠。黄晋凯说："这部长篇小说，表现了巴尔扎克的共和主义思想，也流露了他对封建贵族的同情"[10]21。

　　《舒昂党人》是巴尔扎克实现崇高写作理想的第一部被众人公认的作品。"从《舒昂党人》开始，巴尔扎克走上了自己真正的创作道路。他信守如一，始终不渝，既不肯再粗制滥造，也不愿随波逐流。"[3]43从这部作品开始，巴尔扎克第一次署上了自己的真名。"有感于人物的活动，他在序言中放弃用笔名，决定在《小伙子》（即后来的《舒昂党人》）一文中签奥诺雷·巴尔扎克的名字，因为这是涉及无与伦比的伟大的文学的巨著。"[9]88作品临出版之际，"他已意识到在今后要摆脱单纯制作作品而要达到创作艺术作品。为了使作品完善，在校样上再作（做）修改。"[9]92在这之前的行为只能叫写作，制造，甚至是粗制滥造，在这之后的举动才能被叫作真正的创作。

　　《舒昂党人》出版之后，巴尔扎克又出版了《私人生活场景》《婚姻生理学》和《驴皮记》，这些为他后来《人间喜剧》的最终完成奠定了最早的基石，读者虽然无法预见巴尔扎克未来的宏阔创作目标，但已经能从中窥测到了一些相当特出之处。"此时他发现自己已跻身于流行小说作家之列。公众不理解他的思想，人们无法领会他的'大厦'恢宏在何处，而他一直梦想着借助建造这座'大厦'获得名望。但是，人们欣赏他对人类心灵的透彻剖析、他对女人的理解以及他的叙述所具有的独特、迷人、戏剧化的力量。"[2]43

　　《婚姻生理学》是在《舒昂党人》之后真正使巴尔扎克名声大噪的作

品，从此，他的命运开始从晦暗走向光明。艾珉说："此书所展示的才气和文采给文坛和报界留下了深刻印象，转眼间这位'年轻的单身汉'就成为各大报刊竞相笼络的撰稿人。报业巨头爱弥尔·德·吉拉尔丹邀他加盟新创办的周报《政治报专刊》，好几种报刊找上门来邀他撰写文章或小说，巴尔扎克时来运转了。"[5]32-33认识德·卡斯特里公爵夫人之后巴尔扎克堕落成了花花公子，但这只是表面现象，社交生活之外的时光，巴尔扎克却是在刻苦创作，奋笔疾书。"没人知道巴尔扎克凭借什么奇迹在享受着时尚、轻浮的繁忙生活的同时仍然能够继续工作。"[2]45他相继出版了《钱袋》《菲尔米亚尼夫人》《妇女研究》《信使》《石榴园》《被抛弃的女人》《夏倍上校》《图尔的本堂神父》，"他还在创作那部神秘色彩深厚的作品——《路易·朗贝尔》"[2]46。巴尔扎克还对《舒昂党人》和《驴皮记》进行了修改、增补和部分重写。为了新版，他接受了妹妹洛尔和德·贝尔尼夫人的意见。一方面他受着债务的逼迫，另一方面，也是最重要的，就是他要实现自己庞大的创作目标。他写信给妹妹洛尔说："我不会停下来，我还要继续下去，直到实现自己的目标为止，你是会看到我跻身于我们国家伟大的思想家之列的那一天的。"[2]49到卡罗夫人那里去了之后，"除了写信给自己的母亲谈生意外，他断绝了跟其他任何人的书信往来，因为他只追求两样东西：名和利。"[2]491832年9月23日，他给珠尔玛·卡罗写信说："我认为，我的生活不该靠某个女人，我该走自己的路，应该站得高一些，不能只看到钱。"[9]142

（二）独辟蹊径，作品深度、厚度和广度兼具

《人间喜剧》的深度和厚度体现在巴尔扎克独辟蹊径，他认识到并反映了一条社会发展规律的脉络，那就是不择手段的资产阶级将势不可挡地取代保守传统的贵族阶级，从而使金钱成了《人间喜剧》中绝对的主人公。艾珉说："他孜孜不倦，上下求索，终于在这个骚动的、杂乱无章的社会中，发现了一条非人力所能控制的规律，这就是资产阶级的日益得势和贵族社会的解体灭亡。这样一个历史的总趋势，就是支配全部社会生活的本质力量。社会上一切冲突、争斗、动乱、犯罪，发生在家庭主妇和个人生活中的种种悲喜剧，都和这个特定的历史进程紧紧联系在一起。他清楚地看到时代的洪流把某些人推向浪峰，又使某些人沉入水底；金钱取代门第成为权力的象征，财富的多寡成为划分等级的新标准。于是对金钱的贪欲潜入人们的灵魂，许多新的社会矛盾便由此产生。由于对社会形成了这一总体认识，巴尔扎克得以从种种貌似分散、个别、偶然的现象中，把握住了以拜金主义为核心的具有本质意义的历史内容"[5]56-57。

从反映社会生活的广度来说，《人间喜剧》几乎是无所不包的，在使用手法上，巴尔扎克并不拘泥于传统，他的某些尝试甚至有了20世纪现代派的色彩。他勇敢地触碰了一些边缘题材，《金眼女郎》写到了同性恋，《萨拉金》写到了人妖。作者借亨利·德·玛赛等十三人的形象表达了自己能够无所不能地掌控一切的人生理想，进而使作品具有了超现实主义的成分。达文说："在《十三人故事》的第三部分《金眼女郎》和《萨拉金》中，德·巴尔扎克先生竟敢触及两种莫名其妙的怪癖，没有这个，他那巴黎全景就不完整。在这里，作者与困难进行了肉搏战，而且战胜了困难。……亨利·德·玛赛的性格，虽然从根本上说来是真实的，但夸大到了超过现实的程度。这一见解也适用于费拉居斯和蒙特里沃将军。但这绝不是一种批评。在这三个人物出现的三出戏里，这三个人物大概达到了观念的高度。让我们再重复一次：在这里，我们再度接触到了理想。"[7]311

（三）夯实底座，拉开序幕

《高老头》是真正标志巴尔扎克文学技艺完全成熟的作品，它为《人间喜剧》这座大厦奠立了一块夯实的底座，人物再现法从这部作品开始被有意识地广泛使用。正如艾珉所说："《高老头》（1834）是巴尔扎克为他的《人间喜剧》大厦精心打造的一根顶梁柱。他要这部小说像拉开序幕一样，全面展示巴黎社会这个巨型舞台，让各个社会阶层的代表人物都在此登台亮相，并点出整套作品的中心主题——金钱在当今社会中的杠杆作用。"[5]104作品极其广泛地反映了巴黎不同阶层——贫民区和富人区的社会生活，画面辽阔，人物纷至沓来，"其视野之广，人物形象之多姿多彩，简直够得上一幅全景画卷。从拉丁区与圣马尔索城关之间贫穷寒酸的小街陋巷，到圣日耳曼区富丽堂皇的贵族府邸，作者为我们展示了令人眼花缭乱的巴黎社会……这么广阔的画面，这么些形形色色的人物，这么多光怪陆离的现象，通过一个贫穷的贵族青年作桥梁，天衣无缝地构成一个有机的整体。虽则头绪纷繁，读来却感到紧凑而集中，每个细节，每个人物都紧扣主题，丝毫不给人支离破碎之感。"[5]104-05从这部作品开始，金钱成了《人间喜剧》绝对的主人公，在这部作品中通过拉斯蒂涅的形象来予以表达。"事实上，本书真正的主人公是拉斯蒂涅，真正的主题是拉斯蒂涅的学习社会。作者以令人惊叹的巧妙构思，部署了拉斯蒂涅所处的典型环境，让他从四面八方，从不同的社会阶层，以不同的方式受到同样的教育，终于使这个来自外省的青年丧失了天真，逐步为这腐败的社会所同化。"[5]105

拉斯蒂涅某种程度上有巴尔扎克自传的影子，他是联系这部作品中各个人物的纽带，作者通过拉斯蒂涅的形象来集中表现作品的深刻主题。"一切人物和事件都和拉斯蒂涅的性格演变构成了必然的因果关系。显而易见，这样的构思远不止是为了刻画拉斯蒂涅这个人物，而是通过这个人物的经历和思想性格的发展，来概括社会生活中某些具有本质意义的普遍现象，以记录法国当代社会风俗的特征。"[5]106与巴尔扎克踏踏实实、刻苦努力获得成功所不同的是，拉斯蒂涅是靠不择手段最终爬上了社会的顶层。"拉斯蒂涅是当时纷纷从外省涌入巴黎寻出路的无数青年中的一个，而且是他们当中取得成功的少数幸运儿的代表。他的全部经历、心理状态和性格发展都反映了时代和社会的特征，反映了一个以金钱为主宰的充满竞争角逐的社会的必然现象。"[5]106

（四）屡挫屡战，砥砺前行

巴尔扎克经历了法国近代史上一个动荡的时期——拿破仑帝国，波旁王朝，七月王朝，共和政体。小时候成绩不好，在一次只有35名学生参加的会考中，竟名列第32，因此父母和教师都没有对巴尔扎克抱什么希望，更不要说发现他什么天才。其实，巴尔扎克既是大器晚成，又是大智若愚。

伪造贵族身份的巴尔扎克想踏进真正的贵族社会，卡斯特里夫人又想借助巴尔扎克时髦作家的名声为自己的脸上贴金，但在两者之中，后者占据着绝对的优势。李胜凯说："卡斯特里侯爵夫人赞赏巴尔扎克甚至喜欢他，因为他的天才和作家声誉迎合了她的虚荣心，使她感到愉悦；但是她压根不愿意同这个仪表欠佳的矮胖男人同床共枕，她只是以居高临下的态度，恩赐给他一种虚伪的亲昵感而已。"[11]174失去了理性的巴尔扎克在与卡斯特里夫人的一番谈情说爱中很快败下阵来，李胜凯详尽地描述了巴尔扎克失恋之后的极端懊丧，说他"像一个不顾一切警告而四处乱跑的顽劣的孩子，撞上一块石头，摔得头破血流。因此他很自然地想到，必须尽快回到他的'母亲'的身边，让她包扎他的伤口，抚慰他痛苦的灵魂。他从日内瓦径直来到住在奈穆尔的洛尔·德·贝尔尼的家中，向她忏悔自己的过失。她是巴尔扎克心中的白衣天使，他从来没有如此深刻地感受到，贝尔尼夫人过去是，现在仍然是他所爱上的最高尚的女人，她一如既往地伸出母亲般的援助之手，对他呵护有加。为了表示深切的感激和敬佩之情，他把自己平生最心爱的作品《路易·朗贝尔》献给了她。扉页上的题词以拉丁文写成——'Et nunc et Semper dilectae dicatum'，意即'献给现在和永远珍爱的夫人'。"[11]175-76十三人故事的第三部是《朗热公爵夫人》，这是巴尔扎克与卡斯特里夫人恋爱失败的直接产物。

在巴尔扎克身上，具有非同一般的想象力，这对文学创作来说是必不可少的，不过这也决定了他只能成为一个文学大家，却无法使他成为出色的历史家，也没办法帮助他做生意成功。"非凡的想象力，对于一个作家，是难能可贵的天赋；对于一个商人，却可能成为致命的弱点。巴尔扎克就是以他出类拔萃的、非凡的想象力，成了一个成就辉煌的作家，同时又是一个屡遭惨败的商人。"[11]123-124王路说："他不仅想做天才，而且还想做全才的天才。这正是巴尔扎克的愚妄之处，他不了解自己只是个文学上的天才，离开这块园地他就成了庸才，成了一个典型的白日梦患者，在现实的堡垒上碰得鼻青脸肿。但巴尔扎克像个皮糙肉厚的泼辣孩子，每次受挫后，拍拍身上的土，抿去额角上的血，便又大步向前跑去。他的一生都是这样过的。"[4]45

在一般人们的眼里，富于想象力的巴尔扎克说要建立一座文学大厦简直就是痴人说梦。巴尔扎克却说："让那些鼠目寸光的人现在叫我幻想家吧，等到我现在正在为它磨光石头的巨厦突然出现在他们面前时，我等着欣赏他们的惊讶。"[3]44

关于自己的创作所当归属的流派，巴尔扎克"袭用青年时代哲学导师库辛的术语，直称'文学折衷主义'。"[11]92语出巴尔扎克的《贝尔先生研究》。

巴尔扎克笔下的一个人物说过这样的话："富于内心生活的人，感情只能在友好的环境中宣泄。教士在恶魔面前不能祝福，栗树在太肥沃的土地上不能生长，同样，有灵性的音乐家碰上外行会精神不振。在艺术方面，我们的心灵是以周围的心灵作为环境的，我们给予它们的生命力，是和从它们那儿汲取的生命力相等的。人的感情也逃不出这个定律……"[11]153这是巴尔扎克自己内心真正想法的表达，他之所以能够做出那么大的成就，主要是因为在总体敌对的环境中还有雨果、乔治·桑、贝尔尼夫人、妹妹洛尔、珠尔玛、达布兰大叔、纳卡尔医生等等一系列人的支持。

巴尔扎克的崇高理想和现实生活中的矛盾在作品中都被突出地表现出来。"纵观《人间喜剧》全篇，作者把没落贵族的昏庸腐朽揭露得体无完肤；对处于上升阶段的资产者，挪揄挖苦；唯独对那些'在贫困的沼泽中跋涉了许久，而有足够的力量可以爬上任何顶峰的人们'，却用尽了赞誉之辞。如德普兰、比（毕）安训、大丹士，以及'全法兰西最高尚的一个人'米歇尔·克利斯基（蒂）安，他们是《人间喜剧》两千多个人物中，最高尚、最聪明、最有前途的典型，是巴尔扎克心目中的偶像，也是他认为自己人格中最可宝贵之点的化身。他们尽管不是作者笔墨用得最多的人物，但经常提到，多次歌颂，在他们身上寄托了巴尔扎克的希望和理想。而这些形象身上突出感人的地方，就是与命运抗争的精神。"[11]179巴尔扎克的一生虽然短暂，但一直在作着艰苦卓绝的斗争——与资产阶级的出身作着斗争，与越来越多的债务作着斗争，与自己曾经的庸俗创作作着斗争，与韩斯卡夫人变幻莫测的爱情作着斗争，更重要的是与社会的丑恶现象作着斗争。对此，李清安说："'命运'究竟是什么？还不就是社会的矛盾，人与人的斗争。在一个不合理的社会，盲目的恶势力集合起来，横亘在一个人的面前，这就形成了一场力量悬殊的恶战；特别是当一个心地高尚、才能卓著而又无权无势的人向着这些恶势力冲击的时候，悲剧便是不可避免的了。在这种利刃的击打中，不合理的社会暴露得愈加彻底，罪恶昭彰；高尚的人物也更加表现了他的特质，而感人至深。"[11]180

巴尔扎克的作品大多取材于他的现实生活，他也把现实生活的矛盾带入了作品："他的思想深植于生活的土壤之中，身上总带着杂货商人的气味，自然会见异于上流社会的沙龙。他同情劳动大众，但又看不起人民的力量，因此也得不到大多数人的理解。"[11]153在创作《塞拉菲塔》期间，巴尔扎克去到珠尔玛·卡罗家，"卡罗少校讲伊苏屯地区某些居民的滑稽故事。他（巴尔扎克）……把这一切都装进脑袋，以备用作资料写作新书。这个世界对他来说只不过是文学机遇而已。不管他的生活经历多少曲折坎坷，他始终没忘自己的雄心壮志，要树立一座丰碑以留传后世。"[9]178 1834年5月10日，巴尔扎克在给韩斯卡夫人的信中说："我对所有那些伟大、崇高、孤寂的人们都很崇敬羡慕。……要写出伟大的作品就该有伟大的情操，我的雄心壮志、我追求的光荣和情操，会在我身后仍光照世界！"[9]179巴尔扎克这种本能的预见现在确实获得了实现。

在《论艺术家》的篇末，巴尔扎克写道："在文明国家中，常见的现象是：只要哪里放射出光芒，那里就立刻会有人去扑灭它，因为人们把它看成是火灾。"[11]181巴尔扎克这里所说的"文明国家"是在反讽，在挪揄。他"得出了勇往直前的结论：'布丰（封）说得好：所谓天才就是耐性。一个人要伟大，不能不付代价。天才的作品是用眼泪灌溉的。要出人头地，必须准备斗争，在任何困难面前决不退缩。''一个天才的意志，那种超人的耐性，……就在于不断向无限的前程趱奔，像乌龟一样，无论在什么地方，都爬向海洋。'"[11]181-82这正是巴尔扎克创作时期的形象写照，他是靠超出常人的毅力完成他的非凡创作的。他曾经用过助手夏尔·拉萨伊，但几天之后，助手发现巴尔扎克过着常人所无法忍受的快节奏的生活，他"文思枯竭、筋疲力尽、心里诚惶诚恐、拔腿一溜了之。"[9]259

巴尔扎克与母亲一样一直相信巫术和占卜，关于自己事业的成功和情感上的桃花运他也要去占卜一番。阿尔贝说："他向巫师、玩牌算命的著名的巴尔萨扎咨询自己的未来。看到这个人能够知道自己过去这么多事，他感到非常吃惊，他高兴地接受了自己会成功的预言。……巫师预示不久之后他就会收到一封改变他一生的信。正如这位有预见未来能力的人说的那样，几个月后德·韩斯卡夫人告诉他，自己的丈夫去世了，这个消息让巴尔扎克沉浸在最大的希望之中。"[2]75 1841年11月10日，韩斯卡夫人的丈夫凡采斯拉夫·韩斯基逝世。

巴尔扎克想像诗人拉马丁那样成为院士，结果成为泡影。1842年韩斯卡夫人在信中对他说的话一语中的："我亲爱的巴尔扎克，您被全体通过加入法兰西学院。但是法兰西学院会乖乖地接受将被历史唾骂的政治恶棍，它也会选很有钱而不受刑庭审判的流氓，这种人因贪图一张汇票本该送到克利希监狱。这种机构对很穷的天才是没什么情义和情面可讲的，因为他的事业进行得不顺利……为此目的，要不通过婚姻，要不证明您没欠什么债，要不就在闹市开爿大商店，到有了地位，那您就会当选了。"[9]296-97 他还想成为议员，这是对自己真正才能的浪费。其实，他最值得欣慰的就该是他的文学创作。1845年4月，巴尔扎克荣获了法国荣誉团骑士勋章。"这种荣誉与同时代的许多名人相比，已经来得太晚、级别也太低了。"[11]186 巴尔扎克感慨地说："在我们这个如此开明的时代，为什么艺术家、诗人、画家、音乐家、雕刻家、建筑家却如此受人轻视呢？国王赏赐给他们十字勋章和绶带，但是这些表彰功绩的小玩意儿愈来愈无价值，它们对艺术家毫无作用；倒是艺术家提高了这些东西的身价，而不是这些东西给艺术家带来了什么荣誉。至于政府给予艺术的奖金，那再没有比今天更少的了。"[11]189

巴尔扎克像普通人一样，是个矛盾的个体，只是因为他的伟大，他身上的矛盾性便更容易引起关注。李清安这样概括道："他的思想是有矛盾的，他的主张与自身行为也是有距离的。一个只知激流勇进的人，却宣扬了不少'激流勇退'的谬论。在这种知与行的死胡同里，巴尔扎克有时便陷入了神秘主义的可悲境地。"[3]193 李清安接下来的话更是一针见血："巴尔扎克忍受过苦行僧式的生活，但他并不是苦行主义者。在进行艰苦卓绝的文学创作同时，他时时都梦寐以求地渴望着荣誉、金钱和爱情。这种欲望象（像）北极星一样指引着他一生的道路，尽管坎坷起伏，却始终孜孜不倦。"[3]194但是瑕不掩瑜，在理想与庸俗的矛盾体中，理想一直占据着压倒性的优势。王路说："奥诺雷·德·巴尔扎克，这位'绝对之探求者'，无论是在苦难和困顿中，还是在幸福和盛达中，都在不懈地追求着他伟大的事业，垒建着他的'金字塔'。"[4]179

（五）大厦建毕，登峰造极

成名之后，巴尔扎克一直受着宏伟写作计划的压迫，即使与韩斯卡夫人难得的约会时刻，他也往往大部分时间是在创作中度过的，除非只有两三天时间。1845年11月，巴尔扎克与韩斯卡夫人到达那不勒斯。"巴尔扎克是他作品的奴隶，不能像常人那样有权利去度假。在那不勒斯，在亲爱的人儿身边度过三天如痴如狂的幸福日子，这是他所允许自己能享有的期限。"[9]321

1837年2月，"巴尔扎克在序言中指出《十九世纪风俗研究》各个'场景'之间的内在联系。"[12]461837年6月8日，"巴尔扎克告诉韩斯卡夫人用《社会场景》作总名出版自己作品的五十卷集的计划。"[12]47

1840年12月，"巴尔扎克在给一位出版者（名字不能确定）的信中，谈到他想以《人间喜剧》为名出版自己的全部作品的计划。这是巴尔扎克第一次提到《人间喜剧》。"[12]5661841年9月，巴尔扎克在给韩斯卡夫人的信中称《人间喜剧》"是我用故事写成的一部社会史的名称"[10]59。据特罗亚说，"1841年10月2日，巴尔扎克与菲尔纳，埃特泽尔，保兰和迪博谢等书商签订出版全集的合同，总题目为《人间喜剧》。这个题目，他已想了很久，是作为但丁的《神曲》的一种辩驳。但是，这是第一次在合同中正式宣布用这个名字。在他看来，在这个有魅力的名称下，他所编的情节，创造的人物就更会突出，组合得更好，这在文学史上还是第一次。……总名称为《人间喜剧》的巨著即将问世。当他拿定主意，一笔一笔地描绘广阔的社会画面时，就有勇气干下去"[9]281-82。1844年1月6日，巴尔扎克在给韩斯卡夫人的信中写道："我的头脑里负荷着整个社会。"[10]66

1844年4、5月间，巴尔扎克"拟出一份包括125部作品的《人间喜剧》总目录"[5]240。而据苏成全记载，巴尔扎克列出的《人间喜剧》总目录包括144部作品，"第55《小职员》与第43《地区的才女》重复；第68《法国式谈话的范本》后来未正式收入《人间喜剧》，实际上只有142部，其中已完成92部"，"后来补充完成的有《经纪人》《高迪萨第二》《贝姨》《邦斯舅舅》和《夫妇纠纷》（即《夫妻生活的烦恼》）等五部作品。其中前四部应归入

《巴黎生活场景》，最后一部应归入《分析研究》。""《人间喜剧》实际完成的应为97部。"[13]162一般人们只是比较模糊地说90多部，而97部是一种难得精准的说法，这是建立在缜密统计基础上得出的数字。

1842年4月23日，"《人间喜剧》初版第1卷的第一部分问世。从1842年到1846年出版了16卷。1848年出版了第17卷（第1附卷）。这是巴尔扎克生前出版的《人间喜剧》唯一的版本。1855年巴尔扎克死后，乌西奥出版社出版了《人间喜剧》初版的第2附卷（第18卷）。"[12]60

关于巴尔扎克的创作，艾珉进行了总结概括：从1829至1834年，是《人间喜剧》的酝酿阶段。这一阶段发表了篇幅不等的小说42篇，巴尔扎克的中短篇精品，大都是这一阶段的收获。从《高老头》开始，巴尔扎克进入创作生涯的第二阶段，即有计划地为《人间喜剧》大厦准备构件的阶段。1835至1841年他依然成果辉煌。撇开修改旧作不算，他又完成了16部长篇、10部中篇和8个短篇，几乎篇篇称得上是杰作。从1842年开始，巴尔扎克的创作生涯进入了第三阶段，即系统地出版《人间喜剧》的阶段。从1842至1846年夏，巴尔扎克又为他所创造的世界增添了十余部作品，诸如《幻灭》第三部《大卫·赛夏》（后易名为《发明家的苦难》，1843）、《农民》第一部（1844）、《烟花女盛衰记》（1843—1847）等。[5]36-46

巴尔扎克最后的重量级作品是一组《穷亲戚》，它以艺术上的绝美最终彻底征服了读者。1848年8月1日至9月3日，"《共和实况报》登载长篇小说《现代史内幕（拾遗）》第二部《献身者》。这是在巴尔扎克生前发表的最后一部作品。"[12]78艾珉说："菲讷版十六卷《人间喜剧》于一八四六年出齐以后，巴尔扎克又接连发表了《贝姨》和《邦斯舅舅》两部长篇，合称《穷亲戚》，后来补入'巴黎生活场景'。这是巴尔扎克最后两部重量级长篇小说，被人们称作'天鹅之歌'。这两部作品在艺术上的精湛完美，连一向敌视巴尔扎克的评论家们也不得不心悦诚服。"[5]173

1841年，俄国《现代人》杂志第24期刊登了一篇"译自法文而又没有署名的论巴尔扎克创作的长文。在这篇文章中巴尔扎克被称作'语言的魔术家'、'奇怪的浪漫主义者'。"[12]59

1846年9月28日，"巴尔扎克买了多福（幸运、吉祥）街12号的一所房子。……在他死后，多福街改名巴尔扎克街。巴尔扎克这所房子于1882年被毁。"[12]71 1847年6月28日，"巴尔扎克立遗嘱给韩斯卡夫人。"[12]73 1850年8月18日"晚11时30分，巴尔扎克逝世。"[12]82 雨果在巴尔扎克葬礼上的悼词中充分肯定了巴尔扎克的伟大之处："当他今天走进坟墓时，同时也走进了荣耀的殿堂。从此他将跟自己国家的那些最璀璨的明星一起在我们头顶上空的云端闪耀。"[2]1

参考文献：

[1]安德烈·莫洛亚.巴尔扎克传——普罗米修斯或巴尔扎克的一生[M].艾珉、俞芷倩，译.杭州：浙江大学出版社，2014.

[2]阿尔贝·凯姆、路易·吕梅.巴尔扎克传——法国社会的"百科全书"[M].高岩，译.南昌：江西教育出版社，2014.

[3]李清安.巴尔扎克[M].北京：北京师范大学出版社，1983.

[4]王路.巴尔扎克传——未完成的雕像[M].石家庄：河北人民出版社，1999.

[5]艾珉.巴尔扎克传[M].北京：华文出版社，2017.

[6]罗芃.《巨人传》译本序[A]//拉伯雷.巨人传[M].成钰亭，译.上海：上海译文出版社，1990.

[7]费利克斯·达文.《十九世纪风俗研究》导言[A]//《人间喜剧》第24卷[M].袁树仁，译.北京：人民出版社，1997.

[8]巴尔扎克.驴皮记[M]//《人间喜剧》第20卷.梁均，译.北京：人民文学出版社，1997.

[9]特罗亚.巴尔扎克传[M].胡尧步，译.北京：商务印书馆，2013.

[10]黄晋凯.巴尔扎克长短录[M[.桂林：漓江出版社，2018.

[11]李胜凯.巴尔扎克传[M].北京：世界知识出版社，2001.

[12]丽列叶娃.巴尔扎克年谱[M].王梁之，译.北京：作家出版社，1962.

[13]苏成全编选.巴尔扎克研究专题资料[M].西安：陕西师范大学学报编辑室，1980.

第七章 死亡悖谬

　　巴尔扎克52岁而卒，究其早逝的原因，主要有如下三个方面：一、为了完成紧张繁忙的创作，他饮用了5万杯左右的自制浓咖啡，这严重地损害了他的身体健康，从而为他英年早逝埋下了潜在祸根。二、为了还债，也是为了自己能够尽情挥霍，他一直想娶一个有钱的寡妇，但这件事情并非顺利，他与韩斯卡夫人相恋18年，致使心灵遭受了百般折磨和重创，这是他最终惨死的深层原因。三、韩斯卡夫人远在高寒的乌克兰，往返法国与乌克兰之间，他脆弱的身体最终被北方的寒冷天气击败了，结婚之时他已病入膏肓，高寒天气是导致巴尔扎克最终死亡的外在推手。巴尔扎克一生完成了97部小说，成绩斐然，但这也造成了他生命的透支。巴尔扎克的早逝，是多种原因综合促成的。艾珉认为："有人说巴尔扎克是以生命为代价写作《人间喜剧》的，这话说得毫不过分。" [1]48

一、五万杯浓咖啡，英年早逝的潜在祸根

　　巴尔扎克为自己制订了140余部作品的写作计划，最后《人间喜剧》完成了97部，几乎无人能在作品数量上与他相比。当然，他的创作也不是一帆风顺的，先是与母亲的两年写作协议，后来以失败告终。接下来是10年的做生意，欠下了沉重的债务。之后他重返创作道路，从此一发不可收拾。据艾珉说，在《金眼女郎》中，巴尔扎克写到了"艺术家的世界，创作的需要使他们寝食难安，迸发的才思令他们身心疲惫，债主的追逼更让他们喘不过气来。" [1]166

　　朱维之、赵澧和崔宝衡主编的《外国文学史》中说："1829年，巴尔扎克发表了《舒昂党人》，迈开了走向现实主义的第一步。以后的二十余年中，他夜以继日地创作出一部又一部的作品，直至1850年8月18日病逝于巴黎。" [2]255这是后人的总结，巴尔扎克在世时，现实主义的概念还没有产生，直到1855年，法国画家库尔贝的画展被人称为过于现实主义，意思是很少艺术上的提升，于是库尔贝在之后的画展中就用了现实主义这个名词，这个概念很

快又被引用到文学领域。

巴尔扎克是以牺牲自身的健康为代价完成《人间喜剧》的创作的。"巴尔扎克的一生都在勤奋的写作中度过，经常工作18小时，只睡5小时。'工作！总是工作！灯火通明的夜晚紧接着灯火通明的夜晚，思考的白天紧接着思考的白天！'"[3]254

那么，巴尔扎克是被累死的么？不是。一个人自身的抗压能力是相当强大的，除非有来自外界的破坏。又是什么在支撑着巴尔扎克进行着那种超常的写作？咖啡，一种自制的浓咖啡。这就是那来自外界的破坏因素，它既促成了巴尔扎克的成功，同时对他的英年早逝也负有着不可推卸的责任。阿尔贝说："为了让自己保持清醒，并刺激创造力，在这段时间（1830年前后），他狂饮咖啡，一杯接着一杯，这样的狂饮注定在二十年后给他的健康带来灾难性的影响。"[4]40巴尔扎克后来经常胃痛，与空腹忍受浓咖啡的刺激有直接关系。"喝咖啡毁了他的胃，让他的血液沸腾。"[4]75

现代搞艺术的人，很容易受到毒品的诱惑，其实艺术家往往需要一些刺激灵感的东西。巴尔扎克靠的则是咖啡，现在看来，他对咖啡的饮用已经到了不顾死活的地步。巴尔扎克在杂文《从巴黎到爪哇的旅行》（于1832年9月在艾克斯温泉写作，于1832年11月25日在《巴黎杂志》上首次发表）中说："酒、咖啡、茶、鸦片是四大兴奋剂，它们通过对胃的刺激而很快作用于大脑的活动，并能奇怪地突破灵魂的非物质性。"[5]195这里，我们想到的成语是饮鸩止渴，过于依赖咖啡已经非常接近吸毒。巴尔扎克又说："至于咖啡，它使人产生一种神奇的兴奋！它像疯女人似的进入你的大脑。在它的刺激下，想象力狂奔起来，并且变得赤裸裸的，扭动着，像个占卜者。在兴奋达到极点时便产生灵感，这时，诗人的才智百倍增长；咖啡导致思想的狂热，一如酒导致身体的狂热。"[5]198对这一点，巴尔扎克深有体会。我们看到，这与瘾君子吸毒之后的表现何其相似！巴尔扎克在《现代兴奋剂研究》一文中说："我们的胃就像一个口袋，内里像丝绒一般柔软，上面布满管孔和乳突。当这种咖啡进入胃后，因为里面空无一物，所以它会刺激这层纤细而敏感的内膜，使其分泌消化液，就像德尔菲（斐）女祭司召唤神祇一样。让它难受，需要更多的消化液，它对待这层纤细的内膜就像赶马车的对待马驹那样坏。"[6]40

李胜凯比喻说："巴尔扎克像高老头一样，必须在生命和他的作品这二者之间作出选择，高老头为女儿而死，巴尔扎克则为创作奉献了一生。"[7]190关于咖啡的刺激，更是排山倒海般的，"咖啡滑进人的胃里，把全身都调动起来。人的思想列成纵队开路，犹如三军的先锋。回忆扛着旗帜，跑步前进，率领队伍投入战斗。轻骑兵跃马挥刀。逻辑犹如炮兵带着辎重和炮弹，铺天盖地般袭来。清晰的观念好似阻（狙）击手，勇敢地加入了这场决战。各色人物，纷纷亮相。纸张上墨迹斑斑，这场战役始终倾泻着黑色的液体，犹如一个真正的战场，笼罩在黑色的硝烟之中。"[7]154-55 用巴尔扎克自己的话，"他说他的书都是在'成了河的黑咖啡的帮助下完成的'。"[7]155 千里之堤，溃于蚁穴，"大风起于青萍之末。他的健康从多年前就缓慢地开始受到损害了。这棵参天大树的树干尽管看起来依然强壮非凡，果实满枝，每年长出新叶，但是虫子却早已在啃啮着树心了。"[7]329 1847年，"因为他还欠着债，他必须写出一些新的作品来，他又想创作一部题目叫《奥尔恭》的戏剧。他八天就喝完了半公斤咖啡，头脑依然麻木，连一行字也写不出来。"[7]358

泰纳在《巴尔扎克论》一文中说："巴尔扎克死的时候正五十岁，是由于夜里工作，熬夜不得不喝过量的咖啡，而患血热症死的。"[8]260 加香在《论巴尔扎克》一文中也说："他在不到三十年中间写了九十七部著作，总名为：《人间喜剧》。"因为"他毫无节制地借助咖啡来支持他的身体。"[9]389

雷巴克说到了问题的有因果关系的两个方面："有一个对头曾这样谈论过他，说他从五万杯黑咖啡里获得灵感，也必将因五万杯黑咖啡而丧命。可能会这样的。"[10]105 而在1837，"黑咖啡就是兴奋剂，它促使他精神振奋，睡意顿消。"[10]235

其实，要想在文学创作上出名只是巴尔扎克的本能目标，他真正的动力是要通过文学创作清偿巨额债务，或者说满足他继续无度挥霍的愿望，否则他就不只是在作品数量上位居第一了。

关于咖啡，茨威格在传记《巴尔扎克》中写道："咖啡是黑色机油，依靠它就能使这部想象力丰富的机器不停地运转下去。因此，对工作至上的巴尔扎克来说，咖啡比吃饭、睡觉和其它各种享受都更重要。"巴尔扎克对咖啡形成了依赖，"没有咖啡就没有工作，或者说，没有咖啡至少就没有巴尔扎克所一心献身的那种连续工作。……他按照一种特殊的配方调制自己的咖啡。"[11]179-80 这种咖啡由三种咖啡豆组成：波旁豆、马提尼克豆和穆哈豆，三种咖啡豆要在巴黎三个不同的街道购买，巴尔扎克每次出去，都要横穿巴黎，往往要花半天时间。夜晚写作如此紧张的巴尔扎克，白天却要花费很多时间去购买制作浓咖啡的配料，真地让人感到有点本末倒置。当然，巴尔扎克不是每天都去采购。特罗亚说到了巴尔扎克饮用咖啡的剂量，1844年，"巴尔扎克身体刚恢复，就又投入工作，靠清咖啡提神。他自己加工莫卡（穆哈）、马提尼（克）咖啡和波旁咖啡。混合咖啡倒在夏帕泰尔咖啡壶里，然后煮沸。他为了提精神，每天喝一升以上咖啡。"[12]312-13

写作《朗热公爵夫人》时，"他靠高浓度的咖啡提精神，通宵不眠。他轻率地与这一家那一家出版社签约，这使他精力耗尽。他主要的慰藉是友谊。但是，奇怪的是都是女性的友谊，而且或多或少地带有爱情色彩。……一大堆和善的面容和甜蜜的声音嘱咐他要量力而行，常出去透透空气和少喝些咖啡。"[12]155巴尔扎克当初并没有意识到饮用咖啡的潜在危险，只是到了后来，长期饮用的不良结果显现出来了，他不是想到要戒掉，相反，他却是变本加厉地加大剂量，这不能说不是一种疯狂。这种自制的浓咖啡"要发挥效力就得不断增加剂量，所以，巴尔扎克越是感到紧张，而神经面临垮掉的危险时，他就越来越多地依赖这种致人死命的万能灵药。……1845年，在过度饮用这种咖啡几乎二十年之后，他承认说，他的整个机体由于不断饮用刺激品给毒化了……"[11]180-81就像吸烟的原理一样，刚吸烟的人能够明确地感到尼古丁的刺激作用，但随着烟龄渐长，这种刺激会逐渐减弱。巴尔扎克在1834年寄给妹妹洛尔·絮尔维尔的信中说："从前我喝咖啡，灵感得到支持，为时很久，现在越来越短，只有十五天（小时？）刺激脑子的作用：一种致命的刺激，因为胃把我疼的就受不了。罗西尼说咖啡对他的刺激，其实也就这么久。"[11]356饮用太多的浓咖啡，使得巴尔扎克的胃和心脏都受到了严重的摧毁。

1841年6月，他给韩斯卡夫人写信说："我生活在墨水、校样堆中，成天解决文学难题，我睡得很少。由于过量喝咖啡，我相信我终于成为耐毒性的人。"[12]282 1843年，"巴尔扎克刚从病中恢复，惋惜休养失去的时间，又转向投入苦役般的工作。……夜晚，他孤灯独坐，面前一堆稿纸，脑子联想翩翩，一杯杯咖啡喝下去，真是飘然若仙。"[12]295

巴尔扎克的身体是在几年之内集中摧毁的。1843年，"为了加速最近写作的书稿的出版工作，巴尔扎克住到印刷厂附近的拉尼，他写书，修改校样，喝高浓度的清咖啡，睡在帆布床上，在这里待了4个星期。"[12]299然而，1847年，"他喝咖啡已不管事，他脑子木然。"[12]341实际上，他的整个身体状况都在每况愈下。

我们现在往往感叹《人间喜剧》的丰富成果，殊不知，巴尔扎克却为此付出了生命的代价。茨威格说："如果说五万杯强浓度的咖啡（一位统计学家估计他饮了这么多）加速了《人间喜剧》这部巨著的创作，那么，它们同时也提早摧垮了他原本非常健康的心脏。纳盖（一译纳卡尔）大夫是他终身的朋友兼医生，……他强调指出他死亡的真正原因："他早已患有心脏病，夜间工作以及为克服人天生的睡眠需要而饮用，或者，更确切地说，滥用他工作所必须求助于的强浓度咖啡，这又加重了他的病情。'"[11]181并没有记载说巴尔扎克患有先天性心脏病，所以浓咖啡和过度辛劳应该是他致病的原因，同时又使他的病情不断地在加重。这样看来，过多地饮用浓咖啡，是他最终英年早逝的潜在祸根。李清安说："有人计算过，巴尔扎克一生吞下的浓咖啡，不下五万杯。这严重地损害了他的健康，构成他早亡的一个原因。"[13]98

二、对婚姻深重的失望，最终惨死的深层原因

巴尔扎克一生都在负债中度过，他一直希望能通过婚姻使自己摆脱窘境，这是欧洲很多青年摆脱贫困通行的做法。"从1819年起，巴尔扎克决心投身文学事业。他一面大量阅读各种书籍，一面卖文为生。后来他又投笔从商，先后经营出版、印刷等业，但是，这些商业活动非但没有获得他所渴望的大量金钱，反而债台高筑，以至拖累终生。"[11]255他每次想到的经商点子都不错，但不善经营，总是亏得一塌糊涂，但别人接手过去都能大发其财，究其原因，可能就是巴尔扎克数学不太好，《人间喜剧》里面涉及数学运算的时候他往往算错，偶尔算对一次，你就会瞪大了眼睛，备感惊叹：这是真的么？为了发财，他有一次给妹妹写信说要从莫斯科向巴黎倒运木材，说能大赚一笔，妹妹回信告诉他这笔钱并不好赚，他只好打消这个念头。李胜凯在《巴尔扎克传》中说："凡是他上过的学校，他的名次总是排列在笨蛋堆里，拉丁文考了个第32名，至于数学成绩就更不用提了，而数学毕竟是每一个生意人最要紧的学问呢！"[7]32

巴尔扎克欠债在先，喜欢奢侈生活在后，虽然他母亲替他还了部分债务，可他并不领情，一生对母亲都抱怨多多。但每次被法庭执达吏上门逼债的时候，他都让母亲来出面应付，自己随便闪躲到什么地方，可以说他总是过着一天皇帝十天乞丐的生活。关于他的窘迫，茨威格不无幽默地写道："为了能完成自己的使命，他就必须最终实现自己那由来已久的目标：一个妻子和一笔财富。"[11]238当然，不是随便一个什么样的妻子，而必须是能够带来一笔财富的妻子。巴尔扎克时常会表露自己要娶一个有钱寡妇的意愿，好为他还清所有的债务，并能供他继续无度地挥霍。

1832年2月28日，他接到了俄国的崇拜者韩斯卡夫人的来信，他就此锁定

目标，无论付出多大的努力和耐心，他也要最终娶她为妻，因为她的丈夫极其富有，死后会给她留下特别可观的财富。关于韩斯卡夫人，茨威格这样评价道："一个女人，一个即使铤而走险也仍然能清醒、冷静地进行思考的女人。"[11]251 1833年年初，按照两人的约定，在韩斯卡夫人的催促下，韩斯基全家浩浩荡荡地旅行到了瑞士，韩斯卡夫人与巴尔扎克在那里第一次见面。见面的结果，就是两人私订终身，之后就是旷日持久的等待，等待那位丈夫的去世。

在这漫长的等待岁月中，巴尔扎克在巴黎不断有绯闻传出，但为了达到目的，他还一直对韩斯卡夫人说着美丽的谎言。之后由于巴尔扎克的不忠，两人的关系越来越紧张。茨威格写到巴尔扎克失去了耐心，1838年9月4日，巴尔扎克曾向女友珠尔玛·卡罗写信说："只要有一位三十上下的女人，有三十或四十万法郎的财产，并且喜欢我，那么我愿意娶她为妻，还有个前提，她得性情温顺，外貌姣好。"[11]405 1839年，他又写信给珠尔玛·卡罗，"请她如果碰到一位拥有二十万法郎的女人，或者只有十万法郎也行，一定要想到他。"[11]401我们看到，随着时间的流逝，他的标准在降低。

1842年1月5日，韩斯卡夫人的一封信告知丈夫已于1841年11月10日逝世。然而好事多磨，接下来巴尔扎克并未能与韩斯卡夫人顺利成婚。对方拒绝了他马上来俄国的请求，她认为："如果这个举止不得体、轻率而放肆的胖先生突然出现在彼得堡的上层社会中和她的那些自命不凡的亲戚面前，她会成为众人的笑料。"[11]414她说要先让女儿安娜结婚，然后再考虑他们的事情，接下来又是漫长岁月的等待。"1846年秋天，一时出现这样一种表象，似乎巴尔扎克的过度紧张的工作该结束了，他那深受损害的生命终于该休息了。德·韩斯迦（卡）夫人一而再，再而三地对这位作家进行敷衍搪塞，……1846年10月13日，密尼齐克伯爵在威斯巴登和她的女儿安娜结了婚。"[11]474据李清安说，1846年，"寒（韩）斯卡怀孕，巴尔扎克满心希望给自己生个儿子，并且起好了名字，叫维克多-奥诺列（雷）。不料，这孩子生下来便死了，给巴尔扎克的精神造成很大的打击。"[13]161到了1847年，"韩斯迦夫人仍拖拖延延的，不准备迈出决定性的一步。她一再找个别的借口进行搪塞。"[11]476两个人可谓是知己知彼，但韩斯卡夫人是这场捉迷藏游戏中主动的一方，她掌握着整个事态的进程。

巴尔扎克已经到了强弩之末，他像猫玩老鼠游戏中的那只老鼠，已经精疲力竭。"早在1847年，巴尔扎克已经感到身心交瘁。他最后的心愿是同韩斯卡夫人结婚。"[11]254就在这一年，为了早日促成婚姻，巴尔扎克去了乌克兰。"他获得的第一个印象便使他心醉神迷。……但没有任何东西能像财富那样更令其陶醉不已，欣喜若狂。"[11]479可以说是目标明确，乌克兰的美景并没有让他迷失了目标，相比之下，貌似即将到手的巨额财富更能让他孤注一掷，甚至不惜任何代价。

巴尔扎克前往乌克兰的路上并不都是一帆风顺的，有时是吃尽了苦头；"……一个奥地利海关职员见我两手拎着包，头上的帽子也没摘，……便气得满脸通红；可他自己呢，却穿着睡袍，脚上穿着便鞋，头上戴着睡帽。他对我大发脾气，那情景我一辈子也不会忘记。他问我在哪儿受的教育，……于是我便摘下帽子，……我带了几条在维也纳买的领带，因为我经过普鲁士，这位海关职员便认定这几条领带是普鲁士产品，并且要我交保证金。……他总共称了三十个金币，从中挑出五个他中意的。……把领带加了铅封。……这样的事我已经遇到两次了！……海关这样凶狠蛮横，谁能给旅行的人主持公道呢？……打着政府的旗号干这种诈骗勾当，该称之为什么呢？还有浪费掉的时间！携带的衣物给翻得乱七八糟，非得都打开，然后再装起来不可！拉济维罗夫的俄国海关让我那么害怕，因而我随身只带几件旧内衣、旧外衣、旧手套、旧靴子，总之，我带的是一件无可指摘的行李。"[14]673-74他最后叙述的是后来的事情。

终于到了目的地，可事情仍不顺利。两人真正相处之后，韩斯卡夫人的亲戚纷纷向她指出，巴尔扎克之所以要与她结婚，看重的完全是她的财产，"一边是装修房屋挥金如土，一边是巴尔扎克负债累累、贫困不堪。……双方家人谁都不买谁的账。"[11]486-87韩斯卡夫人虽然不是巴尔扎克的真知己，但她却非常了解巴尔扎克，她知道巴尔扎克之所以要娶自己主要是出于经济原因，他一生的梦想一直是要娶一个有钱的寡妇，借此来摆脱负债累累的窘境，在爱情上他是个甜言蜜语的骗子，经常有他养情妇的绯闻传入她的耳中。之所以延期改嫁，就是因为她的亲戚向她指出了巴尔扎克的真正用意。这样，韩斯卡夫人不应该成为被指责的对象，要负主要责任的应该是巴尔扎克。

两人的关系如履薄冰。阿尔贝说："因为有时候韩斯卡夫人会对他本人还有尚未完全付清的债务，以及他们在购置新房和新房装修上欠的共同的债务感到担心。……他的婚姻问题，尽管表面上被同意了，但其实还没解决。他知道在这种情况下，在婚礼举行之前，整件事情随时都可能流产。"[4]83

巴尔扎克在装修巴黎幸运街的豪华住宅保荣公馆，准备结婚之用。开始时计划装修费用10万法郎，最后却花了30万。在诸多压力下，韩斯卡夫人只好把几乎全部的财产都转到了女儿安娜名下，自己只留下了一份养老年金。哀莫大于心死。巴尔扎克知道这样的现实之后，无疑受到了致命的打击，在长达18年的等待之后收获的却只有深深的失望。到了真正结婚的时刻，巴尔扎克已经病入膏肓了。他们于1850年3月14日结婚。阿尔贝说："幸福是短暂的。巴尔扎克好像注定生命中只有苦干和奋斗，在他以超人般的努力冲破重重障碍，来到人生过客休憩的广阔的平原的时候，命运却不让他获得任何快乐。在他满心以为自己得到了幸福、安宁和爱情的时候，死亡却已来到了他的身边。"[4]83

三、乌克兰的高寒天气，诱发死亡的外在推手

加缪在小说中写到了男主人公在车祸中丧生，这不幸成了对自身结局的预言。同样，1831年5月26日巴尔扎克以亨利·B……的笔名在《漫画》周刊上发表的《羊毛裤和天狼星》一文中写道："……次日清晨醒来，寒冷使我全身麻木，还生出一个难看的肿块；我的一只眼睛几乎睁不开了！"[14]592这几乎成了十几年后他在乌克兰高寒天气中的自况。

乌克兰冬天的气温极低，应该零下40多度，这对于原本就身体状况欠佳的巴尔扎克来说，结果可想而知。1848年1月，"在最寒冷的严冬，巴尔扎克突然要回巴黎。……德·韩斯迦夫人是让他一人踏上归途的。……她认识到，在巴黎和这位绝望的奢侈浪费者、投机家一起，生活永远也不会安稳下来。因此，她没有作过多的犹豫就让他这个当时身体并不佳的人走了。只是在告别时，她往他肩上披了件厚厚的俄罗斯皮大衣。"[11]483为了最终促成婚姻，巴尔扎克不断地往返于法俄两地。"九月底，趁冬天的严寒天气未开始之前——巴尔扎克在一月份返回巴黎的途中吃尽了严寒冷冻之苦——再次跋涉地球表面四分之一的路程，再一次——这已经是第四次了，前去试图把这位冷若冰霜的情人'拖上祭坛'。"[11]489而他的身体状况却越来越糟。"目前的情况是，即使是像他过去如此强健有力的身体，如今也变得到了弱不禁风、纸弹即垮的地步。他此番去维埃曹尼亚（威尔卓尼亚）的旅行本身就不怎么明智。巴尔扎克作为都兰人，不习惯于乌克兰的气候。支气管炎开始发作，支气管炎同时也证明了他的心脏状况也很糟糕，……他每走一步，就觉得喘不过气来。即使是轻声细语地说句话，也使他感到吃力。"[11]492-93不作死就不会死，巴尔扎克骨子里就有一种执着的疯狂，没有这种疯狂，他就不会完成数量那么庞大的作品创作，而现在这种疯狂用来绝望地追求婚姻，他前往乌克兰的这些努力造成了严重的生命透支，并最终要了他的命。

茨威格在传记中写道："在乌克兰的严寒冬天，巴尔扎克别想返回家园。即使是计划去基辅和莫斯科的旅游也不得不放弃。……两位德国医生，……给巴尔扎克进行治疗。……他的身体无法再振作起来进行真正的体力活动。一会儿这个器官不中用了，一会儿又是那个器官出了毛病。有一次，眼睛不中用了。随后，他又发起烧来，接着又是脑炎发作。"[11]493巴尔扎克本人或许已经知道自己已是个在世不久的人了，他或许只是预感到了自己的身体状况非常严重，但是，"医生们无疑知道他是无法挽救了。……德·韩斯迦夫人……可以确认，她和巴尔扎克的结合必将只是个短暂的婚姻。因此，她此时决定和他结婚，……她知道，迈出这一步不会再有什么危险了，他无法再奢侈浪费了，……于是，婚期最终订在了1850年3月。"[11]497为了避免引起轰动，3月14日，婚礼秘密举行。婚后很快，他的心脏病和肺炎又复发了。

我们来看一看，这是一桩怎样的婚姻呢？韩斯卡夫人为什么明明知道巴尔扎克将不久于人世却还要与他结婚呢？表面上看，这是一种负责任的做法，旷日持久的18年的恋爱必须要有个结果，而实际上，这应该是韩斯卡夫人自私和虚荣的表现，一旦结婚，她的余生都可以被称为巴尔扎克夫人了。很久以来，俄罗斯（乌克兰当时属于俄罗斯的一部分）都有崇拜法国的传统，法语以前很长时间都是俄罗斯的社交语言和宫廷语言，当拿破仑入侵的时候，很多贵族为了表明爱国之心，决定不再讲法语，只好请人现教俄语，并相约谁再讲法语罚款，但罚了几天下来却无济于事，于是接下来大家讲什么语言就随意了，这是典型的假爱国。列夫·托尔斯泰的不朽名著《战争与和平》一开篇就是关于这种假爱国的介绍，而且这部大部头的作品就是以大段的法语开始的，作品中还随时有很多法语对话。[15]当然，托尔斯泰是个例外，他既会讲法语，也会讲俄语。俄国人并没有因为拿破仑的入侵和莫斯科大火而放弃对法国的崇拜，相反，他们却认为拿破仑虽然最终在俄国惨败，却给俄罗斯带去了先进思想的熏陶和启迪。知道这些，我们就多多少少能够理解韩斯卡夫人为什么要在最后的时刻决定嫁给巴尔扎克了。而且，在巴尔扎克死后，巴尔扎克夫人在巴黎一直过着风流快活的日子，也是她当初别有所图的明证。[16]587-88

4月15日，巴尔扎克使出全身力气给母亲写信："给你写这封信实在艰难，我几乎无法辨认字母了。我的眼睛实际上使我读不能读，写也不能写了。"[11]501他告诉母亲必须要在他们到达前离开那所房子，好嘛，他让母亲负责装修他的婚房，之后又像是把母亲一脚踢开，他的自私与虚荣在这里尽显无遗。至于他对母亲的怨忿看一下他的自传体小说《路易·朗贝尔》[17]我们就能明白个究竟，他的母亲没有过早地发现他超人的文学天赋，而是像通常的父母那样希望他从事法律这样务实的行业，这使特别敏感的巴尔扎克感觉自己从小就备受母亲的虐待，不管之后母亲如何地为他付出都无力扭转这种不和谐的局面和关系。

巴尔扎克夫妇决定启程回法国。路上，巴尔扎克极度虚弱，已经到了脱相的地步。"凡是看见他的熟人都几乎认不出他来了。"[11]502历尽千辛万苦，他们终于到了巴黎幸运街装修特别豪华的家里。一不小心，巴尔扎克的腿被装饰过分的桌子的凸出部分刮出了一个口子，之后发生了坏疽。巴尔扎克逝世于1850年8月18日到19日的夜里。

一个伟大的人物必有伟大的弱点，天不时地不利终于结束了巴尔扎克命运多舛的生命，他这一生奋斗与挣扎并举，荣耀与耻辱相共。

参考文献：

[1]艾珉.巴尔扎克传[M].北京：华文出版社，2017.

[2]朱维之，赵澧，崔宝衡.外国文学史[M].天津：南开大学出版社，2004.

[3]郑克鲁.外国文学史[M].北京：高等教育出版社，2014.

[4]阿尔贝·凯姆、路易·吕梅.巴尔扎克传[M].高岩，译.南昌：江西教育出版社，2014.

[5]巴尔扎克.从巴黎到爪哇的旅行[A]//《巴尔扎克全集》第28卷[M].王文融，译.北京：人民文学出版社，1998.

[6]巴尔扎克.现代兴奋剂研究[A]//《人间喜剧》第24卷[M].袁树仁，译.北京：人民文学出版社，1997.

[7]李胜凯.巴尔扎克传[M].北京：世界知识出版社，2001.

[8]泰纳.巴尔扎克论[A]//苏成全编选.巴尔扎克研究专题资料[M].鲍文蔚，译.西安：陕西师范大学学报编辑室，1980.

[9]加香.论巴尔扎克[A]//苏成全编选.巴尔扎克研究专题资料[M].徐公肃，译.西安：陕西师范大学学报编辑室，1980.

[10]纳·雷巴克.巴尔扎克的错误[M].张秀筠、周铧、达理，译.天津：天津人民出版社，1986.

[11]茨威格.巴尔扎克[M].米尚志、谭渊，译.合肥：安徽文艺出版社，2000.

[12]特罗亚.巴尔扎克传[M].胡尧步，译.北京：商务印书馆，2013.

[13]李清安.巴尔扎克[M].北京：北京师范大学出版社，1983.

[14]巴尔扎克. 俄罗斯和旅行者[A]//《巴尔扎克全集》第30卷[M]. 蔡鸿滨，译.
北京：人民文学出版社，1998.

[15]列夫·托尔斯泰. 战争与和平[M]. 盛震江等，译. 长沙：湖南文艺出版社，
1995.

[16]见安德烈·莫洛亚. 巴尔扎克传[M]. 艾珉、俞芷倩，译. 杭州：浙江大学出
版社，2015.

[17]巴尔扎克. 路易·朗贝尔[M]//《人间喜剧》第22卷. 罗旭，译. 北京：人民
文学出版社，1997.

下 编
巴尔扎克作品研究

　　巴尔扎克作品卷帙浩繁，我们着重探讨其中真实与想象、历史与文学的关系，自传性成分，标榜道德与欣赏恶行的悖谬，对中国的热衷与偏见，创作的迅速与延宕，吝啬鬼、人类天使和小市民形象，塑造人物的功力，讽刺艺术。

第一章　真实与想象、历史与文学的悖谬

　　巴尔扎克的创作力求真实，他从追求细节真实入手，进而达到整体真实。但因为他的文学家的身份，他的作品的整体构思和人物形象的塑造、故事情节的整合又有着浓郁的想象的因素，这就把他打造成了一个真实中包含着想象因素的风俗史家。作为一个风俗史家，法国社会将成为历史家，巴尔扎克只愿当它的秘书。真实与想象这一组矛盾的概念，却在巴尔扎克这里达到了统一，他的创作力求最大程度的真实，同时又靠超常的想象支撑起了他的异乎寻常的文学大厦。巴尔扎克不只是文学家，他还要做历史家，只是他的历史主要是通过虚构的故事情节和人物形象来表达的，反映了他那个时代特有的风俗。他的《人间喜剧》里最重要的内容是风俗研究的部分，他的风俗史与历史的本质差别，就是他在事实的基础上加入了大量的文学想象的成分。

一、力求真实的风俗史家

　　巴尔扎克真正的写作是从历史小说《舒昂党人》（又译《朱安党人》）开始的，里面不仅故事的社会和时代背景真实，而且还具有地域性的真实、人物形象的真实和故事本身的某种真实，这就为巴尔扎克一生的写作定下了一个力求真实的基调。巴尔扎克在1830年写就的《私人生活场景》初版序言中说："他知道某些人会责备他常常在表面上看来完全多余的一些细节上着墨太多。"[1]199这种写法主要是出于要做历史家的意愿而努力地要为后人留下一些真实的历史片段。

　　巴尔扎克在《人间喜剧》前言中说："法国社会将成为历史家，我只应该充当它的秘书。编制恶习与美德的清单，搜集激情的主要表现，刻画性格，选取社会上的重要事件，就若干同质的性格特征博采约取，从中糅合出一些典型；做到了这些，笔者或许就能够写出一部许多历史家所忽略了的那种历史，也就是风俗史。"[2]8那么，历史的这个秘书到底有多大自主的权限呢？我们说，他的整个庞大的故事框架是主观虚构的，但绝大部分故事都是以事实为核

心内容的,追求真实是巴尔扎克获得成功的第一要素。

1834年4月18日,巴尔扎克致信韩斯卡夫人时谈到高老头:"一种充满巨大力量的感情,无论是灾难、痛苦或不义,任何东西都不足以破坏这种感情。作品的主人公是一位父亲,他无异于一个基督教神圣的殉道者。"[3]121关于高里奥老爹(高老头)这个形象的真实性,巴尔扎克借《夏倍上校》中律师但维尔之口说:"我亲眼看到一个父亲给了两个女儿每年四万法郎进款,结果自己死在一个阁楼上,不名一文,那些女儿理都没理他!"[4]359-60每年四万法郎进款是按照高老头给女儿的陪嫁的利息计算的。巴尔扎克在《古物陈列室》《冈巴拉》初版序言中也说:"可怜的父亲在生命垂危的二十个小时里一直呼喊着要水喝,但是没有一个人来救护他。他的两个女儿呢,一个去参加舞会,另一个看戏去了,虽说她们对父亲的情况并非毫不知晓。这种真实恐怕是令人难以置信的。"[5]470这些都是在叙说高里奥这个形象的事实来源。

李健吾在《欧也妮·葛朗台 高老头》译本序中提到了拉斯蒂涅这个人物形象的来源:"这个人物的原型据说是他(巴尔扎克)最反感的法国资产阶级所崇拜的'侏儒怪物'梯也尔!"[6]14关于梯也尔,巴尔扎克在杂著中论述了很多,这方面内容现在被编入了《巴尔扎克全集》第29卷。其中,巴尔扎克在署名马尔·O'C.的文章《梯也尔先生的部,基佐先生的议院和反对党》中这样说到梯也尔:"梯也尔先生比基佐先生强得多。……他们两人都觊觎同样的东西,……贵族院的世袭权,'王权',宗教,长子世袭财产权,贵族政治的重建,总之,所有被推翻的东西,我们认为梯也尔先生和基佐先生都同样希望重新建立起来;而他俩却谁都想当重建工程的建筑师。……反对派作家梯也尔是靠七月革命起家的,……他优越于基佐先生的地方是他正确的逻辑和他的成功,……"[7]360-62巴尔扎克对梯也尔的态度是模棱两可的,总体上他开始时抱有希望,但到后来他就不只失望,而且达到了愤怒的程度。在这个人物的基础上塑造出来的拉斯蒂涅,巴尔扎克的态度同样是复杂的,这是一个从外省来的没落贵族青年,在《高老头》中还有善良的一面,之后便信奉巴黎的行事原则——不择手段,在七月革命后终于获得了成功。巴尔扎克在《不自知的喜剧演员》中通过毕西沃之口说到了拉斯蒂涅的结局:"他啊,就是拉斯蒂涅伯爵,一位大臣,你的事归他属下的一个司办理,……"毕西沃又说:"他有三十万利勿尔年金,是法国贵族院议员,国王封他为伯爵,他是纽沁根的女婿,这是七月革命造就的两三个国务活动家之一。"[8]67

关于伏脱冷的形象,李健吾在《欧也妮·葛朗台 高老头》译本序中说道："维道（多）克，巴尔扎克曾经帮他整理过他的回忆录，他的生活历程是巴尔扎克所写的伏脱冷的原型。"[6]13据这页的注②说："维道克（Vidocq，1775—1857），法国秘密警察的头目和创始者，年青时当过强盗、苦役犯，曾多次越狱，后自愿投靠警厅，充当密探。"维多克少年时代就机警剽悍，被孩子们唤作"伏特（脱）冷"——法文中Vautrin是猎狗Vautre的讹音。巴尔扎克在伏脱冷身上保留了维多克的大部分人生经历，而且在《烟花女荣辱记》（又译《交际花盛衰记》）中，巴尔扎克也让伏脱冷有了维多克的结局，伏脱冷真正的名字是雅克·柯冷："雅克·柯冷履行自己的职责十五年左右，于一八四五年前后退隐。"[9]676泰纳提到了巴尔扎克的伏脱冷："他不及亚果（伊阿古）凶恶，而又比亚果危险；他把恶行提升为原则。用天才和诱惑性的善辩加以宣扬。"[10]276

巴尔扎克在《烟花女荣辱记》初版序言中说："本书如实描绘了在巴黎万头躜（攒）动的密探、靠男人供养的妓女和与社会搏斗的人的生活。……创作'巴黎生活场景'而略去这些奇异的面孔，那简直是胆小鬼的行为，我们是绝对干不出此等事情的。何况迄今为止，没有一个人敢于接触这些深刻的喜剧内容。"[11]537巴尔扎克探讨了很多未曾被探讨过的领域，这表现出了他超出常人的勇气。"这部小说由极其真实甚至可以说是具有历史真实性的细节组成，取自个人生活，在权力的门口和初审法官的办公室内结束。"[11]538这应该是对伏脱冷形象来源于维多克素材的暗指。他写巴黎，就要囊括它的方方面面，"本书呈现出巴黎面面观的一面"[11]539。出于作家的本能，巴尔扎克敏锐地意识到："一部作品在什么条件下可以在法兰西获得不朽，……那就是作品必须真实，有良知，有哲理，与历代社会永恒的原则相谐。"[11]540这里，被巴尔扎克列为作品要获得成功的第一个重要的因素就是真实。

巴尔扎克从追求细节真实入手，进而达到整体真实。费利克斯·达文在《哲理研究》导言中说："艺术的特质便是选择自然中零散的各个部分，真实的细节，以便构成一个统一的整体，完全的整体"[12]303。

巴尔扎克在《Ecce Homo》前言中也强调了自己追求事实的意愿："象（像）所有不信神的人一样，我希望讲求实际，不是概念，而是事实。"[13]421用形象的事实说话，这是巴尔扎克作为风俗史家与其他哲学家、历史家的根本差别。

《一个外省人在巴黎》（即《不自知的喜剧演员》）出版者前言认为巴尔扎克"对十九世纪理解得最深刻又描绘得最忠实"[14]550。这是非常客观的评价。

在《小市民》中，巴尔扎克这样声明作品的真实性："这幅草图具有真正的历史真实性，它展现了一个相当重要的社会阶层的风俗，尤其是如果想到王室幼支的政治制度曾以这个阶层作为支点的话。"[15]126这是一部讽刺性极强的作品，巴尔扎克通过这部作品表达了对市民阶层整体否定的态度，但这并不妨碍他如实地记录市民阶层的风俗。为此，巴尔扎克除了不厌其烦地介绍很多住宅外，还介绍了蒂利埃家宴请客人的食物，通过这些描述，我们可以看到巴尔扎克式的真实，也是那个特殊年代法国市民阶层特有的风俗，奢华的外表下掩盖着穷酸与破败，热情的排场却透露着粗俗与精于盘算。

达文在《十九世纪风俗研究》导言中也执着于巴尔扎克的真实，而我们看到这些只是文学的真实而已："写福瑟丝要真实，写德·朗热夫人也要真实；写伏盖公寓要真实，写莎菲·迦玛也要真实；写图尔尼盖街可怜的花边女工要真实，写泰布街的德·贝勒弗依小姐也要真实；写圣德尼街的猫打球商店要真实，写德·卡里利阿诺公爵夫人也要真实；写夏倍伯爵的诉讼代理人但维尔要真实，写奶牛饲养人也要真实；描绘一个娼妓的家庭要真实，描绘巴尔贝特，加洛珀-肖皮讷的妻子，这位转瞬间形象变得很高大的高尚的布列塔尼女人所住的那间茅草屋也要真实；描写竞技广场上皇帝的最后一次阅兵要真实；描写克拉埃一家和寡妇格吕热要真实；最后，描写鲍赛昂公馆和被遗弃的女人在其中哭泣的小楼也要真实，这是多么艰巨的任务！不仅如此，写室内要真实，写外表也要真实，写谈话要真实，写服装也要真实。"[16]293力求真实最终成就了巴尔扎克的文学狂想。李清安说："巴尔扎克在细节的真实上下了极大的功夫，而且，这也成了他全部作品的共同特色。一部小说，往往开篇就用几页甚至十几页的篇幅，细致入微、不厌其详地描写一个地区、一条街道、一座房屋以至一个物件。"[17]76-77其实，在环境描写上，巴尔扎克往往把握不住尺度，因此引起了很多疵议。

在努力忠于现实方面，巴尔扎克可谓已经尽力了。"从'历史学家'而至'秘书'，从'秘书'（《古物陈列室》《冈巴拉》初版序言）而至'抄写员'（《金眼女郎》第一版出版说明），作家对现实的'忠实'程度可谓无以复加。'真实'在作家心目中至高无上的地位，由此可见一斑。没有'想象的事实'，没有'杜撰'，没有'虚构'（《欧也妮·葛朗台》初版跋），巴尔扎克的反复强调，旨在突出现实在艺术创作中的第一性地位。"[18]141-42

二、想象力丰富的风俗史家

真实与想象似乎是一组矛盾的概念，但却在巴尔扎克这里达到了统一，他的创作力求最大程度的真实，同时又靠超常的想象支撑起了他的异乎寻常的文学大厦。

巴尔扎克在《舒昂党人》初版导言中曾经说道："这些事情，作者既没有编造，也没有暗示。这个类似舞台的地方，是作者能够有思想自由将悲剧真相和盘托出的唯一地方。他在这里所表现的一切，丝毫不曾求助于自己的想象。在这里，国家就是国家，人就是人，话是原话。"[19]184我们可以理解为，巴尔扎克已经尽可能做到了最大程度的真实，"丝毫不曾求助于自己的想象"应该是多少有点夸张的说法，没有想象，他就不可能完成《舒昂党人》的创作，也不可能最终完成《人间喜剧》这座庞大建筑的构建。

《人间喜剧》出版前言中说："巴尔扎克之所以高于一般的作家，在于他是个兼有哲学家头脑和历史家眼光的文学家。……这样，他就把小说提高到历史哲学的水平，使之达到了一般文学作品所未能达到的深度。"[20]4但巴尔扎克最主要的角色还是文学家，他是用文学的方法在写风俗史，他的作品与真正历史著作的本质区别就是里面有着大量的文学的想象的成分。

巴尔扎克在《欧也妮·葛朗台》初版跋中说："本书的结局定然使好奇心落空。可能真实的结局一概如此。……这里没有一丝虚构。"[21]248但没有虚构是不可能的，众所周知，他的葛朗台的形象就是杂取种种而合成一个的结果。卡罗夫人认为"葛朗台不真实。首先，他太阔。在法兰西，任何节约、任何吝啬，在二十年、五十年内都不能带来那么大的财富；只有国家信贷的财富才可能有这么多的百万；……你在这方面没有一个真正的原型。"[6]8而"关于葛朗台的不可置信的庞大财富，巴尔扎克在1834年2月12日《致卡娄（罗）夫人》信中的回答是：'我对你的批评没有什么可说的，就是事实在反驳你。在都尔，有一个开铺子的杂货商，就有八百万。艾纳尔先生，一个简单的流动小贩，有两千万，家里有现金一千三百万；他在一八一四年，以百分之五点六的利率放给国家，因而得到两千万。尽管如此，下一版我将从葛朗台的财富里减去六百万，……'"[6]8-9而按李健吾译本序第9页注①所说："一八三九年版，作者从两千万法郎改为一千一百万；但是，临到一八四三年版，他又提升到一千七百万。"无独有偶，达文在《哲理研究》导言中提到了圣勃夫的话："接近结尾时，减少一点葛朗台老爷的金子和在清算其兄弟的财产时拿去购买公债和做生意的几百万就行了"。[12]305巴尔扎克在数字上经常出错，这也是他做生意经常失败的原因，所以我们有理由认为，关于葛朗台的财富，巴尔扎克应是夸张了的。

巴尔扎克笔下的众多人物形象总体上是想象性虚构的产物。黄晋凯在《一桩无头公案》初版序言中说："'典型'这个概念应该具有这样的意义，'典型'指的是人物，在这个人物身上包括着所有那些在某种程度跟它相似的人们的最鲜明的性格特征；典型是类的样本。因此，在这种或者那种典型和他的许许多多同时代人之间随时随地都可以找出一些共同点。但是，如果把他们弄得一模一样，则又会成为对作家的毁灭性的判决，因为他作品中的人物就不会是艺术虚构的产物了。"[18]116-17所以，文学作品要处理好真实与想象的关系。"如果用历史的真实过分地'固定'作家的想象力，扼杀他的'蓬勃朝气'，就等于说，'我们不要小说'，'如果一定要作品拘泥于真实，让这些人物处于他们在社会上的实际位置，而老实正派人的生活又毫无戏剧性可言，您以为这样一部作品能让人读得下去吗？'"[18]129巴尔扎克在激情创作中往往会混淆现实世界与想象的世界。"巴尔扎克对想象的热衷是与他对创作的痴迷相联系的。他夜以继日、全身心地把近乎疯狂的激情投入作品、融入人物，直至无法分辨真实的世界和虚构的世界。在想象中生活，在生活中想象，将生命意志贯注于艺术，为艺术的极致耗尽了生命。作家生命力的充溢，想象力的驰骋，使《人间喜剧》成为巴尔扎克对法国社会历史的独特读解——既是现实的，又是超验的；使《喜剧》中的艺术形象都律动着巴尔扎克的激情、凝聚着巴尔扎克的执着——既是真切的，又是奇特的。"[18]129-30巴尔扎克沉迷于创作到了一定的程度，于是便获得了一种超凡的透视能力。柳鸣九在《论巴尔扎克和他的〈人间喜剧〉》一书中说："巴尔扎克善于把这类家庭悲剧描写得令人心肠断裂，惊诧骇然，善于表现出利欲心理，谋取财利的鬼蜮手段违背人的正常情感到了何等触目惊心的程度，大大深化了他对产生这种悲剧的社会的本质的揭露，使他为自己时代社会所绘制的风俗画面，既有历史的价值，也富有伦理的意义。"[22]142能达到这样的效果，首先起决定作用的当然是当时的社会现实，但也少不了作家的艺术能力的因素，那就是巴尔扎克的透视能力，他要写什么，人物和场面就都在他的眼前活动起来。柳鸣九说："巴尔扎克像有预见的历史学家一样，从当前的经济生活中洞察了日后将充分发展扩大的某些萌芽，并且用艺术的形象加以表现。"[22]145这种预见能力只为为数不多的作家所拥有。"神奇的'视力'说，显然是通向后世日渐风行的'通感论'和'直觉论'的。"[18]130正像索福克勒斯是按照人物和情节可能有的样子去塑造人物和构筑情节一样，巴尔扎克在作品中展现了文学的多种可能性。"在无数精确琐屑的细节后面，在一张张被情欲扭曲的面孔后面，人们看到的不仅是一个现实的世界，也是一个想象的世界，一个可能的世界、未知的世界。"[18]131但巴尔扎克的想象紧紧根植于现实生活，所以又不是无源之水、无本之木，在他的作品中很少有天马行空的成分。"由于巴尔扎克主张紧紧依附于现实土壤进行艺术探索，因此，他这面'镜子'还没有演变成映像面目全非的'哈哈镜'。"[18]131

于是，黄晋凯喊出了类似于本·琼生对莎士比亚做出的评断：

"巴尔扎克属于19世纪，更属于一切时代！

巴尔扎克属于法兰西，更属于全人类。"[18]132

巴尔扎克丰富的想象是以细致地观察现实生活为基础的，这使他的想象力就有了现实的根基，进而铺展开了内容瑰丽的惊世长卷。"巴尔扎克长于观察，也富于幻想。一位缺乏想象力的作家，是无法构筑起这样宏大的艺术殿堂和勾画出数以千计生动的人物形象的。"[18]178除了现实生活，巴尔扎克还从传统文学中汲取营养："巴尔扎克从民间传说中'借'来了浪荡公子唐璜的形象，又受到德国一篇名为《不道德药水》的启示，塑造了一个全新的唐璜。"[18]179其实，唐璜的形象主要来源于西班牙。关于巴尔扎克的《改邪归正的梅莫特》，黄晋凯说："小说形象借自爱尔兰作家梅图林的《漫游者梅莫特》。"[18]179

在《德·拉尚特里夫人》中，巴尔扎克揭露了银行不光明的历史："纽沁根银行、杜·蒂耶银行、凯勒兄弟银行、帕尔玛银行尽管极其富有，却为人所窃窃私议，暗中不齿。卑污的手段取得了出色的成就，而政治上的得意与王朝的道德标准又有效地掩盖了肮脏的来源，因而到了一八三四年，已无人想起这些作为国家栋梁的参天大树所置根的污泥了。"[23]308在《纽沁根银行》中，作者则详细地描述了纽沁根靠搞了几次假倒闭和假清理吞没储户的大量存款而发家的丑恶历史。作者通过这些银行，概括了银行的各种发家史，但我们却无法在现实生活中找到纽沁根银行、杜·蒂耶银行、凯勒兄弟银行和帕尔玛银行，这些主要是作者主观虚构的结果。

在《德·拉尚特里夫人》中，作者通过女主人公的话概括了一个时代的悲剧："您在这里，戈德弗鲁瓦先生，您是置身于一群劫后余生者中间。在这场历时四十年，推翻了王权和宗教，驱散了法国的精英的飓风中，我们的心灵都受到过重创，家庭利益都受到过危害，财产都受到过损失。有些表面上无关痛痒的话会刺痛我们，这就是大家不多说话的原因。我们相互很少谈及我们自身，我们忘却了自己，找到了以另一种生活代替我们往日生活的方法。……"[23]321德·拉尚特里夫人已经六十岁，她曾在这场革命中痛失自己的女儿。在《德·拉尚特里夫人》中，作者通过这些虚构的形象写到了大革命所给予人们的痛苦的回忆。阿兰先生向戈德弗鲁瓦指出："您永远别在尼古拉先生面前谈论死刑，他曾经监斩一名犯人，他认出那是他的私生子……"[23]366而且这个私生子是清白无辜的。这让人想起作者的另一部西班牙题材的残忍的作品《刽子手》，为了保住家族的血脉，长子朱阿尼托奉命亲手斩杀自己的父母和弟弟、妹妹，他之后一直忍受着极端的精神折磨。自古以来，最残忍的事情莫过于血亲残杀，有的是自愿报复或复仇，有的则是出于被迫不得已而为之，《德·拉尚特里夫人》和《刽子手》中的故事就属于后者，这尤其显得残忍与血腥。

杨昌龙在《巴尔扎克创作论》中指出了巴尔扎克的想象偶尔脱离现实给作品造成的硬伤："巴尔扎克对这个人物（《古物陈列室》中的谢内尔）的高度赞美，显然失之于偏颇。其实，他只是个思想开明的封建忠仆，为老旧贵族尽忠竭智，死而后已，毫无歌颂的价值。把他供上正面人物的祭坛是无论如何无法让人接受的。他应当同腐朽贵族，同封建社会一起被埋葬。如果说德·埃斯格里尼翁侯爵和克鲁瓦谢等人物具有客观真实性的话，那么，谢内尔则太突出地暴露了巴尔扎克的主观虚构性，他完全是作家幻想的产物。倘把他只作为一个起穿插作用的次要人物，几笔带过，或许要比现在的效果好得多。"[24]224

三、真实与想象并蓄的风俗史家

巴尔扎克让真实的事件插上想象的翅膀，于是色彩斑斓的艺术大厦横空出世。达文在《十九世纪风俗研究》导言中说："作者应该继续发表《豌豆花》（《老姑娘》），这也是一个真实的故事，是《欧也妮·葛朗台》的姊妹篇。……这是以《欧也妮·葛朗台》开始的一首长诗的第二支歌，作者一定会将这首长诗完成的。"[16]301事实上，巴尔扎克在文学作品中追求的"真实"，是艺术的真实，在事实的基础上又添加了想象的成分。杨昌龙在《巴尔扎克创作论》中说，巴尔扎克"决定写一部所有历史家都忘记写的'风俗史'。巴尔扎克是以反映一个国家（法国），一个世纪（19世纪）的历史面貌为己任的。他以浩瀚磅礴的气魄，波澜壮阔的热情，给我们绘制出一整卷幅员广大、形象逼真的现实主义的历史图景。"[24]265现实主义具有很多现实的成分，但无论"绘制"得多么"逼真"，它也并不就是现实本身，而是现实与想象的合成制品，巴尔扎克正是真实与想象并蓄的风俗史家。

巴尔扎克在《人间喜剧》前言中说："历史与小说不同，它的信条并不在于走向理想的美。历史是或者应该是当时的实录；而'小说则应该是那个更为美好的世界'，这是上个（18）世纪最杰出的思想家之一内克夫人（史达尔夫人之母）的名言。"[2]14认识到了这一点，巴尔扎克是不愿做事实的奴隶的，虽说他在作品中打造"更为美好的世界"不占主流，但他笔下的所有典型都是在事实的基础上加工、合成的结果，这里想象就发挥了极其重要的作用。

菲拉莱特·夏斯勒在《哲理小说故事集》导言中说："故事家得是全才。他应该是历史家；他应该是戏剧家；他应该有深刻的辩证法使他的人物活起来；他还应该有画家的调色板和观察家的放大镜。"[25]222这些特征巴尔扎克无所不有，但他主要还是一个通过故事反映时代脉络的风俗史家。

巴尔扎克在《金眼女郎》第一版出版说明里曾经直接说出了自己的创作方法："作家无非是个抄写员，……民俗史家，如本书的情形，只好到存在着喜剧和悲剧成分的地方，去采撷同一种激情但却发生在数人身上的事件，然后将它们拼凑在一起，才能得到一部完整的剧本。"[26]244这是在说他塑造典型并最终形成作品的过程。

巴尔扎克于1833年11月某日用了一夜时间赶写了《大名鼎鼎的戈迪萨尔》，"小小的一篇作品，竟反映了一八三〇年七月革命后资本主义飞速发展给法国社会带来的巨大变化：新观念的巨大威力，大企业的出现、广告的诞生、商品经济的发展、巴黎人到外省去开辟新的市场以及外省对这种'进步'的抵制，葡萄农从前的对手是游手好闲的贵族和波旁王朝政府，现在的对手是银行家和投机商。戈迪萨尔形象滑稽可笑，却是新兴的资本主义社会的化身：生机勃勃，充满力量。……此人后来又在《赛查·皮罗托盛衰记》《邦斯舅舅》《烟花女荣辱记》等作品中出现，并成为大富翁、银行总裁，当了部长。"[27]638可见，巴尔扎克笔下的人物虽是虚构的，他却通过他们如实地反映了他所生活的时代的风俗。

巴尔扎克在《神秘之书》（包括《逐客还乡》《路易·朗贝尔》和《塞拉菲塔》）序言中提到了这部作品的真实性："在我这部作品中，每个人都是原样：法官就是法官；罪犯就是罪犯；女人轮流地或很讲道德或犯有罪过；高利贷者不会是一只羔羊，上当受骗的人不会是一个天才，孩子也没有五尺六寸那么高。"[28]339也就是说，他遵循的是真实的大路子，他不会违背一些常识性的规律，实际上他做的远远超过了这些。其中的《路易·朗贝尔》虽是巴尔扎克自传式的作品，其真实的程度也是属于艺术的真实。圣勃夫说过："德·巴尔扎克先生对于私人生活感受极深，他甚至常常能达到细微末节。他善于一上来就叫你激动，叫你的心脏剧烈跳动，而只要给你描写一条小径，一间餐厅，一套陈设。他对老姑娘，老太婆，倍（备）受冷落和畸形的少女，未老先衰和疾病缠身的少女，当了牺牲品而又忠贞不贰的情妇，单身汉，吝啬鬼，有许多神来之笔。人们真的感到纳闷，以他活跃的想象力，他从哪里得以分辨和采拾来这一切。"[16]306巴尔扎克往往使人物诞生于坚实的环境基础之上，所以他在环境描写上常常是不厌其烦的，甚至经常过犹不及。"德·巴尔扎克先生常常刚刚描写了一间厨房、一个铺子后间、一间卧室的内部情形，天知道是怎么回事，兴味就来了，戏就有血有肉了，情节就展开了：从家具的安排、室内器物的布置及对此的细致描写中，迸发出启示性的光辉，照亮了居住在这里的人的性格、激情、压倒一切的利害，一言以蔽之，他们整个的生活。"[16]307

在《古物陈列室》《冈巴拉》初版序言中，巴尔扎克说到了自己给出的事实的真实性："至于作者转述的全部事实，一个个分开来说，全是真实的，包括那些最富浪漫色彩的在内"[59]470。巴尔扎克主张文学作品要以事实为依据，他反对完全靠想象和虚构进行创作："主题完全为虚构，与任何现实远近不着边的书，大部分是死胎；而以观察到的、铺陈开来的、取自生活的事实为基础的书，会获得长寿的荣光。"[59]471也正因为如此，巴尔扎克在创作成名之后，拒不承认在《舒昂党人》之前创作的以笔名发表的很多作品，因为它们缺乏事实依据。巴尔扎克口口声声强调的事实，是靠想象重塑了的事实，他只是不主张完全依靠想象和虚构，否则就成了无源之水、无本之木了。

在《初入教门》中，关于一般的社会团体巴尔扎克写道："在我国，每当成立一个社会团体，在慷慨激昂的集会过后，各自回到家里，就把对集体的忠诚、集体的力量视同敝屣，人人都千方百计地为一己私利去挤公家奶牛的奶，而那公家的奶牛经不住这么多人的巧妙勒索，也就羸弱而死了。"[29]417其实质只是巧立名目、生财有道而已，这种现象在当今我们的社会中也并不少见。

1850年9月2日，圣·佩韦在《评巴尔扎克》一文中写道："（十九世纪）前半个世纪所包含的三个不同面貌的时期，巴尔扎克先生都很熟悉，都经历过；他的著作在某种程度上就是反映这些时期的一面镜子。"[30]236这三个时期就是拿破仑时期、复辟王朝时期和七月王朝时期。"他并不以观察和臆测为满足，却时常在创造、在遐想。"[30]237想象力是可以通过不懈的训练获得增强的，巴尔扎克在长期训练之后便具有了非凡的想象力，文学作品是他这种想象力发挥的产物，却不曾想，作品出版之后，按照他作品中的式样去打造现实生活却成了当时人们的一种时尚。"巴尔扎克先生凭他的想象力，把一二十个国家、一二十个时代所有的精品杰作堆积在一起，构成小说里那些华丽古怪的室内陈设，后来竟变成了实在的装饰；在我们看来，不过是这个百万富翁的艺术家的一种梦想，别人却丝毫不爽地照抄式样，于是依照巴尔扎克式样布置房间就成为风气。"[30]239巴尔扎克的创作可谓是全副身心地投入，"作家已将他的一生，他的整个生理组织投入作品里，他的作品也就反映他的整个生理组织；他不仅用他纯粹的思想来写作，并且还用他的血液和筋肉。"[30]240但圣·佩韦也没有回避巴尔扎克在《婚姻生理学》等作品中对非凡想象力的滥用："我不能接受的，是他在生理学掩护之下，不断地滥用这种素质，这种流于阿谀的、放荡的、颓丧的、粉红色的、渲染色彩的文笔，这种放逸的、腐败的、正如以前我们的老师们所说的、纯粹亚洲式的文笔，有些地方，这种文笔比古代俳优的身体更来得扭曲和萎靡。"[30]241巴尔扎克的读者与他本人一样往往分不清艺术与现实的差别："他这些专长，似乎不全是从观察得来的，一半是他想象出来的。……他自己也杜撰了一些。有时候在他的分析中，真正的实在的神经，尽头处就是幻想的神经，他没有把两者区别开；他的读者，尤其是女性的读者，大部分和他一样把两者混淆不分。"[30]241

泰纳在《巴尔扎克论》中称巴尔扎克的想象力为"取之无穷的炽热的想象力"[10]264。有一天，儒尔·桑多对巴尔扎克谈起了自己妹妹生病，巴尔扎克说："我的朋友，这些事都很对，但是，现在该来谈我们的现实问题了。谈谈欧也妮·葛朗台吧。"[10]275还有一次，在莎菲·盖伊夫人家巴尔扎克说他想送给桑多一匹白马，后来他真以为马已经送给桑多，还问起这匹马的近况如何。可见，巴尔扎克的真实，具有深厚的想象特征。

特罗亚记述了雨果在巴尔扎克葬礼上的具有恭维性质的讲话："诗人取名为《人间喜剧》，它也可以称作为历史……这本书是观察和想象的产物，里面充满真实"[31]382-83。其实，所谓的"历史"，并不真就是历史，所谓的"真实"，也不是真的生活真实，可能称为风俗史更为接近。

据李清安记载，巴尔扎克曾说："文学作品取得永久的成功，秘诀在于真实。"[17]68同时，李清安也注意到想象力的功不可没："《人间喜剧》之所以引人入胜，一个重要的原因，就是作者有着异乎寻常的想象力。"[17]72巴尔扎克说："……写东西不能全凭想像（象）。我……绝不冒然去写自己不熟悉的东西。"[17]76后来巴尔扎克写作《农民》就违背了这一原则，从而留下了缺憾。巴尔扎克很重视对自己要写作的题材实地考察："从他的成名作《舒昂党人》开始，巴尔扎克在创作上恪守一条原则：没有着力考察过的地方，他绝不去写。于是，为了写《老小姐》《古董楼（古物陈列室）》，他游历了阿朗松；在写作《欧也妮·葛朗台》之前，他访问了索漠城；《搅水女人》尚未动笔，他先到过伊苏顿（屯）；早在《幻灭》的构思阶段，他已对安古兰末了如指掌；大量的小说《都尔的本堂神甫》《三十岁的女人》《幽谷百合》《石榴居（园）》等，故事就发生在他稔熟的故乡……"[17]77

巴尔扎克通过作品记录下来的人物，其实只是他丰富的想象力构思过的人物中的一小部分。阿尔贝这样提到巴尔扎克的想象力："他具有一种创作的激情，以至于已经构思了《人间喜剧》中的全部人物，而尽管他笔耕不辍，能力超凡，但还是赶不上头脑中的想象。"[32]40

据丽列耶娃记述，1839年6月初，"莫斯科大学教授斯·波·舍维辽夫到扎（雅）尔迪访问巴尔扎克。巴尔扎克告诉舍维辽夫自己创作一整套巨著的计划：'我工作很多。我的计划庞大。我企图用一切生活细节和一切社会阶层来概括现代风俗的全部历史。共计40卷。它将象（像）布封为全法兰西所作的那幅宏伟的风俗画。'"[33]52 1939年，"中篇小说《夏娃的女儿》的序言发表，文中说明了巴尔扎克的意图进一步的发展——创造一套宏伟的、具有内在联系并'代表一部现代风俗史'的作品。巴尔扎克详细地谈到使人物在自己的作品中重复出现的手法。"[33]54这就是我们现在所说的人物再现法。

四、艺术真实高于生活真实

巴尔扎克之所以不遗余力地在追求艺术的真实，是因为现实生活往往平淡无奇，为了塑造美的形象，需要通过艺术加工以获得升华。巴尔扎克说："文学中的全部真实并不等于现实生活中的真实。因此，文学家不应该照抄某些事物，而应该力求表达事物的精神。为了塑造一个美的形象，就取这一个模特的手，取另一个模特的脚，取这个的胸脯，取那个的肩膀，再将生命灌注到这个塑造好的人体里去，把描绘变成事实。"[17]85

为了摆脱现实的平淡无奇，巴尔扎克就依靠想象去制造新颖，对生活真实予以艺术上的提升。"他本人所赢得的是艺术中的真实。这一步，一向很难。在文学与风俗中个性正在消失的今日，就更为困难。要达到这一步，必须新颖。德·巴尔扎克先生在这个文学讲理论多、讲作品少的时刻捡拾起一切文学所蔑视的东西，得以成功地做到新颖。……为了达到新奇，让别人为他们找些激情的材料，然后按照他们自己的诗兴把这些材料加以安排和发挥。他们要避免人所共知的东西，却撞到了不可能这堵墙上。"[16]312-13问题的关键在于，作家没办法回避人所共知的一些东西，但必须要向读者呈现人所不知的东西，否则作品便不会具有什么价值。同时，要破陈出新，作家还必须拥有挑战传统的勇气。巴尔扎克"描绘情感、激情、利害、盘算，时时刻刻与制度、法律和风俗作战"[16]314。巴尔扎克一直在坚持战斗。"德·巴尔扎克与一切属于山头、惯例、体系的东西完全格格不入，他将最朴素、最绝对的真实引入艺术之中。他是敏锐而深刻的观察家，他不断窥视着自然。然后，待他出其不意将自然捕捉住，则怀着无比的小心谨慎研究它，观察它怎样生活，怎样运动。他密切注视流体与思想的作用；将自然一个纤维、一个纤维地加以分解，只有他参透了其有机生命及精神生活最不为人觉察的秘密之后，才开始将其重新组合起来。他借助于能使躯体充满生命活力的火热的直流电作用和神奇的喷射重新组成自然，呈现在我们眼前的自然充满新的生机，使我们惊异，也使我们着迷。这门学问并不排除想象。所以，不但细致的揣摩不可缺少，而且想象要发挥最大的力量……在我们刚才分析过的他的作品中，没有任何心血来潮，没有任何夸张，没有任何谎言。他的肖像惟妙惟肖。即使你还不曾见到其原型，你也一定会遇到这样的人物。"[16]314无法否认的是，巴尔扎克的作品中确实存在着夸张的成分。

艾珉论述了巴尔扎克通过想象对生活予以艺术提升的过程。巴尔扎克"坚定地认为艺术的真实不等于生活的真实。"[34]62巴尔扎克会对现实世界进行集中处理："他形象地将艺术家的灵魂喻为'一面无以名之的集中一切事物的镜子'，整个宇宙就'按照他的想象反映在镜中'。"[34]63经过艺术家的加工，生活在广度和深度上都获得了加强："在巴尔扎克看来，令人眼花缭乱的大量生活素材，必须经过作家思想的炼丹炉熔炼、铸造，然后以更集中、更鲜明、更带普遍性，同时也更深刻、更强烈的形象重新显现出来。这重新熔炼和铸造的过程，便是典型化的过程。"[34]64观察和想象，二者缺一不可："作家在创作过程中，既需要对生活的深入观察，也需要虚构和想象。观察给他的冶炼工作提供素材，虚构和想象是冶炼中必不可少的添加剂。"[34]64巴尔扎克"拥有最热烈、最丰富的想象。事实上想象力是巴尔扎克最强的天赋之一。他……常常把虚构的世界与现实世界相混淆。他不时兴致勃勃地向朋友们报告这些虚构人物的消息，仿佛这些人真的生活在他们中间。巴尔扎克笔下的人物之所以比现实中的人物更生动、更逼真、更令人信服，在很大程度上应归功于作家这种特别强健的想象力。"[34]65但是巴尔扎克的想象力，大多时候并没有脱离现实生活逻辑的土壤："巴尔扎克无论怎样听任想象力展翅飞翔，却从来没有忘记从细节到整体的真实性。也就是说，故事的进展、人物的言行必须符合生活的逻辑、历史的真实，而不能凭空臆造，令人难以置信"[34]65-66。现实生活充满了矛盾，巴尔扎克也是矛盾的一体："巴尔扎克向来是两个截然不同的人物的矛盾统一体，在他身上既存在一个头脑清晰、思想深邃、能够洞察幽微的观察家，又存在一个激情满怀、想象力无比丰富，有时还难免异想天开的梦幻家。前者使他的作品达到无与伦比的深度；后者使他的作品具有绚丽多彩的面貌和强烈的艺术感染力。这种充满睿智的深刻观察和激情无限的丰富想象的奇妙结合，构成了巴尔扎克现实主义艺术独一无二的魅力。"[34]71对于整部《人间喜剧》，"巴尔扎克拉开舞台的帷幕，让我们看到一个喧腾、动荡的世界。那是他用纸和笔创造的人类世界。这个世界像现实世界一样无所不包。从上流社会到社会底层，从内阁人臣到监狱里的囚犯，各行各业、各社会阶层的人物都带着各自的习俗、风貌登场。……金钱是这部大剧中没有名姓、没有性别的主人公，激情是所有人物和故事的灵魂，资产阶级的得势和贵族社会的衰亡则是贯穿全剧的主旋律。"[34]93巴尔扎克的想象力在《驴皮记》中发挥得比较突出："在《驴皮记》这部小说里，神秘荒诞的成分如此奇妙地加强了人们对现实矛盾的感受，使之比纯粹的真实更加强烈，更加深刻，更加激动人心。与此同时，现实主义的细节描写又不断增添其逼真感和可信度，诱使读者也全身心地投入主人公的生活。"[34]102

与现实世界和现实人物相比，巴尔扎克笔下的世界和人物往往会给人留下更为深刻的印象："从他的青年时代开始，他始终没有脱离过作品，他一直置身其中。经他从各方面一半观察、一半创造出来的这个世界，经他赋予生命的各个阶级，各种身份的这些人物，在他的脑子里，与实际的世界和实际的人物，混在一起，彼此不分，后者不过是略有逊色的翻版罢了。"[30]242

艺术的真实是对生活真实的提炼。李清安说："艺术的真实绝不是天造地设、土生土长的。它必须经过作家的创造，加以虚构，而不可能唾手可得。"[17]87

杨昌龙也论述了巴尔扎克笔下真实与想象的关系："巴尔扎克是应文学真实性的要求去使用历史素材的。"[24]36巴尔扎克使用历史题材，是为表达他的文学意图服务的："这样，他就把历史素材的使用，纳入文学表现的轨道，作为一种表现方法，为作品的真实性服务，……因为文学究竟不同于历史。文学家也究竟不是历史家，……很明显，巴尔扎克心中的'历史'是'为我所用'的借助工具，而不是束缚自己想象的绳索。"[24]36-37之所以用文学的特殊方式去表现历史素材，是因为巴尔扎克认为历史家很枯燥。"巴尔扎克借历史人物、历史故事导演了一出金融资产阶级的新喜剧"[24]37。在《舒昂党人》中，"雅各宾党的领袖丹东，第一执政拿破仑，警察总监富歇等背景人物，都是历史上的真实人物；蓝军将领于洛，高级侦探科朗坦，叛匪爪牙土行者等重要人物，都是半原型半虚构的人物；而男女主人公蒙托朗侯爵和玛丽小姐，则纯属虚构。巴尔扎克把历史真实和艺术虚构熔为一炉，在历史真实的氛围中去刻画虚构人物，自然会增强作品的真实感。"[24]38-39而《舒昂党人》中，受人指责的也就是蒙托朗侯爵和玛丽小姐这两个虚构形象身上的不实之处。

"作家……不是在历史框架上简单地编织故事，挂连人物，而是把历史内容化进场面的构思之中，融入情节的血肉之中，渗透到人物的思想感情和灵魂意识之中，让历史特征之'魂'，依附于情节、人物之'形'，浑然一体、天衣无缝地再现出来，以致使我们把小说情节当作历史故事，把虚构人物当作历史人物，我们仿佛不是在阅读小说，而是在欣赏一部生动形象的活历史。……《家族复仇》不仅有它真实的历史事件、历史人物、历史时间和历史地点所构成的历史背景，而且还把历史的灵魂浇铸到情节、人物和矛盾冲突中去，作家在与历史真实血肉联系的基础上，创造出了他的艺术真实。……巴尔扎克有少数作品只把历史时代纯粹作为背景使用，并未表现作家对历史事件的主观态度，如《红色（红房子）旅馆》中对拿破仑军队的描写那样，但是，在《刽子手》中，他把历史真实和艺术虚构在深层的意义上作（做）了密切联系，并结合主题的需要，对历史事件及历史人物的功过得失，在客观描写的过程中表达了褒贬鲜明的评价。"[24]39-41巴尔扎克的作品追求历史性的色彩，但它们并不就是历史，而是历史的文学性反映。"当巴尔扎克为金钱奋斗失败，开始发奋创作的时候，就立志要用笔完成拿破仑用剑未能完成的历史，说法国社会将成为历史家，而他要当它的秘书，希望他的每部作品都是法国的一页历史。从此，他一直不忘在作品中追求强烈的历史真实感。所以，巴尔扎克一登上文坛，就十分重视历史色彩。这一点就当然地成为他的现实主义真实性的重要因素之一。"[24]83巴尔扎克给人的历史真实感足以以假乱真，而且比真实的历史更生动。在《家族复仇》中，他"把真实的历史背景和虚构的故事情节、人物形象密切地结合在一起,从而大大提高了艺术描写的真实性。……他把它们结合得那样天衣无缝,浑然一体,以致使我们把作家编织的情节当成真实的历史故事,把虚构的人物当作实有的历史人物。"[24]84 经过提炼的历史,往往是现实的浓缩反映。"这个(赛尔万)画室像一面镜子,把政坛上的党派斗争,既准确鲜明、又自然真实地反映出来。它不正是当时复辟时期法国社会的绝妙缩影吗?"在《家族复仇》中,巴尔扎克巧妙地结合了历史与虚构:"《家族复仇》,……它的中心人物,核心情节是虚构的,而次要人物,背景材料却是真实的。"[21]85

雪莱说诗人可以被称为第二上帝,因为他能创造,巴尔扎克同样具有非凡的创造力,支撑他创造奇迹的基础就是非凡的想象力,他创造了一个与现实世界平行的想象世界。1843年年初,巴尔扎克"满怀创作的幸福,就像陶醉于制作某一'物件',而几分钟以前一无所有。只是通过他脑子的思考,臆想的世界跃然纸面,它可以与真实的世界媲美。在这寂静欢欣的时刻,他是一位创造万物的神灵,他沉湎于创造的快乐,将其作品的未来命运置之度外。他提笔疾书,思想也在翱翔。很快地,冥思苦想的文字在纸面上涌现,生动的人物形象起舞了。就这样花费两三个晚上时间,十分感人的《奥诺里(丽)纳》的人物就诞生了。"[32]295

现实稍纵即逝,文学却具有持久的生命力。达文在《十九世纪风俗研究》导言中说:"透过此处彼处相互交叉、表面上看上去十分零乱的所有这些地基,睿智的目光会象(像)我们一样能够辨认出巴尔扎克先生正在为我们准备的人与社会的庞大历史。最近,他又迈出了一大步。公众看到数个从前创造出来的人物在《高老头》中重新出现时,便明白作者有一个最大胆的意图,那就是将生命与活动赋予整整一个虚构的世界,待到其绝大多数模特儿已经死去而且被人遗忘时,这个虚构世界中的人物说不定仍然活着。"[16]297-98

物极必反,王路这样提到想象在现实生活中对巴尔扎克毁灭性的影响:"困顿中的天才总是在幻想;幻想,成就了他伟大的文学事业,也造成了他人生的痛苦和不幸。成年后,巴尔扎克的每一次巨大磨难都与他不可遏制的想像(象)有关,不论是政治上的,还是经济上、爱情上的。只要让他捡到一个线头,想像的翅膀便会立即载着他去寻找线团,但这种寻找的结果都是雪上加霜的债务和贫穷。"[35]153 据阿尔贝说,在雅尔迪,巴尔扎克要"种植一万平方英尺的菠萝。……这些菠萝预计以每个5法郎的价格出售,……一个收获季就能赚50万法郎。这笔钱里,扣除10万法郎种植、温室和燃煤的费用,还有40万法郎的纯利，这对于一个幸福的业主来说是一笔可观的收入。"[32]67当然，这项计划一直没有付诸实施，只是停留在想象的层面而已。巴尔扎克一直渴望能有无数的金钱来支撑他的文学大厦的基建工作，当然这是不可能实现的。"如今，还不能使最严肃认真的文学大工程摆脱金钱羁绊，对艺术来说这是很不幸的事。这金钱问题正在扼杀图书业并妨碍它与新生文学的关系。资本要求现成的作品，就象（像）那位英国大使想买得爱情一样。"[16]308巴尔扎克一直靠小说谋生，但他一直也没有放弃要靠戏剧发财的想法。达文说："如果德·巴尔扎克先生不是全力以赴干其他事的话，他的作品搬上舞台会怎样大放异彩！当然，在戏剧上，他也一定会开辟出一条新路。"[16]312巴尔扎克戏剧上的成功主要是他逝世以后的事了。

总之，整个《人间喜剧》读来都让人历历在目，这就是真实与想象并蓄的风俗史家巴尔扎克给我们奉献的文学财富。

参考文献：

[1]巴尔扎克. 《私人生活场景》初版序言[A]//《人间喜剧》第24卷[M]. 袁树仁，译. 北京：人民文学出版社，1997.

[2]巴尔扎克. 《人间喜剧》前言[A]//《人间喜剧》第1卷[M]. 丁世忠，译. 北京：人民文学出版社，1997.

[3]苏成全编选. 巴尔扎克研究专题资料[M]. 西安：陕西师范大学学报编辑室，1980.

[4]巴尔扎克. 夏倍上校[M]//《人间喜剧》第5卷. 傅雷，译. 北京：人民文学出版社，1997.

[5]巴尔扎克. 《古物陈列室》《冈巴拉》初版序言[A]//《人间喜剧》第24卷[M]. 袁树仁，译. 北京：人民文学出版社，1997.

[6]李健吾. 《欧也妮·葛朗台 高老头》译本序[A]//巴尔扎克. 欧也妮·葛朗台 高老头[M]. 傅雷，译. 北京：人民文学出版社，1980.

[7]巴尔扎克. 梯也尔先生的部，基佐先生的议院和反对党[A]//《巴尔扎克全集》第29卷[M]. 陆秉慧、刘方，译. 北京：人民文学出版社，1998.

[8]巴尔扎克. 不自知的喜剧演员[M]//《人间喜剧》第15卷. 何友齐，译. 北京：人民文学出版社，1997.

[9]巴尔扎克. 烟花女荣辱记[M]//《人间喜剧》第12卷. 袁树仁，译. 北京：人民文学出版社，1997.

[10]泰纳.巴尔扎克论[A]//苏成全编选.巴尔扎克研究专题资料[M].鲍文蔚，译.西安：陕西师范大学学报编辑室，1980.

[11]巴尔扎克.《烟花女荣辱记》初版序言[A]//《人间喜剧》第24卷[M].袁树仁，译.北京：人民文学出版社，1997.

[12]费利克斯·达文.《哲理研究》导言[A]//《人间喜剧》第24卷[M].袁树仁，译.北京：人民文学出版社，1997.

[13]巴尔扎克.《Ecce Homo》前言[A]//《人间喜剧》第24卷[M].袁树仁，译.北京：人民文学出版社，1997.

[14]出版人.《一个外省人在巴黎》出版者前言[A]//《人间喜剧》第24卷[M].袁树仁，译.北京：人民文学出版社，1997.

[15]巴尔扎克.小市民[M]//《人间喜剧》第15卷，何友齐，译.北京：人民文学出版社，1997.

[16]费利克斯·达文.《十九世纪风俗研究》导言[A]//《人间喜剧》第24卷[M].袁树仁，译.北京：人民文学出版社，1997.

[17]李清安.巴尔扎克[M].北京：北京师范大学出版社，1983.

[18]黄晋凯.巴尔扎克长短录[M].桂林：漓江出版社，2018.

[19]巴尔扎克.《舒昂党人》初版导言[A]//《人间喜剧》第24卷[M].袁树仁，译.北京：人民文学出版社，1997.

[20]《人间喜剧》出版前言[A]//《人间喜剧》第1卷[M].北京：人民文学出版社，1997.

[21]巴尔扎克.《欧也妮·葛朗台》初版跋[A]//《人间喜剧》第24卷[M].袁树仁，译.北京：人民文学出版社，1997.

[22]柳鸣九.论巴尔扎克和他的《人间喜剧》[A]//法兰西文学大师十论[M].上海：复旦大学出版社，2004.

[23]巴尔扎克.德·拉尚特里夫人[M]//《人间喜剧》第15卷.何友齐，译.北京：人民文学出版社，1997.

[24]杨昌龙.巴尔扎克创作论[M].西安：陕西人民出版社，1991.

[25]菲拉莱特·夏斯勒.《哲理小说故事集》导言[A]//《人间喜剧》第24卷[M].袁树仁，译.北京：人民文学出版社，1997.

[26]巴尔扎克.《金眼女郎》第一版出版说明[A]//《人间喜剧》第24卷[M].袁树仁，译.北京：人民文学出版社，1997.

[27]艾珉、袁树仁.《大名鼎鼎的戈迪萨尔》题解[A]//《人间喜剧》第8卷[M].

北京：人民文学出版社，1997.

[28]巴尔扎克.《神秘之书》序言[A]//《人间喜剧》第24卷[M]. 袁树仁，译. 北京：人民文学出版社，1997.

[29]巴尔扎. 初入教门[M]//《人间喜剧》第15卷. 何友齐，译. 北京：人民文学出版社，1997.

[30]圣・佩韦. 评巴尔扎克[A]//苏成全编选. 巴尔扎克研究专题资料[M]. 西安：陕西师范大学学报编辑室，1980.

[31]特罗亚. 巴尔扎克传[M]. 胡尧步，译. 北京：商务印书馆，2013.

[32]阿尔贝・凯姆，路易・吕梅. 巴尔扎克传[M]. 高岩，译. 南昌：江西教育出版社，2014.

[33]丽列叶娃. 巴尔扎克年谱[M]. 王梁之，译. 北京：作家出版社，1962.

[34]艾珉. 巴尔扎克传[M]. 北京：华文出版社，2017.

[35]王路. 巴尔扎克传——未完成的雕像[M]. 石家庄：河北人民出版社，1999.

第二章　自传性成分

　　巴尔扎克在《驴皮记》《路易·朗贝尔》《幽谷百合》《高老头》《幻灭》《塞拉菲塔》和《公务员》等一系列作品中都加入了自传性的成分。这些成分，或者诉说自己童年的不幸，或者叙述自己爱情的幸福与失意，或者纯粹就是对自身的多方赞美与夸耀，或者是对亲人和朋友的回忆，读者阅读时应该理性地辨别出哪些内容是事实，哪些属于想象性的夸张。这些自传性形象，有的是现实生活中作者形象的实写，有的则表达理想，而现实与理想之间又形成了悖谬。巴尔扎克在作品中透露了自己几乎所有的方面，正面的或者负面的。王路说："在他一部部巨著的字里行间，奔腾着的更多的是痛苦。巴尔扎克没有给自己作传，或许还没有来得及，但他的生活都结晶在了作品之中。我们靠了他的作品，可以接近那颗不安定的灵魂。巴尔扎克将自己心中的一切都毫无保留地倾诉给了那间斗室，那张书桌"[1]106。

一、《驴皮记》

　　《驴皮记》发表于1831年。"小说前面有篇前言，是针对《婚姻生理学》一书受到批评和攻击而写的。作家反对把作者个人同他的作品中的形象等同起来"[2]23。但不管这些自传性形象与现实之间存在着怎样的悖谬，我们还是能从作者的大量作品中寻得作者的很多生活足迹。

　　关于《驴皮记》，艾珉写道："一八三一年八月一日，他的第一部长篇小说《驴皮记》出版，这部带有神秘、荒诞色彩的小说，凝聚了他十年闯荡中的生活感受及其人生哲理，一上市便引起强烈反响，第一版很快脱销，租书店也排起了长队。"[3]36巴尔扎克在这部作品里所呈现的"神秘、荒诞色彩"其实是当时刚刚流行过去的以雨果为代表的浪漫主义因素的反映。"小说别出心裁地用一张驴皮来象征人的欲望和生命的矛盾，并借此概括他的生活经验和哲理思考。"[3]97这种构思不知出自何处，也许是受到了霍夫曼的启发，但其中的巧妙和极强的概括力是显而易见的。"巴尔扎克写作这部作品的年代，正是他经历了十年艰苦奋斗，尝尽了人生的辛酸，深刻地体验了金钱的威力和贫穷的痛苦以后的一八三〇年。他从自己的切身感受中，得出了这样一条痛苦的结论：人类为了谋求生存，尚且需要耗费巨大的精力；若想追求某种大的快乐，满足某种强烈的欲望，则无疑要付出生命的代价。……这是一个痛苦的、挣扎着的灵魂，他不幸身无分文而又不安于贫困。他曾经在治学和思考中耗尽心血，一心想凭才能取得财富和荣誉，然而这种努力几乎保证不了维持生命的最低需要；他继而接受拉斯蒂涅的指引，到上流社会去闯江山，指望娶一个有钱的贵妇，结果受到无情的嘲弄。他日夜受着欲望的煎熬，欲望因得不到满足而变得更加疯狂。他在失去一切希望后走上了自暴自弃的道路，想在纵欲中了此残生。这时瓦朗坦为了一天的快乐，哪怕以生命去换取也在所不惜。所以当古董商告诉他，这张嵌有灵符的驴皮可以满足他的一切愿望，只是每实现一个愿望，驴皮就会缩小一圈，意味着生命也随之缩短时，他毫不犹豫地将驴皮抓过来嚷道：'我就喜欢过非同寻常的生活。'既然他已打算投身塞纳河，怎会惧怕以生命去换取欲望的满足呢！"[3]97-98普通的人生是细水长流，巴尔扎克的人生却是生命的浓缩，就像年轻人的恋情，宁可要轰轰烈烈，否则更愿意被毁灭，瓦朗坦的人生观就是巴尔扎克这种欲望的概括。"瓦朗坦的形象，尖锐地指出了人的欲望和生命的矛盾，这个矛盾也许只对那些具有强烈的欲望和个性的灵魂才显得那么尖锐，那么不可调和，而巴尔扎克恰恰属于这种灵魂。为了充分揭示这一矛盾的残酷性，作者还进一步告诫读者，你以生命为代价去争取的幸福和快乐，也许根本就是一种可望而不可即的东西。"[3]99

巴尔扎克选择的就是轰轰烈烈的人生。"至于巴尔扎克自己，显然早已做好了选择。他明知满足欲望需要付出代价，却从来不曾放弃自己的欲望。他像那些纵欲者一样，不能忍受生活的河流缓慢地、死气沉沉地流逝，他要它像激流那样'一泻无遗'地呼啸着向前奔腾。他不知疲倦地在生活中搏斗，像一个疯狂的赌徒似的以生命为赌注。也许是一种命运的巧合，二十年后巴尔扎克的结局竟与瓦朗坦有惊人的类似。他毕生追求光荣和财富，还梦想和一位有头衔、有财产的贵妇结婚，就在他如愿以偿的时候，死神就召见了他。但巴尔扎克又和瓦朗坦有很大的不同，瓦朗坦慑于死亡的威胁，几乎不敢运用驴皮赋予他的权力，……巴尔扎克却是充分运用了生命赋予他的权力的，他的一生在高度浓缩的状态下度过，为了使生命之火增强光度，不惜加速它的燃烧。他在短短二十年间，完成了《人间喜剧》这一人间奇迹，尽管为此付出了生命的代价，却真正实践了他自己那句名言：'我们在多大程度上恪守对自己许下的诺

言，就在多大程度上掌握了自己的命运。'"[3]100-01

作品中的驴皮具有广泛的象征意义。20世纪产生了象征主义和后象征主义，其实文学上象征手法的运用很早就已经存在了。"驴皮是社会生活的象征，是人类生命历程的缩影，甚至是某种不依人的意志为转移的运动规律的体现。所以，尽管小说中有这么一张神奇古怪的驴皮，但小说所反映的矛盾，所提出的问题，却是十分现实的。"[3]101-02作品中很多细节都异常真实，因为这是巴尔扎克自己经历的实写。"他描写瓦朗坦在阁楼上度过的清苦岁月，他那被欲望燃烧的痛苦灵魂，还有一个身无分文的艺术家想要在上流社会的沙龙里维持体面而不得不作的种种琐细而巨大的努力……这一切作者本人都有过切身的体验，自然写得丝丝入扣。"[3]102

一般情况下，一个作者一生的基本思想在他的较早的作品中都能寻得踪迹。"《驴皮记》一书，充分反映了巴尔扎克的人生观和价值观，更反映了他对当代种种社会现象的总体分析，书中关于欲和能的思想，几乎贯穿了《人间喜剧》的所有作品。"[3]102"欲"就是人的多方欲望，"能"就是实现欲望的能力和据此所拥有的手段。

《驴皮记》第93-127、158、168、186、199页都是关于"欲"的描绘。据特罗亚记载，巴尔扎克在给不知名的女子的信中写道，在《驴皮记》中，他"尝试将天才人物经历的、在成为某种人物前的那种残酷生活搬到作品里面"[4]110。"残酷"就在于各种欲望的无法实现。"这本小说的主人公名叫拉斐尔（拉法埃尔）·德·瓦伦丁（瓦朗坦），是巴尔扎克的翻版。他穷极潦倒，几乎要自杀"[4]110。巴尔扎克"喜欢放荡、时髦、奢华和形形色色的风流趣事。……在这本跌宕起伏、富有哲理的小说中，面对死亡的困扰，对寻欢作乐，寻花问柳的爱好，追求钱财，欲壑难填，诸如此类的萦绕在作者脑海中的灵与肉的永恒冲突表现得淋漓尽致。"[4]111这是困扰了巴尔扎克一生的冲突。

瓦朗坦藏在馥多拉房间的事是巴尔扎克藏在奥兰普·佩利西埃房间里的实录。佩利西埃先是欧仁·苏的情人，后来成了罗西尼的妻子。"巴尔扎克在小说《驴皮记》中描绘了他在莱底（迪）居（吉）耶尔街居住的那个时期的生活。'我住在莱底居耶尔街上的一间顶楼里，过着我在《驴皮记》中所描写的那种生活。'（1846年1月2日给韩斯卡夫人的信）"[2]17这是巴尔扎克对自传性成分的坦言。"在拉法埃尔这个人物身上，有许多方面是巴尔扎克的自身写照。作者与他小说里的主人公一样，渴望荣华富贵，美女成群。巴尔扎克知道，他有自己的万灵法宝，这就是他的天才，他也明白自己在过度地消耗生命，下场也绝不美妙。"[5]124在《驴皮记》中，拉斯蒂涅"告诉拉法埃尔，成功的秘诀不在于苦干，而在于善用计谋、惟利是图和挥金如土。"[5]123而现实中的巴尔扎克，既在苦干中体现了超常的毅力，又能挥金如土。"《驴皮记》的主人公拉法埃尔说：'我感到自己有某种思想要表达，有某种体系要建立，有某种学说要阐释。'这便是他自己创作《人间喜剧》时的心情。"[6]105巴尔扎克是要系统地反映自己所身处其中的这个世界。他身上"藏着一面无以名之的集中一切事物的镜子，整个宇宙就按照他的想象反映在镜中。"[7]213巴尔扎克这种欲望最终实现了，"凡是社会生活中存在的，都在巴尔扎克艺术的'镜子'里不同程度地得到了反映。"[6]109《人间喜剧》已经构成了一个庞大的文学体系，虽然"巴尔扎克并不是一个具有完整哲学体系的思想家或哲学家，他的哲理思考总是在他的艺术世界里进行，通过他的艺术世界来表达的。"[6]111巴尔扎克按照自己的欲望塑造了瓦朗坦的形象，之后，瓦朗坦便如影随形，为巴尔扎克的一生提供参照。"他热爱生活，充满欲望，拥抱一切，……正是为实现自己的种种欲望而展开的不懈拼搏，耗尽了他的生命力。在瓦朗坦的身上，以及在《路易·朗贝尔》中的朗贝尔身上，我们不仅可以看到作家某些身世的片断，更可以看到他对人生价值的深层思考，他在精神探索中自我意识的投影。"[6]99

二、《路易·朗贝尔》

在《路易·朗贝尔》（1832）中，巴尔扎克描写了在旺多姆中学求学年代的经历。"朗贝尔身上有着更多作家的影子，特别是旺多姆学校的生活，常被看作是巴尔扎克的传记材料；早熟的天才，嗜书如命的习惯，博闻强记的特点，抑郁寡和的孤独等，也常被视为作家的自画像。"[6]100-01

朗贝尔的形象是巴尔扎克自身形象稍加变形的翻版。"这本书描写一个年轻的天才，也就是旺多姆时期和阁楼时期的巴尔扎克。所不同的是，小说中的主人公路易·朗贝尔在童年时代就已经阅读了巴尔扎克在15-25岁期间读的书，已经具有了作者自己在1832年时才具有的思想。不过基本的框架没有大的变化，因此只要认真读一读《路易·朗贝尔》，就可以了解巴尔扎克的成长过程。"[5]169

除了《塞拉菲塔》，《路易·朗贝尔》就是巴尔扎克表露了很多神秘主义因素的作品。"巴尔扎克在这个人物身上填入了他从哲学家、神学家、神秘主义者、占星家那里学到的全部东西，以及他对宇宙、社会、人和自然、物质和精神等等的全部思考。事实上，路易·朗贝尔的思想体系就是巴尔扎克的思想体系；路易·朗贝尔的天才就是巴尔扎克的天才。"[3]38少年时期是人最好奇的时期，为了了解世界，巴尔扎克和朗贝尔都如饥似渴地在广泛阅读。"从他的自传性小说《路易·朗贝尔》中可以看出，他自少年时代就开始醉心于探讨宇宙和人的奥秘，特别对人类的思维和精神力量有着强烈的好奇心。他思考宇宙从何而来？思维由何而生？世界是被创造的还是自然生成的？人的躯壳和意识是什么关系？精神能独立于物质世界存在吗？他如饥似渴地阅读各类哲学著作，唯物论和斯威登堡的通灵论对他具有同样强烈的吸引力。按照巴尔扎克的描述，少年朗贝尔（或者他自己）'最初是通灵论者，但却身不由己地被引向承认思想的物质性。当他的心灵还以充满爱恋的心情注视斯威登堡天地中的云雾时，他就已经被事实的分析所击败了'。"[3]72-73巴尔扎克在旺多姆时期写作过《意志论》，这是他一生探讨的课题。"他一直想写一部有关意志力的专著《意志论》，这部书先是由《路易·朗贝尔》中的少年朗贝尔开始撰写，可惜原稿被老师没收并销毁；后来同《驴皮记》的主人公拉法埃尔完成了这部杰作。然而就巴尔扎克本人而言，这部作品始终只是一个计划。可见少年朗贝尔写作此书时遇到的难题，巴尔扎克自己也未能圆满解决"[3]75-76。巴尔扎克对当时流行的各种神秘主义学说都特别感兴趣。"他对占星术、催眠术、骨相学、面相学之类同样兴趣盎然。与其说这是一种迷信，不如说他是对物质与精神之间的联系有着太多的想象力。"[3]76巴尔扎克认识到外在世界的客观性，于是主张要对这一客观存在予以尊重。"既然他相信物质世界是外在于主观世界的客观存在，且不断按自身的规律运转，那么人们对外在世界的认识只能来源于直接的观察和感受，由此才有了他的'镜子'之说，由此他才会提出作家在写书之前应'踏遍全球，体验过各种激情，接触过各种风尚……'……巴尔扎克相信万物处在变化发展之中，万物相互联系，相互转化，相信人性的演变'受社会环境和生存条件的制约'。"[3]77巴尔扎克通过直觉得出的这种结论是正确的。"他观察某个现象，必然联想到与此相关的种种现象；他刻画一个人物，必定首先注意这个人的生存环境，同时回顾他的过去，预测他的未来……巴尔扎克之所以善于捕捉典型环境中的典型性格，正是得益于这种思想。"[3]78正是这种普遍联系的观点，最终促成了《人间喜剧》庞大体系的形成。

《路易·朗贝尔》虽然不具有很高的可读性，却是巴尔扎克自传性作品中最重要的一部，里面几乎包含了巴尔扎克所有的哲学思考。"《路易·朗贝尔》一书，带有明显的自传色彩，路易在旺多姆学校的感受，类似作者本人的感受；路易那种嗜书成癖和梦幻者的状态，恰是作者在旺多姆学校时的状态；路易那种早熟的哲学思考，对各门科学和玄学的兴趣，对物质与精神的关系的执着探讨，正是作者本人思想的写照。路易·朗贝尔表现了巴尔扎克那幅员广阔的思维空间，以及习惯于将一切现象联系起来思考的天赋。除了不曾疯狂外，路易·朗贝尔几乎就是巴尔扎克的精神化身。这颗非凡的大脑填满了形形色色的学说、种种扑朔迷离的自然现象和社会现象。他一直在唯物论和通灵论两大思想体系之间寻找交汇点，一直试图把这两种学说统一在同一思想体系之下。也许正因为他陷于种种相互矛盾的观念中无法自拔，苦苦思索却得不出一个完整且有说服力的答案，才让他笔下的路易·朗贝尔走向了疯狂。"[3]206-07

巴尔扎克的妹妹洛尔写道："路易·朗贝尔和他不过是一个人，这是两人合而为一的巴尔扎克。"[4]15

丽列叶娃在《巴尔扎克年谱》中说："在中篇小说《路易·朗培（贝）尔》（1832）和长篇小说《幽谷百合》（1836）中，巴尔扎克描写了在万（旺）多姆中学求学年代。"[2]4

三、《幽谷百合》

《幽谷百合》，就故事的背景来说，是巴尔扎克很富于诗情画意的作品，而故事本身，又浸染了浓烈的哀愁与悲伤。"乡恋、诗意、炽热的情感、微妙的心理，使《幽谷百合》在《人间喜剧》中成为风格独异的一部作品，而其自传色彩，更使它在对作家的研究中占据重要位置。这部小说的'画框'，就是萨舍（榭）周围诗情画意的道路、丘陵、河谷、丛林、磨坊、教堂……人们来到这里，就自然会勾想起从那绿色的背景中悠然飘出的百合花的形象——纯洁而不幸的莫尔索夫人。"[6]231艾珉就此说道："奥诺雷幼时和妹妹洛尔一起寄养在图尔附近的乡村，直到四岁才回到父母身边。都兰地区秀丽的景色和都兰人的乐天性格给他留下了深刻印象，后来便转化成他作品中的若干精彩篇章。"[3]7

王朝复辟前夕，路易十八的侄子昂古莱姆公爵"曾两次到图尔市。第二次是在1814年8月6日，当时在一位显贵帕皮永先生家里组织了大规模的舞会。这次庆祝活动在巴尔扎克《幽谷百合》中有所反映，费利克斯·德·旺代（德）内（奈）斯这位年轻的叙述故事人显然就是15岁的奥诺雷本人的化身。"作为情窦初开的学生，巴尔扎克确实参加了这场舞会。"为了参加这次活动，他妈妈答应给他缝制一件'浅蓝色礼服'，再加上浅口皮鞋、丝袜、镶边衬衫，这副打扮比起风流潇洒的骑士来也不差，给人印象也不像是穷酸相的学生了。"[4]22

在《幽谷百合》中，莫尔索夫人给费利克斯写了一封语重心长的信。特罗亚说："难道人们不会相信这是在巴尔扎克踏入巴黎社会时，德·贝尔尼夫人写的信吗？她是会这样做的。唯一不同的是莫尔索（夫）夫人对费利克斯的爱的央求无动于衷，而德·贝尔尼夫人则委身于他，且毫不后悔。因而，对他的女主人公，巴尔扎克只用了她母爱的一面。而德·贝尔尼夫人有双重的爱，是完整的。她既有莫尔索夫夫人的纯洁的灵魂，又有达德利夫人的肉欲。迪莱塔扑向小说并满怀激情地读它。那些重大事件就像握手、交换眼神似的熟悉，没有比这本小说更使她感动，那些紧张的戏剧情节的节奏，使她本来支撑不住的心灵又活跃了。"[4]206无可否认的是，巴尔扎克创作这部作品时正心猿意马，里面有些诉说年轻人爱上大很多妇人的不如意的段落还是深深地刺伤了贝尔尼夫人，这无疑加重了她的病情，很快，她就与世长辞了。

巴尔扎克一直对英国具有很深的偏见，认为英国女人代表赤裸裸的肉欲，但同时他又控制不住被她们所吸引，特别是其中贵族出身的女性。"巴尔扎克也希望得到出身高贵的女人的尊敬，在她（维斯孔蒂伯爵夫人）这里品尝到带有欲情的友谊的快乐，希望这位小美妞能委身于他，他在这期间仔细观察她，把她的某些性格特点写到《幽谷百合》中的人物阿尔贝尔（阿拉贝拉）·达德利身上。"[4]225 1835年5月，巴尔扎克去维也纳见韩斯卡夫人。"巴尔扎克一行经过斯特拉斯堡和卡尔斯吕赫，在阿尔弗莱德·叔布尔亲王的邀请下，在海登堡附近的文海姆别墅稍事停留。亲王介绍他认识以前的埃伦布鲁格夫人，这是一位非常漂亮、生活放荡的女子，有人说，她曾是费利克斯·施瓦尔辛贝格亲王的情妇，后来是巴伐利亚国王路易一世的宠姬，他又把她嫁给巴伐利亚贵族卡尔·海利伯特·冯·韦宁根。巴尔扎克想起了达德利夫人，即《幽谷百合》（当时正在写作）中的人物阿拉贝尔，在她身上，他觉得有这位夫人的一切优点和缺点。通过这位夫人，他庆幸发现了支配英国女人的性格。"[4]199在巴尔扎克眼中，"支配英国女人的性格"应该就是无所顾忌的放荡，但巴尔扎克对英国抱有偏见的根本原因，却是英国人过于严肃克己，相比之下，法国人的多情浪漫倒是有些淫荡的嫌疑了。如此看来，巴尔扎克笔下的英国女人的形象大多是被抹黑了的存在。

四、《高老头》

在《高老头》（1834）里，一直困扰巴尔扎克的金钱成了他笔下绝对的主人公。黄晋凯说道："在巴尔扎克描绘的这幅图画里，几乎所有的人都在围绕着'金钱轴心'旋转，明争暗夺，百丑献技，他们的命运又都无可避免地受到金钱的拨弄。人人翘首仰望的金钱，给世界撒下的究竟是福还是祸？给人类带来的究竟是悲还是喜？"[6]72可以肯定地说，"喜"即快乐和幸福，是短暂的；"悲"是悲伤和惨剧，却是人类一直在加剧上演的剧目。

《高老头》在《人间喜剧》中往往被称为"序幕"。"《高老头》被某些评论家看作'巴尔扎克式的小说'的正式开端"[6]242。1803年4月"巴尔扎克被送进杜尔（即图尔）的列盖公寓寄宿，他在那里待到1807年。"[2]2列盖公寓也许就是《高老头》中伏盖公寓的原型，而"伏盖"，在现实生活中确有其名。据李胜凯《巴尔扎克传》中所说："巴尔扎克夫人作出决定，把洛尔和洛朗丝送进伏盖寄宿学校"[5]10。

巴尔扎克在《高老头》中拉斯蒂涅身上写入了很多自传性成分。李胜凯说道："拉斯蒂涅这个人物身上有作者的部分影子，当然拉斯蒂涅的野心同巴尔扎克的野心有所不同。不过拉斯蒂涅像巴尔扎克一样有两个妹妹，大妹洛尔对哥哥倾囊相助；拉斯蒂涅在拉雪兹公墓的高地上所发的豪言壮语，巴尔扎克在十几年前也曾经高喊过。拉斯蒂涅心地纯洁又野心勃勃的双重性格，不能不说是年轻时的巴尔扎克的写照。"[5]189对此，艾珉说道："外省来的大学生榨干母亲、妹妹的私蓄，为的是置办一套时髦行头到上流社会去闯出路……"[3]105年轻人在都市中很容易从好变坏，良心一点点被淡忘，越来越显得冷血和对一切事务无动于衷，除了狂热地追逐名与利的虚荣。"年轻人当时涉世不深，良心尚未泯灭，看见巴黎社会骇人听闻的罪恶，难免感到恐怖和恶心，第一次从母亲和妹子那里搜刮积蓄时，还有点儿心惊肉跳、神魂不定。随着他一步步深入到社会的脏腑，日益认清了社会的真相，他的是非善恶之心便渐渐淡薄，自私的欲望则愈来愈强烈了，最后终于抱定不择手段向上爬的决心，投入了巴黎社会的残酷格斗。"[3]106-07拉斯蒂涅是巴尔扎克在《人间喜剧》多部作品里集中运用人物再现法的形象。"从善良走向邪恶，从正直走向无耻，是拉斯蒂涅在整部'喜剧'中的变化经历，在《高老头》里，他迈出了关键的第一步。"[6]78在《高老头》中，"有一个可怕的伏脱冷，他可能名叫法（费）拉居斯或维多克。……拉斯蒂涅有孩子般的纯洁，又有极大的野心。巴尔扎克描写这个人物时，描绘的是他（巴尔扎克）最初的感情经历和社交生活。此外，这个人物也像作者那样，有两个姐（妹）妹，大妹妹正好取名洛尔。……拉斯蒂涅目击了高老头魂归西天，参加了他的葬礼。在成为冷酷心肠牺牲品的老爹坟头上沉思，就像当年年轻的巴尔扎克在拉希（雪）兹神甫公墓高地一样大声疾呼："现在咱们俩来拼一拼吧！'"[4]189-90拉斯蒂涅转变的原因是鲍赛昂子爵夫人、伏脱冷和高里奥老爹分别给他上了生动的三堂课。"通过这个'超凡入圣的贵族'（鲍赛昂子爵夫人）由天上猛跌地下的悲剧，人们仿佛听到了作家对人心不古的社会风尚的愤怒控诉。"[6]42伏脱冷教导拉斯蒂涅为了获得金钱和地位，可以不惜杀人越货。而最关键的就是高老头所上的最后一堂课，这也是整部作品的主线，自此，金钱成了拉斯蒂涅生命追逐的绝对轴心。"高老头的由病而死，是拉斯蒂涅彻底转化的关键一课。他自始至终是这幕惨剧的目击者和参与者。"[6]79

高老头这个人物的原型是马雷（斯特）。"为了塑造高老头这个前面粉商的形象，他（巴尔扎克）亲自访问了面粉批发商马雷斯特。对那个令人难忘的伏盖公寓他了如指掌：这不是一般意义上的公寓，而是'男女均收，兼包客饭'的公寓。'伏盖'这个词来自图尔。"[4]189巴尔扎克往往会把生活积淀反映在作品中。"巴尔扎克习惯靠自己的回忆来使他书中的人物形象生动有力。高里奥过去是卖面条的，其形象很多是取材于巴尔扎克的卡西尼街的老板、面粉商马雷。……拉斯蒂涅是奥诺雷刚踏入社会时的翻版，书中的女子都具有作者在生活中碰到过的那些女人的特点。"[4]190高老头的悲剧其实就是金钱制造的悲剧。"悲剧早在酝酿，只怪痴情的父亲醒悟得太晚。"[6]77巴尔扎克笔下的一些男男女女具有相通一致的特征。"巴尔扎克的深刻之处还在于，他并不是把两个女儿写成天下绝无仅有的恶妇，她们为了情人、为了虚荣搜刮父亲，和刚开始学步的拉斯蒂涅搜括母亲和妹妹，本质上没有什么两样。"[3]113就像巴尔扎克自己所做的那样。

金钱的主题在巴尔扎克接下来的作品中获得了进一步的延伸。"'序幕'（《高老头》）之后，紧接而来的一幕幕惨剧、悲剧或丑剧，从各个不同的侧面落笔，把金钱王国里人与人之间'现金交易'的关系揭露得淋漓尽致。"[6]80金钱扭曲了原本正常的家庭和婚恋关系。"在巴尔扎克笔下，几乎没有诗意的恋爱，幸福的婚姻，欢乐的家庭。金钱扭曲了灵魂，毒化了情感，把一切正常的事物都弄得面目全非，以至无法辨认。"[6]80-81参与金钱追逐的不只是新兴的资产阶级，还有"识时务"的贵族阶层。"资产阶级或是资产阶级化的贵族们围绕财产展开的一场场生死搏斗，已经使人无法再看清'家庭'这个概念的本来面目了。"[6]83就是从《高老头》这部作品开始，读者可以得出结论，"巴尔扎克艺术里金钱是真正的主角、真正的上帝。"[6]95对金钱的认识如此地深入骨髓，与巴尔扎克长年的与金钱的鏖战密切相关。"巴尔扎克之所以能写出'金钱的史诗'，是与他长期和金钱苦苦搏斗的经历紧密相关"[6]96。

五、《幻灭》

与《路易·朗贝尔》的抽象相比，《幻灭》（1837—1843）具有更多的文学色彩，其中的自传成分更是囊括了巴尔扎克青年时代的经历。李胜凯说道："坎坷的人生磨砺了他的才华，《幻灭》是他本人最好的写照。在这部书中，他倾诉了自己的苦恼和悲哀。书的主题是外省风俗同巴黎风俗的比较。"[5]234

《幻灭》里面的内容与巴尔扎克经办过印刷厂有关，也与他熟悉的地域风俗相关。"巴尔扎克所熟悉的社会生活和地方特色给《幻灭》提供了坚实的基础。正是由于自己有过惨痛的商业经历，他才能深刻认识印刷厂及其经营中的种种问题。正是由于他对昂古莱姆的访问，敏锐的直觉使他看出当地独特的风俗。作家头脑里贮存的记忆与形象以及他对社会生活的感受，来自他生活的各个时期，来自他熟悉的各个地方。因而，一旦需要，它们便从笔端喷涌而出，丝毫没有滞碍。"[5]235

巴尔扎克把自己的人生经历分散到《幻灭》中的几个人物身上，而且代表了一代人的命运。"《幻灭》三部曲是巴尔扎克的重要代表作。这组小说几乎集中了作者本人最主要的生活经历和最深刻的思想感受。书中几个主要人物的遭遇，巴尔扎克大部分都经历过；他们的激情、幻想和苦难，他几乎全都体验过。他在大卫·赛夏的故事里，融入了自己办印刷所、铸字厂、研究造纸技术和受债务逼迫的惨痛经验；在吕西安的遭遇里，叙述了自己在文坛、新闻界亲身感受到的一切。然而他又不仅是写他自己，他写的是一代青年普遍的精神状态和共同的悲剧命运。不过，巴尔扎克其人与悲观主义无缘，所以他描写了以德·阿泰兹为首的一群胸怀大志，自强不息的青年，德·阿泰兹就是理想中的他自己。他让德·阿泰兹阐发自己从生活和创作中总结出的各种信念和主张，同时让卢斯托和伏脱冷充当他剖析社会的代言人。"[3]152-53在《幻灭》第二部《一个大人物在巴黎》中，"巴尔扎克的整个青年时代都在不言中地描写进这部令人赞叹的作品中：他那疯狂地往上爬的野心，幻想残酷的破灭，整天忙忙碌碌的新闻记者们卑劣的竞争，勾心斗角的坏主意，富人们的傲慢自大和利欲熏心。……巴尔扎克的整个生活就是在悲伤与嘲弄、贫困的生活条件与内心冲动的交替中度过的。推动他写书的动力总是爱情、金钱、雄心壮志和对绝对的探求。"[4]261

在《幻灭》中，巴尔扎克不只在写自己，还写到了一些身边的人物。"在一定程度上，作品是折射巴尔扎克人生经历的一面镜子，表现出他创业阶段的艰辛。……吕西安奢华的生活（镶宝石的手杖、钻石的纽扣、美酒佳肴等）使人联想起奥诺雷在1835年时也因同样原因陷入灾难。……在这部小说中，有勒普瓦特万、雷松、桑多的影子。巴尔扎克描绘吕邦泼雷的书商时，脑海中一定会浮现出拉沃卡、威尔代等人的音容笑貌。在塑造主人公吕邦泼雷时，他选取了桑多的形象。他作品中的每一个人物都有活生生的原型。"[5]278

在《幻灭》中，巴尔扎克的自传形象吕西安是《高老头》中拉斯蒂涅形象的继续。"吕西安把母亲、妹妹、妹夫搜刮一空才弄来的两千法郎，在外省人眼里自然是一笔巨款，以为起码可以支撑一两年，哪知刚来巴黎一星期，袋里就只剩下三百六十法郎了。诗人在人海茫茫的巴黎举目无亲，只好靠手上的一支笔闯天下。可是他呕心沥血写出的作品根本没人要，出版商连包都没拆就给他退回来了。吕西安在外省时，只恨那帮心胸狭窄的外省贵族不懂诗歌，以为巴黎会对他的天才展开双臂欢迎。到了巴黎才知道，书商唯恐出版新作家的作品会亏本，文坛生怕多一个同行参加竞争。过去他看得多么神圣的诗歌，在出版商眼里只是一宗赚钱或亏本的买卖。"[3]148巴尔扎克混迹新闻界时，因淡忘了是非界线曾一度小有成功，他在吕西安身上复活了这段记忆。"吕西安既滚进新闻界的泥淖，就很难不同流合污。于是他不知不觉成了批评界的一根棍子，几篇批评文章写下来，一阵阵喝彩声冲昏了他的头脑，出版商上门讨好更使他飘飘然，他尝到了权势的滋味，哪里还想清清白白做人，恶言秽行见得太多，渐渐就不以为怪了。"[3]150时过境迁之后，巴尔扎克才认识到自己当初投靠保王党是被利用了，实际上是身涉险境。"受过他攻击的贵族只是为了断送他才拉拢他。他们用改变姓氏做钓饵，把他的野心燃得旺旺的，意志消磨得软软的，只等他倒向保王党，失去自由党支持时，就把他一棍子打死。……一个有才能也有抱负的青年，一步步被巴黎社会改造成无耻的文痞，卷进了党派间的恶斗……"[3]150

卢斯托的形象在《外省的诗神》里面已经包含了巴尔扎克的部分经历，

在《幻灭》中与吕西安一起继续表露巴尔扎克的生活印迹。"卢斯托把吕邦泼雷引荐给书商，犹如当年拉图什将巴尔扎克领入文学界的大门。吕邦泼雷的徬（彷）徨，他在小团体和新闻界之间的摇摆，反映出当初作者本人的摇摆。"[5]279

大卫·赛夏身上具有浓烈的巴尔扎克气息，同时，在《幻灭》中，巴尔扎克难能可贵地塑造了自己心目中的理想典型。李清安说："人们可以在《人间喜剧》的很多篇章中，寻到作者自己的身影，但与巴尔扎克最多相似之处的，是《幻灭》中的大卫·赛夏。他的长相，他的性格，他的气质，他的思想，甚至他所从事的职业，直到他的遭遇，所有这些，就象（像）是巴尔扎克的一个活生生的影子。而'发明家的苦难'，或曰'天才的不幸'，正是巴尔扎克痛有所感，并在大量作品中多次抒写的感受。而巴尔扎克寄托了理想和希望的人物；'全法兰西最高尚的人'——米歇尔·克利斯基（蒂）安和达尼埃·大丹士，则形象地表述了巴尔扎克的社会理想和道德规范，是《人间喜剧》中最高大的典型，作者通过他们揭示了自己矛盾重重的世界观中最进步、最光明的一隅。"[8]60

在《幻灭》中，巴尔扎克也表露了作品与自身、与生活的关系。"巴尔扎克坚定不移地认为艺术'源于生活'，艺术即'现实的集中表现'。他相信'所有动人心弦的故事都是自传性的研究成果，或是叙述真正发生过的重大事件'"[3]62。巴尔扎克矛盾的思想也在作品中获得了反映。"在他的作品中，无数的真知灼见和奇谈怪论沓然并存，精辟的分析和怪诞的推理相互映衬。他相信世界的物质性，却又深受神秘主义唯灵论的吸引；他本质上是个无神论者，却热心地宣传宗教；他充分肯定资本主义生产方式和竞争机制对社会繁荣的促进作用，在政治上却倾向保王党……他的思想体现了现代科学与神学、唯物主义与唯心主义之间的矛盾冲突以及人们试图认识整个客观世界的艰苦努力。"[3]72 1836年，巴尔扎克已决定写《一个外省大人物在巴黎》，"在这本书里，他展现了剧烈的斗争，书中的主人公壮志未酬，穷困潦倒。这就是他自己，……也是经常启示他的性格软弱和变化无常的朱（儒）尔·桑多。巴热（日）东夫人对诗人的感情使人不由得想起德·贝尔尼夫人对巴尔扎克的感情，这也是乔治·桑对朱尔·桑多的感情。大卫·塞夏尔（赛夏）的经历都来自作者从办印刷厂中挫折里得到的。"[4]220

《幻灭》是《人间喜剧》中非常重要的大部头作品，同时也使巴尔扎克得罪了几乎整个新闻界。"《幻灭》无疑是这一阶段继《高老头》之后最重要的成果，但这部作品严厉地批评了新闻界，揭露了报界许多内幕，使报界和他结下了不共戴天之仇，从此他所有的作品都遭到报刊评论的恶意攻讦。"[3]44

六、《塞拉菲塔》

《塞拉菲塔》（1834）中关于维尔弗里的介绍大部分可以看作是巴尔扎克的自画像，巴尔扎克在这部作品里对自己极尽了赞美之能事。这"是个三十六岁的男子。虽然魁梧，体型却还算匀称。身材中等，象（像）差不多所有出类拔萃的人一样；胸脯和双肩很宽，脖子却很短，象某些人那样，心脏和头大概都快连在一起了。黑色的头发又密又细，黄棕色的眼睛闪烁着太阳的光芒，说明他的天性是多么渴望光明。他脸部刚毅而不规则的线条一方面表示他生活中缺乏宁静所带来的平和心境，但另一方面也说明他有使不尽的精力和各种天生的欲望；同样，他的一举一动显露出他身体机能完美，感官灵敏健全。……无论到达什么地方，他的身体都能迅速适应当地的气候。从艺术和科学的角度来看，他也许可以称得上是人类的典型；行动与心灵，智慧与魄力，一切在他身上都显得十分均衡。最初接近他的时候，人们可能会认为他属于那种纯粹出于天性而盲目追求物质享受的人；他很早便进入社会，然而他的感情却与社会格格不入；学习增加了他的智慧，思考磨砺了他的思想，科学扩大了他的知识。他研究过人类的法律以及七情六欲所引起的各种利害冲突。他似乎很早便熟悉了社会所依据的各种理论原则。他曾经埋头阅读记载人类历史的各种书籍，曾经在欧洲各国的首都通宵达旦地寻欢作乐，也有过不少风流韵事；……他了解现在和过去，知道今天的现状和过去的历史。许多人曾经象（像）他一样有强劲的双手、健全的心脏和聪明的头脑；但他们中间大部分人和他一样滥用了这三者的功能。……米娜认为他是荣誉的囚徒，……"[9]618-20

《塞拉菲塔》是巴尔扎克最为玄奥的小说，也是他写起来非常吃力的小说。关于里面的自传性成分，特罗亚说："他得创造两个特殊人物，一个是威（维）尔弗里（德），就是作者的化身，另一个是蜜（米）娜，那就是艾芙琳娜·韩斯卡。……最后，他（塞拉菲蒂斯-塞拉菲塔）升入天国，……威尔弗里德和蜜娜这两位主人公也变成了天使。"[4]169

巴尔扎克在维尔弗里对塞拉菲塔的感情里寄托了自己对韩斯卡夫人的感情：

> 维尔弗里虽然具有人类两种截然相反的基本类型的特征，既是一个有力量的人，又是一个有思想的人，他的极端行为、他的动

荡不安的生活和他的错误仍然能够经常使他走向宗教信仰，……维尔弗里既然充分体验过物质和精神这两种形式的世界，就不可避免地与几乎一切有知识、有能力、有志气的人一样，具有对未知事物的渴望，走得更远的需求。……他曾经象（像）犯了弥天大罪的人企图遁入空门那样，迫不得已地离开社会生活。……维尔弗里把世界看作空门。可是走遍天涯也找不到能治疗自己伤痛的灵药，哪里也找不到能够安身立命的地方。在他心里，失望已吸干了欲念的源泉。……他们没有机会率领同伙，纵马驰骋，蹂躏其他民族，便以可怕的牺牲为代价换取在某种宗教里了却残生的能力；他们仿佛是些雄伟的悬崖峭壁，只等卜棒的一击，……一击之下，甘泉便会奔涌而出。维尔弗里的生活道路充满坎坷的探索。……从他第一次看见塞拉菲塔的那天起，他便忘却过去的生活。本来他认为自己已经心如死水，但姑娘使他重又产生了无比激动的感情。姑娘的声音象（像）一股清风，吹散了残灰，但却使残灰射出最后一道光焰。当时他的感觉是前所未有的。他觉得自己象（像）一位老去多时的人突然恢复青春，风月半生的浪子一朝回头是岸。他一下子坠入了从未体验过的情网，一片痴心，诚惶诚恐，私下热恋着塞拉菲塔。只要一想到能见到塞拉菲塔，内心便泛起激动的波澜。塞拉菲塔的声音把他带到了前所未见的世界；在塞拉菲塔面前，他如醉如痴，张口难言。尽管这里雪盖冰封，这朵天国之花依然在枝头茁壮成长。维尔弗里把从未实现过的愿望全部寄托在这朵花上面。这朵花能使人萌发新的思想和希望，唤醒我们周围的感情，把我们带到崇高的境界，……天国的奇香软化了这块坚硬的岩石，一道能言的光芒把飘飘仙乐洒在他身上。……他尝尽了人间爱情的美酒，并用牙齿咬碎了酒杯，现在忽然看见闪烁着琼浆玉液的天国之杯。向往极乐的人自然喜不自胜。可是，必须克制心中过分的热情，以免在张唇就饮之时，把宝贵的琉璃碰碎。[9]621-23

这里面含有对韩斯卡夫人的多方赞美，与巴尔扎克真正的所思所想相比，这里有着一些违心和曲意逢迎的成分。

巴尔扎克也表达了自己急于占有韩斯卡夫人的想法，甚至认为假如自己占有不了，宁可将其毁灭，这是急于求成者气急败坏的极端心绪。"维尔弗里碰到了他在世界上多方寻找的这堵铁壁铜墙。……他拼命挣扎也无法摆脱爱情的羁绊，……他来是为了叙述自己的生活，为了用所犯的错误来描绘自己心灵的伟大，为了袒露寂寞心灵中的废墟；……他觉得面前出现一个深渊，自己梦呓般的语言纷纷坠落进去，而从深渊中升起一个声音，把他整个儿改变了：他成了一个孩子，一个十六岁的孩子，在这个额头纯净的少女面前，在这个宁静肃穆、象（像）人类法律那样铁面无私的白色身形面前，显得既腼腆又胆怯。……我们内心总有着持久的斗争，而结局往往就是我们的行动。"[9]623这就是巴尔扎克面对韩斯卡夫人时的情形。"当维尔弗里和她一起走着的时候，常常暗下决心，要把她抢走，据为己有。此时，她便用鹧鸪般温柔的声音对他说："为什么发这么大的火呢？"她不在跟前，维尔弗里敢于发出反抗的呼声，……自豪是唯一能使人类长期处于兴奋状态的感情，将使他终生为这一胜利感到幸福。想到这里，他不禁血脉奋张，心潮澎湃。如果不能成功，他便把这朵花捏碎，因为毁掉不能占有的东西，否定不了解的事物，诋毁可望而不可即的一切，这正是人类的天性。"[9]623-24

　　韩斯卡夫人具有不逊于巴尔扎克的深刻的观察力。"我有一种特异功能。"塞拉菲塔回答道，"一种能洞察一切的天赋。……深得艺术三昧的人却能与雕刻家灵犀相通，从雕像本身看到雕刻家的全部思想。这些人是艺术界的泰斗，身上都有一面镜子，能够反映出自然界最细微的变化。而我身上仿佛也有一面镜子，可以照出思想世界的因因果果。就这样，我能看透一个人的内心，猜出他的过去和未来。"[9]620-21事实上，每一个阅历丰富的人见到一个陌生人时都会把他迅速归类，因为阅人无数，往往得出的结论一般不会与事实相去甚远。

　　"'谁？'维尔弗里一边喊一边象（像）疯了似地向塞拉菲塔冲过来，仿佛想把她推到齐格河翻滚着泡沫的瀑布中去。"[9]675在《贝阿特丽克丝》里也有类似的一幕，不知这是否是巴尔扎克在与卡斯特里夫人游历时所产生过的极端绝望的想法。

七、《公务员》

　　《公务员》（1837）中毕西沃肖像里我们能够看到很多巴尔扎克在律师事务所时的影子："有时，他对办公室冷嘲热讽，那是在他自己事业顺利的时候，例如刚发表了一幅画——关于菲亚尔代斯谋杀案开庭审讯时人物的速写，或是关于卡斯坦案件开庭辩论的情景；有时他又为一种强烈的向上爬的欲望所驱使，忽然巴结地工作起来；但过不久，又放下工作去写一个完成不了的剧本了。"[10]530注意，"菲亚尔代斯谋杀案开庭审讯""卡斯坦案件开庭辩论"这些与法律相关的短语，还有写剧本，这些都能和巴尔扎克对上号。接下来"只为自己挥霍""深刻的观察家"也是巴尔扎克的明显特征：

> 他自私、吝啬而又挥霍，也就是说只为自己而挥霍；他粗暴、放肆、冒失，以损人为乐，专爱攻击弱者，什么也不尊重，什么也不相信，法兰西、上帝、艺术、希腊人、土耳其人、养老院、（这里的顿号应该去掉）以至君主政权，一概不在话下。凡是他不理解的东西，他就特别加以侮辱。就是他，首先给一百苏的钱币上刻的查理十世的头像戴上黑色和尚帽。他模仿加尔博士讲课的样子，学得惟妙惟肖，使那些最衣冠楚楚的外交官笑得领带都绷开。这个穷凶极恶的恶作剧者最喜欢开的一个玩笑就是把炉火生得出奇的旺，让人从这蒸笼里出去一不小心就得风湿病，同时，他又从消耗政府的木柴中得到满足。他作弄起人来巧妙异常，每次都有新花样，因此总有人上当。他在这类事上的秘诀就是猜透每一个人的私心所欲；他熟知所有通向空中楼阁的道路，为了这种美梦人们甘心情愿上当受骗。而他有时故意卖关子，把人一晾好几个钟头。这个深刻的观察家，其开玩笑的本事是闻所未闻的，然而却不会运用这一才能来为自己的升官发财服务。他最喜欢跟小拉比亚迪埃过不去，那是他的眼中钉，他的恶梦，但是他还不断地向他甜言蜜语，为的好作弄他：他冒充堕入情网的女人给他写信，署名'ＸＸ伯爵夫人'，'ＸＸ侯爵夫人'，以此在食肉节时把他引到歌剧院休息厅的大钟底下，让他在众人面前出够了洋相之后，把他交给一个轻薄女郎。他把杜托克看作是一本正经的弄虚作假者，同他一起恨拉布丹，一起赞扬包杜阿耶，因而结成联盟，还真动感情地支持他。冉·雅克·毕西沃是巴黎一个糕点商的孙子，他父亲死时是一个少校，把他留给祖母抚养。祖母再嫁给了她最早的男朋友，名叫台戈安，然后于一八二二年去世。[10]530-31

这里的"台戈安"就是《搅水女人》中的"台戈安"。"他出了大学门之后，无依无靠，就试着画画。尽管他同约瑟夫·勃里杜是总角之交，他还是撇下他去从事画漫画、封面画以及书刊插图。二十年后这类画称为'插画'。他通过舞蹈演员结识了摩弗里纽斯和雷托雷公爵，得到他们的庇护，他们于一八一九年给他弄到了现在的位子。他同德·吕卜克斯关系好到极点，能在社交场合平起平坐；同杜·勃吕埃互相以'你'相称。这就为拉布丹的观察提供了生动的例证，证明巴黎官场的等级是可以由一个人在衙门以外获得的价值来打破的。小个子，但身材匀称，清秀的脸庞同拿破仑隐约相似，因而颇引人注意。薄嘴唇、平下巴、直发垂肩、栗色的连腮胡、二十七岁、金发、声音尖利、目光灼灼，这就是毕西沃。"[10]531-32关于身材的描写，很接近巴尔扎克。下面又是巴尔扎克的很多明显的特征，有明显的自我赞美的成分：

> 这个通达事理、聪明绝顶的人却沉溺于种种寻欢作乐而不能自拔，经常过着放荡的生活。他整天追花逐柳，爱抽烟，逗人乐，到处吃喝，同什么人都能合拍；无论是在戏院后台，或是在寡妇巷的舞女伴舞的舞会上，都一样神采飞扬；无论是在饭桌上或是在游乐场，无论半夜在路上遇到他，或是一大早刚起床，他总是一样的才气横溢，语惊四座。但是他和多数演丑角的人一样，自己独处的时候是阴沉、忧郁的。他混迹于演员、作家、艺术家以及某些命运飘忽的女人的圈子里，颇为自得。他可以免费看戏，玩弗拉斯卡蒂，还常常赢钱。总之，这位艺术家深刻起来真是入木三分，但只是如电光石火之一闪。他在生活的道路上摇摇晃晃象（像）走钢丝一样，决不担心一旦绳子断了怎么办。由于他才思敏捷而奔放，那些爱才的人都喜欢找他作伴，但他的朋友没有一个是爱他的。他一有警句总是憋不住，在饭桌上往往第一道菜还没上完就拿左邻右座开刀了。尽管他表面上活泼欢快，言语之中总是贯穿着对自己社会地位暗藏的不满。他想望更好的处境，而藏在他灵魂深处的鬼精灵又使他总是不能象（像）很多傻子那样严肃起来。他住在蓬蒂约路一幢房子的二层楼上，三间屋子，凌乱不堪，完全是单身汉住处的样子，简直象（像）个兵营。他常常扬言要离开法国到美国去发财。[10]532

巴尔扎克就曾向韩斯卡夫人扬言要去美洲发财，但只是说说而已。"他没有一样完整的才能，根本不会勤恳工作，经常陶醉于寻欢作乐，还认为明天世界就要垮台。这样一个青年是任何巫婆都没法为之算命的。在穿着上，他力图不露怯，可能他是整个衙门里唯一不让人一望而知'是个公务员'的。他穿着雅致的皮靴，带绑脚的黑裤子、花哨的背心、漂亮的蓝外衣，领子永远镶着轻纱绉边，戴一顶邦多尼软帽和一双深色羊毛手套，举止既风流潇洒而又不加矫饰，永远不失其翩翩风度。"[10]532-33巴尔扎克也一直在追求华丽而花哨的服饰。"毕西沃在办公室里开的最漂亮的玩笑是针对高达尔的。他送给他一只蝴蝶，说是来自中国的。这位副处长信以为真，珍藏在他收集的标本中，至今经常拿出来给人看，而竟然没发现那是一只画的纸蝴蝶。为了作弄他的副处长，毕西沃不惜下功夫精心制作出这样一项杰作来。"[10]533

毕西沃经常捉弄的对象是米纳尔。

象（像）毕西沃这类人身边总有魔鬼给他安插的牺牲品。在包杜阿耶的处里也有他的牺牲品，那就是一个可怜的缮写员，二十三岁，年薪一千五百法郎，名叫奥古斯特-冉-弗朗索瓦·米纳尔。米纳尔出自爱情，同一个花店的女工结了婚。她是门房的女儿，在家里给高达尔小姐做活。米纳尔是在黎塞留街的花店里遇到她的。泽莉·洛兰做姑娘的时候颇不乏一跃而改变地位的遐想。她先是音乐学院的学生，后来跳过舞，唱过歌，也演过戏。她也曾想步许多女工的后尘，但由于害怕弄不好就陷于一贫如洗的境地，倒使她免于堕落。正当她在无数对象中间飘浮不定时，米纳尔态度明朗地出现在她面前，提出求婚。泽莉年收入是五百法郎，米纳尔一千五。他们认为可以靠两千法郎过下去，于是没订婚约就结婚了，过着最俭省的生活。小两口象（像）一对小斑鸠一样，住在库尔塞勒栅栏附近三层楼上的一套房租一百埃居的房子里……这个惨淡经营，幸福而寒微的小家庭有其感人之处。泽莉感到为米纳尔所爱，也真诚地爱着他。爱情引来爱情，这同《圣经》里所说abyssus abyssum（深渊召来深渊）是一样的。这可怜的人每天早晨在妻子还在梦乡时，就起床为她寻食去了。他上班去时带上做好的花，下班回来的路上再买回原材料，回到家里等候吃晚饭的那段时间帮着裁纸、涂花茎、拌颜料。他身材矮小，瘦骨伶仃，有点神经质，一头红色鬈发，淡黄的眼睛，脸色白得发亮，但有鲜明的红点。有着一种默默的、毫不外露的坚毅品质。他的书法和维默一样好，在办公室逆来顺受，恬静自守。他的白色睫毛，和稀疏的眉毛已使他从残酷无情的毕西沃那里获得"小白兔"的雅号。米纳尔是低一层的拉布丹。他一心一意想让他的泽莉过幸福生活，企图在奢华的物欲和巴黎的十里洋场之中能有所发现，有所成就，从而立即发一笔财。他貌似愚笨，那是由于精神经常处于紧张状态所致：从女苏丹牌雪花膏到头油，从磷质打火石到轻便煤气，从能折叠的木屐到水平灯，构成物质文明的种种细微末节，他都在其中周游过。他忍受毕西沃的嘲弄就象（像）一个正在忙着的人忍受小虫的叮扰一样，甚至没有表现出一点烦躁。毕西沃尽管机灵，也没猜出米纳尔对他的极端蔑视。米纳尔根本不屑于吵架，认为那是浪费时间。最后，折磨他的人也终于厌倦了。他每天上班衣着很朴素，细麻布裤子一直穿到十月。穿着软鞋和鞋套，一件羊毛背心。冬天海狸毛外衣，夏天粗山羊毛外衣，根据不同的季节戴一顶草帽，或是一顶值十一个法郎的丝织帽子。因为泽莉是他的全部光荣，为了给她买一件长袍，他宁可饿一顿。他早晨同泽莉共进早餐，中午不吃饭。每月带泽莉去看一次戏，票是杜·勃吕埃或是毕西沃送的，因为毕西沃是无所不为的，连好事都做。泽莉的母亲已离开自己的住处来帮他们看孩子。米纳尔在包杜阿耶的处里接替了维默的位置。每到新年，米纳尔先生和夫人亲自出门拜客。人们见到他俩，总是纳闷，一个年俸一千五百法郎的穷公务员的妻子怎么能为她丈夫置这样一身黑礼服。她自己戴着意大利花草帽，穿着绣花绉长袍、丝衬裙、薄呢鞋子、漂亮的披肩、撑着中国花伞，还坐着马车，而且举止娴雅；而柯尔维尔夫人，或别一位夫人每年有二千四百法郎的进账，却常常入不敷出！[10]533-36

在《公务员》中，"格扎维埃·拉布丹受到激励，脑子里开始产生统治国家的念头。这些思想正是巴尔扎克的想法：精简各部和人员，取消入市税，对税收基础用新的估计方法抽所得税，取消抑制商业的苛捐杂税。"[4]244

八、其它作品

巴尔扎克与卡斯特里夫人之间发生了一段很不愉快的感情纠葛，他把这段故事改头换面，写成小说《朗热公爵夫人》（1833）。关于这部作品，艾珉说："当时上流社会的女子终日闲极无聊，便以玩弄他人的感情取乐。她们搔首弄姿，目的是为自己吸引一批崇拜者和追求者，从中享受被爱慕的虚荣。朗热公爵夫人不慎玩弄了感情狂热、性格暴烈的蒙特里沃，结果导致自身的不幸。……作家不仅在她身上集中了贵族女子特有的魅力和弱点，而且把她作为贵族阶级本性的形象体现来刻画。这是一种既高傲又脆弱，既伟大又渺小的本性：表面上很有教养，实际上愚昧无知；没有多少毅力却很固执，没有多少勇气却很任性；不善思考，缺乏远见，自私冷漠，妄自尊大，沉醉在已经烟消云散的往日权势之中，把保持自己的身份地位看得高于一切……"[3]165不平则鸣，巴尔扎克对卡斯特里夫人玩弄感情久久不能原谅。"他把这段情话改头换面，写成小说《朗瑞（热）公爵夫人》，对卡斯特丽（里）这种善于逢场作戏、惯会捉弄别人的贵族夫人给予了无情的鞭挞。"[8]157

巴尔扎克的小说创作是以他亲身经历的社会生活为基础的。"自进入巴黎大学以后，巴尔扎克便投身于拉丁区的喧闹生活。他说过：'要是没有亲身经历过赛（塞）纳河左岸的一切，那他就根本不懂得人生。'"[8]18-19拉丁区是穷人居住的所在，与巴尔扎克一心向往的圣日耳曼区形成鲜明的对比。尽管如此，并不妨碍巴尔扎克观察穷人的生活，因为穷人仅仅为了生存所使用的智慧甚至比富人一生所运用的智慧还要多。阁楼时期，"他漫步在塞纳河左岸圣安东（尼）近郊，混迹于工人中间，听他们咒骂凶恶的工头，'当我倾听这些人谈话的时候，我能体验到他们的生活，我感觉自己身上穿的是他们褴褛的衣衫，脚下登的是他们的破皮靴，他们的愿望、他们的需要都进入了我的灵魂，或者说我的灵魂附到了他们身上'（《法西诺·卡讷》），他像拉斯蒂涅一样眼光贪婪地注视旺多姆广场和荣军院的圆顶之间体面的上流社会，梦想着以自己的才华敲开那里的大门。"[3]16这样的体验被写进了作品。"巴尔扎克在短篇小说《法西诺·加涅（卡讷）》中，描写了自己观察到的莱底（迪）居（吉）耶尔街所在的圣·安东纳（尼）郊区的工人生活。"[2]7

巴尔扎克在律师事务所见习的经历成了他终身受用不尽的财富。"诉讼代理人冉-巴蒂斯特·吉约内-梅（麦）尔维尔是巴尔扎克家的朋友，一位杰出的法学家，后来成为《人间喜剧》中但维尔的原型。在他那儿的见习使巴尔扎克非但熟悉了民事诉讼程序，还从这个法律窗口窥见了巴黎社会的种种奥秘，看到了隐藏在金银珠宝之下的种种罪恶。诉讼代理人事务所仿佛一座人生舞台，上演着一幕幕家庭惨剧。在那里，年轻的巴尔扎克见到一个女人千方百计剥夺她丈夫的治产权；一位死里逃生的帝国上校突然像幽灵般从德国归来，却发现妻子已经与别人结婚……无数部活生生的小说把人类灵魂中最丑恶的一面，有时也有高尚的一面展示在他面前，为他未来的创作准备了大量素材。"[3]12-13根据这两个案例，巴尔扎克分别写出了《禁治产》和《夏倍上校》。"这两篇故事虽然骇人听闻，却并非无中生有，全都是他在诉讼事务所实习时的所见所闻。在那里，他见到了太多法律所整治不了的罪恶。《夏倍上校》中律师但维尔所说的'凡是小说家自以为凭空造出来的丑史，和事实相比之下真是差得太远了'，恰是作者本人的实际感受。"[3]119据丽列叶娃记载，"由于父亲坚持，巴尔扎克（入法科学校的）同时还在居扬奈·德·麦尔维尔律师事务所学习法律。麦尔维尔是律师戴尔维尔（但维尔）这个形象的原型，后者是《人间喜剧》里许多作品中的人物。"[2]5 1818年年初，"巴尔扎克离开麦尔维尔事务所，开始到公证人巴赛的事务所去。"[2]5关于巴尔扎克在公证人事务所和律师事务所实习期间，黄晋凯说道："这段生活，不仅使巴尔扎克熟悉了复杂繁琐的诉讼业务，而且使他透过事务所的窗口，初次看到了千奇百怪的巴黎社会，看到了'很多为法律治不了的万恶的事'，……这对巴尔扎克日后的创作无疑是十分有益的。"[11]9

李胜凯在《巴尔扎克传》前言中说："他的一生既平凡又伟大，既荒唐又深刻。……我们从《人间喜剧》中到处可以看到他的影子。"[5]6巴尔扎克后来把自己的创作称为"文学折衷主义"，是得益于库赞教授。"库赞教授的哲学所包含的折中（衷）主义理论强调把研究事实的科学（即探讨和观察）同研究自我的科学（即研究直觉和灵感）结合起来。"[5]28关于具体的作品，李胜凯说："（……《猫打球商店》，即是以他的外祖父萨朗比耶家的商店为模型而写成的小说。）《苏镇舞会》（苏镇是巴尔扎克与妹妹洛尔和洛朗丝小时候常去玩的地方）和《家族复仇》是根据阿布朗泰斯公爵夫人讲的一段宫廷轶闻写成的。《双重家庭》的故事从巴耶展开，是以他在洛尔·絮尔维尔家小住期间的见闻结合他自己的其他记忆和直观感受写成的。"[5]108

艾珉说，巴尔扎克"发现'激情（或欲望）是人类一切行为的动力'。他指出'激情是创造之母'，但它既可以导致人作恶，也可引导人行善；既能推动人们成就大的事业，也可能使人遭到灭顶之灾。"[3]78这是巴尔扎克观察自己和研究他人得出的结论。"《人间喜剧》中描写了各种类型的激情，而且任何激情发展到极端不是导致自我毁灭就是走向自己的反面：化学家克拉埃为探寻大自然的本原——绝对——的奥秘而倾家荡产；哲学家路易·朗贝尔为寻求绝对真理陷于癫狂；画家弗朗霍费、音乐家冈巴拉为追求艺术上的绝对而断送了自己的艺术；葛朗台爱钱成癖而终生受金钱奴役；高老头为溺爱女儿几乎暴尸街头；于洛男爵因贪恋女色而堕入万劫不复的深渊……"[3]78巴尔扎克自己的一生就是激情的一生，他对为科学和艺术投入最大激情的人是充分肯定的。"在刻画那些为科学、艺术的发展付出惨重代价的崇高激情时，作者没有用黑色的笔调，而是以动人心弦的描绘赞颂了这些寻梦者悲壮绚丽的人生。巴尔扎克自己也是这样一个激情无限膨胀的寻梦者，而且早已意识到将付出怎样的代价。"[3]79激情的巴尔扎克让他笔下的人物也富有了激情。"巴尔扎克在自己身上最大限度地调动了精神的能量，同时也将自己的生命力注入了他所创造的人物，于是这些人物也都带有巴尔扎克的印记。他们个个都和他们的创造者一样充满激情和欲望"[3]79。

《绝对之探求》（1834）是巴尔扎克描写绝对激情的作品。"《绝对之探求》的最初构思要追溯到1832年，据说巴尔扎克的妹夫的中间人贝尔纳·帕利西是这部小说的主人公化学家克拉埃的原型。巴尔扎克曾经搜集到有关帕利西的不少材料，两年后，在此基础上他加入了自己大量的想像。"[5]181关于《绝对之探求》中探讨的科学、艺术与生活的矛盾，艾珉说道："克拉埃的不幸，属于天才的不幸。天才由于醉心于探索和创造，往往对世人重视的一切漠不关心。在科学和艺术上他们是巨人，在生活中却常被视为疯子或白痴。巴尔扎克借用克拉埃夫人的嘴说道：'你们的美德，不同于凡夫俗子的美德；你们属于世界，不能属于一个女人或一个家庭，你们像大树一样吸干了你们周围土地的水分……'"[3]193巴尔扎克在艺术上是个高手，在生活上和生意上却像个白痴，终生负债，他也很难属于一个女人，也不适合家庭生活，他更是吸干了身边亲人和朋友的财力，所以克拉埃的形象中有他自己的影子。

关于《乡村医生》（1833），"1832年9月巴尔扎克与卡斯特里夫人一同游览阿尔卑斯山区壮丽的风景、参观古老的沙尔特勒大修道院时，因看到一个叫伏雷浦的村庄为医生罗姆改造而从中得到启发，突然产生了这部著作的创作灵感，并用短短的三四天的时间勾画出它的主要轮廓。当然，巴尔扎克在创造小说中的人物贝纳西医生时，无意识地糅合了他童年的记忆、新近获得的读书感受和他对所遇到过的一些人的印象。"[5]182贝纳西医生是在受了一个女子的伤害之后而开始隐居的，这里，巴尔扎克把自己受到的伤害写了进去。"《乡村医生》的创意最初来自游览沙尔特勒大修道院。一八三二年九月，巴尔扎克陪同卡斯特里侯爵夫人（即后来时公爵夫人）及其叔父费兹-詹姆斯公爵去瑞士和意大利旅行。一个月之中，他与他所倾心的女人朝夕相处却一无所获。侯爵夫人的矜持使作家的自尊心大受伤害。他漫步在沙尔特勒大修道院古老肃穆的穹顶之下，倾听着拱廊内泉水的滴答声；他走进修士的斗室，估量着自身的虚空；他呼吸着那儿宁静的空气，读到了门上的铭文：'遁世，隐居，缄默。'这三个拉丁字突然使他深受感动，因为它们归纳了他此刻的心境。他想起了这样一句箴言：'受伤的心需要隐与静。'接着，一阵突发的灵感让他产生了一部小说的构思：他要写一位在感情生活中受过重创的男子，为摆脱痛苦而隐居乡野，遁迹于'隐与静'之中。"[3]188巴尔扎克是把罗姆医生和博西翁医生两个形象合成创作出了贝纳西医生的形象。"沙尔特勒修道院附近一个名为伏雷浦的村庄在罗姆医生指导下得到开发改造的故事令他大为兴奋，加上不久前在亚当岛维埃-拉法耶家做客时结识了一位为家乡做好事的博西翁医生，再糅合过去读过的书、见过的人……一个在退隐生活中致力于乡村文明建设，改变农村贫穷落后面貌，在造福人类的创造性劳动中寻得归宿的贝纳西医生的形象便迅速地酝酿成熟。"[3]188-89在这部作品里，文学性淹没在了对农村改造的社会探讨中。"这部小说的说理成分多了一些。冗长的论述反映了作者急于推动农村社会改造的善良意愿，有时却难免损害作品的艺术性。"[3]189《乡村医生》里的"中心人物贝那（纳）西斯是个医生，为了使人物富于活力，他将那些与他交往过的医术高明、思想开放、忠心耿耿的医生形象贯彻其中。为了生动地描绘叙述故事的热内斯塔斯少校的形象，他把从卡罗家听来的那些故事都搬上去了，那些老家伙爱唠叨，现在待着没事干，没完没了地回忆拿破仑打的那些战役的故事。"[4]141阿尔贝这样提到这部作品中巴尔扎克的自传性成分："他在《乡村医生》里插进了一张水彩画，画中有点夸张的贝纳西医生的形象是以自己作模特画的"[12]56。

在《无神论者望弥撒》（1837）里，巴尔扎克"用德普兰的名字，巧妙地刻画了外科医生迪皮特伦"[5]229。这部作品也体现了巴尔扎克的宗教观。"巴尔扎克的宗教观也是'出于策略和实用主义的考虑'，……虽说他在逝世前不久，还关心自家隔壁的教堂，希望去做弥撒，但同时他又一向把无神论者（如他笔下的外科医生德普兰）写成世间最杰出、最高尚的形象。巴尔扎克自己实际上也是'无神论者望弥撒'。"[5]308虽然巴尔扎克提倡王权和宗教，但他"并不是虔信宗教，而是主张用宗教来淳化风俗、遏制情欲和医治社会的弊端。由此不难看出，他的宗教观实际上带有功利化的特点。"[5]129关于这部作品中德普兰医生望弥撒的教堂，王路说道："作家的灵柩是停放在'保荣'小教堂，供人凭吊。巴尔扎克对这座教堂是很熟悉的，他把它写进了《无神论者望弥撒》中。"[1]312这部作品中挑水夫布尔雅的形象原型是位裁缝，"这位裁缝名叫布依松，家住巴黎里（黎）希留街一〇八号，他也是巴尔扎克信得过的朋友。……在布依松的账单上，巴尔扎克名下的欠款，有时高达一万四千法郎！……在别的债主追击甚凶的时候，他还主动给巴尔扎克提供避难所。布依松的家中，有一间舒适秘密的小屋，长期对巴尔扎克开放。在这位热心的裁缝提供的宁静处所里，巴尔扎克写下了不少有价值的文章。"[8]155巴尔扎克"把这位裁缝的姓名、住址原封不动地写进了《人间喜剧》，把他笔下许多风度翩翩的公子哥们派作他的主顾，并且对他的手艺大加赞扬。这样，无异于给布依松做了最得力的广告，以至这位裁缝的美名随着巴尔扎克的小说不胫而走，顾客蜂拥而来，生意兴隆。这样，也总算部分地了却了巴尔扎克歉疚的心情。"[8]156在《无神论者望弥撒》中，挑水夫布尔雅的身上除了布依松的形象还体现了达布兰大叔的某些特征。

巴尔扎克一直喜欢布置豪华居所，他也把这样的居所写进了作品。"在布置他所谓的'秘密巢穴'方面，最得意之作当推他的小客厅了。贵重的家具整齐有序地摆放在边上，小摆设琳琅满目，颜色是精心选择的，给人一种梦幻般赏心悦目的感觉。巴尔扎克看得高兴不过，便在小说《金眼女郎》中把这间小客厅详尽地描写了一通"[5]237-38。

1837年2月13日，他受维斯孔蒂伯爵夫妇委托，前往威尼斯。"几个月之后他所完成的短篇小说《玛西米拉·多尼》即是他这次威尼斯之行的产物。"[5]256《古物陈列室》中也写到了这次出行的经历。"正是在这部小说里，巴尔扎克把自己和玛尔布堤夫人偕游都灵的一些情景写了进去。"[5]278在《古物陈列室》里，女主人公迪安娜，"这个身穿男装，手掌马鞭的女子，她使人想起陪伴巴尔扎克到都灵的卡罗琳·马（玛）尔布蒂（堤）。像卡罗琳参观路易吉·科拉律师的暖房一样，迪安娜·德·莫弗里尼厄兹也到种植奇花异草的律师的种植园。因而，作者的任何经历对他的作品都不是没有用的。写作对他来说，既是编造也是搜集他的回忆。"[4]261之后，巴尔扎克又发表了《外省的诗神》。"书中描写了外省女才子迪娜·皮埃德费，她嫁给了侏儒丈夫。在她家举行的文学晚会上，她为桑塞尔的达官贵人们念了自己编写的诗，并使他们很入迷。她颇像前几年投入巴尔扎克的卡罗琳·马尔布蒂。……卡罗琳·马尔布蒂很快地在女主人公身上认出了自己。她化名克莱尔·布吕纳，写了一篇题为《错位》的长篇小说来更正事实并进行报复。"[4]296这段旅行由于恋爱没有成功，巴尔扎克留下了特别深刻的印象。"为了感谢卡罗琳陪他到阿尔卑斯山麓远游，6年以后，他写了一篇题为《石榴园》的小说献给她，上面写着：'献给卡罗琳，献给旅行的诗篇，深怀谢意的旅行者。'"[4]230

1840年7月25日，"巴尔扎克创办的《巴黎评论》问世，每期都刊有他的文艺评论《关于文学、戏剧和艺术的信》及时事政治述评《俄国通讯》，第一期还刊载了他的短篇小说《泽·马尔卡斯》。"[6]281《泽·马尔卡斯》中的"主角马尔卡斯是一个共和党人，他和巴尔扎克长相一样：大脑袋，宽而平的狮子鼻，其貌不扬，但一双眼睛炯炯有神，目光显得温柔、安详、深邃而睿智。"[5]288在这部作品里巴尔扎克表达了自己的政见，认为像自己这样的精英人士受到了不该有的压制。"短篇小说《泽·马尔卡斯》塑造了一个郁郁不得志的精英人物形象，很能反映作者对法国政治的愤懑之情。作者指责法国的政治体制、选举原则剥夺了有识之士施展抱负的机会，预言这种郁积的苦闷总有一天会使青年们'像蒸汽机的锅炉一样爆炸'，预言人才外流将是无法避免的趋向，法国将失去大批精力充沛、才智过人的青年英才。"[3]181就作品的自传性质，特罗亚说道："泽（菲兰）·马尔卡（斯）是作者的'复制品'。"[4]274

《搅水女人》体现了巴尔扎克创作时的思路。"主题选定之后，巴尔扎克就把它放入自己所熟悉的环境和社会历史背景之下，随后再把他构思成熟的人物充实进去。他把《搅水女人》放在伊苏屯市来描写，就是用的这种手法。在弗拉佩斯勒珠尔玛·卡罗的家中小住期间，他曾对伊苏屯作了考察。他了解到，波旁王室复辟之后，伊苏屯有一帮领半饷的军官和号称'逍遥骑士'的地痞无赖，专干寻衅滋事、骚扰百姓的勾当。这就为巴尔扎克的创作提供了素材。"[5]294

知道韩斯基去世之后，巴尔扎克的创作关注点出现了明显的变化。"通观巴尔扎克一生的创作历程，可以说1842年是一个分水岭。在这之前，他的作品充满着他的回忆，他描述青年时代的梦幻，陶醉于他创造的精神世界里，对荣誉和爱情的渴求是他努力工作的动力，也是他创作灵感的源泉。1842年之后，他的幻想变得苍白无力，越来越带有强烈的现实感。结婚的欲念已完全支配了他的生活，这个时期他的许多作品都反映出一个成年男子对爱情的忧虑、疑惑（如《奥诺里娜》《阿尔贝·萨瓦吕斯》）和幻想破灭的哀伤（如《农民》《穷亲戚》）。"[5]350-51

《穷亲戚》（1846—1847）包括两部作品——《邦斯舅舅》和《贝姨》。"《邦斯舅舅》的题材取自阿贝里克·斯贡写的短篇《歌剧院的两名大管吹奏者》。"[5]354在《邦斯舅舅》中，"巴尔扎克很少有像这本小说一样把自己的经历投入其中。在书中可以找到他对旧货的热衷，他与韩斯卡夫人拉锯式的爱情，与德·布吕尼奥夫人的暧昧关系，在一大帮心怀不善和巧于计谋的人群面前孩子般的天真。他既是向收集者狂热的致敬，又在谴责资产者家庭中的贪婪，反映在当代社会中，那些古玩和漂亮的摆设都是被认为商品。"[4]337《外省的诗神》第77-78页写迪娜的收藏，像邦斯舅舅一样具有巴尔扎克自传性成分。

巴尔扎克《贝姨》的创作是受了妹妹的一部作品启发的。"这本书的创作灵感得自洛尔·絮尔维尔的短篇小说《罗莎丽姨母》，它曾刊登在1844年的《儿童报》上"[5]355。作品中女主人公的原型有几个来源。"李斯贝特这个人物是由现实生活中好几个女人的性格综合而成的，她身上的痛处既有作者母亲的影子（他过于夸大了母亲对儿子的仇恨），又有韩斯卡夫人的姊母罗莎丽和他过去的女管家布鲁尼奥尔太太的性格特点。"[5]355提到情欲，泰纳说："其中有一个，是古今讽刺剧的共同对象，它到处受人笑骂，欺骗，偷窃，驱逐的老色鬼。在巴尔扎克的笔下，这个人竟成了英雄。……作家所欣赏的是它，是这种情欲。因为这种情欲是伟大的，永恒的，它是自然和人类的统治者和破坏者。"[13]313这是以《贝姨》里的于洛男爵为例子。"这一篇生理学之诗就以荣誉的垂死挣扎宣告结束么？逻辑还挟带着它从伟观的震撼继续前进，直到最后解体和死亡的终点。"[13]3151846年6月28日巴尔扎克致信韩斯卡夫人说，贝姨的形象是由"我母亲，瓦尔莫夫人和你的姑母罗莎莉组合而成。"[4]334对比之下，泰纳说："高乃依写的是侠义英雄的史诗，那么巴尔扎克写的便是情欲奏凯的史诗。"[13]3121845年年末，"为了编写《交际花盛衰记》，他（巴尔扎克）'详尽地'参观了巴黎裁判所附属监狱，囚室和刑事法庭。他在法庭上花了不少时间，满怀激情地看审判过程，以便将材料用到《贝姨》一书中。12月22日，为了取得特殊印象，他和其他作家、艺术家一起在皮莫当旅馆参加一次抽印度大麻的聚会。"[4]324

纽沁根的形象先在《高老头》中出现，之后又在《纽沁根银行》《烟花女荣辱记》中获得了集中展示。"纽沁根作为新型剥削者的形象，已经丧失了早期资产者的守财奴特性，而过着挥霍无度、荒淫无耻的生活，这在后来的《烟花女荣辱记》等作品中有进一步的描写。"[6]67《纽沁根银行》体现了巴尔扎克一定的预见能力。"《纽沁根银行》写于1837年底，距离1848年革命、七月王朝的覆灭还有整整的十年。从法国资本主义经济史来看，银行业的大规模兴起和发展，以至逐步成为左右经济命脉的巨大力量，是50年代以后的事情。"[6]68这出"喜剧"的真正主角像《高老头》一样依然是金钱。"作家本人长期与金钱搏斗的经历，使他获得了独特而深入的体验；敏锐的观察力和典型化的概括力，又帮助他出色地完成了对金钱世界的艺术探索。……在巴尔扎克搭起的'喜剧'舞台上，我们似乎无处不遇到金钱这个'人间'的上帝，它牵动着每个人物的神经，调度着每个角色的行动，指导着每个形象的表演。我们可以认为，《人间喜剧》中创造得最为成功、最为生动的形象正是'金钱'本身。"[6]69-70巴尔扎克虽然自己不善经商，但作为旁观者时，他对经济的思考却头头是道。"巴尔扎克的小说素以对社会经济状况的精确描写著称。他相信经济的制约作用，喜欢从对财富的占有中去寻找人物行动的依据，也擅长大量运用经济数字来说明社会关系的变化趋势。以风云多变的金融市场为题材的《纽沁根银行》，极其鲜明地显示了这种经济学的特点。这也是巴尔扎克开掘深入，并能常有预见的长处之一。"[6]174

巴尔扎克比较成功的剧本是《麦卡代》（1848）。"不幸的伟大作家在写作《梅尔喀代》（《麦卡代》）之前，大概自己先就多次演过这样的滑稽剧。"[13]253巴尔扎克失败的经商经历直接使他的文学创作受益。"巴尔扎克不再是字模厂、印刷厂的创办人，也不当出版商了，他感到只是一个作家了！但他确信，涉足商界对他不会是无用的，他学会与那些贪婪的人打交道。当他打算描绘那些在无情的银行界为生存而斗争，经受种种折磨的形象时，他就想起了其中情景。"[4]84

巴尔扎克在《冈巴拉》（1837）中的同名主人公身上也赋予了很多自传性特征。艾珉说："人们不理解他（冈巴拉），把他当成疯子。尽管他志存高远，才能出众，却终身穷愁潦倒，连一向崇拜他的妻子也曾离他而去。"[3]194"穷愁潦倒"也是巴尔扎克一生的概括，作品中提到冈巴拉发明的"泛谐音琴"因主人欠债而被强行拍卖，巴尔扎克的一生又有多少次因面临破产而被迫拍卖房产和家具？！

在《卡特琳娜·德·梅迪契》（1836—1841）中，"作者在吕吉耶里兄弟身上，大胆地将当时科学界和思想界的一些新发现、新探讨、新观念，和占星术、算命天宫图之类神秘学说掺和在一起，在想象中扩展和延伸了人类把握自然奥秘的能力。实际上，作者通过两位炼金术士的'自白'所阐述的思想，基本上是作者本人的思想。"[3]204

巴尔扎克模仿拉伯雷创作的作品是《都兰趣话》，又名《滑稽故事集》，它显露了巴尔扎克的一些本我特征。王路说："这部作品的重要性在于，它是巴尔扎克另一性格侧面的真实写照；我们不要以为在《驴皮记》这类作品中吟呻、挣扎、受伤、痛苦的是巴尔扎克，而在《滑稽故事集》中纵欲、粗旷（犷）、放浪的就不再是巴尔扎克了。实际上，这两个对立的方面恰恰是这位天才性格的全部。他性格的前一种情形更多地展现在那间苦修室般的书房中，而后一种更多的（地）流露在阳光下，流露在公众场合中。"[1]118波德莱尔这样说到巴尔扎克："他是《人间喜剧》诸多人物中最奇特、最滑稽、最有趣也最虚妄的一个"[1]119。

巴尔扎克在《赛查·皮罗托盛衰记》（1839）中皮罗托身上则详尽地描述了自己在商海中搏斗的经历。王路说："在这部作品中，他要以贝多芬《命运交响曲》的恢宏气势，来描写一位商界英雄自我拯救的一生。他要叙述这个像恺撒大帝一样的人物的荣辱沉浮，当交响乐奏出最华丽的音符时，也正是英雄胜利地走向死亡之际。所以，篇终回响的是正义的绝唱，美德的绝唱，一种伟大意志的绝唱。这部作品也融会着巴尔扎克早年创业的辛酸经历，所以，他写起来特别经心。"[1]210-11

在《乡村教士》（1839）中，男主人公塔士隆"就像巴尔扎克曾为之辩护的佩泰尔公证人那样送了命。两年以后，韦罗（萝）尼克当了寡妇，她悔恨交加，隐居到蒙特尼亚克耕种荒地和教育当地落后的居民。她受到拯救众生的修道院院长博内和像叙（絮尔）维尔那样的年轻工程师的帮助，共同开发该地区。"[4]273

特罗亚提到巴尔扎克的《欧也妮·葛朗台》（1833）时说："他给正在写作的小说女主人公（欧也妮）某些秘密情人（玛丽-路易丝-弗朗索瓦丝·达米努瓦）的容貌。这个女子'身材高大，身体强壮'，呈现出天使般的温柔。"[4]165 1834年6月4日，"据传巴尔扎克与一市民女子玛丽的私生女玛丽·德·弗列斯涅出生。"[6]265

《婚姻生理学》出版之后，巴尔扎克在女性读者里面获得了普遍的成功。1843年的《奥诺丽纳》同样获得成功，3月25日巴尔扎克在给韩斯卡夫人的信中说："比之那些雄浑有力的作品，女性作品更投人所好，容易走红。"[4]295-96 巴尔扎克在《奥诺丽纳》中写道："尽管妻子奥诺里（丽）纳瞧不起奥克塔夫，他还是想叫她回来，等着她，远远地守护着她，给予她帮助并不让她知道。他热忱地疼爱她，就像是徘徊在天堂大门外的被除名者，这也就像巴尔扎克想念高不可攀的韩斯卡夫人一样。"[4]295 其实，巴尔扎克之所以特别关注家庭题材，他是在诉说自己内心的苦痛。"'私人生活场景'收有篇幅不等的小说27篇，其中25篇都是研究婚姻家庭问题的。巴尔扎克之所以对这方面的题材给予极大的关注，首先因为这是生活中极普遍的存在；其次也和他自己的生活境遇有关。他的弟弟亨利是母亲和都兰一个乡绅的私生子，母亲对弟弟的偏爱造成他和母亲之间的感情隔阂，还有贝尔尼夫人烦恼且不幸的家庭生活，也激发了他对婚姻家庭问题的思考。"[3]115 关于巴尔扎克在"巴黎生活场景"中写作商业题材，艾珉说："首先他的母系亲友都是巴黎沼泽区的商人，他自幼便熟悉这个阶层人们的思维方式、生活习惯，懂得他们的喜怒哀乐和判断事物的尺度标准；更重要的是，他还有一条别人无法挑战的优势——即他本人经过商，且不止一次倒闭破产，获得过最直接、最痛苦的生活体验。"[3]156 正如特罗亚所说："他现在的想法是首先给报纸写一些以真实的笔调的短篇小说。情节发生在巴黎或外省。在每篇小说里，他将深入描写家庭，揭露两口子家庭的奥秘，在表面互敬互爱的掩盖下，有多少伤悲和妥协。《私人生活场景》的大部分篇幅是表现了夫妇生活的风霜盛衰。在这种道德和精神的苦难后面，有奥诺雷从巴尔扎克家族中经历过的通奸、冷漠和仇恨的毁灭性后果。"[4]99-100

在《老姑娘》（1837）中，23岁的年轻人阿塔纳斯·格朗松爱上了女主人公科尔蒙小姐，"这里又出现年轻巴尔扎克对徐娘半老、善解人意的迪莱塔的迷恋"[4]236

《贝阿特丽克丝》（1839）的情节也有现实来源："乔治·桑曾对巴尔扎克讲过李斯特和玛丽·达古之间私情的周折。这些简短的隐私就足以激发作家的灵感。这篇小说的萌芽就在于此。他再加以想象和发挥。（1840年2月，）他在给韩斯卡夫人的信中承认：'……萨拉就是维斯贡蒂夫人，图什小姐就是乔治·桑，而贝娅（阿）特丽克丝就是达古夫人……除了改头换面的姓氏外，故事是真实的。'"[4]262

1842年，"在《阿尔贝·萨瓦吕斯》中，……在整个故事中，描写了爱情上受伤害的男子从世俗社会里退隐，巴尔扎克描绘的可能是他自己的遭遇，如果韩斯卡夫人拒绝他的话。他感觉到自己与阿尔贝·萨瓦吕斯这个人物颇为接近，甚至借用了自己的外貌：宽脑门，大脑袋，目光炯炯，既圆又白的粗壮脖子。爱情的会面安排在瑞士。而故事中的黑心肠的女人叫罗莎莉，就像可怕的'渥斯卡姑妈'。当然，在读这本小说时，韩斯卡夫人是明白这个伤心的阿尔贝·萨瓦吕斯的故事，这表明作者也像该书主人公那样，已经抗不住了。"[4]291

1814年1月13日，拿破仑在巴黎竞技广场附近的杜伊春勒里宫检阅部队，"奥诺雷和其他中学生都观看了这次充满荣光和悲壮的仪式。……当拿破仑出现时，奥诺雷充满热情真想张开臂膀、挺起胸膛，去保卫皇帝。同时，他也期望与皇帝平起平坐，享受同样的声望。领导全体人民，至少是以他的思想、勇气和才华来赢得千百万人的景仰，人生一世获得如此荣耀，那该是多么令人羡慕的事呀？（！）"[4]20-21后来巴尔扎克在《三十岁的女人》里面写到了这场阅兵式。

　　王路提到了巴尔扎克的挥霍浪费："涉及到钱，特别是他自己的钱，巴尔扎克决不是个清醒者。他那位令其憎恶的母亲把神秘主义的嗜好传给了他，而他也像那些吸烟上瘾的人一样，明知这种习惯不好，自己却怎么也戒除不掉。"[1]212 1839年，为了保护作者权益，"经过紧张筹划，巴尔扎克的文学行会出笼了。这时，这位天才有了一种成为秘密警察头子的喜悦。"[1]223 提到《人间喜剧》，王路说："巴尔扎克为自己感到庆幸，庆幸他能够拥有这样一座雄伟的文学大厦。这将是前所未有的，将是一座他个人的不朽雕像，其中散发着他的意志、他的精神，他所具有的全部特征。"[1]252 王路说到了巴尔扎克灵魂的特殊性："这颗灵魂可以吸纳、融会一切，再靠了他非凡的想像力，完全有能力为我们呈现出他灵魂中的世界。"[1]269

　　黄晋凯说到练习期对巴尔扎克的作用："这段生活对于这位未来的作家来说却是非常有益的写作的练习、人生的体验和素材的积累。可以这样说，没有这一时期备受磨难的生活经历，巴尔扎克是不可能对法国社会有如此深刻的理解的，也不可能创作出像《人间喜剧》这样伟大的作品来。"[6]195

　　韩斯卡夫人的创作也能启发巴尔扎克。"艾芙向他承认，以前她曾写过一篇两地相思激情的小说，后来把它烧了。他对这焚书事件表示遗憾，但答应在即将动手写的小说《朴实的米尼翁》中，把它作为小说的题材，这本书是《私人生活场景》的最后一篇，讲的是现实与幻想之间无情斗争的故事。"[4]303

　　巴尔扎克笔下的人物是生活中人物的变相反映。"虽然他和50个虚构的人物生活在一起，他最感兴趣的是他身边的那些人，他想和这些人交谈。可能，他有个秘密的愿望，有朝一日将这些人变成小说中的人物。对他来说，世界就像是座仓库，他可以从中得到天使和魔妖，赋以他的书生命。"[4]266

　　巴尔扎克生前是不知道现实主义为何物的，因为当时这个概念还没有诞生。"'现实主义'一词被法国小说家、评论家尚佛勒里从绘画借用到文学上来，已是巴尔扎克身后的事了。"[6]104 巴尔扎克的意义是不会随着时间的流逝而削弱的。"当20世纪即将过去的时候，远在东方的中国人却会惊异地发现，我们今天仍然多么需要上一个世纪的巴尔扎克，中国的现实在多么急切地呼唤自己的巴尔扎克！"[6]128-29 后世所关注的文学主题与巴尔扎克是一脉相承的。"20世纪文学，无论其观念如何变异，形式如何出新，它所探讨的核心命题，仍然与巴尔扎克所关注的'社会关系'和'人类本性'有着明显的传承关系。"[6]129 在人类文学史上，巴尔扎克确实属于佼佼者。"'艺术世界'——

我们常常用这样的词组来形容一个作家所创造的艺术图景。但是，认真推敲起来，古往今来，又有多少作家的笔下真正建构起了'世界'呢？巴尔扎克当属此少数佼佼者之列。"[6]135作为文学家，巴尔扎克承担起了自己的社会责任。"真正的文学家，应当高瞻远瞩，鸟瞰全局，自觉地把反映'社会全貌'、记录'时代变迁'作为自己的神圣职责。"[6]137达文在《哲理研究》导言中说："作者不就是以极其宏伟的规模造了一面类似Speculum mundi（世界的镜子）的东西了吗？"[14]263虽然巴尔扎克描绘的是法国的社会，尤其是巴黎的图景，但对世界任何国家的任何时期，《人间喜剧》都发挥着重要的借鉴意义。"我们惊服于他观察与描绘的实力，惊服于他对人情世故、炎凉世态的深切体验，也惊服于他对各色人等惟妙惟肖的落笔。"[6]161这就是充分的文学性。

在巴尔扎克死后，"为完成文学家委员会委托的巴尔扎克雕像，罗丹付出了巨大的劳动。他曾来到作家的故乡寻找模特儿，以求能准确地表现这个'图尔人'的形象。人们告诉他：您应当到阿扎·勒·雷多去，那儿有一个叫作埃斯达瑞的车夫，甭提和巴尔扎克有多像了。在那一带大家就管他叫巴尔扎克。这真使罗丹喜出望外。他立即找到这个活着的'巴尔扎克'，花费了一个多月的时间为他塑像。"[6]235这是巴尔扎克身后趣闻。就巴尔扎克的一生和《人间喜剧》来说，应是"一首充满不和谐音的交响乐——巴尔扎克的一生，巴尔扎克的创作。"[6]237

1840年1月，"巴尔扎克在一封给出版商的信中首次提到欲以《人间喜剧》为总题汇集他的全部作品。"[6]280 1840年10月1日，"为了躲债，巴尔扎克以其女管家路易丝·布鲁尼奥尔的名义租下了巴黎城郊帕西镇下街19号住宅，""下街19号后改为雷努瓦尔街47号，自1908年起建成巴尔扎克故居博物馆至今。"[6]282 1841年10月2日，"巴尔扎克与菲讷、赫哲尔、玻兰和杜博歇签订以《人间喜剧》为总题的《全集》出版合同。"[6]284 1844年7月26日，巴尔扎克拟出一份包括一百二十五部作品的《人间喜剧》总目录，其中有四十部有待创作。"1846年9月28日，巴尔扎克买下吉祥街14号的一所房子，他晚年即在此居住。巴尔扎克逝世后，吉祥街改名巴尔扎克街，但房子毁于1882年。"[6]293

1848年8月1日至9月3日，《共和主义旁观者报》连载《初入教门》。这是巴尔扎克自己经手发表的最后一部小说。"[6]296

1848年11月18日，"收有《穷亲戚》的《人间喜剧》第十七卷出版，这是巴尔扎克生前出版的最后一卷，被称作他的'天鹅之歌'。"[6]296-297

1854年7月26日至10月28日，"遗作《小市民》在《故乡报》上连载。未完成部分由夏尔·拉布应巴尔扎克夫人的请求续完。""遗作《阿尔西的议员》由波泰书屋出版。巴尔扎克生前只完成了作品的第一部分，余下的部分亦由拉布续成。"[6]300 1855年，"《人间喜剧》第十八卷由卢西欧接替菲讷出版，其中收入《伏脱冷的最后化身》《初入教门》《农民》和《夫妻生活的烦恼》。同年出版的还有第十九卷《戏剧集》和第二十卷《都兰趣话》。"[6]300

黄晋凯说："据有的研究者统计，《人间喜剧》共有人物2472个"[6]31。塑造这么多形象是需要普罗米修斯的毅力。"作家在本书（《贝姨》）中曾感慨，要给人物'一个灵魂，把一个男人或一个女人塑造成典型，那无异于普罗米修斯从天上盗取火种'。而法国著名传记作家莫洛亚把巴尔扎克称作是'普罗米修斯'，是否正是因为他以'盗取天火'般的精神，塑造了一个又一个灵魂独特的典型呢？"[6]190-91

达文在《哲学研究》导言中说："有些批评家已经在那里迫不及待地诋毁巴尔扎克先生的身世，把他的生平描绘得极不准确，……在一八一八、一八一九和一八二〇年这三年中，巴尔扎克先生由于父母的专横态度，反对他做诗人，而不得不过着贫困的生活；这一段生活换来了《驴皮记》中拉斐（法）埃尔那段动人的叙述。正是在这三年中，巴尔扎克躲在靠近阿尔瑟纳图书馆的一个阁楼上，日夜不停地工作着，把古代、中世纪、十七、十八世纪那些哲人良医留给人们的精神作品加以比较、分析和概括。这种精神趣味是他的一种嗜好。……他虽然讳莫如深，但出于窘迫而写的那些作品，都体现了他早期的研究和他那形而上学精神的倾向。他的知识领域既多样又宽广，他最初的那些作品里就看得出这一点，以致某些不知道《婚姻生理学》作者是谁的读者，竟以为这本书是出自一位老医生或一个老鳏夫之手。……"[14]183-84 不管巴尔扎克的主观意愿如何，通过他的诸多作品我们是能够客观地分析出其中他的自传性因素的。

参考文献：

[1]王路.巴尔扎克传——未完成的雕像[M].石家庄：河北人民出版社，1999.

[2]丽列叶娃.巴尔扎克年谱[M].王梁之，译.北京：作家出版社，1962.

[3]艾珉.巴尔扎克传[M].北京：华文出版社，2017.

[4]特罗亚.巴尔扎克传[M].胡尧步，译.北京：商务印书馆，2013.

[5]李胜凯.巴尔扎克传[M].北京：世界知识出版社，2001.

[6]黄晋凯.巴尔扎克长短录[M[.桂林：漓江出版社，2018.

[7]巴尔扎克.《驴皮记》初版序言[A]//《人间喜剧》第24卷[M].袁树仁，译.北京：人民文学出版社，1997.

[8]李清安.巴尔扎克[M].北京：北京师范大学出版社，1983.

[9]巴尔扎克.塞拉菲塔[M]//《人间喜剧》第22卷.张冠尧，译.北京：人民文学出版社，1997.

[10]巴尔扎克.公务员[M]//《人间喜剧》第14卷.资中筠，译.北京：人民文学出版社，1997.

[11]黄晋凯.巴尔扎克和《人间喜剧》[M].北京：北京出版社，1981.

[12]阿尔贝·凯姆、路易·吕梅.巴尔扎克传[M].高岩，译.南昌：江西教育出版社，2014.

[13]泰纳.巴尔扎克论[A]//苏成全编选.巴尔扎克研究专题资料[M].鲍文蔚，译.西安：陕西师范大学学报编辑室，1980.

[14]费利克斯·达文.《哲理研究》导言[A]//《人间喜剧》第24卷，袁树仁，译.北京：人民文学出版社，1997.

第三章　标榜道德与欣赏恶行的悖谬

　　巴尔扎克借以表达自己理想最多的是一些邪恶的形象，因此他经常会被同时代人指责不道德，我们无法否认，在巴尔扎克的作品中有时明显地表露了作者对恶行的欣赏，相反，他刻意标榜道德的作品却很难成功。不管巴尔扎克通过达文的两篇序言如何狡辩，他在作品中很多地方都流露了对恶行的欣赏态度。他欣赏不择手段的冒险家拉斯蒂涅，他赞赏毫无人性的高利贷者高布赛克，他对花花公子玛克西姆也推崇备至，他甚至对踩着父亲高里奥的尸骨向上爬的自私自利的女儿阿娜斯大齐也赞扬之至。他不但经常把自传性因素融进了恶人形象，还借助他们表达了自己的理想。巴尔扎克理所当然地描绘罪恶、欣赏罪恶，这背后最根本的原因是艺术家处理题材时崇尚的往往是道德的曲线。

　　对于巴尔扎克来说，"小说中有才智人的才智就是作者自己的才智。在他们身上，你找不到有分寸而含蓄不露的讥嘲，……你也找不到微妙的言语，精确的措词，一个有教养，对自己的思想、地位和态度有自信心的人那种自负而又泰然自若的风度。他们的谈风是热烈的，挟带着泥浆，……使人象（像）喝了发热的搀杂的酒以后感到那样伤身而强烈的陶醉。他们的言谈象（像）艺术家也象（像）野孩子，无所不谈，到处放炮，哲学、政治、真理、道德。巴黎把一切思想概念都放在他们手里，他们便随手拿来戏弄，象（像）怀疑主义者或小孩子一样，把宪章或福音书任意撕开，剪成小鸡小鸭。……他们的语言象（像）一个巴黎垃圾堆，里面有极度富有和极度贫穷的余渣，细纱花边零头和白菜梗子与边皮。……他们谈论他们的时代、人生和历史，有的象（像）失败者一样，牢骚满腹，有的象（像）暴君一样鲁莽无礼，但总之都用同一疾世主义享乐者的口吻，在两瓶香槟酒的中间，诽谤人类，解剖社会，聊以取乐。这是一种新的消遣法，是巴黎、巴尔扎克和十九世纪所独有的消遣法：发表厌恶主义哲学。"[1]295-97泰纳这一评价是客观的，中肯的。

　　巴尔扎克笔下的女性形象都是不太健全的存在。"女人的本质是由灵敏的心机，雅妙而轻巧的想象，天生而又教养成功的淑静构成的。这就等于说，巴尔扎克是永远抓不住这种本质的。……在良家妇女的假面具下透露着血气粗鲁的男子，学究式的哲人，出入于解剖室的生理学家的须眉。……许多妇女是天生的女预言家，女才子。她们不懂贞淑，也不懂雅趣。……当巴尔扎克想描写道德、宗教和爱情的时候，他总是拿出冒充崇高的可厌的浮夸，官样辞藻的俗调，无羁的想象和放纵的性气发热。我们想看妇女的美妙写照，要到别处去找。……（巴尔扎克笔下的妇女形象）时时受着魔鬼的爪子——她们的色鬼生父巴尔扎克一有机会便要加以磨砺的魔鬼的爪子，暗地里的扎刺。……其次是那些有病的女人，……哪里有残疾暗病的地方，哪里便有巴尔扎克的足迹。……没有人比他更善于描写丑恶和不幸。……《伉俪生活》（《夫妻生活的烦恼》）是一部杰作，但是多么可悲的杰作！……你如果把所有这些恶德和这类强力行为放在一起，你便获得了女才子或者风流妇，……这些都是巴尔扎克书中写得最成功的妇女肖像。巴尔扎克的学究习气，浮夸的文笔，冗长而枝蔓的辞句，半掩半露的肉欲感正合于女才子——耽于想象，浪用才思的文妓的口吻。他的胆大，他放肆的笔调，鲁莽而混浊的辞风，艺术家式的敏感，对于奢侈和享乐的爱好，人生的经历和玩世不恭的态度又正合于剥削社会、享用社会的娼妓的胃口。"[1]297-300具体到作品中的人物，"贝奈（那）西斯和格兰州司朗（格拉斯兰）夫人的善举都不过是大恨回头，有所谋图的举动。于洛夫人，戈（科）尔蒙小姐，莫尔叟（索）夫人则是在现世作高利率的投资，希望到了天上可以大大地获得报酬。从这样一个角度看去，德行原不过是一种有担保的借贷行为。这里是巴尔扎克最丑恶的思想。自然科学家破灭我们的幻想，倒还罢了；但是艺术家还要在我们身上否定一切卓拔和高贵的东西，我们便不免发生反感，要告诉作者，如果他在别人身上否定这些东西，原因是他没有在自己身上找到它们。"[1]302不得不说，泰纳这里的用词尖锐而深刻。

一、无力的自我辩护

在巴尔扎克创作的同时代，就经常有人指责他不道德。于是，巴尔扎克借费利克斯·达文的《哲学研究》导言（1834）自我辩护道："说实在的，当谈起巴尔扎克这些早期的作品的时候，人们怎么能用不道德来责备他呢？不错，一些邪恶的人像出现在他笔下，……批评家，除非他想变得愚蠢，怎能忘记文学的第一个法则，怎能忘记对比的必要性？……把部分从整体中抽出来，并据此发出些诚实人说不出口的责难，这难道忠厚吗？"[2]219下面的话更是勉强，貌似合理："当一个作家下决心来组织来体现整个一个时代，当他自称是十九世纪风俗、习惯和道德的历史家，而读者也给予他这个称号之时，不管那些假装正经的人说什么，他也不可能在美与丑、美德与不道德之间作任何选择；他不能把麦麸皮与麦粒分开；他不能把温柔多情的女子与刚直有美德的女子分开。……如果一切都是真实的，就不能说作品是不道德的。……《绝对的探求》在回击关于作者不道德的责难方面，一点也不亚于其他作品。……巴尔扎克在任何一部作品里也不象（像）在这部作品里那样大胆而完整。……《隐秘的痛苦》（《三十岁的女人》）是一部绝望的书。从来还没有过作家敢于把解剖刀插进母亲的感情中。……三十岁的女人，……毁灭于对幸福的渴望，毁灭于自私自利又不知道怎样去判断世界。这正是作品中光辉的一点。……巴尔扎克创作上的这个过渡是一首印上了可怕的忧郁的诗。……凡是向作者要求道德的人可以读读'私生活（应是"私人生活"）场景'中这新出版的第四卷，……"[2]220-23

巴尔扎克借达文的《十九世纪风俗研究》导言（1835）又说了类似的一些辩护词："当人们将德·巴尔扎克这几篇最初的作品浏览一遍之后，对于别人指责他不道德，一定会百思不得其解。在他的画笔下，可以遇到邪恶的面孔，这是真的。但是，人们不是说十九世纪邪恶已不再存在了吗？批评界除非很愚蠢，难道可以忘记文学的第一个法则，难道可以无视对比的必要性吗？如果作者有责任描绘邪恶，而且描绘得富有诗意叫人可以接受，如果他将邪恶放在其画面的整个色调之中，人们难道应该从中得出如今某些报纸鹦鹉学舌、人云亦云的那种不公正的结论吗？将某几个部分与整体割裂开来，然后将永远欺骗不了善良人的那些貌似有理的断语强加在作者头上，这难道能算行为高尚吗？自然，当一个作家想体现整整一个时代，自称是十九世纪风俗史家，公众也对他自封的头衔加以肯定时，不论那些假正经的人说什么，他反正不能在美与丑之间只择其一，无法在道德与邪恶之间只择其一。他不能将良莠分开，他不能将钟情、温柔的女子与讲妇德而刻板的女子分开。他应该有什么就说什么，看见什么就指出什么，否则就是不准确，说谎话。……如果一切都很真实，那么不道德的便不可能是作品本身了。"[3]301

那么，巴尔扎克在作品中塑造很多邪恶的形象，真的只是为了对比么？远非如此，他会不由自主地流露出对罪恶行径和罪恶形象的极端欣赏，把邪恶"描绘得富有诗意"本身就是在欣赏恶行。从这一点来说，他并没有尽到自己所标榜的道德家的责任。比较两篇导言，我们不难发现，在《哲学研究》导言中的"刚直有美德的女子"，到了《十九世纪风俗研究》导言中就变成了"讲妇德而刻板的女子"，巴尔扎克的道德风向标已经明确，他是欣赏《贝阿特丽克丝》中的轻浪的女主人公的，而他所标榜的《三十岁的女人》中的朱丽事实上却被他指责为"讲妇德而刻板的女子"。巴尔扎克在两篇导言中的自我辩护是无力的，欣赏恶行的态度欲盖弥彰。

据特罗亚记载："为了进一步辩护，他（巴尔扎克）指出在他已出版的作品中，有38位没有污点的女人，而多多少少有点'坏'的女人是22个。"[4]193这个比例并不能说明任何问题，关键是作者对塑造的形象的态度，作者塑造最成功的、给读者留下印象最深的应该是"坏"女人的形象。

李清安在《巴尔扎克》楔子中对巴尔扎克赞扬有加，不过他还是客观地评价道："说到巴尔扎克的为人，他并不是可以为人师表的，但却是探测《人间喜剧》这座宏伟大厦的指南和钥匙。《人间喜剧》中的两千多个人物，个个真如活人，又都奇特不一，……这座宏伟大厦匠心独具的建筑师，恰恰是这些人物中最真实、最奇特、最具典型意义的一个。他的一生，象（像）一面镜子，映现出了他的那个时代。"[5]5

二、巴尔扎克欣赏恶行的文本事实

在《老实人指南》中，巴尔扎克声称他不责怪盗贼，因为"不论哪种社会形态都建立在有盗贼的基础之上。如果没有盗贼，那些宪兵、法官、律师、公证人、警察、狱卒、锁匠、门房将何以为生？"作者得出结论："整个国家机器赖窃贼而存在，没有盗贼，生活就如同一出没有克里斯平或费加罗的喜剧。"[6]23言语之间，好像盗贼是整个社会存在的基础似的，这一点我们是无法苟同的。

巴尔扎克在《图尔的本堂神甫》中塑造完不择手段的脱鲁倍的邪恶形象之后发出了这样的感叹："换一个时代，脱鲁倍毫无疑问是希尔德布兰德和亚历山大六世（两位都是教皇）一流的人物。"[7]241在作品的最后，巴尔扎克甚至写道："脱鲁倍在圣迦西安的游廊深处所代表的那种海阔天空的思想，必要时就可用英诺森三世（教皇）和彼得大帝一等人的历史，还有一切左右时代，领导民族的人的历史，在很高的阶段上加以证实。"[7]243一个卑鄙无耻、营营苟苟的小人，却被巴尔扎克出人意料地肯定为伟人，这是巴尔扎克欣赏恶行的明证，这与故事情节本身也是无法合拍的。艾珉在题解中说："阴险奸诈的脱鲁倍神甫利用老小姐打击忠厚老实的皮罗托神甫，为的是对已故沙帕鲁神甫施行报复，彻底肃清其势力和影响，确立自己在本地区的权势。"[7]570就是这样一个卑鄙小人，却获得了巴尔扎克至高的赞誉，看来巴尔扎克的骨子里是一个貌似的马基雅维利主义者，他只知道马基雅维利主张不择手段，却不知道马基雅维利提倡的是为了国家和民族的利益不择手段。

在《搅水女人》中，巴尔扎克又对祸害百姓的逍遥团头目玛克斯欣赏备至："玛克斯心情越激动，念头越多，面上越镇静。做大将的各种才具，从来没有这样完美的（地）集中在一个军人身上。拿破仑的规模宏大的事业极需要这等人，玛克斯要不中途被俘，误了前程，一定是皇帝的得力助手。"[8]509-10在玛克斯被菲利浦杀死后，巴尔扎克又感叹道："象（像）他那种人倘若环境适宜，一定能做出一番大事业来；他得天独厚，又勇敢，又冷静，又有恺撒·波基亚（意大利霸主）式的智谋……"[8]531菲利浦与玛克斯都是阴险恶毒、不择手段的代表，之后菲利浦去了巴黎，巴尔扎克写道："等到菲利浦在禁卫军中最威风的一个骑兵团里当了中校，在《王家年鉴》中被称为德·勃朗布尔伯爵之后，便经常在炮兵中将德·苏朗日伯爵门下出入，追求他最小的女儿阿美莉·德·苏朗日小姐。贪心不足的菲利浦仗着一帮要人的情妇撑腰，竭力钻谋，想当太子的武官。……菲利浦对于逢迎吹拍的手段无一不精，在上流社会中大显身手，……"[8]546读者同样可以从这些文字中读到巴尔扎克潜在的赞赏态度。提到《搅水女人》中的菲利浦，艾珉说："他挪用公款，偷盗母亲、弟弟和台戈安婆婆，害得老婆婆一命归西；他在决斗中杀死玛克斯以后，又用卑鄙的手段引诱舅舅死于淫乐，诱使搅水女人染上不治之症；他一人独霸舅舅的遗产，根本无视母亲和弟弟的权利，为了抹掉自己的平民出身，他恨不得尽快把母亲和所有姓勃里杜的人送进坟墓……"[6]143菲利浦这样形象的产生是以战争年代的背景为基础的。"战争年代使某些年轻人把好勇斗狠当成好男儿的标志，年纪轻轻便在战场上立功，退伍以后却别无所长。指望靠征战猎取地位和财富的梦想破灭了，他们一时在生活中找不到自己的位置，加上在'海外居留地'上当受骗，更加牢骚满腹，认为整个社会都亏待了他们，于是酗酒赌博，动不动寻衅闹事。菲利浦是这批混世魔王的典型，玛克斯则是他的副本。这种人在战争中可能会崭露头角，成为天之骄子；在和平生活中却可能成为痞子、恶棍。战争培养了他们不择手段以夺取胜利的本能，将生死线上的拼搏精神与作战的智谋用来作恶，一般人自然不是他们的对手。"[6]144巴尔扎克欣赏恶行的明显标志就是让坏人飞黄腾达，而好人不会有好的命运。"在这人吃人的社会，忠厚老实人往往一筹莫展；阴险狠毒、不择手段者倒能飞黄腾达。并不贪财的约瑟夫在伊苏屯被视为恶人，几乎给当成杀人犯；真正去夺遗产的菲利浦倒表演得像个正人君子，让伊苏屯人看作英雄。约瑟夫尽管既勤奋又有才华，却常常生活拮据；为非作歹的菲利浦倒春风得意，享尽荣华富贵。"[6]145实际上，菲利浦这个形象的原型就是巴尔扎克的二妹夫蒙塞格尔，"他成为巴尔扎克描写的那种在社会上钻营，既不要公道也不要脸面的自私和无耻的人物。"[4]50巴尔扎克描绘的是作为理想的力，不辨好坏。"你的哲学思想便形成你的艺术观，——巴尔扎克的哲学在指导着他的艺术，便是这个道理。他把人看作一股力，因此他把力当作了理想。他把力从一切桎梏里解放出来；他描写完全无缺的自由无碍的力，它不受理性束缚，因为理性不让它危害自身；它不理睬公道，因为公道不让它危害旁人。他把力扩大，培养伸展开去，象（像）英雄，和君王一样，放在最前列，让观众欣赏，看它如何在执一狂病者和恶棍们身上表现出来。"[1]304-05接下来，泰纳举了菲利浦·勃里杜的例子："他的人由于极端冷酷而显得伟大起来。他天性里已经没有丝毫人气；他利用一切，又蹂躏一切……他恶行的骇人听闻早把他的荒淫行为盖过而有余了，它放着铜象（像）似的非人性的凶厉的光泽。"[1]306-07

在《高布赛克》中巴尔扎克塑造了面无血色的金钱机器高布赛克的形象，巴尔扎克同样流露出了对这一形象的赞赏。高布赛克对但维尔律师说道："气焰最高的情人，……他在别的地方可以因一句话而生气，因一句话而拔出剑来，在这里，只能双手合十地哀求我！在这儿，最骄傲的大商人，对自己的姿色最沾沾自喜的妇人，自视最高的军人，都要哀求我，或者由于愤怒，或者由于痛苦而眼泪盈眶。在这儿，最有名的艺术家，名姓要流传后代的作家，都要哀求我。"[9]607但维尔"回到自己房中，目瞪口呆。这个干瘪的小老头高大起来了。"[9]607这应该也代表了作者的态度，他在作品中甚至把高布赛克这个冷血的高利贷者写成了阅历丰富的哲学家。黄晋凯称高布赛克是"一个嗜金成癖、铁石心肠的吸血鬼形象"[10]67。泰纳说："金钱问题是他（巴尔扎克）最得意的题目，……他的系统化的能力和对人类丑处的明目张胆的偏爱创造了金钱和买卖的史诗。"[1]293-94对高布赛克来说，吝啬毫无意义："他的吝啬与他的贪婪同样惊人。对他来说，聚敛财富本身就是目的，就是幸福。所以，他虽然是百万富翁，却过着难以想象的穷酸日子。……贪欲和悭吝都只是毫无意义的本能。"[10]57黄晋凯毫不客气地说："这（高布赛克）是一个卑鄙的胜利者，一个物化的灵魂。"[10]56

在《高布赛克》中，巴尔扎克又借德·博恩伯爵讲到巴黎花花公子的头目马克西姆·德·特拉伊，言语中也是表露了一种赞赏的态度："说到服饰讲究、驾二轮敞篷马车，谁也不及他。马克西姆的本领就是能赌、能吃、能喝，比世界上任何人都做得漂亮。他善于相马、选帽、评画。所有女人都想他想得发疯。他每年都要花十万法郎左右，可是谁也没有看见他有一片房产，或者持有一张公债息票。马克西姆·德·特拉伊伯爵是我们客厅里、闺房里、马路上的游方骑士的典型，一种半男半女的雌雄两性动物。……他是一只光彩夺目的环，可以把苦工狱和上流社会扣结在一起。马克西姆·德·特拉伊属于一个十分聪明的阶级……"[9]615-16后来巴尔扎克在塑造理想人物塞拉菲塔时把她写成了半男半女的形象，也许这里面就有马克西姆的影子。在《高布赛克》中，巴尔扎克又通过但维尔之口这样介绍马克西姆："当我端详着杀害她（高老头的大女儿阿娜斯大齐）的凶手的时候，我却感到万分厌恶，这个青年的前额是多么纯净，那张嘴又多么鲜妍，微笑多么文雅，牙齿多么洁白，他就象（像）一位天使。"[9]622这种描绘是明显的名贬实褒。巴尔扎克自己有时就过于讲究服饰，他也置办过二轮马车，他还收藏画作和古玩，假如他每年有十万法郎的进项，他也一定在挥霍净尽之后再行举债。阿尔贝说："没人知道，仅仅是因为（德·卡斯特里）公爵夫人个人的影响，还是掺杂了某种算计——因为作家的收益、花销以及时髦的外表是判断作家在文学上成功与否的标准，抑或是因为他对奢华生活的喜好，也许以上三个方面的因素都或多或少有一些，总之，在认识了德·卡斯特里夫人之后，巴尔扎克就变成了一个花花公子，一个时髦的人物，这一点却是无可争议的事实。他在那些经常光顾歌剧院、滑稽剧院和著名沙龙，在夜总会里打发时间并以富有、寻花问柳和粗鲁著称的年轻阔少圈子里是一头雄狮。"更有甚者，"他还要求出版商和编辑预付稿酬和版税，他倒卖已背书票据，靠赊账生活。这是他觊觎的财富的一部分"[11]44。他有"一辆篷式双轮轻便马车和一辆栗色的敞篷双轮轻便马车。他的车夫是个大块头，叫勒（莱）克莱尔（克），而马夫却是个小个子，叫安喀塞斯。他雇了几个仆人，一个厨子，一个叫帕拉迪的贴身男仆。他是当时最时髦的裁缝店的常客，并按照最新的时尚标准穿着打扮。安瑟洛夫人声称，他定做了至少三十一件马甲，而且他希望有一天他可以拥有三百六十五件，这样他就可以每天换一件了。他不穿毛织物，喜欢丝织物；他手上戴满了戒指；他的内衣是质地最好的；他掸香水，对此简直着了迷。"[11]45巴尔扎克所有的生活窘困都是咎由自取。"巴尔扎克大手大脚，花钱如流水，他曾指望用根本无法实现的收入来维持生活，他再也借不到钱了，因为他已信誉扫地，他发现现在自己比住在阁楼里的时候还要贫困。"[11]46

在《高布赛克》中，但维尔很迷恋阿娜斯大齐："她舐犊情深，对儿女绝口不提自己淫乱的生活；他们年纪幼小，因此她得以达到目的，儿女们很爱她；她也使儿女们受到了最良好、最出色的教育。我得承认，我情不自禁地对这个妇人抱着钦佩与同情的心情，……"[11]640读过巴尔扎克《高老头》的人，谁能同意巴尔扎克对这个极端自私的女子这种过分的赞赏？

高老头是早期资产者，然而他却成了资本主义社会以金钱为轴心的不正常人际关系的牺牲品。他在政治上不能随机应变，在人情世故上不相信金钱高于一切。他这样的资产者在社会生活中必然要被新的更加狡猾、更加阴险的资产者——纽沁根和拉斯蒂涅所代替。高老头的至深至纯的父爱反衬出两个女儿的无情无义，他的人性的温馨反衬出社会的残忍冷酷。

在《高老头》中，伏脱冷是一个潜逃的苦役犯，原名约各·高冷，绰号"鬼上当"，他认为强盗和统治者的区别就在于见血和不见血。他以不道德对付不道德，以掠夺反对掠夺。他引诱拉斯蒂涅扔掉良心，扩张野心，不择手段地攫取财富和地位。巴尔扎克十分欣赏他的胆识、义气和能力。曾经做过拉斯蒂涅的引路人的伏脱冷，在《烟花女荣辱记》中又为吕庞泼莱策划阴谋，用逼死吕庞泼莱的情妇的办法，企图使吕庞泼莱获得百万家财。伏脱冷还犯了其他谋杀罪行，而吕庞泼莱则以同谋犯的嫌疑被捕，死在狱中。吕庞泼莱的身上也浓缩了巴尔扎克自己初混文坛时与无耻文人合作，创作了不少文学垃圾的经历。伏脱冷是资产阶级个人野心最突出的典型人物，在他身上集中了个人野心的一切罪恶；他以愤世嫉俗的面貌出现，猛烈攻击资产阶级的道德和法律，实际上却在传播这种道德和法律。拉斯蒂涅和吕庞泼莱便是在他指引下的两个利欲熏心的青年，一个爬进了统治集团，一个死于牢狱。巴尔扎克却认为这个形象与统治者比较起来要远为光明磊落得多。写成剧本《伏脱冷》之后，1840年"1月13日，审查委员会不同意上演，借口是主人公伏脱冷很能使人想起大盗罗贝尔·马凯尔，并引起观众对任何犯罪都不在乎的人物的兴趣。第二稿也以同样理由被否决。"[4]263后来这个剧本在演出一场之后还是被禁演了。雨果带着巴尔扎克去找内政部部长，"部长态度和蔼，但保留意见，认为戏剧的演出会干扰公共秩序"[4]264。伏脱冷，"他的灵魂和他的相貌一样粗俗、蛮悍，仿佛一块未加琢磨的嶙峋的怪石，或是一丛无法剪裁的坚硬的荆棘。"[10]90巴尔扎克在伏脱冷身上融入了自己的智慧和达观："他自信而达观，蔑视一切权威、法律，从来不低头屈服，也不绝望气馁，在危险面前能镇定自若，似乎随时都有化险为夷的力量；他要弄阴谋来对付社会、实现个人的野心、引诱青年走向堕落，但他又胸怀磊落，常以直言不讳的坦率和恪守信用的义气博得人们的好感；尤其是，他虽然身为盗贼，以作案犯罪为生，但却并不缺少思想，甚至可以说思想敏锐而深刻，更兼长于辞令，因此，在他喋喋不休、海阔天空的谈吐中，总是时有真知灼见闪现，他对社会罪恶与败德的嬉笑怒骂，常常令人拍案叫绝，感到痛快淋漓。"[10]92伏脱冷是强盗逻辑的代表。"信口雌黄中埋藏着高明的见地，用强盗逻辑常能推演出深刻的真理。"[10]134艾珉说："他（伏脱冷）和官府作对，可并不是为了替天行道；他劫夺有钱人的财产，也不是为了扶弱济贫。他只是不甘心屈从社会分配给他的命运，千方百计要在社会上谋取自己的一份权益。用合法手段得不到的东西，他便使用非法的手段去攫取。他并不代表正义，只是对社会的非正义有极透彻的了解。他是人间的撒旦，既邪恶又合理。巴尔扎克不曾把他写成正面人物，却赋予他一种反叛的美。"[6]107-108王路这样评价巴尔扎克："按他的理解，大人物的标准关键是在于敢不敢做，而不在于做成做不成，伏特（脱）冷失败了，但他是个天才，是个当代英雄。"[12]86巴尔扎克也把自己畸形的性取向赋予了伏脱冷，"他（巴尔扎克）乐意承认他的性欲要求是两性畸形的。这种性格的双重性使小说家去描写两性人物。……即使在《高老头》一书中，他也情不自禁地指出可怕的伏脱冷对他的'保护人'、年轻的拉斯蒂涅的暧昧关系。"[4]186伏脱冷的形象在后来的《烟花女荣辱记》中得到了加强。"这部小说（《烟花女荣辱记》）的大量素材即来自维多克的《回忆录》。伏脱冷是一首恶之诗，丑恶中又包含意志和力量的魅力。论个人的才干，也许上层社会无人能与之匹敌；而面对整个国家机器，他也只能充当奴仆才能见容于社会。"[6]168

拉斯蒂涅在某种程度上是巴尔扎克自传式形象。"从善良走向邪恶，从正直走向无耻，是拉斯蒂涅在整部'喜剧'中的变化经历，在《高老头》里，他迈出了关键的第一步。"[10]97青出于蓝而胜于蓝，"他不愿象（像）鲍赛昂夫人那样含泪而去，不愿象伏脱冷那样束手就擒，更不愿象高里奥那样遭人遗弃。他决心涂黑良心，弄脏双手，成为金钱争夺战中的胜利者。"[10]98拉斯蒂涅埋葬了高老头之后，他决定要和巴黎拼一拼，这就是年轻的巴尔扎克在巴黎时的想法的真实概括。加香在《论巴尔扎克》一文中说："这个拉斯蒂涅有人说是年轻时代的蒂埃尔（梯也尔）的写真。蒂埃尔的结局是成为巴黎公社的刽子手，成为他那时代的资产阶级的头目。"[13]408-09"以后发生的几件标志着他的政治生命的丑事，人们认为拉斯蒂涅就是蒂埃尔的写照。"[13]415蒂埃尔曾是自己丈母娘的情夫，这一点也与拉斯蒂涅对上了号。

　　面对拉斯蒂涅这样不择手段的典型，巴尔扎克努力在为他寻找开脱的理由，言语中流露出由衷的欣赏，而且巴尔扎克把自己的形象部分地赋予了拉斯蒂涅："欧也纳·特·拉斯蒂涅过了暑假回来，他的心情正和一般英俊有为的青年或是因家境艰难而暂时显得高卓的人一样。寄寓巴黎的第一年，法科学生考初级文凭的作业并不多，尽可享受巴黎的繁华。"其结果是"童年的幻象，外省人的观念，完全消灭了。见识改换，雄心奋发之下，他看清了老家的情形。父亲，母亲，两个兄弟，两个妹妹，和一个除了养老金外别无财产的姑母，统统住在拉斯蒂涅家小小的田地上。年收三千法郎左右的田，进款并没把握，……可是每年总得凑出一千二百法郎给他。家里一向为了疼他而瞒起的常年窘迫的景象；他把小时候觉得那么美丽的妹妹，和他认为美的典型的巴黎妇女所作的比较；压在他肩上的这个大家庭的渺茫的前途；眼见任何微末的农作物都珍藏起来的俭省的习惯；用榨床上的残渣剩滓制造的家常饮料，总之，在此无须一一列举的许多琐事，使他对于权位的欲望与出人头地的志愿，加强了十倍。象（像）一切有志气的人，他发愿一切都要靠自己的本领去挣。……先是他想没头没脑的用功，后来又感到应酬交际的必要，发觉女子对社会生活影响极大，突然想投身上流社会，去征服几个可以做他后台的妇女。一个有热情有才气的青年，加上倜傥风流的仪表，和很容易叫女人着迷的那种阳性的美，还愁找不到那样的女子吗？……回到巴黎几天之后，拉斯蒂涅把姑母的信寄给特·鲍赛昂夫人，夫人寄来一张第二天的跳舞会的请帖，代替复信。"巴尔扎克与拉斯蒂涅同样是学法科的，家庭背景和寓居巴黎的情况也很相同，他们都同样想在巴黎出人头地。"欧也纳参加了特·鲍赛昂太太的舞会，清晨两点左右回家。"[14]211-13通过这次舞会，"他看出特·鲍赛昂子爵夫人是当令的阔太太之一，她的府第被认为圣·日耳曼区最愉快的地方。以门第与财产而论，她也是贵族社会的一个领袖。……能够在那些金碧辉煌的客厅中露面，就等于一纸阀阅世家的证书。一朝踏进了这个比任何社会都不容易进去的地方，可以到处通行无阻。……他……在那般争先恐后赴此晚会的巴黎女神中，发现（现）了一个教青年人一见倾心的女子。阿娜斯大齐·特·雷斯多伯爵夫人生得端正，高大，被称为巴黎身腰最好看的美人之一。一对漆黑的大眼睛，美丽的手，有样的脚，举动之间流露出热情的火焰；这样一个女人，照特·龙格罗侯爵的说法，是一匹纯血种的马。泼辣的气息并没影响她的美；身腰丰满圆浑而并不肥胖。纯血种的马，贵种的美人，这些成语已经开始代替天上的安琪儿，仙女般的脸庞，以及新派公子哥儿早已唾弃不用的关于爱情的老神话。在拉斯蒂涅心目中，阿娜斯大齐·特·雷斯多夫人干脆就是一个迷人的女子。"[14]213-14巴尔扎克这里继续用欣赏的眼光在描摹高老头自私的女儿阿娜斯大齐。其实，高老头的两个女儿的行事作派与婊子无异，她们直接导致了高老头倾家荡产、最终惨死的结局。这位父亲对女儿们的情感不可谓不感人，它体现了亲情中最动人的一面，那就是父母对子女的无限付出，无怨无悔，从不计较回报，无论任何灾难与病苦都无法动摇这种情感。关于拉斯蒂涅，作者不无夸张地写道："这是南方青年第一次用心计。在特·雷斯多太太的蓝客厅和特·鲍赛昂太太的粉红客厅之间，他读完了三年的巴黎法。这部法典虽则没有人提过，却构成一部高等社会判例，一朝学成而善于运用的话，无论什么目的都可以达到。"[14]249

表姐特·鲍赛昂夫人这样告诉拉斯蒂涅："……你得以牙还牙对付这个社会。……你越没有心肝，越高升得快。你得不留情的打击人家，叫人家怕你。只能把男男女女当做驿马，把它们骑得精疲力尽，到了站上丢下来；这样你就能达到欲望的最高峰。……女儿遗弃父亲，巴望父亲早死，还不算可怕呢。那两姊妹也彼此忌妒得厉害。……特·纽沁根太太只消能进我的客厅，便是把圣·拉查街到葛勒南街一路上的灰土舐个干净也是愿意的。……你要能把她介绍到我这儿来，你便是她的心肝宝贝。以后你能爱她就爱她，要不就利用她一下也好。我可以接见她一两次，逢到盛大的晚会，宾客众多的时候；可是决不单独招待她。……那般资产阶级的妇女，以为戴上我们的帽子就有了我们的风度。……我们做女人的也有我们的仗要打。"[14]256-58巴尔扎克也写到了拉斯蒂涅年轻幼稚的想法："拉斯蒂涅决意分两路去猎取财富：依靠学问，同时依靠爱情，成为一个有学问的博士，同时做一个时髦人物。可笑他还幼稚得很，不知道这两条路线是永远连不到一起的。"[14]259

高老头和两个女儿之间的感情付出是不对等的。"父亲把全部财产和感情都奉献给女儿，女儿们却只在缺钱时想起父亲。明明知道父亲已经被榨干了，女儿为了情人的债务，竟会算计到老父亲赖以活命的最后一笔存款，为了一件金银铺绣的舞衫，竟逼得父亲卖掉最后的餐具；明明知道父亲快咽气了，女儿心中盘算的却只是如何到巴黎名门贵胄的舞会上去出风头，哪怕踩着父亲的身体走过去也在所不惜；好不容易为父亲流下了几滴眼泪，一想到哭泣会使自己变得难看，眼泪便干了……这些，就是一个父亲对女儿的溺爱所得到的全部报偿。"[6]110-11巴尔扎克非常欣赏的高老头的两个女儿，别人又是怎么评价的呢？德·朗日公爵夫人说："可不是！这家伙有两个女儿，他都喜欢得要命，可是两个女儿差不多已经不认他了。"鲍赛昂子爵夫人提到了但斐纳："……头发淡黄，在歌剧院有个侧面的包厢，也上喜剧院，常常高声大笑引人家注意，……"公爵夫人说道："不承认她们的亲爸爸，好爸爸。听说他给了每个女儿五六十万，让她们攀一门好亲事，舒舒服服的（地）过日子。他自己只留下八千到一万法郎的进款，以为女儿永远是女儿，一朝嫁了人，他等于有了两个家，可以受到敬重，奉承。哪知不到两年，两个女婿把他赶出他们的圈子，当他是个要不得的下流东西……"[14]253巴尔扎克评价高老头说："……他看出女儿们觉得他丢了她们的脸；也看出要是她们爱丈夫，他却妨害了女婿，非牺牲不可。他便自己牺牲了，因为他是父亲，他自动退了出来。看到女儿因此高兴，他明白他做得对。……所有的感情都会落到这个田地的。我们的心是一座宝库，一下子倒空了，就会破产。一个人把感情统统拿了出来，就象（像）把钱统统花光了一样得不到人家原谅。这个父亲把什么都给了。二十年间他给了他的心血，他的慈爱；又在一天之间给了他的财产。柠檬榨干了，那些女儿把剩下的皮扔在街上。"[14]255

《高老头》广泛地运用了对比的法则。如环境对比，人物与故事对比等。高老头溺爱女儿与泰伊番将女儿赶出家门、高老头的痴情和女儿的绝情、高老头的窘困和女儿的奢侈形成对比，但巴尔扎克运用这些对比真地是为了从中引出抑恶扬善的教训吗？非也。贵族资产阶级上流社会和伏盖公寓下层社会的环境对比，鲍府的大家气派和纽沁根家的恶俗排场的对比，这些场景的强烈对比，格外刺激拉斯蒂涅向上爬的野心。资产阶级暴发户虽然粗俗、浅薄、寡廉鲜耻，可又勃勃进取。鲍赛昂夫人马上要到乡下隐居去了，被她百般奚落的但斐纳，却在贵族的哀乐声中终于挤进了这个她一心要高攀的社会，实现了她的夙愿。拉斯蒂涅和但斐纳身上岂不寄托了巴尔扎克自己的理想？

巴尔扎克除了在《高老头》中描写了做女儿的耗尽父亲的财产，然后把父亲像一只挤干了的柠檬似的丢掉、在《欧也妮·葛朗台》中描写了做父亲的为了金钱，逼死自己的妻子，又葬送了女儿的一生以外，他又在《高布赛克》中描写了做母亲的（阿娜斯大齐）企图霸占自己丈夫的遗嘱，以便剥夺儿女的财产，在《禁治产》中描写了做妻子的宣布丈夫为白痴，要求执管他的产业，在《夏倍上校》中描写了妻子干脆翻脸不认自己的丈夫，在《贝姨》中描写了主人公为了私心，不惜用卑劣的手段，损害亲人的幸福，在《邦斯舅舅》中描写了势利小人对穷亲戚任意侮辱，一旦穷亲戚变富，就狠心把他杀害，夺取他的财产。这都是一系列的恶行，描写恶行本身并没有错，错就错在巴尔扎克往往是以欣赏的口吻在描述这些恶行。

在《贝姨》中，"美，经不住丑的强力压榨；善，在恶的逼攻下土崩瓦解。一切纯洁的都被玷污了，一切正直的都被扭曲了，一切美好的都被毁灭了。……人的尊严、人的价值，遭到一次又一次悲剧式的打击。"[10]186一部作品的走向应该受到作家的主观干预，巴尔扎克却任凭恶行败德在作品里恣意发展，善良义举遭到无法抗御的辗压。关于《贝姨》，艾珉说："在这部以揭露为主的'风化史'中，作者浓墨重彩地描绘了一些病态、畸形、邪恶而又能量很大的人。相形之下，高尚正直者由于忠厚善良，几乎完全无力与恶人较量。"[6]176

类似地，关于《改邪归正的梅莫特》，艾珉说道："社会对待'德行'和'恶行'是那么不公正，不能不诱使无数个卡斯塔涅铤而走险。一个正直的出纳员一生清白所能得到的奖赏，至多不过是'一百路易的养老金，三层楼的房间，仅够吃的面包，几条新围巾'，而'恶行'只要大胆而巧妙地玩弄法律条文，社会就'使他偷来的几百万家当合法化，给他戴上绶带，堆满荣誉，百般尊崇'。"[6]197

巴尔扎克在《人间喜剧》中刻画了很多个人野心家的形象，除了《高老头》《纽沁根银行》和《不自知的喜剧演员》中的拉斯蒂涅和《高老头》《幻灭》《烟花女荣辱记》中的伏脱冷以外，还有《驴皮记》中的拉法埃尔·德·瓦仑坦，《幻灭》《烟花女荣辱记》中的吕西安·吕庞泼莱等等。除了伏脱冷以外，他们当初走进社会时，都想通过正当的途径寻找个人出路，后来由于沾染了上层社会的恶习，一个个弄得道德堕落。拉法埃尔从外省来到巴黎，幻想得到学者的光荣，刻苦自励，自从认识贵妇人馥多拉以后，他便使用一切手段去追求金钱。拉斯蒂涅是一个获得成功的野心家。他从对巴黎社会的接触和观察中找到成功的秘诀，在逃苦役犯伏脱冷是他的引路人。拉斯蒂涅虽说有时不免怀疑和懊悔，但最后还是走上邪路，成为寡廉鲜耻的流氓政客，金融资产阶级的代理人。巴尔扎克总体上对这个形象是欣赏的，而且在他身上表达了自己的社会理想。吕西安·吕庞泼莱是一个有才能的青年诗人，他从外省来到巴黎，渴望找到出人头地的捷径。新闻记者罗斯托告诉了他当前文坛的内幕，他便出卖自己的才能，做一个不择手段的文艺评论家。但是为了获得成功，他必须干更多的罪恶勾当。

据说巴尔扎克的父亲八十多岁了，还把一个年轻的农村情妇肚子搞大了，"在他看来，他父亲是个自私自利、贪图享受的魔鬼，一个可笑和可鄙的享乐主义者，简而言之，是一个他所喜爱的小说中的人物。"[4]86在小说中，父亲的形象便化身为加陶、加缪索之流，其实，巴尔扎克自己又何尝不是如此。

在《贝阿特丽克丝》中，卡米叶（原型乔治·桑）的情人热纳罗·孔蒂（原型肖邦）被贝阿特丽克丝抢了去。巴尔扎克通过卡米叶之口这样描绘孔蒂的肖像："……他外表讨人喜欢，内心叫人讨厌。他是情场上的骗子。……但是孔蒂的虚情假意只有他的情妇才会识破，……孔蒂没有克服自己缺点的勇气。……他知道自己的短处，却要摆出强者的样子，而且虚荣心十足，完全昧着良心耍弄感情。他自视是个得到上天灵感的艺术家。……他是先知，是恶魔，是神仙，是天使。总之，卡利斯特，您尽管有了精神准备，还是会上他的当。这个南方人，这个热血沸腾的艺术家，其实和井绳一样冰凉。……你自以为受到他的喜爱，其实他恨你，你却不知何故。"[15]107-08在孔蒂身上是否也有巴尔扎克的影子？在与韩斯卡夫人恋爱之后，巴尔扎克又有多少时间在耍弄情感？

《贝阿特丽克丝》中的卡利斯特分明是一位花花公子，在两位风艳女子中间争风吃醋，却被巴尔扎克写成了纯洁、热情、可爱的优秀青年："由于她（贝阿特丽克丝）自觉不如人，所以更加使劲地撒娇卖俏。她招人疼地假装生病，装了整整一星期。她倚着卡利斯特的胳膊，在屋前花园的草坪上，不知兜了多少次圈子，以此来报复卡米叶在她到来的第一个星期里使她尝到的痛苦。"她手段很多，"她恶魔般地在他面前装腔作势，让他失望到极点，……"[15]229她煞有介事地哄骗卡利斯特，"我对您说过无数次了，我属于另外一个人，而且只能属于他；我在对爱情一无所知的情况下选择了他。错误是双重的，惩罚也是双重的。"[15]231-32她这是在装腔作势地撒谎。孔蒂归来，他以赞美的口气说了一些刻薄、挖苦女性忠贞的话。贝阿特丽克丝误解是卡米叶写信让孔蒂来的。"她们都看出深仇大恨已经把她们分开。"[15]240孔蒂对卡利斯特说："亲爱的，您爱她吧，您这样就帮了我的忙，……我眼下爱上了我们最年轻美貌的歌剧演员法尔孔小姐，我想娶她为妻！是的，我目前已经到了这个地步。所以，当您到巴黎来的时候，您会看到我已经用侯爵夫人换了一位王后。"这是孔蒂设的圈套，"卡利斯特把三个星期来图希庄园里所发生的事统统讲了出来，并对表面和蔼可亲、心里七窍生烟的孔蒂感到非常满意。"[15]241-42

巴尔扎克身上有花花公子的特征，所以他对风流女子的丈夫很少有好的描述，这从侧面可以看出作者作为单身的幸灾乐祸的恶习，另外，他也可能是当事人，这些丈夫正是因为他才变成了不幸。"总之，他（贝阿特丽克丝的丈夫德·罗什菲德侯爵）已确信奥蕾莉（即匈兹太太）真的爱他，爱他这个人本身。奥蕾莉拒绝使一位每月肯贴她五千法郎的俄国亲王幸福。"[15]337老浪子头目马克西姆·德·特拉伊给接班人拉帕菲林分配了勾引贝阿特丽克丝的任务。马克西姆的名言是："爱，就是对自己说：'我喜欢的女人是下流坯（胚），她现在欺骗我，她将来欺骗我，她是荡妇，她浑身散发着各种各样地狱的油脂气味……'爱，就是在地狱里奔波，从里面找到蔚蓝的天空，天堂的鲜花。"[15]353卡利斯特第一次没有回家过夜，萨宾娜伤心透顶。公爵夫人对女儿萨宾娜说："贝阿特丽克丝将为你的眼泪和痛苦付出昂贵的代价。撒旦的手向她伸过去了，她将为你遭受的每一次侮辱挨十次羞辱！"[15]360下面的情感，相信巴尔扎克体验过不止一次："惟其真心相爱，才会有这种没骨气的怯懦表现。阿蒂尔（即德·罗什菲德侯爵）在匈兹太太面前的表现，同萨宾娜在卡利斯特面前的表现，卡利斯特在贝阿特丽克丝面前的表现，一模一样。"[15]372巴尔扎克后来在韩斯卡面前的表现也是如此。"第二天，贝阿特丽克丝仿佛看清了卡利斯特是怎样的人：一个忠诚而完美的世家子弟，但既无激情又无才华。……他与昨天晚上的拉帕菲林相比，不禁黯然失色，不能使贪婪的贝阿特丽克丝产生丝毫的激动。"[15]375

艾珉在《贝阿特丽克丝》的题解中说，这部作品里"描写两种爱情——富于牺牲精神的高洁的爱情和从虚荣心出发的自私的爱情——之间的竞争，结果是自私的爱情获胜；……纯真的夫妇之爱和邪恶的情欲之间的竞争，如果不是采取了邪恶的巴黎方式与之格斗，同样也会是邪恶的情欲获胜。"[15]602巴尔扎克足够虚荣，他也没有真正享受过夫妇之爱，他所经历的大多是虚荣而自私的爱情，领略的大多是邪恶的情欲。只有与贝尔尼夫人之间的感情相对纯洁，然而他最终还是背叛了她。

在《赛查·皮罗托盛衰记》中，巴尔扎克塑造了银行家杜·蒂耶的形象，对这样一个不择手段、极其无耻的形象巴尔扎克言语之中也不乏欣赏，认为他迟早会成功："莱桑德利附近有个小地方叫做（作）杜·蒂耶，一七九三年的一天夜里，一个可怜的姑娘在本堂神甫的园子里生下一个孩子，敲了敲护窗板，投河自尽。好心的教士收下婴儿，当做（作）亲生的一样抚养，给他取的名字就是当天日历上圣徒的名字。一八〇四年，神甫死了，……费迪南便到巴黎来过着流浪生活，尽有机会不是上断头台，就是飞黄腾达；当律师，进军队，做生意，当佣人，都有可能。……他已经在全国各地走过一遭，把社会研究过了，打定主意非出头不可。一八一三年，（他申请法院）让他用杜·蒂耶做姓氏。法院……批准了他的要求。他无父无母，除了检察官没有别的监护人，独自在世界上，对谁都不用负责。他把社会当作后娘看待，象（像）土耳其人跟摩尔人一样势不两立；做事只管自己的利益，只要能发财，什么手段都行。这个诺曼底人有着可怕的才干，除了向上爬的欲望，还有大家责备（不管责备得对不对）他同乡人的那种狠毒。他当面奉承，暗里寻衅，是个最刁顽的讼棍。他大胆否认别人的权利，自己的权利可一丝一毫都不放弃。他用时间来磨敌人，顽强到底，死缠不休，叫敌人疲劳。他的主要本领就是老戏里的司卡班的那一套：花样百出，做了坏事，照样能逍遥法外，见了好东西就心痒难熬的想抢过来。……预备将来有了钱再规规矩矩做人。他干起事来精神抖擞，凭着打仗一般的蛮劲，不管好事坏事，都要人家帮忙，他的理论无非是个人的利益高于一切。他瞧不起人，认为谁都可以用钱收买。既然所有的手段都使得，他自然毫无顾虑。他相信有了金钱和地位，一切罪恶就能一笔勾销。这样一个人当然迟早会成功。……认定诚实是他的死冤家，非打倒不可。他城府很深，面上却装做（作）玩世不恭的轻佻样儿。地位不过是一个花粉店的伙计，野心却大得没有边际。他用仇恨的目光瞪着社会，心里想：'我一定要征服你！'他发誓要四十岁才结婚，后来果然说到做到。"[16]43-45巴尔扎克又通过自己的经验写道："有些伦理学家认为，除了母爱之外，两性的爱是最不由自主，最没有利害观念，最没有心计的。这个见解真是荒谬绝伦。……那些老是令人奇怪的婚姻，例如个子高大的美女嫁了一个矮小的丈夫，漂亮哥儿娶了一个矮小丑陋的老婆等等，也可以得到解释了。凡是体格有缺陷的，……他只有两条路好走：不是叫人害怕，就是和善得不得了；他不能象（像）大多数人那样在中间摇摆不定。走第一条路的有能人，有天才，有强者；因为只有无恶不作才能使人恐怖，只有天才才能使人尊敬，只有聪明绝顶才能使人惧怕。走第二条路的却叫人疼爱，特别能适应女性的专横，比长相完全的男人更懂得爱。"[16]116-17

在《纽沁根银行》中，巴尔扎克借勒龙代之口表达了以下这种极端的观点："伟大的政治家必须是恶棍的集中体现，否则社会就甭想治理好。正人君子式的政治家……非把船弄沉不可。拿国家一亿法郎中饱私囊，同时把法国治理得蒸蒸日上的首相难道不比靠国家的钱才得以下葬但却把国家整得千疮百孔的首相更受欢迎么？……"[17]403巴尔扎克一直有政治野心，他同时又认为一个好的政治家必须是"恶棍的集中体现"，那么也就不难理解他塑造了那么多成功的恶棍典型了，这至少是部分地表达了巴尔扎克自己的理想。

在《纽沁根银行》中，巴尔扎克又通过毕西沃的话介绍了拉斯蒂涅的成长经历："……拉斯蒂涅到巴黎后不久便学会了对整个社会抱着鄙夷的态度。一八二〇年以后，他和纽沁根一样，认为诚实不过是虚假的外表，人世不过是形形色色的污秽与欺骗的结合。……他不相信有道德，只相信有在一定情势中讲道德的人。这种信念是他站在拉雪兹神甫公墓山坡上那一时刻的产物。……拉斯蒂涅那时便立下了玩世的决心，同时他又决计披上高尚正直的品质和漂亮风度的外衣在这世界上立住脚。这位青年贵族从头到脚披上了自私的盔甲，当他发现纽沁根有同样的披挂时心里便生出敬重之情。……纽沁根便恳求他在大功告成之际接受二十五股每股一千法郎的铅银矿股票，拉斯蒂涅收下了这笔馈赠，以免纽沁根难堪！咱们这位朋友劝玛尔维娜结婚的那个晚上，正是纽沁根反复启发拉斯蒂涅的第二天。……"[17]405-07

艾珉在《纽沁根银行》题解中说："《纽沁根银行》是《赛查·皮罗托盛衰记》的姊妹篇。本篇充分运用对话和叙事的技巧，刻画了与失败破产的赛查相对照的、无往不胜的银行资本家纽沁根。较之高布赛克和葛朗台，纽沁根是个更有雄才大略的冒险家，一只更加凶恶的狼。其手段的巧妙和毒辣，比一般的高利贷者和投机商不知高明多少倍。他通过三次假破产、假清理，杀人不见血地掠夺了千家万户的财产，成为法国首屈一指的金融巨头。而上当受骗者还把他当作天下第一等正直的银行家。正当赛查以生命为代价挽回名誉的时候，纽沁根却心安理得地享用非法聚敛的财富所带来的一切好处，被封为男爵并成为贵族院议员。他的帮凶拉斯蒂涅不花一文成本净赚四十万法郎，而那些把拉斯蒂涅当作心腹之交的人们却丧失了自己的大部分财产。作者讽刺地写道：'傻瓜们的钱，天经地义是聪明人的财产。'"[17]598艾珉在《巴尔扎克传》中说："他（纽沁根）通过三次假破产、假清理，利用股票行市的风云变幻，杀人不见血地掠夺了千家万户的财产，成为法国首屈一指的金融巨头。"[6]159一直在为赚钱而百般折腾却一直遭遇挫败的巴尔扎克，无疑内心是希望能像纽沁根那样在金钱方面翻云覆雨的。可以说，赛查·皮罗托是现实中的巴尔扎克，纽沁根则代表了巴尔扎克的理想。

在《赛查·皮罗托盛衰记》译者序中，傅雷说："这部《赛查·皮罗托盛衰记》的背景完全是一幅不择手段，攫取财富的丑恶的壁画。……所有的细节都归结到一个主题：对黄金的饥渴。那不仅表现在皮罗托身上，也表现在年轻的包比诺身上；……在那个社会里，不但金钱万能，而且越是阴险恶毒，

越是没有心肝，越容易飞黄腾达。"[18]6巴尔扎克一生都在追求金钱，这同样
是对黄金的饥渴。巴尔扎克被债主逼迫的窘境先是在这部作品中通过皮罗托的
形象予以表现，之后更是在戏剧《投机商》中麦卡代的身上进行了最充分的再
现。

　　在《金眼女郎》中，巴尔扎克写到了艺术家的绝望处境："开始时，艺
术家总是被债主逼得喘不过气来。个人的需求产生了债务，债务又迫使他彻
夜工作。工作之后，是享乐。……竞争、对立、诬蔑诽谤扼杀了这些天才。有
的痛苦绝望了，陷进了恶习的深渊；有的青春早逝，……这些本来极为俊美的
人物，能保持美好的形象者，为数不多。"[19]354这种近乎绝望的处境应该是巴
尔扎克欣赏恶行的原因之一。这部小说的男主人公是亨利·德·玛赛，《十三
人故事》的主角之一，巴尔扎克对这个形象极其欣赏："虽然芭基塔·瓦勒戴
斯在他面前展现出珠联璧合的完美，他直到此刻也不曾细细品味过，但是他心
中几乎没有感受到激情的诱惑。总是得到满足，反而在他心中削弱了爱的情
感。……在青年人心里，爱情是最美妙的情感，它使生命的鲜花在心中盛开，
它以其阳光般的巨大威力，使最最伟大的思想、最最美好的想象迸发出来：任
何事情，初次的味道都格外鲜美。"[19]358巴尔扎克概括道："在成年人身上，
爱情变成了情欲：精力充沛导致欢情无度。在老年人身上，爱情变成了恶习：
性机能衰退导致极端行为。亨利既是老年人、成年人，又是青年人。……他就
要演出这出常演常新、永恒而古老的喜剧了，人物是一个老家伙，一位少女和
一个钟情男子：堂里若斯，芭基塔，德·玛赛。"[19]384巴尔扎克是很熟悉女性
的深闺的："一个女子真正动情，面对着无望获得的偶像时，无限的爱恋涌上
她的心头，使她心醉神迷。她的眼中充满快乐和幸福，迸发出火光。她已经着
了魔，毫无顾忌地沉醉在长久以来梦寐以求的极乐之中。在亨利眼中，此刻的
她，显得那样神奇般的美丽。……一个人处于恶习的桎梏之下，就好比落到了
暴君的手里。暴君专横肆虐的鞭打，把你弄得痴痴呆呆。"[19]397-98下面又是经
验之谈："一个年轻人，拥有金钱和权势，首先想到的就是享乐。只有当他对
享乐厌倦了的时候，才会成为当代思想最深刻的一位政治家。男子就是这样冷
酷无情：他利用女人，为的是叫女人不会利用他。此刻，德·玛赛统观这一夜
的全局，发现自己被金眼女郎捉弄了。……芭基塔只是肉体上的童贞，……他
只不过扮演了另一个人的角色。……给恶习充当了饲料，他很伤心。如果他
的傲气是正当的，那么，他现在是受到了奇耻大辱，被触到了痛处。这么一
猜测，他不由得怒气冲天。他猛虎一般吼叫起来。"[19]418小说最后以芭基塔被

杀死而告终。"德·圣-里阿尔侯爵夫人得知金眼女郎的不忠实行为，极度妒忌，刺了她一刀。"[4]186

艾珉在题解中说："《金眼女郎》最初的篇名是《红眼妇人》，……作者通过'十三人'集团的三段故事，揭开了巴黎社会肮脏污浊的内幕，着重刻画了人们强烈、狂暴乃至罪恶的激情。……这种种激情一无例外地以悲剧告终：……三位女主人公处在不同的社会阶层，却同样成为堕落腐化的巴黎社会的牺牲品。而造成她们的不幸的人们，也同样未能获得幸福。"[19]437-38在现实生活中，"巴尔扎克萌生了按照他设想的方式建立一个秘密社团的想法，秘密社团的成员之间应彼此帮助，在任何情况下都应相互保护。他以会员碰头的那家酒馆的名字把这个秘密社团命名为'红马会'。"[11]63但社团只存在了几个月，之后就因为大部分成员交不上会费而解散了。十三人集团的头子费拉居斯"力大无穷，爱打抱不平，是个苦役犯，被褫夺公权。"[4]154在《朗热公爵夫人》中，"巴尔扎克受到与德·卡斯特里侯爵夫人冷遇的启发，讲述了十三位侠士对一位漂亮、骄傲、奸诈的高贵女子的惩罚。"[4]154巴尔扎克苦心孤诣打造的"十三人"则代表了他的理想。"《费拉居斯》（1833）、《德·朗热公爵夫人》（1833）、《金眼女郎》（1834—1835）组成的《十三人故事》，写的就是一伙衣冠楚楚、戴着米黄色手套的'上流社会'的摩登强盗。这些人凌驾于王国和法律之上，不承认任何道德原则或社会法规，而只服从于某种激情或利益的需要。他们之所以有力量，是由于社会因各种利害冲突四分五裂，他们却结成团体，凭着彼此间的忠诚和坚定的决心去搏斗。他们几乎无所不为也无所不能，较之《搅水女人》中的'逍遥骑士'，这伙人质量更高，野心更大，组织更严密，能量也更可观。"[6]164

艾珉在《法西诺·卡讷》题解中说："在一个以金钱为杠杆的社会里，嗜金症已成为一种广泛蔓延的顽症，只有少数坚强的灵魂能免受感染。这种病症的恶性发展，会使人丧失理性，沉溺于偏执的狂想，最后使人的精神、肉体遭到彻底毁灭。这篇小小的故事，当然纯属虚构，而小说中描写的精神状态，难道不正是作家考察人们内心世界的结果吗？"[20]600实际上，巴尔扎克自己就有过这种发财的狂想，他去撒丁岛要开发废弃的银矿就体现了一种嗜金症的偏执。

巴尔扎克在《公务员》中这样描画帮雅曼·德·拉比亚迪埃的肖像："二十二岁，爱出风头，顾影自怜，身材瘦长，有英国人的风度。他的花花公子作风引起全办公室同事的反感：鬈头发、洒香水，每天戴着领结和黄手套，帽子总是式样翻新，还有一副单片眼镜，经常到'王宫饭店'去吃午饭。他的举止一望而知是效颦他人，掩盖不住那副蠢相，可是还洋洋自得。总之他有上流社会的一切恶习，而没有其优雅风度。"[21]547 这里的"花花公子作风""黄手套""经常到'王宫饭店'去吃午饭"等都是巴尔扎克的特征。

巴尔扎克在《不自知的喜剧演员》中通过毕西沃说道："在巴黎，钱来得快去得也快。所有能人都有点毛病，……所有赚大钱的人都有恶习或者怪癖，大概这是为了建立某种平衡。"[22]55 不知道巴尔扎克是否知道自己有欣赏恶行的怪癖，反正他一直认为自己能赚大钱。

《帕梅拉·吉罗》可以说是巴尔扎克的一部道德剧，但演出频频失败，这只能说只有关注道德曲线的作品才最容易成功。据艾珉在题解中介绍，《帕梅拉·吉罗》是一部五幕散文剧，于1843年9月26日在快活剧院首演。此剧属市民剧性质，描写一高尚纯洁的贫穷女子，为搭救卷入政治阴谋的心上人，不惜牺牲自己的名誉，出庭作证。而案犯的那些有钱的亲友及此案的幕后主谋则暴露出种种自私、贪婪、背信弃义的丑恶嘴脸。剧中的杜普雷律师作为正义的化身，帮助女主人公战胜了那帮无耻小人，使之与心上人幸福地结合。这个剧的首演虽不像《基诺拉的智谋》那样引起一片嘘声，却也受到相当严厉的批评，1859年再度上演，演出35场，仍然反映不佳，1917年在奥德翁剧院重演时，则只能说是失败了。[23]765 首先，这部剧的情节缺乏现实基础，违背生活逻辑，其次，这是巴尔扎克为了洗清自己被指责的不道德的形象而违心强行创造出来的作品，遭遇失败也是情理之中的事。

三、巴尔扎克欣赏恶行的原因探寻

泰纳在《巴尔扎克论》一文中说："精神著作的产生不就只靠精神。整个人对它的产生做出了贡献，他的性格、他的教育、他的生活、他的过去和现在、他的情欲、才能、德行和恶习、他灵魂和行为的每一部分都在他所思考的和写作的东西上留下了痕印。"[1]252 不只是优秀的方面，还有邪恶的本我成分。

巴尔扎克在作品中的自传性因素是经过了修饰已经拔高了的自己。李胜凯分析了巴尔扎克在文学中和文学之外的差别："实际上，巴尔扎克身上并存着两个人：一个是生活在人世间的粗鲁汉子，喜欢冒险却又接连碰壁，同母亲和朋友吵闹，因负债累累而四处躲避；一边跟一位波兰伯爵夫人鱼雁传情，一边又与自己的女仆调情，同时还和别的女人逢场作戏。尘世中的巴尔扎克有着旺盛的七情六欲，有着凡人一样的喜怒哀乐。另一个巴尔扎克是塑造整整一个社会的作家，爱慕年轻漂亮的女人，领略过细腻入微的万种情思，过着一掷千金的阔绰生活而无拮据之虑。尘世中的巴尔扎克免不了要和家里家外的俗人们打交道，不食人间烟火的巴尔扎克则是频频出入于他笔下的贵族府邸，他的全部精力被自己塑造出来的人物所占据，与他们朝夕相处，以致冷落了生活在尘世中的朋友，甚至来不及参加他在人世间心爱的女人贝尔尼夫人的葬礼。但是在他精心塑造的女性——亨利·德·莫尔索夫人、爱丝苔·高布赛克、柯拉莉等病危期间，他却能守在她们身旁，不离半步。在现实生活中，他有时似乎是薄情寡义，放荡不羁；而在‘他自己的’世界里，他又柔情似水，激情无限，他认为这是惟一可以依赖的世界，也是他的心灵和智慧得以充分施展的世界。" [24]296

与艺术家对恶行的偏执相对应的就是读者同样取向的偏爱。"……生活在社会法制和自然规律以外的奇形丑样的东西：赌徒、媒婆、流浪人、高利贷者、苦役犯、间谍……这些正是自然科学家和不怕任何污秽的气魄豪迈的艺术家笔下的英雄。这些才是巴尔扎克画廊里值得一看的东西。……他放在另外一个陈列室里的特等大怪物，那才是人最心爱的东西。" [1]303-04

泰纳深刻地分析了读者喜欢窥视恶行的心理。"巴尔扎克，象（像）莎士比亚一样，曾经写过各式各样的坏蛋。……一切伟大的东西都是美的，即使是伟大的不幸和伟大的罪行。……在平地上我宁可碰见一只羔羊，不愿碰见一只狮子；但是，在铁栅后面，我更爱看见一只狮子，不爱看见一只羔羊。艺术便是这样一道铁栅；它消除了恐怖，而保存了兴趣。有了这种保障，你可以既无痛苦又无危险地饱看奇景：猛烈的情欲，伟大的斗争，无情的苦痛。在这里人性被酷烈的战争和无止的欲望抬到了异乎寻常的高度，造成了纷纭的乱局，作出了巨大的努力。不用说，从这个角度看去，强大的力确乎令人感动，引人入胜的。在这里，我们跳出了自身的圈子，超越了我们被渺小的才力和畏怯的本能所局限的庸俗的圈子。我们心灵由于目前的景象，受到它的反击作用而扩大开来。我们仿佛面对着米开朗琪罗的塑象（像）：搏斗者。" [1]316-17

巴尔扎克欣赏恶行的根本原因，就是艺术家从来关注的是道德的曲线，而不是直线。有多少画作描摹赫淮斯托斯与阿佛洛蒂忒的婚姻生活呢？少而又少。相反，描摹阿佛洛蒂忒与阿瑞斯偷情的画作却不计其数，其中赫淮斯托斯捉奸的画面使这位不幸的丈夫显得特别可笑。人们喜欢关注这些违背道德的场景，这才是艺术家喜欢描摹恶行进而欣赏恶行的根本原因，因为他们知道读者和观众喜欢什么。

波德莱尔指出："他（巴尔扎克）的所有人物都带有那种激励着他本人的生命活力，他的所有故事都深深地染上了梦幻的色彩。与真实世界的喜剧向我们展示的相比，他的《喜剧》中的所有演员，从处在高峰的贵族到居于底层的平民，在生活中都更顽强，在斗争中都更积极和更狡猾，在苦难中都更耐心，在享乐中都更贪婪，在牺牲精神方面都更彻底。总之，在巴尔扎克的作品中，每一个人，甚至看门人，都是一个天才。所有灵魂都是充满了意志的武器。这正是巴尔扎克本人。"[10]112

黄晋凯对巴尔扎克笔下的恶行进行了一厢情愿的正面解读："巴尔扎克素以对败德恶习的无情揭露和鞭笞著称。法国社会这位铁面无私的书记官，忠实而艺术地记录了1816至1848年间的沧桑变化。"[10]184

苏联的雅洪托娃在《〈人间喜剧〉中对资产阶级制度的批判》一文中说："据伏特林说，刑事法庭的一切妙处就妙在'对强盗狂吠，为富人打赢官司，把有胆量和勇气的人送上断头台，'而法官的主要的操心就是安排一切事情，以便'富人们可以安稳睡觉'。"[25]431巴尔扎克把读者引向了偏颇的极端："他的每一部小说都是引证这一事实：在资产阶级统治之下，最优秀的人物通常都是受苦的人物，而最坏的人物却总是得到报偿。"[25]433

泰纳在《巴尔扎克论》一文中说："在他看来，无所谓肮脏的东西。……纯粹与美好不能动他的心，在他眼中，一只蛤蟆和一只蝴蝶价值相等，一只蝙蝠比一只夜莺更能动他的兴趣。……他拿出来给人看的全是放大了的残疾、病态和巨大的怪物。"[1]291-92巴尔扎克有着破坏性一面："他缺乏真的高贵，洁雅的东西他看不见。他那解剖家的双手容易弄脏清白的东西；他只会把丑恶的东西弄得更丑恶些，……他衷心满足地叙述着家庭琐事和银钱出入，他用同样满足的心情叙述着暴力的所作所为。……没有人比他更善于写争食的野兽，不管是大的或小的。——这便是他的活动范围，……他擅长描写下流和富有力量的东西。"[1]292在某种程度上，巴尔扎克美化了不择手段者，让他们最终都有一个不错的结局："其中最下等的是手艺人和外省佬。……他们得到他的关切，成为他的宠儿，而他这样做是有道理的，因为这是他自己的园地。……天生的人便日渐消失，留下来的是一个走了样、加强了被训练、破坏、丑化了的人，但是一个有活力的人。……由此获得的残废人却很合于巴尔扎克的胃口。……金钱问题是他最得意的题目，金钱是人类的大发动机，尤其是在社会的最下层里。……巴尔扎克参加了这种实利的追求，他为争取我们的同情，……美化了这样的追求，他的系统化的能力和对人类丑处的明目张胆的偏爱创造了金钱和买卖的史诗。……巴黎和外省，那些永远不变而又永远不同的人类残疾和贪婪的画幅。——底子里，这些正是他所喜爱的东西，他的英雄，因为他让他们得到最后的胜利。……这些骗子到结局大都戴上响亮的头衔，成了大阔人，有势力的人物，众议员，总检察官，府尹，或伯爵。外表镀金是他们惟一能获得的'顶上圆光'，而巴尔扎克就模仿社会和自然，把他们的衣服殷勤地镀成了金色。"[1]293-95 巴尔扎克绘制了一张百丑图。"每一个人都挟带着他一生积累起来的巨量思考，而这些相反而又相连的思考，用它们的统一和矛盾，形成了人类社会的百科全书。"[1]318 巴尔扎克笔下的恶人往往是极富天才的英雄。"巴尔扎克把人类社会看作自私自利思想的冲突之场，在这里暴力得到智谋的指导必然获得胜利；在这里，情欲必然冲破人们为防范它而筑起的堤坝；在这里，公认的道德就是对成规和法律在表面上表示尊重不过——这种可悲和危险的看法有其特别可悲和危险之处是作者将坏蛋描写成天才，他编成一套恶德理论，他便不自觉地将恶德写成引人兴趣，值得原谅的东西。他笔下的高超而深细的情操显得平庸无奇，恶俗而卑下的情操反显得奇妙动人；而且，随着他主题的发展，忌其所之，时时会说出违犯公共安全，甚至危害正义的怪论"[1]319。泰纳称"巴尔扎克入于迷途"[1]321。不管人们如何为巴尔扎克强行辩护，他确实具有（特别）反动的一面。"巴尔扎克憎恨而且貌视我们的民主制度，一有机会他便肆口谩骂我们的两院制政府。……他咒骂新闻自由，把报纸叫作'储毒库房'。……最后，他又在民政暴政上加上宗教暴政。他要求用宗教暴政控制人民的思想，就象（像）用民政暴政控制人民的行动一样。"[1]321-22

巴尔扎克在《论艺术家》一文中表明品格与艺术家不相为谋："一个人习惯于使自己的心灵成为一面明镜，它能烛见整个宇宙，随己所欲反映出各个地域及其风俗，形形色色的人物及其欲念，这样的人必然缺少我们称之为品格的那种逻辑和固执。"[26]20 艺术家玩弄的就是道德的曲线——不道德。"他是那样地深知事物内在的原因，这就使他诅咒美景而为厄运欢呼；他赞扬缺点并为罪行辩护。他具有疯病的各种迹象，因为正是他所采用的手段愈能击中目标时看去却像离目标愈远。"[26]22

曾繁亭在《代序——谛视大师》一文中提到了作家的两面性："对这些显然逾越了市民道德的巨人来说，生活永远意味着轰轰烈烈的存在，经历一切，善恶皆要，并且两者都要以惊心动魄的姿态出现。他们用热忱与自我陶醉培育体内所有的萌芽，不论善恶，无论是激情或恶习，统统令他们茁壮成长。"[27]3王路说："金钱是铸就巴尔扎克命运的一只魔手。在生活中，他甚至可以把众人爱戴的大仲马、欧仁·苏这样的作家放在蔑视的眼光下，但对金钱以及金钱化身的高利贷商人，他却恐惧万分，不得不俯首称臣。"[12]89王路指出了巴尔扎克对病态心理的关注："他把笔伸向了人类心灵的阴暗部分，以人类的恶习和情欲作为自己描写的主要内容，这不能不使他陷入道德谴责的泥潭中。"[12]265接下来的话有过誉的嫌疑："他之所以描写恶，是因为他希望驱除它，疗救它。……从另一个方面，纯粹美学的角度讲，巴尔扎克描写人类之恶，恰恰与雨果、波德莱尔等人构成了一条美学线索，催开了法兰西文学历史上的'恶之花'，从而使《人间喜剧》更加具有现代审美价值和意义，体现出巴尔扎克超前的审美思想。"[12]266

谈到《于絮尔·弥罗埃》时，艾珉说："和《人间喜剧》中绝大部分故事不同，这个故事的结尾是好人得福，坏人受惩并转变。虽然这种结局在巴尔扎克所看到的现实生活中并不多见，却充分阐发了作者以宗教观念遏制人类堕落倾向的主张。作者认为贪欲导致种种恶行和犯罪，唯有建立对神的敬畏才能改善人们的道德面貌。"[6]141-42这在巴尔扎克作品中并不多见，之所以会发生"好人得福"，还要借助神秘主义因素，让鬼魂出现，使坏人发疯，在疯狂中改邪归正。

早在诉讼代理人事务所见习期间，巴尔扎克通过阅读一份份案件卷宗，结果是"在他的脑子里，整个世界是噩梦似的暴力。"[4]28巴尔扎克认为，但丁的天堂的崇高表现，在人类心灵中并不存在，向生活的各种事物去索取它，这种欲望任何时候都是违反自然的。巴尔扎克否定了人间有但丁的"天堂"，而认为"地狱"的存在才是合乎逻辑的，于是巴尔扎克描绘罪恶、欣赏罪恶便是理所当然的了。

巴尔扎克或者把自传性的因素融进了恶行的代表身上，或者通过他们表达自己的某种理想。巴尔扎克笔下，从高利贷者高布赛克到守财奴葛朗台，再到银行家纽沁根，一个个都是贪婪无耻的恶棍。葛朗台在发迹过程中，越来越丧失是非之心与羞恶之心，他的一切信仰都以金钱关系为衡量基础。葛朗台的形象是缺少人性光辉的例子："在这里黄金的光辉掩盖了败行的丑恶。……为抬高吝啬人的地位，作者让他备具了才智和意志的一切力量。……当他听到他兄弟因破产自杀，侄儿闻讯痛哭的时候，他说：'让头一阵子雨落几点；但是，这年轻人是个无用之辈，在他心里的是死人，不是钱。'一个人说了这样的话，你还能笑他什么呢？这句话是一把刀，它把人性和同情齐根割断了。恶德在他身上已经成了教条，是用顽强的意志和坚定的爱拥抱住的。"[1]310-11查理也是一个崇拜金钱的奴隶。他的发迹史和他伯父一样充满了血腥罪恶。他甚至比葛朗台更阴险狡诈，凶狠毒辣，荒淫无耻。在那个社会，父子、母女、夫妻、兄弟、亲属关系以及人与人之间的关系，全被充满铜臭的金钱淹没了。巴尔扎克一生都被债务所累，他也是一位拜金主义者，他描绘这些成功的人物，变相地表达了自己的某种理想。波德莱尔说过："这个肥胖的家伙，浑身上下洋溢着才情和虚浮；他有那么多优秀品质和怪癖习性，要想对他扬长避短，总令人提心吊胆，踌躇不前，惟恐顾此失彼，弄坏了这个天生如此、无可救药的畸形儿。"[5]137

巴尔扎克在杂文《老实人指南》中表达了自己的真实处境："……难道不是这些人感到自己高人一等，但是天性又极其懒散么？这是才子很寻常的性格，于是他就在贫穷中挣扎，而且对于蔑视他们的贫困的这个社会，蓄积了深仇大恨。……他们欢畅地投入恶的深渊，……给社会状况带来若干恶果。"[28]110这在某种程度上是巴尔扎克的自况。

巴尔扎克更在杂文《论艺术家》中具体集中地表达了自己的真实想法："他在庸人看来十分懒惰。……一个有才能的人往往来自下层民众。一个百万富翁或贵族的儿子，穿得好，吃得好，惯于生活在奢侈之中，是不大会选择困难重重令人气馁的生涯的。即使他有艺术感，这种感觉也会在提早的物质享受中烟消云散。上述两个最原始的恶习，由于艺术家在社会中所处的地位，看上去好像是懒惰和自愿受穷的结果，于是这两个恶习就更加令人厌恶。……"于是在艺术家身上我们看到了根深蒂固的恶习。"……他有些'婊子'（请原谅我使用了这个词）气。他像孩子一样，对于一切使他惊异的事物都很着迷。他设想一切，感受一切，他看得见人类这块硬币的正反两面，……他会怀着偶像崇拜热爱他的情妇，却又并无明显理由地离开她。他对蠢人们为之沉醉、着迷且加以神化的最愚蠢的事情，很坦率地表明自己的想法。……他任凭自己的躯体受人世变迁所摆布，因为他的心灵始终在高空翱翔。他行路时双脚在地，脑袋却在天上。他既是孩子，又是巨人。……"[29]578-79

1842年，巴尔扎克要出版《人间喜剧》了，书商埃特泽尔要求他写一篇序言。"在这洋洋26页的前言中，他发挥了他那种保守派的和宗教的信条，而且还希望这种信条能得到罗马枢密团的赏识。枢密团将他的作品归于禁书目录单，而那些正统派人士也在报纸上攻击他。"[4]283巴尔扎克的作品之所以被列入禁书，主要应该是其中对恶行的不当的欣赏。

实际上，《人间喜剧》不只优点多多，缺点也不少，这正是所谓的言多必失，两方面的研究之路都还很漫长。

参考文献：

[1]泰纳. 巴尔扎克论[A]//苏成全编选. 巴尔扎克研究专题资料[M]. 鲍文蔚，译. 西安：陕西师范大学学报编辑室，1980.

[2]费利克斯·达文.《哲理研究》导言[A]//《人间喜剧》第24卷[M]. 袁树仁，译. 北京：人民文学出版社，1997.

[3]费利克斯·达文.《十九世纪风俗研究》导言[A]//《人间喜剧》第24卷[M]. 袁树仁，译. 北京：人民文学出版社，1997.

[4]特罗亚. 巴尔扎克传[M]. 胡尧步，译. 北京：商务印书馆，2013.

[5]李清安. 巴尔扎克[M]. 北京：北京师范大学出版社，1983.

[6]艾珉. 巴尔扎克传[M]. 北京：华文出版社，2017.

[7]巴尔扎克. 图尔的本堂神甫[M]//《人间喜剧》第7卷. 傅雷，译. 北京：人民文学出版社，1997.

[8]巴尔扎克. 搅水女人[M]//《人间喜剧》第7卷. 傅雷，译. 北京：人民文学出版社，1997.

[9]巴尔扎克. 高布赛克[M]//《人间喜剧》第3卷. 陈占元，译. 北京：人民文学出版社，1997.

[10]黄晋凯. 巴尔扎克长短录[M]. 桂林：漓江出版社，2018.

[11]阿尔贝·凯姆、路易·吕梅. 巴尔扎克传[M]. 高岩，译. 南昌：江西教育出版社，2014.

[12]王路. 巴尔扎克传——未完成的雕像[M]. 石家庄：河北人民出版社，1999.

[13]加香. 论巴尔扎克[A]//苏成全编选. 巴尔扎克研究专题资料[M]. 徐公肃，译. 西安：陕西师范大学学报编辑室，1980.

[14]巴尔扎克. 欧也妮·葛朗台 高老头[M]. 傅雷，译. 北京：人民文学出版社，1980.

[15]巴尔扎克. 贝阿特丽克丝[M]//《人间喜剧》第4卷. 张裕禾，译. 北京：人民文学出版社，1997.

[16]巴尔扎克. 赛查·皮罗托盛衰记[M]//《人间喜剧》第11卷. 傅雷，译. 北京：人民文学出版社，1997.

[17]巴尔扎克. 纽沁根银行[M]//《人间喜剧》第11卷. 罗芃，译. 北京：人民文学出版社，1997.

[18]傅雷.《赛查·皮罗托盛衰记》译者序[A]// 赛查·皮罗托盛衰记[M]. 傅雷，译. 合肥：安徽文艺出版社，1998.

[19]巴尔扎克. 金眼女郎[M]//《人间喜剧》第10卷. 袁树仁，译. 北京：人民文学出版社，1997.

[20]艾珉.《法西诺·卡讷》题解[A]//《人间喜剧》第11卷[M]. 沈怀洁，译. 北京：人民文学出版社，1997.

[21]巴尔扎克. 公务员[M]//《人间喜剧》第14卷. 资中筠，译. 北京：人民文学出版社，1997.

[22]巴尔扎克. 不自知的喜剧演员[M]//《人间喜剧》第15卷. 何友齐，译. 北京：人民文学出版社，1997.

[23]艾珉.《帕梅拉·吉罗》题解[A]//《巴尔扎克全集》第26卷[M]. 张冠尧，译. 北京：人民文学出版社，1997.

[24]李胜凯. 巴尔扎克传[M]. 北京：世界知识出版社，2001.

[25]雅洪托娃.《人间喜剧》中对资产阶级制度的批判[A]//苏成全编选. 巴尔扎克研究专题资料[M]. 西安：陕西师范大学学报编辑室，1980.

[26]巴尔扎克. 论艺术家[A]//苏成全编选. 巴尔扎克研究专题资料[M]. 盛澄华，译. 西安：陕西师范大学学报编辑室，1980.

[27]曾繁亭. 代序——谛视大师[A]//王路. 巴尔扎克传[M]. 石家庄：河北人民出版社，1999.

[28]巴尔扎克. 老实人指南[A]//《巴尔扎克全集》第27卷[M]. 袁树仁，译. 北京：人民文学出版社，1998.

[29]巴尔扎克. 论艺术家[A]//《巴尔扎克全集》第27卷[M]. 袁树仁，译. 北京：人民文学出版社，1998.

第四章　对中国的热衷与偏见

　　巴尔扎克对中国的态度，有从早年的热衷到后来的偏见的一个变化过程。了解越多，他对中国的态度便变得越矛盾复杂。巴尔扎克在多部作品里提到了中国，热衷与偏见同样显著。他对中国的热衷与偏见，主要表现在给奥古斯特·博尔热《中国和中国人》一书所写的书评《中国和中国人》一文中。《中国和中国人》最初于1842年10月14、15、17、18日分为四章在《立宪报》上连载。在《中国和中国人》一文中，巴尔扎克这样介绍他的朋友博尔热："如果说一本书能有点现实意义的话，那不就是这一本吗？……一个法国人在中国！而且是个艺术家！是亲眼目睹的人！""许多老太太至死也不相信有个贝里人去过中国。"[1]437人们甚至怀疑，"到底是不是有个中国啊？"[1]438但总体上，巴尔扎克还是控制不住自己由来已久的对中国某些方面的热衷与欣赏。

　　黄晋凯说："当我照例俯身察看（萨榭巴尔扎克博物馆）橱窗中的一份校样时，我却意外地发现，这里陈列的不是他的小说创作，竟是巴尔扎克那篇题名为《中国和中国人》的文章。博物馆选择这样一件展品多半是出于偶然，但一个中国人在此时此地看到这篇文章，其愉快的心情是不难想见的。遗憾的是，我过去虽然知道有这样一篇文章，但却一直没有拜读过，因而不清楚作家对'中国和中国人'究竟有多少了解，是毁多还是誉多。"[2]233事实上，巴尔扎克整体上对中国是毁誉参半的，而在《中国和中国人》一文中，他对中国是毁多誉少的。艾珉说："有趣的是，甚至中国也在他的作品里占有一角之地。从一八二四年开始写作的《婚姻生理学》，到一八四七年发表的《邦斯舅舅》，他至少在十六部小说中提到了中国，还曾写过一篇热情洋溢的长文，介绍画家博尔热的《中国和中国人》。"[3]95艾珉有所回避的是，巴尔扎克的这种"热情洋溢"主要是对博尔热的，而不是对中国或中国人的。

一、巴尔扎克对中国的热衷

　　早年的巴尔扎克对中国是非常热衷的。据李清安描述，在阿斯纳尔图书馆里，行将闭馆，馆长查理·诺迪耶来到面前，巴尔扎克有点语无伦次："请您原谅，我刚才在……"馆长问："在想笛卡尔或者马布兰什，对吧？"巴尔扎克答道："啊，不，这一回您猜错了。我在想中国。"馆长很惊讶："中国？"巴尔扎克说："是呀。因为，今天我读到一本书，大概是叫作《天工开物》。我不懂中文，但是里面很多插图实在珍贵，我终于明白了，中国人依靠手工居然能够制造出那么精美的纸张。"巴尔扎克说着，喜形于色。诺迪耶却感到十分吃惊："您原来还研究中国！这我可万万没有想到。不过您算是找对了地方，关于远东的书籍，整个巴黎，要数我这个图书馆收藏最多了。"诺迪耶说着，不免露出几分得意的神色。巴尔扎克肯定了这一点："的确如此。但是，当真要研究中国，这些书还是远远不够的。我发现，家父的几本小书，似乎就……"馆长更是吃惊了："怎么？令尊大人也有中国方面的书？"巴尔扎克说："是的。正是在家父的影响下，我自幼便读过一些关于中国的著作。我很早就感到，这个远在东方的国家，实在了不起。它能把征服者同化，它的历史比神话或者圣经的年代还要古老，它的历史性建筑宏伟壮观，政治机构完备严谨，举世无双。那里的人民勤劳智慧，好多欧洲人自鸣得意的发明，其实他们早就捷足先登了……"[4]25-26不懂中文的巴尔扎克，仅凭借着一些图画加上自己丰富的想象力，就建立起了早期对中国文化的热衷。巴尔扎克在《中国和中国人》一文中写到他对中国的兴趣是受了父亲的影响："……我小的时候，家里有个最亲近的人，他非常热爱这个奇特的民族。"[1]438这里所说的"最亲近的人"，是指他的父亲贝尔纳-弗朗索瓦·巴尔扎克（1746—1829），他对中国有一种狂热的兴趣。巴尔扎克的《禁治产》中就描写了这种兴趣。[5]411-13巴尔扎克在《中国和中国人》中又这样提到父亲："他给我讲过许多关于中国和中国人的事情。所以我从十五岁开始阅读杜·阿尔德神甫（编有《中华帝国全志》）和夏尔·诺迪耶在阿斯纳勒图书馆的前任格罗齐埃长老的著作（《中国通史》七卷本），有关中国的那些多少有些虚妄不实的记述，绝大部分我都读过了。总之，凡是人们从书本上所能了解的中国，我全都知道。"[1]438巴尔扎克对中国的热衷无疑是受着父亲的深刻影响。他的父亲与其他几位老人参加了拉法日联合养老金活动，生者享受的份额会随死者的增加而增加，直至最后一个生者将享受所剩的所有资金。于是，巴尔扎克的父亲希望自己能活过一百岁，为了达成这个目标，"他研究中国典籍，因为中国人素以长寿著称。"[6]22巴尔扎克小时候的居室离父亲的书房很近，他经常会去阅读这些关于中国的书籍，于是父亲书房里的中国书是巴尔扎克对中国热衷态度形成的最早根源。

博尔热喜爱中国的感情溢于言表："唉！我觉得要让法国人知道中国的真实情况，那就等于冒天下之大不韪，损害人的想象力。……当我境遇不佳时……我曾……奔赴亚洲，……《一千零一夜》的亚洲，……那个专制国度宛如人间仙境。"[1]439据阿尔贝记载，巴尔扎克在卡西尼街的公寓"跟奥古斯特·博尔热合住，奥古斯特·博尔热是巴尔扎克最忠诚的朋友之一，既是画家，又是旅行家。"[6]37-38李清安说："友情所致，互通有无。波（博）尔热借给无处不欠债的巴尔扎克一笔不小的款子，然后，就到中国旅行写生去了。一年后，波尔热回到法国，需要用钱。可巴尔扎克还不起，于是，'以文抵债'，写了一篇文章，向公众推荐波尔热的旅行写生。这就是一八四二年十月分四次在报刊上连载的长文：《中国，中国人》（《中国和中国人》）。"[4]129李清安接下来的说法有点一厢情愿："当然，由于时代的局限，巴尔扎克笔下的中国，还有不少神秘和传奇的色彩；加上他主要依靠旁人的见闻和论断，难免失实。这我们就不能苛求了。但是，文章中所流露出的，巴尔扎克对中国人民的亲切感情，和对中国文化的钦佩之意，那是十分明显、相当感人的。我们可以毫不夸张地说：巴尔扎克是中国人民的好朋友。"[4]130

李清安这样说到巴尔扎克的《中国和中国人》一文："文章洋洋洒洒，长达数万言。只在开头提到波尔热的画，整个文章，则是对中国作了广泛、细致、生动的介绍。既像一篇身临其境者写的游记，又是一篇内容扎实的调查研究报告。文章讲到中国的自然景色、风土人情、政治制度、经济状况等，真是面面俱到。一个西方人，从来没有到过中国，竟能写出这样内容丰富的专著，真是难能可贵。另外，文章中涉及政治、经济、军事、社会、民俗等许多问题，已经成为后世许多研究巴尔扎克问题的专家们考察他思想的重要文献，被广为引用。"[4]129-30

有时，巴尔扎克对中国的好奇体现为一种神秘感。他在杂文《一个贱民的回忆》中写道："助手们望着我，似乎我说的是中国话。"[7]467这里的"中国话"是指难懂或者难以学习的语言。在同一篇文章里，巴尔扎克又这样描述人物："第四号，马肯西先生，与所有的人都是朋友，普遍仁爱，真正的中国头脑，平平整整一个整体，没有任何的凸凹不平……"[7]522这里的"中国头脑"含有含蓄的褒义。

（一）热衷于中国古代发明

巴尔扎克所惊叹的中国发明之一就是造纸术，关于这一点，巴尔扎克后来在作品中有所描绘。在《赛查·皮罗托盛衰记》中，皮罗托对昂赛末说道："沃克兰先生那种清高脾气，使我一辈子心里苦闷：没有办法送他一点东西。幸亏我向希弗维尔打听出来，他在觅一幅德累斯顿的圣母像，是一个叫做（作）缪勒的刻的版子。贝纳尔写信到德国去托人找了两年，才找到一份印在中国纸上的初印本，值到一千一百法郎呢，孩子。你看看贝纳尔有没有配好框子。等会我们的恩人送我们出来，可以在穿堂里看见这幅版画了。这样，沃克兰先生就会永远记得我跟我的女人。我们为了感激他，十六年功夫天天在为他祈祷。我永远不会忘记他的。"[8]72这里，"印在中国纸上"无疑增加了这幅版画的价值，这表明了巴尔扎克对中国造纸术的充分肯定。

在杂文《中国人愚弄税吏的办法》中，巴尔扎克又提到了中国的火药和印刷术："……中国人是十分机灵的，他们的文明程度远远超过我们；我们用大锤互相打斗时，他们已经使用了火药；我们还不识字时，他们已经会印刷。"[9]707看来，中国古代的四大发明确实造成了世界性的影响。

（二）对中国茶叶情有独钟

巴尔扎克很喜欢中国的茶叶。李清安说："他（巴尔扎克）自己生不逢时，始终没有得到任何当权人物的青睐。这种沮丧的心情，也许只有在喝到来自中国的上品红茶时，才稍许得到些安慰。"[4]150接下来李清安介绍了巴尔扎克用红茶招待宾客时吹牛的一段话，说自己这红茶属于中国皇帝专有饮品，俄国沙皇得到一些馈赠，他的这些红茶来自俄国大臣和使节之手。

巴尔扎克甚至认为鸦片战争是因为茶叶而起的。在《中国和中国人》一文中巴尔扎克分析了英国侵华的原因，同时认为中国必胜："两国之间的纠纷是这样的：英国人嗜茶成癖，……只有中国出产茶叶。……种茶倒没什么，而制茶并把茶叶变为商品却需要很多步骤。……虽然我们能从许多国家进口茶叶，可是只有中国人能用手工制茶，……英国人不愿再在中国损失几百万财富，……于是，英国人用一种褐色的棒状物给中国人带来幸福，这就是鸦片的幻境，……英国人向中国的老百姓出售毒品，中国政府对英国人用心险恶的行径感到震惊，出于道德和利益这两方面同样有力的理由，而且以道德遮掩着利益使这理由变得更加充分，便禁止鸦片贸易。英国不愿再让黄金外流，所以宁愿打仗。可是，中国比英国厉害。首先，中国也开始种植罂粟，并提炼出鸦片，卖给本国或别处有需要的买主。另外，中国只要拒绝向洋人出售茶叶，……那就会使英国人精神委顿、疲乏无力，英国人最后一定会屈服让步。而且将来会有人教中国人使用大炮，发射康格里夫火箭，到那时，他们就将比任何民族都善于进行武器大战，因为他们具有高度模仿制造的才能，……因此，英国从中国人那里夺去的一切，将来必然要加倍奉还。"[1]460-62关于这一点，李崇寒认为巴尔扎克过于乐观了，他在《他曾乐观地以为清政府能"拖垮英国"，巴尔扎克真懂"中国"吗？》一文中指出了巴尔扎克对中国的了解还处于想象的层面。[10]18-23其实，在巴尔扎克于1842年发表《中国和中国人》一文的前一年即1841年中国已经战败，并且割让了香港。

（三）对中国丝织品崇尚备至

巴尔扎克很喜欢中国的丝织品，所以会不由自主地把它们写进作品。在《经纪人》中，巴尔扎克写道，汉德尼萨尔送给情妇一套精美的家具，其中就有"张挂着中国丝绸做成的帷帘（中国人耐心细致地在上面绣着珍禽异鸟），以及装在横档上的整幅门帘（这比对开的门帘远为珍贵）。"[11]365巴尔扎克在杂文《从巴黎到爪哇的旅行》中也曾写道："在现实生活中的困难时刻，当我想给自己一个盛大而辉煌的节日时，我便借助回忆重温我在爪哇度过的十个月。我躺在中国绸缎面料的沙发上，呼吸着我永远失去了的宫殿里的馨香空气。……"[12]213在戏剧《家事学堂》中，热拉尔送给阿德里安娜的礼物是"一条中国造的红披肩。"[13]710这些都表明巴尔扎克对中国丝织艺术的肯定和盛赞。

（四）对中国燕窝、伞具、古玩、绘画、雕塑等的浓厚兴趣

在书评《纺麻婆婆》里，巴尔扎克提到了"来自中国、价值与黄金相等的燕窝。"[14]435

巴尔扎克也很欣赏中国的伞具等物件。在《公务员》中，巴尔扎克介绍约瑟夫·高达尔的喜好时写道："墙上挂着中国阳伞和干鱼皮。"[15]519在描写毕西沃的恶作剧时，巴尔扎克也提到了中国："……毕西沃在办公室里开的最漂亮的玩笑是针对高达尔的。他送给他一只蝴蝶，说是来自中国的。这位副处长信以为真，珍藏在他收集的标本中，至今经常拿出来给人看，而竟然没发现那是一只画的纸蝴蝶。为了作弄他的副处长，毕西沃不惜下功夫精心制作出这样一项杰作来。"[15]533这里表明高达尔是非常崇拜中国的。巴尔扎克还提到米纳尔夫人"撑着中国花伞"[15]536。

对待中国古玩，巴尔扎克更是乐此不疲，他不仅会像邦斯舅舅一样不惜

高价购买中国古玩，而且还把它们写进作品。在《德·拉尚特里夫人》中，贝尔纳先生的女儿旺达的房间里有"一些珍贵的中国古玩。"[16]462据李清安记载，巴尔扎克曾说："我托人从北京弄到的这两只古磁（瓷）花瓶，是从大清帝国的一位一品文官手中买来的……"[4]131这里也许有着吹牛的成分。

巴尔扎克对中国画也有一定程度的了解。在《三十岁的女人》中，巴尔扎克是这样描述三十岁的朱丽的："她的面部轮廓完美得不可思议，犹如中国画家笔下的仙女像。"[17]495巴尔扎克从别人口中听说了中国对传教的神甫施行酷刑，这不能不使他对中国形成偏见："就在昨天，还有一位期刊印刷所的作家（爱德华·乌利亚克）对我说：'……有个从亚洲回来的神甫，……向我讲述我的一个中学同学殉教的情况；……听到描述他遭受的酷刑，我连头发根都发麻。这个民族竟能发明如此奇特的肉刑，在这方面，他们比易洛魁人和切罗基人有过之无不及；而他竟能含笑而死！……直到用铁钩翻搅他的内脏和心脏时，他还在用天使般的语调说着："海上的星……"'"[1]440-41这种事情应该发生在外国传教士普遍遇害的那段历史时期。但在谈到中国内容的画作和中国风景画时，巴尔扎克还是难能可贵地表现出迷醉的态度："我回到家里，找到《中国和中国人》这本书，书里配有三十二幅双色石版画，……看到第三幅，我还清楚地听到爱德华·乌利亚克的中学朋友在说'海上的星'，但是看到第七幅，我便听不见了；看到第二十幅时，我好像到了中国的海域，看到第三十幅，我便完全能设想法国人的国王会接受这部著作中的献词，购买上次我们在画展上看到的中国风景画，并在塞夫勒订购了一张圆桌，上面装饰着要画在瓷器上的十二幅中国的风景图！"[1]449

巴尔扎克也很喜爱中国的雕塑作品："我第一次看到中国的工艺奇观，是在都兰地区的冈惹，……欧仁·德·B……，从中国给他母亲带回来一个小针线桌，那真是一件不朽的艺术杰作，主要用象牙制成。我为这样精细的手工感到惊讶不已。我觉得，得有三代像班韦尼托·却利尼这样的人花上毕生精力，才能制作出这样的作品。象牙上雕有许多动物和人物形象，其布局之巧妙，技法之丰富，内容之瑰丽，就是在它面前仔细端详一个月，也不见得能全部看清。考虑到花费的劳动，小针线桌的价钱却便宜得令人难以想象、难以置信；不过从博尔热先生亲眼看到和他讲过的情况来看，生活方便容易是很重要的原因。"[1]459-60巴尔扎克认为中国艺术以滑稽怪诞、惹人发笑、富有雅趣为特征："中国的艺术极其丰富多彩。中国人很早就评论过我们称之为美的贫乏。美只能一脉相承。尽管古典主义作家不高兴，希腊艺术实际上已经沦落到因袭前人的地步，归根结底是很贫乏的。早在撒拉逊人和中世纪之前约一千多年，中国的理论便看到了丑所体现的巨大力量，而在我们这里却为丑这个词——我是把它用来和美作对照的——愚蠢地对浪漫派作家横加指责。体现美的雕像只有一个，体现美的神庙只有一座，体现美的书只有一本，体现美的剧只有一部；因为《伊利亚特》便重复了三次，同样的希腊雕像经常不断地复制，同样的神庙一再重建，舞台上反复上演包含同样神话的悲剧，凡此种种，不免使人感到厌烦。……该这样来理解艺术：它除了想象，也包括理想，想象属于理想的范围。……对于思想家来说，哥特式和路易十五时代的风格不就是中国艺术的同宗兄弟吗？我在冈惹看到的小针线桌，可与米兰大教堂的小雕像媲美；只是中国的雕像滑稽怪诞，让人看了便会发笑，而且不能不笑；扬格看了中国的雕像，一刻钟之后便笑了。在中世纪，怪诞成为必不可少的要素，在四十座建筑物中有三十座是赋有怪诞风格的，不论是王公的宫殿，宗教的寺院，都出在这个时期。冉·贝利尼……都是经过校正的怪诞，与高雅风格的构思相得益彰，总之，这是一种雅趣。中国的创造能力与路易十五时代流行的创造能力毫无不调和之处。形象可笑的人像与壁炉装饰上的许多组人像都非常相似。按照中国的想象力创造的艺术品无论怎样奇特，如果仔细观察的话，都会发现有使人发笑的创见。……博尔热先生看到屏风上也是故事时，感到非常惊奇。在这篇文章开头时，我说中国人是非常逗乐的民族，这丝毫不是夸张。" [1]462-64

在杂文《耶稣会会士不偏不倚的历史》中，巴尔扎克写到欧洲宗教在中国的传播："在那个时代，在世界上，没有一个组织像这个组织那样对科学和艺术作出这样杰出的贡献。利马窦在中国，他研究了所有文人的学问、他们的语言和风俗习惯。" [18]31在中国的利马窦不可能"研究了所有文人的学问、他们的语言和风俗习惯"，但这也表明巴尔扎克对中国文化的普遍景仰。关于耶稣会，巴尔扎克说道："世界上凡是人知道的地方都让他们走遍了。" [18]31"发愿修行院是祈祷的场所，容纳指导神修、忙于神职的耶稣会士。这些修院从未拥有任何财产。它们负责学问，论争，传教，到中国、日本和巴拉圭去的著名传教士就是发愿修行院派出的。" [18]60-61"这个团体在中国穿着宫服传教。" [18]98

（五）巴尔扎克对中国游船装饰、戏剧文化由衷喜爱

巴尔扎克认为中国富于诗意，体现在游船和戏剧文化方面："中国是个极其富于诗意的国家，……比如达官贵人的游舫装饰得金碧辉煌、彩色斑斓，

宛如戏水游鱼，船内各种舒适设备一应俱全，其豪华铺张不禁使作者眼花缭乱。……最早进入中国的传教士在那里发现有悲剧、喜剧、小说。伏尔泰依照着编写了《中国孤儿》，他向我们指出，中国戏剧都以伟大的政治思想为基调。中国人对戏剧的爱好与巴黎人不相上下。"[1]474

博尔热谈到了中国人对看戏的痴迷："中国人的宗教虽然在礼拜仪式上与天主教有类似之处，但宗教思想却与我们根本不同。例如，我们的神甫严厉禁止喜剧，而在中国，和尚不仅容许上演喜剧，而且允许流动剧团在寺庙附近搭台演出。……""……这里和伦敦、巴黎一样，也有花花公子，不过没有时髦女人。……人群中既无口角，亦无打架相骂之声，这使我产生很深刻的印象。……他们全神贯注、一动不动，如果没有戏台上的声音，可能连苍蝇飞来飞去也能听见。中国人对看戏如饥似渴，那些在场里长板凳上没有找到座位的，就爬到支撑房顶的竹竿上去，……到最后连屋架上都满是观众，跟在下面的人一样拥挤，……我特别赞赏竹竿竟然这样坚固。"[1]473-74

（六）巴尔扎克肯定中国的选拔人才的方法、农业灌溉政策和货币制度

巴尔扎克肯定了中国通过科举制度选拔人才的方法："最近，一位关心中国问题的地理学家同阿贝尔·雷米扎都认为，在中国，最高权力受到两方面的制约，一是受到某些等级的行政官员的劝谏权限制，二是皇帝必须根据确定的标准在文人中遴选官员，这些文人形成一个名副其实的贵族阶层，他们都是经过科举考试而跨入这个阶层的。这种称为贵族爵位等级的政治筛选办法，我们过去还一直以为是我们创造的呢！……奥古斯特·博尔热……告诉我们，口头汉语和书面汉语不同，这比下布列塔尼语和贝里耶先生讲演时用的法语的区别还要突出。"他这里提到了中国文言文与口语的区别，我们知道，实际上这种区别就相当于欧洲拉丁文与日常用语的区别。……承认功绩和才干，是中国的立国之本。这是学识带来的最肯定的事实。……虽然中国的各种制度在应用中腐败变质，它至少已写成文字，可以经久不变；……有许多故事讲到高官因敲诈勒索受到惩处，而我们却举不出多少类似的实例，……"[1]449-66巴尔扎克作为一个文人，他也希望自己能通过才干进入贵族阶层。

通过对比，巴尔扎克发现了中国正确、法国错误的方面："灌溉渠对于农业是必不可少的，可能比通航运河给商业带来的收益更大。在这方面，我们是本末倒置的。中国人是先制造出产品，然后再考虑把产品运出去的办法。"[1]455

巴尔扎克肯定了中国的货币制度："在中国，向来注意解决给人民提供廉价生活的重大问题，这个问题的解决取决于多种原因，对这些原因应当认真加以研究。在这许多原因当中，有一个已为博尔热先生所察觉，……这个原因涉及到有待我们参、众两院表决通过的货币制度。"巴尔扎克认为法国应该借鉴中国的这种货币制度："在中国，政府非常了解一个属于政治经济学范畴的问题，这就是把货币单位大大地化小，以便使生活必需品尽可能保持在最低的价格。二三百个中国的小制钱才能换一个法国法郎，而他们那里的工钱有时只有两三个制钱。……但愿在法国也能多铸些生丁，甚至半个生丁的小钱，因为这肯定是阻止威胁着我们的贫困化的一个办法。"[1]456

（七）认为中国人幸福的根源是笃信宗教

巴尔扎克认为中国人生活并不好，但他又从博尔热那里得知中国人是幸福的，而且这种幸福牢不可破，主要原因是中国人相信宗教："依我看来，政治哲学需要研究的一个重大问题，就是：'这个民族幸福吗？'我们的旅行者是个诚实人，他的回答是：'是的，中国人是幸福的。'……在中国，下至黎民百姓，上至帝王之尊，都浸透着宗教思想。是的，尽管投机和贸易从外部产生种种腐蚀，但宗教支持着这个社会，任何力量也没有击破它，即使胜利地征服七次也无济于事。"[1]464

博尔热提到了中国文化为宗教思想所浸透："中国的戏剧、诗歌、历史和各种制度与佛教道德基本思想是相互关联的。"他也提到了澳门的名称含意："澳门的意思就是阿妈神庙（中国话就是阿妈港）。"[1]474-75关于中国的宗教，巴尔扎克写道："埃及人和中国人类似，他们都是菩萨的子孙。"[1]446埃及人并不相信菩萨，这里又显现出了巴尔扎克知识不确切的一面。

（八）较早地肯定了中国制造

巴尔扎克肯定了中国在制造业和对外贸易中体现的高尚道德："在中国像在英国一样，存在着高尚的道德，……中国和英国的制造业和对外贸易都笃实可靠。这两个民族靠他们的诚实正直获得实力，在全世界取得成就，它们的产品胜过其他所有的产品。"中国出口的产品都精工细作："中国和英国为出口贸易制造产品时，无论制造什么，从最大的到最小的，都制作精细，质量优良。因此，中国产品和英国产品在世界市场上所向无敌。"[1]469-70与此相比，法国就成了巴尔扎克否定的对象："法国则相反，一切质量低劣、粗制滥造的产品都用于出口。……其丑恶卑劣的程度，较之栽在离开中国的中国人头上的恶行有过之而无不及。中国人的偷窃习性是人与人之间的斗争，是警告你要保持警惕，它损害的只是个人；而法国的做法则损害所有的人，使国家声誉扫地，贸易源泉断绝。"[1]470巴尔扎克这里给出了法国人在国际贸易上占不了优势的原因，同时又为结果感到悲哀。他认为博尔热这本书很能吸引人，同时又感觉到了法国商人在中国的弱势："打开这本书，我便发现，自雅克蒙出游及孔布和塔米齐埃先生阿比西尼亚之行以来，这是已出版的最吸引人的一本书。有一句话深深映入我的眼帘，我应该说印入我的心坎，并使我感到难过：'在西边的一片房子里，有四家外国代理商行，法国洋行便设在这里，商行朝广场的一面设有门面，唉！而且在几家商行中是最不起眼的，处在西班牙商行和一家洋商的商行中间，所谓洋商，即指和外国人做生意的中国商人。'"[1]450

（九）巴尔扎克肯定了中国人"光宗耀祖"的观念和习俗

巴尔扎克对中国人"光宗耀祖"的观念和习俗的描述基本上是正确的："在中国，有一种蔚为大观的惯例，系我们的旅行家亲眼所见，仅靠这一习俗可能就足以保全一个民族，这就是光宗耀祖。一个人有了名望，他的父亲也分享荣耀。他的儿子也效法而行，荣耀及于曾祖，由此形成对死者的崇拜。这样的崇拜达到登峰造极的地步，以致中国人认为自己所以不幸，就是因为没有很好地安葬先人。死者茔地是各阶层中国人心目中一桩大事，……在中国，有些人做坟地掮客，他们一看到有人神情焦急不安，便来告诉你，说他们发现一处宝地，令尊大人在这里会永世安宁，于是这个人便出高价买下这处阴宅。……总之，中国的律法是把利己主义作为巩固社会的一种手段。在欧洲，利己主义危害社会，腐蚀社会；在中国，利己主义变成父权的支柱：教养子女成人，使他出人头地，同时也是为了自己。"[1]466这里指的是合理利己主义。

除了以上论及的方面，巴尔扎克还几次提到了中国：

在《公务员》中，巴尔扎克这样描述拉布丹夫人的眼神："东方式的黑眼睛，能象（像）中国女人一样斜眼瞧人……"[15]495这是一种迷人的眼神。

巴尔扎克在《朗热公爵夫人》中接连两次提到中国："从缆绳上要滑过箩筐，也用钢丝编成，如同在中国一样，当作从一块岩石到另一块岩石的桥梁。……从历史上说，是最善于模仿的中国人首先仿效了这种本能的作品。"[19]332-33这里体现了巴尔扎克对中国的偏好，他称中国人是"最善于模仿的"，具体地是指模仿蜘蛛用蛛丝将大树团团围住。

在《巴黎商店招牌评论及轶事小辞典》一文中，巴尔扎克写到了人们喜好的变化，从以前的中国迷变成了现在的英国迷："如今人们希望什么都是英国式的，马匹，马具，直到厕所。可是从前，人们喜欢什么都是中国式的。至少意大利人大街25号还是微缩的北京。……在巴黎，中国人何其多也？"[20]250

其实，巴尔扎克抱以偏见最深的是英国，即使后来他对中国也形成了偏见，但却无法超越他对英国根深蒂固的偏见。

二、巴尔扎克对中国的偏见

巴尔扎克后来对中国了解得渐多，于是形成了很深的偏见。或者说，巴尔扎克对中国形成偏见的原因是他对中国了解得还不足够多。

（一）对中国艺术的偏见

在《金眼女郎》中，巴尔扎克提到女主人公的包头巾时表达了对中国艺术家的鄙视："这种包头巾是到了一定年龄的英国女人想出来的，据说在中国很受欢迎，因为在那个国度里艺术家的理想美是不堪入目的东西。"[21]395这种说法实在是过于想当然了。

在《贝阿特丽克丝》中，巴尔扎克借卡米叶之口说道："有的男人……外表象（像）骗子，内心是诚实的。这些男人自己骗自己。他们……象（像）中国花瓶那样怪模怪样。……"[22]107巴尔扎克既然如此地对中国花瓶抱有偏见，不知道他为什么还要托人从北京弄到两只这样的花瓶？在杂文《现代风俗讽刺悲歌》中，巴尔扎克用的比喻同样体现了他对中国艺术的偏见："像那些从美好的理想出发，得到的却可能是丑八怪和怪物的中国人一样，我们这些有头脑的人开始研究起癞蛤蟆的各种形状和各个方面来。"[23]563

在文艺方面，巴尔扎克认为中国人把形式置于思想之上，倒置了本末："在文艺方面，他们首先注重的是形式！……其次才是思想，或者你也可以说，他们把思想嵌入形式之中。整个中国都采取这样的方法。"[1]446那么，莎士比亚的《哈姆雷特》为什么如此著名，他只不过讲述了在丹麦等很多国家流传的阿姆雷特王子杀死叔父为父亲报仇的故事，但是莎士比亚是在台词、情节编排和形象塑造等形式上胜出的。所以，巴尔扎克指责中国人的文艺倒置了本末并站不住脚。

巴尔扎克既对有关中国内容的艺术极感兴趣，又认为中国这个名字非常可笑："这三十二幅画前边附有一些书简摘录，凡是读了这些信的，一定会为奥古斯特·博尔热没有全部发表其关于中国之行的书信而感到遗憾。……对我们来说，中国这个名字还是非常可笑的，可是据一位汉学家说，这个名字之下所包含的神秘离奇的东西，英国人还一窍不通呢。"[1]446巴尔扎克所说的"中国"这个名字可笑应该是指它与"瓷器"用的是同一个词。

（二）对中国政府的偏见

巴尔扎克认为中国政府滑稽可笑。在杂文《俄罗斯和旅行者》中，巴尔扎克写道："我觉得俄国政府更胜一筹，从滑稽可笑的角度来看，它比我们的议会两院更让人感到有消遣娱乐的特点。……如今只有中国和日本这两个国家的君主和俄国一样。"[24]655什么"一样"呢？滑稽可笑。这同样是巴尔扎克在不甚了了的情况下对中国形成的偏见。

巴尔扎克对中国的状况大部分还停留在想象的层面。在杂文《中国人愚弄税吏的办法》中，巴尔扎克写道："事情发生在鞑靼人入侵不久后的中国。……中国人每走一步路，每说一句话，每喝一口水都得交税。…… 每扇门，每扇窗都该课税。可以呼吸的空气当时贵得离谱。……空气和阳光一再涨价，他不得不省掉了。"[9]707巴尔扎克虽然知道中国是一个文明古国，但他提到中国时往往带着谐谑的口气："……法律规定每扇窗户要多少钱，他们就堵死窗户。……法律要求每扇门纳多少税，中国人就堵死门，从烟囱进出。——最后法律按人头征税，正如以前按牲口头数征税，中国人就搞活埋。一个缺吃少穿的八口之家，据我猜测，按照自己的能力减少到一个、二个、三个或四个人；其他人则躲在家具下面，钻进洗衣桶或酒桶里，要么让人嵌进墙里一动不动，逃避人头税。"[9]707-08这里明显地带着想象的成分，是一种文学家臆想性的"猜测"。

巴尔扎克提到中国时会表现出一种居高临下的蔑视。在《致E.伯爵夫人——论圣伯夫的〈王家港修道院〉》一文中巴尔扎克写道："……这个老人（利切，意大利教士）为教会征服了中国"[25]59。所谓的征服，应是指派教士来中国传教，巴尔扎克这里是把利马窦混淆成了利切。巴尔扎克是这样评价圣伯夫的："作者借口讲王家港修道院，继续把不同的时代搅和在一块，把这个人的思想和那个人的思想掺杂起来，从这个人的思想里取一点，那个人的思想里拿一点。……把矛盾当作体系，将清晰的法兰西诗歌变成中国的七巧板。"[25]75巴尔扎克把"中国的七巧板"当成乱拼乱凑的代名词，这显然有失公允。

巴尔扎克认为中国政府是个中庸政府，他甚至把法国政府的中庸政策归咎于效法中国："路易-菲力浦创造出中庸政府，也在模仿北京内阁的中国观点！"[1]442

巴尔扎克以嘲讽的口吻写到了中国官员对皇帝的阳奉阴违："《中国和中国人》的作者说，在中国，每当英国商船起锚开航后，中国的舰长总要下令对商船发射几发炮弹，而这时英国商船早已在射程之外了。随后，官吏便向皇帝呈上一份奏折，主要内容是：'蛮夷出现后，我天朝火炮略显雄威，彼等迅即逃遁。'"[1]449巴尔扎克在读到博尔热这本书之前实际上对中国是不甚了了的，读到这本书之后认为中国人每天都在演类似上面舰长行为的滑稽可笑的喜剧："这个极其有趣的民族确实令人难以捉摸，他们每天都在演喜剧，而在欧洲，最有才华的天才人物也很难想出这等耗资巨大的戏。尽管我们做过种种努力，还有许多有名望的传教士，如南怀仁、帕雷南等神甫，但由于那里随风转舵、瞬息即变的风气，至今我们仍然不知道中国是专制政体还是立宪政体；是民风淳朴的国家还是无赖横行的国家。因此，当我得悉有位诚挚的青年到中国去时，不禁高喊：'我们终于能了解些情况了！'"[1]448-49巴尔扎克虽然热情有加，但这里却明显地犯了以偏概全的错误。

（三）巴尔扎克认为中国人偷盗成性

巴尔扎克曾在多处提到中国人的偷盗。在《犹太人性格》一文中巴尔扎克写道："犹太人偷窃成性，在这方面，他们跟中国人是难兄难弟。"[26]681巴尔扎克在杂文《从巴黎到爪哇的旅行》中写道："……没有一座欧洲城市能让我们准确地联想起巴达维亚的形象。……街上的中国人给街道带来一派奇特的繁忙活跃；然而所有的荣誉却归于欧洲人。他们在这些城市有巨大的精神势力。因此，他们只需起床、身体健康、睁开眼睛、会数会算就能发财。然而当地的气候、爱情、爪哇女人、享受、懒惰、（这里不该用顿号）以及中国人，是他们发财的障碍。中国人已适应了当地消耗体力的炎热气候，而且他们是些被永远赶出故土的人，他们把生意都抢了过来，还目无王法地进行偷盗。高超的手段总能找到赞赏者，甚至在法官中间。"[12]211-12巴尔扎克又说："只要从表现中国人的狡猾的成千个例中举出一个，就能证明他们在偷窃方面的技艺。他们的偷窃都是有组织、有准备、几乎是胜券在握的。"巴尔扎克是把下边这种个例夸大到了普遍化的程度："比方说，您走进一家卖贵重布料的商店，……您偶然回了一下头，那么包裹就会立刻从柜台上飞到商店后间，在那里消失，然后换成另外一个包，里面的布料在价格和质量上都大大低于原来的，……您无法给自己解释这一神奇的蜕变，只能因自己上了中国人的当而怒气冲冲地来找他们；可是商人回答您的是放声大笑……"[12]212巴尔扎克的偏见中表现出了明显的恶意："……那么中国人为什么还要偷盗呢？……这个民族表面上道貌岸然，却造就出最无耻的骗子。……中国人行骗大胆，而且事发后总是按轻罪处罚。如果骗术被当场揭穿，也不过像皮埃罗那样哈哈一笑，随后

又准备重振旗鼓。"[12]466-67

巴尔扎克说到的中国人偷盗成性主要是指在中国之外的中国人："……一个中国人离开中国之后，就再也不回去了。不再在本国的法规和惯例环境中生活的中国人，很可能认为自己对外国人可以为所欲为，把他们看作是任意宰割榨取的对象。……中国的诈骗大约和这种蔑视有关，……平心而论，多少欧洲人离开家园去谋求发财致富，决心为此目的quibuscumque viis（拉丁语，不择手段），不也像中国人一样对外国人为所欲为，而且还更甚吗？"[13]469这是指血腥殖民，这种分析倒是比较客观。

巴尔扎克认为在中国行骗总是"按轻罪处罚"，但对偷盗的惩罚却非常严厉："……偷盗被视为一种攫取财物的巧妙手段，……在中国，偷盗受到的惩罚最严厉不过了。"[12]467实际上，巴尔扎克经常会混淆"偷盗"和"诈骗"的概念。

巴尔扎克也分析了有些人以偷盗为业的原因："……一个大汉以为没有人注意，弯下腰来，拿了一条汗巾，急忙藏在自己的衣衫下面。可是一个姑娘看见他了，……遇到这样的案子，如果把扒手扭送官府，肯定会对他施加辱刑，戴上枷，剪去辫子。带着这样的烙印，他在后半辈子就再也找不到工作挣钱糊口了，他没有别的活路，只能再去偷盗。"[11]467-68

巴尔扎克接下来的话表明在中国偷盗并不是主流习俗："我援引出来只是为了说明，在中国，盗窃是如何为道德风尚所不容。"[12]468

巴尔扎克无法解读中国法律，他认为在中国对于儿子杀死母亲案件的严惩到了过于夸张的地步，但同时认为在这一点上法国比不上中国："使我们的旅行家感到特别震惊的一件事就发生在他的眼前，……在一个村庄里，有个儿子打死了母亲！……首先，儿子受到严刑惩治！随后，整个村庄被夷为平地，并且禁止在这被诅咒的地方重新建村，在若干时期内禁止耕种土地！……这还不算完呢！那个省的巡抚被撤职，全国大小官员都被扣减一个钮（纽）扣。最后是皇上亲自服丧半月，其中有八天诵经祈祷。而此时在法国，陪审团正为一桩儿子杀死母亲的案件寻找可以减刑的情状。"[1]449

巴尔扎克下面对中国的看法也许有失实之处："在中国，越是功绩卓著的人，钮（纽）扣就越多。打胜一仗，就获得一枚钮（纽）扣的奖赏。……如果有人告诉中国人，说在欧洲不论是不是文官，都授予十字勋章，他们一定会笑掉大牙的。"[1]449

（四）巴尔扎克认为中国人胆小，人口众多

在《抗流行性霍乱药的试用》一文中，巴尔扎克写道："……听说按照新方法霍乱从头发进入人体，他便剃了光头，模样像个受了惊吓的中国人。"[27]689这又是巴尔扎克对中国不负责任的偏见。

在《两只小动物的爱情故事》一文中，巴尔扎克提到了中国人口之众："这个地区的人口与中国一样多，甚至比中国更多，因为他们有几十亿之众。但他们周期性地受到来自一个巨大的人工火山的沸水涝灾的侵袭，这个火山名叫哈罗佐·里奥·格朗德。"[28]340这里的"几十亿之众"又是巴尔扎克出自想象的不实之言。

巴尔扎克认为中国人的流行观念是幼稚的，他的"蓝河、白河"的说法并不确切："他（博尔热）一方面刻画出如此感人的纯朴母性，同时又反映了把蓝河、白河、黄河当作育婴堂的中国人的流行观念，……博尔热先生看见有的母亲用类似布袋的东西把孩子兜在背上，同时干着繁重的活。中国的人口过多，……"[1]453在这之后巴尔扎克就一直认为中国的很多问题都源于人口过多。"……尽管人口多，但有气候帮忙，倒还能养得活，并且保持食物价格稳定，因此在中国，生活从来没有像在欧洲那样，成为现代政治和工业中最大的一个问题。"[1]453巴尔扎克这里还是肯定了中国的气候和食物价格。

巴尔扎克认为中国人多、贫苦、可怜的观点直接来源于博尔热："……最早来到的人先占了土地……尽管地方狭窄，但是到处都有鲜花，……在他们的破屋里，几乎找不到一块地方摆放供奉神佛祖宗的祭台，但是家家都有佛龛。……庙宇里的各种陈设一应俱全，只是尺寸极小。早晚都要给神位供茶，点上小红蜡烛。……你们不要以为贫苦会影响这些可怜人的健康；……人人笑容满面，这些可怜的人有一点闲空便掷骰子玩。……我奇怪这些人究竟是从哪儿钻出来的，那么多的人怎么能挤进那么小的空间。"[1]457-58

博尔热来的应该是中国南方，北方一般是不用吊床的，也不可能到处是鲜花："在中国，制成品价格低廉，这个民族将始终保持商业上的优势，……一个吊床，一个小神龛，这就是全部家具！工钱只不过是两三个生丁！而两三个生丁就够吃饭了！这些贫苦人的周围都是鲜花，而在我们国家，鲜花要放在温室里！……另外，任何农民都不必交付房租，他们都有自己的茅屋草舍；但是按他们的社会地位来说，这茅屋却要他们缴纳很重的捐税……"[1]458可见，巴尔扎克关于中国重税的观念也来源于博尔热。

巴尔扎克认为中国人生活并不好："阿拉伯人、中国人或是印度人，

有一把枣或是一把米吃就够了，……人们可能会根据科学作出回答，说这些人的寿命都不长。但是，……（博尔热先生看见有些穷苦的中国人年纪都很大，）……事实上判断生活的好坏，并不是根据它延续的时间长短，而是看它给人带来多少幸福。一般说来，在欧洲，人们吃得过多。"[1]453言外之意，就是欧洲人总体上还是比较幸福的。

巴尔扎克认为中国住房也很便宜："在中国，旧船就当房子用，许多人家麇集在船上。"他又说："在欧洲，即使在最贫穷的国家里，也很难想象会有这样的住房。这些拉上陆地的船……这样的住处要住五六口人，甚至更多，而在这个空间里就是只住两个欧洲人，他们也无法活下去……"[1]457巴尔扎克是在说中国人具有顽强的生命力，与之相较，欧洲人则很矫情。但是巴尔扎克有所不知，狄更斯的《大卫·科波菲尔》里保姆辟果提的哥哥一家就住在一个倒扣的船里，在现实生活中应该也有这种现象。

（五）巴尔扎克认为中国人墨守成规

巴尔扎克下面的话中就褒中有贬："在我看来，这个民族的特性大概使他们只能原样不动地再现自己所见到的东西，因为看不到远景无疑是眼睛的结构造成的。中国人有许多发明创造，可是他们墨守成规，总是恪守五千年来取得的那些成果……"[1]438巴尔扎克又说："是的，中国就是有古怪可笑的人像的那个中国。如果从近处看，中国比我们在壁炉上看到的更令人难以置信，更令人惊异。博尔热先生在现场画一幅画，就等于给我们带回来许多壁炉防热屏、屏风、特大瓷瓶上的绘画素材，那上面画的花果肯定都是很真实的。……是的，这个民族在原地打转，毫无变化，的确是个中央大帝国。"[1]441-42 "眼睛的结构"之说完全是为了谐谑，巴尔扎克总体上认为中国就是墨守成规、固步自封，"毫无变化"，若是这样，又怎么会"有许多发明创造"？巴尔扎克这些说法无法自圆其说。巴尔扎克提到博尔热只见到中国冰山之一角："奥古斯特·博尔热先生并没有过分沉溺在现实的中国里！我们仍然可以看到神奇而有趣的中国。由于英国和天朝宣战，这位旅行者在中国还没走出八法里路……"[1]441也就是说，博尔热并没有看到中国的全貌，那么，巴尔扎克根据博尔热的片面的介绍对中国形成了很深的偏见就不合情理了。

（六）巴尔扎克指责中国到处写满宗教箴言和戒律

巴尔扎克认为中国人到处都写一些宗教箴言和戒律是不可取的："在中国，使我们的旅行家最感惊奇的头一件事，就是有大量的铭文。中国人到处都写些宗教箴言和戒律，城墙上、岩石上、房门口、柱头上、窗板上、门窗的披檐上、遮帘上，处处都有……在这方面，法国人不准在墙壁上涂写，倒是无可指责的。……看到茶叶箱上的文字，中国人用来装货物的漂亮箱子丝绸衬里上的文字，我想这和我们国家的情况一样，是世界上最善于经商的民族惯用的一种古老的广告形式。不对！在这个仍然重义轻利的民族中这完全是另一回事。"巴尔扎克马上意识到中国人是重义轻利的，茶叶包装上的文字并不是广告："按照博尔热先生的说法，这些文字表示各种各样的意思，……"[1]445-46其实，这样的偏见还是源于巴尔扎克对中国文化的了解不够深入和全面。

（七）巴尔扎克认为中国人迷信、无知、愚昧

巴尔扎克提到了中国的人祭，实际上这是世界上很多民族（包括欧洲）早期都经历过的阶段："谁没听说过，在中国，人们有时把孩子扔进水里"[1]451。

巴尔扎克认为中国人迷信、无知、愚昧，特别可笑以至可怜："请读一读博尔热来信中非常精彩的一段，他在信中叙述了他在一座中国庙宇里驻足时的见闻，并把其中细节都画成素描。他说到有些妇女到庙里烧香祷告的情况：'由于无知，她们（指普通百姓家的妇女，贵族妇女因为缠足，不能出门）相信根据祷告时落在地上的两块小木片的位置，她们的祈求可以得到不同程度的满足。……看到这些妇女的信赖神情，我不止一次痛苦地思考过，她们买了写在红纸上的符咒，把它烧成灰冲水喝下去，这是和尚们卖给她们的，这些和尚常常很诡诈，往往也更愚蠢。我曾特别注意过一个女人，她还很年轻，带着仆人，女仆背着主人的孩子。……孩子被轻轻放在石板地上，母亲跪在孩子身边，用小木片为孩子算命，虔诚地为她儿子的健康祷告，这病恹恹的可怜小生命，脸色焦黄，连一丝笑容都没有。当预兆不吉，而且新的尝试也没有良好结果时，这位母亲便仿佛失去勇气，两眼充满泪水；但是，如果木片落在有利的位置上，她的目光便有了生气，她的动作、姿态都显示出她心中的喜悦，一直继续到另一张供桌前面，这种喜悦随着出现新的不测而又消逝了。'"[1]452实际上，占卜是每个民族都曾经有过的一定历史阶段的文化。巴尔扎克去乌克兰向韩斯卡夫人求婚的时候，还曾经把盖肚子的一块布寄给母亲，托她找法师施以魔咒，以保障他的求婚获得成功，这就是与占卜非常接近的巫术。李胜凯在《巴尔扎克传》前言中说道："母子俩相信占星术、巫术，可能还一块参加过催眠幻术的表演。这些都在巴尔扎克的思想和作品中留下了痕迹。"[29]5

下面是巴尔扎克关于中国女性裹脚的夸张性印象："……在街上可以看到一些不幸的女人蹒跚而行，因为贵族人家的妇女都把脚裹成了残肢；这是

非常可怕的景象。在中国，女人一旦跌倒就再也站不起来了！"[1]475-76这里的"蹒跚而行""一旦跌倒就再也站不起来了"又是巴尔扎克出于想象的不实之言，他不知道中国从前裹脚的贵族女性与古希腊的贵族女性是一样足不出户的。法国人不裹脚，却狠狠地束腰，结果生下了一个个怪胎。

巴尔扎克认为中国还有很多东西值得研究："应该承认，这个民族值得我们去了解、去研究，中国拥有独特的制造工艺，我们首先要从工业开始，因为中国人修理、焊接生铁物件，就像我们修理、焊接白铁一样。他们把米粉面团变得像大理石一样坚硬光滑。另外，政界和艺术界难道不应研究那里的制度和想象力吗？至于科学，只须（需）说说作者的看法就够了，他认为，中国已把动物磁性说付诸实用。我们希望地理学会能决定去中国探险；希望我国将能理解，必须与这个地区保持略为广泛的贸易关系，而不要使我们的洋行是所有洋行中最小的一个。"[1]476

巴尔扎克认为其他旅行家关于中国的报道有很多谬误："我们很怀疑这样一类旅行家，……这些旅行家局限于某一事实，某种例外，而对事实或例外的原因却不得而知，他们不能全面地评论问题，也不善于考虑整体，因此产生许多谬误。我相信中国被误解的程度更甚，有些人声称去过中国，其实他们不过在广州划定的通商地界停留过，或是在半葡半中的城市澳门停留过。"[1]476

巴尔扎克还是搞不懂中国的很多事情："过去人们曾认为，中国国土上的腐殖土有十五到二十法尺厚。科学家们……说，在地球的公转中，中国周围的大山流失的土壤都被卷到这里来了。……然而，中国至今已有四千年历史！……我们的旅行家看到，有些中国人在江河或运河边以挖淤泥为业，他们把淤泥当作肥料出卖！……当时不应只派一个让西尼去中国，而应该给他配上几个像博尔热这样的人。"[1]459

总之，巴尔扎克对中国的态度热衷与偏见兼而有之，有时他的观点不免自相矛盾，最后还是理性占了上风，热衷战胜了偏见，于是他不得不肯定中国那些值得肯定的地方。

参考文献：

[1]巴尔扎克. 中国和中国人[A]//《巴尔扎克全集》第30卷[M]. 蔡鸿滨，译. 北京：人民文学出版社，1998.

[2]黄晋凯.巴尔扎克长短录[M[.桂林：漓江出版社，2018.

[3]艾珉.巴尔扎克传[M].北京：华文出版社，2017.

[4]李清安.巴尔扎克[M].北京：北京师范大学出版社，1983.

[5]巴尔扎克.禁治产[M]//《人间喜剧》第5卷.傅雷，译.北京：人民文学出版社，1997.

[6]阿尔贝·凯姆·吕梅.巴尔扎克传[M].高岩，译.南昌：江西教育出版社，2014.

[7]巴尔扎克.一个贱民的回忆[A]//《巴尔扎克全集》第27卷[M].袁树仁，译.北京：人民文学出版社，1997.

[8]巴尔扎克.赛查·皮罗托盛衰记[M]//《人间喜剧》第11卷.傅雷，译.北京：人民文学出版社，1997.

[9]巴尔扎克.中国人愚弄税吏的办法[A]//《巴尔扎克全集》第28卷[M].王文融，译.北京：人民文学出版社，1997.

[10]李崇寒.他曾乐观地以为清政府能"拖垮英国"，巴尔扎克真懂"中国"吗？[J]//国家人文历史.2019（15）：18-23.

[11]巴尔扎克.经纪人[M]//《人间喜剧》第14卷.丁世中，译.北京：人民文学出版社，1997.

[12]巴尔扎克.从巴黎到爪哇的旅行[A]//《巴尔扎克全集》第29卷[M].陆秉慧，刘方，译.北京：人民文学出版社，1997.

[13]巴尔扎克.家事学堂[M]//《巴尔扎克全集》第26卷.张冠之、李玉民，译.北京：人民文学出版社，1998.

[14]巴尔扎克.纺麻婆婆[A]//《巴尔扎克全集》第30卷[M].蔡鸿滨，译.北京：人民文学出版社，1998.

[15]巴尔扎克.公务员[M]//《人间喜剧》第14卷.资中筠，译.北京：人民文学出版社，1997.

[16]巴尔扎克.德·拉尚特里夫人[M]//《人间喜剧》第15卷.何友齐，译.北京：人民文学出版社，1997.

[17]巴尔扎克.三十岁的女人[M]//《人间喜剧》第4卷.沈志明，译.北京：人民文学出版社，1997.

[18]巴尔扎克.耶稣会会士不偏不倚的历史[A]//《巴尔扎克全集》第27卷[M].袁树仁，译.北京：人民文学出版社，1997.

[19]巴尔扎克.朗热公爵夫人[M]//《人间喜剧》第10卷.袁树仁，译.北京：人民文学出版社，1997.

[20]巴尔扎克.巴黎商店招牌评论及轶事小辞典[A]//《巴尔扎克全集》第27卷

[M].袁树仁,译.北京：人民文学出版社,1997.

[21]巴尔扎克.金眼女郎[M]//《人间喜剧》第10卷.袁树仁,译.北京：人民文学出版社,1997.

[22]巴尔扎克.贝阿特丽克丝[M]//《人间喜剧》第4卷.张裕禾,译.北京：人民文学出版社,1997.

[23]巴尔扎克.现代风俗讽刺悲歌[A]//《巴尔扎克全集》第27卷[M].袁树仁,译.北京：人民文学出版社,1997.

[24]巴尔扎克.俄罗斯和旅行者[A]//《巴尔扎克全集》第30卷[M].蔡鸿滨,译.北京：人民文学出版社,1998.

[25]巴尔扎克.致E.伯爵夫人——论圣伯夫的《王家港修道院》[A]//《巴尔扎克全集》第30卷[M].罗芃,译.北京：人民文学出版社,1998.

[26]巴尔扎克.犹太人性格[A]//《巴尔扎克全集》第30卷[M].蔡鸿滨,译.北京：人民文学出版社,1998.

[27]巴尔扎克.抗流行性霍乱药的试用[A]//《巴尔扎克全集》第28卷[M].王文融,译.北京：人民文学出版社,1998.

[28]巴尔扎克.两只小动物的爱情故事[A]//《巴尔扎克全集》第30卷[M].何友齐,译.北京：人民文学出版社,1998.

[29]李胜凯.巴尔扎克传[M].北京：世界知识出版社,2001.

第五章　创作的迅速与延宕

　　作家的创作有时迅速，能够在极短时间内完成一部作品；有时则很延宕，无论如何费心竭力，却很难完成作品的创作。巴尔扎克的创作就具有这方面的典型性，下面具体地分析一下他创作迅速与延宕的各种原因。

一、迅速创作的原因

　　巴尔扎克能够迅速创作，或者由于大器晚成的压抑，或者由于现实的逼迫，或者因为爱情的刺激，从而得到灵感惠顾。据丽列叶娃记载，1832年4月底到5月初，巴尔扎克"十天之内写出中篇小说《杜（图）尔的本堂神父》"[1]27。1836年1月3日，"在《巴黎时报》上登载了巴尔扎克在一夜间写成的短篇小说《无神论者做（望）弥撒》。"[1]42此外，一夜之间写成的作品还有《大名鼎鼎的戈迪萨尔》。1837年11月17日—12月9日，"巴尔扎克紧张地写作，在22天内完成了长篇小说《赛查·皮罗多（托）盛衰记》。"[1]471842年12月25日—28日，巴尔扎克"三天内写出中篇小说《奥诺丽娜》。"[1]62在创作紧张时，巴尔扎克每天伏案至少18个小时，几十万字的《高老头》的主要框架他在三天内一气呵成，《乡村医生》只花了72小时。阿尔贝说："他以无人可以匹敌的速度创作一部又一部伟大的小说：《高老头》《幽谷百合》《色拉皮它（塞拉菲塔）》《无神论者望弥撒》《禁治产》《古物陈列室》和《法西诺·凯恩（卡讷）》"[2]59。据黄晋凯记述，1836年10月1日，巴尔扎克在给韩斯卡夫人的信中说："……《卢日里的秘密》是我一夜之间写成的，……《老姑娘》花了三个晚上的功夫。《该死的孩子》的最后部分'碎了的珍珠'写了一个晚上……《无神论者做（望）弥撒》和《法西诺·加奈（卡讷）》也是这样写出来的；我在萨什（榭），用了三天时间，写成《幻灭》开头的一百页。"[3]29

　　（一）大器晚成之后的厚积薄发

　　即使是在试作期间，巴尔扎克也一直希望自己能够写出上乘的作品，而不是在毫无意义的创作中浪费生命。真正标志他创作成功的作品是《舒昂党人》，从此，他的天才一发而不可收，这属于大器晚成之后的厚积薄发，多年的压抑终于获得彻底的释放。李胜凯说："《舒昂党人》问世时，他刚满30岁。从此以后，作者的艺术天才逐渐为世人所知晓，为读者所喜爱。这也反过来进一步刺激了巴尔扎克的创作欲望和热情，他使尽浑身解数，在不到两年的时间内，写下了数量惊人的作品，成为一个卓越的小说创作大师。"[4]116李清安也提到了巴尔扎克三十而立："《人间喜剧》的第一部作品《舒昂党人》问世时，他刚好三十岁。从此以后，巴尔扎克便进入了《人间喜剧》的创作过程。这个过程毫不间断地延续了二十年。"[5]40

除了小说创作之外，巴尔扎克还写了很多杂文和随笔。艾珉说："一八三〇年，他以令人目不暇接的速度，在《巴黎杂志》《两世界杂志》等刊物上接连发表了篇幅不等的小说十余篇。与此同时，他为《政治报专刊》主持新书评介专栏，短短五个月就写了五十篇；他为《时尚》《侧影》等杂志撰写杂文、特写和随笔，速度之快，数量之多，令人瞠目结舌；七月革命以后，他应吉拉尔丹之约在《猎鹰报》撰写'巴黎信札'专栏，发表了一系列颇有分量的时事政治述评；一八三〇年十一月《漫画》创刊后，他又加盟《漫画》周刊，为之写了数以百计的讽刺小品……他那支神奇的笔如有天助，无论写什么，都像是一挥而就，且见解不俗。何况他的文风犀利明快、辛辣俏皮，真是个出色的报刊写手！不久前还默默无闻的巴尔扎克如今成了出版商和报业老板的宠儿。"[6]34

成名之后，巴尔扎克在短期内迅速创作出的作品就数量来说是无人能比的。李胜凯说："当巴尔扎克的姓名开始升值后，他在1830—1831年这两年中的创作成果在文学编年史上几乎无人能望其项背。除了《私人生活场景》中的一组长、短篇小说之外，他还为各类报刊写了大量的评论、小品文、杂文和政论文，有人作（做）过一项统计，在这两年刊印的确实出自巴尔扎克的作品不低于140种，平均起来他每天要写差不多相当于16印张的文字。而校样上的密密麻麻的改动还不计在内。"[4]110-11

（二）现实逼迫

巴尔扎克终生负债累累，这是他能够快速写出很多作品的最主要原因。1833年，他感到了极大的经济困难。他在给韩斯卡夫人的信中写道："我发现这里的一切比我预期的还要坏，欠我钱的人，保证要付给我钱的人，都没有履行诺言。只有我母亲始终如一地帮助我，可是我知道她自己并不宽裕。"[7]231

但是，夏尔·贝歇夫人继承了她父亲的出版事业后，建议巴尔扎克出版一套选集，总标题是《风俗研究》，共12册，其中包括重印的《私人生活场景》《外省生活场景》和《巴黎生活场景》。她要以2万7千到3万法郎的高价买下版权。"这笔款子足以叫所有那些游手好闲的懒鬼，只知骂人不会干事的无能之辈以及一帮文人统统气红了眼！……我亲爱的宝贝，我的夏娃，事情一成，这帮人都要忌妒死了！"[7]231这张合同能够让巴尔扎克付清所有的债务（当然，欠母亲的除外），他还能结清"刽子手"玛门的旧账，这个人一直在逼他交出《三主教》一书的手稿，否则就要他支付违约金。在这种情况下，巴尔扎克自然会全力以赴地创作。1833年11月底，巴尔扎克一夜之间写成短篇小说《大名鼎鼎的戈迪萨尔》。这部作品的创作首先缘于贝歇夫人的逼迫："为了凑足《外省生活场景》第二卷的篇幅，贝歇夫人要求巴尔扎克赶写八十页的作品，他只得用一个晚上写出短篇小说《大名鼎鼎的戈迪萨尔》。"[7]231这是一个旅行推销员的剪影，也是巴尔扎克向《时尚》和《漫画》两家杂志提供的"当代人物"众多形象之一。旅行推销员在资产阶级的发展历史上占有重要的地位，"他是联系首都和乡村的纽带，是他把巴黎形形色色的新发明带到落后守旧的外省。从1830年开始，他不仅仅给外省带去巴黎的帽子、布料等时兴百货，还带去新的思想。《环球》是一家圣西门派的严肃报刊，歌德是它的读者，圣伯夫为它写文章，可是它却需要仰仗戈迪萨尔那些妙趣横生的花言巧语、修道士式的形象，以及这个无与伦比的推销员典型身上拉伯雷式的激情，去为它赢得许多订户。"[7]232其实，拿到这2万7千法郎之后，"没出两个星期，巴尔扎克又成了一文不名的穷光蛋，而他的眼前还不断有债务清单徐徐飘送而来。他自己也搞不清楚怎么会有那么多的债，就像他搞不清老葛朗台终究有多少家产一样。"[8]171

一家新办的杂志《文学欧洲》请巴尔扎克写稿，他买了这家刊物的一份股份，给了他们一篇文章：《步态论》，还准备为它写一部《外省生活场景》——《欧也妮·葛朗台》。出版商戈斯兰和玛门对他这种背信弃义的行为极其恼怒，他们拿着巴尔扎克没有履行的合同威胁他，玛门干脆到商业法庭告了他一状。出于报复的冲动，巴尔扎克跑到印刷厂捣毁了《乡村医生》的字版。在法律上他是理亏的，于是他请求洛尔·德·阿布朗泰斯出面调停，"她向玛门保证说《乡村医生》将是世界上最漂亮的书。"[7]225巴尔扎克在给阿布朗泰斯公爵夫人的信中这样谈论玛门："这个人满脸的血腥气和晦气，他让那么多人破了产，还要把一个贫穷勤奋的人逼得走投无路。他没法叫我破产，因为我一无所有，于是他企图玷污我，狠狠地折磨我。我不到您那里去是因为我不愿意遇见这个该判苦役的坏蛋……"[7]225关于巴尔扎克与出版商之间的窘迫关系，李清安说："与文学资本家的纠葛，贯穿了巴尔扎克整个一生。不要说早期处在默默无闻的境地，巴尔扎克怎样受着出版商的重利盘剥；就是成名之后，他也始终没有从他们那里得到任何好处。"[5]183

贝歇书屋的经理爱德蒙·威尔代，是一个雄心勃勃的人，他愿意充当巴尔扎克的发行人，他愿意拿出自己的全部积蓄三千五百法郎来冒风险。"巴尔扎克身穿白色睡袍，腰里系着威尼斯的金链，上面还挂着金剪刀，脚蹬一双镶金边的红色摩洛哥皮拖鞋，傲慢地接待了威尔代，对他极尽挖苦之能事。他说：'什么？三千五百法郎？我刚刚收入二万七千法郎，还有《巴黎杂志》的月薪五百法郎，你居然对我这个作家提出这样的建议？'但这不过是第一回合，一个漂亮的回合。第二步是再把威尔代召回来。"[7]251毕竟生活极尽奢侈的巴尔扎克无法抵御现金的诱惑，三千五百法郎终究可以付清几笔紧迫的债务。威尔代用三千五百法郎只买下了《乡村医生》的再版权。然而这部书销路很好，这使他又产生了独家出版巴尔扎克著作的设想。毕竟，完整的作品需要统一的版面。

这桩生意要想做成，必须首先从戈斯兰、勒瓦瑟和贝歇夫人那里买回版权，巴尔扎克自己也要出钱，而他根本没有这笔钱。"但是他们不顾一切地签了合同。他给韩斯卡夫人的信中写道：'大名鼎鼎的威尔代向我买下了《哲理研究》的版权，总共五册，每册五卷，一个月出一册……您想想，要完成这些书，交给贝歇夫人，何况我还欠她三册《风俗研究》，这真需要头脑里有维苏威火山的能量，有铁打的身子骨，流畅的笔，理想的墨水，还不能有丝毫忧虑来干扰，此外还得有坚定不移的愿望，要在每年1月份去访问斯特拉斯堡、科隆、维也纳、布劳迪等等地方，要在那里同西北风搏斗，且不谈人们所谓的健康和天才之类微不足道的小事……'"[7]252巴尔扎克虽然身体不高，但身子骨足够健壮，于是在债务的逼迫下他确实爆发出了维苏威火山似的巨大的能量。

巴尔扎克的过度创作是在预支生命的潜力，1834年，他感到疲累不堪。他在给韩斯卡夫人的信中写道："我怕是过多地消耗了我的本钱。眼看《驴皮记》的作者年纪轻轻地死去倒是件奇事。我对能否完成我的毕生事业几乎失去信心了……"[7]250这一年他写出了《欧也妮·葛朗台》《豌豆花》，还改写了《舒昂党人》。阿尔贝说："他累积的债务、官司和对奢华的需求给他的物质生活带来了不确定性"[2]61，所以，巴尔扎克只能拼命地工作。"让人痛苦的家务事，金钱上的麻烦，这些就是他不变的命运！于是他鼓起双倍的勇气。他过去从不连续工作十六个小时以上，而现在他一口气可以工作二十四个小时，在睡五个小时觉后再继续工作，这样他实际上平均每天工作二十一个小时或二十一个半小时。他要赚8000法郎，为此他必须在四十天内把《色拉皮它》（《塞拉菲塔》）的最后一章和《两个新嫁娘》交给《巴黎评论》，把《幽谷百合》交给《两个世界评论》，还要为《保守主义者》写一篇文章，全部加起来意味着要写四百四十八页。"[2]61

《绝对之探求》的写作几乎耗尽了巴尔扎克的心血。他在给韩斯卡夫人的信中说："《绝对之探求》无疑将提高我的声誉，但是成功的代价太大了……"他的头发现在一天天地变白，一把一把地脱落。"每天早上，他像'赌徒下赌场'一样地去工作。睡上五个小时，然后工作十五到十八小时。'只有亡命之徒才有这股狂热。'了不起的纳卡尔医生再次劝告他去乡下休息。这并不是什么天才的办法，但对这个病由己造的天才，还有什么别的药方可治呢？"[7]253-54据艾珉记载，1834年"9月25日，为《绝对之探求》耗尽心血的巴尔扎克去马尔戈讷的萨榭古堡休息，在那里着手《高老头》的创作。"1835年"1月，完成《高老头》的写作。"[6]227

1835年，巴尔扎克又一次被债主们包围。贝歇夫人已经为几部小说预付稿酬，结果却空等一场。她威胁说如果那些稿子再完不成，她就要停止付款。巴尔扎克叫苦不迭，"忙宣布即将发表《古物陈列室》和《幻灭》，凭这些许诺居然又收到一笔五千法郎的预付金。不过这样一来，他就差不多拿到了全部《风俗研究》的可得收入。现在他得为五百法郎写出两卷新书！'简直是毫无进项的差事！'假如他不是巴尔扎克，到1835年年底他的财政状况准会落到不可收拾的地步。金钱事务犹如'一条纤索，不断地把他从高处拖入泥淖'。他四处借贷：向纳卡尔医生、博尔热、救苦救难的德拉努瓦夫人，还有达布兰大叔。威尔代也为《幽谷百合》预付了款。卡西尼街的房东向他催要两个季度的租金（他虽住在战斗街，却没有退掉卡西尼街上的那套房）。巴尔扎克夫人也没能按时收到儿子答应供给的赡养费。"[7]291他可以自费出版《都兰趣话》的第三个十篇，然后以更高的价格卖给威尔代。此外，"一俟贝歇夫人手中的《风俗研究》售完，他就能够用四万五千法郎的价钱把版权卖给另一家出版商。"[7]292不幸的是，1835年12月11日，他自费印刷、存放在铁罐街的《都兰趣话》第三个十篇，全部毁于一场火灾。"他与比洛兹之间的矛盾空前激化，原因是比洛兹瞒着巴尔扎克把《幽谷百合》拿到彼得堡秘密出版。巴尔扎克告到法院。比洛兹收买了一批记者在刊头报尾大肆攻击谩骂巴尔扎克。同时寡妇贝歇也逼得他走投无路。这时他需要争得一个讲坛以便进行回击。正好有一家叫做（作）《巴黎纪事》的杂志要盘卖。这份小小的正统派刊物简直没有读者，……巴尔扎克于1835年12月24日同玛克斯·德·白蒂纳和威廉·杜凯特合资成立了一个企业，以便振兴《巴黎纪事》。杜凯特和白蒂纳各占八分之一的股份，巴尔扎克则拥有八分之六。实际上巴尔扎克只付出一百二十法郎，因为《巴黎纪事》既无订户，也没有什么资产，没有任何价值。可是巴尔扎克却担保拿出四万五千法郎作为流动资金。当然，他根本没有这笔钱。"[7]296据李清安记载，"在债主和出版商的催逼下，《幻灭》第一部只用了二十天便脱稿了。"[5]108

经营《巴黎纪事》是一项毫无希望的事业，可是巴尔扎克的想象力异常丰富，他"在子虚银行里有四万三千法郎的存款可供支配。不过他也很明白，虽然从战略上看来，他是个巨富，但是在战术上，他连月底的期票都支付不出，更赎不回典当出去的银器。"[7]299-300在这样的经济窘境的逼迫下，他只能迅速地创作。他很需要钱还债是他迅速写作的动力之一，但更重要的是他有远大的目标，他要在文学史上立起一块丰碑，他要成为文学上的拿破仑。1835年，巴尔扎克同时为《巴黎纪事》的"文学""书评"和"国际政治述评"三大栏目供稿，他半年内为"国际政治述评"便撰稿四十一篇，且不说他还要包揽全部编辑工作。据黄晋凯记述，1836年9月，"为《巴黎纪事》的债务所迫，巴尔扎克拼命工作。他写作《老姑娘》《吕吉耶里兄弟的秘密》，并修改《被诅咒的孩子》的第一部分。"[9]272

1837年，巴尔扎克已经39岁了，这时，他已经欠了20万法郎的债。10月，正被债主逼迫的巴尔扎克突然遭逢了一件好事，《费加罗》报派人来说，"如果巴尔扎克能够在十二月十日前交出《赛查·皮罗多（托）盛衰记》，他们可以付两万法郎。"[5]55巴尔扎克于11月14日给韩斯卡夫人写信说："他们为《恺撒·比罗多》（即《赛查·皮罗托盛衰记》）一书给我2万法郎，但得在12月10日交稿，我得写一本半书，但穷困逼得我只好答应。今后25个日日夜夜，我得拼命干……一分钟也不能浪费。再见，这25天我没法给您写信了。"[10]249逼迫之紧，可想而知。"他之所以这样编写故事，归根结底，为的是维持生活。"[10]251

巴尔扎克接下来"几乎是不闭眼地连续工作了二十二天。"[5]55巴尔扎克给珠尔玛·卡罗写信说："既然能够在几个月内把压迫了我九年之久的债务彻底清理干净，我自会感到苦中有乐。"[5]55

1838年，巴尔扎克前去撒丁岛开发银矿，无功而返。"6月，返回巴黎后直到年底，全力以赴投入写作，以尽可能弥补亏空。"[6]232

李清安分析了巴尔扎克在紧张的创作中把法律知识和生活经验的积累写进了作品的过程："巴尔扎克早年学到的法律知识和自己几次破产的经验，在这次写作中派上了大用场。资本家如何竞争、金融家怎样捣鬼，人情冷暖，世态炎凉，这一切都表现得精密准确，描绘得真实生动。"[5]56

当纳卡尔医生警告巴尔扎克要注意身体时，巴尔扎克回答道："我得还债，我得交差，我必须坚持不懈、一如既往地工作，才能挣脱身上的锁链。我命中注定，要在写作中终此一生。一个夜晚紧接着一个夜晚，一本书写完了又是一本书。"[5]114

住在雅尔迪时，巴尔扎克穷困潦倒，于是去创作戏剧。《伏脱冷》一剧是"巴尔扎克和洛朗-扬一挥而就的。"[10]263

1841年8月1日，远在波旁岛的弟弟亨利来信向巴尔扎克索要1000法郎。"巴尔扎克恼火透了，四面八方的人都向他伸手，有的人乞求援助，有的人是讨债。而他只有售书，既要满足亲人的急需，又要对付咄咄逼人的债主，还要靠它来维持奢侈的生活情趣。"[10]278幸运的是，巴尔扎克的脑子能高效率运转。"如果说法兰西有印钞机，而他可以荣幸地利用印小说机。……他像杂技演员那样得心应手，从这本书稿跳到那本书稿，疾书如飞。"[10]278

雅尔迪被迫拍卖后，巴尔扎克躲到了帕西村巴斯街19号，把自己藏了起来。在这里他打算做最后的努力，要么灭亡，要么征服命运。他用德·布吕尼奥尔的名字租了一幢只有一层的小房子，房子藏在临街房子后面的花园里。只有少数特别值得信任的朋友才知道这个地址，现在要找到他比以前更难了。"在不到一年的时间里他就在报纸专栏上发表了三万多行的作品！"[2]73

1843年，巴尔扎克要去圣彼得堡看望韩斯卡夫人时还受着写作任务的压迫，他要以此来赚取路费。他给她写信说："亲爱的安琪儿，今天是7月1日，22日动身，可是还有40张稿纸要写，我将失去5400法郎，那是我旅行的盘缠，或者取回这笔钱有困难……我订客轮舱位的钱要靠我出书的钱，靠自己口袋里的钱来支付，我看可能要耽误。我自己感到透不过气来，我还得干，今天还要写4500行吗？"[10]299这是变相地在向韩斯卡夫人求助。

（三）爱情刺激

经常受到爱情刺激，这是巴尔扎克能够迅速完成一些作品的重要原因。

他对韩斯卡夫人吹嘘说他为了她而牺牲了卡斯特里夫人，实际上他与卡斯特里夫人之间的争吵已经结束，并且重新建立了热烈的友谊。同时，巴尔扎克经不起任何诱惑，除了忠实、焦虑和病弱的贝尔尼夫人之外，他还有一段风流秘史，这是"一个可爱的人儿，宛如从天而降的一朵鲜花，她是造物主创造的最天真的女人，她偷偷来到我的身边，既不要求我写信，也不要我的照顾，她只说：'你爱我一年，我将爱你一辈子！'"[7]232这朵鲜花名叫玛丽-路易丝-弗朗索娃·达米诺瓦，她是基·杜·弗勒内依的妻子，出身于一个上层的法官家庭。1833年她24岁，当时她正怀着巴尔扎克的孩子。他把正在创作的《欧也妮·葛朗台》献给了她。如果欧也妮·葛朗台的形象是以玛丽·杜·弗勒内依作原型的话，那么，我们便可以从下面描述中知道后者的相貌："高大健壮的欧也妮并没有一般人喜欢的那种漂亮"[7]233，但是艺术家会从她身上发现来自基督徒美好情操的希腊式的纯净之美，在她安静的前额下藏着整个的爱情世界和她自己都不曾察觉的天生的高贵。巴尔扎克丰富的想象力又美化了这个形象。

1834年9月25日前后，巴尔扎克动身去萨榭，打算在那里尽快完成《高老头》。他在札记本中记录了自己主要的设想："一个好人——平民公寓——六百法郎年金——为两个年收入足有五万法郎的女儿耗尽自己的钱财——像一条狗一样地死去。"他在信中对卡斯特里夫人说，他想塑造"一种发自内心的伟大情怀，足以承受接连不断的挫伤"。他给韩斯卡夫人的信中也说，他选择了"一个圣徒般的慈父，一个自我献身的基督徒"作为主人公。[7]258巴尔扎克信心十足，他先在萨榭，后来又在巴黎的卡西尼街写作《高老头》。他每天伏案工作达十六至十八小时，1834年11月间每天甚至要干二十个小时。他向外国女子宣称这是一部"主干作品"。他想尽早把书写成，以便赶到维也纳与韩斯卡夫人一起庆祝那"难忘的一天"——1月26日的周年纪念。所以，三天写出了《高老头》这种说法实际上是有些夸张的成分在里面。1835年2月10日，巴尔扎克在写给韩斯卡夫人的信中说："我可以告诉您，这本书是在40天内完成的，40天内，我只睡了80小时。"[10]193平均每天睡两个小时，这里面又有巴尔扎克惯有的夸张说法。艾珉说："接连三个多月，他几乎每天工作十六至十八小时，有时甚至二十小时，很快就完成了《高老头》的初稿。……这部小说比他以往所有的作品都更高一筹，连《欧也妮·葛朗台》都相形见绌了。"[6]42黄晋凯更为详细地说出了《高老头》的写作过程："……《高老头》，作者在篇末曾明确地标明：萨舍（榭），1834年9月。不过，为了准确起见，我们应当指出，这个地点和日期只能说明本书草稿的完成。同年10月18日，巴尔扎克从萨舍回到巴黎后，便闭门不出，全力修改，于12月14日和18日的《巴黎杂志》上先后发表了头两部分，获得了'闻所未闻'的成功。到1835年1月26日，他在信中向韩斯卡夫人宣布：'今天，《高老头》结束了。'"[9]230

巴尔扎克给韩斯卡夫人的两封情书落入韩斯基先生之手。"巴尔扎克极力向他解释，仍不无漏洞。他说事实并非如此，一切都很简单，很纯洁，由于韩斯卡夫人曾开玩笑说她想看看情书是什么样子，所以他写了这两封不幸的信，想必她一定还记得她说过的玩笑话。假如这样做冒犯了她，他请求韩斯基先生为他辩护。'我深切希望您能接受这十分自然的辩解。'人们不知道这位丈夫是否相信这件事'十分自然'，只不过他选择了忘却的态度。而巴尔扎克则忙于更严肃的工作，他在写作《高老头》。"[7]254《高老头》是《人间喜剧》中最杰出的一部。巴尔扎克"要写一个好心肠的父亲，一个像李尔王那样的父爱的典型"[5]50。高里奥老头出身寒微，在大革命中因做粮食承包商而发财。他十分疼爱两个女儿，让她们过着极度奢华的生活，并以巨额陪嫁使她们一个成为雷斯多伯爵夫人，一个成为银行家纽沁根夫人。但高老头却为了女儿住进伏盖公寓，过着寒酸的生活。两个女儿挥金如土，仍不断竞相向父亲要钱。大女儿豪夺，二女儿巧取。巴尔扎克在政治上拥护王室，属保皇党，但创作中真实地反映社会生活，描写了贵族阶级的注定灭亡，揭露了资产阶级的贪婪、掠夺和一切建立在金钱基础上的社会关系。

《绝对之探求》由贝歇夫人出版，但是巴尔扎克认为她没有做好宣传工作。"依我看，《绝对之探求》同《欧也妮·葛朗台》一样是部伟大的杰作，却没有获得成功。"[7]254事实上对读者来说这本书要难懂得多。然而巴尔扎克还自欺欺人地给韩斯卡夫人写信说："我母亲为《绝对（之探求）》感到非常骄傲……卡斯特里夫人来信说她流泪了……'"[7]254可见，为了向情人炫耀，也催生了巴尔扎克的一部分作品。

1846年年末，韩斯卡夫人决定到巴黎待两个月。然后，她将到乌克兰和她的孩子们会合，"多么长的时间！两个月呀！巴尔扎克对这意想不到的恩赐连声道谢。他又复活了，打起精神又投入到书稿中。《伏脱冷的最后化身》一挥而就，《邦斯舅舅》快速前进。"[10]336-37

据李胜凯记述，由于韩斯卡夫人的犹豫，巴尔扎克说道："连《农民》我都不想写完了，我的上帝，我连一个字母都不愿意写了。"[4]348然而，"精诚所至，金石为开。韩斯卡夫人终于答应，在回乌克兰之前先来巴黎小住一段时间。巴尔扎克闻讯后犹如打了一针强心剂，立时兴奋起来。爱情的力量竟使他的创作达到每天写出二三十页的进度，《交际花盛衰记》的第四部分《伏脱冷（的）最后显形（化身）》很快脱稿了，《贝姨》的姊妹篇《邦斯舅舅》也将于1847年1月25日前杀青。"[4]348-49

关于巴尔扎克与卡斯特里夫人之间不愉快的情感纠葛，特罗亚写道："巴尔扎克充满对德·卡斯特里夫人的怨恨，（在《乡村医生》中，）贝那西斯躲到农村里来是因为被娇美媚人的女子所愚弄，要忘掉那些令人心碎的往事。"[10]159

《大名鼎鼎的戈迪萨尔》的创作其实是缘于巴尔扎克的爱情报复心理："巴尔扎克把这篇粗犷的短篇小说出人意料地献给了卡斯特里侯爵夫人，同时给她写了一封愤怒的信，信中充满对她的严厉批评。也许是外国女子的温情接待与之形成鲜明对照，勾起了他对侯爵夫人的旧怨。总之这封信使她非常吃惊和生气，她给巴尔扎克的回信中说道：'您给我写了一封多么可怕的信！我若是信中描写的这种女人，您永远不必再见我；您若是怀有信中这些看法的男人，我也永远不愿再见您。您使我十分伤心；难道要我向您赔礼道歉不成？我真不该在激动的时候给您写信。您把我这颗已经破碎的心碾得更碎了……'"[7]232

二、写作延宕的原因

巴尔扎克的写作事业并不总能一蹴而就，有的作品写起来就很费时费力。李清安说："巴尔扎克的写作，有时快得惊人，有时也慢得要命。《赛查·皮罗多（托）盛衰记》从落笔到脱稿只用了二十二天。可以想见，写作的速度何等迅疾。然而，与此相反，'难产'的作品也不乏其例。比如，《幻灭》三部曲，篇幅刚及前者的一倍，可却前前后后写了八年之久，这大概是《人间喜剧》诸小说中创作周期最长的一部了。"[5]57巴尔扎克在《论艺术家》一文中说："世上大有想从思想的产物身上谋取暴利的人。他们中大多数贪得无厌。然而寄托在纸上的这种希望，从来不是那样容易地就能实现。由此，艺术家承担了诺言，却很难守信；由此，招来了责难，因为在铜钱眼里打算盘的人很难体会从事思想工作的人。"[11]17 1846年10月，巴尔扎克在《星期报》上撰文与该报编辑意保利特·卡斯狄叶对话，反映了他创作的不易："象（像）《乡村医生》这样的作品，花了我七年工夫？你知道不知道，我已经用了五年工夫计划一部书？（《德·拉尚特里夫人》）……六年以来，我在文学上需要克服的巨大困难之前退缩着。"[12]141 "有时由于类似的顾虑，某些作品只好往后推延，譬如《农民》就是，这部书今天总算完成了；此外还有《小市民》，早在一年半以前就付排了；《凯撒·毕洛斗》（《赛查·皮罗托盛衰记》）搁了六年，还是初稿面貌，我对怎样才能使普通人会对一个店员形象发生兴趣，感到绝望。"[12]141泰纳在《巴尔扎克论》一文中这样提到巴尔扎克创作的延宕："他粗豪的气质和积累的学识支持着他又拖累着他。他的天才必须经过坚忍的努力，千百次的延宕，带着一看便知的缺点，依靠坚持的意志而慢慢来挣扎出来。"[12]277

下面我们探索一下巴尔扎克创作延宕的具体原因。

（一）对写作的领域不熟悉

写作最为困难的是巴尔扎克答应为韩斯卡夫人创作的《塞拉菲塔》。之所以写作困难，是因为作品里面涉及的半人类半天使的两性人的形象主要出自想象，很少有现实生活的基础，而巴尔扎克对这样的题材并不熟悉。"我们已经注意到巴尔扎克脑际萦绕着两性人的形象。塞拉菲蒂斯-塞拉菲塔这个半男半女的人物，在《金眼女郎》中以另一种形态出现——亨利·德·玛赛和他的姐姐。这种二元性恰好与作者本身的双重性格相呼应。巴尔扎克一方面是个强者，不乏反抗精神。他渴望一切，曾多次出于权欲而巴望获得某种魔力或秘密团体的支持，在他'与文学创作这个天使的苦斗'中，显示了英雄气概和强悍的性格；另一方面他又像个受到伤害的天真老实的'可怜孩子'，需要母性的庇护（如贝尔尼夫人、韩斯卡夫人、珠尔玛·卡罗），这种性格在他描写爱情的词汇中是'属于女人'的。这既不是性倒错，也不是性反常，而是他性格中强悍与软弱的混合。也许，这种双重性格对于创作者来说是需要的。"[7]271-72要把这样的自身性格转化成作品中的理想形象还有很大的一段距离，所以《塞拉菲塔》创作起来特别困难。特罗亚说："《塞拉菲塔》一书断断续续地写，显得难以为继。人在地球上生活，却要写空中楼阁式的书，岂非下赌注？此时此景，由凡人揭露宇宙奥秘，天理难容，他这个作家该怎么当？"[10]1781835年3月11日，巴尔扎克写信对韩斯卡夫人说："我可以每天都写《高老头》，但《塞拉菲塔》这种书，一辈子只能干一次。"[10]1961835年3月30日，他又写信告诉她："这些日子《路易·朗贝尔》的再版大大地占用我的时间，我想把它搞得完美无缺，这样做我就心安了。将《路易·朗贝尔》与《塞拉菲塔》接通，这是将人世间联系起来的方式。"[10]196这部作品写成之后发表也并非一帆风顺："他又有钱了。干吗不买一所属于自己的房子呢？有了房产才能重新获得被选举资格，参加竞选是他政治生活中不可缺少的步骤。而他的竞选资格眼看就要因卖掉母亲的房产而丧失。唉！1835年12月时，他的财政赤字上升到十万五千法郎。即使不算欠母亲的四万五千法郎，也还有六万法郎的债务或欠款。甚至威尔代这位及时雨也发出财源枯竭的告急。然而巴尔扎克不是有那只魔术指环Bedouck吗？一个天赐良机给作家和出版者双双解围。比洛兹先在他的杂志上连载《塞拉菲塔》，现在突然变卦，因为他的读者根本看不懂'这些乱七八糟的东西'。威尔代'捡起了这篇东西'，把它同《路易·朗贝尔》和《流亡者》（《逐客还乡》）合订成了一本《神秘之书》。同神通广大的比洛兹闹翻看来是件蠢事。但是威尔代造了许多舆论，把同比洛兹的决裂大肆张扬了一番，结果成了很有效的广告。'乱七八糟的东西'第一版销路不错，希望重新燃起。"[7]292发表了之后面对纷纷指责，巴尔扎克被迫要对这部作品做出修改。"三个月以后，事情又不妙了。'《神秘之书》在这里引不起多少兴趣，第二版销路很坏。'隐居在乡间的贝尔尼夫人对这本书的批评十分严厉。'只有她敢于向我指出仙女说话过于轻佻。起初还很美好，到结尾时却流于庸俗。我现在明白了，对女性应该加以综合概括，其他部分我就是这样做的。不幸的是，我得用六个月的时间来重新改写这一部分，可是在这期间，那些高尚的灵魂都要谴责我这个显而易见的错误……'"[7]292事情也有好的一面："两件事是确实的。一是天主教徒托马西读罢《塞拉菲塔》之后，特地来拥抱巴尔扎克；另一件是巴尔扎克青年时期极为崇拜的著名学者若夫华·圣伊莱尔从《神秘之书》中借用了一句话作为他的一本主要著作的卷首题词，这句话是：'科学是一体的，而你却把它分割了。'接着又补充了一句：'这句题词得自本世纪最伟大的作家之一。'"[7]292-93

不知道巴尔扎克在写作《塞拉菲塔》的过程中心底有多少次后悔自己曾答应韩斯卡夫人要创作这部作品，但是他说："无论干什么事，都得认认真真去干，哪怕是件蠢事。"[7]294

莫洛亚注意到了这部作品被读者接受起来的艰难："意大利之行为他的短篇小说提供了不少形象和题材。此刻萦绕在他心头的最大主题是：一件艺术作品有可能因艺术家的激情过度强烈而被毁坏。音乐家企图模仿天使的音乐时，他就不能为人类所理解。巴尔扎克自己也亲身体验过这种危险，他的《塞拉菲塔》终因曲高和寡而失败。他在《玄妙的杰作》中，试图描绘一位过于伟大的绘画大师弗朗霍费，这位大师一味追求艺术中的绝对，脱离了自然，结果毁灭了自己的作品。不过这篇小说第一次发表时，还缺乏画家所探索的艺术创作理论。后来泰奥菲尔·戈蒂耶为他带来了画院艺徒和文艺批评方面的经验，这样他就可以把小说改得富有哲理研究意味了。"[7]347

与《塞拉菲塔》同样创作艰难的要属《农民》了，因为巴尔扎克并不了解农民。"他总是自鸣得意，骄傲自满。他写《朴实的米尼翁》时是很费劲的，甚至力不从心。由于缺乏灵感，他在写作半途中搁下《农民》。"[10]311

李胜凯记述了巴尔扎克写作《农民》时由于对农民的不了解而给作品带来的弱点："'我是把脑袋浸在鸦片中写作《农民》的。'这部小说的结尾部分在吉拉尔丹的一再催促下虽然写出来了，但质量显然不能让人满意。难怪有人评论它是'一本有头无尾的书，不知什么时候和怎样来结束……这个费加罗不去攻击富人反而诬蔑穷人……他竭力诋毁乡村生活，把农民描绘成社会之外的野蛮人'。尽管这篇评论言词尖刻，不那么客观，但也的确说明巴尔扎克创作中的弱点，连他本人也声称对这本书产生了厌倦心理。'我永远不能原谅自己陷入《农民》这个泥潭。'"[4]330而在作品写作之初，也是困难重重："这部著作早在1834年巴尔扎克受到文赛斯拉·韩斯基先生的启发时就开始构思了。最初它题为《大地主》，但初稿写出后他自己很不满意，遂弃而不用。以后十几年间，巴尔扎克不知对它重写和修改了多少回，但仍感到不够理想，已经发表的一些章节也遭到人们的普遍批评。"[4]352农村问题是一个极其复杂的问题，涉及面极广，这不是巴尔扎克凭借艺术家的想象就可以完全洞悉的："巴尔扎克感到，农村社会问题远比他当初想像（象）的要复杂，他还需要进一步考察，需要进行更深入的研究。"[4]353-54

在《农民》献词（献给嘉伏尔先生）中巴尔扎克写到了这部作品创作延宕的原因："这部小说是我下了决心要写出来的作品中最重要的一种，八年以来，我多少次辍笔，又有多少次再执笔写这部书，无非知道我的朋友们，都象（像）您一样，会体谅我写这个血肉横飞、惨绝人寰、在两方面来说都使人惊心动魄的惨剧时面临许多困难，对着这许多逸闻琐事，难免有灰心丧气的时候……"[13]178-79

对于《农民》一书，李清安说道："这部书巴尔扎克也是断断续续写了很久，只完成了前四章。"[5]64

《农民》创作艰难的根本原因是巴尔扎克并不真正地了解农民。他在《巴黎的波兰人》一文中说："……巴黎的波兰人沉醉于幻想，他们对自己的国家已一无所知，为了激励民族感情，不惜屠杀六千地主，置六万农民于死地；……"他又说："……像一七九二年时那样，忿激的共产主义者回答说：'人虽然死去，但原则永存！'这种有血腥味的蠢话使十万人付出生命的代价，使加利西亚十年之内一片废墟。……其结果比屠杀事件更加严重。……每条大路上都有饥饿的幽灵在游荡，有人用鞭子驱赶他们，他们把马车包围起来，车上便扔下大量的施舍。"[14]676-77他在《论劳动的信》中也说："……公民集会时势必发生的情况……无产者、农民和穷人将占七比一的数量，与财产最无缘的人会成为与财富最休戚相关的人的主宰。那样的话如果要选举代表，选出来的无疑将是什么也不代表的代表。"[15]745-46

巴尔扎克在《红背心》一文中描述了他与一位农民的对话：

"你怎么能为一件背心杀一个人呢？……"我转过身去问那农民。

"怎么不能！……我本来指望穿那件背心去跳舞的。"[16]40

这些都表明巴尔扎克不但不了解农民，还对农民抱有很深的偏见。结果就是他只费力地完成了《农民》的第一部，第二部则是1855年由拉布续完。

《农民》（第一部，1844）是巴尔扎克表现资产阶级与贵族阶级之间生死决战的一部作品，描写的是复辟时期农村的阶级斗争。以高贝丹、苏德利、里谷为代表的农村资产阶级联合农民，狠狠打击贵族地主蒙戈奈伯爵，终于逼迫他拍卖了艾格庄。作品似乎体现了巴尔扎克对现实关系有着深刻的理解，既反映了农村资本主义战胜贵族地主取得统治地位的过程，同时又揭示了农民同资产阶级斗争的不可避免的发展趋势，但其实巴尔扎克对农民了解得并不多。《农民》中的尼雪龙老爹，由于巴尔扎克并不很了解这个阶层，他作为艺术典型也不够丰满，但他的崇高精神却被描写得十分突出。尼雪龙老爹铁一般坚强，像黄金一样纯净，是一个农民出身的共和主义老战士，他放弃他在大革命中应得的财产，甘愿过贫苦的生活，曾把独子送到前方去参加保卫祖国的战争。因为他憎恨有钱的人，他特别受到农民的爱戴。日益得势的资本主义侵入农村后所产生的变化，在《农民》中得到了深刻的反映。《农民》描写的是贵族大庄园土地所有制和资产阶级小土地所有制的冲突，而农民处在这两种社会力量中间，就像虫子夹在锤子和铁砧之间一样。代表资产阶级利益的高利贷商人高贝丹和里谷战胜了代表贵族人地主利益的蒙戈奈将军，但是被高利贷商人和富农吸引到这场残酷斗争中来的农民却毫无所得，他们只不过陷入一种新的奴役，遇到了更狠毒的主人。巴尔扎克在这里描写了资产阶级革命后农村在地主和资产阶级双重剥削下的贫困状况、农民对剥削者的强烈憎恨，以及农民由当时的经济地位所决定的对高利贷商人的依赖关系。黄晋凯说："作家本人十分重视这部作品，这部小说写作时间之长对于快手巴尔扎克来说是绝无仅有的。在一八四四年发表《农民》的第一部时，作家就曾这样写道：'这部小说是我下了决心要写出来的作品中最重要的一种，八年以来，我多少次辍笔，又有多少次再执笔写这部书……'即使这样，到一八五〇年巴尔扎克过早地离世时，仍然没有将全书写完"[3]53。"艾格庄仿佛就是法国社会的缩影。"[3]54黄晋凯分析了巴尔扎克世界观的反动是他歪曲农民形象的原因："巴尔扎克人道主义地同情农民的苦难，现实主义地描写了他们的强大，同时，他又是充满敌意地去塑造农民的形象的。……巴尔扎克世界观的反动方面，对他所提供的现实主义画面是一种严重的破坏因素。"[3]60-61

这种世界观的反动影响了巴尔扎克对下层百姓的了解，他力图在《人间喜剧》中概括十九世纪前半期法国资本主义社会的全貌，把小说写成一部法国资本主义社会的风俗史，但是其中没有包括"工人生活场景"；三四十年代资产阶级和无产阶级之间的矛盾，在《人间喜剧》中只是得到零星的、间接的反映。巴尔扎克写了农民的贫困生活和悲惨命运，但他对农民暴动始终采取否定态度，把农民反抗贵族的斗争说成是残忍的、野蛮的报复行为。

巴尔扎克一直想写作拿破仑题材，在《军事生活场景》的计划中有《战火纷飞》，可惜他最终也未能写出。他又准备写《瓦格拉姆之战》，"他为了写作这部小说，花费了不少的心血，作了大量的准备工作，前后延续了好几年的时间。一八三五年，巴尔扎克第一次旅行到奥地利，就兴致勃勃地亲自踏勘了瓦格拉姆的战场遗址。他还鬼使神差地找到了一个当地农民。这位农民曾经亲自把鸡蛋和牛奶卖给拿破仑将军。"[5]65巴尔扎克把收集到的一些素材写进了《农民》。"作为创作（《军事生活场景》）的准备，巴尔扎克几次出国旅行，都着意调查了拿破仑远征中的许多决战战场和军事重镇。"[5]66可惜，他实际完成的两部军事题材的小说都不是有关拿破仑主题的。巴尔扎克后来努力与拿破仑的四个老兵约谈，然而他过于着急，赴约途中马车翻了，巴尔扎克受了伤，为此他懊丧不已。

（二）对写作题材需要深入的调查

关于巴尔扎克创作第一部成名作《舒昂党人》之前的状态，特罗亚写道："作家在有一个阶段是很奇怪的，那就是虽然非常想写，但不知从哪里着手。几个星期以来，巴尔扎克想重新拿起笔，想起这段小说情节，又想起另一个情节，但总是决定不了写什么。"[10]87

1826年，巴尔扎克构思关于舒昂党叛乱的小说。但这部作品1829年才正式出版。《舒昂党人》花费了巴尔扎克3年多的时间。这第一部正式作品，描述了1800年法国布列塔尼在保皇党煽动下发生的反对共和国政府的暴动。作者赋予英勇的共和国军人以应有的光彩，但也大大美化了舒昂党首领蒙多朗侯爵，表现出巴尔扎克当时对贵族的同情。这部作品巴尔扎克之所以创作延宕，是因为他没有像对待先前作品那样主要依靠非常的想象力去完成，而是对自己不熟悉的题材进行了认真的调查研究。"他确信作品如果仅是重现气氛和时间是不够的。他必须到现场收集第一手证据并研究故事发生的场所。由于考虑到事情的真实性，对人对事都得关心，要考虑到人物的面孔，风景，小摆设，习惯动作，穿着、讲话、饮食的方式，这对一个人的性格来说比冗长的心理分析要好得多。"[10]88 为了写这部小说，他曾细心研究有关暴动的历史文献，亲自去布列塔尼调查山川形势和农民生活，访问暴动的目击者和参加者，还从友人柏尔里公爵夫人那里收集许多关于舒昂党人的掌故。特罗亚在传记中写到了巴尔扎克在富热尔调研的情况，"每天早晨他跟（德·波姆勒）将军到荆棘丛生的荒野和茂密的树林里去，那里过去是朱安党人（即舒昂党人）藏匿准备伏击的地方，城堡四周是叛乱者头头们开会的地方。在导游的带领下，他会见了悲剧的幸存者，询问那些记得蓝军残酷和恐怖的教士，他把听到看到的一切都做了笔记"[10]900 据李清安记载，实地走访期间，"巴尔扎克每天到处考察。从早到晚，踏遍了平原和山岗，访问了各类知情人。舒昂党人事件刚刚过去三十年，许多目睹者还健在，给巴尔扎克提供了许多真实生动的材料。他抓紧时机，勤奋地工作，两个月时间，便写出了初稿。"[5]38 阿尔贝也说："他在乡间到处游荡，把当地的风景、农民的举止、态度和相貌都一一记在脑子里，沉浸在该地区的氛围之中，以后他作品中的重要场景都会在其间上演。"[2]36 据李胜凯记述，"用两三个月的时间，巴尔扎克找到了所能利用的各种材料，对大量的书信、回忆录、档案文件、军事报告，一丝不苟地加以分析研究，仔细披览地图，尽量准确地确立双方军队的行动部署和战役地点。然而，即便是最敏锐、最富想像（象）力的作家所写出的文字也不能代替从直接观察中得到的感性认识，闭门造车的办法是行不通的。巴尔扎克很快发现，要把自己小说中的女主角德·韦纳伊的形象写得生动感人，就必须自己乘上马车沿着她当年的旅途实地考察一番，只有亲临其境，才能发挥自己独特的、丰富的想像（象）力，写出有历史真实感的成功作品。"[4]98-99 据李胜凯记载，波姆勒将军也向巴尔扎克绘声绘色地讲述了贝尔尼神甫、杜瓦尔神甫这些铁杆舒昂党人的故事，巴尔扎克则根据这些原型塑造了小说里的强悍凶残的居丹神甫的形象。

从写神怪小说过渡到写历史小说，是巴尔扎克走向现实主义的重要步骤。他在《舒昂党人》中描写的是属于当代社会生活范畴的重要事件。着重反映当代社会生活现实，正是巴尔扎克所写《人间喜剧》的一个特点。"（因为这种地形，）……正规军同农民作战必然毫无结果，因为只消五百个农民，把全国的军队拉上来也对付不了。这就是舒昂党战争秘密之所在。德·韦纳伊小姐于是乎懂得了共和国要平息这里的骚乱，不能徒劳无益地使用军事力量，必须运用警察和外交手段。……当这些盲从的农民的全部力量都集中在一个足智多谋而又胆大泼辣的首领身上时，不谈判怎么行呢？德·韦纳伊小姐对部长的才智深感钦佩，他虽然坐在办公室里，却预见到了和平的关键。"[17]260-61

《幻灭》的创作历时8年，这也是巴尔扎克认真考察后创作出的杰作。李胜凯说："《幻灭》从第一部的构思到三部全部完成，历时八年之久，巴尔扎克是逐步完成的。在创作第一部时，他感到需要有第二部；写完第二部，才预告第三部。他曾谈到小说最初的构思比较简单，但是一进入创作就发现不能再受原定构架的局限。……对于那些每年大量流入巴黎的外省青年的命运，对于代表当代生活法则的巴黎对外省的影响和冲击，他要进行一番剖根究底的认真考察。"[4]234-35

黄晋凯对《幻灭》关注得要更为深刻一些，他写道："巴尔扎克为《幻灭》伏案八载，三次作序，……在漫长的八年里，作家不断扩大作品的生活画面，不断深化作品的思想容量，终于在他琳琅满目的艺术宝库里，又增添了一件光彩夺目的珍品。"[9]84《幻灭》中的人物突破了原有的6个场景划分的界限："通过对吕西安和大卫两个年轻人从梦想、追求到幻灭的过程的描写，突破了原来的'场景'分界，把'外省'和'巴黎'的生活连成一体，勾画出一幅法国社会的全景，记录下一个时代的风貌。"[9]84-85巴尔扎克也把自己和卡斯特里夫人交往期间受保皇党引诱的经历赋予了吕西安的形象："他手中的笔杆，不再听他的意志指挥，而只是服从需要——金钱的需要，老板的需要，直至党派斗争的需要。……吕西安不懂得'上流社会的欺骗和奸诈'，以为贵妇们是真心要为他向王上求一道允许他改用贵族姓氏的诏书，便毫不犹豫地'转移阵地'，一头扎进了保王党的怀抱。这一莽撞的举动，成为他悲剧命运的转折点。"[9]86关于大卫的悲剧，巴尔扎克写道："造福于人类的科学发明给科学家本身带来的却是一连串的痛苦悲剧"[9]88黄晋凯感慨到："他（巴尔扎克）从每一个角落里都看到了毁灭天才的力量。"[9]89黄晋凯同时也客观地评价了《幻灭》形象塑造上的不足："作为艺术形象，'小团体'人物是不够丰满的。抽象的道德完美，还不足以塑造出有血有肉的典型。"[9]93

（三）写作计划过于庞大，涉及面广是创作困难的又一原因

从1829至1848年，巴尔扎克勤奋写作，每日伏案十多小时，努力完成庞大的写作计划，最终写出97部小说。"私人生活场景"计划中的32部有4部只拟了提纲，完成的28部中包括《高老头》（1834）、《高布塞克》（1830）、《夏倍上校》（1830）、《猫打球商店》（1830）等。"外省生活场景"计划中的17部有6部未完成，发表的11部包括《欧也妮·葛朗台》（1833）、《幽谷百合》（1835）、《幻灭》（1837—1843）等。"巴黎生活场景"计划20部，完成的14部中有《赛查·皮罗托盛衰记》（1837）、《纽沁根银行》（1838）、《交际花盛衰记》（1838）等。"政治生活场景"计划8部，完成《阿尔西的议员》（1847）等4部。"军队生活场景"计划的32部中只有《舒昂党人》等两部发表。"乡村生活场景"5部中完成《农民》（1844）等3部。"哲理研究"计划27部，发表《驴皮记》（1831）等22部。"分析研究"计划5部，只完成《婚姻生理学》1部。另外，《贝姨》（1846）、《邦斯舅舅》（1847）等6部未在总目录的137部之内。

《幻灭》之所以创作了8年，原因之一是里面涉及的内容过于广泛，对此，李清安分析道，这部作品"从外省写到巴黎，又从巴黎写到外省，内容涉及出版业、新闻界、企业经商、政治运动，以至私人生活，既有青年状况，也有经济斗争，又有天才与社会的矛盾，更有关于文学艺术和社会道德的种种议论，真是左右纵横，包罗万象，几乎可以看作是全部《人间喜剧》的一个缩影。"[5]58

（四）追求完美，反复修改

发表成名作及之后的创作，巴尔扎克对自己的作品是负责任的，为了追求完美，他会反反复复地修改，因此，巴尔扎克成了世界上以修改著称的作家之一。关于成名作《舒昂党人》的写作，李胜凯写道："1829年1月15日，这部小说的出版合同终于签了字，拉图什替这位小说的作者垫付了1000法郎的出版费，现在就等巴尔扎克交稿付印了。可是这次他却一反常态，迟迟没有将书稿交出。他就像一名参加会考的学生，惟恐已完成的答卷中还会有错误。他不厌其烦地反复修改，直至他对自己的答卷感到满意为止。因为他一心希望，自己所完成的《舒昂党人》将是一部引起强烈轰动的杰作。"[4]101

如此认真修改的原因，是巴尔扎克要让这部作品不只给自己带来前所未有的声誉，他还要对家庭的名誉负责任。李胜凯说道："这关系到巴尔扎克家族的名誉，他一定要把它（《舒昂党人》）写得完美无缺，他要为自己的作品负起重要的责任。为此，他一改过去写作时匆匆忙忙一蹴而就的做法，极其认真地、不厌其烦地反复修改，甚至于当书稿费了很大功（工）夫最后从这位推三托四的作家那里要出来，并排好版后，巴尔扎克还又把校样拿回去修改、订正、补充，弄得面目全非，不得不再一次排版。"李胜凯也提到了巴尔扎克创作《舒昂党人》时的延宕："巴尔扎克预计用一个月的时间定稿，但实际上一个半月以后，他仍在修改。"[4]103

除了以上分析的原因，巴尔扎克创作的延宕，有时也是因为身体状况恶化逼迫他停笔。他给韩斯卡夫人写信说："（1841年）5月的后半个月我不得不一直待在浴缸里，为了消除威胁我的炎症，每天洗三个小时的澡并只能吃很少的东西，结果，对我来说，这意味着我真的病了，因为现在我的脑子空空荡荡。一点儿工作也没做，一点儿力气都没有，直到本月初我一直保持着这种像牡蛎一样的舒服状态。"[2]74

不管是写作的迅速，还是延宕，都与灵感眷顾与否息息相关。陆机在《文赋》中说："若夫应感之会，通塞之纪，来不可遏，去不可止。藏若景灭，行犹响起。方天机之骏利，夫何纷而不理。思风发于胸臆，言泉流于唇齿。纷葳蕤以馺遝，唯毫素之所拟。文徽徽以溢目，音泠泠而盈耳。及其六情底滞，志往神留，兀若枯木，豁若涸流，览营魂以探赜，顿精爽而自求。理翳翳而愈伏，思轧轧其若抽。是故或竭情而多悔，或率意而寡尤。虽兹物之在我，非余力之所戮。故时抚空怀而自惋，吾未识夫开塞之所由也。"[18]271这里不只描述了灵感来袭时能够迅速构思的状态，而且阐明了灵感遁去之后作家的无可奈何。巴尔扎克受浓咖啡刺激，不断感受着灵感的来袭："喝过咖啡，一切都动弹起来。思想像战场上的大军交战一样震撼着，交战果然开始了。旌旗招展，记忆随着辎重滚滚而来；比喻的轻骑兵马蹄达达；逻辑的炮队跟着弹药匆匆赶到；思路的散兵排开阵势；形象一个个地矗立起来，白纸染满了墨迹……"此时，"思想顺着头皮流淌，就象（像）水从泉眼中流出一样，而自己却一无所知。"[5]97-98巴尔扎克在饮用了浓咖啡之后，"神经丛被点燃了，火光四射，火花一路通达大脑。这样，一切都活跃起来，各种想法和思想纷至沓来，仿佛沙场上一支大军。战争爆发，旌旗招展，各种记忆一路冲了过来，对比如轻骑兵策马奔腾，逻辑像带着弹药、架在炮车上的火炮一样快速前进，巧智仿佛是许多神枪手。战斗继续进行，纸上慢慢写满了墨水字，晚上的工作已经开始，最后会变成黑的洪流，就像战争最后变成黑色火药的洪流一样。"[2]40在自制浓咖啡的刺激下，巴尔扎克常常热情四射，灵感频发，用几个晚上的工夫就能把一部小说的全部情节勾勒出来。但后来浓咖啡越来越刺激不起来巴尔扎克的神经了，灵感离他而去，他的创作就接近枯竭甚至绝望的状态了。

参考文献：

[1]丽列叶娃. 巴尔扎克年谱[M]. 王梁之，译. 北京：作家出版社，1962.

[2]阿尔贝·凯姆、路易·吕梅. 巴尔扎克传[M]. 高岩，译. 南昌：江西教育出版社，2014.

[3]黄晋凯. 巴尔扎克和《人间喜剧》[M]. 北京：北京出版社，1981.

[4]李胜凯. 巴尔扎克传[M]. 北京：世界知识出版社，2001.

[5]李清安. 巴尔扎克[M]. 北京：北京师范大学出版社，1983.

[6]艾珉. 巴尔扎克传[M]. 北京：华文出版社，2017.

[7]安德烈·莫洛亚. 巴尔扎克传[M]. 艾珉、俞芷倩，译. 杭州：浙江大学出版社，2014.

[8]王路. 巴尔扎克传——未完成的雕像[M]. 石家庄：河北人民出版社，1999.

[9]黄晋凯. 巴尔扎克长短录[M]. 桂林：漓江出版社，2018.

[10]特罗亚. 巴尔扎克传[M]. 胡尧步，译. 北京：商务印书馆，2013.

[11]巴尔扎克. 论艺术家[A]//《巴尔扎克全集》第27卷[M]. 袁树仁，译. 北京：人民文学出版社，1998.

[12]苏成全. 巴尔扎克研究（专题资料）[M]. 西安：陕西师范大学学报编辑室，1980.

[13]巴尔扎克. 《农民》献词[A]//王秋荣编. 巴尔扎克论文学[M]. 陈占元，译. 北京：中国社会科学出版社，1986.

[14]巴尔扎克. 巴黎的波兰人[A]//《巴尔扎克全集》第30卷[M]. 蔡鸿滨，译. 北京：人民文学出版社，1998.

[15]巴尔扎克. 论劳动的信[A]//《巴尔扎克全集》第30卷[M]. 何友齐，译. 北京：人民文学出版社，1998.

[16]巴尔扎克. 红背心[A]//《巴尔扎克全集》第29卷[M]. 陆秉慧，刘方，译. 北京：人民文学出版社，1998.

[17]巴尔扎克. 舒昂党人[M]//《人间喜剧》第17卷，罗芃，译. 北京：人民文学出版社，1997.

[18]陆机. 文赋[A]//李泽厚、刘纲纪. 中国美学史（上）[M]. 合肥：安徽文艺出版社，1999.

第六章　吝啬鬼、人类天使和小市民形象及巴尔扎克塑造人物的手法

巴尔扎克塑造了一系列的吝啬鬼形象和人类天使的形象，同时对自己所从出的小市民阶层几乎持完全的否定态度，这些吝啬鬼、人类天使和小市民形象在巴尔扎克典型人物的画廊中占着比较突出的位置。通过对《外省的诗神》和《不自知的喜剧演员》以点带面的分析去把握巴尔扎克塑造典型的基本特征。

第一节　吝啬鬼形象特征分析

巴尔扎克塑造了葛朗台、高布赛克、奥勋、索维亚等一系列的吝啬鬼形象，他们的共同特征是精于算计、克勤克俭，拥有巨额财富却过着极其清苦的生活，积聚财富本身变成了人生的目的和意义，为此，他们往往不择手段，这是特定历史时期的产物。同时，巴尔扎克笔下的每一个吝啬鬼又不会被人们混淆，他们具有足够的个性特征。为了塑造吝啬鬼的形象，巴尔扎克既用了概说技法，又用了言语、行为和心理的细节刻画的手段。

一、赤裸裸地唯金钱是尊

巴尔扎克笔下的吝啬鬼绝大多数具有守财奴的特征，那就是像莫里哀笔下的阿巴贡一样唯金钱是尊，金钱成了他们衡量一切事物的标准，终生的目的就是积聚金钱，而且是为积聚而积聚，在吃穿用度上努力维持一个最低的标准。在《小市民》中，巴尔扎克借赛里泽之口表达了这样的富有哲理的话："对于虚荣的人，满足或威胁其自尊心就能把他们抓在手心；至于吝啬鬼，掏空或装满其钱包就能左右他们。"[1]255但现实生活是，吝啬鬼具有绝对坚强的意志，他们很难被人们所左右。

巴尔扎克所塑造的葛朗台在他所塑造的诸多吝啬鬼形象中最具有代表性，金钱成了他衡量一切事物的尺度，他最富有，也最无情，他用自己毕生的努力，把自己打造成了最富有的穷人，也可以被叫作最穷苦的富人，两种表述意义相同。黄晋凯说："处理一切关系，包括兄弟、叔侄、夫妻、父女关系，葛朗台都忘不了一个'钱'字。甚至在他自己即将离开人世时，他也没有忘记让女儿到天国去和他结账。"[2]59葛朗台以为自己终生都在紧紧地控制着钱财，殊不知他已经在不知不觉中沦为金钱的奴隶，极端拜物的结果就是自己被自己的人生追求绑架了，他是以丧失情感为代价，达到了自己获取最大数额金钱的目的，或者说，金钱已经成了他绝对的情欲。黄晋凯说："他有妻子，但却从来不知爱情为何物；他有女儿，但却从未领略过天伦之乐。妻子的价值，在于她带来了可观的陪嫁；女儿的价值，在于她能换来巨额的资产。总之，对待骨肉至亲，他遵循的仍然是价值法则。因此，他根本不理解女儿的爱情，更不能容忍她在金钱上的慷慨大度。"[2]62葛朗台的脑子里只有金钱的概念，其它任何概念都不容分说地要让位于金钱这个绝对强势的魔鬼。黄晋凯说："过分的欲念塞满了狭隘的心胸，对物的崇拜完全排挤了对人的情感。"[2]63

正如巴尔扎克所说，《欧也妮·葛朗台》这部篇幅并不长的小说，没有耸人听闻的事件，没有丝毫传奇色彩，其中的一切都在温水煮青蛙的模式下缓慢地进行着，葛朗台在不动声色中虐杀着身边的一切，但它的惨烈程度却并不亚于任何一部古典悲剧。艾珉就此说道："这是一出'没有毒药，没有尖刀，没有流血的平凡悲剧'，……在古典悲剧中主宰一切的是命运，在巴尔扎克的作品中主宰一切的则是金钱。"[3]126金钱成了葛朗台唯一的信仰和嗜好。艾珉说："除了钱他没有别的信仰。他唯一的嗜好、唯一的激情就是赚钱。"[3]131心为物役，这样的人生无疑是误入了歧途，世上还存在着超越于金钱之上的东西，金钱只是获取幸福的手段而已，认识不到这一点，那么人生注定是要收获可悲的结局。艾珉对此说道："葛朗台这样的人，表面上是金钱的主人，其实是金钱的奴隶，他终其一生为金钱奔忙，积累下的万贯家财一文也带不进坟墓，除了一种虚妄的满足感，可以说一无所获。"[3]133

《欧也妮·葛朗台》的惨烈是通过对主人公欧也妮的令人叹息的一生的描写来表现的。作为地方首富葛朗台的独生女，欧也妮本可以过得潇洒充裕，然而，她的幸福却活生生地被自己那吝啬、贪婪、自私的父亲所剥夺。葛朗台年收入达几十万法郎之多，全家却住在一所破烂不堪，年久失修的房子里，吃烂果子，喝坏掉的酒，蜡烛全家合用一支，而且还得买最便宜的，喝咖啡用的方糖更是被当作奢侈品。在葛朗台的眼里，金钱成了绝对的上帝。他最大的乐趣是坐在密室里欣赏自己堆积如山的金子。欧也妮守着父亲留给她的巨额遗产，却既无家庭，也无情感生活，只能沦为一帮利欲熏心之徒追逐围猎的对象，而这一切悲剧发生的根源就是金钱。

葛朗台的发家史说明，当时资产阶级的崛起是依靠侵占大革命的胜利果实与剥夺人民财产发家致富的。葛朗台在发迹过程中，越来越没有是非观念与羞耻之心，他的一切信仰都以金钱利害关系为基础。拿破仑时期和波旁王朝时期都是他搞政治投机和经济掠夺的关键时刻，他那如巨蟒一样的理财本领，使他无往而不胜。在对金钱的绝对追逐中，他表现得极度贪婪、狡狯、阴狠而又极其吝啬。他在妻子死后引诱女儿欧也妮放弃了财产继承权。葛朗台生前在家庭生活和社会生活方面奴役别人，然而在精神生活方面却受着金钱的奴役，看到金子，占有金子，便是葛朗台的一切。

精确地说，葛朗台不是没有情感，只是他一切的情感都是围绕着金钱，金钱成了他生活的唯一轴心，对亲人的情感则是处于完全缺席的状态。杨昌龙说："他只为金钱之失而哀而怒，只为金钱之得而喜而乐，他的全部情感，完全随金钱的得失消长而变化。"[4]147

葛朗台是巴尔扎克塑造的极端性格，之所以读者会对这样的形象感兴趣，是因为葛朗台是一种极端力量的集中呈现。艾珉说："巴尔扎克曾说：'吝啬鬼的一生，是人的力量的顽强表现。'也许这就是舞台上生动地演出的各种吝啬鬼能够引起人们巨大兴趣的原因。而葛朗台的形象还远不止是一个吝啬鬼：'他是一个善于赚钱的人，'对他来说，金钱自然在感情之上。他的侄儿失去了亲爱的父亲，这不足以打动葛朗台，而这个年轻人失去了他的财产，倒使他产生了几分恻隐之心。"[3]233这里可以看出，在葛朗台的心里，亲情毫无价值，让他怜惜的只有财产的损失。他"善于赚钱"，在某种程度上也能满足读者发家致富的梦想，就像当下的亿万富翁的榜样力量一样。但物极必反，年轻人获取人生的第一桶金很重要，可到了三四十岁，还认识不到比金钱更重要的崇高追求，就是很可悲的事情了。

巴尔扎克笔下的吝啬鬼，能够与葛朗台比肩的是高布赛克，二者是难兄难弟。杨昌龙说："高布赛克和葛朗台都是金钱的奴隶，……以压抑物欲、情欲来满足金钱欲。"[4]270

《高布赛克》中的主人公高布赛克同样是金钱的化身，他一生的目的就是攫取金钱，他认为自己拥有了最大数量的金钱，就成了巴黎实际上的统治者。他对律师但维尔说："如果你的阅历同我一样丰富的话，你就会懂得只有一种有形的东西具有相当实在的价值，值得我们操心。这种东西……就是金钱。金钱代表了人间一切的力量。……虚荣心要有大量金钱才能得到满足。"[5]596-97高布赛克对欠他债的高老头的大女儿阿娜斯大齐则说："即使法国国王欠了我的钱，夫人，他不还给我的话，我也要控告他，而且比控告别的债务人还要快些。"[5]602言外之意就是他为了金钱可以拼掉性命。高布赛克认为自己占据着绝对的居高临下的地位，权力和享乐就是人类社会的整体格局，自己就是巴黎无冕的国王之一。他对但维尔说："什么都瞒不了我。对于能够把钱袋的绳子打开或拉紧的人，人们总是俯首听命的。我的财力足以收买那些能够左右大臣们的人——从办公室的听差直至他们的情妇——的良心，这不是权力么？我可以得到最美丽的妇人和她们最温柔的抚慰，这不是享乐么？权力和享乐，这不就把你们的社会秩序全部概括了么？在巴黎，我们一共有十个人，都是无声无臭、无人知晓的国王，你们命运的主宰。生活不是一部由金钱开动的机器么？……金钱是你们当前社会的灵性。……所有我的同业都象（像）我一样，什么都享受过了，什么都尝遍了，到头来就只为了权力和金钱本身而爱权力，爱金钱。"[5]606-07马克西姆是阿娜斯大齐所养的情人，巴黎花花公子的头子，他一向靠借债过着豪华生活，并以此为荣。高布赛克对但维尔说："要是他（马克西姆）有值钱的抵押品拿来的话，你就救了我的命了！我真要高兴死了。韦布律斯特和羊腿子以为耍了我一下。幸亏你，今天晚上，我可以痛痛快快地取笑他们一番了。"[5]621等到马克西姆拿来了抵押品，其中的一副镶满钻石的项链是阿娜斯大齐丈夫雷斯多伯爵家祖传的宝物，高布赛克兴奋至极："钻石是我的了！钻石是我的了！漂亮的钻石！宝贵的钻石！还很便宜呢。哈！哈！韦布律斯特和羊腿子，你们以为高布赛克老爹上了你们的当！……我是你们众人的老师啦！全部兑现！"[5]627

于是巴尔扎克接连感叹道："这个人已经成为金钱的化身"[5]594。"这个干瘪的小老头高大起来了。他……成为金钱势力的化身。"[5]607

二、不择手段地攫取金钱

吝啬鬼的一个重要特征往往是为了达到最大程度地占有金钱而不择手段。黄晋凯说："葛朗台不仅顺应时势，而且能巧妙地利用时势，或是以区长的职权不露痕迹地谋个人私利，或是专注于经营葡萄园使之在地方上出类拔萃，或是瞅准行情大做投机买卖"[2]59。19世纪的欧洲，正是资本主义发展的爆棚期，大批的冒险家为了攫取金钱铤而走险，"金钱统治的社会环境为葛朗台的表演提供了真实可信的舞台。"[2]60

1789年法国大革命以前，葛朗台只是索漠城的一个普通的箍桶匠。在大革命中，葛朗台浑水摸鱼，大发横财，用自己的现款和妻子的陪嫁贿赂标卖监督官，三钱不值两钱地买到区里最好的葡萄园，一座老修道院和几块分种田；他当过索漠城区的行政委员，貌似关切革命新潮的"共和党人"，把某修道院上好的草原弄到了手；他当过拿破仑的区长，利用职权，假公济私，造好几条出色的公路直达他的产业；房产和地产登记的时候占了不少便宜，曾借用职权经营葡萄园与极品好酒。拿破仑称帝时葛朗台虽丢了官，却财运亨通，1806年，他相继得到了三笔遗产：他岳母、他太太的外公和他外婆的，"三个老人爱钱如命，一生一世都在积聚金钱，以便私下里摩挲把玩。德·拉贝特利耶老先生（太太的外公）把放债叫做（作）挥霍，觉得对黄金看上几眼比放高利贷还实惠。"[6]9葛朗台又从法劳丰侯爵那里廉价买进一整套良田美产，通过毁约卖酒、抛售黄金、高利借贷、公债投资、囤积居奇等商业上、金融上牟取暴利的各式各样的投机倒把活动来使财产增殖。关于葛朗台不择手段地扩充自己产业的过程，艾珉说道："他当军队供应商的时候，曾经用行贿的手段，从一个粗野的共和主义分子手里弄到原来属于教会的几个上等牧场。和巴尔扎克的父亲贝尔纳-弗朗索瓦一样，葛朗台曾经被认为是'热衷于新思想'的人，实际上他热衷的只是他的葡萄园。他荣任索漠市长期间，在房地产登记的时候神不知鬼不觉地占了不少便宜。王政复辟以后，他的贪婪又多了一项新收益：公债利息。他在1814年以四十五法郎买进的利率为五厘的债券，六年以后竟卖到一百法郎。葛朗台就这样发着复辟财，跟过去发革命财一样。"[3]233-34葛朗台常使别人濒于破产，甚至巴黎人、荷兰人也会受到他的捉弄。经过贪婪积累与巧取豪夺，葛朗台在临死前拥有动产与不动产的总值，已达1700万法郎。这个典型的资产阶级暴发户的发迹史，充满着鲜血和肮脏的东西。巴尔扎克写道："他能够把酒藏起来，等每桶涨到两百法郎才抛出去，……讲起理财的本领，葛朗台先生是只老虎，是条巨蟒：他会躺在那里，蹲在那里，把俘虏打量个半天再扑上去，张开血盆大口的钱袋，倒进大堆的金银，然后安安宁宁的去睡觉。"[6]10-11

《欧也妮·葛朗台》表现了贪婪、吝啬的葛朗台如何毁掉自己女儿欧也妮一生的幸福。他不择手段地攫取金钱，成了千万富翁，而家里却过着穷酸的日子，楼梯坏了也不修一修，直到欧也妮和仆人拿侬险些受伤才被迫修理。葛朗台把女儿欧也妮的婚姻当作诱饵，以使他能够从求婚者身上谋利。欧也妮则单纯善良，她爱上了自己的堂兄弟查理，葛朗台却将查理从家中赶走，还把欧也妮关了禁闭，每天只给她喝冷水，吃面包。

紧继葛朗台之后的是他的侄子查理，为了出人头地更是变本加厉地不择手段。黄晋凯说："在资产者的画廊里，查理是对葛朗台形象的补充和发展。……海外的冒险，已使查理成为一个不折不扣的殖民掠夺者，其手段之凶残卑劣，远非他先辈所能想象。"[2]64巴黎是个利己主义盛行的所在，查理早年花花公子的身份与父亲破产的结局不无关系，之后伯父葛朗台的唯金钱是尊又给他上了生动深刻的一课，所以在南美疯狂冒险之时，他便丧失了一切的道德观念。艾珉说："在巴黎的环境中长大的夏尔（查理），耳濡目染，早已埋下利己主义的种子，最初由于涉世未深，还多少保留着几分率真的感情。待到世面见多了，对是非曲直便不再有明确的观念，他贩卖人口、走私、放高利贷，总之，为了发财不择手段。整天为牟利盘算的结果，心变冷了，越来越吝刻、势利和贪婪，当然不会再把父亲和欧也妮放在心上。"[3]128回到巴黎后，他不但无心偿还父亲欠下的债务，而且根本不再相信欧也妮的爱情。

三、金钱主导的社会背景的直接体现

巴尔扎克笔下的吝啬鬼形象有着明显的时代烙印，他们是法国19世纪巧取豪夺资本家的典型，读者可以通过这些形象把握那个时代法国社会的基本特征。黄晋凯说："巴尔扎克的这一'出色的画幅'，已成为人们认识资本主义世界，特别是认识资产者丑恶灵魂的一面镜子。"[2]65管中窥豹，我们可以通过这些吝啬鬼的形象，看到资产阶级必然胜利和贵族阶级无可挽回地要退出历史舞台的社会脉动。艾珉说："特别有意思的是葛朗台的性格，他是那个时代社会一种新型人物的典型，他的地位的上升，反映了那个时代的历史。"[3]233

17世纪莫里哀的喜剧《吝啬鬼》取材于古罗马喜剧家普劳图斯的《一罐黄金》，其中塑造了法国著名吝啬鬼的典型阿巴贡，但这部喜剧探讨的是恒久的人性，并不具有鲜明的时代特征；巴尔扎克则在小说中更为丰富地塑造了富有19世纪时代气息的葛朗台等吝啬鬼的形象。艾珉说："和莫里哀的阿巴贡一样，葛朗台的性格特征是贪婪吝刻，但又远不止是贪婪吝刻。否则这种性格无论描绘得多么出神入化，怕也很难有多少新意。重要的是，葛朗台的形象概括了整整一段历史，他的吝啬也包含着特定的历史内容。如果说，包罗万象的《人间喜剧》各场景无一例外地反映了法国社会向现代资本主义的过渡，那么

《欧也妮·葛朗台》正是通过葛朗台的发家和社会地位的上升来谱写法国大革命以后社会财富和权力再分配的历史，描绘贵族的产业如何一天天转移到资产阶级手中，满身铜臭的暴发户又如何成为地方上权力的象征和众人膜拜的对象。巴尔扎克把葛朗台作为大革命以后迅速崛起的第一代资产阶级的代表人物，在他身上集中了相当一部分资产者的牟利手段和性格特征，通过他的成功来分析资产阶级何以能在那么短的时间聚敛如此巨大的财富。这样一来，葛朗台便区别于莫里哀的阿巴贡，有了更加丰富的历史内涵和特殊的分量。"[3]128-29葛朗台能够抓住时代提供的机遇，在极短的时期内迅速达到个人财产的最大化。艾珉说："他比别人更有胆识地利用了大革命的好时机……没有这次革命，葛朗台不可能这么快挣得偌大一笔财产。"[3]129

与时代相契合的，就是葛朗台这样的形象具有手工业者的敏锐、快速出击和冷血无情的特征。艾珉说："这部小说比任何技术性的著作更精确地描绘了新兴资产阶级是用什么手段积累起巨额财富的。在任何时代，从手工业者变成百万富翁的，都是这样的人。他们思维敏捷，行动迅速，不动感情，这是一种冷酷无情的天才。"[3]234

与葛朗台相比，巴尔扎克笔下的高布赛克和柯内留斯具有早期资本家的吝啬鬼的特征。杨昌龙在《巴尔扎克创作论》中说："高布赛克产生于大革命前后，具有早期金融资产阶级的特点，是个旧式剥削者的典型；葛朗台应产生于七月革命前后，是从旧式剥削者向新式资本主义经营过渡的金融资产阶级典型"[4]270。其实，葛朗台与高布赛克几乎活动于同一时期，这里，巴尔扎克在日期的表述上并没有达到历史性的严格。无独有偶，与高布赛克在吝啬手法上极其接近的就是《柯内留斯老板》中的柯内留斯："柯内留斯是资产阶级的金融家，又是个贪婪的吝啬鬼。他患有一种储藏癖，利用储藏珠宝的方式来占有财富，以此满足自己的贪欲之心，享受最大的乐趣，反映了资本主义初期一类金融资产阶级的共同特点。"[4]35

杨昌龙概括道，高布赛克是早期资产阶级的代表，他以单纯的高利贷方式获取利润，而不懂得商品的流通和资本周转。葛朗台虽然和他一样贪婪吝啬，但在发财方面却要比高布赛克高明得多。商业投机和高利盘剥是他的主要手段，他还参加证券交易，他已懂得在流通中求得资本的增殖。小说《欧也妮·葛朗台》揭示了资产者财富的多方面来源，鲜明生动地展示了资产阶级发迹和贵族阶级衰落的原因和过程。小说以外省暴发户葛朗台的家庭生活与剥削活动为骨骼，以他的女儿欧也妮的婚事为中心，展开各种戏剧性场景。为了金钱，葛朗台迫害欧也妮。"家庭的苦难"一章是全书的高潮，葛朗台在黄金的狂欲中死去。在最后一章"结局"中，作者满怀悲愤之情指出，欧也妮始终逃不了人间利益的盘算。小说借一个吝啬鬼的故事，针砭七月革命所带来的金钱统治腐蚀一切的恶果。不知道贪吝、狡黠、冷酷的葛朗台的身世，就无法掂出他的发家史的剥削分量，也无法理解构成他的精神世界的社会历史根源。

四、各具面目的吝啬鬼

巴尔扎克笔下的吝啬鬼形象是受莫里哀喜剧《吝啬鬼》的启发创作出来的，只不过巴尔扎克的吝啬鬼队伍非常庞大，而且每个形象各具特色，反映的是19世纪的时代风俗。马克思在《资本论》里说："巴尔扎克对于各色各样的悭吝作过认真的研究"。[7]6巴尔扎克笔下的吝啬鬼丰富多彩，每个都有着鲜明的个性化特征。艾珉说："在巴尔扎克笔下，具有普遍意义的人性从来是通过个性化的人物表现出来。商人、律师、公证人也好，医生、公务员、艺术家也好，这一个都不同于那一个，连吝啬鬼都是各式各样的：葛朗台的敛财手段和高布赛克的不尽相同，里谷的吝啬和葛朗台的也大异其趣。葛朗台把一切开支看成浪费，尽管是地方上的首富，过日子却和当地的庄稼人一样，喝的老是坏酒，吃的老是烂果子，连女仆拿侬去店里买一根白烛都会成为当地的新闻；里谷的悭吝却只用来对付别人，自己则有一套独特的讲究与享受……"[3]60-61

生活基本同期的葛朗台和高布赛克在经营模式上却有着很大的差异，这与他们各自的经历有关。高布赛克曾遍游世界，身上更多哲学家的特征，他固守着囤积的主线。葛朗台则像一只老虎，一条巨蟒，一直盘踞在索漠城，敛财的手段则变化多端。"葛朗台和高布赛克活动的年代大致相仿（前者登台是1819年，1827年去世；后者出场是1816年，1829年寿终）。但葛朗台的生财之道却远胜于高布赛克。从种植葡萄，制造木桶，酿造甜酒，到商品投机，经营地产，高利借贷，证券交易……他几乎无所不能，无所不干，甚至把长手还伸到了巴黎。……葛朗台可以说是兼有农业资本家、工商业资本家、高利贷资本家的特点，同时，也开始投入了金融界的竞争。"[2]60

吝啬鬼又常常被称为守财奴。李清安说："纵观《人间喜剧》的全部作品，巴尔扎克塑造了不止一个守财奴的形象。除了前边提到的高普（布）赛克，还有《农民》中的里谷老爹、《贝姨》中的放债人萨玛侬、《幻灭》中的老印刷商杰罗姆-尼古拉·赛夏、在好几部小说中出现过的犹太籍银行家纽沁根，以及在《邦斯舅舅》《比（皮）埃尔·格拉苏》中写到的伪造名画骗钱的玛古斯等等。这一个个的老财迷，经历不同，性格各异，嗜钱如命的品质却如出一辙。在他们当中，老葛朗台的形象最为突出，可以看作是《人间喜剧》中这一‘派’人的代表，堪与世界著名的悭吝人阿巴贡、夏洛克等形象媲美。"[8]48-49其中，纽沁根把妻子但斐纳打扮得花枝招展，招摇过市，为他的银行做活广告，之后在《交际花荣辱（盛衰）记》中他还养了情妇，挥金如土，这就不能被称为守财奴，就像高里奥老爹一样，自己生活节俭，却对两个女儿倾其所有，所以我们从来没有把高老头称为吝啬鬼。

（一）好演员葛朗台

莫里哀笔下的人物，都是单一性格，作者采取了喜剧的夸张手法来刻画人物身上某种单一的吝啬、虚伪、盲从、虚荣等情欲，以此表现社会的众生相和丑恶面。用莫里哀自己的话说就是，暴露本世纪人的缺点，莫里哀所写的人物没有一个不会在街上遇到。巴尔扎克深受莫里哀的影响。艾珉说："莫里哀笔下的阿巴贡已将吝啬鬼的性格特征表现得淋漓尽致，谁还有勇气再碰这类典型呢？然而巴尔扎克不仅大胆地重塑了这种典型，还赋予了更深刻的历史内容，写出了独到的风采。"[3]128这种典型以葛朗台为代表。黄晋凯说："主要是通过他和家庭的矛盾，特别是通过他给女儿制造的苦难，深入刻画人物的贪欲和吝啬，以及由此而导致的人性的灭绝。"[2]61

葛朗台的性格变化多端，在吝啬的道路上他是一个十足的好演员。黄晋凯说："在金钱的导演下，葛朗台的表演又是千姿百态的。他时而忧，时而喜；时而如虎，时而似羊；时而萎萎缩缩，时而神气十足；时而结结巴巴，时而口若悬河；时而谎话连篇，时而直言不讳……而他的一言一行，一嗔一怒，又都离不开他的‘最高任务’：占有金子，保住金子。同时，他又处处露出外省财主的‘土’气，横阔的身躯，丑陋的圆脸，结实的衣装，粗俗的谈吐，毫无风度的举止，乃至抢金匣、抓十字架等等愚鲁的动作。"[9]126-27

在巴尔扎克看来，他的带有自传色彩的《路易·朗贝尔》要远远超过《欧也妮·葛朗台》，后者只不过是一部畅销小说而已，但读者并不这么认为，就作品的文学性而言，后者远远超过了前者。艾珉说："《欧也妮·葛朗台》原定归入‘私人生活场景’，故事围绕葛朗台老头这样一个突出的巴尔扎克式典型展开。这部作品由于它的美学成就（结构简洁，主题完整）以及对欧也妮的纯洁爱情和拿侬的耿耿忠心的感人描写，成为巴尔扎克最著名的作品之一，而作者本人却以为这不过是一本‘写得不错的畅销的小说’，根本不能和他的《路易·朗贝尔》相比。在这一点上，巴尔扎克看错了。这本精彩小说里的一切都引起读者的兴趣：葛朗台老头的生意经（合情合理，富有真实感）；
为了追求富有的女继承人，求婚的两个阵营之间展开的斗争；家庭内部光明与
黑暗形成的鲜明对照，一边是老头儿的贪婪刻薄，一边是他太太的圣洁和女儿
的慷慨大度。"[3]233看来，就一部已经诞生的文学作品而言，作者的主观感觉
与读者的客观判断之间还是有差距的。

　　是否会赚钱其实与学历高低并没有必然的联系，这一点在葛朗台身上体
现得就很明显。艾珉说，他"没多少文化，却极精于盘算。"[3]129葛朗台城府
很深，他能够利用身边一切的人谋利，所以索漠城的人对他都怀着既敬慕又畏
惧的心情。艾珉说："葛朗台胸有城府，说话不多，动作更少。他心狠手辣，
玩弄世人于股掌之上。索漠城中，个个人都曾被他钢铁般的利爪干净利索地抓
过。人们看见他，没一个不觉得又钦佩又害怕。"[3]130

　　吝啬鬼都知道一个道理，少花一分钱就等于多赚一分钱，葛朗台自然也
深谙此道。"修院的窗子，门洞，彩色玻璃，一齐给他从外面堵死了，既可不
付捐税，又可保存那些东西。"[6]9家庭日常支出，葛朗台更是维持在一个严苛
的层面："葛朗台先生从来不买肉，不买面包。每个星期，那些佃户给他送
来一份足够的食物……他的开支，据人家知道的，只有教堂里坐（座）椅的租
费、圣餐费、太太和女儿的衣着、家里的灯烛、拿侬的工钱、锅子的镀锡、国
家的赋税、庄园的修理和种植的费用。"[6]12-13在人情交往方面，葛朗台也是
铁公鸡———一毛不拔："他从来不到别人家里去，不吃人家，也不请人家；他
没有一点儿声响，似乎什么都要节省，连动作在内。"[6]13所以，一次葛朗台
要请客，妻子感到特别震惊。"真是，家里有了大事了，"葛朗台太太说，
"我结婚到现在，这是你父亲第三次请客。"[6]101葛朗台这次请客，只是想请
人到巴黎去料理他弟弟死后留下的债务，以便从中获利。据此，艾珉说道：
"包括吝啬，也是聚敛财富的一种手段。葛朗台把所有的开支都看成浪费，奢
侈享受更是最不可容忍的恶习。"[3]130

　　葛朗台经常被人们指责的一个吝啬的特征是，他只雇用了一个仆人——
长脚拿侬："箍桶匠当她家奴一般利用。拿侬包办一切：煮饭，蒸洗东
西，……天一亮就起身，深夜才睡觉；收成时节，所有短工的饭食都归她料
理，……一八——那有名的一年收获季节特别辛苦，这时拿侬已经服务了二十
年，葛朗台才发狠赏了她一只旧表，那是她到手的唯一礼物。固然他一向把穿
旧的鞋子给她（她正好穿得上），但是每隔三个月得来的鞋子，已经那么破
烂，不能叫做（作）礼物了。"[6]21-22拿侬特别随和，她对葛朗台一直怀着一

颗感恩的心："要是葛朗台把面包割得过分小气了一点，她决不抱怨；这份人家饮食严格，从来没有人闹病，……"[6]22

深冬时节，家里才允许生火："到十一月中旬某一天傍晚时分，长脚拿侬才第一次生火。"[6]24这一天是欧也妮的生日。欧也妮会时常收到父亲给予的小钱："她每年小小的收入大概有五六百法郎，葛朗台很高兴的（地）看她慢慢的（地）积起来。这不过是把自己的钱换一只口袋罢了，而且可以从小培养女儿的吝啬。"[6]23-24殊不知，欧也妮后来居然把价值6000法郎的金币都给了去南美冒险的查理，这在葛朗台看来是绝对不可饶恕的罪过。他勃然大怒，这把妻子吓了个半死，他进而把女儿关了禁闭。

对于妻子，"丈夫给她的零用，每次从不超过六法郎。"[6]26葛朗台总要让买他酒的人出一些中金给他的太太。她一朝拿到了上百法郎，丈夫就要向她借，所以"一个冬天也就还了他好些中金。"[6]27只要妻子手里还有钱，葛朗台就随时惦记着要把它挤出来，所谓的中金，只不过是葛朗台借妻子之名勒索顾客罢了。"太太，"葛朗台说，"给拿侬六法郎。……"接下来工人要工资，葛朗台又说："太太，先给他五法郎。"巴尔扎克写道："可怜的女人觉得花上十一法郎求一个清静，高兴得很。她知道葛朗台把给她的钱一个一个逼回去之后，准有半个月不寻事。"[6]100

葛朗台是一个丰富的生活化的形象，他不是一个单纯的反面典型，而是一种病态性格的极端的演绎。艾珉说："巴尔扎克并没有简单化地把葛朗台写成腐朽堕落、道德败坏的恶棍，而是在他身上概括了拜金主义者和守财奴普遍的心性习惯和思想误区"[3]132。

大家熟知，巴尔扎克是杂取种种吝啬鬼的形象，才合成了一个葛朗台，但这个形象还是存在着一个基本的来源，那就是萨榭城堡附近索漠城中的让·尼维洛。据李清安记载，"在巴尔扎克经常居留的萨舍（榭）别墅附近，索漠城里，杜艾谷中，有一个在二十年代发了大财的高利贷者，名叫让·尼维洛。他本来在咖啡馆里当堂倌，后来在台球房里当记分员。他通过向走投无路的赌徒们放债，没过几年便成了一个大富商和金融家。这人肮脏龌龊，其貌不扬，却住了一所华丽无比的宅邸。人们传说他家藏万贯，金银满仓，连拖鞋里都藏着银币，可是却每每扮作仆人的模样，涎着脸皮向前来参观的游客索要一两枚硬币。他只有一个女儿，长得如花似玉，嫁给了一个老男爵、前查理十世的侍卫官。两家财产合起来，竟达三十万法郎。"[8]48这就是葛朗台的原型，而巴尔扎克塑造葛朗台的形象还另有原因。据李清安说："如那位尼维洛老头的间接继承人所扬言的，说巴尔扎克写这部书是为了报复，因为据说他曾经向尼维洛的女儿求过婚，遭到了拒绝。……巴尔扎克放浪形骸的一生，这样的事情也在所难免。"[8]49追求卡斯特里夫人失败之后，"他听说那里（萨榭）有位巨富的女儿独守闺中，守着一大笔财宝，无处挥霍，他希望自己能帮助这颗无助的灵魂。这个女子化成了作家以后笔下的'欧也妮·葛朗台'。"[10]144

关于《欧也妮·葛朗台》这部作品的来源背景，卡斯泰克斯曾专门写过《〈欧也妮·葛朗台〉溯源》。艾珉说："作者把《欧也妮·葛朗台》放在索漠，其实这故事完全可以发生在图尔或伏弗雷。有人曾经到索漠去找小说的人物原型，其实巴尔扎克只到索漠去过一次，仅仅停留了几个小时。'他不过是从这座城市借用了真实的背景素材。'（卡斯泰克斯《〈欧也妮·葛朗台〉溯源》）书中有好几处破绽，说明故事更像是发生在图尔地区。巴尔扎克在描写葛朗台的时候，很可能借用了马尔戈讷的丈人萨瓦里先生的特征。但是，毋庸赘述，一个写小说的行家在塑造人物的时候绝不会只借用一个模特儿。"[3]234

第一稿中，巴尔扎克说葛朗台拥有2000万法郎的资产，妹妹洛尔·絮尔维勒夫人告诉他这是不可能的。1833年，巴尔扎克在给妹妹的信中写道："假使你知道思想是怎么样塑造、成形、著色，你就不这样轻率地批评人了！啊！你以为《欧也妮·葛朗台》里的百万字样太大么？可是，笨东西，既然故事真实，你倒要我比真实写的还要好么？你不知道钱在吝啬鬼的手心是怎样一个长法。不过，如果你的批评正确，以后再版的时候，我就把数字改恰当些，或者减少一些……"[11]354所以我们看到，2000万法朗先是变成了1900万法朗，最后又变成了1700万，这还是令人难以置信，于是巴尔扎克就强行辩护说，很多小店主都很轻松地拥有千万资产，看来这一点，只有想象力丰富的巴尔扎克一个人相信了。

（二）哲学家高布赛克

假如说葛朗台与莫里哀的阿巴贡相似，那么，高布赛克则与莎士比亚的夏洛克接近。达文在《十九世纪风俗研究》导言中说："高布赛克是夏洛克的表兄弟，是机灵、有力、恶毒的贪婪，而葛朗台老爹是本能的贪婪，纯粹的贪婪。在这里（《高布赛克》），德·特拉伊先生，雷斯托（多）先生及其妻子，那个在《高老头》中给人印象极深的阿娜斯塔（大）齐·高里奥，这三个人物第一次出现。夏倍伯爵的诉讼代理人但维尔这个人物也从这里开始。"[12]309

在《高布赛克》中，律师但维尔是这样引入高布赛克的形象的：

那没有血色的、灰白的脸，……月白色的脸：它同褪了色的镀金器皿相似。……他那平直的、深灰色的头发梳得整整齐齐。面部……毫无表情，看上去象（像）是用青铜铸成似的。两只小眼黄得象（像）黄鼠狼的眼睛，差不多没有睫毛，怕见阳光；……他的尖鼻子顶端有很多痘斑，您会把它比作一个小螺丝钻。他的嘴唇很薄，……这人讲话时声音很低，语调柔和，从来不发脾气。他的年纪很难确定……从早晨下床的时候起，直到晚上咳嗽发作时为止，他的行动都和时钟一样有条不紊。他有几分象（像）一个机器人，睡眠就等于上弦。……这个人在讲话当中听到有车辆经过，就住口不做声，免得提高嗓门。……到了晚上，这个钞票人便变成了凡夫俗子，……他一天的工作如果使他感到满意，他就搓着两手，脸上凹凸不平的皱纹泛起一丝笑意，……皮笑肉不笑……即使在他感到万分高兴的时候，他的谈话还是使用单音节的词，举止行动也始终拒人于千里之外。[5]589-91

其中，经典的部分是："脸……同褪了色的镀金器皿相似。……面部……象（像）是用青铜铸成似的。……尖鼻子……您会把它比作一个小螺丝钻。"黄晋凯就此分析道："一连几个金属物的比喻，更使人感到这颗物化的灵魂的冷酷。他那双鼠眼和尖鼻薄唇相配，透露出这个吸血鬼刻薄狡诈的特点，令人望而生厌，亦令人望而生畏。"[2]120

高布赛克曾经广泛游历，同许多国家的国王和海盗都有过密切的接触，于是形成了他身上明显的哲学家的思想与气质。艾珉说："他老谋深算，冷酷无情，俨然是金钱势力的化身。作者以精细的笔触刻画了他的贪婪、吝啬，却又没有把他的性格简单化地归结为贪婪、吝啬，此人饱经沧桑，对社会和人性的弱点有相当透彻的分析，形成了自己的一套生活哲理。"[3]122

高布赛克最突出的特征是他把自己的人生观和世界观上升到了哲学理论的高度。杨昌龙说："高布赛克虽然也是金融资产阶级中的一个吝啬鬼，但他和同类人物的最大区别，在于他是吝啬鬼画廊中的哲学家。他不只有吝啬贪婪的行为，更有一整套吝啬贪婪的理论。他看透了社会本质，对之作（做）了总结，从全局的广度和理解的深度上给予高度概括。有了理论指导，盘剥别人则行为更显坚决，手段更为狠毒。他玩弄金钱，玩弄债主，像猫玩耗子，玩出了'艺术'，玩出了'诗意'。正是这个独具哲学头脑的个性特征，使他成为文学史上资产阶级吝啬鬼系列中的一个不朽典型。"[4]145其实，假如葛朗台没有成为世界文学中的四大吝啬鬼之一，那么，高布赛克也足以担当这样的角色。但维尔认为，"他（高布赛克）身上有两个不同的人：他又是守财奴又是哲学家，又渺小又伟大。"[5]633

高布赛克是个典型的守财奴，金钱只进不出，自己住在破旧、潮湿、寒冷的屋子里。"屋子里从写字台上的绿绒直到床前的地毯，一切都是洁净、破旧的，……冬天，炉子里的柴火老是埋在一堆灰烬下面，只冒烟，没有火焰。"[5]590高布赛克与故事的讲述者但维尔是邻居，"我们住的这所房屋没有院子，又潮湿又阴暗。……一条过道就是唯一的出口，只有气窗给过道透进一些亮光，"但维尔认为这所房子具有"凄凉的外貌"[5]591。

但维尔作为律师，高布赛克前来谘（咨）询却从来不肯支付谘（咨）询费用："他遇到难于处理的生意，就不花一文，找我商量，……这个人，无论谁的话他都不愿意听，对我的意见却可以说言听计从。……我终于升任首席帮办，……一星期后，我的老邻居前来看我，他带给我一个相当难办的案件，一个没收财产的案件；他继续一毛不拔，要我提供谘（咨）询，一点不难为情，如同已经付过手续费一样。"[5]608-09之后但维尔要借十五万法郎盘进事务所，高布赛克把利息从一分二厘半涨到一分三，之后又涨到一分五，而且自此每周三和周六但维尔要为高布赛克准备鹧鸪和香槟酒。

当但维尔"给他送去最后一笔欠款的那一天，我曾……问他，他要我付出这么大的利息，究竟出自一种什么情感，而且既然我是他的朋友，他想帮我忙，但又没有把好事做到底，究竟是什么缘故呢。"高布赛克振振有词地回答道："我的孩子，让你相信你并没有得到我的任何恩惠，你便无需感激我。所以我们现在才是世界上最亲密的朋友。"[5]633事实并非如此，高布赛克一会儿工夫两番加息，完全是出于一种追求利益最大化的职业习惯。

据高布赛克说："我们这个家族，女子是从来不结婚的。"[5]592也许这样就不用给嫁妆了。高布赛克没有任何亲情意识。但维尔说道："你们一定知道，一个叫做（作）荷兰美女的女子的暗杀事件曾经如何轰动整个巴黎。当我同这个旧邻居偶然谈到这件事情的时候，他既没有表示一点关切，也没有表示丝毫惊异，只是对我说：'她是我的外甥孙女。'他的独一无二的继承人，他姐姐的外孙女的死，只引起他说了这么一句话。"[5]592究其原因，"他对他的继承人深恶痛绝，他无论如何不能想象，在他死后，他的家当有一天会不属于他，而归别人所有。"[5]593

但维尔是高布赛克唯一的朋友，因为只有但维尔会偶尔请他吃东西。但维尔讲到了高布赛克赤裸裸的吝啬："就社交方面来说，唯一同他来往的人就是我；他来向我借火，借书，借报纸，……我从来没有在他的屋里看见过银钱。"[5]591但维尔说道："他一边说，一边把他那张散发着金钱气味的苍白的脸凑到我跟前。"[5]607等到马克西姆拿来钻石项链等抵押品时，"高布赛克声色不动，拿起他的放大镜，默默地打量着这盒钻石。……他那苍白的两颊顿时红润起来；他那双仿佛反射出钻石的闪烁的眼睛光芒四射。他站起来，走到亮处，把钻石凑近他那牙齿脱落的嘴，好象（像）要将它们吞下去似的。他嘟嘟哝哝，把手镯、坠子、项链、发环，逐一拾起，在日光底下看清楚它们的色泽、白净程度、大小；将它们从盒子里拿出来，放回去，又拿出来，翻来复（覆）去，让它们从各个角度放射光芒；他再也不象（像）老人，却象个孩子，或者不如说，同时又象（像）孩子又象（像）老人。"[5]623马克西姆一面拍拍高布赛克的肩膀，一面急切地问道："怎么样？"高布赛克被从惊喜中惊醒，"老小孩打了一个寒噤。他把他的玩意儿（钻石）放下，搁在办公室桌上，坐下来，他又变成了高利贷者，又硬、又冷、又滑，活象（像）一根大理石的柱子。"[5]624马克西姆索价十万法朗，高布赛克满口答应，之后又压到八万法朗，最后只给五万现金支票，另外三万法朗用的是马克西姆的并不值钱的期票充抵。"那年轻人吼叫一声，其中有一句话听得清清楚楚：'老混蛋！'"这就等于摸了老虎的屁股，"高布赛克老爹连眉毛都不皱一皱，他从一只纸盒里拿出一对手枪，冷冷地说：'作为受到侮辱的一方，我有权先开枪。'"[5]626-27雷斯多伯爵找来，与高布赛克谈判，高布赛克对话用的是"可能""确实""对"这样简短而含混的字眼。"在谈判中，高布赛克的手段和贪婪，可能使全体折冲樽俎的外交家都穷于应付。谈判之后，我（但维尔）拟了一个借据，上面写明伯爵借到高利贷者八万五千法郎，利息在内，此款归还后高布赛克即将钻石退回伯爵。"[5]631后来雷斯多伯爵又把财产假装卖给了高布赛克，以防妻子把家产挥霍净尽，但雷斯多夫人在丈夫死后错误地盗取并焚毁了丈夫把财产假卖给高布赛克的契约，这样高利贷者就把这些财产据为己有。"年轻的伯爵已经成年。那放债的老头儿卧病已经很久，……不用说只要他还有一口气，他是什么都不愿意放弃的；……我看出了一种欲望的进展，他的高龄更使这种欲望变成一种疯狂行为。为了不让任何人住在他住的那栋房子里，他把这栋房子全租下来，让所有的房间都空着。……高布赛克虽然身体衰弱，但是依然亲自接见他的主顾，收纳账款，……当法国签订承认海地共和国的条约的时候，……他被聘为清理他们的产权和分配海地赔款委员会的委员。……高布赛克就是这一巨额买卖中一条贪得无厌的巨蟒。每天早晨，他收受别人的贡品，……高布赛克什么东西都要，小至穷鬼的提篮，大至害怕死后入地狱的人的整磅整磅的蜡烛，不论有钱人的金银器皿，或是投机商人的金鼻烟壶……这些送给那个放高利贷的老头的礼物，谁也不知道它们的下落。在他那里，一切都只有进，没有出。"[5]651-53这惹起了人们的议论纷纷，"那个女门房对我说，'我相信他把什么都吞下去了，……'"临死前，"他望着壁炉，壁炉跟他金属般的眼睛一样冰冷。"[5]653-54原来他把很多金银藏在壁炉的灰里。"我拿起火钳，插到灰里，触到了一堆金银，不用说这是在他生病的时候收到的款项，身体衰弱使他无法收藏起来，不然便是因为他不信任任何人，所以没有把它送到法兰西银行去。"[5]654-55临终，连他自己也认识到了自己人生的可悲之处："我什么都有，而又什么都得放下！"[5]654

高布赛克死后，但维尔对他的遗产进行清理，他发现，"在紧贴着高布赛克断气的屋子的那间屋里，放着一些腐烂发臭的肉酱，数不尽的各种各类的食物，甚至还有长了毛的蛤蜊和鱼类，臭气冲天，几乎使我窒息。到处都是蛆和虫。……这间屋子堆满了家具、银器、烛台、绘画、瓶子、书籍、没有框架的卷起来的精致版画和古董。……有一本似乎不应该放在那里的书，打开一看，里面都是一千法郎一张的钞票。……这个爱财如命的荷兰人，叫伦勃朗给他画一张像是够资格的。在我从事司法生涯过程中，从来没见过吝啬和怪癖产生出这样的结果。……也许这些商人已经吃过诡计多端的高布赛克的亏，也许高布赛克对于他的食物或制成品索价过高，每一桩买卖都没有成交。……而在讨价还价的当儿货物就腐烂了。……总之，每样货品都掀起一场争论，这说明高布赛克身上开始出现稚气和莫名其妙的固执，当老头儿的智力已经衰退，而又还有一种强烈的欲望留下来的时候，都会产生这种情形。"[5]655-56

《公务员》中提到了高布赛克的签名："这个名字的第一个字母和最后一个字母就形成了一张鲨鱼的血盆大口：贪得无厌，永远张着，抓住一切，吞噬一切，强者弱者都在所不免。"[13]635

毕西沃形容守财奴："嘿！"毕西沃在走过王家广场拱形门下时说："你们有没有仔细打量那两位叔叔（指高布赛克和羊腿子）？两个典型的夏洛克。我可以打赌，他们在中央菜市场放债每星期利率百分之百。他们是放有抵押品的债，然后什么都卖：衣服、军服肩章、奶酪、女人、孩子；他们是阿拉伯人、犹太人、热那亚人、希腊人、日内瓦人、伦巴第人和巴黎人的混合物，是土耳其娘生，吃狼奶长大的。"[13]671

（三）不近人情的奥勋

《搅水女人》中的奥勋是巴尔扎克笔下又一个吝啬鬼的形象。阿伽特为救不争气的儿子菲利浦向干妈奥勋太太求助，干妈的回信暴露了奥勋的吝啬鬼特征："你不知道只要我丈夫活着，我连六个法郎都调动不了。奥勋是伊苏屯第一个吝啬鬼；我不晓得他的钱作什么用，他每年给孙子们的零用从来不超过二十法郎；……因此我到死荷包里拿不出二十法郎的了。"[14]346若阿伽特回来，不得已住在干妈家里，干妈要争得丈夫同意也要花很大力气，那就是拿自己的遗嘱来威胁。"卢斯托的妹子奥勋太太每年送三四十法郎给玛克斯上学。以奥勋先生的吝刻，奥勋太太决计拿不出这样阔绰的手面；外面自然认为出钱的还是她哥哥……"[14]361逍遥团的混混们决计要惩罚奥勋的吝啬："一个大冷天的夜里，那般小魔王把人家的火炉搬往院子，加足木柴，一直烧到天亮。城里便传说某某先生有心烤暖他的院子，而这位先生原是个守财奴。"[14]370奥勋的吝啬在伊苏屯是尽人皆知的："奥勋先生号称大吝啬鬼，绝对不是盗窃虚名。"[14]425在女儿订婚那天，"年轻的公证人埃隆正在郑重其事的宣读婚约，忽然厨娘闯进来向奥勋先生讨绳子扎火鸡，……前任征收员从大氅口袋里掏出一根绳子，大概已经扎过小包裹之类，交给厨娘；厨娘还没走出堂屋门，奥勋先生就高声吩咐：'格丽特，用过了就还我！'"[14]425像果戈理的泼留希金一样，奥勋走过的街道也几乎不用清洁工打扫："象（像）他那种人，在街上谈天谈得最有劲的当口，会弯下身去捡一支别针，拿来扣在翻袖上，嘴里说：'女人家要做一天呢！'他会怪怨现在的呢绒质地太差，说他的大氅只能穿到十年。……家里的伙食清淡之极，每个人的口粮都由他亲自过秤。"[14]426这一点倒与葛朗台很像，也像葛朗台只雇一个拿侬一样，"格丽特那时六十岁，家里的杂务归她一个人包办。"[14]426阿伽特带着儿子约瑟夫要去解决鲁杰的遗产问题，他们没有住处，只能住在干妈这里，奥勋太太为这母子俩精心布置房间，"奥勋先生看了这些布置和这种牺牲，越发沉着脸，心里可还不信勃里杜母子当真会来。"[14]427奥勋太太以遗产相威胁，要奥勋先生对自己的干女儿母子客气一些。"你庇护的两个小辈，倘若打算在这儿住到把脓包鲁杰从搅水女人和吉莱（即玛克斯）掌心里解救出来，不知要住到何年何月呢。"[14]428等到他们到来，面对着憔悴的约瑟夫，吝啬鬼心上想："他好象（像）刚出医院，一定饿得发慌，象（像）个复原的病人！"[14]430说白了，他就是担心费粮食。"约瑟夫……看了看静悄悄的屋子：墙壁，楼梯，护壁板，没有一点儿装饰品，只是寒气逼人；除了必不可少的用具，屋里一无所有。……他下楼看见奥勋先生亲自在切每个人的面包，才生平第一次了解莫里哀的阿尔巴贡（阿巴贡）。"[14]432-33面对着吝啬鬼的家庭，约瑟夫心想："我们原是住旅馆的好。"晚饭时，"稀薄的汤先就说明主人家重量不重质。……好心的老人家看见丈夫至少在第一天上还供应得象（像）样，也就满意的（地）点点头。奥勋先生却朝她瞟了一眼，耸耸肩膀，意思明明是说：'你瞧，你叫我浪费了多少钱！……'"[14]433约瑟夫旅途很饿，要加面包，"奥勋先生只得站起身来，慢吞吞的（地）在大氅口袋里掏出钥匙，开了背后的柜子，……活象（像）一个老兵在上阵的时候暗暗发愿：'好，今天我就把老命拼了吧！'约瑟夫拿了半块，心里明白以后不能再要了。这种派头在约瑟夫眼中显得多么不近人情，……"[14]434奥勋太太道："格丽特，拿水果来！"格丽特道："太太，烂的没有了。"约瑟夫像《欧也妮·葛朗台》中的查理一样说道："我们就吃不烂的吧。"[14]434-35奥勋先生听了艺术家的话心里很气。奥勋太太对约瑟夫说："唉，可怜的孩子，这顿饭你吃了决不会消化不良；可是我争来也不容易呢。你在这儿只能勉强吃饱肚子，就算守斋吧。就是这么回事。你吃饭还是耐性一些……"[14]435奥勋太太是真心觉得对这母子俩有些过意不去："我跟这位先生相处了五十年，荷包里从来不曾有过二十法郎。要不是替你们抢救一笔财产，我才不叫你娘儿俩到我这监狱里来呢。"[14]435吉莱是逍遥团的领袖，面对前来争财产的勃里杜母子，逍遥团一位成员说："把他们赶跑也很好玩呢。"奥勋的外孙巴吕什道："我外公看见家里多了两个人吃饭，已经着了慌，一定很高兴借机会……"[14]440奥勋对妻子是一百个不放心，"奥勋老人发觉老婆着实喜欢阿伽特，生怕将来干女儿遗产完全落空，她自己会送干女儿一笔钱。吝啬鬼虽则比老婆大十五岁，还指望承继她的产业，有朝一日把两份家私合并起来。他念念不忘存着这个心。……再说，问题早一天解决，客人也早一天动身。"[14]446法里奥老头的麦子被玛克斯·吉莱糟蹋了，他捅了吉莱一刀，吉莱趁机嫁祸于约瑟夫，好把母子俩赶走。群众聚集在街上。奥勋太太道："没有问题，事情跟约瑟夫是不相干的！"但奥勋还是被吓坏了："不过在证明他不相干以前，人家会闯进来抢东西的呀，"奥勋先生说着，脸色发白，因为他地窖里藏着金子。[14]471宪兵队长这样对两位法官说："……碰上六千个暴跳如雷的人，什么都不能保险……"奥勋先生道："你说得不错。"他始终担心自己的藏金。[14]475检察官对约瑟夫说道："如果你允许我出个主意，我劝你今晚十一点就动身，向车行老板租一辆车，赶到布尔日搭班车回巴黎。"这正中奥勋的下怀，"我的意思也是这样，"奥勋先生说着，巴不得客人快走。[14]479

《搅水女人》中还不止奥勋一个吝啬鬼。"伊苏屯有个遗产可观而非常吝刻的老太太，逍遥团发信给她所有的承继人，说老太太死了，定于某日某时封存遗产，请他们准时到场。大约有八十个承继人"从四面八方"身上戴着重孝"[14]371赶来。

鲁杰医生也是吝啬鬼："他（鲁杰医生）一面物色一个教育或心地能给他保证的姑娘，一面带儿子走上吝啬的路。"[14]396鲁杰医生的岳父岳母台戈安夫妻做羊毛生意，"又有钱，又吝刻：不少人的处世之道都是这样。"[14]246

西班牙人法里奥是个粮食贩子，很吝啬，夜里不肯把大车寄存在客店里，结果大车被逍遥团的人弄上了塔顶。玛克斯又故意前去帮忙，把大车直接摔下来，摔得粉碎。

（四）生活不如苦役犯的索维亚

《乡村教士》中的索维亚是巴尔扎克笔下的又一个吝啬鬼的典型。他本是一个流动商贩，后来买下了利摩日的一家店铺。索维亚娶锅匠尚帕尼亚克的女儿时已年届半百，她大概也不下三十。"这个胖姑娘之所以没有早嫁人，是因为她父亲虽然从未读过莫里哀的作品，实行的却是阿尔巴贡（阿巴贡）不给陪嫁的策略。索维亚不怕不给陪嫁：再说一个五十岁的男人也不该挑三拣四，妻子还能给他省去雇女佣的开销。"他们的卧室非常简陋。"夫妻俩谁也不识字，教育上的微疵并不妨碍他们精于计算，买卖兴隆。假若没有转手卖出赚利一倍的把握，索维亚决不买一件东西。……这些小玩意使铺子显得挺寒伧，其实里面常有价值两万法郎的铅、钢铁和钟铃。过去的市集旧货商也好，他妻子也好，从不谈论他们的财产，……有很长时间人们怀疑他们给金路易和埃居削边取金。……每年十二月份，索维亚搭公共马车去一趟巴黎。……黑帮（一种投机商）是按照它的成员索维亚的主意在该商号（布雷札克）组织起来的。"[15]6-7

索维亚夫妇过着连苦役犯都不如的生活，他们只"在重大节日才吃肉，相比之下，苦役犯的生活也算得上奢侈了。……冬天晚七点，夏天晚九点，夫妇俩已关上店铺，让那条在邻里的厨房里寻食的大狗看守，自己上床睡觉。索维亚大婶一年用不了三个法郎的蜡烛。一八〇二年五月，索维亚大婶生下一个女儿。她没有请人接生，产后五天便开始操持家务。……吃母奶不花钱，她让女儿吃了两年奶，……女儿生活简朴，不好挥霍，使父母很高兴。"[15]8-12这个女儿就是作品的女主人公韦萝妮克。

韦萝妮克后来嫁给了利摩日富有的银行家格拉斯兰，这又是一个吝啬鬼。"皮埃尔·格拉斯兰时年四十七岁，估计至少拥有六十万法郎的财产。……他不顾全城的议论，商界的讪笑，邻人好心的猜测，仍然蛰居于蒙唐马尼涅街他发家的那个又旧、又潮、又脏的底层。……每天的开销不到四十苏，穿戴如他的二等职员。他吩咐奥弗涅女人，全家每天开销总额不得超过三法郎。干粗活的小伙计兼作仆人。……黑黝黝的木桌，垫子露草的坐椅，案卷柜，木质低劣的床架，摆在银号和楼上三间卧室里的家具加起来不值一千法郎，……格拉斯兰太不喜欢交际，二十五年间没请任何人喝过一杯水。……"[15]19-21艾珉说，这是"一个毫无感情的吝啬的银行家。作为妻子，韦萝尼克对她丈夫而言仅仅意味着七十五万法郎的陪嫁。"[3]190

> 老母觉察到格拉斯兰的吝啬会使女儿的生活多么拮据，因此久久不肯放弃她剩余的财产：但是韦萝妮克根本预见不到女子会有渴望享有自己的一份财产的情况，她摆出种种高尚的理由劝母亲放弃，想借此感谢格拉斯兰还给她少女的自由。[15]30

继父母的吝啬之后是丈夫的吝啬。格拉斯兰太太直到行善受到妨碍时才懂得金钱必不可少。

《乡村教士》中还有一个吝啬鬼叫潘格雷，和他一起生活的只有一个女仆，是一位乡下女人，给他种地。"这位老人的侄女是他唯一的继承人，嫁给了城里靠一小笔年金生活的德瓦诺先生，她再三请求叔叔雇个男佣看家，向他证明这样他……植了树木的土地可以种些东西，但他一直没有答应。吝啬鬼的反对在德瓦诺夫妇晚上去串门的人家引起纷纷议论和诸多揣测，……"侄女不放心，便送给小老头潘格雷一条漂亮的看家犬，老人却叫女仆冉娜·玛拉西又给她送了回去。"您叔叔不愿家里再添一张嘴，"她对德瓦诺太太说。在一个月黑风高的夜里，潘格雷在一块苜蓿地里被人暗杀，当时他大概正往装满金币的钱罐里添几枚路易。"女仆被搏斗声惊醒，壮着胆子跑来搭救老守财奴，凶手为了灭口只得把她也杀了。"[15]46侄女的担心还是有道理的。"一直担心发生祸事的侄女报了案，司法人员破门而入，很快发现在四块方田里有四个坑，周围布满头天装满金币的钱罐的碎片。……不走运的德瓦诺把钱罐的碎片拾拢在一起，根据钱罐的容量计算着被盗走的数目。……失踪的财宝估计每罐有一千枚金币；……小老头潘格雷，他常常亲自上市场卖菜，只吃面包和葱头，一年花不了三百法郎，既不讨好人，也不得罪人，没为圣艾蒂安城关做过一件好事，因此他的死没有引起一丝惋惜。那个冉娜·玛拉西呢，她的英雄行为被认为不合时宜，就是老吝啬鬼活着也不会报答她的；……对她表示钦佩的人微乎其微。……小老头对花钱的恐惧处处可见：屋顶年久失修，……内衣上补钉摞补钉；总之，一大堆因主人的气息尚存才保留下来的破烂，主人死后，被愤怒的继承人和官方人士粗暴的手一碰，就成了碎片、齑粉，被化学分解，变成一片废墟或其他叫不出名字的东西。这些东西像惧怕拍卖似的消失了。" [15]48-49

（五）土地占有狂德·拉博德赖

《外省的诗神》中，德·拉博德赖是一个患有土地占有狂的吝啬鬼。他去巴黎讨债，穿的室内便袍是由岳母的一件夹大衣和母亲的一件长袍改制而成。妻子"迪娜眼看自己一直到一八三五年都得过着不为人知的贫苦生活，十分伤心。" [16]69因为丈夫德·拉博德赖"患有土地占有狂。这是一种吞噬人的狂热，排除一切的狂热，暴露于光天化日之下的吝啬，……从一八〇二年到一八二七年，人们只见小矮个拉博德赖往圣蒂波奔波不息，以靠葡萄为生的布尔乔亚那股贪婪劲经管自己的事务；……后来，摩弗里纽斯公爵夫人大肆挥霍导致将这片好土地出卖，这位勤劳的蚂蚁终于等来了这个时刻，便一下子扑到自己的战利品上去。到了这时，那些嘲笑他的人和不理解他的人才恍然大悟。" [16]69-70

面对妻子的挥霍，德·拉博德赖只好保守自己财富的秘密。"迪娜看上去是那么才智超群的一位姑娘，德·拉博德赖先生为了使自己的钱财不被她挥霍净尽，表现得也很精明，这就是对他在巴黎讨还债款的事从来只字不提。对自己的收益这样守口如瓶，便赋予他的性格以某种难以形容的神秘性，而且在婚后的最初几年里，在他妻子的眼中，他的形象格外高大。缄默真是了不起啊！" [16]70

德·拉博德赖的穿着在十年间一成不变。"人们见他十年间总是穿着一件墨绿色、钉着大个白色金属钮扣的小礼服，系着一条黑领带，使他那冷漠而奸诈的面孔显得格外突出。" [16]75

妻子终于认识到了丈夫的真面目："德·拉博德赖到巴黎去了第二趟以后，迪娜从他身上看出了外省吝啬鬼那种一接触到钱的问题便表现出来的极地般的冷酷。" [16]83他说道："……结婚以前我一年没花过一千五百法郎。现在我要开销六千法郎，其中包括缴纳税款，修理房屋。考虑到咱们的财产的性质，这未免花销太大。……象（像）咱们这样的小业主，远没有固定收入，就应该将开支紧缩到最低限度……" [15]83-84

理想丰满，现实骨感，迪娜只好不断缩紧自己的开支。"虽然一开始她赶时髦，……可是后来她不得不把购买的物品限制在她能支配的费用数目字之内。一季本应该有四顶帽子，六顶便帽，六件连衫裙，结果只好满足于一件连衫裙。她戴某一顶帽子，人家觉得她特别好看，于是到了第二年她还让那顶帽子服役。"[16]89

德·拉博德赖的另一个特征是冷血。迪娜与卢斯托私奔到巴黎之后，德·拉博德赖为了迪娜在纽约逝世的舅舅的遗产到巴黎拿到了迪娜委托处理遗产的文件。之后他亲自前往美国处理这笔遗产，带回了120万法郎。用这笔钱中的40万，他建造了一座新庄园，另外80万用来投资。他很快申请从男爵变成了伯爵、法兰西贵族院讲解员和荣誉勋位三级获得者。此外他还把迪娜为卢斯托生的两个孩子据为己有。

（六）错判葛朗台财产的查理

葛朗台的侄子查理，从南美冒险回到巴黎之后，便把欧也妮抛诸脑后。欧也妮从别人那里听说查理已经回来了，便写信去问候。查理立刻理解成这是在讨要那6000法郎，于是便让驿车为欧也妮送去8000法郎，6000本金，2000利息。从这个举动我们可以判定，他已不再相信爱情，他把人与人之间的关系解读为只剩下金钱的联系。艾珉说："七年后从海外发财归来的夏尔（查理）根本对欧也妮不屑一顾，他一心要在巴黎飞黄腾达，怎肯将自己的命运和他记忆中贫寒的乡镇姑娘联系在一起。当年他为父亲的死何等悲哀，对名誉何等看重，而今却丝毫不在乎名誉，拒绝为父亲偿还债务。欧也妮再次慷慨解囊，替叔父还清了全部债款，挽救了巴黎葛朗台的声誉。但此时她已不是出于对夏尔（查理）的关爱、同情，而是出自对他的蔑视了。"[3]127假如查理知道葛朗台为欧也妮留下的真正的家底，估计事情就会沿着不同的方向发展了，那样，欧也妮也许会陷入更加悲苦的境地，因为查理已经不再是先前的查理了。

查理是一个金钱欲和致富欲的奴隶，对葛朗台的形象有烘托、补充的作用。他的发迹史和他伯父的发迹史一样，充满了血腥罪恶。他比葛朗台更阴险狡诈，凶狠毒辣。他们的财富的增长与性格的发展，体现了资产阶级暴发户依靠掠夺手段发家致富的共同规律以及资产阶级的某些特征，只是查理身上已经染上了殖民掠夺者的色彩。

欧也妮忍受父亲的剥削，过修女一般的单调生活，只为了等待自己深爱的查理归来。但是，现实再一次粉碎了她的美好希望。昔日的爱人经过现实的洗礼，如今已变成了名副其实花花公子，玩世不恭，荒淫无耻，蔑视他人的真情。留下欧也妮，在世等于出家。

五、概说与细节描写

巴尔扎克在塑造吝啬鬼形象的时候，既有概说，又有细节描写。概说，是指总体上去描述吝啬鬼的基本特征；细节描写，则是通过吝啬鬼的言语、行动、心理等细节来塑造形象。巴尔扎克在重点塑造的形象身上往往使用概说的同时又加上很多细节描写，在不想重点介绍的人物身上，则往往只使用概说的手法。

（一）概说

概说被使用的频率要远远低于细节描写，因为只有概说，读者只能获得关于人物的粗浅印象，若想塑造立体形象，是绝对少不了细节描写的。

介绍吝啬鬼共性的时候，巴尔扎克往往使用概说手法："他们往往装穷，使自己的财富深藏不露。鼻孔不会动是表情不丰富的表现。吝啬鬼的鼻孔从来是一动不动的，象（像）嘴一样绷得很紧；面孔上没有任何表情，思想也从不外露。"[17]76-77类似地，杨昌龙在研究巴尔扎克笔下吝啬鬼的共性时也使用了概说的手法："多热蒙、柯内留斯、葛朗台和高布赛克，都具有贮藏癖，以大量贮积金银珠宝和各种物品的低级方式来保存财富，表现出共同的守财奴特点。"[4]268 其中银行家多热蒙是《舒昂党人》中爱钱如命、极度贪婪、把占有和收藏金钱当作人生最大乐趣的吝啬鬼。杨昌龙说："从他身上，我们看到了成熟的巴尔扎克，捕捉阶级本质的准确性、洞察社会的预见性和艺术功底深厚性。他写出了一个未来社会当政者的雏形。《人间喜剧》中刻画的一系列大大小小、早期晚期的金融贵族资产阶级的出色典型，正是从这里起步，从这个人物的创造开始的。"[4]75

对于重要人物葛朗台，巴尔扎克刻画他的肖像时先用的就是概说手法："索漠城里个个人相信葛朗台家里有一个私库，一个堆满金路易的私窟，说他半夜里瞧着累累的黄金，快乐得无可形容。一般吝啬鬼认为这是千真万确的事，因为看见那好家伙连眼睛都是黄澄澄的，染上了金子的光彩。"[6]10葛朗台的面部表情是："冷静的眼睛好象（像）要吃人，……青年人不知轻重，背后开葛朗台先生玩笑，把他黄黄而灰白的头发叫做（作）金子里搀白银。……这副脸相显出他那种阴险的狡猾，显出他有算计的诚实，显出他的自私自利，所有的感情都集中在吝啬的乐趣……"[6]14葛朗台的穿着打扮是一成不变的："他老是同样的装束，从一七九一年以来始终是那副模样。……他的手套跟警察的一样结实，要用到一年零八个月……"[6]14

凡是守财奴都只知道眼前，不相信来世。[6]92

金钱与鄙薄，才是守财奴的养料。[6]96

那时葛朗台刚刚跨到第七十六个年头。两年以来，他更加吝啬了，……看到金子，占有金子，便是葛朗台的执着狂。[6]172

在粗线条地介绍人物时，巴尔扎克往往使用概说技法。他是这样介绍三鲇鱼客栈老板的："他用别人的钱财发家致富，也发了福，长得一身肥膘，腰粗如酒桶，人人都管他叫先生。"[18]146与别的吝啬鬼不同，这个老板并不是舍不得吃喝。"讲到美食，图尔城中首屈一指的是三鲇鱼客栈。因为这家老板烧得一手好肉，……此人是个老江湖，白昼从不点灯费油，能在鸡蛋壳上刮出油水，褪下的毛、扒下的皮、拔下的禽羽到他手里都能卖钱。……纵是王公贵人，少给他一个子儿他也跟你没完。此人性善嘲弄，爱与大肚汉一起哄饮欢笑，……只要行得通，他会毫不脸红向你报账：新鲜空气收费若干，凭窗观景收费若干。"[18]146

在《公务员》中，巴尔扎克这样概说萨亚夫人："萨亚夫人的脸上虽然布满了皱纹，还是刻画着她的固执、严厉、思想狭隘、为人方正、严峻的宗教信仰，天真的吝啬，还有由于心地坦荡而安然的神色。在某些弗朗德勒的绘画中，你可以看到这种为造物制作出来，而又再现于画家笔下的女人。但是画中人都穿着漂亮的天鹅绒或其他高贵质料的长袍，而萨亚夫人却没有长袍，只有短裙，是一种在后面和两边打褶的裙子。上身紧裹在短衫里，完全是另一个时代的式样！"[13]484

在《小市民》中，作者塑造了吝啬鬼普皮列的形象，他平日里装穷，不舍得花费，死时藏在床里的至少九万法郎被人偷盗一空。"他大概是在哪个家具店觅到这么张吝啬鬼的床的。"卡迪纳勒太太说。[1]288她是偷盗者之一。

在《初入教门》中，波兰医生哈佩佐恩的肖像体现了狡猾、吝啬、阴森、戒心极重的特征："哈佩佐恩是个五十六岁的男子，长着土耳其人的小短腿，上身宽阔而发达，这使戈德弗鲁瓦大为惊奇。他身上有几分东方人的气质，他的脸在年轻时候一定非常英俊，如今只剩下一个希伯来人的长鼻子象（像）大马士革弯刀一般弯曲着。真正波兰人的前额，宽阔而高贵，只是象（像）一张揉过的纸似地布满皱纹，令人想起意大利老画师们笔下的圣约瑟。眼睛象（像）海水一样绿，而且和鹦鹉眼睛一样，周围裹着深灰色的膜，表现出登峰造极的狡猾和吝啬。"[19]474作者更通过情节来丑化这位医生。当哈佩佐恩来到贝尔纳先生家的时候，作者又写道："犹太医生好奇地偷眼打量他昨天的主顾接待他的房间。戈德弗鲁瓦见他眼里闪过一道匕首刃尖般不信任的寒光。他露出的这种转瞬即逝的怀疑使戈德弗鲁瓦心里直发冷，他想，这人在买卖上一定是冷酷无情的。人们自然而然地以为，天才与善良总是结合在一起，所以他又感到一阵厌恶。"[19]489

在《幽谷百合》中，巴尔扎克概括了次要人物莫尔索的悲剧性："雅克的出世，对他是一次严重打击，毁了他的现在与将来。……他请医生检查了他自己的身体，检查的结果令他绝望。接着，玛德莱娜的出世，又证实了医生的诊断。这两桩变故，使他内心确信了命运的判决，从而加剧了他的病态心理。他的家族从此绝嗣；一个纯洁无瑕的少妇，要在他身边痛苦地生活，终日为子女的性命提心吊胆，却得不到半点做母亲的乐趣：……把他彻底摧毁了。"莫尔索夫人的悲剧性也由此产生："一日之间，她变成了禁欲主义者。……伯爵变得吝啬了，她就接受了清苦的生活；伯爵……害怕受妻子的欺骗，她就深居简出，毫无怨言，以免引起丈夫的猜疑。"[20]307-08《幽谷百合》中的男主人公费利克斯是一个在身体和心理上都具有"病态"的人物。因为自己父母的吝啬与苛刻致使费利克斯从小就身体不好，也因为父母的忽视与鄙夷让他变得孤僻与阴暗。他把自己的时间与精力全部都寄托在书籍中，活在自己的世界里。

在《不自知的喜剧演员》中，巴尔扎克通过毕西沃之口这样介绍新时代的守财奴高利贷者沃维奈："……我们有过高布赛克、羊腿子、夏布瓦梭、萨玛农这些人物，今天则有沃维奈这样好脾气的高利贷者，经常串戏院后台、追漂亮女人、坐单马小车兜风的花花公子……好好观察观察这个人，加佐纳勒老朋友，您会看到一幕金钱的喜剧，一个一毛不拔的冷漠的人，和一个估计有利可图便立刻热情高涨的人。"[21]38

概说有时也与细节描写结合起来运用。在《公务员》中介绍蒂利埃小姐时，巴尔扎克就在概说中加入了少量的言语细节："她（布里吉特）五官端正，由于自幼埋头于艰苦而收入菲薄的工作，省吃俭用、积攒钱财而面容憔悴。她的脸过早生了褐斑，色泽有如钢铁。褐色的眼睛，眼圈发乌，或者不如说是青肿。上唇缀有一层褐色绒毛，仿佛一缕轻烟。嘴唇很薄，昔日的黑发如今变得灰白，烘托出专横的前额。她身子挺得笔直，……"[13]107当弟弟要当选议员时，作者写道："蒂利埃小姐脸颊烧得通红，神采飞扬，从来没有一种姐弟之爱能表现得如此强烈。"[13]196为了表示由衷的高兴，一贯吝啬的布里吉特带人拿来了很多好酒和美食。"这是我们一生最美好的日子。"凌晨两点半，客厅里人走空了，只剩下布里吉特和她兄弟在一起，她说："被自己的同胞们选中是何等的荣耀！"[13]209她可谓已经高兴到了极点。

（二）细节描写

巴尔扎克更多的时候是通过无数个典型的细节来刻画自己笔下的吝啬鬼形象的。黄晋凯说："巴尔扎克擅长选择和运用典型的细节来塑造人物形象。丰富而贴切的细节描写，不仅大大增加了作品的真实性、生动性和形象性，而且能以经济的笔墨突出人物的性格特征，给读者以深刻印象。"[2]125

细节描写属于精雕细琢，一个个细节的耐心堆砌最后就形成了完美的立体形象。达文在《十九世纪风俗研究》导言中说："德·巴尔扎克先生的伟大诀窍：在他的笔下，没有任何事物可称为微不足道，他能把一个题材最平庸的细节加以提炼，并且戏剧化。"[12]306巴尔扎克正是靠这些细节描写，使《人间喜剧》形成了一个整体，"在每一部作品中，都通过一句话，一个词，一个细节将其与各部作品联系起来，并且一步步为这个虚构社会的历史作了准备。这个虚构的社会将是一个完整的世界。"[12]309巴尔扎克也是靠这些细节描写，组建了一个独特的吝啬鬼的画廊，这可谓是《人间喜剧》这座辉宏大厦中一个别具一格的展厅。

形象的典型性是以细节的典型性为基础的。"人物的典型性，来源于细节的典型性，在日常生活素材中，只有利用典型的细节描写，才能刻画出典型的人物形象。《欧也妮·葛朗台》就是用典型的细节描写创造出了不朽的典型形象，从而成为一部艺术杰作的。"[4]178杨昌龙指出了整体的一致性和细节的多样性之间的关系："细节和整体的关系，实质上是现象和本质的关系。细节属于'现象'范畴，是指我们的感官直接感知的人物行为的外表形态，是人物本质在外部的生动表现。整体则是指本质性的东西。人物的本质必须通过无数生动现象，从各个角度和不同侧面才能表现出来。所谓细节的典型性，就是这种'本质'的一致性和'现象'的多面性的有机结合。"[4]146-47具体地说，"葛朗台的本质特征是吝啬贪婪，它又体现在不同侧面的细节之中。在做生意上表现为精明强悍，在家庭里表现为专制独裁，在手段上表现为狡猾多变，在感情上表现为极端自私。作家从这个人物的外貌特征到内心活动，从家庭生活到社会交往，从父女关系到主仆关系，无一不是选择这个整体本质所需要的一系列细节表现出来的。"[4]147

虽然巴尔扎克在描写一些吝啬鬼的时候，在细节上会有所重复，但差别还是主要的，"从剥削手段上看，高布赛克是个高利贷者，只以放债收息掠夺别人，方式陈旧，手段原始，多贪微财小利，从不插手大的投机事业。他不懂得货币只有加入流通，才能作为资本增值，而是用积累商品的办法来积累财富，分明是一种十足的愚行，葛朗台虽然吝啬，但财源比较广阔，方法灵活多样。他不仅从事政治投机、商业投机、公债投机，而且放高利贷，剥削田租，倒卖黄金，是个商业资本家、高利贷者兼大地主的多位一体。他不积藏商品，知道投资，在流通中使资本增值，以积累更多的黄金。"[4]269

1. 言语细节

言为心声，描写一个吝啬鬼的言语往往对于塑造形象更为直接。黄晋凯分析《幻灭》中大卫的父亲赛夏老头儿，"这是又一个守财奴的典型。他自觉地把父子关系金钱化了，'老子要赚钱，儿子势必要吃亏'，'做买卖根本谈不上父子'，在交易中，儿子变成了一个'非制服不可的敌人'（看来，他的认识比葛朗台更加'深刻'、更加'彻底'）。因此，他理直气壮地榨取儿子。当儿子走投无路、向他伸手求救时，他更是心肠铁硬，断然拒绝，眼看大卫身入囹圄而无动于衷。"[9]110

读者从来不会混淆葛朗台和高布赛克的语言，前者用词经济，假装结巴，后者只使用低音，语调冰冷。黄晋凯说："葛朗台的语言也是常为人们称道的成功范例。他说话就像他吝啬的性格一样，从不多言，句子简短，好像语言也是应当节省的。"[2]124

葛朗台在说话上用词绝对吝啬，他只说自己不得不说的极少的词汇。关于葛朗台的语言特征，黄晋凯概括道："'土'财主的'村野'味道，夹杂着买卖人的商业行话，再加上虚伪的热情，假装的结巴……使葛朗台的语言变化多端，色彩丰富；同时，又句句不离悭吝、贪婪、狠心的本质特征，生动而准确地表现了人物的精神世界。"[2]124

葛朗台的经典台词是："可怜的拿侬！"[6]23

巴尔扎克写道："这种吝啬鬼的残酷的怜悯，在老箍桶匠是因为想起了自己的无数快乐，在拿侬却是全部的幸福。"[6]23

长脚拿侬不敢闯入过节的场面，便在厨房内点起蜡烛，坐在灶旁预备绩麻。葛朗台从过道的门里瞥见了，踱过去嚷道：

"拿侬，你能不能灭了灶火，熄了蜡烛，上我们这儿来？嘿！这里地方大得很，怕挤不下吗？"[6]30

葛朗台很会装穷。查理到的当晚，葛朗台对侄子说："说不定你会到处听见人家说我有钱……可是我实在没有钱，到了这个年纪，还象（像）做伙计的一样，全部家当只有一双手和一只蹩脚刨子。"[6]52

葛朗台领着侄子进到房间："嗨！嗨！娘儿们给你生了火啦。"

这时长脚拿侬提着脚炉进来了。

"哦，又是一个！"葛朗台说，"你把我侄儿当做（作）临产的女人吗？把脚炉拿下去，拿侬！"

"先生，被单还潮呢，再说，侄少爷真是娇嫩得象（像）女人一样。"

"也罢，既然你存心讨好他，"葛朗台把她肩膀一推，"可是留神，别失火。"

吝啬鬼一路下楼，不知嘟囔些什么。[6]55

"先生，给我一些面粉和牛油，为孩子们做一个千层饼吧。"

"为了我的侄儿，你想毁掉我的家吗？"

"……你只给我六块糖！我要八块呢。"

"……糖，就只有六块。"

"那么侄少爷的咖啡里放什么？"

"两块喽，我可以不用的。"[6]63

葛朗台对公证人克罗旭说道："我宁可把……把……女……女……女儿丢在卢瓦尔河里，也……也不愿把……把她给……给她的堂……堂……堂兄弟……"[6]67

葛朗台对女儿说："小姐，要是你为了这个花花公子而哭，这样也够了。他马上要到大印度去，休想再看见他。"[6]70

"这孩子没有出息，把死人看得比钱还重。"

欧也妮听见父亲对最圣洁的感情说出这种话，不禁打了个寒噤。[6]82

"侄儿在哪里？"

"他说不要吃饭，"拿侬说，"真是不顾身体。"

"省省我的粮食也好，"主人回答。[6]90

"呦！这不是白烛么？哪儿来的白烛？娘儿们为了替这个孩子煮鸡蛋，把我的楼板都会拆掉呢！"

一听到这几句，母女俩赶紧回房，钻在床上，象（像）受惊的耗子逃回老窠一样快。[6]92

葛朗台请克罗旭吃饭的消息，这时轰动了全城……[6]101

克罗旭告诉葛朗台他妻子死后女儿有权利跟他分家，葛朗台嚷道："那么是真的了？我就得给女儿抢光，欺骗，杀死，吞掉的了。"

……

"那么养女儿有什么用？"[6]170

葛朗台对贝日冷医生说："……要是我女人还有救，请你救救她，即使要我一百两百法郎也行。"

……因为她一死就得办遗产登记，而这就要了他的命……[6]176

等到欧也妮放弃了母亲财产继承权，葛朗台说道："得啦，孩子，你给了我生路，我有了命啦；不过这是你把欠我的还了我：咱们两讫了。这才叫做（作）公平交易。人生就是一件交易。……"[6]179

临近死亡，他把身上的被一齐拉紧，裹紧，嘴里对拿侬说着：

"裹紧，裹紧，别让人家偷了我的东西。"

……他能够睁开眼的时候，立刻转到满屋财富的密室门上：

"在那里吗？在那里吗？"问话的声音显出他惊慌得厉害。

"在那里呢，父亲。"

"你看住金子！……拿来放在我面前！"

欧也妮把金路易铺在桌上，他几小时的用眼睛盯着，……有时他说一句：

"这样好让我心里暖和！"脸上的表情仿佛进了极乐世界。

……

"把一切照顾得好好的！到那边来向我交账！"[6]182

2. 行为细节

在《欧也妮·葛朗台》中，一些经典的行为细节也突显了葛朗台的吝啬特征。

"家里的老规矩已经破坏完了。照例午餐是站着吃的，各人不过吃一些面包，一个果子，或是一些牛油，外加一杯酒。现在壁炉旁边摆着桌子，堂兄弟的刀叉前面放了一张靠椅，桌上摆了两盆水果，一个蛋盅，一瓶白酒，面包，衬碟内高高的堆满了糖：欧也妮望着这些，想到万一父亲这时候回家瞪着她的那副眼光，不由得四肢哆嗦。"[6]73

"爸爸来了！"欧也妮叫道。

她在桌布上留下了几块糖，把糖碟子收了。拿侬把盛鸡蛋的盘子端走。葛朗台太太笔直的（地）站着，象（像）一头受惊的小鹿。这一场突如其来的惊慌，弄得夏尔莫名其妙。[6]78

欧也妮把父亲藏起的糖碟子重新拿来放上桌子，声色不动的（地）打量着父亲。……欧也妮被父亲霹雳般的目光瞪着，惊慌到心都碎了……[6]79

　　夏尔一宣布行期，葛朗台便大忙特忙起来，表示对侄儿的关切；凡是不用花钱的地方他都很阔气。他去找一个装箱的木匠，回来却说箱子要价太高，便自告奋勇，定要利用家中的旧板由他自己来做；他清早起身，把薄板锯呀，刨呀，钉呀，钉成几口很好的箱子，把夏尔的东西全部装了进去……[6]139

葛朗台回家，发现母女俩正在观看查理留下的镶金梳妆盒。

　　一看见丈夫瞪着金子的眼光，葛朗台太太便叫起来：[6]172

　　"上帝呀，救救我们！"

　　老头儿身子一纵，扑上梳妆匣，好似一头老虎扑上一个睡着的婴儿。[6]173

　　葛朗台拔出刀子预备撬了。欧也妮立刻跪下，爬到父亲身旁，高举着两手，嚷道：

　　"父亲，父亲，看在圣母面上，看在十字架上的基督面上，看在所有的圣灵面上，看在你灵魂得救面上，看在我的性命面上，你不要动它！"[6]173

　　　　……

　　"父亲，你的刀把金子碰掉一点，我就这用刀结果我的性命。你已经把母亲害到只剩一口气，你还要杀死你的女儿。好吧，大家拼掉算了！"[6]174

妻子死后，葛朗台"常在女儿面前哆嗦"，[6]177很快，他让女儿签署放弃对母亲财产承继权的文书。

　　葛朗台老头的眼睛从文书转到女儿，从女儿转到文书，紧张的脑门上尽是汗，一刻不停的（地）抹着。[6]178

　　待到女儿签完字后，"他热烈的（地）拥抱她，把她紧紧的（地）搂得几乎喘不过气来。"[6]179

　　可是到第一年年终，老箍桶匠庄严地许给女儿的一百法郎月费，连一个子儿都没有给。欧也妮说笑之间提到的时候，他不由的脸上一红，奔进密室，把他从侄儿那里三钱不值两文买来的金饰，捧了三分之一下来。[6]179

　　他好象（像）迷迷糊糊的神志不清，可是一到人家该送田租来，跟管庄园的算账，或者出立收据的日子与时间，他会立刻清醒。……他叫女儿把门打开，监督她亲自把一袋袋的钱秘密的

（地）堆好，把门关严。^{[6]181}

> 神甫把镀金的十字架送到他唇边，给他亲吻基督的圣像，他却作（做）了一个骇人的姿势想把十字架抓在手里，这一下最后的努力送了他的命。^{[6]182}

在《高布赛克》中，高布赛克的一个行为片段足以让人大跌眼镜："有一天，他身上偶然带着些钱；不知怎的，一个双拿破仑金币（值四十法郎）从他裤子的小口袋掉了出来。一个房客跟在他后面上楼梯，把金币捡起来还给他。'这个金币不是我的，'他做了一个吃惊的手势答道，'我会有金币么！我有钱的话，还会象（像）现在这样过日子么？'"^{[5]591-92}

3. 心理细节

《欧也妮·葛朗台》中关于葛朗台心理细节的描写也很精彩。葛朗台望着那扇里边有铁板的密室的门，想道："亏我兄弟想得出，把儿子送给我！嘿，这笔遗产才有趣哩！我可是没有一百法郎给他。而且一百法郎对这个花花公子中什么用？"^{[6]57}

在《老姑娘》中，巴尔扎克描写了吝啬鬼杜·布斯基耶的心理："苏珊拿了钱袋，走出门去，临走以前让老光棍亲吻了她的额头。老光棍那模样似乎在说：'这项权利可叫我花了大价钱！不过，这总比少女被控犯了溺婴罪，自己作为诱奸少女犯上重罪法庭，让律师敲一笔钱好！'"少女苏珊的心理则是："苏珊将钱袋藏在胳膊上挎的细藤篮里，咒骂着杜·布斯基耶这样吝啬，她本来指望搞到一千法郎的。……她想，说不定妇女协会能给她补齐这个数目。……苏珊宁愿冒着从妇女协会得不到分文的危险，也愿意在离开阿朗松的时刻将这个前商人搅到外省流言蜚语这种永远拔不出脚的藤藤蔓蔓里头去。……于是，苏珊装出愁容满面的样子走进格朗松太太的家门。"^{[22]316}

巴尔扎克在塑造人物形象的技艺上确实已经达到了非常精湛的程度。达文在《十九世纪风俗研究》序（导）言中说："关于老处女、衰弱多病的老妇、自我牺牲和献身的恋人、单身汉、吝啬鬼，他都有一大堆来得极快的评语。我们不禁要问：'他，带着他的一串任意的想象，从哪里发掘了和积累了这么些东西？'……我们……为他说句公道话：'……和有关细致（应该是"细节"）的描写，竟然就发生了关于居住者的性格的启示性光明，他们的感情、他们的主要利益，一言以蔽之，他们全部的生活。德国人和英国人，很擅长这一套，却完全被巴尔扎克超过了，而他在法国，则既无前人亦无来者。'"^{[23]224}

其实，每个人身上都有吝啬的成分，我们却不能把每个人都叫作吝啬鬼，吝啬的前提是有钱，其次，吝啬必须达到比较醒目的程度，已经伤害到了身边人的利益，满足了这两个条件才可以获得"吝啬鬼"的雅号。在《小市民》中，巴尔扎克这样说到毕西沃："他自私、吝啬而又挥霍，也就是说只为自己而挥霍；"[1]530那么，毕西沃是吝啬鬼么？非也。首先毕西沃没钱；再者，毕西沃的吝啬并没有突出到引人注目的程度，所以谁也不会把他当作吝啬鬼。

巴尔扎克笔下的吝啬鬼形象还有《农民》中的里谷、《驴皮记》中的古董商等，我们这里无法全部述及。

巴尔扎克即使不在塑造吝啬鬼的时候，也偶尔会探讨吝啬的特征：

《老实人指南》：总而言之，你一定要想着：大手大脚是欺人，吝啬则可笑。[24]194

《论艺术家》：艺术家——按黎塞留（元帅）的说法——不是"孜孜以求的人"，……即使他去奔钱，那也是为了一时之需。吝啬便是天才的死亡。……他的天才便是永恒的捐献。[25]579

《美食生理学》：他（大食量者）的天性更经常是吝啬，而不是挥霍。[26]112-13

参考文献：

[1]巴尔扎克. 小市民[M]//《人间喜剧》第15卷. 何友齐，译. 北京：人民文学出版社，1997.

[2]黄晋凯. 巴尔扎克长短录[M]. 桂林：漓江出版社，2018.

[3]艾珉. 巴尔扎克传[M]. 北京：华文出版社，2017.

[4]杨昌龙. 巴尔扎克创作论[M]. 西安：陕西人民出版社，1991.

[5]巴尔扎克. 高布赛克[M]//《人间喜剧》第3卷. 陈占元，译. 北京：人民文学出版社，1997.

[6]巴尔扎克. 欧也妮·葛朗台[M]//《人间喜剧》第6卷. 傅雷，译. 北京：人民文学出版社，1997.

[7]苏成全. 巴尔扎克研究（专题资料）[M]. 西安：陕西师范大学学报编辑室，1980.

[8]李清安. 巴尔扎克[M]. 北京：北京师范大学出版社，1983.

[9]黄晋凯. 巴尔扎克和《人间喜剧》[M]. 北京：北京出版社，1981.

[10]王路. 巴尔扎克传——未完成的雕像[M]. 石家庄：河北人民出版社，1999.

[11]王秋荣编. 巴尔扎克论文学[M]. 李健吾，译. 北京：中国社会科学出版社，
　　 1986.

[12]费利克斯·达文. 《十九世纪风俗研究》导言[A]//《人间喜剧》第24卷[M].
　　 袁树仁，译. 北京：人民文学出版社，1997.

[13]巴尔扎克. 公务员[M]//《人间喜剧》第14卷. 资中筠，译. 北京：人民文学
　　 出版社，1997.

[14]巴尔扎克. 搅水女人[M]//《人间喜剧》第7卷. 傅雷，译. 北京：人民文学出
　　 版社，1997.

[15]巴尔扎克. 乡村教士[M]//《人间喜剧》第19卷. 王文融，译. 北京：人民文
　　 学出版社，1997.

[16]巴尔扎克. 外省的诗神[M]//《人间喜剧》第8卷. 袁树仁，译. 北京：人民文
　　 学出版社，1997.

[17]巴尔扎克. 贝阿特丽克丝[M]//《人间喜剧》第4卷. 张裕禾，译. 北京：人民
　　 文学出版社，1997.

[18]巴尔扎克. 圣尼古拉的三个门徒[A]//《巴尔扎克全集》第25卷. 都兰趣话
　　 [M].施康强，译. 北京：人民文学出版社，1997.

[19]巴尔扎克. 初入教门[M]//《人间喜剧》第15卷. 何友齐，译. 北京：人民文
　　 学出版社，1997.

[20]巴尔扎克. 幽谷百合[M]//《人间喜剧》第19卷[M]. 李玉民，译. 北京：人
　　 民文学出版社，1997.

[21]巴尔扎克. 不自知的喜剧演员[M]//《人间喜剧》第19卷[M]. 李玉民，译. 北
　　 京：人民文学出版社，1997.

[22]巴尔扎克. 老姑娘[M]//《人间喜剧》第8卷. 袁树仁，译. 北京：人民文学出
　　 版社，1997.

[23]费利克斯·达文. 《十九世纪风俗研究》序言[A]//王秋荣编. 巴尔扎克论文
　　 学[M]. 刘若端、聿枚，译. 北京：中国社会科学出版社，1986.

[24]巴尔扎克. 老实人指南[A]//《巴尔扎克全集》第27卷[M]. 袁树仁，译. 北
　　 京：人民文学出版社，1998.

[25]巴尔扎克. 论艺术家[A]//《巴尔扎克全集》第27卷[M]. 袁树仁，译. 北京：
　　 人民文学出版社，1998.

[26]巴尔扎克. 美食生理学[M]//《巴尔扎克全集》第28卷. 王文融，译. 北京：
　　 人民文学出版社，1998.

第二节　人类天使形象特征分析

　　巴尔扎克在多部作品中塑造了天使的形象。作为天使，既要年轻美貌，又要心灵纯洁。巴尔扎克在小说和戏剧中既塑造了一些理想的天使，又塑造了一些并不完全的天使形象，还有一些是假天使。问题的复杂性在于，巴尔扎克认为是天使的形象，在别人看来却未必真的是天使。巴尔扎克借用斯威登堡的理论，把将来注定要升天成为天使的人称为有天使素质的人。细细考究，巴尔扎克的天使只能被称为人类天使。

　　巴尔扎克是斯威登堡通灵论的信奉者。"斯威登堡一直致力于维护人们的信仰，他的通灵论竭力让人们相信上天有一个光明的神灵世界，人只要一心向善就能从人变成天使，在精神上与上帝相通，且逐步向上飞升，一直到达永生的境界。"[1]74巴尔扎克是二元论者。"巴尔扎克不相信物质决定论足以解释一切现象。他像斯威登堡一样，既是物质论者，又是精神论者。他们都认为人具有两重性，即屈服于自然法则的外在的人和支配着生命力的内在的人，尽管科学暂时还不能解释人的这种内在力量，可它的确像物质一样存在着。"[1]751833年11月17日，巴尔扎克"在雕塑家泰奥菲尔·勃拉处看见一尊由两个天使守护的圣母怀抱圣婴的美丽雕像，突发奇想要描写身兼两性之天使形象，于是开始构思《塞拉菲塔》。"[1]225

　　在旺多姆学校时，巴尔扎克"相信人的洞察力能跨越时间空间，洞悉事物的过去、现在和将来，甚至相信人类智力的高度发展、内在生命力的高度弘扬，有可能使人的心灵脱离躯壳向天使的境界飞升。当时在他的思想上，天使占据着了不起的位置，他常常幻想与天上的神灵交往，与神灵的智慧相通。"[1]9

　　巴尔扎克在一些作品中表露了很浓的神秘主义特征。"作者用心营造的空灵、虚幻和神秘的氛围，以及华美壮丽的文体获得了某种程度的成功，尤其是《塞拉菲塔》中对挪威峡湾和雪山风光的描写，艺术上确有独特魅力，足以诱使不想过问哲学的读者钻进作者所布下的玄学迷魂阵。在这种迷魂阵里，神秘主义的梦幻往往和唯物主义的科学探索纠缠在一起，雄辩的自然可以和虚构的上界天使比翼双飞。这就是我们这位既对现实有深刻理解而又常常异想天开的巴尔扎克的独特之处。"[1]206

　　巴尔扎克引用斯威登堡的理论说："他（斯威登堡）把将来注定要升天

成为天使的人称为有天使素质的人。……上帝并没有专门创造天使，一切天使原来都是尘世上的人。因此，人间是上天培养天使的地方。"[2]599有天使素质的人必须经过三种爱的阶段，首先是自爱的阶段，其所作所为必须为人称道。其次是爱世界，最后是爱上天。希望、慈悲、信念和祈祷此时已经净化其内心，使之不再受尘世情欲的污染。爱与智慧的结合，使人处于超凡的状态，灵魂是女而肉体是男。未经点化的人所处的自然状态、有天使素质的人所处的精神状态、天使未摆脱其肉体外壳的神的状态，三者构成人升上天国必经的三个存在阶段。在尘世里，这些有天使素质的人终其一生都保持着心灵的纯洁。巴尔扎克塑造的人类天使形象足够复杂，有理想的人类天使、戴罪的人类天使和并不完全的人类天使。他创造的最理想的人类天使是《塞拉菲塔》中主人公的形象；戴罪天使曾经犯下严重的过错，之后往往通过苦修来救赎自身；有时，他只写形象身上天使特征的方面，而别的方面或者有某些缺陷，或者略而不谈，这样就形成了一些并不完全的天使形象。纵观巴尔扎克笔下的人类天使的形象，体现着足够的复杂性。

一、理想的人类天使

最纯洁无瑕的理想人类天使的形象当是《塞拉菲塔》的主人公。《塞拉菲塔》是巴尔扎克见到韩斯卡夫人之后答应创作的作品，因为不同于其它作品，里面的人类天使形象更多的是源于想象的成分，缺少生活基础，所以创作起来尤其艰难，费时弥久。

作为人类天使，首先必须心灵纯洁，富有爱心。塞拉菲塔的父母就有着这样的天使素质，他们"过着圣徒般的生活。圣徒道德高尚，是罗马教会的光荣。他们两人减少了本地居民的贫困，使每一个人通过一定的劳动获得收入，满足自己的需要。生活在他们周围的人从未看见过他们生气或者不耐烦。他们总是乐善好施，彬彬有礼，心地纯良，平易近人；他们的婚姻是两个灵魂永远结合的和谐美妙之曲。"[2]609父母在塞拉菲塔9岁时就溘然长逝了，而塞拉菲塔是父母天使素质的集大成之体现者。

作为天使，《塞拉菲塔》主人公具有男女两种属性。在男人维尔弗里眼里，她叫塞拉菲塔，是个女人；而在少女米娜眼里，他叫塞拉菲蒂斯，是个男人。

塞拉菲蒂斯（塞拉菲塔）身上有着明显的超自然特征。在米娜控制不住自己要跌下悬崖的时候，"塞拉菲蒂斯温柔地往她的额头和两眼吹了口气。米娜突然象（像）浴罢的旅人一样，倦意全消。塞拉菲蒂斯的气息抚慰着她，吹透她的身体，象（像）一阵风把阵阵香气灌进她的全身。"[2]551关于塞拉菲蒂斯，巴尔扎克写道："他两眼射出的闪闪金光与太阳的光芒交织在一起，似乎他的光芒并非来自太阳，而是因为他的存在才使太阳具有光辉。"[2]555塞拉菲塔这样说自己："我拔雾穿云，遨游于峡湾的深谷绝壑之中。大海是我驯服的坐骑。我知道哪儿生长着会唱歌的花，哪儿散射着能说话的光，哪儿闪耀着芳香四溢的颜色；我有所罗门的指环，我是仙女，我向风发令，风便象（像）顺从的奴隶一样，乖乖地执行；我能看见地里的宝藏；我是有万千颗明珠飞来迎接的圣女……"[2]635-36从这里，我们发现这不是现实生活中本有的人物形象。

在《塞拉菲塔》中，巴尔扎克提到了"具有人类形体的天使"[2]598。贝克尔先生则直接对塞拉菲塔说："亲爱的姑娘，您天真无邪，同时又心地善良，象（像）天使一样。"[2]635

更为奇幻的是，巴尔扎克还写到了塞拉菲塔的升天："突然，响起了一阵号角声，那是天使在这最后的考验中获得胜利的号声。这号音象（像）回声响彻天地，震动宇宙，使维尔弗里和米娜感到自己实在渺小极了。"转变在瞬间完成，"忽然间，云消雾散。他们睁眼一看，高处出现一颗巨星，其亮无比，为人间所未见。这颗星象霹雳，轰然坠下，似闪电光芒耀眼。所过之处，一切光明都黯然失色，难以与之相比。"[2]693塞拉菲蒂斯（塞拉菲塔）"往前腾身，无限宽广的、光闪闪的羽翼象（像）一道清凉的暗影，在两位通灵者的头上掠过，使他们能够抬起眼睛，目送他遍体霞光，在喜气洋洋的大天使伴随下冉冉而去。"[2]696这些景象并非现实中所可见，完全出于巴尔扎克的想象，他是按照自己的理想去描摹笔下的主人公的。

巴尔扎克早年写过一些奇幻作品，后来创作的《驴皮记》《长寿药水》和《玄妙的杰作》等作品也都延续着这些奇妙因素，同样，《塞拉菲塔》中的人类天使形象，与巴尔扎克塑造的其他人类天使形象相比，具有更多的奇幻色彩。

除了《塞拉菲塔》，巴尔扎克在其它作品中也表达了自己关于天使的理想，只不过这些人类天使的形象与现实生活相去不远。在《贝阿特丽克丝》中，巴尔扎克先是着重写了男爵夫人法妮·奥勃里安天使般的外貌："这是位典型的只有英国、苏格兰或爱尔兰才有的讨人喜欢的女人。只有那儿出这种雪白粉嫩的金发女郎，一绺一绺的鬈发好象（像）由天使们的巧手做成，蓬蓬松松，光线似乎沿着卷曲的头发在往下流淌。"随后巴尔扎克又写到法妮的心灵也同样纯洁无瑕："法妮·奥勃里安是个天仙般的美女。温柔多情，贫贱不移。"[3]27因此，"在天国里保佑着这位妇女的圣母，似乎为了嘉奖她年轻贞洁，循规蹈矩，厮守年迈的贵人，而给她绕上了一道可以免遭岁月摧残的光轮。"[3]28这样理想的人类天使的形象，已经在最大的程度上接近塞拉菲塔了。

与小说比较起来，戏剧中无法进行详细的外貌描写，理想的人类天使的形象更容易塑造一些。在戏剧《伏脱冷》中，巴尔扎克就塑造了理想的人类天使拉乌尔的形象。养父伏脱冷认为他"出污泥而不染，仍然是个纯洁得像天使一般的少年，"[4]62又说，"他纯洁得像个天使。"[4]120伏脱冷还称他为"可怜的天使！"[4]121他良心未泯，未被任何罪恶玷污。生母蒙索莱尔公爵夫人认为"一位天使便能化地狱为天堂。"[4]116巴尔扎克这里也是在全力打造一位理想的人类天使的形象，这样的天使是耀眼的明星，能以他（她）的纯洁的光芒照亮和净化黑暗、痛苦的世界。

二、戴罪的人类天使

巴尔扎克塑造的更多的是有现实生活基础的人类天使的形象，这些人类天使有的犯下了致命的错误，属于戴罪完成自我救赎的形象。

《三十岁的女人》中，女主人公朱丽身上有着天使的性格："家庭声誉的责任感，崇高的自我牺牲精神，不知不觉赋予年轻的侯爵夫人妇女的尊严和名节的意识，使她能抵御来自社会的危险。"[5]434尽管如此，朱丽的错误是在婚前就已铸成了：她当初没有听从父亲的忠告，固执地嫁给了德·哀格勒蒙侯爵。当发现丈夫不再爱她了的时候，她爱上了英国人亚瑟。"夫妻互相十分了解，长期习惯彼此的生活，妻子懂得丈夫每个细小动作的涵义，能够识破他隐瞒的感情或事情，在这种情况下偶然的或者起初出于无意的思考和关注往往能使做妻子的猛然醒悟。女子常常在濒于危急或坠入深渊时突然清醒过来。"[5]438出轨的结果是导致亚瑟坠窗而死。接下来，朱丽就用一生来赎罪。令朱丽没有想到的是，她的罪过还牵连到了女儿爱伦娜。

作者按照天使的模样刻画了爱伦娜的迷人的肖像："一个颀长窈窕的姑娘……精心梳理的乌发反射出光亮。单凭爱伦娜一个人就可构成一个场景。她的美是一种罕见的健美。……柔软多情的嘴唇，完美的鹅蛋脸，特别是处女圣洁的眼神，使这个茁壮成长中的美人赋有女性的温柔，迷人的端庄，这正是我们赋予和平天使和爱情天使的特性。不过，这个少女身上没有任何脆弱的成分，她的心性温和，体态柔美，灵魂刚强，面庞迷人。"[5]534来了一个求助、被人追捕的陌生人，这是杀死了德·莫尼男爵的凶手，他用利斧砍死了这位男爵。朱丽强迫爱伦娜上楼去看个究竟。结果是爱伦娜提出要跟凶手走，她跟他走了。后来侯爵破产，去海外冒险，6年后归来。他在海上遭遇了海盗，海盗头巴黎船长就是抢走他女儿的女婿，他与女儿爱伦娜见面。作品描写了爱伦娜船舱里的豪华摆设，对她的生活极致赞美："其中的激情和道理无比崇高，……社会上冷酷、狭隘的阴谋手段在这幅图景面前都将无地自容。老军人感觉到这一切，同时明白他女儿决不会放弃如此广阔、如此丰富多采（彩）而又充满真情实爱的生活。……绝不会再回到平庸、狭隘的社会小天地里来了。"[5]577侯爵在重振家业之后，因劳累过度死去。爱伦娜的海船遇险，只救出了一个孩子，她悲惨地归来，与孩子都奄奄一息，这时遭遇了母亲。"她感觉到她的最后一个孩子咽下了最后一口气。"这一不幸使她悲愤难平，所以她声色俱厉地对母亲说："这一切都是您造成的！"[5]584她死了。爱伦娜之所以会有如此不幸的结局，就是因为家庭的不幸导致了她不顾一切地跟随陌生人离家出走。

另一个戴罪的人类天使是《乡村教士》中的韦萝妮克，她奇美异常："韦萝妮克成了下城最漂亮的孩子，过路的人常停下来看她。……九岁时，韦萝妮克的美貌使四邻惊讶不已。人人赞美那张脸蛋，……她绰号小圣母，……十五岁时她出落得一表人材（才），……"[6]10-11她从来不需要什么，结婚那天才见到金币。"世上也许会有些姑娘和韦萝妮克一样纯洁；但没有一个比她更纯洁，更谦逊。听到她的忏悔，天使会惊讶，圣母会高兴。"[6]14

韦萝妮克的错误在于她在浪漫主义的影响下出轨，情人很快被处死，自此之后她每日穿鬃毛衣服苦修，直至逝世。1820年，韦萝妮克读了《保尔和维吉妮》，"对于她，这书比淫书更坏。"[6]17后来父亲把她嫁给了银行家格拉斯兰。直至1829年年初这段幸福的时光里，格拉斯兰太太的美貌在朋友们眼中达到了不同寻常的程度，其原因始终无人解释清楚。"面部轮廓经过内火的锤炼变得纯洁无瑕。……鬓角焕发出惹人喜爱的光彩。最后，人们时不时能看到一张天使般的脸，它仿佛出自拉斐尔笔下，……她的手似乎更为白净，肩膀变得丰满圆润，优美活泼的动作更显出柔软腰肢的婀娜妩媚。"[6]144之所以如此美艳，正是因为她有了情人塔士隆。塔士隆因为杀人劫财被判处了死刑，死刑执行的一刻，韦萝妮克在惊吓之下生下了他们的孩子。格拉斯兰太太分娩病了很久，直到1829年年终才起了床。她让丈夫以50万法郎买下蒙泰涅克的森林和地产，这是塔士隆家乡的所在地。

韦萝妮克此时已进入她人生的第三阶段，在这一阶段中，她将发扬最高尚的美德，威望日增。"从这位内心遭受不幸打击的女子身上，一位女圣人又脱颖而出。……嘴唇发白，……只有孟加拉玫瑰的冷色。在眼角和鼻眼之际，痛楚勾勒出珠光色的两道纹路，多少泪水曾偷偷从那里淌过。"[6]116当神甫博内向格拉斯兰太太解释，一个产业主住在蒙泰涅克可以成就的一切好事时，一时间韦萝妮克又变美了，出乎意料的前途使她容光焕发。正如神甫博内所说："悔过的善行可以补赎一切。上帝的巨手同时掂出恶迹的分量和善举的价值。"[6]130接下来韦萝尼克的善行使她经历了炼狱的洗礼，终于可以进入天堂了。她死后，与塔士隆合葬在了一起。

戴罪的人类天使形象还有《幽谷百合》中的德·莫尔索夫人，她具有纯洁无私的心灵。为了照顾历经忧患的丈夫和体弱多病的孩子，她放弃了自己的幸福。她在钟灵古堡葬送了自己的生命，是一朵盛开在幽谷之中的纯洁美好的百合。与塞拉菲塔拒绝尘世爱情相比，莫尔索夫人有着对爱情的强烈渴望，所以当费利克斯移情别恋之后她也就很快奄奄一息了。

莫尔索伯爵曾激动地对费利克斯说道："德·莫尔索夫人真是个天使！"[7]313这句话摇撼了费利克斯的心，使他受到良心的责问，自己为什么要打扰这无比和睦的家庭呢？

莫尔索夫人对费利克斯说的话明确地表明她有着天使的心灵："……我爱德·莫尔索先生，既不是由于社会职责，也不是贪图永世的福乐，而是因为一种不可抗拒的感情把他系在我的每根心弦上。难道我是被逼成婚的吗？是我对不幸者的同情心决定了这桩婚姻。弥补时代所造成的苦难，安慰冲锋陷阵而受伤归来的人，这难道不是女人的本分吗？……我永远要尽心尽职照看三个孩子，要让滋润的雨露洒在他们身上，用我的心灵照耀他们，而绝不能有一丝一毫的邪念。不要让一个母亲的奶汁变酸吧！我可是个忠贞不渝的妻子……"[7]336这是巴尔扎克的第一个恋人贝尔尼夫人的形象在作品中的投影，虽然她努力抗拒着巴尔扎克的追求，但对爱情的强烈渴望终于使她全盘付出了，她婚外恋的代价就是她的孩子们一个个夭折死去。同样，莫尔索夫人的孩子们身体也普遍地病弱。"过了五个月，善良的天使给我来了一封信，绝望地向我叙述她儿子身染重病，虽然转危为安，但以后如何还令人担忧。……雅克刚刚好起来，他妹妹的身体又令人不安了。……由于雅克长期患病，伯爵夫人已经心力交瘁，再也没有勇气承受这新的打击。"[7]460-61

费利克斯亲密地称呼莫尔索夫人亨利埃特。"亨利埃特的周围洋溢着天国的芳香，谁有邪念，仿佛就会永远离开她。因此，她不仅标志着幸福，而且标志着美德。"[7]447-48费利克斯感叹道："有些女子，在人间就享有天使的天赋，象（像）天使一样放射光明……"[7]451

费利克斯与堕落的杜德莱夫人鬼混，实际上就是对莫尔索夫人不肯给予的爱情的残忍报复。他对莫尔索夫人说的话体现了一位花花公子的花言巧语，但同时也表明了莫尔索夫人的纯洁特征："……您胜利地盘旋在她上空，她是个凡尘女子，堕落的族系的后裔；而您却是天国的女儿、令人爱慕的天使；她只得到了我的肉体，而您却占有了我的整颗心"[7]484。费利克斯直接称莫尔索夫人为天使："我同时爱上一个天使和一个魔鬼；两个女子都同样花容月貌，一个具备全部美德，一个包藏所有罪恶；……哪个失去我也要殒命。"[7]515

在莫尔索夫人弥留之际，"我们四个人相互看了看，眼睛都噙着泪水，流露出对这位美丽的天使的敬佩与惋惜。……这额头又恢复了美德的庄严神态；……她面部的线条平静纯洁了，……"[7]544诀别的场景庄严肃穆。"整个田野都在向这朵最美的幽谷百合诀别，向她的淳朴的田园生活诀别。……这次睡眠是这个被召回的天使没有痛苦地度过的最后时刻。"[7]545严厉的神甫兼家庭教师多米尼对伯爵夫人表示的敬意中，也含有对天使的崇敬成分，他说："……这颗杰出的灵魂，天使之星，将移出云霭，更加灿烂夺目，飞向光明的王国。"[7]532

艾珉，彭冬林在《幽谷百合》题解中说："这篇脍炙人口的爱情小说，着力刻画了一位笃信宗教、恪守妇道的贵族女子形象。但这位冰清玉洁的莫尔索夫人内心的骚动和痛苦，并不亚于《乡村教士》中犯有通奸罪的韦萝妮克。她们同属心地高贵的女性，同样向往真挚的爱情、幸福的人生，……实际上都同样死于心病。"[8]572-73我们看到，亨利埃特·德·莫尔索的那种讲求实际的聪慧和献身精神酷似她的原型贝尔尼夫人，不同的是前者拒绝委身而后者则奉献一切，但是两人都为爱情而死。在给韩斯卡夫人的信中，巴尔扎克称贝尔尼夫人为"神圣的造物，而德·莫尔索夫人只是她的一个苍白的写照"[9]288。他希望韩斯卡夫人能从亨利埃特身上发现塞拉菲塔的影子，同时希望她乐于成为德·莫尔索夫人和杜德莱女士，既纯真又富有性感。莫尔索夫人虽然没有像她的原型贝尔尼夫人那样真正地出轨，但至少她已经精神出轨，而且她是在一次舞会上被当时还在上中学的费利克斯亲吻了肩膀，之后费利克斯成了她家的常客，她还经常允许费利克斯狂热地亲吻她的手。不管巴尔扎克把她写得如何纯洁，她与费利克斯的关系总摆脱不了暧昧的性质，这就是她的罪过。尽管巴尔扎克一直把莫尔索夫人写成致力于家庭的贤良女子，但客观结果是孩子们体弱多病，这是母亲疏于照顾的直接后果，无论作者如何回避也掩盖不了这一事实。

三、并不完全的人类天使

理想的天使，既要年轻美貌，又要心灵纯洁，而心灵纯洁在天使的特征中是占第一位的。巴尔扎克有时只写其中的一个方面特征，或是天使的外貌，或是天使纯洁的心灵。从这样的并不完全的人类天使身上，我们无法知道从整体上这些形象是否是巴尔扎克心目中的理想天使，这也增加了他笔下人类天使形象的复杂性。

《高老头》中，巴尔扎克只写到了拉斯蒂涅两个妹妹纯洁的心灵。拉斯蒂涅分别写信给两个妹妹，讨她们的私蓄，知道她们一定乐意给的。他知道像他妹妹那种与世隔绝，"一尘不染的心灵多么高尚，知道自己这封信要给她们多少痛苦，同时也要给她们多少快乐；她们将怀着如何欢悦的心情，躲在庄园底里偷偷谈论她们疼爱的哥哥。他心中亮起一片光明，似乎看到她们私下数着小小的积蓄，看到她们卖弄少女的狡狯，为了好心而第一次玩弄手段，把这笔钱用匿名方式寄给他。"[10]261他想："她们许起愿心来何等有力！求天拜地的冲动何等纯洁！有一个牺牲的机会，她们还不快乐死吗？"[10]262他的两个妹妹从具有纯洁心灵的方面说是人类天使的形象，而巴尔扎克并没有写她们的其它方面，所以我们所能得到的只是天使的片面的特征。同样，《高老头》中维多莉·泰伊番小姐也具有这种纯洁的心灵。她说："要拿人家的性命来换我的幸福，我心上永远不会安乐的。倘使要我幸福就得去掉我哥哥，那我宁可永久住在这儿。"[10]350她殊不知，她父亲的钱财就是通过害命得来的（见《红房子旅馆》），而天使的形成有时是以父母做魔鬼为代价来换取的。就像在戏剧《伏脱冷》中，理想天使拉乌尔的形象是靠养父伏脱冷做魔鬼为代价培养出来的。

巴尔扎克往往通过他笔下的人类天使形象来表达自己的理想。在《德·拉尚特里夫人》中，塞纳区初级法庭的法官包比诺，他曾在15年间展开了圣马塞尔区最为活跃的慈善活动，他和巴黎圣母院副主教及德·拉尚特里夫人创办了一项事业，这项事业以德·拉尚特里夫人为灵魂。在这里，德·拉尚特里夫人是一个天使长的形象。集体慈善活动是有的，但不止一个人全力以赴地专门从事这项事业却只能归入理想的范畴。按照亚里士多德的理论，这样的事情在现实生活中可能发生，却很难让人相信。在这部作品里，巴尔扎克着重写的是里面人物纯洁的心灵，这些人物并不具有天使的容貌，所以也只能算是并不完全的人类天使。

德·拉尚特里夫人的庄重神情是由于她暗中尊严地忍受着巨大的痛苦，那就是在残酷的政治争斗中她失去了自己的女儿。阿兰先生不禁感慨："上帝莫非是把这些极其严峻的考验特意留给自己子民中那些死后将要坐到他身边的人们吗？"[11]406

在《初入教门》中，贝尔纳先生的女儿旺达得了重病，她对戈德弗鲁瓦说："假如上帝还我生命，我将把生命贡献给上帝。"[11]470她后来被波兰医生哈佩佐恩治好了，虽然小说里没写，但无疑她会兑现上面的诺言。贝尔纳和外孙奥古斯特后来也都演变成了人类天使形象，所以戈德弗鲁瓦不禁对旺达叫道："夫人，上帝在您身边安排了两名天使！……"[11]487而巴尔扎克只写到了这些人物的部分天使特征。

正如艾珉、刘勇在题解中所说，在《现代史拾遗》（《德·拉尚特里夫人》和《初入教门》是其中的第一部和第二部）中，"作者试图通过对这个慈善机构的乌托邦式的描写，提出自己的'济世'药方。在巴尔扎克看来，惟有推行恕道，提倡基督教的三德（信、望、爱），才能使人们摆脱罪恶的欲念，减少人世的苦难。"[12]524德·拉尚特里夫人的形象虽然承载着巴尔扎克对社会理想的表达，但这个形象又不同于塞拉菲塔，从年纪上说，她已不再年轻，只是她具有天使的心灵。

在《欧也妮·葛朗台》中，巴尔扎克塑造了并不完全的人类天使欧也妮的形象，她外貌并不出众，但她有着自我牺牲的精神。虽然查理背叛了她的爱情，她还是为他料清了父亲自杀后留下的债务。她还"办了不少公益与虔诚的事业，一所养老院，几处教会小学，一所庋藏丰富的图书馆"[13]208。巴尔扎克感叹道："这女子的手抚慰了多少家庭的隐痛。她挟着一连串善行义举向天国前进。"[13]209虽然巴尔扎克认为"她是介乎人与天使之间的一个创造物"，但同时他又说道："她既象（像）男人那样有力，又象（像）天使那样充满着高尚的感情。"[14]109这就使这个形象接近于男女兼于一身的塞拉菲塔了。

总之，巴尔扎克笔下的人类天使形象众多，但不管如何复杂，他们都表达着巴尔扎克的某种理想，有的是理想的化身，有的是对人生错误的理想救赎，有的则是对救世理想的展望，理想是贯穿所有这些人类天使形象的灵魂。

参考文献：

[1]艾珉.巴尔扎克传[M].北京：华文出版社，2017.

[2]巴尔扎克.塞拉菲塔[M]//《人间喜剧》第22卷.张冠尧，译.北京：人民文学
出版社，1997.

[3]巴尔扎克.贝阿特丽克丝[M]//《人间喜剧》第4卷.张裕禾，译.北京：人民
文学出版社，1997.

[4]巴尔扎克.伏脱冷[M]//《巴尔扎克全集》第26卷，张冠尧，译.北京：人民
文学出版社，1997.

[5]巴尔扎克.三十岁的女人[M]//《人间喜剧》第4卷.沈志明，译.北京：人民
文学出版社，1997.

[6]巴尔扎克.乡村教士[M]//人间喜剧：第19卷.王文融，译.北京：人民文学出
版社，1997.

[7]巴尔扎克.幽谷百合[M]//《人间喜剧》第19卷[M].李玉民，译.北京：人民
文学出版社，1997.

[8]艾珉、彭冬林.《幽谷百合》题解[A]//《人间喜剧》第19卷[M].北京：人民
文学出版社，1997.

[9]安德烈·莫洛亚.巴尔扎克传[M].艾珉、俞芷倩，译.杭州：浙江大学出版
社，2014.

[10]巴尔扎克.欧也妮·葛朗台 高老头[M].傅雷，译.北京：人民文学出版社，
1980.

[11]巴尔扎克.德·拉尚特里夫人[M]//《人间喜剧》第15卷.何友齐，译.北
京：人民文学出版社，1997.

[12]艾珉、刘勇.《现代史拾遗》题解[A]//《人间喜剧》第15卷[M].北京：人
民文学出版社，1997.

[13]巴尔扎克.欧也妮·葛朗台[M]//《人间喜剧》第6卷.傅雷，译.北京：人民
文学出版社，1997.

[14]巴尔扎克.《欧也妮·葛朗台》初版跋[A]//王秋荣.巴尔扎克论文学[M].程
代熙，译.北京：中国社会科学出版社，1986.

第三节　小市民形象特征分析

巴尔扎克一直景仰贵族，他把所有的同情都给予了这个逐渐失势的阶

级，对待市民阶层则往往轻视，在作品中往往极尽讽刺之能事。在未完成的作品《小市民》中，"这些人经历不同，个性迥异，但共同的特点是无知、虚荣和见识短浅，这就决定了他们必然会被居心险恶的野心家玩弄于股掌之上。"[1]170

巴尔扎克在《小市民》中塑造了美男子蒂利埃的形象，围绕着他上演了一出出闹剧。"一八二一年春天，柯尔维尔太太生了一个极可爱的小女孩，蒂利埃先生和太太当了她的教父、教母，因此她名叫莫黛斯特–路易丝–卡罗琳娜–布里吉特。蒂利埃小姐也把自己的名字给了这个小孩。"[2]114这一家人之所以这么热情，是因为这个小孩是蒂利埃的私生女。"从十八岁到三十岁，年轻的蒂利埃从小市民到司局长的社交场上颇得女人青睐。"[2]99因为他会跳舞，还会唱歌，被大家称为"美男子"。"然而，美男子蒂利埃的胜利总是好景不长，女人们不想留住他，他也不想留住她们。他真可以成为一出名为《身不由己的唐璜》的戏剧的题材。这种美男子的职业使蒂利埃精疲力竭、未老先衰。他的脸上布满皱纹，活象（像）个老风骚女人，……昔日的成功给他留下了引镜自顾的习惯，束腰以显示身材的习惯和摆出舞蹈姿势的习惯，这些习惯延长了他戴着'美男子蒂利埃'的桂冠所服的苦役，却不再享有其好处。"[2]100

蒂利埃被柯尔维尔太太甩了，他不明所以，歌剧院第一主角蒂丽娅非常残忍地告诉了他真相："我们女人有时候会爱上一个大傻瓜，但绝对不会爱上一个蠢才。"[2]114

巴尔扎克在《小市民》中塑造米纳尔的形象时赋予了浓厚的讽刺色彩："虽说任何暴发户总有其某种长处，米纳尔是个臃肿的皮球，说话罗（啰）哩罗（啰）嗦，没完没了，拿阿谀当礼貌，俗套当才智，他泰然自若，大大方方地拾人余唾，满嘴老生常谈，还自以为滔滔善辩。那些不知所云而适用一切的字眼：进步，蒸汽，沥青，国民自卫军，秩序，民主，因素，结社精神，合法性，运动和抵抗，威胁，等等，似乎每个政治阶段都是为了米纳尔而发明的，于是，他就恣意发挥起他的报纸所发表的见解来。"[2]122

在《小市民》中，米纳尔一家每星期必来蒂利埃的沙龙，是因为他听说蒂利埃小姐在银行有二十万法郎存款。而"卡（加）陶估计落到莫黛斯特头上的财产如今至少有七十万法郎。小维奈（代理王家检察官，其父是总检察官）似乎对于每星期天能去蒂利埃家感到高兴。巨大的嫁妆如今使人毫无羞耻心地干出巨大的蠢事来。"[2]131

在《小市民》中，作者表达了对资本主义本能的厌恶："没人知道，巴黎的那些街区如何，为何在精神上和外貌上都每下愈况，日益堕落，宫廷和教会的住所，卢森堡区和拉丁区怎么会变成如今这副模样，……为什么高雅的生活方式一去不复返？……为什么污泥、肮脏的工业和贫困占领了这座小山，而不是远离古老高贵的城市去安营扎寨？……一旦施布恩泽于这个街区的那位天使逝去，最下流的高利贷就取而代之。继承包比诺的是赛里泽。"[2]210巴尔扎克所留恋的贵族的高雅的一切，必然随着资产阶级的崛起而被全部取代。

在这场婚姻的角逐中，到处可见卑鄙的阴谋。米纳尔告诉蒂利埃小姐，莫黛斯特将会有个歌剧院有名的玛丽埃特当她的大姑子。高德夏便被打发走了。而对拉佩拉德来说，问题也是一样，"他确实有必要打发走那个年轻的检察官，就象（像）先前米纳尔夫妇断送了诉讼代理人高德夏一样。"[2]138-39这里阴谋重重，防不胜防。"代理检察官不乏高超的见解，他也和所有高超的人一样，未能降低到可以看清那些小市民的蜘蛛网上的蛛丝的程度，于是象（像）只苍蝇一样，一头撞在几乎看不见的罗网里。泰奥多兹引他钻进圈套的狡计，连比奥利维埃更能干的人也提防不了。"[2]139

巴尔扎克塑造了新型的伪君子，他就此说道："在艺术上，也许莫里哀在把答尔丢夫永远列为喜剧演员的同时，就使虚伪成为一门艺术了。……一个具有泰奥多兹那种水平的人，其艺术的极致，就是使人过后谈起他时都说：'人人都会上他的当的！'"[2]143

看来，莫里哀通过戏剧完成的伪君子形象的塑造，巴尔扎克是要通过小说来完成了，这种意图他已经在作品前面的题献中部分地表明了。"泰奥多兹对弗拉薇的恭维是有点陈词滥调，不过要注意，泰奥多兹是在尽量缩小与这些思想庸俗之辈的距离，他附和他们的观点，使用他们的语言，这一点对故事来说至关重要。"[2]146第146页注2的内容更为这一伪善的形象提供了佐证："埃德姆·尚皮翁（1764年—1852年），典型的以慈善来沽名钓誉的慈善家。"也许这就是泰奥多兹形象的原型，作者在作品中只是含蓄地提到了尚皮翁："穿小蓝大衣的人"[2]146。柯尔维尔这样评价泰奥多兹："这是个伪君子，我不喜欢这号人，……他们中间最好的人也一钱不值。对于我来说，伪君子就是骗子，而且是为欺骗而欺骗，以行骗为乐而行骗，才免得手生。"[2]147

在《小市民》中，正直的老菲利翁也说："他（泰奥多兹）是答尔丢夫——正直的莫里哀用青铜铸就的这个不朽形象——的嫡堂兄弟。"[2]172一般情况下，菲利翁的头脑是比较清晰的，他叫道："……蒂利埃先生没有任何本事！他什么也不懂！而荷拉斯·毕安训先生却是个能干的人，他能为本区争得许多好处，而蒂利埃一点也争取不到！"[2]179同时他又是一个爱国者，他说："就是因为考虑那一类事情（利益），法国才变得渺小，资产阶级也让人瞧不起！"[2]179

《小市民》中写了杜托克、赛里泽和泰奥多兹三人的阴谋。"我想出了摆布蒂利埃那个傻瓜的办法，……"杜托克嚷道，"你们该承认那是个绝妙的主意！"[2]161他们想利用克拉帕龙来使蒂利埃的姐姐做房产生意。

伪君子泰奥多兹对菲利翁进行引诱和欺骗，对他说出了下面具有反讽意味的话："我不象（像）那些假慈善家一样大嚷大叫，我不写文章，只有行动，因为我一心一意献身基督的慈善事业。……我想我猜出了我们的朋友蒂利埃的雄心，我愿为一对天造地设的青年（指菲利翁的儿子费利克斯和莫黛斯特）的幸福尽点力，为您提供接近蒂利埃那颗对您有点冷淡的心的途径。"[2]176

为了有备无患，泰奥多兹这样对蒂利埃和布里吉特说道："等到所有被我要弄过的人反过来攻击我的时候，不要听信那些诽谤我的谗言。……你们知道吗？我会变成一个乞丐、一个骗子、一个危险人物、一个伪君子、一个野心家、一个图谋别人家产的人，你们听到这类指责能无动于衷吗？"

"您放心吧！"布里吉特说。[2]230

在《小市民》中，作者写到了人物之间的相互欺诈："当克拉帕龙看到，他只能从公证人那里得到一万法郎时，赛里泽便提议给他一万二千法郎，然后向泰奥多兹要一万五千法郎，并打定主意只交给克拉帕龙三千法郎。这四个人之间演出的一幕幕场景无不伴随着关于感情、信义，以及相互共事并后会有期的人之间所应遵守的准则等等甜言蜜语。"[2]232

赛里泽这样指责泰奥多兹的见利忘义："你瞧，我亲爱的，在咱们之间应当有点这个！……"他拍拍心口，"你却没有。你一旦以为胜过我们，就想制服我们，……我把你从饥寒交迫中救出来，当时你象（像）个白痴一样奄奄待毙，……我们把你放在财富面前，给你披上最漂亮的社会外衣，把你放在有利可图的位子上，……结果你却来了这么一手！我现在认得你了，我们以后要全副武装……"[2]246

在《小市民》这出喜剧中也有悲剧性场景："泰奥多兹拐过邮局街，快步朝柯尔维尔太太家走去，内心如翻江倒海，不时自言自语。由于情感激动，心中点起一把大火（许多巴黎人都有此体验，因为这类情形在巴黎比比皆是），他达到了狂乱和胡言乱语的程度，一张口就使人明白他这种状态。拐过圣雅各高街，到了窄小的两教堂街时，他喊起来：'我要杀掉他（赛里泽）！……'"[2]247到了柯尔维尔太太家后，这个喜剧人物又有一番悲剧表现："泰奥多兹抓住了这根救命稻草，如获至宝，他从自己的椅子站起来，坐到弗拉薇的长沙发上，在那里，两行眼泪夺眶而出，其呜咽哽塞连法官也将为之动容。"[2]248按照亚里士多德的界定，悲剧的主角应是有弱点的好人，像泰奥多兹这样的伪君子遭遇了不幸只能让人拍手称快，因为他咎由自取，罪有应得。

《小市民》详细地介绍了蒂利埃先生的房屋及其住户，在对房屋的描摹中，巴尔扎克也表达了对逝去的王政时代充满了无限的惋惜、对资产阶级的庸俗不堪鄙夷不屑的强烈情感："蒂利埃一家以及他们之前的房屋主人常用以小市民的习性和发明，糟蹋这颗上层有产阶级的明珠（指法院院长和艺术家住过的路易十四时代的房子）。……十九世纪的私生活对这座十七世纪私生活的纪念碑的可悲的亵渎是容易说明的。……巴黎房主的盘算给这个优雅的前额（指门面）打上了自己的烙印，正如报纸及其印刷机、工厂及其仓库、商业及其柜台，在贵族、老派有产者、金融业和教士曾经显赫一时的所有领域中取代了他们一样，……旧巴黎随着离去的国王也在离去。"[2]94-96巴尔扎克对当代生活的否定和对过往时代的缅怀，与他受卢梭思想的深刻影响不无关系。

《小市民》中庸俗不堪的形象比比皆是，而 在《初入教门》中，戈德弗鲁瓦也这样评价花匠卡蒂耶："真是当今小市民的出色的代表：爱说长道短，爱打听别人隐私，对平等朝思暮想，对习俗奉若神明，为打听不出一个可怜的病人藏在屋里总不露面的原因而恼火万分，一方面隐瞒自己的财富，一方面却又由于虚荣而泄露家底以便胜过自己的邻居。……"[3]443

在《初入教门》中，贝尔纳先生发出了这样的诘问："难道慈善除了虚荣还能是其他东西？……"[3]488不可否认，这是慈善的一般状况。

参考文献：

[1]艾珉.巴尔扎克传[M].北京：华文出版社，2017.

[2]巴尔扎克.小市民[M]//《人间喜剧》第15卷.何友齐，译.北京：人民文学出版社，1997.

[3]巴尔扎克.初入教门[M]//《人间喜剧》第15卷.何友齐，译.北京：人民文学出版社，1997.

第四节　从《外省的诗神》看巴尔扎克塑造人物的功力

　　过分帅气的男生或者超级漂亮的女生，很早就有众多崇拜者，培养了足够的虚荣心，之后很难踏踏实实地与一个人过日子，这样的男生和女生往往不适合家庭，因为很难掌控，但他们往往又要披上家庭的外衣，以求在自己的生活中不留下缺憾，于是就有了癞蛤蟆吃上天鹅肉的结局。癞蛤蟆对自己的超级配偶不会过于苛求，能嫁给他或娶到她就已经是占了便宜了。在《外省的诗神》中，巴尔扎克就写到了这种奇怪的社会现象：迪娜小姐，由于美若公主，又聪明过人，无人敢娶。最后拉博德赖娶了她，"这桩毫不理智的婚事在桑塞尔地区激起怎样的喧嚣，诸位是可以想见的。"[1]65之所以会如此，是因为在大众眼里，假如迪娜是天鹅，拉博德赖就是癞蛤蟆，这样不匹配的婚姻早晚要出问题。但同样怪异的是，帅哥和美女都很骄傲，他们走到一起往往有一定的难度，谁也不肯屈就，其结果就是让癞蛤蟆吃上了天鹅肉。天鹅也总会有孤独失意的时刻，这时候癞蛤蟆往往会十分谦卑地侍奉左右，事情就这样成了。还有一种可能，就是美女与帅哥怄气，气急败坏之下就嫁给最没价值的人，或是极端地自我否定之后的破罐子破摔，或是变相地羞辱报复帅哥。有很多种机会，使癞蛤蟆能吃上天鹅肉，正如鲜花往往会插在粪堆上，因为粪堆最有营养。拉博德赖的优势是他小具资财，到后来更是颇为富有。

一、巴尔扎克塑造人物往往把他们置于具体的社会背景之中

　　整部《外省的诗神》记述的社会背景都是在波旁王朝复辟时期，作品中的人物都是在这个比较特殊的时代活动着，盘算着，各怀心思。有的巧借形势，获得财产的增加和地位的升迁，有的则不择手段地投机，想借爱情或婚姻摆脱一贫如洗的窘境，有的则想前往巴黎以摆脱外省的愚昧和抱残守缺。

　　拉博德赖到巴黎追债，德·吕卜克斯前来谈判，提出用国王的恩赐或者各部的肥缺为纳瓦兰公爵抵债——拉博德赖的父亲1793年在国外流亡时借给公爵的10万法郎。结果拉博德赖成了桑塞尔的收税官。过了6个月，他如约卸任，又去与巴黎其他债务人说理，结果"被封为掌玺官，男爵和荣誉勋位勋章获得者。"他卖掉了掌玺官的职位，此后，"又带着行政法院审查官的头衔和国王派驻尼维尔内地区某公司特派员的职位重新在桑塞尔抛头露面。这两个官职薪水有六千法郎，是真正的闲差。……他终于跻身于当地的大产业主之列

了！……迪娜眼看自己一直到一八三五年都得过着不为人知的贫苦生活，十分伤心。……熟悉外省人怪癖的人都能看出来，他（拉博德赖）患有土地占有狂。”[1]68-69

德·克拉尼对卢斯托说的话暴露了当时文坛丑恶的文风："……近些时候，作家先生们，你们写的书，你们的杂志，你们的剧本，你们整个的下流文学都靠通奸为生……"[1]126卢斯托的话也反映了文学可悲的现实，而且这种现实一直流传至今："……如果您想把凡是有关违法爱女人的书剔除的话，那我想，除了博叙埃的《新教教会改易史》和帕斯卡尔的《外省女人》之外，恐怕就没有多少书可以看了。"[1]127

二、巴尔扎克善于突出主人公的个性

作品开始不久，巴尔扎克就让主人公彰显了自己非凡的个性，这在外省小城中迅速激化了矛盾，矛盾发展的结果，就是主人公彻底否定了目前的所处，无论如何要予以摆脱，这就注定了迪娜要不顾一切地前往巴黎，在那里上演符合她个性的悲剧。

迪娜的入时打扮和不凡智慧很快就使她成了女性的仇敌，男性的宠儿。1825年迪娜与母亲首次在林荫道上亮相，她们的穿着"在桑塞尔引起一阵喧嚣。……她在女流中简直造成了一种恐怖。……迪娜很善于打扮入时，胜人一筹；妇女们每次到拉博德赖宅邸来，总是感到自尊心受到伤害。……若是说，所有这些小事都引起桑塞尔妇女们的嫉妒的话，那么迪娜的言谈及智慧就更引起地地道道的反感了。"[1]71相反，迪娜却深得男人们的崇拜与痴爱。神甫杜雷、副省长德·夏尔热伯夫子爵、检察官德·克拉尼和收税官格拉维埃"这四个人首先对迪娜受过教育、趣味高尚、思想敏锐，十分倾倒，而且宣称她是最聪慧的女人。……迪娜因为语言规范，颇有些学究气，因此得了一个绰号，叫圣萨图尔的萨福。她就这样成为桑塞尔城妇女的敌人，……她确能指出别人的无知，而且毫不原谅这些无知。"[1]73巴尔扎克在作品中写到了同性相斥、异性相吸的普遍的人性。最让女人不能原谅的是，迪娜不只相当漂亮，还渊博多识。格拉维埃的话一语中的："美貌的夫人，您光是美丽动人还不满足，您还很有头脑，还受过教育，您熟悉所有的作品，喜爱诗歌，懂得音乐，您谈起话来娓娓动听：女人们不会原谅这许多长处的！……"[1]74形势发展的必然结果就是，"将近一八二五年年底时，迪娜·德·拉博德赖受到攻击，说她只愿意接待男宾。后来，她与女性的疏远被说成是天大的罪过。她的一举一动，哪怕是最无意的举动，都要受到指责，或者被人加以歪曲。……'与其碗里什么实在的东西也没有，我倒宁愿这只碗是空的！'她这么说可是大错特错了！……后来，人们见她结婚五年仍没有生育，便……反过来用这句话来攻击圣萨图尔的萨福。"[1]74-75而男人们却"把迪娜吹个天花乱坠，使方圆十法里以内的女人都嫉妒她。……（她能就家中搜罗来的家具）发表长篇大论的见解，能叫老年人惊倒，能叫年轻人着迷。"[1]76-78

因为迪娜闲坐无事，也可能出于虚荣心，向德·克拉尼先生透露了自己匿名而在文坛上大出风头的秘密。"夏尔热伯夫子爵的离开使迪娜的耐心和忍耐到了尽头，迪娜遵照好心的杜雷神甫的建议，将不健康的思想转化为诗歌。"[1]93-94巴尔扎克不擅长写诗，他是让朋友们帮他完成了这部作品中的诗歌创作。"这首奇异的诗使阿列、涅夫勒和谢尔各省沸腾起来，大家都为拥有一位足以与巴黎那些名人相抗衡的诗人而兴高采烈。冉·迪阿兹的《塞维利亚女郎芭基塔》发表在《莫尔旺回声》上。"[1]94冉·迪阿兹是迪娜所使用的笔名。人们惊异不已："三个省的人在匿名的黑色燕尾服下对这位女子赞赏备至。"也出现了反向的声音。"什么也不要再写了，"杜雷神甫对她说道，"否则，你就再也不是女子，而是诗人了。"然而，"她又以《作弥撒的橡树》为题写了一首可爱的诗，分为上下两阙。……这两次小试锋芒之后，德·拉博德赖夫人知道自己是个诗人，顿时眉宇间、目光中有了闪电般的光辉，使她变得比从前更加美丽。她把目光射向巴黎，她向往着盛名。……文学也使她憎恨外省那灰色的死气沉沉的气氛。"[1]99-100

迪娜是要与乔治·桑一较高下："一八三〇年革命后，乔治·桑的名气在贝里地区大放异彩，许多城市的人也很羡慕拉沙特尔得天独厚地眼看着诞生了一位叫与斯塔尔夫人、卡米叶·莫潘相抗衡的才女，这些城市准备对小小不然的女才子大捧特捧。"[1]100克拉尼将迪娜的作品出版，又假造了一篇说明。"拿当受了骗，还有好几位贝里人也上了当。拿当为这位伟人写了一篇文章，凡是人们赋予死人的美德，他也给这位作者找到了。卢斯托……获悉这个冉·迪阿兹是一个女人的笔名。在桑塞尔这一带，人们对德·拉博德赖夫人着了迷，希望她将来能与乔治·桑比个高低。"[1]102巴尔扎克这里很自然地引出了作品的重要人物桑塞尔人卢斯托，他正混迹巴黎，为了当选议员，他回到故乡拉票。巴尔扎克就有想当议员而要去乡下拉票的经历，包括卢斯托作为无耻记者的身份中也有巴尔扎克曾经的影子。

神甫总像慈父一样对迪娜谆谆教导。"'不要将怀恨和复仇混为一谈，'神甫经常这样对她说，'这是两种截然不同的感情，一种是小人的感情，一种是伟大灵魂必然遵循的一条规律的反映。……'"[1]103

巴尔扎克描述夫妻之间的冷战也很出色。神甫担心丈夫拉博德赖会对迪娜怀恨，这种担心不无道理："小个子拉博德赖却受了这名声致命的一击。只有他一个人知道《塞维利亚女郎芭基塔》这首诗的秘密。……这小老头现在变得更面黄肌瘦，更满脸皱纹，更低能了，可是表面上什么也没有表现出来。只不过有时迪娜撞见他朝迪娜投送过来的目光是那样冷漠而充满毒蛇的毒液，这就拆穿了他对她温存倍增、更加彬彬有礼的假象。……她发起火来，为自己十一年来的生活怪罪他。……迪娜明白了，她搞写作是大错特错了。她起誓发愿，再也不写一行诗，而且谨守诺言。桑塞尔全城的人莫不为此感到痛心。"[1]104

迪娜想借助卢斯托去巴黎，"她可以用自己显赫的声名使自己的失足也变得高贵起来。"[1]107迪娜把灾难的根源直指巴黎，她认为巴黎堕落的氛围直接污染了外省："造成我们悲苦的魔鬼是巴黎，"出类拔萃的女人答道，"七法里方圆受灾，整个国家受害。外省不能单独存在。……"[1]113卢斯托对迪娜的评价并不高："我觉得桑塞尔这位最聪明的女人无非是个滔滔不绝的话匣子罢了"[1]115。

巴尔扎克写到了迪娜的怪癖："德·拉博德赖夫人陷于寻求名人签名题字的怪癖不能自拔……"[1]116

巴尔扎克很擅长安排情节，通过人物对行动的选择来突出人物的个性。毕安训要先回巴黎了，迪娜和卢斯托去送毕安训，两人都刻意打扮了一番。加蒂安骑马护送，"真烦死了！"迪娜看见加蒂安时大叫起来，"十三年来，对，我结婚快十三年了，我不曾有过三个小时的自由……"[1]181毕安训向迪娜指出了她与卢斯托的前途，那个不幸的丈夫在这里成了被诅咒的对象。毕安训走了，回来的马车上，卢斯托向迪娜表白。"这三个吃了败仗的人那天晚上的态度特别窘。第二天早晨，……这三个桑塞尔人的气恼在城中掀起了轩然大波。贝里地区、尼维尔内地区和莫尔旺地区的缪斯堕落了，随之而来的便是一阵喧嚣、诬蔑、诽谤、恶语中伤，各种猜测都有。首当其冲的，自然是那蝉翼纱长裙的故事（卢斯托在马车里弄皱的，而迪娜为此撒了谎）。"[1]191–92

巴尔扎克描写迪娜热恋时的变化非常精彩。"毕安训的预言的确不假，迪娜一步步走上了热烈的发自内心的爱。一个月之中，城堡女主人完全变了样。她又找到了那么多已经迟钝的、沉睡了的、至今无用处的精力，她自己也感到惊异。卢斯托对她简直有如天使。因为发自内心的爱，伟大心灵的这种真正的需求，将她变成了全新的一个女人！迪娜活了！她的力气找到了使用的地方，她发现自己的未来有那样出乎意料的美好前景，她终于得到了幸福，无忧无虑的幸福，无阻无拦的幸福。……迪娜对卢斯托说了一句奉承话：她从他那里知道了什么叫爱，他在她心中确是第一个人。……当两个人相互交换演奏这一优美乐章的二重奏以后，他们仍然互相倾心，那么，就可以说：他们是真正相爱了。"[1]192-94

离别的时候，"多少山盟海誓！迪娜要求签下多少庄重的契约，厚颜无耻的记者毫无困难地都一一同意了！"[1]195 巴尔扎克接下来把自己与无耻文人合作时期的经历和体验都写进了作品，卢斯托其实就是这样一个无耻文人。"卢斯托回到巴黎以后，几个星期的工夫便将在昂济城堡度过的美好时光忘个一干二净。……他在任何创作中都不放进艺术家的良心。……（他）属于人称之为'吹牛大王'或'内行人'的那号作家。在文学界，在巴黎，时至今日，这一'行当'，是放弃了一切雄心壮志以后才干的。一个作家什么也干不了了，或者什么也不想干了，他就当一个'吹牛大王'。于是能过上相当惬意的生活。……每个白天都有宴会，每个晚上都上戏院，每天上午都会朋友、待客、闲逛。……艾蒂安奋斗了十年才达到这个地步。总而言之，整个文学界都熟知他的大名，不管他干好事还是干坏事，都是那么善良纯朴无可指责，并因此受到人们喜爱。他随波逐流，得过且过，不思虑将来。"[1]196-97 卢斯托对拿当和毕西沃说道："如何是了呢？白发会请求我们同意结婚！……"之后作者有一句妙语："这匈兹太太相当貌美，可以将她美貌的用益权高价售出，同时又将其虚有权保留给她的心上人卢斯托。……凡是了解巴黎波希米亚式生活的人都能理解，过了半个月以后，记者又投身到他那文学界之中，竟然能够在朋友之间，甚至和匈兹太太一起，嘲笑男爵夫人。……"[1]198-99

三、巴尔扎克善用讽刺手法

巴尔扎克对迪娜活动的叙述带上了嘲讽意味："德·拉博德赖夫人怀着要叫桑塞尔城活跃起来的强烈愿望，试图在城中组织一个所谓文学团体。……（成功之后，）文学方面，无非是读读报，谈谈政治，谈谈生意。"曲高和寡，高处不胜寒。"这种结果使这位出类拔萃的女子十分忧伤。她对桑塞尔不再抱任何希望，从此便把当地的精华集中在自己的沙龙中。……（人们慢慢感到了厌倦，一位纨绔子弟）就在迪娜第四次……给他面子就康德哲学给他解释一个什么问题时，他打了一个呵欠。这下子可就倒了霉了：……（他）从此便被看作是完全没有智慧而又没有灵魂的一个人了。"[1]79-80即使在男人之中，慢慢也滋生了厌倦情绪，人们渐渐把听她讲话当成了一种折磨。"这三个正式的恋人（上面提到的四位中除了神甫以外的另外三位）承受着精神和注意力的巨额支出，一心指望着能在迪娜变得通人情的时候得到最甜蜜的成功"[1]80。

大伙在迪娜和克拉尼的门上用蜡封了头发，第二天发现依然原样。这种发现使卢斯托和迪娜双方主动在花园中相遇。两人会谈，卢斯托显示出了自己在爱情方面的专业水平："他径直朝目的地走去。"[1]152遇到巴黎归来的名人卢斯托和毕安训之后，迪娜非常激动："艾蒂安在迪娜那里得到了首场演出的完满成功。……她在艾蒂安和毕安训之间度过了她有生以来最愉快的一天。"[1]153一些人慕名而来，卢斯托朗诵了自己作品的校样。朗诵时断时续，但大多数人都听不懂。镇长夫人说："我简直如堕五里雾中"[1]171。卢斯托与迪娜一样曲高和寡："在座的人灰心丧气，于是卢斯托接着念'大全张'。"[1]172他的作品中有揭示恋爱双方尴尬处境的比较深刻的话语："我们已经相互不信任，但是我们还想相互把信任强加给对方。"[1]172

故事读完了，"我一点没懂，"加蒂安·布瓦鲁热说。桑塞尔人都默默无语，他第一个打破沉默这样说。

"'我也没懂，'格拉维埃先生很恼火地说道。"[1]175

戈尔瑞夫人对毕安训说："什么乱七八糟的东西！您开的药方比这些玩意好多了！"

"镇长夫人早就想过这句话，可是没敢说。在她看来，谁敢说出这句话来，说明谁思想敏锐。"[1]176

德·拉博德赖给出了对女人最厉害的惩罚："让女人靠一份十分微薄的膳宿费活着，谁也不理她；她再也没有什么衣着，也不受尊敬。女人有这两条，照我看来，就够了，"[1]177小老头说。他是这样说的，后来也是这样做的。

巴尔扎克极尽描写了外省人的普遍愚昧。"当这两个巴黎人低声私语时，从在座的桑塞尔人中升起一阵反对城堡女主人的怒潮，因为他们对卢斯托的那些长篇大论一点也听不懂。……（检察官等人）和迪娜倒是看出了小说的轮廓。聚在茶座旁的所有女客根本没明白小说的故事，只觉得那是故弄玄虚，而且责怪桑塞尔的缪斯也参与其事。所有的女客本来以为会过上一个愉快的晚上，结果所有的人发挥出自己全部思考能力也无济于事。想到自己给巴黎人当

玩意儿耍，实在没有比这个更叫外省人恼火的了。"[1]178-79

卢斯托回到巴黎之后，匈兹太太把卢斯托叫到自己家里，让他与一个公证人的失足的女儿结婚，十五万法郎嫁妆，另加十万弥补损失。那引诱者死于胸膜炎，他本"是个首席帮办，一文不名，他引诱那女儿，为的就是把公证人的事务所搞到手。这真是上天的报应！"那公证人叫加陶，他是老议员加缪索的小舅子，加陶和加缪索都养着女人，卢斯托说"他们一起捉弄人。"匈兹太太对卢斯托说："……不用费劲就能当父亲：这都是利！"[1]202她又说："……她的失足正好可以叫你自由自在过单身汉一样的生活。"巴尔扎克借匈兹夫人之口阐明，对于单身男人来说婚姻就是一场投机和赌博。"……用不着考虑。婚姻，这就跟掷硬币猜正反面一样，不是这个就是那个。……"卢斯托最后的回答是："那么，行吧！"[1]204

然而，卢斯托在巴黎还有一个侯爵夫人作情人，要结束和她的交往，最不缺乏的就是借口："卢斯托用晚上的时间给那位侯爵夫人写了一封长信，信中将促使自己结婚的种种原因告诉了她：一直穷愁潦倒呀，缺乏想象力呀，已生白发呀，身心疲惫呀，等等，总之，写了四页理由。'至于迪娜，我要给她发一张结婚通知，'他心中暗想，'正如毕西沃所说，在斩断情丝上我是好手，谁也比不上……'卢斯托虽然一开始还有些忸怩作态，可是到了第二天，他却惟恐这桩亲事谈不成了。所以他与公证人相见时，对公证人极为亲切。"[1]204

卢斯托被公证人夫妇当作了很不错的接盘侠。"卡（加）陶太太将她的女婿视为有锦绣前程的人。在她想象中女婿的各种优点里，最使她着迷的，是他品德高尚。那个狡猾的公证人早给艾蒂安出了主意，叫他起誓发愿地说，他既没有私生子，也没有任何不正当的男女关系，足以危及亲爱的费利西的前程。"我们看到，这里开始在上演一出闹剧。与老加陶和女婿加缪索一样，小加陶也与女婿卢斯托狼狈为奸。接下来作者用了反讽手法，加陶夫人对卢斯托说："……嫁给您这样的一个人，可以放心，先生。因为一个文学家，他的青年时期因为辛勤劳动而得以保全，没有受到现时的那种品行不端感染。……"反讽手法所表现的内容就是会在无意中正好戳中对方的要害，使对方中枪："与其将我女儿嫁给一个与有夫之妇有私情的男人，我情愿眼看她死掉……"[1]206-07这话说得有点满，之后便没有收回的余地了。

为了促成这场婚姻，卢斯托和未来的岳父一拍即合。"公证人和记者两人已经形影不离，艾蒂安和自己未来的岳父一起到玛拉迦（加陶包养的情妇）

家去。……他是机遇的宠儿，过几天就要成为圣拉扎尔街一所小巧玲珑的公馆的主人。他就要结婚，要娶一个娇小可爱的女子，就要每年有两万利勿尔左右的固定收入。他现在可以大展宏图了。那个少女热爱着他，他与好几家名门望族都攀上了关系……"[1]207-08这是巴尔扎克梦寐以求的关于自己未来生活的美妙设想，但既然卢斯托不是自己，巴尔扎克就毁灭了他这一美梦，他使用的手段是让情节极具讽刺意味地反转。

　　加陶太太带着女儿来到卢斯托住处侦查，卢斯托却在街上碰到了迪娜，"他浑身冰凉，呆立在那里了。"

　　"你到这儿干什么来了？"他大叫起来。

　　对一个要打发掉的女子，使用"您"绝对不行。

　　"咦！我的宝贝，"她大叫起来，"你没看我的信么！"（这里应该是问号加感叹号）

　　"看了！"卢斯托回答道。

　　"那？"

　　"那？"

　　"你当父亲了，"外省女人道。

　　"啊呀！"他大叫失声，丝毫未注意到这一声感叹是多么粗俗。"不管怎么样，"他心想，"必须叫她对大灾大难有思想准备……"[1]209

　　"……车上全是行李。他心里打算illico（立即）将这个女的和那些大包小裹从哪儿来再打发到哪儿去。"[1]210

　　加陶太太和女儿亲眼看到了在她们眼前充分暴露的迪娜和卢斯托的关系。

　　"先生，"加陶太太对他说，"我想亲眼看看要当我女婿的人家里是什么样。我的费利西情愿死掉，也决不能给您这样的人当妻子。您应该献身于您那迪迪娜的幸福。"[1]211

巴尔扎克运用了戏剧性的场景来加深对人物的讽刺性塑造。卢斯托写信请毕西沃来用演戏的方式对付迪娜。他假装热情、体贴，"高兴之情溢于言表，以致迪娜竟然自以为是世界上最受人爱恋的女人。"[1]213毕西沃到来，迪娜去了卧房，毕西沃开始与卢斯托演戏："……若是这个女人真的因为你本人而爱你，那么，她从哪儿来，还会回哪儿去。一个外省女人，能在巴黎呆长吗？她要叫你的自尊心处处受伤。一个外省女人什么样，你难道忘了吗？而且她那幸福也要和不幸一样叫人烦闷，巴黎女人极尽发明创造妩媚之能事，她则要发挥更大的才能去避免有风度。……"[1]215

毕西沃接下来的话却不幸预示了卢斯托与迪娜未来的前途："……你的妻子，如果她当正经人，就连一个轻浮女人的那点钱也没有，从男人保存金钱的僻静地方，连一张一千法郎的票子都取不出来！你这是陷入极其悲惨的境遇了……为一个把你逼到这个地步的女人，你体验那不朽的爱情三年五载之后，你的智慧和体力都要消耗净尽的！你现在要弃神圣的家庭于不顾，弃伦巴第街（加陶家）于不顾，弃政治前程于不顾，弃三万法郎年收入于不顾，弃受人敬重于不顾……一个再不抱任何幻想的男人，就应该这样葬送自己么？你若是和一个叫你神魂颠倒的女戏子一起生活，还说得过去，这叫私人问题。可是和一个有夫之妇一起生活……这转眼间就是灾祸！这等于吃干坏事的苦果，可一点好滋味沾不着……"[1]216

卢斯托的角色就是表现自己虚伪的爱意："……我爱德·拉博德赖太太，我宁愿抛弃世界上一切财产、（这里的逗号最好改成顿号）一切地位也要她……我过去可以叫雄心牵着鼻子走……可是这一切都比不上作父亲的福气。"[1]217最后弄假成真的结果，就是拉博德赖把孩子们都带走了，卢斯托恰恰被剥夺了这种"作父亲的福气"。

毕西沃继续作戏，一语中的："……你这个倒霉蛋，只有我们的合法妻室的子女，我们才算是他们的父亲！一个孩子，不姓我们的姓，算什么？……你的孩子，哼，人家要把他从你这里抢走！这个题目，十年来，在二十出笑剧里我们都见过了！……社会这玩意儿，早晚要压在我们头上。……等你们相互尝够了滋味时，我看你要倒霉，伤心，不受人尊重，受穷，象（像）股份有限公司的股东叫经理给作弄了一样挣扎！你那经理，就叫幸福！"[1]217这些话，不幸真的言中了结局。

毕西沃接下来的话揭示了当时婚姻的部分社会属性："……人们对婚姻大肆攻击已经有些时候了。婚姻给尤立锥之地的美男子提供了两个月之内便发大财的一种手段，这个继承遗产的唯一方式。……一桩给他带来三万利勿尔年收入的婚姻，哪个小伙子若是因为自己的过失而错过了，早晚都得后悔……"[1]217

卢斯托对迪娜扯谎，装作自己很无辜的样子，这进一步暴露了他无耻至极："……我在桑塞尔谈恋爱的时候，人家在这儿给我定了亲；可我一直顶着……看，我真倒霉。"

迪娜是真正的无辜而纯洁。"啊！我走了！"迪娜象（像）疯子一样身子一挺大叫道。她向门口迈出两步。[1]218

匈兹太太来报告婚事告吹："……最后，当了两年第二首席帮办、现在是首席帮办的那个人连女儿连事务所一起要了。"

卢斯托不禁感叹："我损失了一笔财产，一个老婆，还有……"

"一个情妇！"匈兹太太微微一笑说道，"因为你现在比结婚还厉害，你会招人讨厌，想回家，……我那阿蒂尔干得不错，我要忠实于他，……你让我从门缝里瞧瞧她么？……"那轻浮女人问道，"沙漠里没有比这更美的动物了！"她大喊大叫，"这回你可叫人家给敲了！挺高贵，挺干瘪，哭哭啼啼的，就缺杜德莱女士那块包头巾了。"[1]219

作品最后安排了一个颇具讽刺意味的喜剧镜头。

"一八四四年，六月中旬前后，德·拉博德赖伯爵由他的两个孩子陪伴，在桑塞尔的林荫道上散步。他遇到了回桑塞尔来办事的总检察长弥洛先生，对他说：'堂兄，这是我的孩子！……'

'啊！这是我们的孩子，'狡猾的总检察长重复一句，说道。"[1]273

四、巴尔扎克善于捕捉人物的心理

巴尔扎克能够洞悉男人的所思所想。桑塞尔迪娜的追求者们足具耐心。"'德·拉博德赖夫人是一颗青果，必须待她成熟起来，'这就是格拉维埃先生的见解。他在等待。"[1]81迪娜的每个追求者都各具特色。"至于那位法官，他常常写长达四页的情书。……这三个人谁也不让他们中的任何一个人单独待在德·拉博德赖夫人身旁，这在桑塞尔已是那么显而易见的事，他们相互间的争风吃醋成为这个小城的一出好戏。"[1]81这出好戏的导演就是迪娜。

半路杀出的黑马卢斯托却干净利索地把迪娜拿下，巴尔扎克描写卢斯托回到巴黎后，这样炫耀自己是个猎艳高手：

"你在桑塞尔都干什么啦？"毕西沃一看见卢斯托就这样问
他。

"我给三个老老实实的外省人办了件好事，"卢斯托回答道，
"这三个人，一个是税吏，一个是小青年，一个是检察官。他们围
着外省第一百零一个十流的缪斯转，已历时十年。但是就象（像）
对付一道餐后点心一样，谁也下不了手，直到最后一个精明强干的
人切上一刀……"

"可怜的家伙！"毕西沃说道，"我早说过，你到桑塞尔去提神去了！"[1]199

巴尔扎克更能掌握女人的心理。关于那位丈夫，作品中写道："这个葡萄农，四十四岁上与一个十七岁的少女结婚，他的不可告人的心思会是什么呢？他的老婆又能怎样利用他呢？这就是迪娜思考的第一个题目。"[1]183而拉博德赖高深莫测："小矮子的老婆总是摸不透他，总是在头顶上十尺开外的地方打他。迪娜一直梦想着支配这个小矮子的财产，牵着这个小矮子走。……她一直希望有一天能在巴黎这个大舞台上崭露头角，……"[1]85这也是这部作品中悲剧发生的关键所在。至于迪娜，"即使没有母亲看守她，她的傲慢、她的眼光之高也会将她看守住的。看到自己为崇拜者所包围，她相当得意，可是在一堆崇拜者当中，她没有发现哪一个可以作情人。昔日她与安娜·格罗斯泰特一起勾勒的富有诗意的理想，没有一个男子能够实现。……当她注定要在拉博德赖庄园呆六年的时候，她正要接受德·夏尔热伯夫子爵的好意。可是他被任命为省长，离开了当地。……六年来，方圆二十法里所有介绍给她的人当中，竟没有一个叫迪娜一见就感到精神上受到震动的人。"[1]88-89这种阴差阳错，就为后来的情节发展留下了铺垫。

巴尔扎克善于捕捉女主人公动情的细节，并且通过他人的侧面观察来披露迪娜的心理。"当她（迪娜）回敬记者（卢斯托）的玩笑，望着他的时候，小个子拉博德赖正巧从迪娜的目光中见到一闪即逝却放射着光芒的柔情。不再顾忌、开始冲动的时候，这种柔情会使一个女性的目光放射出金色的光芒。"[1]177毕安训向卢斯托指出："你将是这个皮耶德斐家出生的这个女人选中的有福之人啦！"[1]180

五、巴尔扎克运用对比手法激化矛盾

巴尔扎克注意到了在巴黎和外省之间存在的鸿沟。"迪娜在六年中变成了一个外省女人。……十九世纪的法国分成两大地域：巴黎和外省。外省嫉妒巴黎，巴黎只有向外省要钱时才想到外省。……巴黎就是整个宫廷，外省就是整个城市。"[1]86看来，对布瓦诺的"研究宫廷，认识城市"我们要重新解读了。

随着时间的推移，迪娜慢慢地被外省同化了。"从什么时候起她变得滑稽可笑，因烦闷而消瘦，显得象（像）个穿了衣服的骷髅一般，她竟然没有察觉。……当迪娜不再每季更新服饰时，她显得是对当地人的处世哲学作了让步。言谈，话语，思想以及感情也是如此：思想如果不在巴黎环境中不断更新，也和身体一样会生锈的。但是最充分显示外省生活的，还是手势，走路恣（应是'姿'）态和动作，巴黎总是不断赋予你灵活性，而外省，则失去这种灵活。……六年之内，迪娜已经与她那个小圈子唱一个调调了。……她只有男客，所以她也不知不觉地模仿男子的举止。"[1]90-91

1. 迪娜和安娜之间的对比

没有对比，就没有伤害。安娜即德·封丹纳男爵夫人来到"桑塞尔她童年好友家停留一日。这次见面非常凄惨，难以形容。安娜在沙玛罗勒寄宿学校时，远不如迪娜漂亮。可是这次以德·封丹纳男爵夫人身分（份）来到，虽然面有倦色并着旅行服装，却显得比德·拉博德赖男爵夫人漂亮一千倍。……女友觉得已经认不出她来了。安娜每年为自己就要花费六千法郎，可这是德·拉博德赖先生全家开销的总数。……"[1]92

安娜走后，当时二十二岁的德·拉博德赖夫人陷入了无边的绝望之中。

巴尔扎克塑造人物的一个重要手段就是对话，通过对话来披露人物内心的挣扎。

"您怎么啦？"德·克拉尼先生见她那样沮丧，问她道。

"安娜学会怎样生活的时候，"她说，"我却在学怎样受罪……"[1]93

2. 迪娜和卢斯托之间的对比

迪娜的痴情从下面的话可见一斑："啊！我不仅是你的妻子，我把自己的生命也献给你，我愿意当你的奴仆！……"卢斯托骗她说是自己辞了那门亲事，上当受骗的可怜女子说道，"我觉得自己简直不能更爱你了！……我在你的生活中将不是一个偶然，而是你整个的生命，是吗？……"这是贝尔尼夫人曾经向巴尔扎克表露的心迹。

"对，我的美人儿，我心地高尚的迪迪娜……"

"你对我发誓，"她接着说，"只有死亡才会将我们分开！……"[1]220

巴尔扎克写道："……卢斯托忆起了小矮个拉博德赖不景气的身体，想起了他的财产，……所以他立即打定了主意。他决定尽善尽美地去假装钟情。他那卑鄙的算盘和假装的激情造成了很糟糕的效果。……他想把迪娜捏在自己的掌心里，于是用各种欢娱，将她保持在持续不断的沉醉之中。……他们不可避免地陷入了泥潭，那就是不用理智思考的同居。可叹巴黎文坛上已有那么多先例了。"[1]220-21从这部作品的结局来看，其情节是《人间喜剧》里比较突出地具有喜剧色彩的了，卢斯托不管是对婚姻还是对情妇，所有关于财产的盘算

——都落了空。巴尔扎克自己这方面的投机结局也是一样，直到遇见了韩斯卡夫人。

六、巴尔扎克常常把自己曾经有过的生活写进作品

巴尔扎克挖掘了卢斯托和迪娜各自的心理，迪娜相当痴情，而卢斯托却一心要摆脱迪娜，就像巴尔扎克与贝尔尼夫人之间的关系，巴尔扎克和卢斯托都习惯于始乱终弃。"第十天头上，卢斯托收到了迪娜长达二十页的信。信中特别痴情，语言特别大胆。卢斯托读后，将它投入火中，心里这样想到，'这个女人天生是个干誊写的！'"[1]199一位侯爵夫人看中了卢斯托，她有时会在晚上"出其不意来到他家，而且以女主人的资格自认为有权在他所有的抽屉里乱翻。又过了一个星期，卢斯托已经几乎记不得迪娜了。突然又从桑塞尔来了一个包裹，叫他心慌意乱：八张正反面都写！十六页！他正好听到一个女人的脚步声，以为是侯爵夫人上了家门，立刻将这令人心旷神怡、无比甜蜜的爱情表示扔进了火中——看都没看！"[1]200这里面有巴尔扎克自传的成分，他在巴黎曾与多个女性亲密交往，这些事情他是做得出来的，遍读他给韩斯卡夫人的信件，可知他是个情场高手，绝非忠实之辈。紧接着，迪娜又寄来了两个其大无比的筐，里面装满了鲜花和野味。"卢斯托给迪娜写了回信。但这回信不是以心应和，而是佯装风趣。……一封情书，一旦能使读它的第三者感到愉快，这封情书就肯定是头脑里想出来的，而不是发自内心的。但是，女人总是上当受骗的，她们以为自己是这风趣唯一的源泉。"这种隔空恋爱无法给卢斯托带来任何安慰，"近十二月底时，迪娜寄来的信，卢斯托已经再也不看了。"[1]201

巴尔扎克这里用了他一般很少用的情节前后照应。"德·拉博德赖夫人（当初）在卢斯托面前冷嘲热讽加以描绘的外省恋爱步骤就这样原封不动地一步步完成了。而无论是她，还是他，都不记得那件事了。激情天生就是又聋又哑的。"[1]221

迪娜和卢斯托开始了名不正言不顺的同居生活，桑塞尔的追求者却又追踪而至："……刚开始时，德·拉博德赖夫人还保留着外省那种假正经的某些残余，怕叫人看见，将自己的幸福遮掩起来。……虽然心高气傲的迪娜恨不得将自己的全部积蓄都用在自己的打扮上，而且以为一点也没给她的心肝宝贝增加什么开支，卢斯托还是欠了很多债。……一天早晨她看报时，报上两行文字使她忆起了桑塞尔和自己的过去。这两行文字是这样的：

'桑塞尔法院检察官德·克拉尼男爵先生被任命为巴黎最高法院代理总检察长。'" [1]221-22

"等你不再爱我的时候,就把我杀死吧!"或是"你若是不再爱我了,我想我会把你杀死,然后自杀。"

听到这些令人心醉的耸人听闻的话,卢斯托总是回答迪娜说:"我求上帝保佑的,就是希望见你对我忠贞不移。将来一定是你抛弃我!……"或是"我对你的爱是绝对的……"

在这场情感游戏中,卢斯托一直老谋深算:"记者虽然眼前感到很幸福,但他打算一旦厌倦了就背弃迪娜,而且愿意为这种欺骗而牺牲一切。对他来说,德·拉博德赖夫人就是一笔财富。但是他也戴上了桎梏。……迪娜虽然成了巴黎女人,但她比最俏丽的轻浮女人仍高一筹:……她所受的教育,她的思考习惯,她读过的大量作品,都使她的诙谐风趣大大扩展。而匈兹和佛洛丽纳之流充其量不过是在很有限的一块地盘上玩弄一下她们的风趣而已。" [1]223-24

"迪娜是尼侬和斯塔尔夫人的料,"艾蒂安常对毕西沃这样说。

真正的爱情是盲目的,它使人会爱屋及乌,不辨对错:"……她对卢斯托已钟爱到以他的过失为荣的程度,她竭尽全力与上流社会抗争,她打算目不转睛地盯住他。" [1]224

迪娜陷入了社交的窘境:"……在前排给记者的包厢,正在安娜·格罗斯泰特(即德·封丹纳男爵夫人,迪娜以前的同窗好友)租的包厢旁边。这两位挚友谁也不跟谁打招呼,甚至不想相认。……一个男人叫人打开了迪娜包厢的门!德·克拉尼先生出现了,毕恭毕敬,但神情忧伤。"

"咦!夫人,我是为谁到巴黎来的呢?……"

"您说什么?"她说,"难道我与您这项任命有什么关系么?"

"完全是这个关系。自您不住在桑塞尔以后,我就忍受不了桑塞尔啦,我简直活不成了……" [1]225

他用令人心碎的声音说道:"我想去看看您,以便知道他是不是爱您……这样我就会放心,不再为您的前程担惊受怕……您的男友,他会理解您作出的牺牲是多么伟大么?在他的爱里,有感激之情么?……" [1]226

爱情的路线往往是扭曲的,A爱B,B爱C……真心往往会空掷。德·克拉尼真心地爱着迪娜,迪娜却把自己的真心给了卢斯托。真爱的人只为对方的幸福着想,不爱的人只为自己着想。

克拉尼告诉迪娜:"德·拉博德赖先生对人说,您因晚孕要求在巴黎生产，是他要求您到巴黎去，以便得到医界泰斗们的照料，"法官猜出了迪娜想知道什么，便这样回答，"所以，虽然您走后引起一阵喧嚣，但是直到今晚为止，您还处于合法地位。"[1]227-28

卢斯托与迪娜走出了剧院，迪娜说："我在思忖，一个女人怎样能够征服上层社会？"

"有两种方式：作一个斯塔尔夫人，或者拥有二十万法郎的年收入！"卢斯托这样回答。[1]228

真爱总是乐于奉献的，迪娜将为数不多的珠宝首饰抵押了出去，从当铺借得了九百法郎。"她将三百法郎留作宝宝做新衣以及自己生产的费用，高高兴兴地把（交房租）需要的钱如数交给了卢斯托。"[1]229

迪娜向母亲借了一千法郎。"她母亲给她派来一个正直而又虔诚的女厨子，交给她两箱餐巾之类用品，银器以及两千法郎。……（法官来访，）见她正在绣一顶小睡帽。可怜的法官……看见这个昔日那么高傲，那么有雄心壮志，才气那么高，在昂济城堡那么安闲地踱着碎步的女人，如今竟然做起家务，为即将出生的孩子缝制衣物，委实感到心酸。……这两个人（迪娜和卢斯托）之中，一方是那么真挚的爱情，另一方是装得那么象（像）的爱情。……她想通过节约、通过在外省出生的人那么熟悉的井井有条给他幸福，给他一种家庭生活安定的感觉。由于心灵向更高境界的飞跃，迪娜就象（像）她成为诗人那样，又成了家中的女佣。"[1]230-31

迪娜的痴情满足了卢斯托的虚荣心，巴尔扎克几度领略过这种感觉。"对艾蒂安而言……德·拉博德赖夫人是他帽子上一根相当漂亮的羽毛。他不是体味神秘而又不愿见人的爱的美，不是向整个大地遮掩如此巨大的幸福，而是用以自己的爱情使他增光的第一个名门淑女来装扮自己，以领略暴发户那种快乐。"[1]231

时间会让人物身上的缺点渐渐显露："四月至七月间，也就是迪娜应该分娩的时候，她悟出了卢斯托为什么未能战胜贫困的原因：他很懒惰，且缺乏毅力。"巴尔扎克于是靠自身的经历感叹道："没有巨大毅力的伟大天才是不存在的。这两种孪生的力量对于建造荣誉的大厦来说必不可少。……比起才气来，毅力可以是而且应该是更值得骄傲得多的资本。"[1]231-32巴尔扎克就是靠超常的毅力完成《人间喜剧》的创作的，而在卢斯托身上却没有这种毅力。

迪娜为了这份爱情把自己的自尊低贱到了尘土里。"爱情使她进行了一些活动，如果是为她自己，她是绝不会自轻自贱去干这种事的。她通过母亲与她丈夫进行谈判，想得到一笔赡养费，但是这事背着卢斯托。照她的想法，应该照顾卢斯托的自尊心。（丈夫委婉拒绝了她，让她回去。）……德·克拉尼先生和匆忙赶到的皮耶德斐太太，是即将出生的婴儿的教父和教母，因为有预见的法官担心卢斯托会犯下大错。德·拉博德赖夫人生了一个男孩，……毕安训在德·克拉尼先生的陪同下到区政府给这个孩子作为德·拉博德赖先生和夫人的儿子注了册，没叫艾蒂安知道。" [1]234-35

艾蒂安那边则很不明智地跑到一家印刷厂去，叫人给他排印这样一张帖子：

> 德·拉博德赖男爵夫人顺利生产一男婴。
>
> 艾蒂安·卢斯托先生愉快地向您报告这一消息。
>
> 母子均平安。[1]235

克拉尼追索艾蒂安发出的帖子，只剩拿当的一份对方不肯归还，拿当的理由是："这帖子证明卢斯托无情无义，情趣低下，没有个人尊严，证明他既不了解上层社会，也不了解公众的道德观念，证明他再也不知道该去侮辱谁的时候，便去侮辱自己……只有卢斯托才会干出这种事来！不行，您给我一千埃居，我也不会交出这张纸。"后来"拿当考虑到法官的地位，同意了这笔交易。" [1]236-237这指将来他会有用得着法院开恩的时候，他终于交出了帖子。男孩起名叫波利多尔。"德·克拉尼先生伤心地走了。迪娜，他的偶像，原来人家爱她是出于物质利害！等她睁开眼睛看明白，岂不是为时已晚么？'可怜的女人！'法官走时内心想道。让我们为他说句公道话吧！不为他说又为谁说呢？他太诚心诚意爱迪娜了！为了这个女人的堕落，……他满怀怜悯，忠心耿耿：他在情网之中。" [1]238

女人怀孕之后和刚生完孩子是不适合性爱的，于是卢斯托"感到有一种莫名其妙的强烈愿望，要行使自己的自由。……他又跟一个青春焕发、衣着华丽的女人见面。……家庭生活对艾蒂安仍有很大吸引力。……迪娜，美丽而又衣着华丽，时时细心周到地迎合她亲爱的艾蒂安的口味。艾蒂安感到自己是一家之王。在家中，一切，甚至孩子，可以说都得从属于他的自私自利。" [1]238-39

受经济压力的逼迫，迪娜不只自己写书，还帮助卢斯托写稿，这里再现了贝尔尼夫人当初对巴尔扎克的帮助。"最后，她写了两本受欢迎的书。不止一次，她拯救了艾蒂安的自尊心。他想到自己想不出东西来，已经伤心绝望。她念他写，或给他修改，或为他完成他的专栏文章。对这种合作严格保守秘密……这种精神上的激励又从收入增加上得到了报偿，使这对夫妻一直到一八三八年年底都生活得很好。"[1]240

物极必反，第二个孩子的出生使本来就心猿意马的卢斯托感到不堪重负。"很快就到了迪娜非放弃他不可的时候，但她怎么也舍不得。她第二次又怀孕了。……他一看自己要养活两个女的，两个孩子，雇两个仆人，真是吓坏了。原来他一个人都难以糊口，当然认为自己没有能力用一支笔养活全家。"[1]240

女人一生很不容易，早晨起来第一件事就要梳洗打扮，好把最漂亮的自己呈现给所爱的对方。迪娜"在自我牺牲的时候，犯下了极大的错误，那就是牺牲了自己的装束。她叫人将她的长裙染染再穿，只穿黑衣，不穿其他了。……他在收入的钱数上欺骗迪娜。德·拉博德赖夫人发现这些卑鄙的行为时，因嫉妒而痛苦非常。"[1]241

1840年，拉博德赖先生来了。他是为迪娜在纽约去世的舅舅（应是叔叔，西拉斯·皮耶德斐先生）来找她的，遗产有80万到120万法郎。他说："我是一家之长，我行使您的权利。"[1]243他要带走两个孩子。迪娜找来克拉尼帮忙处理遗产问题。"德·拉博德赖先生非有他妻子的委托书才能为所欲为，于是以下列让步为代价购得这张委托书：文件写明，他首先应付给他妻子一笔膳宿费，只要她宜于住在巴黎，每年给一万法郎。但是，待孩子长到六岁时，要将孩子交给德·拉博德赖先生。最后，法官还要他同意了预付一年的膳宿费。……他步履那样矫健，与一八三六年时的拉博德赖仍相差无几，以致迪娜不敢对埋葬这个可怕的侏儒抱什么幻想。……小老头成心要粉碎他妻子对他死亡所抱的全部希望。这飞快呈现的一幕，大大改变了记者的秘密安排。……毫无疑问，此时离开这个女子时机良好。"[1]244-45

卢斯托对迪娜具有绝对的凌驾之势，这一点巴尔扎克在与贝尔尼夫人相处时深有体会。"卢斯托的一瞥，将手放在迪娜的手上，就可以使她乖乖就范。这个男子一句温存的话语，一个微笑就可使这个可怜的女子心花怒放。他眼中含着温存还是冷漠，可以使她激动万分或悲愁忧伤。"[1]247

巴尔扎克写到了斯丹达尔对爱情的分类："照贝尔的定义，有倾心之爱，理智之爱，迷恋之爱，心血来潮之爱，趣味相同之爱。"[1]248若说迪娜对卢斯托是迷恋之爱，卢斯托对迪娜则应属于心血来潮之爱。

既然迪娜有了大笔的赡养费，卢斯托就可以堂而皇之地吃软饭了。"从这一天起，卢斯托生活得十分豪华。在首演式上，迪娜可与巴黎衣着最华丽的女子媲美。卢斯托内心对这种家庭幸福很满意，但是和他的朋友们在一起时，出于妄自尊大的心理，却扮演让德·拉博德赖夫人给弄得厌烦至极、被她给弄得破了产的男人那种角色。……他肆无忌惮地干出不忠实的勾当。……他（克拉尼）到她家对她说：'人家在欺骗您！'这时迪娜回答道：'我知道！'"[1]249

　　　法官听了目瞪口呆。过了一会他才说出话来，对她进行批评。
　　　"您还爱我吗？"他一开口，德·拉博德赖夫人就打断他的
　话，这样问他。
　　　"爱到宁愿为了您毁了自己的程度……"他一下子站起来，高
　声说道。"[1]249-50

爱情终于走到了尽头。"卢斯托的厌倦，同居生活的这种可怕的结局，早已从千百件小事上透露出来，好象（像）往人们相爱时作（做）美梦的魔楼玻璃窗上投掷沙粒。这些沙粒后来变成了石块，而迪娜是到了石块已有巨石那么大时才看见的。……她的爱已成了沉重的包袱，这将成为一项工作，而不是一种快乐。"[1]250-51迪娜这边被逼到了绝境。"她感到自己犹如这个男人手中的玩物，最后她心想：'那好，我自愿当他的玩物好了！'并从中体验到入地狱者那种强烈的快感，那种享受。……这时时刻刻都是在沙漠中找到的一滴咸水，旅行者喝下去时的那种畅快，远远胜过在一位王子的宴席上品尝最美的佳酿。……这常常是很可怕的折磨！她不止一次围着那片长着淡色花朵的巴黎墓地徘徊，心中转着自杀的念头！"[1]251-52

巴尔扎克在作品中制造了对照情境，与卢斯托的一无所有对比，德·拉博德赖的财产却已积聚到了相当可观的程度。爱情是以面包为前提的，当卢斯托提供不了也不愿提供面包的时候，德·拉博德赖能够也愿意提供的却不只只是面包。"德·拉博德赖先生……对西拉斯·皮耶德斐先生留下的财产，他处理得非常好，……带回来一百二十万法郎。……昂济的土地在一定时期内至少每年能得到七万二千法郎的净收入。……他在桑塞尔所居地位已经仅次于法兰西最富有的地主，他已经成为那个人的对手。他自己有十四万法郎的年收入……"[1]253-54

迪娜到了该做出选择的时候了。"一八四二年初，德·拉博德赖夫人出于无奈，又为卢斯托的舒适作出了自我牺牲：她再次穿起黑色的衣服。但这一次她是服丧了，因为她的快乐已变成悔恨。她常常为自己感到羞耻，不会感觉不出自己这锁链的沉重。"[1]254德·拉博德赖直接行动。"迪娜委托德·克

拉尼先生与小老头进行交涉，以谋求和解的办法。德·拉博德赖先生……没对妻子说一句话，便来到了巴黎，出资二十万法郎，在拱廊街买了一所漂亮的公馆。……德·拉博德赖先生……被任命为伯爵、法兰西贵族院议员和荣誉勋位三级获得者，……于是在代理长口授之下，他写信请妻子住到他的公馆里来，……德·拉博德赖先生向妻子报告了西拉斯·皮耶德斐财产清理的结果，宣布已将从纽约收来的八十万法郎以四分五的利息投了资，并将这笔款子拨供她开销，其中包括孩子受教育的费用。……"[1]255-57

迪娜非常惊异于这种慷慨。"啊！这样，他变成了年轻人，变成了绅士，变得这么好了，他还要变成什么呢？这真叫人吃惊，"德·拉博德赖夫人说道。

"您二十岁时提出的愿望，他现在全部满足您了，"法官答道。[1]257

要迈出最后一步了。"一八四二年五月的一天，德·拉博德赖夫人付清了她家的全部债务，并在已偿清的一摞账单上留下一千埃居。她先让人将母亲和孩子送到德·拉博德赖公馆，自己则整装等待着卢斯托，好象（像）要出门一样。"[1]257她请卢斯托在牡蛎岩饭店（巴尔扎克挥霍时就在这里吃饭）吃晚饭。"卢斯托对这个女人轻松的神情感到惊讶不已，当天早晨她还满足他的任何一项心血来潮的细小要求的。她也一样，两个月来她也在演戏！"

"迪迪娜造反了？"他搂住她的腰说道。

"再没有什么迪迪娜了，我的朋友，您已经杀死了她，"她抽身摆脱，底气十足地回答道，"我给您演的是德·拉博德赖伯爵夫人的首场……"迪娜又说："让我们象（像）正经人那样安安静静地，不吵不嚷地分手吧！对我这六年的行为，您有什么可责备的吗？"[1]258

"除了毁了我的生活，毁了我的前程以外，没有任何可责备的地方，"他用干巴巴的语气煞有介事地说，"……您对失去地位，仍然余痛未消。同时您又自认为有权利抛弃一个可怜的情人。他以为您相当与众不同，能够理解一个男人，——虽然心儿应该专一，在性爱上却可以随心所欲——看来是大错特错了……"爱与不爱已成定局，什么也无法改变。"两个情人都变得情绪低落：卢斯托假作忧伤，他打算显出干巴巴、冷淡的样子。而迪娜是真的悲伤，倾听着心上人对她的责备。"[1]258-59

"为什么不象（像）我们开始时本应采取的方式来结束——叫我们的爱情避过所有人的耳目，我们悄悄见面？"卢斯托仍想死缠烂打。

"决不可能！"新伯爵夫人冷若冰霜地说……[1]260

"对，是，决不可能，"她着重地又说一遍。

"这最后一个'决不可能'是由于害怕再次落入卢斯托的掌握之中而说出来的。从迪娜对他那些讽刺挖苦一概不予理睬时起，卢斯托便明白：他的权威到头了。记者禁不住落下一滴泪：他失去了真挚的、无限的爱情。……正象（像）一个孩子发现自己对捉来的金龟折磨过度，金龟死掉了一样，卢斯托哭了起来。德·拉博德赖夫人一跃奔出了吃饭的小餐厅，付了账，飞快地逃到拱廊街去，一面心中还在责备自己太残酷。"[1]261

情节反转，"德·拉博德赖夫人与她的丈夫重逢时，见他比成婚那天身体还要好，简直吓了一跳。这个早产儿欣喜若狂，他在六十四岁时终于战胜了人们拒绝给予他的生活，战胜了漂亮的讷韦尔的弥洛不许他有的家庭，战胜了他的妻子。"

顺理成章，"迪娜真的成了超人一等的女子，她以极大的毅力抑制着内心深深的悲哀。她是那样可爱，聪颖，穿着为宫廷服丧的丧服显得更加年轻。"[1]262这是一个契诃夫笔下"跳来跳去的女人"，瞧不起丈夫的典型。

之后迪娜的待人接物与桑塞尔时期发生了明显的不同，那时心气浮躁，现在则沉郁老练。"她只是从孩子那里才得到幸福，她将自己全部受人欺骗的柔情都转移到孩子身上。"她组织了自己的小团体。"迪娜对这些人说不上两句话，但却十分专注地倾听他们讲话，以致这些人离去时都对她的出类拔萃深信不疑。正象（像）她用多言征服了桑塞尔一样，现在又用无言征服了巴黎。……'他（克拉尼）扮演热恋中的人物呢，'伯爵夫人笑着说。……'我给这个可怜人印象太深了，'迪娜笑着对母亲说，'我要是答应他，我想他还不肯呢。'"[1]264-65

但与卢斯托这场恋情必然要成为迪娜内心久远的痛。"真正的爱情常常是笨拙的，特别是单相思的时候。……她怎么敢承认她有时还留恋往日的堕落呢？在交际生活中，她感到非常空虚。"[1]265迪娜还惦记着卢斯托，"我远远看见他忧伤，垂头丧气的样子，心里就想：'他有雪茄吗？他有钱吗？'"克拉尼无奈之下告诉她，"他现在和法妮·鲍普莱同居。……"[1]266看到迪娜现在的样子，已穷愁潦倒的卢斯托"更加责备自己。……法妮·鲍普莱再也没有任何东西可以抵押，他自己的薪水也处于止付状态！……记者已经到了一贫如洗的地步……"[1]267-68

卢斯托在家具就要被拍卖的前一天晚上七点来拜会迪娜。"世界上只有您能拯救我，向我伸过长竿，因为我就要淹死了，而且我已经喝了不止一口水……"他说道。[1]270他向迪娜要1800法郎，迪娜让妈妈去取6000法郎。他们的情感死灰复燃。迪娜的母亲找神甫商议对策。"这次会谈以后十天，德·拉博德赖公馆关闭了。伯爵夫人及其子女（前面没有提到她有女儿）、母亲，总之，全家人加上一位家庭教师，均动身到桑塞尔地区去了。迪娜打算在那里度过夏季。据说她对伯爵很好。这样，桑塞尔的缪斯又乖乖地回到了家庭与婚姻之中。不过，据一些好讲坏话的人说，她不得不回到桑塞尔，因为法兰西贵族院小个子议员的愿望大概即将实现，他就要生一个女儿了！……"[1]272-73

艾珉、袁树仁在题解中介绍说，《外省的诗神》，初题《迪娜·皮耶德斐》。"这是巴尔扎克自觉体力衰竭，精神状态和创造力处于危机状态时，为清偿债务而挣扎着写出的一部小说，令人惊异的是，居然还不失为一部杰作。作者以嘲讽然而满怀同情的态度，刻画了一个堂吉诃德式的外省女才子，这位出类拔萃的女子，尽管才智高人一头，却无处施展；尽管感情炽烈而细腻，却得不到呼应。她遇上的丈夫是个冷漠无情的理财家，她的情人是个用情不专的无行文人，她的优点长处在她所处的环境中只显得荒唐可笑。外省的'诗神'始终是一个与现实不协调的孤独的灵魂。"[2]639其实，迪娜在各方面都高于丈夫德·拉博德赖和情人卢斯托，在现实生活中她无法找到真正合适的匹配对象，这是悲剧的根源所在。

参考文献：

[1]巴尔扎克. 外省的诗神[M]//《人间喜剧》第8卷. 袁树仁，译. 北京：人民文学出版社，1997.

[2]艾珉、袁树仁.《外省的诗神》题解[A]//《人间喜剧》第8卷[M]. 北京：人民文学出版社，1997.

第五节　从《不自知的喜剧演员》看巴尔扎克的讽刺艺术

巴尔扎克在许多作品里都使用了讽刺艺术，我们姑且以《不自知的喜剧演员》为例管中窥豹地来探究一下他对这项艺术的运用。

为了反映巴黎无奸不商的商业现实，巴尔扎克让维塔勒这样自暴商业秘密："我们所谓海狸毛的其实就是野兔毛。背脊上的最好，两肋的次之，肚子上的为第三等。"[1]25自从资本主义生产方式诞生以来，这种商业欺诈就无处不在。

巴黎人不诚实的可怜生活，正如《不自知的喜剧演员》中所反映的："她（努里松太太）没有说出任何名字、任何秘密，就向两位艺术家证明了，在巴黎，几乎没有任何人的幸福不是建立在债台高筑的摇摇欲坠的基础上的。"[1]29巴尔扎克的生活就是这样的，他所塑造的花花公子马克西姆的形象就是他自己的理想。

甚至在议会，现实也是残酷的。毕西沃说："在那里，您也将象（像）在别处一样辨认出巴黎的语言，这种语言永远只有两种节拍：利害或者虚荣。"[1]62这是巴黎人的行事风格，如此这样，议会是无法发挥它的正常职能作用的。

关于巴黎的社会现实，表哥加佐纳勒的话一语中的："俄（我）早就对这个婊子城市（巴黎）存有戒心，从今天早上开始我更看不起她了。可怜的外省再渺小总还是个诚实的姑娘，而巴黎是个娼妓，贪得无厌，谎话连篇，象（像）个演喜剧的戏子。我没有在这里吃什麻（么）亏，……我恨（很）高兴。"[1]70-71加佐纳勒来自外省，任何外省人去到首都或者乡村人去到城市，都会产生这种不好的印象，城市可以说是堕落的渊薮，而首都便堕落得尤其显著，这一点巴尔扎克深有体会。

而这样的现实是由人性中普遍存在的堕落因素决定的，表弟莱翁直接指出表哥也未必好到哪里："……你觉得自己比我们道德高尚吗？比起我们象（像）要木偶似地（的）要弄过的那些人来，你觉得自己不象（像）他们那样滑稽可笑，不象（像）他们那样贪婪，不象（像）他们那么容易顺着任何斜坡滑下去，不象（像）他们那么好虚荣吗？"[1]71每个人的本性中都有堕落的因子，巴尔扎克揭示了这一普遍人性，只是在城市中这种负面的东西获得了更为集中的呈现而已。

巴尔扎克的讽刺主要是通过人物的言语来表现。卡那利与吉罗两位议员用几乎雷同、出尔反尔的话互相攻讦，这本身就是一出喜剧。

"这是个大演说家。"莱翁指着卡那利对吉罗说。

"又是又不是。"那位参议院参事说，"他很空洞，很响亮，与其说这是个演说家不如说是个语言艺术家。总之，这是个好乐器，但不是音乐。所以他的意见没有，也永远不会为议会所听取，他自以为法国很需要他，但无论如何他也不会成为左右局势的风云人物。"[1]68-69

……

"多么诚实正派的小伙子啊！"莱翁指着吉罗对卡那利说。

"这是那种搞垮各届政府的正直。"卡那利答道。

"照您看，他是个好演说家吗？……"

"又是又不是。"卡那利回答说，"他罗罗（啰啰）嗦嗦、长篇大论。这是个进行推理的能工巧匠，一个好逻辑家。然而，他不懂得大逻辑：事件和事务的逻辑。因而，他的意见没有，也永远不会为议会所听取……"[1]69

两个对手之间表扬对方都是在无关痛痒的方面，而否定对方却是实实在在的，言语的几乎雷同说明他们都只是政府机关勾心斗角的官僚机器而已。

关于《不自知的喜剧演员》里所反映的巴黎现实，艾珉、刘勇总结道："这部篇幅不大的小说，相当于一幅巴黎风貌速写。作者运用蒙太奇的手法，让各行各业形形色色的人物依次亮相，上至大臣、议员，下至旧货商、女巫、修脚师傅，全都登台表演一段赋有独特个性的小品。作者通过一个外省人的眼睛观察巴黎，虽则浮光掠影，却能给予人生动强烈的印象。这个光怪陆离的畸形社会，既藏污纳垢又充满活力，既腐化堕落又蕴藏着蓬勃生机，外省人对它大惑不解，却又不知不觉会卷入它的涡流，堕入它的深渊。加佐纳勒为保全自己的产业来到巴黎上诉，最后官司胜诉，但同时也几乎倾家荡产了。"[2]522关于巴尔扎克的作品，艾珉总是试图挖掘出积极意义，这里所说的"充满活力"和"蕴藏着蓬勃生机"，在作品中并不显著。至于说加佐纳勒"几乎倾家荡产了"并不准确，他只是险遭倾家荡产而已。

参考文献：

[1]巴尔扎克. 不自知的喜剧演员[M]// //《人间喜剧》第19卷. 李玉民，译. 北京：人民文学出版社，1997.

[2]艾珉、刘勇.《不自知的喜剧演员》题解[A]//《人间喜剧》第15卷[M]. 北京：人民文学出版社，1997.

宁波大学中国语言文学系学术文库

巴尔扎克研究

（外编）

杨德煜◎著

吉林大学出版社

·长春·

目　录

外　编
延伸性研究

　　《人间喜剧》的"风俗研究"部分六个场景的划分上缺少科学性；描写上存在着过犹不及的悖谬；人物再现法并不是巴尔扎克独创，他的贡献是把这种手法引进了小说；为了迅速成名和获得经济收益，试作期间从戏剧《克伦威尔》入手，实际上是走了弯路。言多必失，巴尔扎克作品中存在着很多细节错误在所难免，同时在关于巴尔扎克作品的传播上仍有一些可以完善之处。总结概括巴尔扎克的文艺思想和社会思想。通过左拉和贝克特探讨巴尔扎克对后世广泛而深远的影响。

第一章 《人间喜剧》"风俗研究"六个场景划分的不科学性

巴尔扎克《人间喜剧》的"风俗研究"部分六个生活场景的划分并非依据一个统一的标准,而是存在着三个不同的标准,六个场景之间属于交叉包含关系,这很容易引起混乱。这种划分科学性的缺失主要因为:1. 为获得稿费而即兴出版作品集;2. 分类时很多作品已经写就;3. 当时作者已经出名,这增加了分类的随意性;4. 巴尔扎克数学不好,思维缺乏缜密度。其实,不只"风俗研究"部分六个场景的划分缺乏严密的科学性,整个《人间喜剧》的三个部分——"风俗研究""哲理(学)研究"和"分析研究"之间的关系同样经不住深度论证。

一、六个场景划分标准不一

《人间喜剧》的"风俗研究"部分六个场景包括私人生活场景、外省生活场景、巴黎生活场景、政治生活场景、军事生活场景、乡村生活场景。这个分类不是依据一个统一的标准进行划分的,而是存在着三个不同的标准。私人生活场景写的内容应该是有别于公共生活场景,它依据的标准是作品的主人公生活所属的社会关系,到底是私人生活,还是公众集体生活。外省生活场景、巴黎生活场景和乡村生活场景是按照作品事件所发生的处所进行划分的。政治生活场景和军事生活场景的标准则是作品所关注的事件所属的社会领域。六个场景的划分居然依据了三个各不相同的标准,这很容易引起混乱。如果把政治生活场景和军事生活场景作为与私人生活场景相对的公共生活场景,那么至少还剩两个划分标准,而且与私人生活场景并列的只该是公共生活场景,它下面可以再分为政治生活场景和军事生活场景,否则就造成了层次混乱。

1835年,费利克斯·达文在《十九世纪风俗研究》导言中说:"一切人间作品均按一定顺序产生,这个顺序可使目光将其细部与整体连接起来,所以这顺序也就意味着划分为几部分。"[1]278这明显是巴尔扎克自己的语气。在列举完六个场景之后,达文写道:"显然,这里的每一部分,都表示社会生活的一个方面,提出这些标题就足以表现人类生活的起伏变化。"[1]279

在巴尔扎克授意下写就的《十九世纪风俗研究》导言中,达文不是按照场景的标题来解释场景所涵盖的内容,而是按照人生的不同阶段来阐述,这就显得文不对题:"在'私人生活场景'中截取的生命阶段,是介于正在结束的青春期的最后成长与已经开始的壮年期的最初盘算之间。……这里,在偏僻的乡间;那里,在外省;更远些,在巴黎。"[1]279也就是说,假如不考虑作者对于这个场景内容的强行界定,那么,私人生活场景中的作品有些可以被归入乡村生活场景,有些则可以被归入外省生活场景或者巴黎生活场景。

外省生活场景则是"表现人生的另一个阶段:在这个阶段中,情欲、盘算和观念取代了强烈的感受、未经思考的行动、当作现实来接受的幻想。……他希望赋予它一个边框。于是他选择了表面上看上去最纯朴、直到如今所有的人最忽视而实际上最和谐、中间色调最丰富的背景,这就是外省生活。……幻想开始破灭。……梦幻的甜美烟消云散。"[1]279-80可见,在外省生活场景中,外省只是作为故事的"边框"而存在,而我们知道,性格成熟之后发生的悲剧不只发生在外省,而是随处都可能发生,在巴黎,不是有更多的"幻想开始破灭。……梦幻的甜美烟消云散"么?所以,作者对这个场景要包含的内容还是存在着强行界定的因素。

巴尔扎克写于1835年年底的《外省生活场景》序言进一步阐发了达文在《十九世纪风俗研究》导言中已经说明的外省生活场景与私人生活场景的区别:"到了这里,让我们向青春美,向青年的过失,向青春珍贵而又天真烂漫的希望告别吧!……过渡到更严肃的画面,过渡到在作者的蓝图中应该从物质利害作用于人生的严峻角度去表现人生的画面。到了这里,事实真相迫使作者去显示最高尚的爱情在冷静的、实际的思考之下怎样冻成了冰。在'私人生活场景'中表现为纯洁而高尚的情感的一切,在这里将变成忧郁而痛苦的情欲。在这里,过失将变成罪行。女人,依然那么年轻,在这里仍将是个无比可爱的孩子。至于男人,其盘算和利害将侵入他的整个生活。"[2]316这里,除了强行划分的标准之外,我们找不到任何比较合理的理由。具体地,"'外省生活场景'收小说十二篇,中长篇居多,……作者以外省生活为背景反映贵族社会和市民社会之间在政治上、经济上的较量,以及法国大革命后整个社会从物质基础到思想观念发生的深刻变化。"[3]125较量的结果是,"随着贵族社会的衰亡和资产阶级的得势，在社会心理上引起的最大冲击就是拜金主义的泛滥。社会上围绕遗产问题引发的种种丑剧、闹剧甚至惨剧，便是这一拜金思潮的反映，于是遗产之争成为外省生活场景的第二大主题。"[3]141

巴尔扎克强行设置的标准一直持续到巴黎生活场景，在这个场景中，"生命逐渐达到行将衰败的年龄。……激情让位于叫人倾家荡产的癖好，让位于恶习。……整个人类只有两种形式：骗人者与受骗者。"[1]280-281作者这里并没有阐明，社会前进造成的堕落为什么集中在巴黎，而不是在别处。实际上，巴尔扎克在外省生活场景、乡村生活场景中也写到了同样的堕落，只是程度和方式不同而已。"'巴黎生活场景'收有篇幅不等的小说十九篇，这是《人间喜剧》中出场人物最多的场景，内容涉及巴黎社会的方方面面。"[3]155巴尔扎克所阐述的外省生活场景与巴黎生活场景的区别也很勉强，必须要通过非常费力的深度思考才能理解他这样划分的理由："要描绘这些使人心变冷和最后将人的性格固定化的大事，外省是最有利的地点。……巴黎应该是衰落时期生活的背景。在一座大城市中，只在偶然情况下，生命才会变得年轻。从这个角度来说，思想之都具有提供人类严重堕落的完整典型的长处。外省的最后一个场景（《幻灭》）是一个链环，将生命中两个年龄段连接在一起，并且表现出外省与首都不断结合的千百种现象之一斑。"[2]316-17难道城市不是更容易使"人心变冷"？"严重堕落"不是"人心变冷"的结果？巴尔扎克这里明显地前后矛盾。若把"思想之都具有提供人类严重堕落的完整典型的长处"单独拉出来，这种说法是对的。而《幻灭》兼具外省和巴黎的背景，巴尔扎克将它归入外省生活场景，也只能是不得已而为之的强行划分。

提到《幻灭》具有两个场景之间过渡的特征，艾珉说道："《幻灭》既描绘外省青年向巴黎的进军，便很自然地把场景从外省移向了巴黎，于是《幻灭》成为'外省生活场景'向'巴黎生活场景'的过渡。《幻灭》虽在编目中归入'外省生活场景'，实际上一半以上的场景是在巴黎。"[3]154这样，原本泾渭分明的两个场景也不由自主地搅和在了一起。在1844年巴尔扎克为准备再版《人间喜剧》而编的"《人间喜剧》作品目录"中，《幻灭》分三部分：《两诗人》《外省伟人在巴黎》和《发明家的苦恼（难）》。[4]87-88在《幻灭》中，巴尔扎克既写外省，又写巴黎，他之所以最终把它归入外省生活场景，因为第一部分和第三部分都写外省，只有第二部分写的是巴黎，那么严格地说，不是第一、第三部分该归入外省生活场景，第二部分该归入巴黎生活场景么？这里，巴尔扎克所划分的六个场景之间又出现了扯皮现象。就此，黄晋凯说道："作家以主人公吕西安的命运贯穿全书，通过对吕西安和大卫两个年轻人从梦想、追求到幻灭的过程的描写，突破了原来的'场景'分界，把'外省'和'巴黎'的生活连成一体，勾画出一幅法国社会的全景，记录下一个时代的风貌。"[5]104之所以出现了创作与理论的背离，是因为"他并不是一个具有完整哲学体系的思想家或哲学家，他的哲理思考总是在他的艺术世界里进行，通过他的艺术世界来表达的。他的哲学是艺术的哲学，他的艺术是哲学的艺术。"[5]121黄晋凯肯定了巴尔扎克的创作成绩："生活的真实感，历史的广阔性和哲学的深刻性——巴尔扎克的《人间喜剧》为欧洲近代小说的发展，特别是百科全书式的长篇小说的发展开拓了宽广的道路。"[5]121-22看来，为了充分表达的需要，作家是没必要受自己所制定的分类形式的限制的，否则就是作茧自缚。

"军事生活场景"只完成《舒昂党人》和《沙漠里的爱情》两部。艾珉说道："巴尔扎克从未参与战争，缺乏直接的生活体验，要他写出司汤达笔下的滑铁卢之役那样真实且惊心动魄的战争场面大约是不可能的，所以他往往回避对战争的正面描绘，而是努力从战争的边缘寻找主题。"[3]183关于《舒昂党人》，艾珉说："在情节结构上多少留有他早期传奇小说的痕迹，有些细节不甚经得起推敲"[3]183。关于德·韦纳依小姐与德·蒙托朗侯爵之间的爱情，艾珉说道："这段爱情故事相当浪漫，但纯属虚构，目的仅在于提高作品的可读性"[3]184。

《舒昂党人》到底属于外省还是乡村？"'乡村生活场景'收有长篇小说四部：《农民》《乡村医生》《乡村教士》和《幽谷百合》，其中最重要的是描写庄园经济解体的《农民》（1844）。"[3]186这里的混乱主要是外省与乡村属于包含关系，外省不该只指省城。最终，巴尔扎克把《舒昂党人》归入了军事生活场景，其实归入外省生活场景或者乡村生活场景也未尝不可。

巴尔扎克在《人间喜剧》序言中说："我把我的作品划分为已经为人熟知的非常自然的部分，就是：私人生活、外省生活、巴黎生活、政治生活、军事生活、乡村生活……等场景。"[6]267其实，这种划分很难"非常自然"。在巴尔扎克街，有一座大型铜浮雕，长6.6米，高1.3米。"浮雕的左上方刻着：巴黎风俗研究——私人生活场景——哲理研究——巴黎生活场景。右上方刻着：外省风俗研究——私人生活场景——乡村生活——政治研究。"[7]240是的，不管巴黎生活场景还是外省生活场景，都是离不开私人生活场景的。浮雕右边之所以没在"乡村生活"后面加上"场景"一词，也许是认为乡村理所当然地属于外省。

二、六个场景之间属于交叉包含关系

巴尔扎克《人间喜剧》的"风俗研究"部分六个场景的划分存在着严重的科学性的缺失，这一点是毋庸置疑的。费利克斯·达文在《十九世纪风俗研究》导言中说："那些刻板的严厉的批评家会完全按字面来理解他的意思"[1]311，但字面上至少不应该存在明显的混乱。巴尔扎克之所以借达文之口这样说，是因为他多多少少意识到了自己的这种混乱。虽然巴尔扎克对《人间喜剧》的"风俗研究"部分的六个场景的划分依据的是"内在的"标准，但至少在字面上这六个部分之间不止划分标准不一，而且互相属于交叉包含关系，这造成了比较明显的混乱，也使成绩卓著的《人间喜剧》显出了美中不足。

六个场景之中，私人生活场景的内容可以放在外省生活场景、巴黎生活场景和乡村生活场景部分，因为这些部分都可以描写私人生活的内容。而政治生活场景、军事生活场景关注的虽是集体性的政治与军事内容，但具体的小说也很难摆脱要以一个人或两个人为主人公，其实它们往往也是以私人生活场景的描述为主要内容。关于政治生活场景，达文在《十九世纪风俗研究》导言中说："出场的人在这里代表着群体的利益。……这一次作者为我们描绘的不再是个人利害的作用，而是社会机器可怕的运行以及个人利害与总体利害掺杂在一起所产生的反差。……人物的背后是民众与君主制的对立。"[1]281-82也就是说，巴尔扎克目光放得更广阔了一些，他开始描摹个人悲剧的社会政治背景，但离开私人事件，作品便很难展开，所以操作起来实属不易。政治生活场景，巴尔扎克在作品目录中一共列了八部作品，实际上只完成了其中的四篇：《恐怖时代的一个故事》（又译为《恐怖时期的一个插曲》）《一桩无头公案》《阿尔西的代表（议员）》和《泽·马尔卡斯》。从篇目上看，《泽·马尔卡斯》放入私人生活场景也未尝不可。表面上是并列关系的政治生活场景和军事生活场景，巴尔扎克却通过达文阐明后者是前者的"后果"，军事生活场景的"使命是描绘前去战斗的民众生活的主要特点。这里……是对整个国度的描绘。……这将是时而战胜时而战败的整个民族。"[1]282由于巴尔扎克这种美好的愿望很难实现，所以被他列入军事生活场景中的26篇作品只完成了两篇：《舒昂党人》和《沙漠里的爱情》，而其中的《沙漠里的爱情》只是以军事生活为背景，写一个法国士兵在埃及沙漠里发生的故事，无法把它归入其它场景，于是有些勉强地放在了这里，但因这种归入并不特别合理而显得十分扎眼。巴尔扎克并不只描写法国的巴黎和外省（包括乡村），《沙漠里的爱情》写的是非洲，《塞拉菲塔》写的则是挪威，但他把《塞拉菲塔》放入了哲学研究部分。

政治生活场景和军事生活场景的故事可能发生在巴黎，也可能发生在外省（包括乡村）。巴尔扎克归入军事生活场景中的《舒昂党人》故事就发生在外省，那么关于这部作品的归属就产生了争议，它既可以归入军事生活场景，也可以归入外省生活场景。巴尔扎克这里之所以把它归入军事生活场景，是因为这部作品确实与军事有关，而外省生活场景中作品的故事都不是写军事生活的，那么，这里歧义就产生了，貌似并列关系的六个场景之中还是有先后区分的，也就是说，能归入军事生活场景中的，就不会被归入别的场景里面。为什么会这样呢？唯一的理由就是军事生活场景的作品很难写，能归入的作品很少，那么这样的分类理由并不充分，显得很勉强。乡村生活场景其实是可以放在外省生活场景部分的，谁说乡村不是外省的自然组成部分？外省除了省会部分应该都是乡村。相反，在巴尔扎克拟定的作品目录中，有一部没有写出的作品《在巴黎近郊》[3]90，也就是说，乡村中的巴黎近郊是不属于外省的，那么此外的其它乡村都该属于外省。达文在《十九世纪风俗研究》导言中，提到了"外省的偏僻地方"[1]289，这应该是指乡村，或者指远离巴黎的外省省会。达文在说到乡村生活场景时，并没有把它与巴黎生活场景、外省生活场景的区位差别写出来，而是按照内存的矛盾关系与前面的各部分达成了强行统一：在乡村生活场景中"充满宁静的画面。在组成这些画面的场景中，诸位会与那些被上流社会和革命摧残了的、被战争的艰辛而毁掉一半的、对政治感到厌倦的人再度重逢。"[1]282也就是巴尔扎克要在乡村生活场景中表达一种理想，"这里，经验丰富的老年人的白发与天真烂漫儿童的金色发鬈到处混合在一起。"[1]283但对于以现实主义创作为主的巴尔扎克来说，要想表达理想并没有那么容易，所以在这个场景中巴尔扎克列了五篇，却只写了其中的三篇：《农民》《乡村医生》和《乡村教士》（后来又加入了《幽谷百合》）。这三篇中，只有《乡村医生》表达了一种很难实现的理想，另外两部仍旧以残酷的斗争为主要内容，而且长篇小说《农民》并没有写完，是在巴尔扎克逝世之后由拉布按照巴尔扎克生前的设想写完的。

巴尔扎克如此划分的六个场景操作起来莫衷一是。巴尔扎克在作品目录中把《公务员》（《小职员》）错放在了巴黎生活场景部分[4]88，丽列叶娃指出了这种错误，并且把它改放在了外省生活场景部分（No.43）："出色的女人（这部小说又名《小职员》，被巴尔扎克错放在巴黎生活场景No.55中。）"[4]87同样，达文在《十九世纪风俗研究》导言中说："《幽谷百合》亦属于这一系列（指乡村生活场景）……《乡村医生》的优点在这幅图画中均可重见，也许层次更高。"[1]285但在作品目录中，《幽谷百合》却被巴尔扎克列为外省生活场景的第一部作品。[4]87达文说："《大名鼎鼎的戈迪萨尔》中的推销员的肖像……他时时刻刻将外省与巴黎连接起来。"[1]307诚然如此，那么巴黎人在外省、外省人在巴黎的故事，巴尔扎克又如何划分呢？前者归入外省生活场景，后者归入巴黎生活场景？他确实把《巴黎人在外省》放在了外省生活场景中，下含两篇作品：《大名鼎鼎的戈迪萨尔》和《外省的诗神》。同时我们注意到主写外省的《幻灭》放在了外省生活场景，但其中有一部叫《外省大人物在巴黎》，就使这种划分不尽如人意了。而且，节外生枝的是，巴尔扎克又把《戈迪萨尔第二》放在了巴黎生活场景部分，其实里面并没有什么具体核心的人物，场景既可安排在巴黎，也可以安排在外省。关于巴黎生活场景，达文在导言中说："这一场景巴黎味十足，人物及内景丰富，有回旋栏街房屋内景，法官沼泽区住宅的内景，巴耶染房街的内景等。"[1]309那么，很多私人生活场景的故事难道不是发生在巴黎么？

其实，这种科学性的缺失早在划分成六个场景之前就已经开始了："他给自己的作品集冠以《十九世纪风俗研究》这样的概称，下分《私人生活场景》《外省生活场景》和《巴黎生活场景》。"[8]55后两个场景泾渭分明，但《私人生活场景》与另外两个场景之间就是交叉包含的关系。

三、划分科学性缺失原因探析

《人间喜剧》的"风俗研究"部分六个场景的划分之所以缺乏科学性，主要是因为巴尔扎克为了得到稿费，即兴地出版作品集。此外还有一些原因：在划分时很多作品已经写出，格局已经基本确定；这些作品出版时作者已经博得了文坛上的声名，这就增加了划分的随意性；巴尔扎克的数学一向不好，这造成了他思维的逻辑性较差，混乱在所难免。

（一）为了获得稿费，即兴出版作品集

艾珉说到了巴尔扎克最初使用"私人生活场景"概念的情况，1830年4月，"玛门-德·洛奈-瓦莱书屋出版了他的《私人生活场景》两卷集，收有《猫打球商店》《苏镇舞会》《高布赛克》《家族复仇》《约会》《双重家庭》《家庭的和睦》等以婚姻家庭问题为主题的中短篇小说，巴尔扎克试图使作品系列化的打算此时已初露端倪。"[3]35出版商玛门后来因为巴尔扎克不能按时交稿还到商业法庭告了巴尔扎克一状，二人闹得不可开交，巴尔扎克称玛门为"刽子手"，他动不动就威胁要巴尔扎克交付违约金。1831年9月底再版的《哲理小说和故事》"收入十二个短篇：《萨拉金》《魔宫喜剧》《刽子手》《被诅咒的孩子》《长寿药水》《逐客还乡》《玄妙的杰作》《新兵》《妇女研究》《两个梦》《耶稣降临弗朗德勒》和《教堂》。"[7]259据艾珉记述，1831年9月，"《驴皮记》在《哲理小说和故事》的总标题下再版，同时收入《萨拉金》《刽子手》《长寿药水》《玄妙的杰作》《逐客还乡》等十二个优秀的哲理短篇"[3]36。1832年5月，在《私人生活场景》中收入《图尔的本堂神父》和《钱袋》。1832年10月下旬，"一卷本《新哲理小说》问世，其中收有《柯内留斯老板》《菲尔米亚尼夫人》《红房子旅馆》《路易·朗贝尔》。"[7]262 1833年10月，巴尔扎克"与书商夏尔-贝歇夫人就《十九世纪风俗研究》出版事宜签约，全套十二卷，分为'私人生活场景''外省生活场景''巴黎生活场景'三个系列。"[3]225这时概念之间就已经出现了涵盖的混乱，其中"私人生活场景"既可以写外省，也可以写巴黎。贝歇夫人为这个出版系列向巴尔扎克支付了27 000法郎的稿费。1833年12月，巴尔扎克开始以《十九世纪风俗研究》为题出版自己的作品。1834年"9月20日，《十九世纪风俗研究》第三、四卷（即《私人生活场景》第三、四卷）出版。前者收《绝对之探求》（后改收入《哲理研究》），后者收《巴黎的年轻人》（后糅入《金眼女郎》）。"[3]226-27这里就可以看出划分的不确定性，并非非此即彼。1836年9月，"《哲理研究》第二分册出版，其中首次面世的作品有《禁治产》。"[3]230 1837年7月8日，《哲理研究》第十二、十三、十五、十六、十七卷出版，"其中《无神论者望弥撒》《法西诺·卡讷》《不为人知的殉道者》《吕吉耶里兄弟的秘密》和《被诅咒的孩子》第二部分等作品是首次成书。"[7]274 1838年"9月22日—10月8日，《立宪报》连载《外省的竞争》（即《古物陈列室》）。"[3]232即使在《古物陈列室》里，也不只在写外省，而是有一些巴黎场景的内容。我们看到，《哲理小说和故事》和《哲理研究》中的许多篇目最后并没有被归入"哲理研究"部分。每一次出版，巴尔扎克都能获得丰厚的稿费，至于出版内容的划分是否科学，出版商是不会计较的，巴尔扎克与出版商一样，关注的重点是经济效益。

（二）划分时很多作品已经写就

其实，继1829年出版了《舒昂党人》之后，1830年巴尔扎克就出版了

《私人生活场景》两卷集。同年，他又出版了《三十岁的女人》片段和《沙漠里的爱情》。1832年，巴尔扎克又创作出了《菲尔米亚尼夫人》《夏倍上校》《图尔的本堂神父》《钱袋》等。1833年，《乡村医生》《大名鼎鼎的戈迪萨尔》《欧也妮·葛朗台》等作品相继问世。1833年10月13日，"巴尔扎克同出版商毕什签订出版十二卷《十九世纪风俗研究》的合同。巴尔扎克以《十九世纪风俗研究》使自己的创作进一步系统化，为他日后制订《人间喜剧》的计划奠定了基础。"[4]32 1833—1834年，巴尔扎克写出了《十三人故事》。1834年10月18日，"巴尔扎克告诉韩斯卡夫人他决定把自己的全部作品以《社会研究》为名汇成一套，后来他将这套书改名《人间喜剧》。"[4]36 同年 10月26日，"巴尔扎克在给韩斯卡夫人的信中提出《社会研究》的详细计划，其中包括：《风俗研究》《哲学（理）研究》和《分析研究》。这三部分后来构成了《人间喜剧》。"[4]36 1835年1月，"《哲学（理）研究》第一版出版，附有巴尔扎克的朋友批评家费利克斯·达文的内容丰富的序文。达文第一次向读者介绍了巴尔扎克的《社会研究》（《十九世纪风俗研究》《哲学（理）研究》《分析研究》）的宏伟构思。"[4]38 截至1835年巴尔扎克划分六个场景时，《高老头》也已经发表。1835年3月11日，"巴尔扎克告诉韩斯卡夫人，尼古拉一世禁止长篇小说《高老头》在俄国流传。"[4]38 也就是说，《十九世纪风俗研究》部分的作品这时已经写出了三分之一，基本格局已经确定，尤其是巴尔扎克较早命名的"私人生活场景"，绝大部分作品都可以被囊括其中。1835年5月，"《十九世纪风俗研究》第一卷出版。在第一卷中有费利克斯·达文的序文。达文列举了将要组成《十九世纪风俗研究》的所有六个部分（私人、外省、巴黎、政治、军事和乡村等六类生活场景）。"[4]39 1837年2月，"巴尔扎克在序言中指出《十九世纪风俗研究》各个'场景'之间的内在联系。"[4]46 由于六个场景之间从文字表面上看交叉含混，巴尔扎克只好就它们之间的关系进行强行界定。巴尔扎克之所以要把这些联系并不是很紧密的部分强行联系起来，是因为他认为："一位作家应该通过自己的作品表达一个总体意义才能在文学史上永垂不朽"，"只作一个人是不够的，必须成为一个体系。"[1]286 他虽崇拜瓦尔特·司各特，但又认为司各特的作品缺乏体系，如果想在文坛上立住脚，"就必须是瓦尔特·司各特加建筑师。"[1]287 这样做的结果，就是我们现在看到了《人间喜剧》的强大构架，但无法回避的是这个构架各个部分之间的色彩并没有明确的分野，而且相互之间的比例特别有失谐调。

（三）"风俗研究"部分划分成六个场景时作者已经出名

1829年冬至1830年，"《朱安（舒昂）党人》的作者巴尔扎克已驰名文坛。他是女作家索菲亚·盖（苏菲·盖伊）的沙龙中的常客，雨果、贝朗瑞、贡斯当、艺术家奥·凡尔纳等人也常到那里去。"[4]16既然已经出名，就可以靠名声掩盖错误，这增加了六个场景划分的随意性，不管这种划分存在着怎样明显的混乱，人们都要看在巴尔扎克的面子上不予追究。这就像当时的戏剧演出，成功与否不是依靠戏剧本身的价值，而主要取决于剧作家是否雇佣了鼓掌队。

（四）数学不好，思维缺乏缜密度

巴尔扎克《人间喜剧》中多处表现出他数学不好，一涉及数字他很容易出错，他的思维缺乏缜密度，这是造成他六个场景划分混乱的逻辑原因。达文在《十九世纪风俗研究》导言中说，巴尔扎克只是"偶尔讲究逻辑"，同时代人也责怪巴尔扎克"没有逻辑"[1]288。确实，逻辑是哲学家的特征，文学家若是过于富于逻辑就会限制他的想象力，他的显著特征应该是情感容易冲动，思维过于跳跃以至于混乱，像福楼拜、卡夫卡那样"客观而无动于衷"的描写和像爱略特那样富于象征性逻辑的作品在文学的海洋中毕竟是少数，不过，像巴尔扎克这样逻辑极其混乱的作家也并不多见，他走向了反逻辑的极端，也许这是与他突出的文学贡献必然伴生的一个特征。

其实，不只"风俗研究"部分六个场景的划分缺乏严密的科学性，整个《人间喜剧》的三个部分——"风俗研究""哲理研究"和"分析研究"之间的关系同样经不住深度论证。就"哲理研究"部分来说有时也很混乱，缺乏严谨的科学性。《三十岁的女人》（《妇女研究》）最初被收入《哲理小说和故事》，后来被归入私人生活场景，《哲理小说和故事》中的《萨拉金》后来被归入巴黎生活场景。1832年10月，巴尔扎克把《菲尔米亚尼夫人》归入《新哲理小说》，在1844年的作品目录中却又把它归入了私人生活场景。造成这种混乱的根本原因，就是随便什么作品，里面不可能挖掘不出一点哲理，也就是说，巴尔扎克可以随便将任何一部作品放入《哲理研究》部分，只是作品的哲理特征有强有弱而已。至于"分析研究"部分，道理也是一样的，巴尔扎克可以将任何一部作品列入其中。所以，科学性的缺失不只体现在"风俗研究"部分六个场景的划分上，而且体现在《人间喜剧》的"风俗研究"、"哲理研究"和"分析研究"的分类上，这三个部分之间我们无法找出巴尔扎克所说的明显的逻辑性，相反，我们见到的更多的是混乱，是科学性的明显缺失。

1834年，巴尔扎克"构想出其'整体建筑'的宏伟蓝图：除描绘社会现象的'风俗研究'外，还有分析其'因'的'哲理研究'和探讨社会生活'原则'的'分析研究'。"[3]226 1834年10月26日，巴尔扎克写信给韩斯卡夫人说了自己的计划："第一部分'风俗研究'将全面反映社会现状——社会结出的各种果。……无论老年人、成年人、儿童，还是政治、司法、战争，绝无遗漏。"[3]40-41接着，"第二部分是'哲理研究'。反映了果以后，再来追根溯源，找出它们的因。"[3]41最后，"继果和因之后，还要有'分析研究'，《婚姻生理学》就是其组成部分。因为，在列举了果，分析过因之后，就该着手探讨原则了。"[3]41巴尔扎克曾经给韩斯卡夫人写信说："我相信，到1838年这部恢弘巨著的三个部分即便还完成不了，至少也该合拢了，到时候就有可能对整个结构做出判断。"[8]60事实上，不管就三部分来说，还是"风俗研究"部分的六个场景来说，巴尔扎克的判断都是不准确的。

　　王路说到了巴尔扎克把文学笼统地分为三类缺乏科学性："巴尔扎克对文学的宏观把握用三种文学观念（'形象文学''观念文学'和'文学上的折衷主义'）加以驾驭，过于粗糙简括，缺乏科学性"[6]231。这种科学性的缺乏同样体现在巴尔扎克对"风俗研究"部分的场景划分上。王路提到了《人间喜剧》名称的由来："他曾想把它命名为'社会研究'，但总觉太刻板无味而放弃了。最后，是他的一位旧相识，给他送来了智慧的启迪。这个人叫德·贝洛瓦，巴尔扎克创办《巴黎纪事》时曾请他做过一段秘书和文字编辑。1840年下半年，德·贝洛瓦从意大利回来，据说他在那里研读了但丁的《神曲》，并很有心得。……《神曲》分地狱、炼狱、天堂三个部分，而他的体系则有'风俗研究''哲学（理）研究'和'分析研究'，也是三个部分"[6]251。但丁的三个部分中只有《地狱篇》包含了很多实写内容，《炼狱篇》和《天堂篇》都是想象的产物，虽表达了理想，但非常苍白匮乏。同样，巴尔扎克的"哲理研究"和"分析研究"也是强行划分出的部分，很难与"风俗研究"部分的丰富内容相提并论。王路说："《邦斯舅舅》《贝姨》和《交际花盛衰记》等作品都是一等一的杰作。……这些小说的主题还是以前创作的延续，以金钱、欲望、名利为中心，展开艺术的画卷，但作者将这些主题都挖掘得深刻、透彻，达到了普遍性的高度，使其凌驾于时代之上，而具有形而上的哲理超越性。"[6]284但我们看到，巴尔扎克并未把这三部作品列入他的"哲理研究"部分，因为他关于三个部分的划分并没有非此即彼的明确界限，任何有意义的作品往往都是因为暗含了深刻的哲理。

　　艾珉说："按巴尔扎克的设想，'哲理研究'是为'风俗研究'所描绘的种种现象寻因探源，就这层意义而言，'哲理研究'应是《人间喜剧》的点题之作。由于作者侧重探讨的是人类行为的心理基础和精神的能动作用，不拘泥于摹写现实，所以这部分作品较之'风俗研究'系列的小说更富概括性，艺术表现手法也更加大胆、丰富，给作家的想象力提供了广阔的发展空间。"[3]192其实，就作品本身而言，并未看出它们与"风俗研究"部分的小说有任何联系。"'分析研究'是《人间喜剧》三大系列中最单薄的部分，直到作家去世仅完成了两部研究婚姻家庭问题的作品和一组未完成的'社会生活病理研究'。"[3]209这也是划分不科学导致的直接后果。

　　达文在《哲学（理）研究》导言中提到了划分混乱的部分原因："书商……拼命对作品提出这个那个要求，而在书商看来，他们所出版的作品中究竟有什么思想，那是毫不重要的。因而，在《哲学（理）研究》里，便有那么一些篇章是毫无哲学意味而倒符合'私人生活场景'的，而另一方面，在'私人生活场景'里，却又有些应该属于《哲学（理）研究》的，这种阴错阳差是商业的命运和时下的需求造成的。《哲学（理）研究》的头一篇便是前一种情形的例子。而发表在《私人生活场景》第三卷中那篇意义尚不如一般人了解的《生离死别》，便是《驴皮记》主题的又一次最准确、最严格演绎。"[9]182-83

参考文献：

[1]费利克斯·达文.《十九世纪风俗研究》导言[A]//《人间喜剧》第24卷[M]. 袁树仁，译.北京：人民文学出版社，1997.

[2]巴尔扎克.《外省生活场景》序言[A]//《人间喜剧》第24卷[M].袁树仁，译. 北京：人民文学出版社，1997.

[3]艾珉.巴尔扎克传[M].北京：华文出版社，2017.

[4]丽列叶娃.巴尔扎克年谱[M].王梁之，译.北京：作家出版社，1962.

[5]黄晋凯.巴尔扎克和《人间喜剧》[M].北京，北京出版社，1981.

[6]王路.巴尔扎克传：未完成的雕像[M].石家庄：河北人民出版社，1999.

[7]黄晋凯.巴尔扎克长短录[M].桂林：漓江出版社，2018.

[8]阿尔贝·凯姆、路易·吕梅.巴尔扎克传[M].高岩，译.南昌：江西教育出 版社，2014.

[9]费利克斯·达文.《哲理研究》导言[A]//《人间喜剧》第24卷[M].袁树仁， 译.北京：人民文学出版社，1997.

第二章　小说中过犹不及的历史性描写

　　巴尔扎克除了文学家以外，还想要成为历史家，于是他在自己的小说中加入了过多的历史性的描绘。这些过度描写在文学读者和历史读者两方面都不讨好，他的文学作品因为这些描写便有了很多画蛇添足的成分，严重地挫败了读者对精彩情节和动人的人物形象的预期；而就历史方面来说，他的描写并不精确，至多只能算作与历史的某种程度的相似。面对人们的纷纷指责，巴尔扎克多处进行了强行辩护，而这些辩护探究起来也并不成立，无法让人心服口服。

　　上乘的文学作品应该是内视角的强化与外视角的集约之间的调和统一。作为文学家，巴尔扎克常常长篇累牍地进行过多的历史性环境描写，这经常为大家所诟病，巴尔扎克之所以进行这些令人读小说时备感厌烦的环境描写，是因为他要成为历史家。他的主观意愿是好的，但文学读者讨厌他这些过度描写，历史学读者并不认为一个小说家的历史性描写是严谨的，他们顶多会把这些描写当作野史看待，巴尔扎克实际上两边都不讨好。我们看到，巴尔扎克作为一个文学家，他已最大程度地要保留那个时期的一些历史片断，但就文学作品而言，加入过多的历史性描写这种写法是要被否定的。李清安说："巴尔扎克……生逢十九世纪上半叶，这个在世界历史中卓具典型意义的时代；他不负历史的重托，出色地履行了研究社会、表现历史的使命。"[1]其实，读者期待巴尔扎克的是精彩的情节和动人的人物形象呈现，至于他能否精确地反映历史却不是我们从一位文学家身上理所当然地要获取的东西。比如《驴皮记》出版之后，"有人在新闻报刊上批评他文体松散"[2]151。在巴尔扎克看来，"他觉得有必要准确地描绘人物，以及人物活动的场所，那些城市，街区以及他们居住的房屋，从事的职业，这样可以一览无遗地看到人们的生活条件的方方面面。随着他思考的深入，画面衔接起来了，相互补充，组成一幅广阔的图景。"[2]166而批评家们则"指责巴尔扎克文字臃肿，与情节不相称。他们说，巴尔扎克的文学跟他本人一样，既胖又俗，缺少分寸，倒胃口。圣伯夫第一个蹙眉。巴尔扎克听了以后觉得难受，但他还照写不误。他就像人不能换皮一样，文风也无法改变。"[2]166 1836年，《老姑娘》发表之后，"新闻记者还是惯常做法，嘲笑作者的哲学观点、政治见解以及冗长的描写"[2]237。1837年年末，《赛查·皮罗托盛衰记》出版之后，"一些报纸说此书'废话连篇'，啰里啰唆，指出'如果不这么冗长将是一篇好故事。'"[2]250无可否认，巴尔扎克过度的环境描写大大地损害了作品的文学性。

一、过度描写环境，力图保留历史片断

巴尔扎克过度地描写环境，介绍很多琐屑的事实是为了让外国或外省的人对当时当地的状况有个切实的了解。他在《公务员》中说："我们试把拉比亚迪埃先生所在的那个司描绘一番，也许足以使外国或外省人对这些办公室的内情有个概念，因为所有欧洲国家机关的主要特点也都大同小异。"[3]510《公务员》中507页—508页介绍办公室，508页—510页介绍行政设置。我们说，这样的描写客观上不只让外国和外省的人多少了解了那个时期的办公室的状况，更使后代人通过文学作品尽可能地了解了那个阶段的历史，但这种过度描写的方法整体上并不值得鼓励。正如杨昌龙在《巴尔扎克创作论》中所指出的那样："在环境典型化方面，主要缺点是往往静止呆板、脱离情节又连篇累牍地（的）环境描写，把城市风俗、街道特征、房屋格式、内部装饰甚至历史的变迁等等，都过分集中地放在作品开头，使读者厌烦，给人以'笨重感'，削弱了可读性。"[4]152其实，巴尔扎克的过度描写在他的成名作《舒昂党人》中就已经开始了，正像作家成熟之后的创作特色在最早的作品中都会初露端倪一样，作家之后的习惯性错误在较早的作品中已然存在。据特罗亚记载，《舒昂党人》出版之后，拉图什于1829年4月12日在《费加罗报》上发表了一篇赞扬文章，即便在这篇文章中，拉图什还是指出作品总体来看"十分单调"，剧情"混乱"，描写段落冗长，"将读者想象力引入歧途"。同时，"《全球报》指责巴尔扎克的语言'错误和矫饰'，经常离题。"[2]92-93

巴尔扎克是要通过文学创作坐上风俗史家的宝座。他在《人间喜剧》前言中说："既然布丰竭力通过一部书来表现动物界的全貌，并为此写成了极为出色的作品（指《自然史》），那么不是也应当给社会完成一部类似的著作吗？"[5]3巴尔扎克要完成的是风俗史的写作。我们说，布丰的研究应该含有更多的客观科学性，巴尔扎克的风俗史写作则加入了想象和虚构的成分。巴尔扎克说："读一读所谓历史，也就是读读那一大堆枯燥讨厌的史实罗列，谁能不

发现：古往今来的作家，统统忘记了将风俗史传诸后世！"[3]5真正历史的客观记载是被巴尔扎克所鄙视的，他认为那"枯燥讨厌"，他把自己要写的著作称为"人类心灵史"[5]5，但我们看到，巴尔扎克的过度描写也没有逃脱掉"枯燥讨厌"的嫌疑，这倒使之真正具有了历史的特征。王路说："歌德靠了对人体颚间骨的发现，在科学史上留下了名字，而巴尔扎克则靠了对科学的一些研究与阐释，增添了作品的庸赘性，至于科学声誉则子虚乌有。"[6]84王路这样提到《人间喜剧》中的历史因素："巴尔扎克追求《人间喜剧》的历史凝重感和宏大感，但却并没有将笔墨过多地用在'正史'的编纂上，而是注重描写人类生活中的普通人物和事件，即一些'偶然'"[6]265。谈到巴尔扎克笔下的人物，王路说："在小说的诸种要素之中，巴尔扎克很显然地表现出了对现代小说精髓要义的理解，将人物放在了情节的前面，放到了诸种小说要素的首位。"[6]266不过，巴尔扎克放在人物前面的则往往是过于冗长的环境描写。

巴尔扎克认为"瓦尔特·司各特就将小说提高到了历史哲学的水平。……（但）他没有想到要将他的全部作品联系起来，构成一部包罗万象的历史，其中每一章都是一篇小说，每篇小说都标志着一个时代。……我在察觉到这个衔接不紧的缺陷时，同时也就发现了有助于编撰我的作品的体系，以及实施这套体系的可能性。"[5]7这就促成了后来《人间喜剧》的诞生。不管巴尔扎克的主观意愿多么美好，但小说不可能等同于历史，最多只能是貌似而已，给人的感觉是照猫画虎，并不精确，这时，我们只能说对于文学家笔下的所谓的历史无法苛求，它们只是为当时的历史提供了一种参考而已。

费利克斯·达文在《哲理研究》导言中贯彻了巴尔扎克的意图，他有些过誉地说："德·巴尔扎克先生的一个特点，便是他首先使近代小说返回到真实上去，……小说要在文学史中占有体面的位置，就应该确实成为风俗史。……从这个角度来说，德·巴尔扎克先生是一位必将传于后世的历史学家。"[7]261巴尔扎克的环境描写是为了保留住那个历史时期的真实片段，但他的真实我们说只能是达到了艺术的真实而已，他的描写从来都是以虚构的人物为幌子，而描写却成了他写作的重点，往往达到了喧宾夺主的地步。艾珉也不辨青红皂白地赞誉道："巴尔扎克是小说艺术的革新者，在他之前，法国小说一直未能完全摆脱故事的格局，题材内容和艺术表现力都有很大局限。巴尔扎克大胆地突破了传统的艺术领域和艺术方法，拓展了小说的艺术空间，几乎无限度地扩大了文学的题材，社会生活中的方方面面，包括那些仿佛与文学的诗情画意格格不入的东西，都在他笔下得到了富于诗意的描绘"[8]4。难道我们读小说关注的不该是"故事的格局"？对"社会生活中的方方面面"进行"诗意的描绘"未必让读者满意。

关于巴尔扎克的描写，正面肯定的不乏其人。李胜凯说："散漫的对话并不是他所擅长的，为了支撑人物的性格，使人物形象栩栩如生，他必须以卓越的描写来征服读者。"[9]97那么，巴尔扎克的描写，好像不只只"为了支撑人物的性格"，他在更多的时候是为描写而描写。在《幻灭》中，巴尔扎克借达尼埃尔·德·阿泰兹开导吕西安的一番话说出了自己的想法："散漫的对话在司各特笔下非常精彩，您却写得黯淡无光，我看还是干脆不用，拿描写来代替。我们的语言本来最宜于描写"[9]96。这其实代表了巴尔扎克自己的想法。

"巴尔扎克是历史学家，是法国社会的书记员，他不能不去真实地记录这些怵目惊心的社会历史事实。"[9]312假如巴尔扎克记录的都是与情节相关的"怵目惊心的社会历史事实"倒也罢了，更多的时候他的描写与情节并不相关，而且只会使读者感到厌倦无聊。"任何小说都必须有故事背景。《人间喜剧》中的楼堂馆舍、城市风光都是虚实并存的。巴尔扎克利用他熟悉的城镇：索漠、昂古莱姆、伊苏屯、盖朗德、阿朗松、里摩日、富热尔等，而且必要时他会用图尔、伏弗赖的房屋和街道建造一座他所需要的索漠城。"[9]314然而，巴尔扎克的故事背景过于庞大，远远超出了小说所该有的合适的范围。

保尔·拉法格在《忆马克思》一文中夸张地肯定了巴尔扎克的历史预见性："巴尔扎克不仅是当代的社会生活的历史家，而且是一个创造者，他预先创造了在路易·菲力蒲王朝时还不过处于萌芽状态，而直到拿破仑第三时代，即巴尔扎克死了以后才发展成熟的典型人物。"[10]7

黄晋凯更是盛赞巴尔扎克的环境描写："巴尔扎克一向十分重视环境的选择和描绘。作家喜欢详尽而准确地描绘环境，既是为了真实地再现生活画面，更是为了深入地刻画人物。他总是力图为他的人物提供真实、形象的活动布景，以使人物获得真实感、典型性。"[11]114我们可以肯定的是，巴尔扎克是出色的小说家，但却无法认定他是历史学家和哲学家。黄晋凯一厢情愿地说："他把小说提高到了历史和哲学的高度，把小说家提高到了历史学家和哲学家的地位。"[11]136小说中过多的历史和哲学成分只能妨碍读者的阅读，损害小说的文学性。黄晋凯说："巴尔扎克创作的最大特点是倾注全部力量于人物形象的塑造。"[11]129这一点并不客观，巴尔扎克并没有"倾注全部力量于人物形象的塑造"，他在不相关的描写上浪费了太多的力量。黄晋凯又说道："巴尔扎克认为，细节真实是作品真实的前提。因此，从城市、街道、房屋、广告、摆设，到服饰、习惯、肖像、言谈、举止……他都要认真观察研究，然后才落笔细致描摹。读者可以责备他有些描写过于冗长沉闷，但却难以挑剔他有失真的弊病。"[11]136关于巴尔扎克的评价还是有诸多争议的。"在一些文学史家的笔下，巴尔扎克似乎只是一个思想深刻而艺术上并无杰出成就的作家，他那滞重而多少有点粗糙的风格，更是屡屡遭到非议。"[11]128-29巴尔扎克在《评〈流氓团伙〉》一文中写道："写小说的目的就是要叫人激动，小说总是小说，永远不应该倾向于历史的严格，因为人们不会到小说家笔下去寻找往日的历史"[11]146。这倒是对的，只是他评论别人的作品时头脑很清醒，轮到自己写作时却不见了这份清醒。黄晋凯终于客观地评说道："巴尔扎克的写景也时常失之冗长，烦琐，尽管他曾为这一缺点多方辩解，有时也不无道理，但我们还是认为他那些过于细腻的'考古学描写'，不免有些累赘。"[11]207

1839年4月6日，巴尔扎克致信亨利·贝尔，"有些地方嫌长"，这是在谈论贝尔（斯丹达尔）的《巴玛修道院》。"如果这本卓越的书，很快就能再版的话，您就提起勇气，在结尾上做些必要的发挥，删去开头那些冗长的地方。"[12]136这些评论对他自己的诸多作品倒是正好适用。1846年10月，巴尔扎克在《星期报》上撰文与该报编辑意保利特·卡斯狄叶对话，因为后者曾撰文批评巴尔扎克。巴尔扎克写道："如果你还有未发表的稿件，就慎重一些罢。"为什么呢？因为"你在拥有二万读者的报纸上发表意见，就可能对书籍起破坏作用。"[13]138这里的"书籍"是指巴尔扎克自己的作品。巴尔扎克又谈到了自己笔下的伏脱冷的形象，说伏脱冷"这个代表腐败、监牢、令人发指的社会罪恶人物，一点不象（像）巨人。我可以告诉你说，确有所本，而且他无孔不入，在我们这个时代的社会有他的地位。这个人和伏脱冷一模一样，只是缺少我加在后者身上的热情。他是罪恶之神，不过有利于人罢了。"[13]139-40这是指伏脱冷的现实原型维多克。"你以两栏之多的文字，一方面指责我用特殊的例子创造性格，一方面指责我用琐碎的事例夸大这些性格。"[13]140而巴尔扎克是想"企图写出整个社会的历史。"[13]140这样的意愿是美好的，但通过小说去予以实现，我们不得不说这并不合适。

巴尔扎克在《论艺术家》一文中道出了他作品过分描写的真正原因："艺术家无力控制自己。他在很大程度上受一种擅自行动的力量的摆布。"[14]15-16其实这种力量就是艺术家的近于迷狂的创作冲动。"他是某种专横的意志手中驯服的工具，他冥冥中服从着一个主子。别人以为他是逍遥自在的，其实他是奴隶"[14]16-17。巴尔扎克是沦为了要成为历史家这个意念的奴隶。

雷巴克提到了巴尔扎克的这种意念："他一定要实现自己的心愿，一定要为自己的社会从头到尾写完它那部色彩鲜艳而又血迹斑斑的历史，可怕而又荒唐的历史，宏伟而又疯狂的历史，饱含哲理的历史。"[15]37巴尔扎克一直对英国抱有很深的偏见，对莎士比亚同样并不喜欢。"在大量的书籍中，他发现了莎士比亚的著作。这位作家他从来就不是特别感兴趣，那种多余的雄辩之词只能使他觉得反感。"[15]381其实，巴尔扎克的作品中过度描写的成分给读者的感觉一样是庸赘不堪的。假如说莎士比亚那些"多余的雄辩之词"是为了凑足戏份，那么巴尔扎克的多余的描写则完全是因为他要做历史家而不能自己。

圣·佩韦在《评巴尔扎克》一文中含蓄地说："他的描写有点过分"[16]246。他认为："在一本小说里，有三件事情需要考虑：性格，情节，文笔。"[16]247他认为巴尔扎克塑造的性格比较成功，情节却"时常显得贫乏"，他希望巴尔扎克的"文字（能够）简练一点"。[16]248

巴尔扎克往往以历史家自居，他认为这是自己超出其他作家的所在。他在《夏娃的女儿》《玛西米拉·多尼》初版序言中说："说本文作者是历史家，这就说全了。他为自己题目的伟大、多彩、美妙和丰富而庆幸。"[17]478丰富的环境描写是他感到骄傲的一个重要原因，也是他的作品遭到众多疵议的所在。巴尔扎克是一个著名文学家已经确定无疑，他还要让自己的头上环绕着历史家的光冕，他像贪恋金钱一样地爱慕着虚荣。

我们看到，由于过多的主观参与，巴尔扎克的历史很像希罗多德的《历史》和司马迁的《史记》，只不过他们记录的是文学化了的事实，而巴尔扎克的故事情节中却有更多的虚构和想象成分，只是他的环境描写方面虚构和想象最少，所以距离现实的关系也就最近。这里面临的悖论是，真正的客观记述的历史很难唤起人们普遍的阅读兴趣，从巴尔扎克的过度描写不受读者喜欢的程度来看，很可能是由于它们的客观性所引起的，当然从逻辑学的角度来说，这个问题是不可以逆推的。这里涉及文学性的问题，巴尔扎克把一些不具文学性的非小说因素——过多的环境内容写进了小说，由此引来非难在所难免。那么，巴尔扎克为什么不把这部分内容单独成篇呢？也许是那样会极少有读者，于是他便把这部分内容写进小说，客观上对读者造成绑架阅读，而在读者方面，他们并不买账，看到这样的内容会非常厌烦地一连多少页翻过去，因为它们纯属画蛇添足。

在《古物陈列室》中，开始部分巴尔扎克不厌其烦的长达36页[18]458-94的描写和叙述基本与情节无涉。《德·拉尚特里夫人》一开篇巴尔扎克写道：

"一八三六年九月一个美好的黄昏，有位三十岁上下的男子倚着西岱岛的护墙，"[19]290然后就是关于西岱岛景致的繁琐而枯燥的描写，令人不胜腻烦。直到三页半之后，作者才交代了一句："散步者名叫戈德弗鲁瓦。"[19]293中间的过长的景物描写不能不说破坏了艺术性的衔接。而女主人公德·拉尚特里夫人的名字直到十页之后才第一次被提及[19]299。小说一共109页，巴尔扎克这种情节提炼上不够精湛我们不能不说是他小说的一贯通病。虽然最有魄力的莫里哀曾让他的答尔杜弗在五幕喜剧中直到第三幕才第一次登场，但他从戏剧的一开始，所有人物的争论没有不是围绕答尔杜弗的。在进行环境描写和故事背景介绍时，巴尔扎克更多地是以近似历史家的身份出现的，这时我们若就这方面内容去探讨文学性，显然无从获得。在《三十岁的女人》中，第514页至516页是与故事情节毫不相关的巴黎景物的描写，[20]这是巴氏的俗套。516页至517页，作者以"我"的身份出现，大发感慨，显得异常突兀。这是把原本独立的短篇插入故事中而没有注意前后统一所留下的缺憾。

二、巴尔扎克的描写只是与历史之间的某种相似

巴尔扎克的历史性描写不可能是真正的历史，它们只是与历史之间存在着某种相似，甚至是貌似而已。我们在现实生活中很难找到巴尔扎克所描写的确实场景，只能找到与其极其相像的类似场景，以这种方式去反映历史，虽然比读枯燥的历史书多了一点点兴味，但总给人一种隔靴搔痒的感觉。

柳鸣九对巴尔扎克的综合评价很能表明巴尔扎克作品中的历史因素的性质，只是同样有些过誉。他在《论巴尔扎克和他的〈人间喜剧〉》中大量地说到了巴尔扎克作品的历史意义："这些单个的艺术品所呈现的形象图景，互相关连、互相渗透，形成了一个统一的世界、一部完整的历史，……在某种意义上又构成了一个思维的体系。"[21]121我们说，这个"统一的世界"却是一个文学的世界，所谓的"完整的历史"却掺和进了过多的想象的因素，"艺术品"不可能被当作真正的历史。巴尔扎克的过度描写虽然费力不讨好，却囊括了各个领域："他又描写了不同的地域、描写了每个地域里不同的地理、家族、谱系、场所、物产、盾徽以及各阶层的人物"[21]128。柳鸣九不断地用"历史"这个概念来强调巴尔扎克的突出特征，这与巴尔扎克经常自封为历史家倒是十分契合："他是法国十九世纪历史的书记，他的《人间喜剧》是十九世纪上半叶法国社会的形象的历史。"[21]129问题的关键在于，"形象的历史"虽含有很多历史因素，并不真正地就是历史，而是与历史之间的某种相似，这是与历史并

行的另一条线。柳鸣九指出了巴尔扎克特殊的贡献："巴尔扎克的伟大在于，他继承了历史上现实主义的传统，并且在十九世纪的历史条件下，把它发展到新的高峰"[21]130。在历史的长河中进行比较的结果是："从来没有一个作家有巴尔扎克这样自觉地把自己视为历史学家的鲜明意识"[21]131。那么，这到底是好事还是坏事呢？设想一下，巴尔扎克的作品中若没有了那么多特别冗长的环境描写，效果肯定要好得多。令人赞叹的是，巴尔扎克依靠顽强的毅力还是完成了自己定下的要做一个风俗史家的任务："他的小说要以细节上完全真实的描绘，去表现人类的各种典型，讲述私生活的戏剧，考查社会的设备，编纂职业名册，登记善恶的事实，而构成一部虽然并未发生过的，但其形象图景与客观现实同样可信可靠的历史，而且，其包罗万象，其完整的程度完全可与实际历史比美。"[21]131这些话就无意间透露了巴尔扎克的"历史"并不是"实际历史"，既然"并未发生过"，那么就不会是历史，历史应该是关于发生过的事实的记述。这样看来，巴尔扎克的作品只是与历史很像，实际上却是一些糜鹿式的怪物，也就是我们俗称的四不像。柳鸣九在提到巴尔扎克创作的美中不足的同时，更是进一步肯定了巴尔扎克的历史家的身份："虽然巴尔扎克的创作并非每个方面都受到他身后所有才智之士的称道，但他作为自己时代社会的历史学家的崇高地位与权威性，却从来没有遭到任何置疑；从雨果、乔治·桑到福楼拜、左拉、法朗士，无人不对巴尔扎克在真实描写历史这方面所取得的伟大成就赞颂备至。"[21]147-48这就前后矛盾了，既然巴尔扎克描写的东西"并未发生过"，他又如何能被称为"历史学家"？实际上，柳鸣九所说的"并未发生过"，只是指《人间喜剧》里的情节故事而已，至于巴尔扎克笔下描绘的环境，他是保留了很多现实的成分的。关于巴尔扎克所描绘的具体的环境，柳鸣九说道："在《人间喜剧》的很多作品里，我们都可以读到对各种环境、景物与场面的描绘，这里有巴黎贵妇人陈设精美的沙龙，大银行家奢华的府第，拉丁区充满酸腐气味的公寓，嘈杂的剧场，乌烟瘴气的赌馆，巴黎形形色色的街道，琳琅满目的古董店，阴暗悲惨的工人区，贫民的寒冷的阁楼，廉价的小饭馆，塞纳河畔的书店，凌乱无章的报社，集中了各种利害冲突的律师事务所，大地主的景色优美的庄园，农民寒伦的茅舍，外省小城偏僻的风光，沙希（萨榭）地区优美的风景，资产者像修道院一样的住宅，陈旧简陋的印刷厂，官吏的办公室以至社会各阶层人物不同的房屋建筑、居住条件、室内陈设、家具什物，等等。"[21]167柳鸣九又说："巴尔扎克的描绘中之具有活跃的生命力，是因为这些描绘往往都是为表现人物的性格服务，它们往往就是人物性格的一种延伸。"[21]169这些描写，不仅全面，而且惟妙惟肖，但它们唤起的不是文学读者的兴趣，也不是喜欢历史考证的读者的兴趣，至多只能唤起研究巴尔扎克的少数狂热的人的兴趣。我们说，巴尔扎克的作品中含有很多历史的成分，而且不只是皮毛而已，它的比重要远远超过这个，但是，同样无法否认的是，过度的环境描写出现在小说中，就造成了一种瑕疵，认真研究起来，就会发现它们是一些难除的痼疾。

艾珉说到了巴尔扎克的作品"纯属虚构"："巴尔扎克将小说称作'民族的野史'，（《神秘之书》初版序言）……正如他的朋友菲拉莱特·夏斯勒在《〈哲理小说故事集〉导言》中所阐释的：'《驴皮记》的作者与已故的拉伯雷一样，想要表现人类的生活，并且将所处的时代囊括在一部丰富多彩的、纯属虚构而又熔史诗、讽喻诗、小说、故事、历史、戏剧、荒诞于一炉的书中……'"[8]52既然"纯属虚构"，就不可能是真正的历史，巴尔扎克也不应该被称为"历史（学）家"。"他不满足于表象上的描绘，而是试图站在历史的高度，考察、研究和评判这个社会。……与其说他是作为小说家来记述历史，不如说他是以哲学家、历史学家和社会学家的眼光来写小说。他的作品超越了个人的生活感受和个人情感的抒发，而融入了对社会的总体分析。"[8]54这里为了过誉巴尔扎克，艾珉甚至把巴尔扎克作为小说家的主要身份给喧宾夺主了。接下来艾珉的话仍有过誉的嫌疑，不过总算还原了巴尔扎克作为小说家的主要身份："在十九世纪群星灿烂的法国文坛，巴尔扎克之所以能立于群峰之巅，正是由于他不单是一位小说家，而且同时是一位头脑中装着整个社会的社会学家，一位纵横古今的历史学家和洞察幽微的哲学家。"[8]54艾珉又说到了巴尔扎克与真正历史学家的区别："从巴尔扎克的创作蓝图可以看出，作为风俗史家，巴尔扎克和一般历史学家的最大区别在于：历史学家们关注的是历史事件，他所关注的则是人。"[8]58我们反对的不是与人物紧密结合的历史性描写，而是过多的与人物形象塑造无关的环境描写。"巴尔扎克运用司各特的历史研究方法来研究当代，他将人物的性格塑造和深刻的历史内容结合起来，使人物深深打上了时代的烙印"[8]60。巴尔扎克的作品说得好听一些是百科全书，难听的说法则是垃圾桶，他能够把任何与文学不相关的东西强行塞进小说。"他像考古学家、建筑师那样考察外省小镇的房屋建筑、门窗的构造，像经济师一样核算着盈利和亏损，像法学家一样研究法律程序，像古董商那样鉴定和估量每一幅名画的价值……总之，当代社会的全部历史、哲学、政治、经济、法律、宗教、财政金融、工商农业、新闻出版、文学艺术……乃至科学实验、医学论战……他都涉猎到了，《人间喜剧》简直就是一部以艺术形式撰写的百科全书。"[8]94-95下面的说法更是似是而非："他因为想要了解和理解一切而不可能深入到某一个门类，于是他成为一位前无古人的小说家，一位百科全书式的小说家。"[8]96

特罗亚写到了巴尔扎克在环境描写方面耽搁的弱点："他拒绝舍弃地点的诗情雅意，思想干扰的神奇作用，而不屑于快速发展情节，立即扣人心弦。"[2]310特罗亚记述了雨果在巴尔扎克葬礼上的具有恭维性质的讲话："诗人取名为《人间喜剧》，它也可以称作为历史……这本书是观察和想象的产物，里面充满真实"[2]382-83。细究起来，"想象的产物"是不可能"充满真实"，也是不可能成为"历史"的。

现在，中国高校中即使是中文系的本科生也很少读外国文学名著，主要原因之一当是外国文学的风格与中国传统的对文学欣赏的习惯相异，这主要体现在19世纪现实主义的作品（即使就少数读外国文学作品的学生来说，他们的兴趣主要集中在这一时段）里太多的环境描写是中国学生习惯不了的，中国读者往往追求的是情节的接续推进。而外国的19世纪现实主义作品强调的却是要塑造"典型环境中的典型人物"，那么，典型环境与典型人物分别要占多少比重？作为文学作品，重要的是人物形象的塑造和精彩情节的展现，所以典型环境的描写应该少而精，最好不要超过十分之一。问题的关键是，巴尔扎克不只要做文学家，他还要做历史家，他过多的环境描写不是为了文学的目的，而是为了历史的目的。就历史的层面来说，他又不是在进行实物描摹，而主要是文学想象的结果。当然，他的想象是以当时的现实为基础的，但毕竟与现实之间是存在差距的。

在《小市民》的第171页，巴尔扎克详细地描写了有产者菲利翁的住房，翻译成汉语共758个字。[22]请问文学读者会喜欢读这样枯燥的文字吗？历史学的读者呢？他们会相信一个小说作者的描写吗？可以说这样繁缛的描写对文学读者和历史学读者两面都不讨好，前者会认为作者啰里啰唆，婆婆妈妈，后者则会认为这样的描写很轻浮，读它就是在浪费生命。

在众多反对巴尔扎克过分描写的人里面左拉的观点比较有代表性，与巴尔扎克比起来，他更喜欢福楼拜。左拉在《论小说》中说："居斯塔夫·福楼拜是迄今运用描写最有分寸的小说家。……福楼拜把巴尔扎克拥塞在小说开头几章里的、象（像）拍卖商一样的冗长的描写减少到了最低限度。"[23]252当然，左拉这里所说的"冗长的描写"不只指过度的环境描写，还包括过多的人物背景介绍，这些一起构成了巴尔扎克作品的备受指责之处，就是环境描写和人物背景介绍都有失分寸。

郑克鲁先生在《巴尔扎克名作欣赏》的序言中也说："由于中篇小说篇幅长些，巴尔扎克便往往利用这个机会进行环境描写，通过这种描写反映时代风貌。"[24]6实际上，巴尔扎克在长篇小说中所做的环境描写要更多一些。因为巴尔扎克练习写作的时候曾写过七部小说，一部练习对话，一部练习描写，一部练习人物肖像塑造，一部进行情节构思，他在哪方面下的功夫都不想被浪费。郑克鲁先生在《巴尔扎克中短篇小说集》的《名家导读》中说："他乐于在小说开篇详尽地介绍环境或发表长篇议论。这种开场白少则一两千字，多则七八千字以上。譬如，《萨拉金》的开场白就长达一万字，占全篇的五分之二；《无神论者望弥撒》的引言部分长达七千余字，超过了一半篇幅。"[25]10郑克鲁先生这是就中短篇小说而言，在长篇小说中巴尔扎克开场白的字数要远远超过这些，但同样会出现接近小说一半的篇幅。读这些开场白时，我们很难把巴尔扎克当作文学作家看待，我们更愿意把他看作历史家，而就历史家来说，他又没有真正地成为这样的角色，因为他的描写远非精确。

泰纳在《巴尔扎克论》一文中称《人间喜剧》是一枝"带病的、奇异而又伟丽的鲜花"。[26]252"他开始写作不是按照艺术家的方式，而是按照科学家的方式。……他先描写城市，然后描写街道和房屋。他解释房屋的门面，石墙的窟窿，门窗的构造和木料，柱子的基座，藓苔的颜色，窗栏上的铁锈，玻璃上的裂口。他解说房间的分布，壁炉的式样，壁衣的年岁，家具的种类和位置，然后过渡到衣服和用品。……艺术史上从来没有见过这样和艺术风马牛不相及的想法"[26]265-66。过分描写的结果就是，"许多人读了他的书感觉不好受，文章苦涩，累赘"[26]258。客观地说，"在许多地方他使许多人感到乏味。"泰纳称巴尔扎克迟迟不进入情节为"在候见室久呆"，这是"十分可厌。"[26]266读者在这些描写面前会失去阅读的兴趣。"巴尔扎克详细的描述却使我们心中寂然，目前暗无所见，……冗长的描写打破了印象的完整。……如果你描写某一个特点或某一种颜色，长到十二三行，想象便会失去作用。"[26]267这样的写法与巴尔扎克的创作风格有关："他的思想天生是晦涩的；他的表达法是迂回曲折的；他的第一个想法总是模糊的，间歇的，混乱的。……他写了四十部不好的小说，他自己也知道不好的小说，方才着手写《人间喜剧》。……他每一部小说都要润色，涂改，重写十至十二次校样，直到这些校样无法认辨为止。……在人物的形象下面，我们看见了巴尔扎克本人。……莫尔叟（索）夫人的冗长的台词几乎和莎士比亚的诗谜一样可厌。"[26]273-74至于"历史，他历史知道得不清楚"[26]319。泰纳对巴尔扎克的评价非常深刻，往往一针见血："他的天性和职业逼迫他利用想象，相信想象；因为小说家的观察原不过是一种猜测……他的工具是直觉，一种危险而高级的才能，……它有时能够碰着真理，也时常碰着谬见，而一般地说，它得到的只是近似。……他是博学而巧妙的构造家，他搜集了许多文件，结合起来许多事实，但是常用热烈的想象和诗意的自供减低了他自己理论的价值。"[26]323-325说到底，"他滥用了小说的形式，……他让小说承担它不能承担的重量。"[26]327巴尔扎克在写作中会受到各种念头的干扰，使他忘记了自己是在写小说："巴尔扎克心头受到过分的理论的重压，把政治、心理学、形而上学、一切哲学的公认和私生的孩子放进了小说。许多人读了它感觉疲倦，……一棵樱桃树理应结樱桃，一个理论家理应制造理论，而一个小说家理应写小说。"[26]328泰纳是在巴尔扎克逝世之后写就这篇《巴尔扎克论》的，其实，在巴尔扎克生前，这样的指责已经很多。

三、巴尔扎克为冗长的描写强行辩护

面对纷纷指责，巴尔扎克认为自己的写作自有目的，所以他在多处有意无意地进行了强行辩护。他在《私人生活场景》初版序言中说："他知道某些人会责备他常常在表面上看来完全多余的一些细节上着墨太多。……但是作者可以道歉说，他的书是准备送给比那些无能的批评家更纯朴，不象（像）他们那么麻木不仁，不象（像）他们那么有教养却又比他们更宽宏大量的人看的。"[27]199好嘛，言外之意是谁讨厌他的过度描写谁就无能，谁就麻木不仁，谁就不够宽宏大量了，这种说法过于强势。

巴尔扎克在《欧也妮·葛朗台》初版序言中也阐明了自己的意图："他并非野心勃勃，只想当一个最无声无息的抄写员；也为了无可争议地取得他经常写得冗长这一权利：他不得不在细枝末节的圈子里打转转，这就必须写得冗长。"[28]247貌似有理，实际上是他想当历史家的思想在作祟。我们说，他若"不在细枝末节的圈子里打转转"，他就不会写得那么冗长，这里的"不得不""必须"都是似是而非的强词夺理，是倒置了问题的因果。

他在《古物陈列室》《冈巴拉》初版序言中直接说出了自己过度描写的原因："写作《风俗研究》的每一部分时，也和从整部作品来看一样，每一部分的比例都超过了。……想当一个忠实而全面的历史学家，这一相当自然的愿

望将作者投入一项巨大工程之中。现在看来，这项工程需要的时间和劳动简直无法估计。"[29]468社会需要的是术业有专攻的专业人才，贪得太多就哪边也不会太出色。在《古物陈列室》中，开始部分巴尔扎克不厌其烦的描写和叙述基本与情节无涉，已经到了令人难以容忍的程度。无可否认，巴尔扎克是一个了不起的小说家，但他的了不起主要来源于他的作品的数量庞大，塑造的人物众多，情节非常丰富，而决不会是因为他的过度描写，这已经成了他的了不起的作品中致命的赘疣，在他去世之后，这些赘疣便不再有被祛除的可能。

巴尔扎克在《夏娃的女儿》《玛西米拉·多尼》初版序言中说："本书作者经常听到别人对他的某些描写提出责难。但是批评他的人却没有想到，这个所谓的缺点乃来自雄心太大；作者希望通过描绘人来描绘这个国家，希望向外国人讲述法兰西最美的名胜古迹和主要城市，希望确认新老建筑物在十九世纪时的状态，希望解释在五十年中使家具、住宅具有一种特殊风貌的三种不同制度。说不定正由于他的苦心，到一八五〇年时，人们还会知道帝国时代的巴黎是什么样子。未来的考古学家们将从他那里得知圣约翰回旋街的位置以及如今已完全拆毁了的附近那个区的状况。在他的故事中，有对从前在巴黎确实存在过的房屋考古性的描绘。如果他不按照实物加以临摹，到一八五〇年，可能人们都不愿相信这些房屋确实是存在过的了。……有几位知名的外国人士曾经请作者千万不要忘记他们：法兰西是他们梦绕魂牵的国度，他们希望了解法兰西的地方、人或事。这些具有地方特色的图画使他们得到极大的快乐。这也使作者得以在他已经踏上的道路上勇敢地、坚韧不拔地走下去。"[17]482-83我们说，巴尔扎克这部分内容若是作为一个旅游宣传家就再合适不过了，或者干脆做一个地地道道的历史家，不要拉扯一些虚构的人物一直参与他的描写，这样就不会给人以模棱两可、似是而非的感觉。巴尔扎克又进一步指出："本书作者要做的事情，主要是通过分析达到综合，描绘并汇集我们生活的各种成分，提出一些命题，并对这些命题全部加以论证，最后通过描绘一个时代的主要人物勾勒出这个时代的广阔风貌。"[17]483他借助分析达到综合，实际上就是从历史性实录走向文学虚构的过程，他所描绘的时代的主要人物也不应该是他文学作品中众多虚构的人物。"在公众舆论不时造成的升级晋爵中，说不定哪一次他会从小说家晋升为历史家。但是，这种殊荣必然姗姗来迟，直到人们理解了这部长篇巨著那一天才会到来。"[17]485而直到今天，我们已经彻底理解了巴尔扎克的长篇巨著，可是我们还是让巴尔扎克失望了，我们不但没有给予他所想望的历史家的身份，而是明确地把他从历史家的行列中清除出去，因为他在这里可以被称为一个滥竽充数者。

巴尔扎克又在《〈邦斯舅舅〉准文学性的告读者书》中说："《贝姨》……现在可能展开得过分了，是题目性质本身所致，结果把一部简单的中篇写成了一大本书。"[30]541 "可能"代表着自身的一种不确定，实际上巴尔扎克是本能地感觉到了自己展开的程度已经超过了读者所能忍受的极限，于是他狡辩说这种过分展开是由题目决定的，这是再明显不过的自说自话，是在给自己不能很好地把握描写的分寸强找理由。一个专业作家本应该相信这种本能的感觉才对，但巴尔扎克又不想忍痛割爱，于是便留下了有明显瑕疵的作品任由后世去评说。

在《高老头》中，第187至192页介绍伏盖公寓客人的性质、公寓在城中的地位、小花园、外观、院子、客厅、饭厅，在第191至192页，连巴尔扎克自己都感到繁琐："这些家俱（具）的古旧，龟裂，腐烂，摇动，虫蛀，残缺，老弱无能，奄奄一息，倘使详细描写，势必长篇累牍，妨碍读者对本书的兴趣，恐非性急的人所能原谅。"[31]191-92 即便有如此觉悟，作者还是要再加上几句："红色的地砖，因为擦洗或上色之故，画满了高高低低的沟槽。总之，这儿是一派毫无诗意的贫穷，那种锱铢必较的，浓缩的，百孔千疮的贫穷；即使还没有泥浆，却已有了污迹；即使还没有破洞，还不会褴褛，却快要崩溃腐朽，变成垃圾。"[31]192 巴尔扎克这里的描写我们只能用不能自已，欲罢不能来形容，他是激情有余，而理性不足。提到《高老头》，艾珉仍有些过誉地说："巴尔扎克是他那个时代视野最广，也最有洞察力的风俗画家，他能够透过纷纭复杂的社会现象一下子抓住客观事物的整体和实质，而且运用惊人的技巧和天才的构思，把这一切都纳入作品的小小框架。"[8]111 "巴尔扎克的作品，正如他自己所说的那面'把事物集中的镜子'，多少纷纭复杂、变幻无常的现象，都能在这小小的镜面上反映出来。由于这镜子反映事物是那么集中、那么强烈，使'上流社会'的丑恶暴露得那么触目惊心，当时不知给作家招来了多少非议、责难。"[8]112 "非议、责难"与其说是因为暴露了上流社会的丑恶，还不如说过分的描写才是"非议、责难"产生的根源。"对于高老头的一生，作者用笔十分节省，而对他所居住的环境，却不惜大施笔墨。对伏盖公寓的描写，具体而微，连墙壁上的石灰，碗碟上的裂缝也不放过。在有些人眼里，冗繁的细节描写令人感到沉闷，对情节是一种累赘。而在作者心目中，某些情境对故事的进展，人物性格的演变至关重要，值得用绘画的手法细细描绘，如果读者对伏盖公寓的贫穷寒酸没有深刻的印象，怎能使之与圣日耳曼区的奢侈豪华形成强烈对比，进而又怎能理解这样的对比对青年人的腐蚀作用？所以某些似乎与主要情节线索关系不大的细节，从艺术家所追求的艺术效果来考虑，却是不可或缺的。尽管这一艺术手法的运用有时流于繁琐，但不能否认作家在这方面的才能几乎达到了能以文字代替绘画的水平，通过他的描述，读者眼前会浮现出一个清晰完整的画面，从布局、形态到色彩，都与真实的画面相差无几"。[8]113-114这里有为巴尔扎克的"冗繁的细节描写""流于繁琐"的过度描写强行辩护的成分。

《贝阿特丽克丝》第4页至5页介绍布列塔尼地区历史，5页至10页介绍城市盖朗德，10页至19页介绍盖尼克家族。"没有城市面貌和地形的交待，没有这座宅第的详细描绘，这个家庭的动人心魄的形象也许就不会被人充分理解。因此，环境的描写应该先于人物。大家一定会相信人是受治于物的。有些古迹，对生活在其附近的人的影响十分明显。"[32]18-19对异常枯燥繁琐的描写作者往往会这样自我辩解。第85页至90页写德·图希家的外围景致和住宅内外，然后一直到92页写这里为什么强烈地吸引着男主人公卡利斯特。第99页经卡米叶之口第一次提到作品的女主人公：贝阿特丽克丝-马克西米利亚娜-萝丝·德·卡斯泰朗小姐。第100至102页介绍贝阿特丽克丝的婚姻、丈夫与情趣。巴尔扎克真是像京剧演出那样，打打牛皮大鼓，再钉钉蟒皮三弦，慢慢地到来。

巴尔扎克还在《幻灭》第一部初版序言中这样辩解道："只通过背景的陈列就可以了解这部巨著包含着怎样浩繁的细部了。"[33]423具体到数字，"粗略估计，这部作品最富描写性的部分，大概也有二十五卷。"[33]425巴尔扎克在创作时很难摆脱冗长描写的惯性："当作者津津有味地描绘外省一个家庭的内部和外省一家寒酸印刷厂的演变时，当他让这幅图景在描述中以尽可能广的广度展开时，很明显，其画面就不顾作者的初衷而扩大了。"[33]425

作者在《经纪人》的开始，就这样说道："……只可惜中世纪的文人未逢当今以分析与插叙见长的时代，不似我等对世俗人情尽态极妍地详加陈述。"[34]344我们说，巴尔扎克生活和创作的时代也并不"以分析和插叙见长"，他之所以这样说，只是为了给他的"对世俗人情尽态极妍地详加陈述"强行地寻找理由罢了。巴尔扎克的传记作家莫洛亚也为巴尔扎克的这种过度描写寻找出了似是而非的理由："散漫的对话并非他之所长，为了支撑人物的性格，他需要结实的水泥砖瓦结构的房屋、一个城市，甚至某种学说。小说家遇到的问题不同于剧作家。要使人物栩栩如生，后者可以挑选活生生的演员来摆

巴/尔/扎/克/研/究

布，可信性产生于表演之中。而巴尔扎克必须以卓越的描写来令人信服。一架楼梯在巴尔扎克眼中不仅仅是一架楼梯的形象，它是使它成为这个形象的一切原因的总和。他以拉瓦特为师，描写一个男人或一个女人的外貌，还要努力让读者弄明白这些被感情因素搅得难以理解的形象。描写一个城市，他要说明它是怎样形成、怎样发展的，它的每一个区怎样由于历史变迁和自然条件的影响而变成如今这个样子。"[35]126莫洛亚之所以这么说，主要是出于对同胞的爱护，于是无形之中造成了自己也扮演了为巴尔扎克强行辩护的角色。

与过犹不及的描写非常接近的问题是，巴尔扎克在介绍故事背景的时候也很少能做到恰如其分，话匣子一经打开，就很难在合适的时候恰到好处地关上。《公务员》第437至552页都在介绍故事背景，顺便描写了一些人物形象，直到552页要结束的时候，才开始以戏剧式的对话展开情节。在《小市民》中他在展开情节之前为了要长篇累牍地介绍故事背景于是说道："在这幅图画前面加上类似剧情梗概的若干说明也许不无必要，尤其是因为这些说明还将有助于人物的出场。"[22]90从90页到99页，巴尔扎克介绍了蒂利埃小姐如何在七月革命后购置了房子，她如何唯弟弟是尊，如何掌控家政。"搬家的忙乱告一段落以后，热罗姆的姐姐见他经受住了这一考验，便又为他找出其他事情来操劳，……她这么做，其原因盖出自蒂利埃的性格本身，因此说明这种原因是不无必要的。"[22]99这样的声明就是在告诉读者接下来他又要没完没了地远离情节了，他认为"不无必要"，可读者却不胜其烦。于是从99页到130页都在介绍蒂利埃的成功与衰老以及他的沙龙。在这中间，巴尔扎克还是控制不住要节外生枝："我们不得不首先交待一笔蒂利埃家的财政情况，不单是免得有人对此提出异议，也是为了避免有人对这出悲剧提出异议。"[22]105从130页起，又开始介绍参加他沙龙的各色人等。菲拉莱特·夏斯勒在《哲理小说故事集》导言中说："叙述便是整个史诗，便是整部历史，……"[36]222我们无法认同这样的观点，小说应该参考一下戏剧的写法，只有那些类似于杀人的血腥场面才适合用叙述法，其它的部分最好用可感的情节来说话。巴尔扎克在《费拉居斯》初版跋中说："作者经常离题万里，大发议论，这在某种程度上，正是作者的主要意图。"[37]241实际上，作者在这样做的时候，是淡忘了自己在干什么，于是出现了舍本逐末。《外省的诗神》同样用了12页篇幅在介绍故事背景：王朝复辟时期。[38]68-69在《朗热公爵夫人》中，作者这样介绍加尔默罗会修道院："由于其规章一尘不染，修道院将欧洲各个最遥远角落的悲伤女子，都吸引到这里来。这些女子，抛却了一切人世的牵挂，在天主的怀抱中完成了慢性自

· 30 ·

杀，她们的灵魂在悲叹。……除了这块半欧洲风格、半非洲色彩的岩岛之外，在任何其他地方都无法见到如此多方面的和谐统一，各种因素相辅相成，使人能够尽善尽美地修身养性，熨平最痛苦的思绪，缓解最剧烈的苦痛，为人生的苦难准备一张软绵绵的床。"[39]163165页到208页，介绍了修道院里曾经发生的故事和朗热公爵夫人的身世。这长达44页的背景介绍，就是为了接下来要表现朗热公爵夫人最终命殒这家修道院的故事，巴尔扎克这样的叙述是在喧宾夺主。

　　总之，巴尔扎克作品中所追求的历史性经常损害其文学性，历史性要求描写和叙述巨细无遗，文学性则要求繁简适度。巴尔扎克的近似历史性的描写和叙述有时篇幅过长，令追求文学性的读者在阅读时实在无法忍受，这构成了巴尔扎克创作的永久的瑕疵。

参考文献：

[1]李清安.巴尔扎克[M].北京：北京师范大学出版社，1983.

[2]特罗亚.巴尔扎克传[M].胡尧步，译.北京：商务印书馆，2013.

[3]巴尔扎克.公务员[M]//《人间喜剧》第14卷.资中筠，译.北京：人民文学出版社，1997.

[4]杨昌龙.巴尔扎克创作论[M].西安：陕西人民出版社，1991.

[5]巴尔扎克.《人间喜剧》前言[A]//《人间喜剧》第1卷.丁世中，译.北京：人民文学出版社，1997.

[6]王路.巴尔扎克传：未完成的雕像[M].石家庄：河北人民出版社，1999.

[7]费利克斯·达文.《哲理研究》导言[A]//《人间喜剧》第24卷.袁树仁，译.北京：人民文学出版社，1997.

[8]艾珉.巴尔扎克传[M].北京：华文出版社，2017.

[9]李胜凯.巴尔扎克传[M].北京：世界知识出版社，2001.

[10]保尔·拉法格.忆马克思[A]//苏成全编选.巴尔扎克研究专题资料.成钰亭，译.西安：陕西师范大学学报编辑室，1980.

[11]黄晋凯.巴尔扎克长短录[M].桂林：漓江出版社，2018.

[12]巴尔扎克.致信亨利·贝尔[A]//苏成全编选.巴尔扎克研究专题资料.成钰亭，译.西安：陕西师范大学学报编辑室，1980.

[13]巴尔扎克.《星期报》上撰文与该报编辑意保利特·卡斯狄叶[A]//苏成全编选.巴尔扎克研究专题资料.成钰亭，译.西安：陕西师范大学学报编辑

室，1980.

[14]巴尔扎克.论艺术家[A]//苏成全编选.巴尔扎克研究专题资料.盛澄华，译.西安：陕西师范大学学报编辑室，1980.

[15]纳·雷巴克.巴尔扎克的错误[M].张秀筠，周铧，达理，译.天津：天津人民出版社，1986.

[16]圣·佩韦.评巴尔扎克[A]//苏成全编选.巴尔扎克研究专题资料.宋国枢，译.西安：陕西师范大学学报编辑室，1980.

[17]巴尔扎克.《夏娃的女儿》《玛西米拉·多尼》初版序言[A]//人间喜剧：第24卷.袁树仁，译.北京：人民文学出版社，1997.

[18]巴尔扎克.古物陈列室[M]//人间喜剧：第8卷.郑永慧，译.北京：人民文学出版社，1997.

[19]巴尔扎克.德·拉尚特里夫人[M]//《人间喜剧》第15卷.何友齐，译.北京：人民文学出版社，1997.

[20]巴尔扎克.三十岁的女人[M]//《人间喜剧》第4卷.沈志明，译.北京：人民文学出版社，1997.

[21]柳鸣九.论巴尔扎克和他的《人间喜剧》[A]//法兰西文学大师十论.上海：复旦大学出版社，2004.

[22]巴尔扎克.小市民[M]//人间喜剧：第15卷.何友齐，译.北京：人民文学出版社，1997.

[23]左拉.论小说[A]//伍蠡甫主编.西方文论选：下卷.辛滨，译.上海：上海译文出版社，1988.

[24]郑克鲁.《巴尔扎克名作欣赏》序言[A].北京：中国和平出版社，1995.

[25]郑克鲁.《巴尔扎克中短篇小说集》名家导读[A].武汉：长江文艺出版社，2008.

[26]泰纳.巴尔扎克论[A]//苏成全编选.巴尔扎克研究专题资料.鲍文蔚，译.西安：陕西师范大学学报编辑室，1980.

[27]巴尔扎克.《私人生活场景》初版序言[A]//《人间喜剧》第24卷.袁树仁，译.北京：人民文学出版社，1997.

[28]巴尔扎克.《欧也妮·葛朗台》初版序言[A]//《人间喜剧》第24卷.袁树仁，译.北京：人民文学出版社，1997.

[29]巴尔扎克.《古物陈列室》《冈巴拉》初版序言[M]//《人间喜剧》第24卷.袁树仁，译.北京：人民文学出版社，1997.

[30]巴尔扎克.《邦斯舅舅》准文学性的告读者书[A]//《人间喜剧》第24卷.袁树仁，译.北京：人民文学出版社，1997.

[31]巴尔扎克.欧也妮·葛朗台　高老头[M].傅雷，译.人民文学出版社，1980.

[32]巴尔扎克.贝阿特丽克丝[M]//人间喜剧：第4卷.张裕禾，译.北京：人民文学出版社，1997.

[33]巴尔扎克.《幻灭》第一部初版序言[A]//《人间喜剧》第24卷.袁树仁，译.北京：人民文学出版社，1997.

[34]巴尔扎克.经济人[M]//人间喜剧：第14卷.丁世中，译.北京：人民文学出版社，1997.

[35]安德烈·莫洛亚.巴尔扎克传[M].艾珉，俞芷倩，译.杭州：浙江大学出版社2014.

[36]菲拉莱特·夏斯勒.《哲理小说故事集》导言[A]//《人间喜剧》第24卷.袁树仁，译.北京：人民文学出版社，1997.

[37]巴尔扎克.《费拉居斯》初版跋[A]//《人间喜剧》第24卷.袁树仁，译.北京：人民文学出版社，1997.

[38]巴尔扎克.外省的诗神[M]//《人间喜剧》第8卷.袁树仁，译.北京：人民文学出版社，1997.

[39]巴尔扎克.朗热公爵夫人[M]//《人间喜剧》第10卷.袁树仁，译.北京：人民文学出版社，1997.

第三章 人物再现法并非巴尔扎克独创

巴尔扎克的小说人物在不同作品中反复出现，一些重要人物往往出现过二三十次，他在多部小说中反映这些人物的不同经历，最后构成这些人物的完整形象。但人物再现法并不是巴尔扎克的独创，在他之前，但丁、莎士比亚和莫里哀都在诗体作品中使用过这种手法，只不过巴尔扎克把这种手法引进了小说，而且进行了前所未有的大规模的运用。

人物再现法，就是一个作家或诗人让以前作品中的人物在以后作品中连续两次或多次出场的方法。巴尔扎克使用人物再现法，把《人间喜剧》的许多典型人物贯穿起来，比如拉斯蒂涅、伏脱冷、纽沁根等等。使用人物再现法，不仅作品中的主要人物得到了符合其性格特征的充分发展，而且把各个独立的单篇也连成一个互相关联的艺术上的有机整体，这显示了作为现实主义大师的巴尔扎克创作艺术的雄厚功力和高超技艺。巴尔扎克的小说创作并不是按照这些人物的生平发展顺序进行的，这并不妨碍人物再现法在使很多作品形成一个整体方面起到了至关重要的作用。巴尔扎克大规模地在小说中运用了人物再现法，使他的《人间喜剧》浑然成为一个整体。国内研究者大多认为人物再现法是巴尔扎克的独创，殊不知在他之前，但丁、莎士比亚和莫里哀都运用过这种方法；国外学者总体上要更为客观一些。

一、但丁、莎士比亚和莫里哀使用过人物再现法

但丁《新生》中的人物贝雅特丽齐到了《神曲》里面带领但丁游历天堂，这是能见到的较早的人物再现法。虽说荷马《伊利亚特》中的俄底修斯和宙斯、波赛冬、雅典娜等在《奥德赛》中再度出现，但两部史诗不是荷马个人的创作，而是过去400年间整个希腊民族集体智慧的结晶，所以这无法被归入人物再现法。

1597年莎士比亚在历史剧《亨利四世》中塑造了雇佣兵福斯塔夫的形象，1598年，莎士比亚又让福斯塔夫在浪漫喜剧《温莎的风流娘儿们》里再

现。

　　莫里哀也运用过人物再现法。李健吾在《莫里哀喜剧六种》译本序中说："《逼婚》（1664年）里的斯嘎纳赖勒，是莫里哀创造的一个定型人物。斯嘎纳赖勒在好几出戏里出现，社会身份是市民，只有在《唐璜》或者《屈打成医》里，才是听差或者樵夫身份；他们和封建文化有接触，沾染到特权阶级的思想习惯，所以莫里哀把他们归到一个定型底下。有些人物的名称，例如奥拉斯、法赖尔等等，都是从意大利职业喜剧定型演员那边借过来的。"[1]XXII这里也说明了处于17世纪的莫里哀的人物再现法是从意大利人那里学来的，因为莎士比亚18世纪才传到法国。李健吾说，莫里哀的喜剧《司卡班的诡计》中的司卡班原来是意大利职业喜剧中的一个定型人物，只不过到了莫里哀的笔下，这个人物的性格得到了提高。他遇到危险不再溜之大吉、嫁祸他人，而且从小丑变成了慷慨大度、勇敢有为的正面形象。[1]XXIV也就是说，在莫里哀之前，司卡班就是意大利喜剧中不断被再现的人物形象。

二、国内研究者普遍认为人物再现法是巴尔扎克独创

　　黄晋凯在《巴尔扎克长短录》中提到《高老头》时说："在这部小说里，过去作品中已经出现过的人物又再现了，未来作品将出现的人物开始登场了。他们在不同的作品中有不同的地位，在不同的境遇中有不同的发展，从而将所有的作品联系成一个有机的整体。"[2]26一直到这里，黄晋凯还没有说错，但接下来的话就靠不住了："为了把自己的作品连成一个整体，构成历史的画卷，巴尔扎克独创了'人物再现'的方法，即同一个人物在不同的作品中反复出现，经历持续发展，故事互相渗透。这个方法，巴尔扎克是从写《高老头》时开始采用的。再现的人物大约有四百多个，散见于七十多部作品中，其中像拉斯蒂涅这样主要的角色，读者在几十部小说中都能遇到他。……巴尔扎克运用这一独特的手法，不仅起到了延长人物'寿命'，增强形象的立体感，丰富形象意义的作用，而且确实达到了他预期的目的，把各自独立的单篇连成了一个相互关联的整体，从不同的侧面反映了一个时代的社会全貌，使《人间喜剧》成为一个既完整又具有开放性的体系。"[2]127这里阐明了人物再现法的妙用，概括得非常完整。但有两点需要纠正：一、人物再现法并非巴尔扎克"独创"，所以也并不"独特"；二、被再现的人物并非"经历持续发展"，正如李清安所说，高老头的大女儿阿娜斯大齐和拉斯蒂涅在巴尔扎克于1830年创作的《高布赛克》中就已经出现了，其中，阿娜斯大齐最后成了寡妇，而在

1834年创作的《高老头》里面，巴尔扎克写到了她的成长、出嫁和父亲的死。另外，拉斯蒂涅在《驴皮记》（1831）中也出现过，不过在《高老头》中他是刚到巴黎，在《驴皮记》中已是混迹巴黎的成手。

黄晋凯在《巴尔扎克和〈人间喜剧〉》中也概括过人物再现法的妙用："《高老头》是巴尔扎克为未来大厦置放下的第一块基石。"[3]33 "从《高老头》开始，巴尔扎克对他笔下的人物形象和情节线索都作了精心的安排。过去作品中各自独立的情节，到这里被扭结在一起，又在以后的作品里生发开去；过去作品中出现过的人物，在这里得到了再现，并在后来的作品里不断发展。"[3]86 其实，《巴尔扎克长短录》中几乎囊括了《巴尔扎克和〈人间喜剧〉》的所有内容，而需要纠正的地方也被完全重复了。

李清安说，1834年秋，"经过长期的创作实践，又经过一年多的深思熟虑，巴尔扎克酝酿着艺术上新的突破。他已经窥见到自己整套作品的概貌，并且产生了一个天才的想法——'人物再现法'。"[4]50 李清安这样提到伏脱冷："在这部小说（《高老头》）中，《人间喜剧》里的一个重要角色——雅克·高冷（伏脱冷）首次出场了。……这个'罪恶之神'此后三番五次地出现在巴尔扎克的小说和戏剧中，成为《人间喜剧》中最生动、最典型、最有哲理意味的形象之一。"[4]51 李清安又说："小说的其他主人公，高老头父女和拉斯蒂涅，早在一八三〇年发表的《高普（布）赛克》和《女人（妇女）研究》中就分别出现过了。……这标志着'人物再现法'的原则开始走入了《人间喜剧》的创作之中，作为一个天才的创举，使巴尔扎克的小说创作提高到一个崭新的阶段。"[4]51 李清安在不断地肯定人物再现法是巴尔扎克天才的独创："平心而论，'人物再现法'的确是巴尔扎克的天才发现，是巴尔扎克对小说创作艺术的重要贡献。由于采用了这个原则，使得《人间喜剧》的全部小说具有更大的真实感、整体感，使作者实现了'表现整个社会'的目标。……'人物再现法'当然不是任何小说家都要效法的公式，但却是《人间喜剧》之所以在艺术上登峰造极的一件法宝。"[4]51-52 1833年10月，"巴尔扎克产生'人物再现法'的构思。"[4]206 李清安所说的"天才的想法""天才的创举"和"天才发现"都属于夸大其词，所以人物再现法"是巴尔扎克对小说创作艺术的重要贡献"也是部分可以商榷的。

艾珉在《巴尔扎克传》中说："从这部小说（《高老头》）开始，他将运用人物重复出现的手法，把以往的作品和今后的作品联为一体。"[5]42 艾珉提到了这样做的好处："把自己的一部部作品联为一体，构成一个巨大的整体建筑，使当代社会，连同它的千变万化和种种现象的前因后果得以完整的再现，这却是一项前无古人的创举。"[5]54巴尔扎克"始终在动态中刻画人物，每个人都有他独特的经历和生活道路，每个人都随着时代社会的发展变化而变化发展。因此，他很难在一部作品中完成人物的塑造。于是他灵机一动，创造了人物在多部作品中重复出现的手法，并借此将所有的作品联为一体。这是一项前无古人的创造，按普鲁斯特的说法，是他为自己的作品加上的'最后，也是最精彩的一笔'。"[5]61考虑到在巴尔扎克之前，但丁、莎士比亚和莫里哀都使用过人物再现法，那么，艾珉这里所说的"前无古人的创举"和"前无古人的创造"就有失谨慎了。

　　正如李清安所说："《人间喜剧》中的九十多部小说，自成一体，又彼此相联。"[4]41值得一提的是，"在《妓女的荣辱》（《交际花荣辱记》）中，吕西安经过又一回合的得意经历，最终自缢于狱中。伏特（脱）冷又几经作乱，终于落落大方地俯首就擒。在这部差不多是巴尔扎克搁笔前最晚写成的大型作品中，几乎来了一个人物大集会。《人间喜剧》中大部分重要人物都露面了。"[4]61

　　李胜凯在《巴尔扎克传》中说："这部小说的艺术独到之处在于'人物再现'。以前巴尔扎克也曾多次借用已发表的作品中的人名和人物性格，从《高老头》开始，这种写法成了一套体系。……雷斯托夫人在《高布赛克》中出现过。拉斯蒂涅吗？在《驴皮记》中已经出场了，当时他只是亮一下相，以后我们还会看到他发迹的始末，他的变化。"[6]191李胜凯也错误地认为人物再现法是巴尔扎克"天才的创举"："巴尔扎克极其自然地运用'人物再现'的手法，在小说领域开辟了一个新天地，使他的作品获得了前所未有的表现力。这是他天才的创举。"[6]191

　　王路在《未完成的雕像——巴尔扎克传》中的研究态度是值得肯定的，里面既指出了巴尔扎克的伟大之处，又对巴尔扎克性格上的不足多有讽喻之词。王路认为巴尔扎克运用人物再现法与他和韩斯卡夫人的恋情有关："同韩斯卡夫人的恋情，将他的'大事业情结'炙烤得更为浓烈，这也大大刺激了他的灵感。他终于想到了个绝妙的主意，可以作为他构筑自己世界的策略：'人物再现法'，即他作品中的人物都是有机相联的，在一部作品中出现的人物还会在另外一部作品中出现，而且他们的性格和命运将在一系列的作品中不断变化发展。这样，他所有的作品就形成了一部大的作品，一部宏伟的历史著作，巴尔扎克将是这部历史的伟大作者。1834年10月，他的这种想法逐渐成熟了，

而且像细胞分裂一样膨胀得特别快。" [7]180

三、国外对巴尔扎克人物再现法的较为客观的看法

与国内的一些研究者相比，国外的研究者对巴尔扎克笔下的人物再现法的看法总体上要比较客观一些。

苏联时期的普塞柯夫在《巴尔扎克创作的现实主义特征》一文中也提到了巴尔扎克的人物再现法："他的许多人物一再在《人间喜剧》的舞台上出现。他们在复辟时期开始了他们的生涯，在四十年代，在七月王朝时期才结束活动。" [8]427这里容易让人误解的是，七月王朝是从1830年开始，到1848年结束，所以七月王朝不只指四十年代。

泰纳在《巴尔扎克论》一文中也指出了巴尔扎克运用人物再现法的特出之处，难能可贵的是，泰纳并没有说这种方法属于巴尔扎克的独创："真正使他成为哲学家，而置之于最伟大的艺术家之列的，乃是他将所有这些作品联系成为单一的作品的这件事实。这里每一部小说和其他小说都有关连，同一个人物屡次重现，一切都联系起来，形成一条锁链，这是成百个场景组成的一出戏剧，每一个场景都使我们回忆起其余的场景；从这一句话上，你就不难推想它们造成了多大的效果，在每一页上，你都可以纵观整个《人间喜剧》。……你一眼就重见到他们的亲属，他们的故乡，他们的性格和他们发财致富的原由；从来艺术家没有在他的描写的容貌上集中过如此强烈的光线；从来艺术家没有如此成功地补救过他艺术的基本缺点。" [9]270-71可以肯定的是，泰纳承认巴尔扎克是一位伟大的作家，同时也没有回避巴尔扎克作品中的"基本缺点"，这一点需要国内的很多研究者学习。

特罗亚也说："这部小说的主要创造是：人物在这本书出现后又到另一本书里出现。这种情况在开始写作这本巨著时不过是巧合，甚至是漫不经心的做法，后来却成了体系。在这套书的各册之间，有通道相互联系。从此以后，就有一个虚构的世界，在各本书里，有同样一些医生、警察、金融人员、高利贷者、法律界人士、时髦女人在走动。读者像老相识似地（的）在通道上向他们问好，这些老相识也给读者提供幻想天地，让他们并列地进入一个与他们习惯生活一样真实的世界。这一边有一个上帝创造的世界，另一边是巴尔扎克创造的世界。即使读者对这种幻想的种子不入迷，他们也更喜欢巴尔扎克创造的世界甚于真实的世界。总之，巴尔扎克也觉得比之周围芸芸众生，他更接近脑子里编造出来的宇宙。" [10]190特罗亚这里提到的手法就是人物再现法，事实

上，这种手法并非巴尔扎克"创造"，他只是把前人在诗歌、戏剧方面使用过的这一手法运用到了小说上面而已，而且是在更为宏阔的规模上的运用。

参考文献：

[1]李健吾.《莫里哀喜剧六种》译本序[A].上海：译文出版社，1978.

[2]黄晋凯.巴尔扎克长短录[M].桂林：漓江出版社，2018.

[3]黄晋凯.巴尔扎克和《人间喜剧》[M].北京：北京出版社，1981.

[4]李清安.巴尔扎克[M].北京：北京师范大学出版社，1983.

[5]艾珉.巴尔扎克传[M].北京：华文出版社，2017.

[6]李胜凯.巴尔扎克传[M].北京：世界知识出版社，2001.

[7]王路.未完成的雕像：巴尔扎克传[M].石家庄：河北人民出版社，1999.

[8]普塞柯夫.巴尔扎克创作的现实主义特征[A]//苏成全编选.巴尔扎克研究专题资料.西安：陕西师范大学学报编辑室，1980.

[9]泰纳.巴尔扎克论[A]//苏成全编选.巴尔扎克研究专题资料.鲍文蔚，译.西安：陕西师范大学学报编辑室，1980.

[10]特罗亚.巴尔扎克传[M].胡尧步，译.北京：商务印书馆，2013.

第四章 从巴尔扎克、雨果和莫里哀看戏剧是最不适合作家创作起步阶段的文体

从巴尔扎克、雨果和莫里哀的文学经历可以看出，戏剧是最不适合作家创作起步的文学形式。戏剧，在作家起步时期是最难的文体。

一、巴尔扎克，戏剧《克伦威尔》让他创作首败

1848年5月25日，《后母》在历史剧院初次上演，巴尔扎克的戏剧创作获得初次成功。对此，黄晋凯说道："评论界发出一致的赞扬。"[1]295 1840年5月10日，"巴尔扎克告诉韩斯卡夫人自己想写剧本《梅尔卡德》（《麦卡代》）：'《梅尔卡德》——这是主人公与债权人的一场战斗；我表现了他为躲避他们而采取的一切巧计。'"[2]55这部剧代表了巴尔扎克在戏剧上的最高成就，主人公麦卡代与债权人之间的斗智实际上是终生负债的巴尔扎克对自己生活的精妙概括。1848年8月17日，巴尔扎克"给法兰西剧院委员会朗读1840年开始创作的五幕剧《麦卡泰（代）》，获一致好评。"[3]244但是《麦卡代》是在巴尔扎克去世后于1851年8月24日在纪姆纳斯剧院首次演出的，初演获得很大成功。这些戏剧都是巴尔扎克晚期的创作成果，那么，巴尔扎克是不是生来就具有戏剧创作的天赋？当然不是。巴尔扎克之所以能成为著名的世界级的作家，部分是因为他读中学时走的道路是对的，他那时被称为诗人，而不是戏剧家。"旺多姆的学校里有一个文学社团，……奥诺雷心怀抱负，为文学社写了一些东西。他吟诗作赋，创作诗歌"，"同学们给他起外号，叫他'诗人'"[4]8但是后来证明，"巴尔扎克根本没有赋诗的天赋，即使在青年时代也是如此，后来在创作《人间喜剧》时，如果他需要一些诗歌作品的话，他会求助于朋友们，泰奥菲勒·戈蒂埃（耶）、德·吉拉（尔）丹夫人和拉萨伊都曾替他写过诗，而他只需要告诉他们自己需要什么风格的诗就行了。"[4]32也就是说，中学时期巴尔扎克对文学所表现出的浓厚兴趣，最后结晶为大量的优

秀小说，而不是戏剧。实际上，戏剧在写作和演出方面较诗歌、小说的写作和出版都要复杂得多。从巴尔扎克与雨果创作《克伦威尔》的失败可以看出戏剧是最不适合作家起步阶段创作的文体，巴尔扎克的主要成就是在小说方面。

　　1819—1829年，是巴尔扎克练习写作的10年，也是他在启蒙思想影响下，进一步认识生活、分析社会的10年。大学毕业不久，他毅然违背父命，离开司法界，投身于文学事业。1819年1月，巴尔扎克从法学院毕业，但也是同年，他拒绝了家人为他安排的公证人事务所的职位，而坚持要走毫无生活保障的文学道路。巴尔扎克与母亲签下了两年的文学尝试合同，他住进了巴黎莱迪吉耶尔街的一间阁楼里。父母用停止经济供给的办法来瓦解他的意志，但他毫不动摇。1819年9月6日，巴尔扎克在给妹妹洛尔·巴尔扎克的信中写道："不久我将要夜以继日地奋战。每当我想到我的工作同我亲爱的人们息息相关的时候，心里感到格外温暖。如果说上天赋予了我某种才能，那么我最大的愉快将是使我的才能变成荣誉，为你，为我的好母亲争光。你想想，如果我能使'巴尔扎克'这个名字生辉，该有多么幸福！战胜默默无闻是一件多么有意思的事……"[5]46-47

　　巴尔扎克开始了广泛的阅读，以哲学书籍为主。1919年8月，巴尔扎克构思和写作长篇小说《斯戴拉》、悲剧《苏拉》、喜歌剧《柯尔萨尔》、喜剧《两个哲学家》的草稿，9月6日，决定写作诗体悲剧《克伦威尔》。李胜凯说："思量再三，他终于作出选择，还是写戏剧作品更有希望。因为它更容易产生轰动的效应，更容易给作者带来荣誉。巴尔扎克知道一个叫斯克里布的人，过去是一家诉讼事务所的帮办，才华并不出众，可他写的剧本却能够在巴黎许多剧场里上演，使他名噪一时。这位斯克里布写的净是些通俗笑剧，而不是什么高雅之作，然而他却能得到巴黎人的垂青。对此，奥诺雷·巴尔扎克是十二分的不服气。他相信自己的眼光比这位斯克里布高"[6]41。要开创自己事业的巴尔扎克想迅速地获得荣誉和金钱。特罗亚说："经过深思熟虑后，他认为哲学著作不会给他带来荣誉和金钱，而他很需要这两样东西，如要获得这双重奖赏，还是投入到小说或戏剧事业为好。在当时，小说被认为是低级艺术，而戏剧却具有无可置疑的威信。特别是诗剧。"[7]36王路同样描述了巴尔扎克的犹豫和最终决定："写什么呢？什么会使他巴尔扎克的名字在巴黎家喻户晓，一夜成名，并带来大把的金钱？看来只有戏剧，如果他写出一部戏剧能在法兰西剧院上演，引起轰动，他不就成了法兰西之星吗？就写戏剧，而且一写就要写大的。巴尔扎克干脆抛开了他以前选择的题目，而选择了一位叱咤风云的悲剧人物科（克）伦威尔作为自己写作的对象。"[8]46阿尔贝也描述了当时的巴尔扎克多面出击、最后决定写作诗剧《克伦威尔》的过程："各种思想塞进他的脑袋里，每天他都在起草悲剧、喜剧、小说和歌剧的写作计划，但是他不知道哪个计划能完成，在他看来，每个计划都能变成一部佳作。他构思了一部有潜力的小说，名叫《公鸡怪》，但是他怀疑自己是否有能力按照构思完成这部小说。在长久的犹豫不决之后，他决定写一部古典诗剧《克伦威尔》，他认为这是近代史上最微妙的主题。"[4]16莫洛亚写到巴尔扎克开始广泛地阅读哲学书籍，但"他完全知道不能单靠哲学幻想来过日子。就目前来说，写戏剧似乎更有希望。……为什么不可以写一出五幕诗体悲剧呢？……事实上，他对诗韵之缺乏灵感到了令人难以置信的程度。可是当他读完了维勒曼使克伦威尔风靡一时的两本书之后，他决定把这位英国的摄政者作为他的一部悲剧的主人公。他拟好了提纲。"[5]46

巴尔扎克太急于成名，以至于他选择进行戏剧创作，这本身就是一种不自量力的急功近利的表现。"英文的弑君者已经够难啃的，而他还要日日夜夜强迫自己把它写成法文的亚历山大体诗句。……他给他的心腹洛尔的信中写道，法国革命还远远没有结束；在未来的政治动乱年代，人们需要文学家，因为文学家知道人类的心声；总之，他说如果他是个朝气蓬勃的男子汉（他希望自己是这样的），他不仅可以在文学上出人头地，还将是一个光荣伟大的公民。"[5]47为了尽早地成功，巴尔扎克可谓是拼尽了全力："那时候他消瘦、苍白，眼窝深陷，胡子拉碴，好像刚从医院里出来，或是从戏台上下来。尽管牙痛得厉害，他也不去治疗，说什么'狼从来不去找牙医，那么人也可以像狼一样'。这条从父亲那里继承来的漂亮推理使他年纪轻轻就缺了门牙。"[5]48

巴尔扎克概括自己当时的心理是："一个年轻人的脑袋里着火了！就在我住的这个区，莱迪吉耶尔街九号四楼上，消防队员在那里奋战了一个半月，也没有办法将火扑灭。这年轻人迷上了一个尚未谋面的漂亮女人，她的名字叫'荣誉'……"[5]51

巴尔扎克在寄给妹妹洛尔的信中说：

> ……我要买一把公事房用的旧靠背椅子，至少可以护住我的两侧和脊。你千万不要告诉亲爱的母亲，说我夜间工作，……

> 我比任何时候都热爱我的工作，……我们的革命，还要很久才能结束；从动荡的情况上看，我预料还要发生许多混乱。代议制度无论好坏，照样需要各方面人才；在政治危机中，伟大的作家也必然感到

缺乏；他们不是把对人心的观察和深刻认识集中在科学上了么？

假如我有干劲儿的话（真的，我们还不能确定），有一天我可能得到不是文学而是其他方面的成功；那时候在伟大作家的称号上，再加上一个伟大公民的头衔，也是大可一试的野心！除去爱情和荣誉，就没有、没有一样东西能充实得了我心上的宽阔座位，……

……我带着一点点私心，希望我关于《克伦威尔》的计划能够成功，……我计算我能得到多少钱，不再依赖别人。……万一有人在维勒巴利西斯（巴尔扎克家庭所在地）出售天才，你替我能买多少就买多少；可惜这种东西既不能卖，也不能给，也不能买，而我却正好一百二十分需要。

……你就追求朗格道克的彼得（特）拉克吧，不过要想法子让他现代化，每年有十万法郎利息收入，还是一位大经理才好！再会。[9]337-338

五幕诗剧"《克伦威尔》好歹算是成形了。1819年11月他把完整的详细提纲寄给了洛尔"。[5]52巴尔扎克的超常自信显得特别偏执："我一定要使我的悲剧成为国王和百姓们手头必备的书，我要一鸣惊人，不然就拧断我的脖子……"[5]52虽然豪气冲天，"然而奥诺雷却裹着旧大衣，头戴'一顶但丁式的无边圆帽'，在他的陋室里挨冻。……工作进展得很慢；……"[5]531820年9月巴尔扎克给妹妹洛尔写道："希望我关于《克伦威尔》的计划能够成功，我把我这出可怜的悲剧当做（作）提神的咖啡：我计算我能得到多少钱，不再依赖别人。"[10]104为了向父母证明自己的文学天赋，他完成了五幕诗剧《克伦威尔》。克伦威尔是17世纪英国资产阶级革命时的领袖人物，胜利后实行独裁统治。王路分析到："他（巴尔扎克）并不善长韵文体，那又如何能写出伟大的悲剧呢？"[8]49艾珉也说到巴尔扎克的软肋："其实诗歌恰恰是他的弱项，何况还要写成极工整的亚历山大诗体。尽管他相信自己的天才，现在也常常感到力不从心了。"[3]17巴尔扎克确实是特别勉强地完成了这部诗剧的创作。李清安说："一幕一幕地写下去，巴尔扎克用了六个多月的时间，总算凑出了全剧的一千多行诗句。对于不太善于找辙押韵和遣词炼句的巴尔扎克来说，实在是件不容易的事，而且，对于英国的那段历史，他也缺乏足够的了解，但是他还是努力去作（做）。因为，一方面，他必须在期满之前向父母交出说得过去的作品；另一方面，他也急于写出出色的东西，渴望别人承认自己的才能……"[11]29实际上，急功近利的巴尔扎克没有利用好自己的天赋——丰富的想象力。李胜凯说："以他这样一个既不懂人情世故，又不谙舞台艺术和技巧的人，再没有比写悲剧更不相宜的了，尤其是诗体悲剧。因为巴尔扎克的天才表现在他无与伦比的丰富想像（象）力上。当构思和写作的时候，他丰富的想像（象）力一经展开，便犹如脱缰的野马奔腾不止，无法考虑诗体悲剧所特别要求的音节和构制巧妙的韵脚。如果过于讲求格律声韵，意念的狂流势必受到滞碍。正因如此，他刻意模仿古典悲剧模式所创造出来的《克伦威尔》，也就难以摆脱呆板、蹈袭与空洞之嫌了。"[6]44-45在创作的起步阶段进行戏剧创作确实不是明智之举。"靠着大量的咖啡，《克伦威尔》在前进。这剧本好像是照着拉丁古典作品和高乃依、拉辛的悲剧依样画葫芦画出来的。"[5]53作品中充斥着过多的模仿的痕迹。"总之，这不过是一份修辞班学生的作业，缺少诗人的才华，虽然相当下工夫，但却是在一块不毛之地上的辛勤耕作。"[5]54

莫洛亚也提到了巴尔扎克给妹妹洛尔的信："奥诺雷尽管是个劣等的戏剧家，却毫不费力地表现出杰出的书信体文学的才能。"[5]50巴尔扎克在给妹妹的信中非常沉醉于自娱自乐式的写作生活："今天我意识到财富并不意味着幸福，我向你保证，我在这里度过的三年对于我今后的一生都是值得庆幸和纪念的源泉。……我把《新爱洛伊丝》当情妇，把拉封丹当朋友，布瓦洛是法官，拉辛是榜样，拉雪兹神甫公墓是我散步的场所。啊！要是能够永远这样下去该有多好！……"[5]52

进行戏剧创作让巴尔扎克感受到了生命透支："经过这么一个辛勤劳动的严冬，我多么需要到阳光下休息半个月。亚当岛是我的人间天堂，它对我有极大的影响。你别以为我不想过我那一贫如洗的生活了，其实我现在比任何时候都幸福。"[5]55莫洛亚描述道："维埃·拉法耶常常邀请巴尔扎克到亚当岛去小住，他尽情享受这美好的时光，在那里阅读布丰的作品，写点东西，……"[5]60

在亚当岛，"当过神甫的维埃伯爵对奥诺雷的影响是背离信仰和操守。"[5]55一番休养过后，也就是"从亚当岛归来，奥诺雷被父亲召回维勒帕里西斯；他们打算请几个朋友来听他朗读剧本。他预期会获得成功，坚持要达布兰大叔到场，因为这位大叔曾经宣称他只配当一个抄抄写写的文书。"[5]551820年，他把自己的这第一部作品——用古典主义精神写成的以17世纪英国资产阶级革命为题材的五幕诗体悲剧《克伦威尔》拿到全家人面前评议，结果以失败告终。据莫洛亚记载："这件事伤了妈妈的自尊心，洛尔和洛朗丝则因为热爱哥哥而伤心，善良的贝尔纳-弗朗索瓦看到心爱的儿子不好受也很难过。……絮尔维尔因为爱上了迷人的洛尔，殷勤地提出让他将手稿交给一位学院院士、剧作家安德里欧去看看，这是他在综合理工学院读书时的文学老师。"[5]55

1878年，巴尔扎克的妹妹洛尔·絮尔维尔写了《从巴尔扎克的通信看他的生活和作品》一书，里面记载了巴尔扎克的《克伦威尔》这个剧本真的是糟糕透顶，以至于院士不只是否定了剧本本身，而且彻底否定了巴尔扎克的文学才能："这位作者随便干什么都可以，就是不要搞文学。"[5]56对此，李清安说："责任也不能归咎于昂德里乌（安德里欧）。巴尔扎克错误地选择了题材和体裁，他没有发挥所长，反而一上来就暴露了弱点。"[11]30

接下来，达布兰大叔又托人找到了法兰西喜剧院的分红演员拉封。"拉封认为这个剧本很糟，……《克伦威尔》是没有希望了，他知道自己如果一定要写作的话，应该另辟蹊径。"[5]56-57

但是巴尔扎克并未就此消沉，虽然他有些迷茫。他有两大宏愿：成名和获得爱情。他在《奥诺丽纳》中写道："那个时代我夜里入睡的当口不是做了托斯卡讷大公爵，便是成了百万富翁；不是有个公主爱我，就是自己享了大名。"[12]504

决心在文学领域闯出一片天地的巴尔扎克只好另辟蹊径。莫洛亚说："悲剧销声匿迹了，从此他期望以小说来争取荣誉。……尽管他不相信上帝，不相信有一个爱护人类的天主正在为被遗忘在宇宙中一小团泥土上的渺小人类操心，但他却喜欢设想某些人由于高度集中自己的意志，能够获得支配大自然的某种魔术般的力量。他向往达到无所不能的境界，不论是通过性格的力量，还是某些通灵者所掌握的神秘科学。大约1820年前后，他曾经向布雷兹瓦的一个城堡主人宣称：'不用多久我就会掌握这种神奇力量的奥秘。我可以驱使所有的男人听从我的命令，使所有的女人都爱上我。'"[5]60-61这样夸口的话也从侧面显露了巴尔扎克超凡的想象力。

从此，他放弃了悲剧创作，试图写作小说。巴尔扎克的文学成就不是也不可能是一蹴而就的。杨昌龙说："命运为他（巴尔扎克）的文学起步布下了重重艰难险阻，正像希腊神话中的赫拉克勒斯那样，必须完成'十二件英雄业绩'，经受了种种痛苦的考验之后，才能'升格为神'。"[13]101821—1825年间，巴尔扎克创作了很多庸俗浪漫主义小说，与人合作写了《比拉格的继承人》《让·路易斯》《鞑靼人》，自己写了《犹太美人》《阿尔代纳的代理人》《百岁老人》《最后一个仙女》《阿奈特和杀人犯》《瓦纳·克劳尔》。

"这些小说内容，充满了凶杀鬼怪，色情恐怖，情节离奇曲折，难以置信，人物形象庸俗，而且公式化倾向严重，大部分都是粗制滥造的劣等产品。巴尔扎克在制造它们的时候，既没有社会责任感，也缺乏艺术责任心，完全以赚钱为目的。"[13]16-17这些滑稽小说和神怪小说的创作，是一系列迎合当时社会庸俗风习的浪漫主义小说，都用笔名发表。这是一些内容粗鄙、情节荒诞的神怪小说。"生计问题暂时解决了，艺术家的自尊心却不断受着煎熬。虽说这个阶段的写作对巴尔扎克并非毫无裨益，至少锻炼了他组织素材和运用语言的技巧。"[3]19-20我们看到，"这段写作实践对未来的作家也是不可缺少的锻炼。如果把写作《克伦威尔》叫做（作）'试笔'，那么这时则是'练笔'了。他成熟之后的才思敏捷，优质多产，无疑得益于这一时期的写作练习。这正是巴尔扎克早期创作失败中蕴含的又一成功因素。"[3]18

当然，这些纯粹以赚钱为目的的商业性作品不会给他带来所期待的荣誉，也没有解脱他的经济困境，后来他甚至否认这些作品出自他的手笔。随后，为了给自己的严肃创作寻求稳定的经济来源，他决定暂时弃文从商，从事出版业、印刷业等。但是这些商业活动非但没有获得他所渴望的大量的金钱，以保证他挥霍的生活和从事文学创作的条件，反而债台高筑，以至拖累终生。但作家把这一切都变成宝贵的素材，充实自己的见闻。在巴黎各界的奔波碰撞，和巴黎各种人物的接触交往，破产和债主的逼债，使他深深地了解投机商、高利贷者和交易所经济人的黑暗世界，他们向他揭开了资产阶级致富手段的全部肮脏的秘密，使他亲自领略了资本主义社会中金钱的万能，人与人之间赤裸裸的利己关系，这些为他成功地创作《人间喜剧》奠定了生活基础。艾珉说："当巴尔扎克重新拾起羽笔的时候，他不仅已初步形成自己的哲学思想体系，而且对创作方法和艺术风格也进行过深入的思考和探索。"[3]27

1824年到1830年间，巴尔扎克写了很多杂文。与戏剧、小说相比，杂文操作起来要简单随意很多。艾珉在《巴尔扎克全集》第27卷《杂著》编后记中说：

> ……所谓《杂著》，指的是巴尔扎克除《人间喜剧》《都兰趣话》《戏剧》之外的全部著作，大都是在报刊上发表的文章、书评或小册子，也有少量未收入《人间喜剧》的小说。……
>
> 巴尔扎克的杂著（特别是报刊文章），质量参差不齐，有的才华横溢，有的却显然未经推敲；所论及的人或事，由于与当时文坛

上的矛盾斗争颇多瓜葛，亦难免有偏颇之处；早期的某些作品，可能因作者本人的创作道路尚处在摸索阶段，也可能是出于谋生的需要，并非全部都是认真的创作，也并非全部代表作者本人的定见，因而自相矛盾之处也很多。

本卷所收十七篇杂著和在《政治报专刊》上发表的五十一篇书评，全部是一八二四年至一八三〇年间的作品，与后来的作品相比，虽然还不成熟，但此中不乏卓有才华的精彩之笔。如一八二五年出版的小册子《老实人指南》，表面上完全是游戏之作，却以轻松俏皮的形式，暴露了大量社会弊端，尖锐地点明当今受到法律惩处的盗贼，其实是盗贼中最原始、最低级、规模也最小的；真正的大盗却是外表体面、身分（份）高贵，能以合法手段盗取他人财产的‘上流人士’。以世袭刽子手桑松家族的故事为素材的《一个贱民的回忆》（1830），围绕对死刑的看法，相当有深度地提出了司法中若干根本问题，且入木三分地刻画了有关死刑的种种社会心态。《一个可怜人》（1830）篇幅虽小，却极其辛辣地抨击了社会的不公和贫富的悬殊。《论艺术家》（1830）是一篇有针对性（主要针对将艺术家当摇钱树的商人）的文章，也是一篇极有才气的文艺论文，精辟地阐明了艺术家的创作规律和创作过程，说明一八三〇年前后，巴尔扎克的创作思想已经形成。……[14]735-36

《克伦威尔》的创作失利使巴尔扎克耿耿于怀，他在杂文《论现代政府》中写道："……再有一年，在这最强有力的民众政府之下，罗伯斯比尔就会有他的御厨、大使引见者和室内侍从官！克伦威尔肯定也少不了这些人侍候左右。假如那时他建立了自己的贵族院，也许他的王室至今还统治着英国。"[15]150他在杂文《俄国通讯》中也写道："这个词（立宪政府）并不新鲜，当年克伦威尔就用这个词推翻了查理一世的宝座。一六八八年在伦敦，有一个党就叫立宪党，它创立了立宪政权，建立了立宪政府，组织了立宪军队，赢得了立宪胜利，它还以立宪的名义起诉国王。所谓立宪政府，就是多数派行使权力。我们一向鄙薄立宪政府这个词，这不过是报纸的发明，是作家别出心裁的创造罢了！"[16]133在《俄国通讯》中，巴尔扎克还把梯也尔比喻为克伦威尔："……他（梯也尔）热心跑议会，当过反对派议员，也当过大臣，学到了夸夸其谈的本事；在南方人的厚脸皮上又加上爱管闲事的厚脸皮；在未学会韬略之前就模仿有韬略的样子；所有这些对他在贵族院的活动都有用。这就像他看风使舵，那种由塔莱朗培养起来的能力对他在宫廷的活动很有益一样。他背离了早年的共和派朋友，被共和派报纸和漫画抵着身子射了一排子弹。……他为了往上爬，采用他十五年间目睹别人采用过的那些手段，他背叛保护过他的人，对这样一个人大家居然没有提防！梯也尔先生学习玩弄别人，同时又心甘情愿让别人玩弄。……谁的地位超过他，他就要谁倒霉，他能在你脚下设置重重的障碍。他像克伦威尔一样，在议会不断加强自己的地位。"[16]122-123 "……他（梯也尔）从二流野心家中找到了一些对他本人和他的利益鞠躬尽瘁的人。……他食言的次数不下于他许诺的次数；他精通权术，……他生性具备新闻记者的厚颜无耻；……封官许愿对于文人议员的作用，和弹子、皮球对中学生的作用真有异曲同工之妙。"[16]133 "……从那时起，梯也尔先生就既掌握了保守党，又掌握了立宪党，他不动声色地左右形势，可以选择最可靠的同盟者。……"[16]134

　　1828年巴尔扎克决定重返写作道路。1829年，他发表长篇小说《舒昂党人》，迈出了现实主义创作的第一步，1831年出版的小说《驴皮记》使他声名大震。1834年，发表了小说《高老头》，这也是巴尔扎克最优秀的作品之一。他要使自己成为文学事业上的拿破仑，19世纪30—40年代以惊人的毅力创作了大量作品，一生创作甚丰，写出了97部小说，塑造了2 472个栩栩如生的人物形象，合称《人间喜剧》，被誉为资本主义社会的百科全书。

　　1834年巴尔扎克致信妹妹洛尔："我写剧本的尝试不顺利，暂时需要放弃。历史剧要有强烈的舞台效果，我又偏不熟悉，也许要靠聪明的演员，就地发挥才成。至于喜剧，像莫里哀，我愿意学他，偏偏他又是一位非常难学的大师；必须长而又长的时间才能写出一点差强人意的东西，可是时间我又总是没有。再说，随你上演什么戏，都有无数的困难要克服，偏偏我又没有时间足之手"[10]122。巴尔扎克又写道："洛尔，我会使我周围的人讨厌我的，我并不奇怪。哪一个作家的生活，又不是这样的？"[10]123

　　巴尔扎克一生都没有放弃过要靠戏剧走捷径的想法。阿尔贝说："从他文学职业的一开始，他就一刻不忘地想着戏剧创作，他最早的尝试就是那部注定会失败的《克伦威尔》，当它被读给全家人听时，得到的是失败和屈辱。可是，这个挫折绝不会让他远离舞台。"[4]68

　　1838年年末，巴尔扎克再次萌生了创作戏剧的想法，"比起描写事物，分析感情，对戏剧中的对话，他并不怎么在行，但戏剧如演出成功，获利甚丰，而且在几小时内立竿见影。"[7]258对巴尔扎克来说，戏剧是解决财政危机的最佳途径。戈蒂耶在《回忆巴尔扎克》一文中说："决定他作这些尝试的动机，与其说是出于真正的爱，毋宁说是，我们应该这样肯定，想得到一笔巨款，能一下子解决他经济上的困难。大家知道，戏剧的收入要比书籍多得多；不断演出，加之演出税又高，很快就能积成大笔款项。"[17]338巴尔扎克创作戏剧是为了追求经济利益这一点大家都有目共睹。阿尔贝说："巴尔扎克对戏剧创作的坚持是因为他从中瞥见了滚滚而来的财富，但这些财富就这样在他眼前转了一圈便消失了。"[4]71王路也说："还有一颗巴尔扎克在40年代前后投下的臭棋子不能不讲，这就是他在戏剧事业上的投机。"[8]233之所以这样，因为"在巴尔扎克看来，戏剧并不比小说难搞多少；相反，和一部情节复杂、人物众多、时空穿插跳跃的长篇小说比起来，戏剧倒显得有些小儿科了。……如果他能以创作小说的速度转而搞戏剧，一年弄出20来个剧本是轻而易举的事，那他的收入将会达到每年20多万法郎。这个数字还是保守的估计，如果这个计划能顺利实施的话，他将会拯救自己，走出一切灾难。"[8]234事情其实并没有像巴尔扎克想象得这么简单。王路明确地指出："他的天才是在叙事方面，他需要的是比演出舞台更大的历史空间、社会舞台。在那里他能纵横捭阖、随心所欲而不逾矩。但当他强行将自己的想像（象）与思维纳入到时间、地点、人物、情节等高度紧张集中的戏剧中来时，他就被缚住了手脚，越是挣扎扭动，受苦越深。如果说在从商、从政方面他像个笨伯的话，在虽然也属于艺术范畴内的戏剧方面，他也毫不逊色。"[8]234李胜凯也说："他打算在近期内推出二至五部戏剧，以改变目前的困境（雅尔迪破产）。虽然他的天才主要不是在对话中，而是在描写、性格分析或广阔的历史画卷中展现的。创作戏剧绝非他之所长，他早年创作《克伦威尔》的失败就是一个例子。可是剧本的利润实在是太诱人了，一个成功的剧本可以赚到10万到20万法郎，是一部小说的10倍。"[6]276

巴尔扎克的戏剧投机也并不顺利。王路说，面对财政危机"巴尔扎克也倒不太感到为难，只消几个夜晚他就把《家政学校》（即《家事学堂》）给拼凑出来了。但是，文艺复兴剧院的经理却远不那么好糊弄，他只将剧本读了几页，便断然拒绝接受，并向作家索回预支的6000法郎。煮熟的鸭子又飞了，可能那鸭子本就不属于自己。巴尔扎克为这个剧本付出的不仅仅是时间，还有为数不薄的排版费。"[8]238艾珉说，1839年2月，巴尔扎克"完成剧本《家事学堂》的创作。但此剧直到1907年才首次发表，1910年首演。"[3]233剧本《家事学堂》朗读失败之后，巴尔扎克"只是丧失一半勇气。戏剧对他还是很有吸引力的，他把它当成付出劳动最少而获利最多的一种既方便又可靠的手段。如果说，小说对他来说是一项需要全力以赴的重大工程，戏剧艺术则是商业游戏，一种有利可图的娱乐，在这里，就像商人一样，那些江湖骗子大捞钱财。"[7]260

1840年3月16日，"在官方报纸《劝世报》上发表了内务部长关于禁演《伏脱冷》一剧的命令。官方批评界被伏脱冷的形象激怒；此剧被禁是由于主角伏脱冷的扮演者弗列特利克·勒美尔特装扮成路易·菲力普。"[2]54-55这是巴尔扎克第一部比较有影响的戏剧作品。《伏脱冷》演出失败后，经大仲马从中斡旋，内务部赔偿了巴尔扎克5000法郎，巴尔扎克拒绝这种施舍。"这种做法也有一个致命的坏处，那就是不能根本上打消巴尔扎克在戏剧创作上的幻想，使他这个幻想一直从40年代左右拖到40年代中期，这步棋在作家这段时期的生活棋局上坚守的时间最长了。"[8]245李胜凯说："尽管遭到了这次惨败（《伏脱冷》上演失败），在经济上和名誉上蒙受了巨大损失，但巴尔扎克并没有认真地吸取教训，仍执迷不悟，又几次三番地去碰戏剧的运气，可惜没有一个剧本获得像他的小说那样的艺术成就。直至晚年，他才深深体会到德国杰出诗人海涅曾对他讲过的那番话的中肯之处。在《伏脱冷》首次也是惟一的一次演出之前，巴尔扎克与海涅在大街上不期而遇。海涅劝他一心一意地写小说，不要希求在戏剧上做出什么大文章：'你必须小心！一个在布雷斯特服刑而习惯了的人，换了土伦是不会适应的。坚守在你熟悉的监狱吧！'"[6]283-84

巴尔扎克时刻面临着经济危机，并时刻想通过戏剧改变这种状况。王路说："戏剧方面的金钱幻影每在巴尔扎克经济危机时，就在他眼前招摇，使他欲罢不能。一年多以后，在1842年，为了筹集到俄罗斯去探望韩斯卡夫人的旅费，他又打起了戏剧的主意，匆匆忙忙写出了一部（指《帕梅拉·吉罗》）零四幕（指《基诺拉的智谋》）剧本。"[8]246韩斯基去世之后，巴尔扎克"写作很少，兴致来时偶尔为之。她的信一封又一封，他等着她叫他到俄罗斯去。他确信在此期间，可攒足钱到俄罗斯待上几个月。他再次转向戏剧舞台，希望能出现奇迹。维克多·雨果为了鼓励他，认为不是在出版界而是在戏院里能捡到金蛋。但得尽快'孵'出一出能吸引观众的剧本。巴尔扎克相信这个事实，他向奥德翁剧院交了一本西班牙风格的喜剧《基诺拉的财源（智谋）》。"[7]286 1842年3月19日，巴尔扎克的五幕喜剧《基诺拉的智谋》于第二法兰西剧院（奥德翁剧院）首演，"但反响不强烈。"[3]238 1842年4月8日，巴尔扎克在给韩斯卡夫人的信中写道："《基诺拉》和《艾（欧）那尼》一样，其演出简直是一场难忘的战斗。一连七场，从头到尾都有人来喝倒彩。今天是第十七场，奥德翁剧院开始赚钱了。我曾经七次亲临战场，力尽筋疲之后，才获得一次安静的演出。……我目前的事情很糟，因为，除了这一切挫折以外，还上了奥德翁剧院那些人的当。他们欺骗我，把奥德翁剧院给我作首场演出以后又断断续续地收回，要我交首场演出的所谓额外票价，而我的首场收入还不到二千五百法郎。就这样，我为奥德翁剧院工作了四个月，本来该得一万一千法郎，而《基诺拉》只为我赚了不到五千法郎。"[18]132注其实，巴尔扎克曾在1840、1842和1843年遭遇了三场戏剧演出失败，但这并不妨碍他在晚年取得了戏剧上的成果。艾珉说："巴尔扎克除了写小说，还开始尝试写戏剧。因为剧作家可以从票房收入提成，只要演出场次多，收入可比写小说高出十几倍。巴尔扎克一闹经济危机就想写戏剧。雨果也一再向他论证写戏剧的好处。然而戏剧对巴尔扎克而言完全是个陌生的领域，起步十分艰难。"[3]44没办法，"他又发疯似地、狂热地投入书稿写作。只有这些书稿才能给他支付旅费"[7]290。但巴尔扎克对戏剧很难死心，1843年"9月26日，五幕剧《帕梅拉·吉罗》在巴黎快活剧院首演，反应冷淡。"[3]239当《帕梅拉·吉罗》"落难时，他已揣着预支的稿酬颠簸在去俄国的船上了。"[3]246戏剧所走的套路和巴尔扎克所擅长的小说创作还是有很大差别的。王路说："看来，小说的叙事技巧确实和戏剧的表现技巧不大相同。对于前者巴尔扎克是行家里手，对于后者他却是门外汉了。天才的小说家自始至终都没有搞清这一点。"[8]247雪上加霜的是，"1848年，他还推出了一部叫《后娘（母）》的剧本。此剧上演时正赶上1848年革命的枪声响起，在这种环境下，不知有几位不怕死的观众敢坐在剧院里。同样，巴尔扎克没有从《后娘》那儿得到想要的东西。"[8]248雷巴克写到了1848年的巴尔扎克："许诺了的和想写的书没有写出来，写成的只有一个剧本《后娘》，继《伏脱冷》遭到惨败之后，池座里响起的口哨声使他不敢再幻想在戏剧领域内有所成功。"[19]257而据特罗亚记载，1848年，在巴黎动乱期间，"巴尔扎克无法干正经事，于是想写一个剧本"[7]355，就是《后母》。"巴尔扎克在安排情节上颇有技巧，对话上也不乏活力。他已计算了戏剧产生的重大收入。……1848年5月25日第一次上演时，观众欢呼作者的成功，批评界一致肯定。朱尔·雅南写道：'这是他在戏剧上的第一次成功。'泰奥菲尔·戈蒂埃欢呼产生了一位彻底革新了舞台艺术的戏剧家。"[7]3551848年"5月25日，《后母》在历史剧院首演，获得成功，评论界一致赞扬。"[3]244但是，这部剧"只给巴尔扎克带来500法郎的收益，而不是一笔巨款。"[7]355而且好景不长，"7月20日，《后娘》重新在历史剧院上演。但观众被革命动乱吓坏了，不来看戏。由于没有观众，戏只好于8月20日停演。巴尔扎克碰到这么多倒霉事，但也没把他从戏台上拉下来。不，他是一个'戏迷'，尽管眼疾和心脏病不断折磨他，他写了一本《梅尔（麦）卡代》，并大胆地念给法兰西喜剧院的演员听。"[7]358正像艾珉所说："他的戏剧创作始终没能给他带来任何经济效益。"[3]47

王路认为巴尔扎克还是有可能在戏剧方面获得成功的，只是他过早地离世了，这种成功才没有最终达成："巴尔扎克在文学和戏剧上都不是倚马可待的天才，他需要时间，需要不断地（的）摸索。那些戏剧经验点点滴滴地汇集起来，最终会泡倒那堵挡在成功前面的厚墙；但是，在墙倒之前，巴尔扎克却先倒下来了，这不能不让人深感痛惜。"[8]249

关于巴尔扎克的戏剧，李清安总结到："巴尔扎克一生写过六部戏剧。……可惜这些剧作的命运都不佳。这些多少都带有喜剧色彩的剧作，本身的结局却几乎都带有悲剧的意味。"[11]191"第一部搬上舞台的剧本《伏特冷》，于一八四〇年三月十四日在圣马丁门戏院只演了一场，就被政府禁掉了。而此前的《家庭（事）学堂》于一八三八年写成之后，一直找不到剧院演出，始终被打入冷宫。《帕梅拉·吉洛（罗）》的命运稍好些，但是，也只不过于一八四三年九月在快乐戏院演了二十一场，便草草收兵了。巴尔扎克生前演出最成功的一出《后母》，连续上演三十六场，但也几经曲折，并且正赶上一八四八年革命的动荡日月，上座率很低。倒是经过十多年酝酿的喜剧《梅卡德》在舞台上获得了最大的成功，连演七十三场，盛况空前，可惜，这已经是一八五一年的事，不幸的作者早已长眠地下一年多了，他终究没有尝到成功的剧作者所享受的喜悦。而最令人伤心的，由喜剧酿成了悲剧的，就是那出引起过轩然大波的《吉（基）诺拉的智谋》（1842）。"[11]191可见，戏剧在写作和演出方面较诗歌、小说的写作和出版都要复杂得多。

由于早期的债务和写作的艰辛，再加上情感的不顺，巴尔扎克终因劳累过度于1850年8月18日夜与世长辞。在他逝世时，文学大师雨果曾站在法国巴黎的蒙蒙细雨中，面对成千上万哀悼者慷慨激昂地评价道："在最伟大的人物当中，巴尔扎克属于头等的一个，在最优秀的人物当中，巴尔扎克是出类拔萃的一个……"[5]582

二、雨果，戏剧《克伦威尔》只是序言著名，《欧那尼》更是充满了不足

　　雨果（1802—1885），法国诗人和小说家。他从小性情忧郁，爱好文学，崇拜浪漫主义作家夏多布里昂。1819年与长兄合办"保守文艺双周刊"。最适合作家创作起步阶段的文学形式应该是诗歌，雨果就是这样做的。诗歌是基础，不打好基础，直接奔着最难的戏剧去，是要付出惨重代价的。1822年，雨果出版《颂诗集》，获得路易十八的年金赏赐。后又出版诗集《新颂歌集》（1824）、《颂诗与长歌》（1826）。1823年发表第一部小说《冰岛魔王》，之后又发表了描写18世纪末圣多曼格岛黑人暴动的小说《布格·雅尔加》（1826）。

　　有了一定的诗歌基础和小说基础之后，1827年，雨果创作了剧本《克伦威尔》，可因戏剧方面的功力不够而演出并不成功。但雨果在《克伦威尔》序言中猛烈抨击了古典主义，这篇序言被看成浪漫主义运动的宣言，里面提出了著名的对照原则："丑在美的旁边，畸形靠近着优美，丑怪藏在崇高背后，美与恶并存，光明与黑暗相共。"[20]184这个序言的价值远远超出了剧本本身。李清安说："巴尔扎克的《克伦威尔》失败了，雨果的《克伦威尔》却成功了；但雨果的全部小说，却抵不上巴尔扎克《人间喜剧》的分量。"[13]22我们说雨果的《克伦威尔》只是序言成功了。"最使巴尔扎克难以平静的，是维克多·雨果的《克伦威尔》和序言。这是十年前，他曾经尝试过、并且失败了的题材。雨果却把它铸成了重磅的炸弹，轰响了浪漫主义决战决胜的第一炮。"[11]371829年7月10日，雨果在自己的寓所朗读新剧本《玛里翁·德·洛尔玛》。"《克伦威尔》被认为'不适合演出'，但《玛里翁·德·洛尔玛》被预言是一部成功作品。"[7]97对照之下，王路说："巴尔扎克和维克多·雨果是有同样眼光的，他们都写出了自己的《科（克）伦威尔》，并且都没能上演，所不同的是雨果的《科伦威尔·序言》（应是《克伦威尔》序言）成了法国浪漫主义的文学宣言，而巴尔扎克的《科伦威尔》却尘封起来，与蛀虫为伴。"[8]46再者，雨果首先是个诗人，其次才是小说家，不能拿他次要的小说成就来与巴尔扎克的主要小说成就相比，否则就像拿莎士比亚的抒情诗来与雪莱的抒情诗相比一样有失公平，只不过中国读者比较喜欢雨果的情节性作品而已。

　　1830年上演的剧本《欧那尼》一反古典戏剧的戒律，打破悲、喜剧的界限，采用大量奇情剧手法，虽被称为划时代作品，但仍有许多不足。

据李清安记载："《艾尔那尼》（即《欧那尼》）演出成功。维克多·雨果春风满面。人们趋之若鹜，争相道贺。而几天之后，《政论文摘》报上却刊出了巴尔扎克写的批评文章——《评〈艾尔那尼〉或卡斯提（蒂利亚）的荣誉》。刚刚打定天下的浪漫派盟主雨果，手捧报纸，陷入了沉思。"[11]楔子2

雨果和巴尔扎克走的是不同的道路，前者主要是以重主观的浪漫主义擅长，而后者则是以重客观的现实主义取胜。王路说："巴尔扎克追求的是另一种美学风格，他不能容忍将文学局限在阴谋与眼泪的水平，他要的是真实，而不是离奇。"[8]101所以巴尔扎克首先评价《欧那尼》不合逻辑：

"……维克托（多）·雨果先生真是小看自己了：在《冰岛汉子》里，他不是用一把草就把一座花岗岩修的监牢给烧了吗？……（在《欧那尼》中，）堂·吕伊突然来了。——堂·卡洛斯让他在相当长的时间内大讲道理，大发脾气，实际上他只消说一句话就能叫他闭上嘴巴。这句话就是：'我是国王！'这句话只是到了作者需要他说以便结束堂·吕伊的长篇大论时，他才说出来。——让我们在这里指出，以后便不再提起，堂·卡洛斯对'国王'这个词患了偏执狂的病症，在下面，他是那么经常地重复这个词，这个词竟然变得非常滑稽可笑了。"[21]620

巴尔扎克这里用的是后来解构主义的方法，而我们知道，舞台上若完全按照真实生活的逻辑来搬演，那么就连独白、旁白也不会有了。

下面的评论情况也是如此："……奇怪的情侣！他们这样定秘密约会时，嗓门竟然那么大，居然叫他们的敌手听见了！奇异的对照：他们大喊大叫时，堂·卡洛斯藏在衣橱里竟然什么也没听见；他们低声谈话时，他倒什么都听到了！……国王们的耳朵真是依照非常奇怪的声学原理长的：难道他们是adlibitum（拉丁文，故意）聋的吗？"[21]620虽然雨果用了一些戏剧常规惯例，但巴尔扎克确实指出了《欧那尼》中明显的让人感到不真实的细节。

巴尔扎克的语气是调侃的：

查理五世在堂娜·莎尔的窗下等待约会时刻到来。陪着他的有三个贵族，……这几个蠢货太不忠心耿耿，在萨拉戈萨城中，他们居然叫艾（欧）那尼匪帮的六十个人将他们的主子团团围住了。

这一剧情突变，当然最蹩脚的剧作家也要试着为它辩护。在这之前，堂·卡洛斯已经将堂娜·莎尔引到了街上。一个女人，有两个男人向她献殷勤，头天晚上已经中了人家一计，这次居然又能像她这样，见了信号就下楼。就算这样吧！可能真会如此，但是，说这十分逼真，就不对了。尤其不能原谅的错误，是国王对堂娜·莎尔所使用的语言。然后是堂娜·莎尔在大街上跪倒在君王面前！……前一天还下了瓢泼大雨！……对这一点，他（雨果）还细心地告诉了观众。[21]621

巴尔扎克很喜欢看戏，他的评论确实击中了雨果的软肋。

巴尔扎克毫不客气地指出了《欧那尼》并非杰作，里面有太多细节给人以虚假之感："……我们的诗人不是用杰作叫他们的论敌吃惊，而是提出论文式的序言（指《克伦威尔》序言）。与此相同，艾（欧）那尼也不把敌手杀死，而是与他讨论。"[21]622

巴尔扎克在逐行逐句地挑毛病："……国王听声音耳朵不灵，这次看东西又眼神不行。这一场的前一部分，堂娜·莎尔坐在一把扶手椅里，头上蒙着面纱。这条面纱就足以使国王认不出自己的情妇来。……为了能得到将堂娜·莎尔作为人质的快乐，他卖掉了西班牙的安宁。……对这一场，人们不理解。……"[21]622

在别人的一片喝彩声中，唯有巴尔扎克勇敢地反其道而行之："……赞成这部作品的人认为这里正是维克托（多）·雨果先生的伟大诗作，这一场表现出原来只是一国之王的鲁莽的堂·卡洛斯与当了皇帝的查理五世形成鲜明对照。我们却觉得这始终是同一个人。只是在第一幕中，他藏身在衣橱里，到了第四幕，他藏身在查理曼大帝的陵墓中。"[21]622-23

为了反对古典主义的清规戒律，浪漫主义确实有必要采用一些极端的表现手法。巴尔扎克是站在浪漫主义和古典主义的斗争之外来客观地评价《欧那尼》的："……大概很难证明查理曼大帝陵墓的门枢能那么轻易地转动以服从剧作者的意志。"[21]623

巴尔扎克诙谐中也有揶揄："……这个……在衣橱里什么也听不见的人，这一次，透过查理曼大帝陵墓的高墙或大理石，却轻易地一字不漏地听到了密谋者在地下室内低声说的话。关于查理五世的耳朵，看来必须指望哪一天科学院向我们提出一篇极为精彩的论文了！"[21]623

巴尔扎克是在向雨果要求最基本的让人能够相信的真实："……一般来说，密谋者第一件注意的事便是采取最严密的措施以保证他们聚会的安全。……这些密谋者让查理五世的军队给团团围住，正像在第二幕查理五世自己被艾那尼的同伙给包围了一样。"[21]623

巴尔扎克指出了剧本的致命之处："……艾克斯-拉查珀尔城并没有那么大，不至于在里面调动士兵而密谋者毫无察觉。这个剧本中的人物全都有些查理五世的毛病，……"[21]624

尤其让人无法接受的是大仇大恨瞬间就能冰释瓦解："皇帝宽恕了自己的敌人，特别是艾那尼，他恢复了艾那尼的财产，而且叫他与堂娜·莎尔订了婚。这个场面是《西拿》的场面。但是……艾那尼那不共戴天的仇恨就像十一月份的树叶一样掉在地上不见了，恩惠的第一股气息吹来，他的仇恨便化为乌有。"[21]624-625

巴尔扎克直接诘问雨果本人："……这就是查理五世吗？天哪！雨果先生是在哪儿学的历史！……请维克托（多）·雨果先生到博物馆去看看，或者到奥尔良公爵画廊看看；请他在查理五世的肖像前只呆半个小时，可能他自己就会承认，他的角色做的事甚至没有一件、所说的话甚至没有一句可以加到堂·卡洛斯的头上。独白中的某些想法除外。……"[21]625

巴尔扎克指出戏剧里的国王缺乏个性："一出戏是为了表现人类的一种激情，一种个性或一件大事；……但在这里查理五世的性格不属于这三种理论的任何一种。堂·卡洛斯既不表现重大事件，也不表现性格，也不表现激情。他完全可以叫路易十四或路易十五。说不定维克托（多）·雨果先生正是想表现君主政体。"[21]625-26

巴尔扎克指出雨果用对话代替情节的不足："第一幕 ……情郎向其情妇讲了很多事情，而这些事情她是应该知道的。在这里，艾那尼在某种程度上是写前言。很显然他是在向观众说话。……对古典主义那么严厉的维克托（多）·雨果先生，只取了古典主义好的地方而不是缺点。我们本应该看到，到处用剧情代替说话。应该允许我们指望一步步了解到艾那尼的爱情，而且从许多细微之处，渐渐靠近西班牙激情。决非如此。艾那尼爱堂娜·莎尔。愚蠢的观众，你们自己去安排这个吧！……"[21]626-27

情节也有不合情理之处："……艾那尼有六十名决心给他保镖的强盗，仍害怕跑不出去。……而堂娜·莎尔却十分英勇地愿意'就是在坟墓里也要和你同枕共席！寸步不离！'……在舞台上，人物的行动必须有点像通情达理的人。这时艾那尼可以很轻易地逃走并且劫走堂娜·莎尔。但是，决非如此。他们坐在一块石头上，说着温情脉脉的情话，完全是题外话。所以治安法官让人敲了警钟。"[21]627

　　关于废话连篇的善意的挪揄："第三幕……这一场缺点往小里说，是它可以删掉，可以压缩为四行而剧本毫不受影响。雨果先生在前言中很谦虚地说，要看懂和欣赏他的作品，必须重读莫里哀和高乃依的作品。但是莫里哀和高乃依这两位伟人，虽然常犯用话语代替剧情的错误，却一直是叫他们的人物只谈利害关系，只谈自己的激情，只谈事实的，而且谈得那么深刻，用一句话就将激情描绘出来，而且将剧情结局隐藏在天才的pallium（拉丁文：外衣，纱幕）之下。可是这里提到了那个在草场上唱歌的年轻牧羊人又与我们有何相干？对《丈夫学堂》里几个段落的这一大片演绎，出自浪漫派首领笔下，至少与他自己的原则背道而驰。在第一幕与第二幕里的事情发生之后，要说这个老头（堂·吕伊）不知道艾那尼爱堂娜·莎尔是很困难的。就算他不知道，把堂娜·莎尔留在一个强盗手中，这种信任感也不大正常。……霸尔多洛（博马舍的喜剧《塞维勒的理发师》中的人物）是这个类型的精彩范例，他什么都知道，对一切都加以提防。堂·吕伊却什么也不知道，对什么都不加提防。可能维克托（多）·雨果先生怕被人指责为将霸尔多洛悲剧化吧！"[21]628

　　合情合理的时候又暴露了架构的薄弱："堂娜·莎尔与艾那尼相认的一场是第一个有点起伏的场景，这两个人物总算说了他们该说的话，做了他们该做的事。但是这一场很薄弱，并不突出。"[21]629

　　巴尔扎克认为这样的情节也经不住推敲："现在我们该说到剧本的主题卡斯蒂利亚的荣誉了。吕伊·葛梅兹宁愿交出他的侄女，也不把他的客人交给堂·卡洛斯，……他把侄女交到国王手里，为的是拯救一个他恨之入骨的敌手的脑袋，这才是最了不起的事。""如果确有其事，这就证明在那个时代的西班牙，有一个愚蠢的老头。……艾那尼把堂·吕伊称做蠢老头很有道理！这是剧本当中最最实实在在的一句话。可惜，如果艾那尼说得对，他就鞭挞了作者。"[21]629

　　巴尔扎克直接用"幼稚"来形容《欧那尼》："……在剧本中有卡斯蒂利亚特色的，便是不真实的地方成堆，对理智的深深蔑视，使得这个剧本与卡尔德隆或洛普·德·维加某一出幼稚的戏十分相像。"[21]630

　　巴尔扎克认为剧本里面没有成功的人物形象："……人们能将兴趣放在哪一个人物身上呢？是堂娜·莎尔吗？她的性格没有任何突出的地方。她爱艾那尼，但是她的爱情与所有其他人的爱情十分相似。……是艾那尼吗？他是一个没有性格、一会儿恨一会（儿）不恨就像穿衣脱衣那样随便的人。那么是堂·吕伊吗？这个老头应该醒着的时候睡大觉，高价出售自己给人帮的忙，用自己的爱情购得一条人命，再为了用匕首捅一刀将这条人命再次出售，这样卑鄙地对自己再也不能享受的幸福进行报复。那么这个剧本的主导思想是什么呢？它要得到什么结论呢？难道是应该谨守诺言吗？对于现时来说，这种教育意义倒是好的。"[21]630-31

巴尔扎克毫不客气地指出剧本存在着许多蹩脚的模仿："如果从创作的角度来研究剧本，高明的批评家首先要为通篇的缺陷感到震惊。这部作品是一个仿制品。第五幕是对《罗密欧》结局错误的改编。查理五世在陵墓中一场除了根本不可能之外，还与《西拿》里的一场相同。第三幕艾那尼来向堂娜·莎尔要求信誓旦旦，远远不及《拉梅莫尔的未婚妻》（司各特的小说）的结尾。堂·吕伊发现了堂娜·莎尔之所爱，是对《弗朗索娃·德·里米尼》（佩利柯根据但丁《地狱篇》中的一个故事改编的悲剧）的模仿。一八二〇年库潘·德·拉库普里甚至就已经画出了表现艾那尼场景的一幅油画。查理五世在衣橱里，除了害怕的动机以外，与藏身的尼禄是一回事。所以整个剧本有一个致命的毛病：哪一部分都普普通通，没有一点点新的东西。艾那尼既是强盗又是王公，这是一个大错。当然如果他只是个强盗，也不会更新颖。但他又是王公，那可就太寻常了。"[21]631

巴尔扎克的语言也不乏尖刻："至于文笔，……我们认为还是应该尊重一个有才之士，他已经受到许多嘲弄了。我们只是想向维克托·雨果先生指出，在较好的东西中，属于他的很少。"[21]631

巴尔扎克认为剧本还违背了时代的历史性："关于适度感，我们要向维克托·雨果先生指出，十五世纪时，卡斯蒂利亚的国王对他们的贵族说话还没有像对狗一样……"[21]632

巴尔扎克终于表达了自己的善意："对我们的时代来说，也许对维克托·雨果先生来说也是如此，对《欧那尼》的诗进行不偏不倚的评价十分重要。如果我们也为剧本的所谓成功充当同谋，这可能使我们在欧洲显得十分可笑。……让善意的人通过这场讨论对剧本的虚假成功表示反对，也十分重要。"[21]633

巴尔扎克这话也是事实："人们可能责备我们只突出了这部作品的缺陷。可是我们确实应该这样做，因为早已有那么多的报纸鼓吹其美妙之处了！……"[21]633

巴尔扎克得出的结论是，在散文、诗与戏剧之中，雨果的戏剧是最差的："我们为这一评论作一个小结，那就是：这个剧本的所有机关都是陈旧的。其主题是令人无法接受的，哪怕是以一件真实事情为基础，并不是所有的艳遇都能写进戏剧；人物性格是虚假的；人物的行为是违背常识的。……到现在为止，我们似乎觉得该剧作者写散文胜过写诗，写诗又胜过写戏。维克托·雨果先生只是偶尔才能碰上很自然的一笔。除非进行认真的创作，乖乖听从要求严格的朋友的建议，舞台对他是封了门了。《克伦威尔序言》（应是《克伦威尔》序言）与《艾（欧）那尼》这部戏之间，真是天壤之别。其实《艾（欧）那尼》最多可以作一首叙事诗的主题。" [21]633-34

《巴尔扎克全集》第27卷也指出第一幕中堂娜·莎尔的卧室里放了一个衣橱不符合十六世纪的风俗，"那个时代，任何一个国家，妇道人家的房间里都只有大箱子或小匣子。" [21]619注1

评价虽然有些苛刻，不过也确实指出了雨果《欧那尼》的很多不足之处。正如艾珉在编后记中评价巴尔扎克的杂著时说的："一八二九年至一八三〇年间，巴尔扎克写了大量书刊评介，按中国人的文化观念，可能会觉得这些评论过于刻薄，但当时法国文坛对巴尔扎克的评论，也不比巴尔扎克对他人的评论更客气。无论如何，我们的读者从巴尔扎克的评论中，仍可发现不少独特且有价值的见地。例如《专刊》上发表的对《流氓团伙》一书的评论，就是一篇有关历史小说及小说的历史色彩问题的出色论文。对雨果的浪漫主义戏剧《艾（欧）那尼》的评论，也是一篇闻名遐迩的批评文章，在浪漫派的一片喝彩声中，巴尔扎克的批评可谓独树一帜，片面性固然有之，却也包含不少真知灼见。尤其文风的犀利、活泼，值得引为借鉴。" [14]736李清安这样说到巴尔扎克："他对雨果诗歌的赞誉，与对其戏剧的贬抑达到了同样激烈的程度。" [11]170

巴尔扎克逝世时，内务部长巴洛什故作悲伤地说："这可是一位风流人物。"

"不，"雨果反驳道：（应是逗号）"这是一位天才！" [11]楔子3

出版商布洛兹未经巴尔扎克同意，把《幽谷百合》的草稿卖给了俄国《国外》杂志。于是巴尔扎克向法院提起了诉讼。"在这浊浪排空的时节，大仲马、欧仁·苏之流的作家，甚至一些巴尔扎克的多年好友，都由于利害的关系，被拉到布洛兹一边。只有雨果和乔治·桑主持正义，为巴尔扎克撑腰。" [11]110

1831年，雨果发表长篇小说《巴黎圣母院》，以15世纪的巴黎为背景，写巴黎圣母院副主教克洛德·弗罗诺企图占有吉卜赛女郎爱斯梅哈尔达不成而加害于她，后被敲钟人卡西莫多推下楼摔死。最后奇丑的卡西莫多和美丽的爱斯梅哈尔达死后在一起的浪漫故事，充满人道主义精神。小说《悲惨世界》（1862）写穷苦工人冉·阿让因偷了一块面包坐牢19年，出狱后化名马德兰，在米里哀主教的引导下弃恶从善。它反映了社会的不公正和贫苦人民的悲惨，主张以仁爱战胜邪恶，从而改造社会。小说《海上劳工》（1866）写渔人吉利亚特发现未婚妻爱上一位青年牧师后自溺的故事。《九三年》（1874）写共和国军队司令官郭文放走从大火中救出三个小孩的叛乱头子郎德纳克侯爵的故事，小说的主题是"在绝对正确的革命之上，有一个绝对正确的人道主义"。其他重要作品还有，诗集《东方吟》《秋叶集》《黄昏之歌》《静观集》《历代传说》等，剧本《逍遥王》《玛丽蓉·德洛麦》《吕克莱斯·波尔吉》《玛丽·都铎》《昂杰罗》《卫戍官》《吕伊·布拉斯》等，小说《一个死囚的末日》《笑面人》等。另外，他还写有《文学与哲学杂论》《论莎士比亚》《行动与言论》《见闻偶记》等理论和散文作品。

综观雨果一生的创作，他主要是个诗人，其次是小说家，虽然也写了一些戏剧，但质量并不能与他的诗歌和小说相比，毕竟戏剧是最难操作的文体。

三、莫里哀，坚持走戏剧道路，最终付出了生命的代价

莫里哀从小就"喜欢看集市上的闹剧和江湖艺人的杂耍。"[20]96 1643年，他与女演员玛德莱娜·贝雅尔组建了"光耀剧团"，上演一些流行的悲剧，却无法与布戈涅剧团和玛雷剧团竞争。莫里哀曾几度负债入狱。1645年，光耀剧团与杜弗雷斯纳剧团联合，开始到外省的阿让、图鲁兹、阿尔比、卡尔卡索纳、南特、纳尔本巡回演出。1650年，两个剧团都归莫里哀领导。1658年10月，剧团回到巴黎。作为剧团的领导、演员、导演和剧本作者，莫里哀不断研究意大利人剧团的剧目和演技，终于积劳成疾，开始咯血。与巴尔扎克和雨果不同的是，莫里哀不管如何受挫，都从来没有想过要放弃戏剧，但戏剧是最劳心费力的文体，他最终为此付出了生命的代价。1673年上演《无病呻吟》，"上演此剧时，莫里哀已经心力交瘁，但为了维持剧团的开支，他不得不继续担任主角。2月17日，第四场演出中，他颓然倒下，几小时后与世长辞。"[20]98

正如李健吾在《莫里哀喜剧六种》译本序中所说："多年外地流浪的结果就是和广大人民接近，他不但取得了丰富的创作源泉，而且尤其难能可贵的是，他对统治阶级表现出了鲜明的批判态度。"[22]IV莎士比亚一生也是绝大

部分时间在专攻戏剧，他也正值旺盛华年离世，但就喜剧来说，莎士比亚的创作包含更多的歌咏友谊和爱情的浪漫主义因素和明显的模仿、改编痕迹，"把力量全部用在这一方面，把它的娱乐性能和战斗任务带到一种宽阔、丰盈而又尖锐的境地的，毕竟还是莫里哀。他的现实主义的喜剧手法、人物的鲜明的形象、口语的灵活的运用、（这个顿号应该去掉）以及世态的生动的描绘，不仅构成他的喜剧艺术的独特的魅力，并由于深入当时的社会矛盾，能使后人从他的作品中获得大量的历史知识。"[22]Ⅲ

莫里哀在外省流浪期间演出的主要是闹剧，真正具有分量的喜剧则是从《太太学堂》开始。这是一部五幕诗体喜剧，莫里哀"深入人物的内心活动，让它成为性格喜剧，同时把女子教育和男女关系当作社会问题，提给他的观众，要求加以认真考虑。严肃的意图提高喜剧的性质。"[22]Ⅵ"莫里哀的性格喜剧从《太太学堂》起始，……近代社会问题剧也从这出喜剧开端。"[22]Ⅶ

假如说《太太学堂》旁敲侧击讽刺的对象还只是教会的设施修道院的话，那么，"《达尔杜弗》不同了，主要人物是伪信士和溺信受害的上层资产阶级家庭，攻击是正面的，形象是具体的，影响到教会的威信和教会统治人物本身的尊严和利益，他们自然就要全力以赴，当作洪水猛兽来对付。"[22]Ⅷ1664年5月，当这部剧还只有三幕的时候，就曾被禁演；1666年8月，"巴黎大主教张贴告示，无论是在公开或者私人场合，禁止教民阅读或者听人朗诵这出喜剧，否则就取消教籍。莫里哀气病了。剧场停演了七星期。"[22]Ⅸ接下来，莫里哀"用一切方法和全部小心，把伪君子这种人物和真正的信士这种人物区别开来。"他说："我为了这样做，整整用了两幕，准备我的恶棍上场。"[22]Ⅹ这就是在五幕诗体喜剧《达尔杜弗》的前两幕莫里哀让达尔杜弗虚出的原因。据李健吾记载，从1680—1934年，这出喜剧在法兰西喜剧院就上演了2262场，"在莫里哀作品和本国戏剧作品的演出中，都占第一位，还不算国外的演出或者改编。"[22]Ⅺ达尔杜弗的形象客观上揭露了教会的虚伪本质，所以教会公开咒骂莫里哀是"魔鬼再世，想尽方法禁演，甚至于在他死后，还阻挠出殡，不给坟地，由于路易十四的干涉，明里许可埋在教堂公墓的一个角落，和没有领洗的死孩子埋在一起，一年以后，据说在人不知鬼不觉的时候，暗里刨出棺木，把尸首扔到不知道什么乱坟岗去了。莫里哀给法国带来绝高的荣誉，法国教会的报答就是让他死无葬身之地！"[22]ⅩⅢ可见，莫里哀为他终生至爱的戏剧付出了惨重的代价。

《吝啬鬼》是莫里哀另一部特别重要的喜剧，取材于古罗马喜剧家普劳图斯的《一罐黄金》。这部喜剧"最先以实例说明金钱在资产者心目中神化以后所起的巨大破坏作用。巴尔扎克继承莫里哀这出喜剧提供的基本观点，就资产阶级取得统治地位的新形势，更在长篇小说方面做出悲剧式的感人的描绘。"[22]XIV

然而，不管莫里哀一生命运如何多舛，直至今天，我们仍然记得莫里哀的名剧《伪君子》和《吝啬鬼》，他在剧中塑造了极端性格的人物形象，以至于达尔杜弗和阿巴贡现在分别成了伪君子和吝啬鬼的代名词。

参考文献：

[1]黄晋凯.巴尔扎克长短录[M].桂林：漓江出版社，2018.

[2]丽列叶娃.巴尔扎克年谱[M].王梁之，译.北京：作家出版社，1962.

[3]艾珉.巴尔扎克传[M].北京：华文出版社，2017.

[4]阿尔贝·凯姆，路易·吕梅.巴尔扎克传[M].高岩，译.南昌：江西教育出版社，2014.

[5]莫洛亚.巴尔扎克传[M].艾珉，俞芷倩，译.杭州：浙江大学出版社，2014.

[6]李胜凯.巴尔扎克传[M].北京：世界知识出版社，2001.

[7]特罗亚.巴尔扎克传[M].胡尧步，译.北京：商务印书馆，2013.

[8]王路.巴尔扎克传：未完成的雕像[M].石家庄：河北人民出版社，1999.

[9]巴尔扎克.通信集[A]//王秋荣编.巴尔扎克论文学.成钰亭，译.北京：中国社会科学出版社，1986.

[10]巴尔扎克.通信集[A]//苏成全编选.巴尔扎克研究专题资料.成钰亭，译.西安：陕西师范大学学报编辑室，1980.

[11]李清安.巴尔扎克[M].北京：北京师范大学出版社，1983.

[12]巴尔扎克.奥诺丽纳[M]//人间喜剧：第3卷.傅雷，译.北京：人民文学出版社，1997.

[13]杨昌龙.巴尔扎克创作论[M].西安：陕西人民出版社，1991.

[14]艾珉.《杂著》编后记[A]//巴尔扎克全集：第27卷.北京：人民文学出版社，1998.

[15]巴尔扎克.论现代政府[A]//巴尔扎克全集：第29卷.陆秉慧，刘方，译.北京：人民文学出版社，1998.

[16]巴尔扎克.俄国通讯[A]//巴尔扎克全集：第30卷.罗芃，译.北京：人民文学出版社，1998.

[17]戈蒂耶. 回忆巴尔扎克[A]//苏成全编选. 巴尔扎克研究专题资料. 沈宝基, 译. 西安：陕西师范大学学报编辑室，1980.

[18]巴尔扎克. 致外国女人的信[A]//巴尔扎克全集：第26卷. 张冠尧，译. 北京：人民文学出版社，1997.

[19]纳·雷巴克. 巴尔扎克的错误[M]. 张秀筠，周铧，达理，译. 天津：天津人民出版社，1986.

[20]郑克鲁.外国文学史[M].北京：高等教育出版社，2014.

[21]巴尔扎克. 评《艾尔那尼〉或卡斯提的荣誉》[A]//巴尔扎克全集：第27卷. 袁树仁，译. 北京：人民文学出版社，1997.

[22]李健吾.《莫里哀喜剧六种》译本序[A]. 上海：上海译文出版社，1978.

第五章 巴尔扎克作品中的错误
和汉语译介中的问题

巴尔扎克的作品中存在着一些错误，在汉语译介过程中也发生了一些问题。

第一节 巴尔扎克作品中的错误

巴尔扎克作品结构庞大，数量众多，错误在所难免。他在数字上比较容易出错，尤其是涉及人物年龄、日期和金钱的数量时；他在内容的衔接上也存在着一些前后没有很好照应的地方；他掌握知识有时尚欠精准，所叙述的细节与现实偶尔会有出入，他也会笔误，有的则是因为来不及修改而留下了不尽如人意之处。我们常说言多必失，巴尔扎克全集一共30卷，前24卷属于《人间喜剧》（包括97部作品），有一些细节上的错误也在所必然，再加上巴尔扎克总是匆匆创作，虽然他在皆力修改，还是存在着一些不能周全之处，我们就此总结概括一番，实属必要。

一、数字上的错误

巴尔扎克在数字上比较容易出错。他做了近十年的生意总是赔本，而他开辟的生意一转到别人的手里却大多能赚钱，这估计与巴尔扎克不太精通数字不无关系。特罗亚说："巴尔扎克老是泡在账本里。他不会算账，也不会预料事情。在管理方面毫无秩序。他习惯于看得太高，走得又太远。"[1]83李清安也说："我们不难发现，在算数方面，巴尔扎克很不高明。他小说中的细节，往往刻画入微，但一沾数目字，却常常前后不一、自相矛盾。他的生活账目，也大都稀里糊涂。以这样的头脑作（做）买卖，办交易，没有不出岔子的。"[2]127据特罗亚说，在旺多姆求学期间，"勒菲弗神甫教奥诺雷数学课，这是他的弱课目，……实际上，师生俩对文学杰作的兴趣远远超过数学计算和方程式。……他觉察到这个孩子有想象力，有激情，沉湎于无穷无尽的幻想，与那些平淡无奇的同学们决然不同。"[1]113据阿尔贝记述，1822年，巴尔扎克出版了第一部作品《比拉格的女继承人》，赚了800法郎，"他立即计算自己的文学工作每年能给他带来多少收益，开始建造一座数字大厦，并且觉得自己手里已经有了一笔财富。这仅仅是此后他写每一本书时都会进行的那种异想天开的计算的开始——那些欺骗他的计算。但他却不知疲倦地直到死的那天都在做着同样的计算。"[3]23

（一）年龄上的错误

数字常常是巴尔扎克的克星，他计算年龄时比较容易出错。

在《贝阿特丽克丝》第20页注1指出了巴尔扎克在人物年龄上的计算错误："一八一四年四月二十四日，路易十八在加来登陆，因而一八三六年卡利斯特（一八一四年四月二十四日生）应当是二十二岁，而不应是二十一岁。"[4]在第31页倒数第五至三行巴尔扎克写道："他（仆人加斯兰）今年四十二岁，在杜·盖尼克家已经做了二十五年仆人。杜·盖尼克小姐得到男爵结婚和可能回来的消息之后，雇用了当时只有十五岁的加斯兰。"我们来算一算，若他当时只有15岁，今年42岁，就应该是已经做了27年仆人，否则他被雇时就该是17岁，或者他今年是40岁。另外，男爵1813年结婚，1814年返回，到现在1836年才相隔22年，并不是25年，这里前后还是有矛盾的。

在《三十岁的女人》第518页倒数第五至四行巴尔扎克写道："姐姐大概有七、八岁，弟弟不到六岁。"[5]该页注1指出："由于本段原系独立的短篇，人物的年龄与前文有矛盾。按前文爱伦娜生于1817年，朱丽与旺德奈斯相爱是在1825年以后，两个孩子的年龄至少应相差八、九岁。"在第532页倒数第六行巴尔扎克写道："她（朱丽）将近三十六岁"，该页注1指出："由于前面已经提到的原因，朱丽的年龄又与前文不一致。朱丽结识旺德奈斯时已经三十岁，后又生了三个孩子，最小的已经五岁，因而按理此时应不止三十六岁。"而我们看到，朱丽在认识旺德奈斯之后一共生了四个孩子，因为第532页注2提道："莫依娜是爱情的产物，阿贝尔是义务的产物。夫妻俩经历了若干曲折之后，达到了巴尔扎克在《婚姻生理学》第十四节中所称道的家庭和睦。"

在《小市民》第100页第二段第四至五行，巴尔扎克写道："他（蒂利埃）的脸上布满皱纹，活象（像）个老风骚女人，比出生证上的日期还要老十二岁。"[6]我们一般说，某人未老先衰，显得比实际年龄要老二三十岁，二十可以用来约指，十二却是确指，所以我们怀疑巴尔扎克这里是笔误，把二十写成了十二，比实际年龄老多少没有那么精确。《小市民》中也有关于年龄前后矛盾之处，巴尔扎克在第277页倒数第七至六行写道："一八二〇年他（普皮列）八十岁整，自称八十六岁，开始以扮演百岁老人为业。"到了第278页第二至三行，巴尔扎克却说："他从一八二五年起自称一百岁，实际上是七十岁。"按照上页的说法，普皮列在1825年应该是85岁才对。

在《德·拉尚特里夫人》中也存在年龄计算错误的问题。第360页倒数第九至八行，阿兰先生说："他（蒙日诺）于一八二七年去世，终年六十三岁。"[7]而在之前第341页倒数第八至七行，阿兰曾说："我那个朋友姓蒙日诺，当时是个二十八岁的小伙子。"而"当时"是1798年，所以到1827年蒙日诺应是57岁，而不是63岁。

在《欧也妮·葛朗台》第180页，巴尔扎克写道，1827年，"在八十二岁上"，葛朗台患了疯瘫。[8]本页注1指出："老葛朗台的年龄，与前文有出入，巴尔扎克的作品中，常有此类问题出现。"

在《于絮尔·弥罗埃》第236页，那些惊慌的承继人都说："于絮尔决不是他生的，他已经七十一岁了！"[9]本页注2指出："医生出生于一七四六年，当时应为六十九岁而不是七十一岁。"

在《高布赛克》第628页巴尔扎克写道："高利贷者走到小窗口去望了一下，开门让一个三十五岁上下的人进来，……"[10]在643页又写道："他不过五十岁，……"本页注1指出："前面描写一八二〇年时伯爵三十五岁，这里却说他一八二四年有五十岁了，巴尔扎克的作品中常出现类似的疏忽。"

（二）日期上的错误

巴尔扎克也容易把日期搞错，而这种错误对一个以严格的历史家自居的巴尔扎克来说却是致命的。

在《三十岁的女人》中，第395页注1指出了巴尔扎克日期记忆错误："一八一三年的第十三个星期日应当是三月二十八日，而不是巴尔扎克前面说的四月初，但从历史上来看四月才是对的，因为拿破仑最后一次检阅是四月十一日，显然巴尔扎克的时间概念有误。"在第505页第七行巴尔扎克所说的"三年的悲伤，三年的眼泪"，本页注1指出："按上下文推算，本应为四年。"第469页第二段开始是"一八二〇年岁末"，本页注1指出了作者的错误："由于本书各段原系独立的短篇，因而时间安排常出现矛盾。前文描写朱丽和葛兰维尔勋爵散步是在一八二一年八月，两年后亚瑟去世，此时应为一八二三年。"在第445页倒数第三行，巴尔扎克说一八二〇年一月朱丽"唱起了《塞米拉米德》"，而第446页注1指出："罗西尼的歌剧《塞米拉米德》于一八二三年在威尼斯首次上演，一八二五年才在巴黎演出，这里时间上有出入。"这应是文学作者虚构权限范围之内的事，不该算错。当然，在没有必要虚构的时候越是忠于事实越好，何况巴尔扎克又惯于以历史学家自称，他在时间细节上经常弄错就实属不该。

在《欧也妮·葛朗台》第176页，巴尔扎克写道："到了一八二二年十月"，葛朗台太太死了。本页注1指出："这个时间可能有误，因为上文提到她活不到一八二〇年秋天。"

巴尔扎克在《于絮尔·弥罗埃》第235页说："医生自从太太于絮尔·弥罗埃死了以后，在一七八九至一八一三年间挣的钱照理是不少的，……"本页注1指出："时间上有误。上文提到医生妻子死于罗兰夫人之后，应为一七九三年。"

在《搅水女人》第337页—338页，约瑟夫看着大不放心，说道："怪了！你象（像）《白衣夫人》里的蓬夏一样，只有一千一百法郎收入，积蓄的钱竟可以买田买地！"[11]第338页注1指出蓬夏是在一八二五年演的《白衣夫人》，"巴尔扎克在此引用，以本文这一段情节发生的时代（一八二二年）而论，未免太早了一些。"在第474页，一个宪兵对约瑟夫说："……我们见过他们一八三〇年上怎么对待税卡上的职员，可不是好玩的呢！"本页注1指出："这里叙述的事发生于一八二八年，作者误引了一八三〇年的史实。"

在《外省的诗神》中，第69页倒数第七行的"一八〇二年"[12]，按上下文推理，应是一八二几年（一八二五年左右）。在第181页最后一行至182页第一行，卢斯托对迪娜说道："您叫我想起已故的米肖说的一句话。……"第182页注1指出了巴尔扎克的错误："若瑟夫–弗朗索瓦·米肖（1767—1839），历史学家，传记作家，记者。巴尔扎克忘了本书故事发生在一八三六年，此时米肖尚未去世。"

（三）金钱数目上的错误

巴尔扎克的作品中在金钱的数目上也很容易出错。

费利克斯·达文在《十九世纪风俗研究》导言中说："位于'外省生活场景'之首的，是《欧也妮·葛朗台》。一位颇有创见但有时会严厉到不公正的批评家（指圣勃夫）曾说过：'这则迷人的故事差一点点就成了一部杰作。是的，一部可以在一卷本小说中与最优秀最高雅之作并列的杰作。为此，只要在适当的地方去掉一些，几处描写再轻松一些，接近结尾时，减少一点葛朗台老爷的金子和在清算其兄弟的财产时拿去购买公债和做生意的几百万（法郎）就行了：这桩家庭之灾如果使他变得穷一点，总的逼真程度只会更加强。'……德·巴尔扎克先生在小说领域进行的革命，《欧也妮·葛朗台》是一个重要标志。这部作品实现了艺术中对绝对真理的追求。这里是把戏剧应用在私人生活中最简单的事情上。这里一系列细小的原因引起重大的后果，这是将卑微与崇高、哀婉动人与滑稽可笑了不起地熔于一炉。总而言之，这是生活的原样，也是正应该如此的小说。"[13]305-06 虽然达文不买圣勃夫的账，但客观地说，圣勃夫的评价是对的，关于葛朗台财产数量的不实我们前文已经探讨过。

在《小市民》第288页第四行，巴尔扎克写到在普皮列死后，赛里泽从他的床头找到了四个抽斗，"四个三法寸深的抽斗里面全都装满了金币。"巴尔扎克接下来在第八行又写到赛里泽的答话："至少九万法郎，每个抽斗三万。"四个抽斗，应该是十二万法郎才对，这里不可能是赛里泽出了错，只能是巴尔扎克计算错了。

在《初入教门》第478页倒数第八至七行，哈佩佐恩对戈德弗鲁瓦说："我去后您付给我二百法郎，如果我答应治好她（旺达）的病，您就给我一千埃居，……"[14] 而在第489页第九至十行，等到医生真的来了，戈德弗鲁瓦却付给了他一百法郎，这是显然的前后矛盾，所以该页注2说："上文说要付二百法郎，但此处说一百法郎，原文如此。"同样，后来在第493页倒数第八至六行巴尔扎克又写道："戈德弗鲁瓦付清了医生所要求的一季度四百五十法郎住院费，换得一纸收据。"该页注1写道："原文如此。按，此处应为一千三百五十法郎，因为哈佩佐恩要求每天付十五法郎，一个月即已四百五十法郎。故疑为一个月。"不是一个月，而是一个季度。因为前面在第492页第三行巴尔扎克写道："除了那一千法郎，每天还要付十五法郎，预付三个月。"只是作者把总数算错了，这对巴尔扎克来说是比较容易犯的错误。

关于《公务员》第475页第一行的"两万法郎"[15]，该页注1指出："前面说的是一万二千法郎。"

同样，在《德·拉尚特里夫人》中，先前在第385页倒数第二行说抢得税款"一万零三千法郎"，之后在第405页第十至十二行又说亨利埃特的丈夫孔唐松"从抢来的税款中侵吞挥霍了六万法郎，他把其中一万法郎给了绍萨尔老二（酒店老板）。"[16]这是明显的前后矛盾。

在《经纪人》中，第371页注1指出了类似的错误："参见第356页（第四至五行）。赛里泽手里的债权总额是三千二百法郎七十五生丁；此处该找的数字似应为七百法郎二十五生丁。"[17]而不是第371页最后一行所说的"六百三十法郎十五生丁"。

在《搅水女人》第333页，巴尔扎克写道："博旺伯爵夫人手里有一个彩票行，阿伽特到她行里去做事，一年支七百法郎薪水。"接下来，巴尔扎克又写道："博旺伯爵夫人……眼前先要她的掌柜给阿伽特六百法郎薪水。"本页注1指出："巴尔扎克忘了他上面说的是七百法郎。"

此外，关于诗行的数目，巴尔扎克也会前后说法不一。在《外省的诗神》中，巴尔扎克在第96页倒数第八行先写"这首诗长达百行，"然后到了第99页第五行又说"这首将近六百行的诗……"可见，一涉及数字，巴尔扎克往往比较容易犯错误。

二、前后衔接上的错误

巴尔扎克在衔接上容易出现前后矛盾的错误。

在《贝阿特丽克丝》第71页第四至五行，巴尔扎克写道："她的舅妈和表姐妹们嘲笑她写书，……"该页注1指出了巴尔扎克的错误："这里应指福孔伯先生的年轻妻子及其女儿们，按辈分费利西泰当称舅奶奶和表姨。可是巴尔扎克却用舅妈和表姐妹两词来表述费利西泰与她们的关系。巴尔扎克作品中，常出现此类矛盾。"第225页注1又指出了作者类似的错误，他在前文说是贝阿特丽克丝穿着红披肩，这里却说是卡米叶的红披肩。第304页注1同样指出了作者这种错误："前文说打铃唤来男仆，这里却叫女仆去送信，可能是作者的疏忽。"

在《三十岁的女人》中，作品越是到后来出错越多，根本原因是这部作品属于6部短篇的重组。第528页第二行和倒数第六行称旺德奈斯为伯爵，该页注1和注2指出了这种错误，因旺德奈斯在父亲死后已继承了父亲的侯爵爵位。第529页最后一行巴尔扎克写道："春暖花开的日子他（维克托）来到凡尔赛"，第530页注1指出："此处与后面提到的冬天的夜晚、圣诞节有矛盾，是作者的一个疏忽。"后来，侯爵安顿好前来求助的杀人凶手，在第543页倒数第九行巴尔扎克写道："他拿走了灯，回到客厅。"而在第546页最后一行爱伦娜上楼来之后却见到"灯笼的光圈微微照亮着他（凶手），"哪里来的灯？是爱伦娜拿来的？不对，前面倒数第十至九行明确写着："她一边想一边摸黑沿着走廊向神秘的房间走去。"她没有拿灯，那么这里就只能是作者搞错了。后来在第567页最后两行至第568页第一行巴尔扎克写到侯爵在海上遭遇了海盗，"被两个奸细选中的七个西班牙水手已经兴高采烈地换上了秘鲁人的服装。"第568页注1指出："巴尔扎克大概忘了前面（指第562页）说这是一艘哥伦比亚船。"看来是作者在匆匆创作之中前后无暇以顾了。作品中第566页第十二至十三行写道："将军被捆住双手，象（像）货物一样被扔到一个包裹上……"后文在第569页第一至四行却写将军打倒了两个来捆绑他的水手，"夺过大副腰间的大刀，敏捷地挥舞起来，显出了老骑兵将军的本色"。第569页注1指出了作者的错误："巴尔扎克忘了将军的手是被绑着的。"在这一页的第七行巴尔扎克又说："手枪几乎顶着顽抗的法国人（将军）射出了几发子弹……"该页注2指出："居然没有打中他，这里显然是作者的疏忽。"作品写完之后，巴尔扎克还要就《人间喜剧》全局进行安排，但由于整体结构过于庞大，不能周全之处在所难免。在《三十岁的女人》第415页注2指出了巴尔扎克这样的错误："巴尔扎克为了统一《人间喜剧》的人名，一八三七年重版《三十岁的女人》时，把德·贝洛尔热侯爵夫人改为德·利斯托迈尔-朗东伯爵夫人，此处是漏改，下文类似处不再一一注明。"这部作品出现了这么多的错误，原因正如艾珉在第602页的题解中所指出的那样："《三十岁的女人》实际上是不同时间发表的六个短篇的组合。"[18]艾珉在第604页又说："将描写女性不同生活阶段的六个短篇衔接在一起，用来表现作为婚姻制度牺牲品的女性的一生，这种别出心裁的做法，当然会在细节上留下不少漏洞，人物形象前后也颇不统一，但作者在一八三四年版序言中说明：'可以说贯穿在组成《同一个故事》的六个场景里的人物，不是一个形象，而是一个思想，这个思想的装束越是不同，越能说明作者的意图。'"作者的意图无外乎是要说明女子不幸的普遍性，但在作品中统一到朱丽一人身上，确实前后矛盾已经达到了让人无法容忍的程度，这种混乱是难以回避和辩解的事实。

在《外省的诗神》第225页第七行说的是"玛丽·德·旺德奈斯伯爵夫人"，第227页第十至十一行却说"玛丽·德·旺德奈斯公爵夫人"。

在《老姑娘》中也有这种前后衔接自相矛盾的错误。首先，巴尔扎克搞错了与雅克兰结婚的对象。第426页注1指出："玛丽埃特显然为若塞特之误。"[19]因为巴尔扎克之前在第354页第十到十三行曾说："人家都说他爱着若塞特。若塞特是个三十六岁的姑娘，她若是结婚，科尔蒙小姐就要把她辞掉。因此这两个可怜人把他们的工钱积攒起来，悄悄地相爱，等待着、盼望着家中小姐早日成婚，……"其次，是关于骑士的脸的问题。在《老姑娘》第455页第四至七行，巴尔扎克写道："这件珍宝（骑士的鼻烟壶）现在正陈列在一个类似私人博物馆的地方。如果故人能够知道他们死后发生的事，此刻，骑士的面孔大概连左侧也要绯红了。"这里有前后矛盾的地方，因为在前面第280页第十行巴尔扎克曾经说过："这火热的部分位于面部左侧。"在第288页倒数第四至三行巴尔扎克又说："这个可怜的人连右半边脸都红了起来。"所以第455页的"连左侧也要绯红了"，其中的"连左侧"应是"连右侧"。

　　人物形象搞混在《初入教门》中也有体现。这部作品第494页倒数第九行，戈德弗鲁瓦对贝尔纳先生说："您可以到修女路去找他，他现在叫尼古拉先生，……"该页注1写道："按照德·拉尚特里夫人最初的介绍，此处应为约瑟夫。"约瑟夫原名勒卡缪·德·特莱斯纳，这里明显的是作者搞错了。而后来在第517页第十至十一行贝尔纳先生说："……约瑟夫先生已经一去不返了。"该页注1写道："按前文拉尚特里的介绍，这里应是又高又瘦的尼古拉先生。"可见，到作品快结束的时候，作者把尼古拉和约瑟夫两个形象完全搞颠倒了。

　　即使在巴尔扎克成名作《舒昂党人》中，衔接上的漏洞也仍然存在。他在第191页第十三至十八行写道："屋里由蒙托朗侯爵主持，……一边饮酒，一边开会。他们频频畅饮波尔多葡萄酒，酒兴之下议论得颇为热烈，饭吃得差不多的时候，讨论变得严肃而重要了。等到甜食上桌，各路军事行动的统一作战方案已经拟定，保王党人全体为波旁王室的健康干杯。正在这时，面包贼的枪声响了，……"[20]这里时间不对，麦尔勒刚走出去很快就被面包贼打死，而屋里人吃饭、饮酒没有这么快，他们应该是花了较长的时间才对，更何况是拟定了"各路军事行动的统一作战方案"，这更需要费些时间。

　　巴尔扎克有的错误属于文不对题。《朗热公爵夫人》第186页写着第二章的名字是"圣多马·达干堂区之恋"[21]，但在正文中一次也没有提到这个名字中的地点，提的一直是圣日耳曼区，这该是作者的不周全之处。

　　《卡迪央王妃的秘密》第486页第八行写道："她站起来走向窗前，……"她刚才就是站着的，第485页第二行写道："她突然情绪激动地站起来说，……"[22]

　　《欧也妮·葛朗台》第159页写道："她一进去，老头儿把门锁上了。"前后矛盾之处在于，第161页又写道："街门关上了，欧也妮便走出卧房，挨在母亲身边，对她说……"接着，在第163页格拉桑太太说："女儿红着眼睛，仿佛哭过很久，……"欧也妮若被锁在房间，她怎么能见到？

《塞拉菲塔》是以斯威登堡（1688—1772，瑞典神论学家）和他的思想为主要内容的作品。在《塞拉菲塔》第570页巴尔扎克写道："原来那是一件用开司米羊毛里子配上黑狐皮制的大衣，……"[23]本页注1指出："第一章结尾说塞拉菲塔穿的是貂皮大衣。"在第651页，塞拉菲塔对贝克尔说："您既不知道数从哪儿开始，也不知道它到哪儿停止，什么时候结束。您在这儿称它为时间，在那儿称它为空间；一切凭数而存在。没有数，一切将只不过是单一和同样的物质，因为只有数才能使万物彼此不同、性质各异。"这个道理很难经得住深度论证，里面浸染着似是而非的玄奥。在第677页，巴尔扎克写到维尔弗里闻声赶来，看见塞拉菲塔姿势优美地站在一块片麻岩上。"'这是我最后一次观看生机蓬勃的大自然了。'塞拉菲塔说着集中全身的力量站起来。"刚才并没有说她倒下去，哪儿来的站起来？

在《搅水女人》第280页巴尔扎克写到："三位朋友看见阿伽特急得无可奈何，劝她打发上校出门。"这之前一直是中校，菲利浦退役了，不可能再升为上校。本页注1指出："从此以后，作者常常把菲利浦的军阶提升一级，称为上校。"在第490页，奥勋老人说："那卡庞蒂埃在市政府担任的差事就是玛克桑斯放弃的，他和米尼奥奈少校是朋友。"本页注1指出："此处几页，原文中的军阶都不统一。"在第506页，鲁杰老头儿听着吓坏了，说道："外甥，你不知道玛克（桑）斯的厉害呢。他在决斗中杀过九个人呢。"本页注1指出："前面说的是，玛克（桑）斯在水上集中营杀过九个人，并没有在决斗中杀过人。"我们看到，488页说的是七个。也许鲁杰老头儿糊涂。

《乡村教士》第130—131页写秋景时自相矛盾："没有一株树，没有一只鸟，平原死寂，森林无声"[24]。难道森林不是由树构成的？

巴尔扎克有的错误要从《人间喜剧》的整体对比中才能够发现。在《小市民》第115页第九行，巴尔扎克说："拉布丹太太是某办公室主任的妻子"，而根据《公务员》第679页第三至四行描述，拉布丹一直到退休都是处长，从未当过主任："塞巴斯蒂安已经把属于处长的文书打好一个包送到马车上。"

三、知识掌握得不够精准，与事实产生了出入

达文在《十九世纪风俗研究》导言中不无夸张地说："各种文学体裁和

各种文学形式在他的笔下都簇拥而来,其丰富情形令人惊讶,因为它既不排除准确性,也不排除观察,也不排除充满拉辛式优美风格的彻夜劳作。"[13]297巴尔扎克在准确性上是要差一些的,其实,巴尔扎克的很多作品并未达到尽善尽美的境界,他对自己写到的内容在知识细节掌握上偶尔会出错。

《三十岁的女人》第456页注1指出了巴尔扎克的笔误:"原文为la foi punique(背信弃义),疑为作者的笔误。——原编者注。"在第536页第四至五行,巴尔扎克说《威廉·退尔》中"描写杀一人以救全民族的威廉·退尔和弑君者约翰之间的某种友谊。"本页注1指出了巴尔扎克的错误:"……诗人(席勒)并没有描写他们之间的友谊,相反,威廉对约翰说:'我跟你毫无共同之处啊。'"第590页注3指出了巴尔扎克类似的错误:"……这里巴尔扎克称赞了基德以贝阿特丽丝·桑西的故事为题材的绘画,而实际上基德的这幅名画画的并不是贝阿特丽丝·桑西。"同页注4一样指出:"……这里巴尔扎克又有一个错误,委拉斯开兹所画的是腓力四世,而不是腓力二世。"

《外省的诗神》第241页注1指出狄德罗《这并不是故事》中的男主人公是加尔代尔,巴尔扎克却写成了"加尔达讷"。

在杂文《俄罗斯和旅行者》第672页巴尔扎克用了德语词汇"Mein Gatt, Terteifel"[25]。该页注2指出:"德文,正确的写法是derteufel:见鬼!"这里解释的是单个词的意思,而我们知道,巴尔扎克的整个意思是:"天啊,见鬼!""Gatt"的正确拼写该是"Gott"。同样,巴尔扎克在第694页又用了一个外文词:"……在俄国旅行,如果没有专门许可证,不能乘驿车旅行,……这种许可证叫做(作)podroznia"。该页注2指出:"应写为podorojnaI(i)a"。在第695页巴尔扎克又写道:"……这位总督就是很有名望的比比科夫将军,他管辖着沃利尼亚、乌克兰、波多利亚,还有小俄罗斯的一部分;……"该页注3指出了巴尔扎克的错误:"从十七世纪中期开始,沙皇俄国官方文书及贵族、资产阶级都称乌克兰为小俄罗斯。"那么,之前已经提到了"乌克兰",之后又说"还有小俄罗斯的一部分",应该是作者在对地名不甚了了的情况下进行罗列的过程中造成了重复。

巴尔扎克在杂文《论长子继承权》第3页引用了圣经里的一句话作为题词:"愿你作你弟兄的主,你母亲的儿子向你跪拜。"之后注明出自"《创世纪》第二十六章",[26]该页注1指出:"应为第二十七章。"

在《幽谷百合》第517页,巴尔扎克写道:"回到巴黎,阿拉贝尔和我更加如胶似漆;……她想在全巴黎败坏我的名誉,以便把我变成她的sposo,犹如刽子手事先就标明受刑的人，以便据为己有。"[27]第517页注1指出了sposo的拼写错误："意大利文：合法丈夫。正确写法应为Sposo。"

巴尔扎克在《塞拉菲塔》第546—547页写道："在鸭绒被下酣然入梦的有钱人"。547页注1指出："实际上鸭绒被在挪威是很普通的卧具。"在第663页，塞拉菲塔对贝克尔说："给我们讲讲那个农民的儿子怎样拥有一条会说话、有生命的船，好吗？我做梦也看见那艘三桅帆船埃利达号！"本页注1指出："巴尔扎克记错了，原来故事的主人公并非出身农家，他驾驶的那艘三桅帆船'埃利达号'并不会说话，也没有生命。"

在《搅水女人》第351页，巴尔扎克写道："在高卢人的'屯'下面，罗马人所造的庙可能是供奉伊西斯女神的。考古学家肖漠认为，就因为这缘故，城的名字才叫伊苏屯。伊苏是伊西斯的简称。"本页注2指出："冉·肖漠曾于一五〇六年发表一部关于贝里地区的历史著作，但并未这样解释伊苏屯地名的来源。"这是巴尔扎克知识的不精确造成的。在353页，巴尔扎克写道："路易十四时代，伊苏屯出过布达卢和巴隆，……"本页注1指出："作者这一段考据并不正确。布达卢生于布尔日，巴隆生于巴黎，只有巴隆的父亲才是伊苏屯人，……"第385页写到一个人搅水，"钓虾的隔着相当距离放好笼子，等惊慌失措的大虾自投罗网。"注1指出了巴尔扎克知识的不确："据考证，搅水是为了捕鱼，虾不会自投罗网，而在混水中躲进洞里。巴尔扎克的解释不符合实际情况。"在第390页巴尔扎克写道："医生对弗洛尔存心学路易十五供养罗曼小姐的榜样，小规模的来一下；可惜他迟了一步；当时路易十五还年轻，而医生已经到了晚年。"本页注1指出："相传罗曼小姐系一轻浮女子。路易十五于一七六〇年看中她时已年逾半百。故路易十五年轻时就供养罗曼小姐一说并不可靠。但巴尔扎克似乎坚信不移，在《玛西米拉·多尼》等多处提及此事。"在第402页巴尔扎克写道："记得拉伯雷讲起用'科克玛尔'煮龙肝凤脯，足见这样东西来历很古。"本页注3指出："巴尔扎克记忆不准确，产生了阴差阳错。首先他混淆了两个发音近似但书写不同的词：Le coquemar（锅，壶）和 Le cauquemarre（梦魇，怪兽，毒虫），一律写成Le coquemarre；其次《卡冈都亚》第十四章内确实出现过Le coquemar，但并非用来煮龙肝凤脯；最后，拉伯雷曾用过 Le ceuquemarre和La coquecialua（神鸟）两词，但从未合在一起使用，两词之间毫无关系。"在第537页巴尔扎克写到："菲利浦刚才扮演的就是理查三世杀了国王，追求王后的一场戏，……"本页注1指出："英王理查三世未篡夺王位以前，曾帮助他哥哥爱德华四世谋害先王亨利六世及其太子爱德华；理查三世在亨利六世出殡的路上向爱德华的寡妇阿纳求爱。……巴尔扎克所说国王应当是国王及其太子，所说王后实际是太子之妃。"

在《高布赛克》第601页，高布赛克说："她（阿娜斯大齐）同列奥纳多·达芬奇笔下的希罗底亚一样，真是生气勃勃，……"注1指出："这里提到的实际上是意大利画家贝纳提诺·吕侬尼画的莎乐美（希罗底亚的女儿）。"在第654页巴尔扎克写道："仿佛浮现出勒蒂埃的名画《布鲁图斯的孩子之死》上的那些老罗马人，……"本页注2指出："这里提到的那幅画题名应是《布鲁图斯判处儿子们死刑》。"

在《三十岁的女人》中，第428页注1指出了巴尔扎克的错误："此处作者自相矛盾：维克托不知如何混进图尔，但他能够到达奥尔良，并以为奥尔良到图尔的道路是畅通的。"当时的社会背景是帝政已崩溃，巴黎已失陷。

来不及修改应该是以上一系列错误产生的原因。《小市民》没有写完，所以也来不及修改。这部作品的结尾即第289页第三行是一句不完整的话："医生刚走，赛里泽就拿起一个"，再加上一长串的省略号。艾珉、刘勇在第523页的题解里说："《小市民》是巴尔扎克的一部未完成的遗稿。"作品整体上情节安排得巧合过多，痕迹明显，这可能是作者未来得及修改的缘故。过多地使用巧合，会给读者以人为矫饰的感觉，即使是在雨果的作品《悲惨世界》中，这也不能算是优点。虽说无巧不成书，但过犹不及。阿尔贝提到了巴尔扎克对待作品中错误的态度："作品最终印出来后，他会经历苦痛的幻灭，造物主总是觉得自己创造出来的东西不够完美。因为出于敏感的艺术良知，作品中他认为是明显错误的瑕疵让他感到痛苦，他会带着巨大的热情继续修改。……就像是技艺超群的石匠，凭借天赋只手建筑一座教堂，在发现某个扶壁的阴影里有个被忽略掉的雕刻时心都在流血，然后呕心沥血地去完善它，虽然在整座建筑的宏伟和优美的反衬下，它几乎不会被人发现。"[3]75巴尔扎克往往同时创作多部作品，所以不能周全也在所难免。据阿尔贝记载："就在他同时进行二十种不同的作品的写作时，他还在德·贝尔尼夫人的指导下创作了《三十岁的女人》，并继续《驴皮记》的创作。"[3]40巴尔扎克1832年5月给韩斯卡夫人写信说，《驴皮记》"再版了，我又发现某些错误，这是诗人的忧伤。"[1]151

总之，巴尔扎克作品结构庞大，数量众多，错误在所难免，相信研究者和其他读者在阅读巴尔扎克全集时还会发现其它类似的错误，我们这里总结概括一番，是为研究经典略尽一些绵薄之力。

参考文献：

[1]特罗亚.巴尔扎克传[M].胡尧步，译.北京：商务印书馆，2013.

[2]李清安.巴尔扎克[M].北京：北京师范大学出版社，1983.

[3]阿尔贝·凯姆，路易·吕梅.巴尔扎克传[M].高岩，译.南昌：江西教育出版社，2014.

[4]巴尔扎克.贝阿特丽克丝[M]//人间喜剧：第4卷.张裕禾，译.北京：人民文学出版社，1997.

[5]巴尔扎克.三十岁的女人[M]//人间喜剧：第4卷.沈志明，译.北京：人民文学出版社，1997.

[6]巴尔扎克.小市民[M]//人间喜剧：第15卷.何友齐，译.北京：人民文学出版社，1997.

[7]巴尔扎克.德·拉尚特里夫人[M]//人间喜剧：第15卷.何友齐，译.北京：人民文学出版社，1997.

[8]巴尔扎克.欧也妮·葛朗台[M]//人间喜剧：第6卷.傅雷，译.北京：人民文学出版社，1997.

[9]巴尔扎克.于絮尔·弥罗埃[M].傅雷，译.合肥：安徽文艺出版社，1998.

[10]巴尔扎克.高布赛克[M]//人间喜剧：第3卷，陈占元，译.北京：人民文学出版社，1997.

[11]巴尔扎克.搅水女人[M]//人间喜剧：第7卷.傅雷，译.北京：人民文学出版社，1997.

[12]巴尔扎克.外省的诗神[M]//人间喜剧：第8卷.袁树仁，译.北京：人民文学出版社，1997年.

[13]费利克斯·达文.《十九世纪风俗研究》导言[A]//人间喜剧：第24卷.袁树仁，译.北京：人民文学出版社，1997.

[14]巴尔扎克.初入教门[M]//人间喜剧：第15卷.何友齐，译.北京：人民文学出版社，1997.

[15]巴尔扎克.公务员[M]//人间喜剧：第14卷.资中筠，译.北京：人民文学出版社，1997.

[16]巴尔扎克.德·拉尚特里夫人[M]//人间喜剧：第15卷.何友齐，译.北京：人民文学出版社，1997.

[17]巴尔扎克. 经济人[M]//人间喜剧：第14卷. 丁世中，译. 北京：人民文学出版社，1997.

[18]艾珉.《三十岁的女人》题解[A]//人间喜剧：第4卷. 北京：人民文学出版社，1997.

[19]巴尔扎克. 老姑娘[M]//人间喜剧：第8卷. 袁树仁，译. 北京：人民文学出版社，1997.

[20]巴尔扎克. 舒昂党人[M]//人间喜剧：第17卷. 罗芃，译. 北京：人民文学出版社，1997.

[21]巴尔扎克. 朗热公爵夫人[M]//人间喜剧：第10卷. 袁树仁，译. 北京：人民文学出版社，1997.

[22]巴尔扎克. 卡迪央王妃的秘密[M]//人间喜剧：第11卷. 梁均，译. 北京：人民文学出版社，1997.

[23]巴尔扎克. 塞拉菲塔[M]//人间喜剧：第22卷. 张冠尧，译. 北京：人民文学出版社，1997.

[24]巴尔扎克. 乡村教士[M]//人间喜剧：第19卷. 王文融，译. 北京：人民文学出版社，1997.

[25]巴尔扎克. 俄罗斯和旅行者[A]//巴尔扎克全集：第30卷. 蔡鸿滨，译. 北京：人民文学出版社，1998.

[26]巴尔扎克. 论长子继承权[A]//巴尔扎克全集：第27卷. 袁树仁，译. 北京：人民文学出版社，1998.

[27]巴尔扎克. 幽谷百合[M]//《人间喜剧》第19卷. 李玉民，译. 北京：人民文学出版社，1997.

第二节　巴尔扎克作品汉语译介中的问题

巴尔扎克的作品数量众多，在中国翻译和介绍方面存在一些错误和疏忽之处在所难免。就翻译方面来说，有生造词汇和字词的误用，引号、顿号、问号、分号、句号和实心圆点等标点符号的误用，亲属称呼的误译和性别代词的错译以及校对的疏忽等问题，在介绍方面也有尚欠精准而值得进一步完善之处。这些错误的产生，有的是因为对内容没有完全把握所致，有的则是由于翻译时间紧迫而产生的，还有的是因为时过境迁，旧有的翻译应根据现代的需要做出调整，本文指出这些错误的具体表现，并不是为了求全责备，而是希望能够促使译介工作臻于完美。

巴尔扎克作品在中国的传播，要归功于翻译家们艰苦卓绝的努力，《巴尔扎克全集》的翻译工作1984年启动，耗时12—15年，翻译家们的付出远非"辛苦"二字可以言表。为了使这项工作锦上添花，我这里姑且陈述一下巴尔扎克作品汉语译介上值得进一步完善之处，这项任务不限于《巴尔扎克全集》。

一、字词的误用

有的翻译属于生造词汇。如在《贝阿特丽克丝》中，"添油加醋"译成了"加油添酱"。[1]117、134也许这属于地方性用法，但"加油"在汉语中另有它意。更多的翻译是字词误用。如在《贝阿特丽克丝》中，"柱着一把小阳伞"[1]159中的"柱"该是"拄"；"这其间"[1]171，应译成"其间"或"这期间"，"其"已经包含了"这"的意思，而"期"则不具备这样的功能；"俄狄甫斯"[1]209应译作"俄狄浦斯"，破解斯芬克斯之谜、杀父娶母之人，而"俄耳甫斯"则是一位传说中的歌乐能手，俄耳甫斯教的创始人。

在《朗热公爵夫人》中，"更将纱巾的每一褶绉衬托得色调更加鲜艳。"[2]229应去掉第一个"更"字。

在杂文《耶稣会会士不偏不倚的历史》中，"最谎话连篇的报告，最夸大其辞的说法，交到克雷芒十四世教皇手里。"[3]68这里的"夸大其辞"应译作"夸大其词"。

在杂文《老实人指南》中，"任何一个年轻人，二十岁时，就已经像一位年老的预审法官一样狡滑。"[4]107这里的"狡滑"应是"狡猾"。

在杂文《一个好主意在官场的遭遇》中，"这些冰块顺流而下，互相撞击，往回浮动，偏离自己的航道，时而往左飘，时而往右飘，……"[5]289这里的"飘"应该是"漂"，因为冰块是不可能在空中飘的。

在《拜耳（贝尔）先生研究》中，"学究们更喜欢塔臾，其实他一天比一天声望低。"[6]325这里的"塔臾"应是"塔叟"之误，又译"塔索"，是意大利叙事诗人。

在《幽谷百合》中，"抵牾"应是"牴牾"[7]518。"最初的狂恋过后，我自然要比较这两位女子，……我不再象以往那么迷恋。"[7]518这里的"象"应是"像"，这个问题在巴尔扎克的作品翻译上普遍存在。

在《大名鼎鼎的戈迪萨尔》中，"他以董事身分进入专区区长的府邸，以资本家的身分去拜访银行家、以虔诚的教友和君主制拥戴者面目出入保王党的门庭、以布尔乔亚的身分和布尔乔亚相交。"[8]10这里的"身分"都应该翻译成"身份"。此外，这里的顿号都该改成逗号，标点符号的问题我们接下来探讨。

二、标点符号的误用

在翻译工作中，要应付的主要是文字，标点符号属于细微之处，但正是这些细微之处容易出错。

（一）引号的误用

如在《贝阿特丽克丝》中，"他站起身来[1]255，这是在描述人物的动作，不是人物的对话，前面不该加引号。同理，还要写点什么。"[1]298这里应该没有后引号。

在《三十岁的女人》中，"河谷的洪流"[9]525是公证人说话的内容，这里该用单引号，而不是双引号。同样，在《三十岁的女人》中，现在波旁王室"[9]428前面缺一个前双引号。

在杂文《法国人自画像》中，"……漫画证明一切均在一切之中。"[10]60这里句号后面用了下前引号，而该是上后引号。

在《贝尔先生研究》中，"……只有性命'……"[11]208，其中的后单引号该是逗号。

在杂文《公务员生理学》中，"……结果蚀了本钱'，"[12]441这里"本钱"后面不该是上单引号。

引号的错误也可能出现在注释中，如在杂文《巴黎商店招牌评论及轶事小辞典》中："弗丽讷，……'高级妓女·的代名词。"[13]297这里"高级妓女"后面该用后上引号，却用了后下引号。

（二）顿号的误用

在《三十岁的女人》中，"这些小鸟好似用红宝石、蓝宝石、和金子做成的。"[9]571"和"前面的顿号应该去掉。

在《小市民》中，巴尔扎克写到了蒂利埃家宴请客人的食物："这道菜汤四周确实还摆着四只镀银已经剥落的暖锅，在这个所谓候选人宴会上，所谓的菜肴也不过是两只橄榄烧鸭、对面放着一只颇大的肉馅饼、还有一条鞑靼鳗鱼和一盆菊苣作底的炭烤小牛肉片相互呼应。第二道菜的主菜，是一只雍容华贵的、肚子里塞满栗子的烤鸭、一盘点缀着红萝卜片的野苣生菜对面放着几罐攒奶油、一盘糖渍蔓青与一盘通心粉相互呼应。"[14]189-90这里的五个顿号除了第三个外都该改成逗号。《小市民》中关于毕西沃的描写："他……什么也不尊重，什么也不相信，法兰西、上帝、艺术、希腊人、土耳其人、养老院、以至君主政权，一概不在话下。……尽管他同约瑟夫·勃里杜是总角之交，他还是撇下他去从事画漫画、封面画、以及书刊插图。"[14]530-31其中"养老院"和"封面画"后面的顿号都该去掉。

在《德·拉尚特里夫人》中，"戈德弗鲁瓦却愤愤不平、想要一鸣惊人。"[15]294这里的顿号该改为逗号。

在《幽谷百合》中，"一处是卡西纳、另一处叫雷托里埃尔。"[7]370这里的顿号该是逗号。

相反的情况，是该用顿号的地方却用了其它符号。在杂文《无业游民与昂盖朗·德·马里尼》中，"一见这个无法无天、没有信仰，没有心肝的人，人群顿时鸦雀无声，个个发抖，本能地猜到此人将长期地当他们的主人。"[16]264这里"没有信仰"后面不该是逗号，而该是顿号；"一旦关系到精神财宝，国家就没有耳朵，没有眼睛、没有手了。"[17]270这里"没有耳朵"后面该是顿号。

（三）问号的误用

《十三人故事》序中，"现在来说说，什么是建筑行会？"[17]18这里的问号该用句号。

在《外省的诗神》中，"咦！我的宝贝，"她大叫起来，"你没看我的信！"[18]209这里不管巴尔扎克的原文是怎样的，在汉语里最后一个感叹号用问号加感叹号更符合我们的语言习惯一些。

达文《哲学研究》导言中："难道不是'思想杀害了思想家吗？？"[19]197这里后一个问号该是后单引号。

在杂文《国际政治述评》中："在杜伊勒里宫内阁秘而不宣的愿望和它表面的行动之间不是存在着明显的矛盾吗；……国家是不会在二十五年间改邪归正的。"[20]422这里"矛盾吗"后面该是问号。

（四）分号的误用

在《赛查·皮罗托盛衰记》中，巴尔扎克写道："今天我们照今天的市价买进地产；两年以后，行情不同了，跟公债一样。"[21]19这里"地产"后面的分号严格地说该是逗号。

在《乡村教士》中，"以往诡辩家只与少数人讲话，如今他们借助报纸期刊把整个民族引入歧途，"治安法官嚷道；"而推崇理性的报纸却得不到反响！"[22]199-200这里"嚷道"后面的分号该是逗号。

在《幽谷百合》中，"格陵兰人会死在意大利的！我在您的身边；心情又平静又幸福。"[7]385-86这里的分号该是逗号。

在杂文《论巴黎报界》中，"……三个亚种：1.预言家：2.怀疑派；3.狂热信徒。"[23]515这里"预言家"后面该是分号，而不该是冒号。

（五）句号的误用

在《老姑娘》中，"自一八三〇年起，这个人就当了税务局长。为了达到高升的目的，他依靠与……的关系。他弄到了八万利勿尔的固定收入。"[24]446这里"关系"后面的句号该改为逗号。

在《舒昂党人》中，"在德·韦纳伊小姐目前的心境中，外国生活对她而言。带上了幻影的情调。"[25]134这里"而言"后面的句号应该改成逗号。

在戏剧《家事学堂》中，"阿德里安娜　夫人，这样一件大事，您就不等热拉尔先生回来再作决定。"[26]667这里的句号该是问号。

在杂文《对大臣们的颂扬及其遗体向先贤祠地下墓室的移送》中，"巴尔扎克对七月王朝立宪政府的绝望。在本文中得到富于独创性的表达，一八三一年十月六日发表于《漫画》周刊，署名阿尔弗雷德·库德赫。"[27]674这里"绝望"后面的句号该是逗号。

（六）实心圆点的误用

《大卫·赛夏（发明家的苦难）》——《幻灭》第三部初版序中，"巴黎宛如一座迷人的城堡，所有的外省青年都拼命朝它冲去。……拉斯蒂涅·罗斯多……把这些人物所走的道路、所抱的志向和各自的成就拿来作一番比较，就会了解近三十年青年一代的悲剧史了。"[28]174这里"拉斯蒂涅"后面的圆点该是顿号，把两个人物分开。

还有相反的情况，就是该用圆点的时候却用了别的符号。在戏剧《投机商》中，"德，拉布里夫　还是先生说得对，……"[29]570这里"德"后面应是个居中圆点，而不该是逗号。

三、称呼的误用

有的是亲属称呼的误用，有的是性别的错译。

（一）亲属称呼的误用

虽然在很多国家侄子和外甥、姑姑和姨、舅母，叔叔和舅舅、姑父、姨父都用相同的词，但在中国还是有明确区分的，它们分别代表男方和女方的亲戚。在《贝阿特丽克丝》中，"外甥女"错译成了"侄女"[1]123，之前曾正确地翻译成"外甥女"[1]44，这毕竟是德·庞-奥埃尔小姐妹妹家的孩子。

在《三十岁的女人》中朱丽的姨母在各处都被翻译成了"姑母"。

在《小市民》中，皮（毕）安训应是包比诺法官的外甥，这里错译成了侄子："上次推举他的后任时，他的侄子，……"[14]174艾珉、刘勇在《小市民》题解中提到了拉布的续篇，称其中泰奥多兹最后"不得不娶了自己神经失常的表妹，这段婚姻倒使可怜的表妹恢复了理智。"[31]523这里的"表妹"应是"堂妹"，因她是泰奥多兹大伯的女儿，也姓拉佩拉德。这就像在根据汴之琳的《哈姆雷特》译本改编的电影中，提拔尔特称凯普莱特为舅舅听起来就非常别扭，因为他本应称他为姑父，提拔尔特是凯普莱特夫人的侄子。

与此类似的中外不同称呼的混淆之处还有《外省的诗神》中，"神甫"错译成了"方丈"[19]103。

（二）性别错译

如在《小市民》中，菲利翁太太说："她母亲如果还健在，一定会为这样一个儿子感到自豪。"[14]188这里的"她"应是"他"。

同理，在《三十岁的女人》中，朱丽恨女儿爱伦娜不是亚瑟的，于是她说道："爱伦娜不是他的！……我可怜的小爱伦娜是他父亲的孩子，义务的产儿，偶然的产物。"[9]483这里的"他父亲"应该是"她父亲"。关于性别的疏忽也可能发生在注释中。《三十岁的女人》的注释指出："文中没有具体说明朱丽父亲的死日和她的婚期。从下文朱丽回答姨母的问题来看，可推算到一八一三年四月，这是违背他父亲意志的婚姻，因此她好象（像）是在父亲死前举行的婚礼。"[9]414这里的"他父亲"应是"她父亲"。

有的地方则是角色混淆。在杂文《贝尔先生研究》中，"于是她向他建议，供养他的妻子和子女……"[11]207这里的"妻子"应该是"情妇"。在戏剧《投机商》中，"麦卡代 您女儿女婿、您妻子，还有您，先生，我们就工作吧！……离开这种尔虞我诈的环境，离开这种再也唬不了人的虚假奢华吧。……"[30]615这里说话的该是麦卡代夫人，而不是麦卡代。

四、情节内容上的错误

由于巴尔扎克作品数量众多，情节内容上的译介错误也在所难免。

《外省的诗神》中说："这位新伯爵（指德·拉博德赖先生）遇到了老

绍利厄公爵。这老公爵原是他的一个债主，……"[18]262这里的"债主"应是
"债务人"。

在《乡村教士》中法拉贝什说："……如果有六个坏蛋高兴造反，我们
就有被枪毙或遭机枪扫射的可能。"[22]163怀疑译错了，当时不该有机枪，应该
是排枪扫射。

关于达文所写的巴尔扎克《十九世纪风俗研究》序言的注释中"得维
尔"[31]211的译法，应与正文统一，"得"该是"德"。

在戏剧《家事学堂》中，"杜瓦尔　……（把杜瓦尔拉到一旁）怎么，也
许您走得太远了吧？"[26]662这里的括号中应该是把罗伯洛拉到一旁。

在杂文《美食生理学》中，"本文于一八三〇年八至十月在《侧影》周
刊连载，巴尔扎克宣称他将先后研究贪食者等十种人，实际只研究了食量大
者和老饕（贪食者）两种。"[32]109而我们看到，一直到第113页，作者先论老
饕，后论大食量，那么这部分的标题就该是"老饕与大食量"，而不该是"大
食量与老饕"。

作品的注释中也有出现生僻译法或与常规说法不符之处。

在《贝阿特丽克丝》的注释中，"那喀索斯是希腊神话传说中的美少
年，他只爱自己，对爱神的追求无动于衷。爱神阿佛洛狄忒于是惩罚他，使他
迷恋自己在水中的倒影，最后落水淹死。"[1]128这里的那喀索斯的故事有各种
说法，独不见爱神爱上了他这种说法，这很可能是注者想当然所致。此外，他
最后落水淹死这种说法也很可疑，一般认为他是憔悴而死。

在《初入教门》的注释中，"拉奥孔，希腊神话中特洛亚城的祭司，
因曾警告特洛亚人提防木马计，触怒雅典娜，遣两条巨蟒将他与两个儿子缠
死。"[33]459拉奥孔是在要发出警告的时候被赫拉或阿波罗派巨蟒将他与两个儿
子缠死的，在特洛伊传说中，并没有雅典娜派出巨蟒缠死拉奥孔父子三人之
说。雅典娜是帕里斯裁判金苹果的时候得罪的，所以她在战争中一直站在希腊
人一方，阿波罗本是站在特洛伊一方的，最后看到大局已定，居然叛变了。

在《朗热公爵夫人》的注释中，"追求珀涅罗珀的人不计其数。她声
称，要等她织完她公公的裹尸布以后再作答复，实际上每晚将白日所织拆
掉。"[2]233求婚者的数目有两种说法，108位或129位，而不是"不计其数"；
通常说法是"坎肩"，而不是"裹尸布"。

有的注释没有与正文密切配合。《贝阿特丽克丝》的注释中指明福克斯
是卡利斯特的猎犬名，[1]172而文中接下来声明卡米叶"将自己比作卡利斯特最

优秀的猎兔犬"就使注释成了多余。

艾珉、刘勇在题解中称《小市民》的构思"几乎是莫里哀的《伪君子》的翻版。一个披着民主、博爱和宗教虔诚外衣的伪善人,因垂涎一笔丰厚的嫁妆而打入一个小市民家庭,小市民的无知和虚荣使这个家庭的几个主要成员都成为受骗上当的奥尔恭。"[30]523而我们看到,泰奥多兹不只垂涎"一笔丰厚的嫁妆",他觊觎的应该是蒂利翁的全部财产,因莫黛斯特是这个家庭的唯一的继承人。

有的作品是不是该归入巴尔扎克名下,还需要进一步认真甄别。关于《老实人指南》的作者到底是谁,根据文中资料我们知道,第一版、第二版均为佚名,从第三版始,作者名为荷拉斯·雷松。荷拉斯是"巴尔扎克之友,曾写过多部幽默之极的'指南',A.杜塔克及洛旺儒认为很可能巴尔扎克参与了《老实人指南》的创作。巴尔扎克逝世后出版其著作的出版家则认为这是肯定无疑的,他们在一八五四年又出了《老实人指南》新版,题目为《德·巴尔扎克:老实人指南》,……在第一页上有一个小注,不引人注意地提到荷拉斯·雷松参加创作:'巴尔扎克的这部作品系与荷拉斯·雷松先生合作完成。'……"[4]104-05这里明显地是出版商在利用死者的名声赚钱,荷拉斯才该是主要作者。

五、校对上的疏忽

由于《巴尔扎克全集》的译介工作耗时远远超过了当初的预期,到最后翻译家们都陷入了异常疲累状态,有的印刷错误没有被校对出来也情有可原。事实上,前面提到的一些错误也可以归入这一类。

在《外省的诗神》1987年版中,"你把手放在十字架上过誓,那里面没有人!"其中"过誓"应是"起过誓"。好在1997年的版本加上了"起"字。[18]137

在《老姑娘》中,"道德败环"[24]388应是"道德败坏"。

在《小市民》中,"事情这样的:这位可敬而善良的人从来未能满足自己的爱好。"[14]122"事情"与"这样"中间应该加个"是"。《小市民》中又写道:"主教和几位要人得悉这女子生活如此高洁不彰,行善如此频繁不辍,称她为虔心诚意之花,美德芬芳四滥的香堇。"[14]41这里的"芬芳四滥"应是"芬芳四溢"。

在达文《十九世纪风俗研究》导言中,"要在《舒昂党人》中勾画出德·韦纳伊小组的面庞,也要在《高老头》中勾勒出米旭诺的面孔。"[34]294这里的"小组"该是"小姐"。在同一篇论文中，达文写道："……和有关细致的描写，竟然就发生了关于居住者的性格的启示性光明，他们的感情、他们的主要利益，一言以蔽之，他们全部的生活。"[32]224这里的"有关细致"该是"有关细节"。

六、随着时代变化而需要改变的译法

时代在不断地发展，词汇的含义在新的时代会发生变化，所以有的译法需要随着时代变化而改变。所有旧译中表示比喻的"象"都该改为"像"，副词的标志"的"都该改为"地"。还有，在傅雷译《高老头》中，"七个同居的人"和"大学生招呼了同居"，[35]222、223这种译法现在容易造成歧义，现在的"同居"多指男女没有结婚而居住在一起。

总之，巴尔扎克是个世界级的大家，但关于他的作品的研究在中国还属于小众，译介工作的进一步完善还需要大家更为精密的查漏补缺，也只有这样，我们才可能迎来一个巴尔扎克在中国的研究高潮。

参考文献：

[1]巴尔扎克. 贝阿特丽克丝[M]//人间喜剧：第4卷. 张裕禾，译. 北京：人民文学出版社，1997.

[2]巴尔扎克. 朗热公爵夫人[M]//人间喜剧：第10卷. 袁树仁，译. 北京：人民文学出版社，1997.

[3]巴尔扎克. 耶稣会会士不偏不倚的历史[A]//巴尔扎克全集：第27卷. 袁树仁，译. 北京：人民文学出版社，1998.

[4]巴尔扎克. 老实人指南[A]//巴尔扎克全集：第27卷. 袁树仁，译. 北京：人民文学出版社，1998.

[5]巴尔扎克. 一个好主意在官场的遭遇[A]//巴尔扎克全集：第29卷. 陆秉慧，刘方，译. 北京：人民文学出版社，1998.

[6]巴尔扎克. 拜耳先生研究[A]//王秋荣编. 巴尔扎克论文学. 李健吾，译. 北京：中国社会科学出版社，1986.

[7]巴尔扎克. 幽谷百合[M]//人间喜剧：第19卷. 李玉民，译. 北京：人民文学出版社，1997.

[8]巴尔扎克. 大名鼎鼎的戈迪萨尔[M]//人间喜剧：第8卷. 刘恒永，译. 北京：人民文学出版社，1997.

[9]巴尔扎克. 三十岁的女人[M]//人间喜剧：第4卷. 沈志明，译. 北京：人民文学出版社，1997.

[10]巴尔扎克. 法国人自画像[A]//巴尔扎克全集：第28卷. 王文融，译. 北京：人民文学出版社，1998.

[11]巴尔扎克. 贝尔先生研究[A]//巴尔扎克全集：第30卷. 罗芃，译. 北京：人民文学出版社，1998.

[12]巴尔扎克. 公务员生理学[A]//巴尔扎克全集：第30卷. 何友齐，译. 北京：人民文学出版社，1998.

[13]巴尔扎克. 巴黎商店招牌评论及轶事小辞典[A]//巴尔扎克全集：第27卷. 袁树仁，译. 北京：人民文学出版社，1998.

[14]巴尔扎克. 小市民[M]//人间喜剧：第15卷. 何友齐，译. 北京：人民文学出版社，1997.

[15]巴尔扎克. 德·拉尚特里夫人[M]//人间喜剧：第15卷. 何友齐，译. 北京：人民文学出版社，1997.

[16]巴尔扎克. 无业游民与昂盖朗·德·马里尼[A]//巴尔扎克全集：第29卷. 陆秉慧，刘方，译. 北京：人民文学出版社，1998.

[17]巴尔扎克.《十三人故事》序[A]//人间喜剧：第10卷. 袁树仁，译. 北京：人民文学出版社，1997.

[18]巴尔扎克. 外省的诗神[M]//人间喜剧：第8卷. 袁树仁，译. 北京：人民文学出版社，1997.

[19]费利克斯·达文.《哲学（理）研究》导言[A]//王秋荣编. 巴尔扎克论文学. 柳鸣九，译. 北京：中国社会科学出版社，1986.

[20]巴尔扎克. 国际政治述评[A]//巴尔扎克全集：第29卷. 陆秉慧，刘方，译. 北京：人民文学出版社，1998.

[21]巴尔扎克. 赛查·皮罗托盛衰记[M]//人间喜剧：第11卷. 傅雷，译. 北京：人民文学出版社，1997.

[22]巴尔扎克. 乡村教士[M]//人间喜剧：第19卷. 王文融，译. 北京：人民文学出版社，1997.

[23]巴尔扎克. 论巴黎报界[A]//巴尔扎克全集：第30卷. 蔡鸿滨，译. 北京：人民文学出版社，1998.

[24]巴尔扎克. 老姑娘[M]//人间喜剧：第8卷. 袁树仁，译. 北京：人民文学出版社，1997.

[25]巴尔扎克. 舒昂党人[M]//人间喜剧：第17卷. 罗芃，译. 北京：人民文学出版社，1997.

[26]巴尔扎克. 家事学堂[M]//巴尔扎克全集：第26卷. 李玉民，译. 北京：人民文学出版社，1998.

[27]巴尔扎克. 对大臣们的颂扬及其遗体向先贤祠地下墓室的移送[A]//巴尔扎克全集：第28卷. 王文融，译. 北京：人民文学出版社，1998.

[28]巴尔扎克. 大卫·赛夏（发明家的苦难）——幻灭第三部初版序[A]//王秋荣编. 巴尔扎克论文学. 程代熙，译. 北京：中国社会科学出版社，1986.

[29]巴尔扎克. 投机商[M]//巴尔扎克全集：第26卷. 李玉民，译. 北京：人民文学出版社，1998.

[30]艾珉、刘勇. 小市民·题解[A]//人间喜剧：第15卷. 北京：人民文学出版社，1997.

[31]费利克斯·达文. 十九世纪风俗研究. 序言[A]//王秋荣编. 巴尔扎克论文学[M]. 刘若端，聿枚，译. 北京：中国社会科学出版社，1986.

[32]巴尔扎克. 美食生理学[A]//巴尔扎克全集：第28卷. 王文融，译. 北京：人民文学出版社，1998.

[33]巴尔扎克. 初入教门[M]//人间喜剧：第15卷. 何友齐，译. 北京：人民文学出版社，1997.

[34]费利克斯·达文. 十九世纪风俗研究·导言[A]//人间喜剧：第24卷. 袁树仁，译. 北京：人民文学出版社，1997.

[35]巴尔扎克. 欧也妮·葛朗台　高老头[M]. 傅雷，译. 北京：人民文学出版社，1980.

第六章　巴尔扎克的文艺思想和社会思想

巴尔扎克在杂文、小说、序言和书信中多处表达了自己的文艺思想和社会思想，现在进行一下总结和梳理。

第一节　巴尔扎克的文艺思想

巴尔扎克的文艺思想丰富而复杂，他的很多文艺观点直到今天仍具有重大价值。

一、艺术家（作家）的素质

巴尔扎克在论文、小说和书信中论及了艺术家（作家）的思想、毅力、天才、灵感、体验生活、渴望荣誉、伟大志向、善良、矛盾、表现力、透视力和道德指向等多方素质。

（一）思想

巴尔扎克在《论艺术家》一文中认为艺术家应该靠思想永存："一个能思想的人，才真是一个力量无边的人。帝王统治人民不过一朝一代而已；艺术家的影响却能绵延至整整几个世纪；他能使事物改观，他决定变革的形式，他左右全世界并起着塑造世界的作用。"[1]12巴尔扎克认为智力活动都是平等相通的："一切智力上的表现不分高下，拿破仑是和荷马一样伟大的诗人；拿破仑写了诗就像荷马打了仗。"[1]17艺术是思想的浓缩，"艺术作品就是用最小的面积惊人地集中了最大量的思想，它类似总结。"[1]22

巴尔扎克又认识到艺术家其实是有着神圣的使命的："艺术家的使命在于能找出两件最不相干的事物之间的关系，在于能从两件最平凡的事物的对比中引出令人惊奇的效果，……在社交场所锋芒毕露的人把智者看成一钱不值，认为他们只配到杂货店中当名小伙计。岂知这种人的精神是远视的；世人把身边琐事看成如此重要，而他却视而不见，因为他的精神灌注在远方。于是，他

的老婆就说他是个糊涂虫。"[1]22-23

艺术家持久的影响力是建立在贫困和痛苦基础上的:"我们曾试图说明艺术家具有何等广阔而持久的威力,同时我们也坦率地谈到他一生的劳动和痛苦都是在贫困的处境中度过的:经常不为人所理解;又穷又富;批评人又为人所批评;精力充沛而又疲惫不堪;有时被捧成天高有时又被一脚踢开。"[1]23

艺术家的窘境在于很难见容于他人:"艺术家所以放浪不羁的原因,以及为此,他受到目光短浅者的责备,因为他们不理解他崇高的使命;他也受到庸碌之辈和宗教人士的责备,前一种人畏惧他,后一种人想把他逐出教门。"[1]23艺术家惯于打破常规,这是他们不受欢迎的主要原因:"一个在经历人生短促的旅程中对人、对事物、对思想都冒犯了的人,从哪一点上说,都是不会受人欢迎的。从上述种种观察中可以总结出一点教训:一个伟人的一生势必是不幸的。"[1]23-24社会也可能对艺术家产生误解:"一个有才华的人身上的两大缺陷,由于他的社会处境,就特别显得令人厌恶,被看作是懒惰和有意过潦倒生活的结果;因为人们把他劳动的时刻称之为偷懒,把他的不追求名利,看作是无能。"[1]20

艺术家最终能像耶稣基督一样从人演变成神:"人与神:最初是人,然后成神;在大多数人眼中是人,在少数信徒眼中是神;最初不为人理解,后来突然为人人所崇敬"[1]24。也像耶稣一样,"艺术家首先是某一真理的宣扬者⋯⋯有才能者之所以遭到无头脑的人的严厉谴责,正因为他们具有内在的信念,他们是真理的宣扬者。"[1]24-25艺术家要有信念与自信。"艺术家自身就是宗教。正像教士一样,艺术家如果自己无信念,他将成为人类的耻辱。如果他并无自信,他就称不上是天才。"[1]25艺术家终究是会被人理解和接受的。"如果他们最初的反应是妒忌,这种妒忌恰好证明他们对艺术的高度热情;很快他们就听到发自内心的强烈而真挚的声音,指示他们作出公正的判断和无私的赞扬。"[1]25-26

艺术家的才能往往只在一个方面突显出来:"能把构成美的这些原则之一运用得到家,这就是一个大艺术家了,从来没有一个艺术家能集其大成,把美的所有原则在实践中都发挥到同一高度。"[1]28

艺术本身就是目的。"从事艺术就是为艺术本身服务;只能向艺术要求艺术所能给的乐趣,除了艺术在静寂与孤独中所赐予的宝藏之外,不能向它要求其他的宝藏。"[1]29执着于创作的人不应该在与社会和他人的斗争方面消耗自己的精力。"一个伟大的艺术家在社会上应该永远不把自己看成超人一等,并且不要替自己去辩护，……创作和斗争需要一个人双倍的生活，而我们的力量从来也不可能同时来完成这两种使命。"[1]29-30

艺术受到尊重的程度与文明进程成反比："最接近于自然状态的那些未开化的野蛮人和民族，在对待有独特才能的人这一点上，要比最文明的国家表现得高明。在他们那里，那些具有第二视觉的多才多艺者、弹唱诗人、即兴诗人都是作为特殊的人物来看待的。他们的艺人分享庆典的筵席，到处受人尊重，他们的享受、安息、老年都有保障，这种现象在文明国家是稀有的，相反，最常见的是：只要哪里放射出光芒，那里就立刻会有人去扑灭它，因为人们把它看成是火灾。"[1]30这一点是否正确还需要人们深入地研究。

艺术家对自己的作品有时候很可能产生错判。巴尔扎克在《论艺术家》中说："艺术家自己特别珍惜的作品却总是最拙劣的，因为他们和心目中理想的形象久久相处，体会过深，反而难以表达了。"[1]18巴尔扎克于1832年写给妹妹洛尔的信中就显示了他自己对作品可能的误判："这本《路易·郎拜（贝）尔》，是我打算和歌德和拜伦，和《浮士德》和《曼弗莱德》较量高低的作品，比赛还没有结束，校样还没有改好。我不知道能否取胜，但是这第四册《哲学故事》，想必能给敌人一次决定性的回击，想必能使人感到无可否认地高人一等。……《路易·郎拜尔》这本书，费了我多少辛苦！为了写这本书，我必须重读多少书！早晚总有一天，这本书要把科学推上新的道路……"[2]351巴尔扎克也可能对别的作家的作品进行错判，他对斯丹达尔的《巴马修道院》就产生了这种情况。他在给斯丹达尔的信中说："您放上'巴马'这个名字，犯了一个老大错误；国家或者城市的名字，就不该说出来，由读者自己去想象是'摩得那'的国君和他的大臣好了，或者任何别的线索好了。霍夫曼从未疏忽这条规律，……象（像）现实一样，尽一切不确定罢，一切也就真实了；说出巴马来，反而没有人同意了。"[2]365这是巴尔扎克一厢情愿、吹毛求疵的想法，而斯丹达尔有着浓重的意大利情结，他用"巴马"就是要突显意大利特征。

（二）毅力、天才、灵感

在《外省的诗神》中，巴尔扎克说："没有巨大毅力的伟大天才是不存在的。这两种孪生的力量对于建造荣誉的大厦来说必不可少。……比起才气来，毅力可以是而且应该是更值得骄傲得多的资本。"[3]231-232这是作者经过长期的亲身艺术实践和对生活的持久感悟才能概括出的真理性的总结。1828年7月22日，巴尔扎克在给阿布朗泰斯公爵夫人的信中谈到了自己的毅力：

"……假如说我有什么长处的话，……就是毅力。……我不是偶尔不走运，而是经常压在可怕的重量底下。……我也奇怪，我奋斗来奋斗去怎么只是为了财富。……"他又说："……我受到的压制，至少使我养成了一种倔强的刚毅性格、一种对一切具有您所不能设想的枷锁意味的东西的厌恶心理。"[2]340-41他这里的"枷锁"是指贝尔尼夫人对他的恋情。

在《哲学研究》导言中，达文谈到了巴尔扎克的毅力："……他这个人工作起来具有一种坚持的毅力，凡是认识他的人对此都赞崇备至，而将来人们也一定会象（像）佩服他的才能那样崇敬他的这种毅力。一旦投入工作，他便勇往直前，到第二天，既不回头想想前一天的劳迹，也不回头想想前一天的劳苦。"[4]182

在《小市民》中，巴尔扎克这样论述艺术家的天才："艺术有其登峰造极的顶点，一般才能可以达到这个顶点的下方，惟有天才方能达到顶端。而天才的作品与有才能的作品区别极微，也惟有天才方能估量拉斐尔与科雷琪，提善与卢本斯之间的差距。庸人甚至经常会在这个问题上颠倒错乱。天才的印记是一种表面上的平易。总之，他的作品必须乍看上去平平常常，因为它总是自然天成，即使其主题极其高深。"[5]143也就是天才作家要通过最朴实的语言和极其自然的情节去阐述非常深刻的主题。

1820年9月，巴尔扎克在给妹妹洛尔的信中说："……我带着一点点私心，希望我关于《克伦威尔》的计划能够成功，……我计算我能得到多少钱，不再依赖别人。……万一有人在维勒巴利西斯出售天才，你替我能买多少就买多少；可惜这种东西既不能卖，也不能给，也不能买，而我却正好一百二十分需要。"[2]338

据丽列耶娃记载，1846年10月4日，"《星期报》上登载了伊波里特·卡斯蒂尔（即意保利特·卡斯狄叶）的《奥诺莱（雷）·德·巴尔扎克先生》一文，对巴尔扎克创作给予很高评价。"[6]71丽列耶娃接下来又说："彼得堡《读书》杂志……在79期中转载了伊波里特·卡斯蒂尔的《当代小说家们，巴尔扎克》一文。"[6]72在与意保利特·卡斯狄叶的对话中，巴尔扎克说："……拉伯雷是中世纪法国最伟大的天才，是我们可以举出与但丁媲美的唯一的诗人。"[7]650

在《不自知的喜剧演员》中，巴尔扎克借莱翁之口这样说及灵感："一个艺术家的见解应当是在作品中表现的信念……而唯一的成功之路则是当自然在他胸中燃起了神圣的火焰时进行创作。"[8]54这就是灵感诞生的时刻。在

《驴皮记》初版序言中，巴尔扎克说："无可怀疑的是：灵感经常在诗人面前展现出无数变幻莫测的图景，他（它）们犹如我们梦境中魔术般的幻影。梦也许就是这惊人的力量在闲散时刻的自然表现！"作家具有特殊才能。"这些合理地得到世人称赞的可惊叹的才能在每个作者身上都或多或少地存在着——其多寡的程度要看作者感官的完善或不完善程度而定。"[9]95灵感是促成伟大作品产生的关键："……哪怕在最简朴的童话中，……都有一种艺术家的工作，在一部朴素的作品中，mens divinior（拉丁文，"神的气息"，贺拉斯用这个词指"灵感"）所起的作用也并不亚于一部长诗"[9]96-97。

（三）体验生活、渴望荣誉、伟大志向

作家往往要充分体验生活，然后才能很好地创作。巴尔扎克在《法西诺·卡讷》中说："我和工人穿得一样褴褛，又不拘礼节，所以他们对我倒也一点不存戒心。我可以和他们混在一起，看他们做买卖，看他们工作完毕后怎样互相争吵。对我来说，这种观察已经成为一种直觉，我的观察既能不忽略外表又能深入对方的心灵；或者也可以说就因为我能很好地抓住外表的一切细节，所以才能马上透过外表，深入内心。当我观察一个人的时候，我能够使自己处于他的地位，过着他的生活，就如同《一千零一夜》里下神的一样，可以附在别人的身上，借别人的口说出话来。"[10]499 1831年，巴尔扎克在《驴皮记》初版序言中也提到了作家要有体验和阅历："写书之前，作家应该已经分析过各种性格，体验过全部风尚习俗，跑遍整个地球，感受过一切激情；或者，这些激情、国土、风尚、性格、自然的偶然现象、精神的偶然现象，——都在他的思想里面出现。"[9]95

在《十九世纪风俗研究》序言中达文阐明，巴尔扎克是通过自己痛苦的体验而使作品具有了趣味："他不仅深入到外省的安恬卑微的生活的神秘之处，他并使这单调的图画有趣味，足以使我们对他所描写的人物产生兴趣。总之，他知道所有行业的秘密；……巴尔扎克先生无疑地是受直觉的引导，这种直觉是人类精神中罕见的特质。但是，如果他不曾身受痛苦，能够把痛苦描写得这么令人惊叹吗？如果他对社会的力量和个人的思想力量，没有经过长期的思索，他能把战斗写得这么鲜明吗？我们特别应该感谢他的是：他使美德发光，他减轻了恶行的颜色；……通过对真实的忠实描写，他使人人感到趣味。"[11]211-12

巴尔扎克在1832年给妹妹洛尔的信中表露了自己渴望荣誉："对，你说得对，我的确有进步，我埋头苦干是会有报酬的。亲爱的妹妹，想法子让母亲

也这样相信吧；告诉她耐心等着吧；她的心力一定有着落！我希望总有这么一天，有那么一点点荣誉补偿她的一切！可怜的母亲！她正因为望子成名心切，才老这么想东想西，南北跑个不停：这种旅行累人，我不是不知道！"[2]352

在同一封信中巴尔扎克也提到了自己伟大的志向："谢谢你，妹妹；亲人的关怀对我们太有用了！直到现在，我能克服生活里的困难，勇气全是你给我的！是的，你说的对，我不能停下来，我要前进，我一定要达到目的，总有那么一天，你会看到我列身于祖国伟大文化人里的！"[2]352

（四）善良、矛盾

伟大的作家必须心地善良。1828年7月22日，巴尔扎克在给阿布朗泰斯公爵夫人的信中说："嘲笑是世上最冷酷的东西：它总表明心里有些冷酷无情，而伟大却是离不开善良的。"[2]340

矛盾的性格往往在作家身上会显得尤其突出。巴尔扎克在给阿布朗泰斯公爵夫人的信中说："……就我所知，我的性格最最特别。我观察自己，如同观察别人一样：我这五尺二寸的身躯，包含一切可能有的分歧和矛盾。有些人认为我高傲、浪费、顽固、轻浮、思想散漫、狂妄、疏忽、懒惰、懈怠、冒失、毫无恒心、爱说话、不周到、欠教养、无礼貌、乖戾、好使性子，另一些人却说我节俭、谦虚、勇敢、顽强、刚毅、不修边幅、用功、有恒、不爱说话、心细、有礼貌、经常快活，其实都有道理；……没有什么使我大惊小怪的。我最后认为自己只是被环境玩弄的一种工具而已。"[2]341-42 1835年4月，巴尔扎克在给珠尔玛·卡罗的信中认为，每个人都是矛盾的个体，作家的任务就是要把自己身上的矛盾性条分缕析地分离出来："我身子里头有几个人：财政家；和报纸和公众奋斗的艺术家；和工作和题材奋斗的艺术家；最后，还有躺在地毯上、花旁边、欣赏花颜色、闻花香的热情人。……您要是知道我拒绝一切摆在眼前的娱乐，把自己关起来继续工作，您就会觉得我还很不错了。"[2]357

（五）表现力、透视力

关于作家的表现力，巴尔扎克在《驴皮记》初版序言中提出了镜子说："作家应该熟悉一切现象，一切感情。他心中应有一面难以明言的把事物集中的镜子，变幻无常的宇宙就在这面镜子上面反映出来"[12]41。

达文在《十九世纪风俗研究》序言中说巴尔扎克的作品就是世界的镜子："……巴尔扎克这部作品是一个个人所敢于设想的最庞大的工作；这部作品，一位有创见的诗人在我们之前已把它称之为'西方的《天方夜谭》'，不过他没有看到，其中如此不同、如此富有诗意、如此真实的各各独立的单篇其实是互相连结在一起的，并且产生了我们刚才所谈到过那种speculum mundi（拉丁文，世界的镜子）！"[11]200

　　小说最重要的表现力体现在要富有文学性，就是巴尔扎克所说的能"引起兴趣"。他在《关于小说创作与历史事实》一文中说："一部小说，头一个条件就是引起兴趣。可是想要引起兴趣，就得使读者发生幻觉，相信书中的事情全真有过。在我们这个时代，大家潜心钻研，……找到了一种猎取读者注意的新方法，多给读者一种证据，证明故事的真实性：这就是所谓历史色彩。一个时代复活了，跟着复活的还有当时那些重要名姓、风俗、建筑、法律以及事件，……大家看见虚构的人物，在大家熟悉的那些历史人物的氛围之中走动，就是不相信真有这个人，也不大可能。"[13]30-31小说不等同于历史，小说以想象为主，历史则枯燥无味："一部小说总是一部小说，决不应当听命于历史的严格要求，因为人不会到这里寻找过去的历史的，只要诗人不太一无所知，违反人所共知的事实，就可以不怕指摘，突破绝对属于历史事实的限制，行所无事，任凭情节纡回曲折。对他多所苛求，就是拘束他，就是用一个硬圈子来箍紧他的想象；也一定会瘫痪他的全部力量，完全制止他的飞翔；也就等于要小说家作历史家，结局就是，他一定会有历史家的枯燥感觉"[13]31。而我们看到，巴尔扎克恰恰以历史家自居，他小说中的许多内容也使他更像历史家。

　　历史小说并不多见："……历史小说并不经常出现，我们也难得随时看见一部历史小说，当然，开创历史小说这一部门的司各特，并不在内。"历史小说的创作应该以钻研历史为前提。"首先，需要大力钻研与工作；他必须有藏书家细读一本大书的耐心，而得到的却是只有一件事或者一句话。其次，必须有一种特殊的才情，能根据一大批的零星材料，创造出来一个已经不存在了的时代的全貌。"[13]31在此基础上，再加上小说家特殊的才具："光有对一个时代的这种一般看法，还是不够的，因为这一切属于历史范围，作者于此之外，还得添上小说家的才具、强大的创造力，细节的精确性、对感情的深刻体会等等……"[13]31

　　历史小说应该成为时代的镜子。巴尔扎克在《论历史小说的创作》一文中说："事实上，人有所感，就向四周借用种种色彩表达所感……一个国家的作品，既然星罗棋布，形成一面照出这个国家全貌的镜子，活在民族之中的大诗人，就该总括这些民族的思想，一言以蔽之，就该成为他们的时代化身才是……有天才的人们全是历史纪念碑"[14]32。随着时代的发展，文学形式会以不同的面目出现："文学就像所代表的社会一样，具有不同的年龄：沸腾的童年是歌行；史诗是茁壮的青年；戏剧与小说是强大的成年。"[14]33巴尔扎克至少是知道双面像的，比如宙斯与赫拉的一体像："《弗拉戈莱塔》像'雌雄异体'雕像一样，将成为一座纪念碑。"[14]35

在《驴皮记》初版序言中，巴尔扎克谈到作家要熟悉一切现象和感情："……思想要丰富广阔得多，它们包罗万象：作家应该熟悉一切现象，一切感情。……他不仅需要看见眼前的事物，还要想起过去的事物，用经过某种选择的语言表达自己的印象，用诗的形象的全部魅力美化它们，或者将最初的感觉的生动性赋予它们。"[9]94

作家的观察和表现很重要："作者希望，如果他说：'文学艺术是由两个截然不同的部分——观察和表现所组成的'，希望这句话符合每一个有识之士（包括智力高的或智力低的）的看法。"[9]94这两种才能因人而异。"许多杰出人物都有天赋的敏锐观察才能，却不善于用生动的形式体现自己的思想；另一些作家词句优美，却缺乏洞察力和孜孜好求的精神，以便发现和记住一切。"[9]95即使兼具了这两种才能，并不意味着就能创作出杰作。"兼有这两种力量就是完美的人；但是这样稀有的巧合还不能成为天才，换句话说，还构不成产生出艺术作品的意志。"[9]94-95

作家应该具有透视力："除了每个有才能的人所必备的这两个条件以外，在真正是思想家的诗人或作家身上出现一种不可解释的、非常的、连科学也难以明辨的精神现象。这是一种透视力，它帮助他们在任何可能出现的情况中测知真相；或者说得更确切点，是一种难以明言的、将他们送到他们应去或想去的地方的力量。他们根据类推创造真理，看见需要描绘的对象，或者是这个对象走来接近他们，或者是他们自己走去接近对象。"[9]95这是一种非凡的想象力。"他可以在想象中非常容易地越过空间，就象（像）他从前窥察到的一切在他心中非常忠实地再现（越过时间），——美的仍像他初见时那样动人，可怕的仍像他初见时那样骇人。他的确看见了世界，或心灵直觉地发现了世界。"[9]95作家的能力到底有多大？"人是否有能力把整个世界搬到自己的脑子里，或者他们的脑子是一种帮助他们违背时间和空间法则的符咒？"[9]95

（六）抓住本质，不可能面面俱到，对比，坚韧与顽强

1844年3月，巴尔扎克在《大卫·赛夏（发明家的苦难）》——《幻灭》第三部初版序中阐明了如下观点：

1.抓住本质："把外省和巴黎联结起来的是这样三种经常起作用的因

素：贵族的虚荣心、暴发户商人的虚荣心及诗人的虚荣心。才智、金钱和荣名都倾其全力去寻找与它们相适应的领域。"[15]172

2. 不可能面面俱到："作者的丢三落四已经给那些完成了的作品造成了损害，虽然在广义上说，这种丢三落四是难免的。即使作者竭力想把社会的各个方面都描写出来，他在再现这个社会时，也会对某一方面有所忽视。"[15]173

3. 对比："把飞黄腾达的拉斯蒂涅和一败涂地的吕西安这两个形象加以对比，我们这个时代的一幅最重要现象的广阔图画就会在眼前油然地展现出来。这幅图画画出了获得成功的虚荣心和遭到挫折的虚荣心，青年人的虚荣心和人生最初生活经历的虚荣心。"[15]174

"巴黎宛如一座迷人的城堡，所有的外省青年都拼命朝它冲去。……拉斯蒂涅、罗斯多（卢斯托）……把这些人物所走的道路、所抱的志向和各自的成就拿来作一番比较，就会了解近三十年青年一代的悲剧史。……在考察道德问题时，只须拿其中的一部分，而不是全体；只须拿其中的个别人，而不是一群人来加以研究就可以了。"[15]174-75

"只能允许那些经过挑选的人，超凡出众的人从自己的老家出走，到巴黎那个十里洋场去一试身手。"[15]175

"……作家的抗议的力量总是同恶毒的攻讦相匹敌的。"[15]175

4. 作家的坚韧与顽强："我们这个时代的最大的错误之一，就是对报纸的压制。消灭任何一家报纸，……是完全可以办到的。然而要消灭作家却是不可能的。'作家'是一个集合意义的词。不知有多少作品遭到追究，但它们还是复活过来"[15]176。顽强的作家会让统治者忌惮。"每当查理五世失算时，就打发阿列齐诺给当时的伏尔泰送一条金链子去。

……须知，这个议员，跟他那四百来个同道一样，都是《社会契约论》和《爱弥尔》这两本书的直接产物。何况这两本书已经根据巴黎市议会的判决书被刽子手一把火给烧了。"[15]176-77

（七）道德与不道德

在巴尔扎克身上，道德问题是一个极其复杂的问题，他的作品经常被指责为不道德，他有时坚持说自己的作品是道德的，有时又为自己作品中的不道德倾向强行辩护。

1. 标榜道德

1831年10月5日，巴尔扎克在给卡斯特里夫人的信中这样标榜道德："《生理学》写成以后不久，为了阐发我的思想，用动人的描绘把这些思想灌输到青年的心灵里，我就写了《私生活场景》。在这本书里，全是道德，全是箴言，不作任何破坏，不作任何攻击；我尊重信条，甚至于我并不相信的信条。我只是历史家，故事的叙述者，道德从来没有象（像）在这本书里那样受到尊重和夸耀。……我试着做我的题材的战士，勇敢而又坚持不懈地完成我的作品，如斯而已。《驴皮记》可以说体现了我们的时代、我们的生活、我们的自私；我们塑造的典型人物一直没有为人了解；……我可以聊以自慰的，就是读者给予我的诚恳的称赞，就是向我提出的友好、真诚的批评"[2]346-47。

2. 作家的道德取向

作家的作品应该符合公共道德标准。实际上，1846年10月4日意保利特·卡斯狄叶的文章《奥诺莱（雷）·德·巴尔扎克先生》也指出了巴尔扎克创作中不道德的倾向，这刺痛了巴尔扎克，于是，10月11日，巴尔扎克在《星期报》上就此撰文与意保利特·卡斯狄叶进行对话。巴尔扎克在文章中说："您非常关心道德问题，这完全正确。如果诗人的作品不能满足公众的道德心，它虽然可以红火一时，却不可能成为传世之作。"[7]642巴尔扎克认为自己的作品符合公共道德标准："您在《人间喜剧》里会看到，凡是丧失了荣誉感的人，很少有什么好下场"[7]647。"提高时代的德性，每个作家都应引为己任，否则他只不过是给众人取乐的"[7]648。

3. 巴尔扎克经常被指责不道德

巴尔扎克在《驴皮记》初版序言中说："作家对当今时势嬉笑怒骂的时候，他们往往做得对。社会要求我们描写一些高尚的人物么？但模特儿在哪里呢？"[12]45这是为自己作品的不道德的内容在强行辩护，缺少模特只是借口而已，事实上，作家关注的往往是道德曲线。在《高老头》再版序中，巴尔扎克道出了作家关注道德曲线的原因："……德行是绝对的，它跟共和国一样，是统一的和不可分的。丑行则是各种各样的，彩色缤纷的，不稳定的，稀奇古怪的。"[16]120正因如此，"有些相当精明的批评家发现，作者笔下的堕落者，其吸引人的程度，则是他刻画出来的完美无缺的女人所不能望其项背的。"[16]120 1838年，在《公务员》序中巴尔扎克这样解释自己关注的道德的曲线："笔者等待着别的责备，其中之一是伤风败俗；……我的既定想法是按照本来面目来描绘整个社会：有道德高尚、光荣伟大和可耻的部分，各个阶层混杂在一起，各种原则相互并存，有新的需要和旧的矛盾。我没有勇气说，我更是个历史家，胜过小说家，尤其评论会这样斥责我，仿佛我在自我标榜。……我一直相信，没有比描绘社会重大弊病更出色的描写了，这种弊病只能通过描绘社会来揭示，社会是一个有痼疾的病人。"[17]136-37巴尔扎克进一步说，"……品行高尚和年轻俊美，这不一定有文学性，这两种品质互相矛盾。……我很高兴打在某些痛点上。指出风俗的改变产生的灾难是小说唯一的任务。"[17]137

巴尔扎克经常被指责不道德，于是他便在多处进行了辩护。他在《人间喜剧》前言中说："在思想的领域里，不管那一个人提出一项批评，或指出一种弊端，或者在恶习上做一个记号以便将它去掉，这个人总是被认为是不道德的。勇敢的作家永远难免受到不道德的非难，此外，如果你对一个诗人没有什么可以指责的话，这种非难就是唯一的口实了。"[18]87作家在善恶内容方面很难取舍，但巴尔扎克认为自己笔下的善多于恶："在摹写整个社会的时候，在刻画出这个社会的波澜壮阔的热情的时候，就会发生，而且必然发生这样的事情，即某部作品显示出恶多于善，壁画的某一部分表现出一群有罪的人，而批评界就大叫大嚷，说这是不道德的，却没有使读者注意到另一部分所含的教训，那是为了给前一部分做成一个明显的对照而着笔的。……在我所作的社会的图画里，有德行的人物却多于应该受到谴责的人物。值得非难的行为、过失、罪恶，从最轻微的直到最严重的，在这幅图画里总是受到人间的或神明的、显著的或隐秘的惩罚。……热情就是整个人类。没有热情，宗教、历史、小说、艺术都是无用的了。"[18]87-89由于害怕遭受更多的指责，巴尔扎克断然否认了署真名之前发表的作品："这里必须指出，用我的名字发表的作品我才承认是我的。除了《人间喜剧》之外，我只写了《滑稽故事百种》，两部戏剧、若干篇散见各处的论文，它们都是署名的。"[18]95

巴尔扎克在《星期报》上对意保利特·卡斯狄叶说："现在就来谈谈你的文章所引起的文学上的重要问题罢——作品的道德问题。这已是第十万次提出来了。"巴尔扎克的言论不免走向了极端："在我这个社会里，种种邪恶、热情和不道德，又是什么样面貌呢？你以为两个人中间就有一个正人君子吗？你相信有美德吗？"[19]142既然现实生活中存在着罪恶，那么文学作品中描写一些罪恶行径也就在所难免了，虽然作品中的恶人往往会遭到惩罚："你将看见在《人间喜剧》中，丧失荣誉感的人很少有好结果；但是上帝在我们的社会中，开这可怕的玩笑，既然相当经常，这种事实在《人间喜剧》中就会存在。"[19]143但丁《神曲》中最为读者所看重的是《地狱篇》，因为里面包含了很多现实内容，巴尔扎克却曲解了读者的这种选择，认为人们是趋恶避善的："你看看但丁！拿诗歌、艺术、美感、制作来说，'天堂'远远超过'地狱'，然而'天堂'几乎没有人去翻阅，'地狱'却在任何一个时代吸引了人们的想象。这是什么教训！不可怕吗？批评将怎样回答呢？"[19]143-44巴尔扎克得出的结论貌似有理，实际上并经不住论证："伟大作品是靠强烈的情绪活下来的。可是热情就是偏激，就是罪恶。"[19]144巴尔扎克下面的话又混淆了读者和当权者的区别："伏尔泰、卢梭、所有百科全书派的作家，在当时的政权和宗教看来，他们都是很不道德的，然而他们是十九世纪的先导。"[19]145-46这里的当权者并代表不了所有的读者。巴尔扎克坚持不道德倾向的理由也靠不住："说真的，要成为一个有道德的人，恐怕就得重复教会的圣父们、尼考尔方丈、鲍须埃和布尔达路的话。"[19]146巴尔扎克又说，"作品的道德问题，这是由来已久的老问题了。"[7]645至于作品能否达到道德教化的作用还与读者直接相关："如果一个年轻人读《人间喜剧》时，……不喜欢以在《人间喜剧》中比在现实世界里还要多的善良、有品德的人为榜样，那么对于这样的人，即使是最符合天主教教义的、最能培养道德的书也毫无作用。"[7]648

巴尔扎克也表达了自己偏激的想法："先生，伟大的作品都因其炽烈感人才得以留传，激情意味着偏激，也就是罪恶。作家在一切文学作品中采纳这个主要因素，再配以深刻的教喻寓意，便出色地完成了自己的任务。……《纽沁根（银行）》和《皮罗托（盛衰记）》是两部姐妹作。如同在现实世界里一样，不诚实和诚实是并存的。"[7]648

巴尔扎克这样为自己欣赏恶行辩护："……假定一个很有才华的作家完成一桩空前壮举，写出一个剧本，里面的角色都是正人君子，那么这出戏可能演不了两场。"[7]649

巴尔扎克认为善恶的对立是非常有益的："我为《人间喜剧》不断辛勤耕耘，为的就是揭示这种善恶之间有益的对立。"[7]649作家不是上帝，"我们都是泥瓦匠；都不及建筑师。如果我们当中有谁了解整个建筑的奥秘，他就是真正的、唯一的伟大人物。"巴尔扎克认为社会与宗教的关系是对立的。"……文学的使命是要描写社会。宗教之于社会，如同灵魂之于肉体。如果把肉体看作是灵魂永恒的对立物，我们的肉体就是不道德的。因此，对待这个问题，我们只能采取对照比较的办法。"[7]650

巴尔扎克这样谈论他笔下的人物伏脱冷："……这个人物代表堕落、腐败、苦役监牢、骇人听闻的社会弊病，他根本不是什么巨人。……这个人物确有原型，而且他诡计多端，老谋深算，在现时社会里找到了自己的地位。……他是罪恶的精灵，不过有利于人罢了。"[7]642伏脱冷的原型就是法国秘密警察头子维多克。据艾珉所说，1834年4月26日，巴尔扎克"在慈善家阿佩尔特家与维多克（伏脱冷原型）及刽子手桑松父子共进晚餐。"[20]226

二、生活真实与艺术真实

作品要力求真实。巴尔扎克在《论文学、戏剧、艺术的信》中说："当我们在看书的时候，每碰到一个不正确的细节，真实感就向我们叫着：'这是不能相信的！'如果这种感觉叫得次数太多，并且向大家叫，那么这本书现在与将来都不会有任何价值了。"[21]421一个作家可以成为"私人生活的悲剧的叙述者"[21]422。

程代熙在《巴尔扎克论文学》代序《伟大的现实主义大师巴尔扎克》中提到了巴尔扎克在追求艺术真实："他是把真实地反映社会生活作为他的创作宗旨的。"[22]8程代熙又说，"巴尔扎克……正确处理了生活真实与艺术真实的关系。"[22]9

巴尔扎克的真实是遵从生活规律的真实。"……不是让人物按照作家的安排去行动，而是放手让人物根据生活的要求去行动。…… 巴尔扎克不仅善于把社会生活中大量存在的，但却是相当分散的现象组织起来，……而且他还善于从十九世纪三十和四十年代法国社会生活中还处在萌芽状态的事物身上发现具有重大意义的东西。关于这一点，马克思特别向我们指出：'巴尔扎克不仅是当代的社会生活的历史家，而且是一个创造者，他预先创造了在路易·菲立浦王朝时还不过处于萌芽状态，而直到拿破仑第三时代（五十至七十年代），即巴尔扎克死了以后才发展成熟的典型人物。'巴尔扎克的作品中，象（像）拉斯蒂涅和纽沁根等就属于这样的人物典型。"[22]9-10

巴尔扎克的真实直接来源于生活。"艺术真实源于生活真实。…… 巴尔扎克的老友、非常熟悉他的创作生活的达文具体地补充说：巴尔扎克常常到每一个家庭、到每一个火炉的旁边去寻找，在那些外表看来千篇一律、平平常常的人物身上进行挖掘，挖掘出好些既如此复杂又如此自然的性格，……所以一个作家必须善于观察、体验和理解生活。"[22]10

巴尔扎克具有艺术家的勇气："巴尔扎克有深厚的生活积累和再现社会生活的卓越艺术才能，更可贵的是他还有艺术家的胆识和勇气。在阶级社会里，对生活作出真实的描写，就必然会触犯某些阶级、阶层或某些社会集团的利益。在这个时候，一个作家敢不敢坚持真实地反映生活，敢不敢抒发广大读者的心声，对于作家来说，就成了敢不敢坚持真理的严重问题。…… 巴尔扎克这种可贵的艺术家的胆识赢得了恩格斯的高度赞赏。他在一封信里对拉法格说：'我从这个卓越的老头子那里得到了极大的满足……多么了不起的勇气！'"[22]10-11 1839年4月，巴尔扎克在《外省大人物在巴黎》初版序中说明了面对报纸的批评作家是需要勇气的："……如果说作者还没有对报纸造成的灾害的规模概括无遗的话，至少他还是斗胆地触及了这个渊薮。"[23]163巴尔扎克又说，"在现代风俗史上，新闻界所起的作用竟是如此地非同小可，所以，如果作者放过了正在法国上演的这个最大的戏剧场面，往后，人们就会指责作者是个胆小鬼了。"[23]164

情节也要尽可能地真实。"在评论长篇小说《莱奥》中，巴尔扎克强调情节的真实性，批评了当时胡编滥写的恶劣风气。"[24]56

巴尔扎克主张创作平易自然。他在给阿布朗泰斯公爵夫人的信中说："……为什么要在您的感受和真实之间横插一个冰冷冷的老头子呢？……我觉得这个作为第三者的老头子有煞风景，特别是记述传说的作品，用'我'出面，只有显得妩媚。有一天，我们不是同意平易自然是值得珍视的唯一引人入胜的手法吗？"[2]339-40

1833年，巴尔扎克在给妹妹洛尔·徐尔维勒夫人的信中谈到了自己创作《欧也妮·葛朗台》时怡然自得的状态：

> 我在修改《欧也妮·葛朗台》。
>
> 我不睡觉，也不熬夜，
>
> 这孩子逗的我睡不着，
>
> 空下来的时候不多。[2]354

但在《欧也妮·葛朗台》中，巴尔扎克也有不真实的描写，妹妹说他不该夸大其辞，巴尔扎克辩护说："假使你知道思想是怎么样塑造、成形、著色，你就不这样轻率地批评人了！啊！你以为《欧也妮·葛朗台》里的百万字样太大么？可是，笨东西，既然故事真实，你倒要我比真实写的还要好么？你不知道钱在吝啬鬼的手心是怎样一个长法。不过，如果你的批评正确，以后再版的时候，我就把数字改恰当些，或者减少一些……"[2]354

1839年4月，巴尔扎克在《古物陈列室》《钢巴拉》初版序言中这样阐述生活真实与艺术真实的差别："……生活往往不是过分充满戏剧性，或者就是缺少生动性。并不是现实生活中发生的一切都得描写成文学中的真实，同样，文学中的全部真实也不就等于现实生活的真实。要是根据那些责备作者的人们所遵循的逻辑来看，他们倒真是巴不得舞台上的演员是当真地在那里互相残杀。"[25]142关于《高老头》的真实性，巴尔扎克说道："作者曾经一再说明，他还常常不得不冲淡一些事物原来的强烈性质。……《高老头》……作为小说的基础的那个事件真是令人感到毛骨悚然，就是在吃人的野蛮人那里，这种情况也是绝无仅有的。一个不幸的父亲，他最后的那口气拖了二十来个钟头才咽了下去。他无可奈何地要求给他点水喝，可是没有一个人来帮他一下忙。他的两个女儿都不在家，一个参加舞会去了，一个去看戏，虽然她们都知道自己的父亲已经病危。……至于谈到作者笔下的全部事实，可以这样说，其中随便哪一件，就是连那些最富于浪漫蒂克气息的、最最少见的事实，……都取自生活。世界上没有光凭脑子就可以想出这样多小说来的人，单是去搜集这些故事，也得下很大的功夫才行。从来小说家就是自己同时代人们的秘书。……也不管是古代作家写的短篇故事，都找不出一篇不是以当时的真实事实作基础的。……在任何一种艺术创造的样式里，都各有其使人心情为之舒畅的东西。正如莫里哀所说的那样，全部关键就在于，要想得到好的东西，就要善于到能够把它发掘出来的地方去进行发掘。生来就有这样才能的人是不多的。……谁没有一些最最精彩（彩）的题材呢？不过，在这种初步的工作和作品的完成之间却存在着了无止境的劳动和重重的障碍，只有少数有真才实学的人方能克服这些障碍。……构思一部作品是很容易的，但是把它写出来却很难。"[25]143-44高老头的形象是在真实基础上的提升。"……根据事实、根据观察、根据亲眼看到的生活中的图画，根据从生活中得出来的结论写的书，都享有永恒的光荣。……他们身上的生动丰富的色彩就表现出了作家所再现的实在人物的真实性，并且他还高于实在的人物。没有这一切就既谈不上什么艺术，也谈不上什么文学。如果听取某些批评家的说法，那就说不上是在创作作品。充其量不过是作一名法国法院的录事而已。如是则你们在书里得到的就只能是那种未加修饰的真实，象（像）这样的书连第一卷也不必读完，就可以干脆把这种叫人感到可怕的著作扔到一边去。这种书里的许多片段，你们每天都可以在报纸上看到。"[25]145作品要用事实说话，所以，"……所有这些前言和序文，一旦当作者的作品写了出来，并且用真正的、完善的形式表现出来的时候，就会消失得无影无踪了。"[25]146

费利克斯·达文在《十九世纪风俗研究》序言中谈到了巴尔扎克作品的真实性："要记住，在内心中和在外貌上都要真实，不仅在服饰上真实，也在语言上真实。……请重读一遍这鸟瞰图式的作品吧，你会发现没有两件衣服是一样的，没有两个头是相像的。他需下过多少功夫，才能在《绝对的探求》中用寥寥几笔阐明近代化学中最困难的问题、垂死的高老头的病理学问题、《一妇二夫》（即后来的《夏倍上校》）中夏倍上校的复杂的法律手续和《乡村医生》中一个村庄的文明与进步。总之，在着手……这个社会之前，不是必须要了解世界上的一切、各种艺术、各种科学吗？"[11]213-14也就是说，一个作家在创作之前，一定要尽可能地增加阅历，广收博览，只有这样，写出来的作品才会达到艺术上的真实。

三、典型

1846年10月11日，"在给《星期报》的编辑伊波里特·卡斯蒂尔的信中，巴尔扎克谈到艺术作品中的典型化问题。"[6]72关于典型化，巴尔扎克在与伊波里特·卡斯蒂尔的对话中说道："如果一定要作品拘泥于事实，让这些人物处于他们在社会上的实际位置，而老实正派人的生活又毫无戏剧性可言，您以为这样一部作品能让人读得下去吗？……创作不是一帆风顺的，只要努力，就可能达到典型化：您知道吗，先生，像《乡村医生》这样一部作品，我付出了七年的劳动？我就一部著作已经思考五年之久（指《现代史拾遗》），您知道吗？……六年来，我在文学上需要克服的巨大困难面前退缩了。"[7]644典型化是一个需要沉淀的过程，有时会耗费很长时间。"就是因为类似这样的顾虑，才耽搁了时间，有时还因此使某些作品受到影响，……我把《赛查·皮罗托》放了六年，至今还是个草稿，这样一个小店主，相当愚蠢、相当平庸，他的厄运也很寻常，无非是我们经常嘲笑的那种巴黎的小生意人；怎样才能让一般人对他产生兴趣呢？我感到绝望。不过，先生，有一天，我忽然来了兴致，我心想：'何不把他的面貌加工改造一番，使他成为一个诚实正直的形象呢！'……这个可怜的香粉商……"[7]644巴尔扎克这样解释自己笔下之所以充满了罪恶的典型："在我们的社会里，种种罪恶、情欲和不道德，以怎样的面貌表现出来呢？您认为每两个人当中就有一个是正人君子吗？您相信存在着美德吗？"[7]645

巴尔扎克在给韩斯卡夫人的信中提到了斯丹达尔的《巴玛修道院》："依我看，这是五十年来最美的书了。"[26]172他主张典型人物"身上包括着所有那些在某种程度上跟他相似的人们最鲜明的性格特征；典型是类的样本。"[26]186

程代熙在《巴尔扎克论文学》代序中这样提到巴尔扎克的艺术典型："巴尔扎克的创作经验……是塑造各种各样的艺术典型，还是复制根据统计学上的平均数推算出来的艺术类型？"[22]6巴尔扎克主张文学作品贵在写出人的灵魂。"……巴尔扎克……深刻地刻画出了这个老高利贷者（高布赛克）的灵魂——糊涂虫。"[22]6程代熙是指他把堆积商品作为贮藏货币的手段。"……他（葛朗台）叫女儿把金子拿到他面前来，'……有时他说一句："这样好叫我心里暖和！"他脸上的表情仿佛是进了极乐世界。'最后这一句描写，简直是神来之笔，老葛朗台的内心世界毫无遮盖地在我们面前展示出来。"[22]7

巴尔扎克塑造了各式各样的金融界典型。"象（像）条巨蟒的高布赛克，象（像）只老虎的葛朗台老头和象（像）纽沁根那样的'交易所的拿破仑'，……巴尔扎克在作品里不是止于去描写他们身上的共同点，即对财富的贪婪（即'做什么'），而是刻意求工去描写他们怎样贪婪地追逐财富（即'怎样做'）。……我们可以从高布赛克、老葛朗台和纽沁根所采取的发财致富的不同方式，以及他们享乐的不同性质上，清楚地看到十九世纪上半期不同阶段上的法国社会生活的一幅全景图画。"[22]8

1831年，巴尔扎克在《驴皮记》初版序言中这样介绍自己的创作："……他努力写出一些典型人物，更多于逼真地刻画一些肖像。"[9]98

1833年，巴尔扎克在《欧也妮·葛朗台》初版跋中讲到了典型的普遍性："这个结局一定使好奇的读者感到失望。也许，一切真实的结局都应该是这样的吧。悲剧，用现代的语言来说是正剧，在现实里真是凤毛麟角。……这里可说没有任何一点儿虚构。这部作品也只不过是一幅朴实无华的小小的彩画，对于它，较之对于艺术还需要有更大的耐心。每省都有自己的葛朗台，只有马延省或者里尔省的葛朗台，才不如曾做过索漠市市长（注1：在小说里，葛朗台老头在大革命时代做过索漠区的行政委员。）那个葛朗台的家私富有。"[27]108

巴尔扎克也谈到了女性形象的独特性："如果说作者没有重视批评界，仍然把女人描绘得尽善尽美了，那末之所以出现这种情况，是因为他还年轻，他还是我行我素地把女人看成最完美的创造物。女人是创造世界的手创造出来的最后的创造物，他应该把神意最完美地体现出来。……她是介乎人与天使之间的一个创造物。因此，你们看见，她既象（像）男人那样有力，又象（像）天使那样充满着高尚的感情。"[27]108-09巴尔扎克对以自己的情妇为原型塑造的欧也妮情有独钟。"在女士们中间，可能把欧也妮·葛朗台当成是一个富于自我牺牲精神的形象。这种精神被卷入了狂澜不已的尘世，并且被它湮灭得干干净净，就跟那令人肃然起敬的希腊雕像，在搬运途中掉进了深不见底的大海，

永远沉没在人们看不见的海底深处。"　[27]109

　　巴尔扎克在《古物陈列室》《钢巴拉》初版序言中提到了自己塑造的不同典型："德·艾格里昂公爵就是拉斯蒂涅的直接对立面，是外省青年的另一种典型。拉斯蒂涅是个有心眼、有胆量的人，他获得成功的地方，恰恰就是德·艾格里昂失败的地方。"[25]140巴尔扎克又说，"从外省来到巴黎的有才能的青年人……他们都具有某些才能，可是却都不能有所作为。"[25]140关于写作计划，巴尔扎克说："对于从外省流向巴黎的这三股强大的激流——名门、财富和才学之士的描写，要到今年才能完成。"[25]141巴尔扎克的计划是很缜密的。"这幅图画如果少了《在外省的巴黎人》，就不能算是充分的。……如果作者在写了从外省到巴黎的运动之后，不去描写与这相反的一股激流的话，'外省生活场景'就会显得残缺不全。"[25]141

　　巴尔扎克写到了《古物陈列室》典型化的过程："作为《古物陈列室》的情节的基础的真实事实，……作者就是把这个事件的开头部分和另一个事件的结尾部分融合在自己的作品里。风俗历史家就应该这样做，因为他的使命就是把一些同类的事实融成一个整体，加以概括地描写。难道他不应该是力求表达事件的精神，而不要去照抄事件的吗？所以他是对事件作综合的处理。为了塑造一个人物，往往必须掌握几个相似的人物。……文学采用的也是绘画的方法，它为了塑造一个美丽的形象，就取这个模特儿的手，取另一个模特儿的脚，取这个的胸，取那个的肩。艺术家的使命就是把生命灌注到他所塑造的这个人体里去，把描绘变成真实。如果他只是想去临摹一个现实的女人，那么他的作品就根本不能引起人们的兴趣。"[25]142-43

　　巴尔扎克的政治题材作品虽然不多，但在典型化方面也很用心。"克里曼·德利，是十八世纪末至十九世纪初法国的一个参议员。他的被劫案发生在1800年秋，巴尔扎克的《一桩无头公案》就取材于这个真实的历史事件。"[28]167注1 1842年，巴尔扎克在《一桩无头公案》初版序言中这样说到这部作品的典型化过程："作者企求的是什么呢？他是想借政治警察与私人生活的冲突来描写政治警察，把它那些不可告人的全部勾当给端出来，所以他保留了这个事件的政治内蕴，以及从中摘取跟过去实际存在的人们有着直接关系的东西。……'典型'这个概念应该具有这样的意义，'典型'指的是人物，在这个人物身上包括着所有那些在某种程度跟他相似的人们的最鲜明的性格特征；典型是类的样本。因此，在这种或者那种典型和他的许许多多同时代人之间随时随地都可以找出一些共同点。但是，如果把他们弄得一模一样，则又会成为对作家的毁灭性的判决，因为他作品中的人物就不会是艺术虚构的产物了。……现实也是不大真实的。……作者改变了情节发生的地点，改变了人物行动的动机，但却保留了原来的政治缘因，一句话，从文学观点上来看是不可能有的事情，他却使其成为真实的事情。不过，他必须把可怕的结局变得柔和一些。……一个既真实而又准确的风俗画家的义务原来是这样来完成的，即他在再现自己时代的同时，他并不去触及任何个人，而应该是不要放过任何本质的东西。在这里本质的东西就是警察的活动，就是外交部办公室的场景，这个场景的真实性是不能使其受到怀疑的"[28]168-70。

达文在《十九世纪风俗研究》序言中也谈到了巴尔扎克的典型化问题："巴尔扎克的最大秘密就在这里：在他的笔下没有不足道的小东西，他会把一个题材的最卑微的细节提高起来并使之戏剧化。我们刚才提到的批评家，下面的一段话无疑是指他的才能的这个方面：'巴尔扎克对私人生活，以至于最微小的细节都有极深刻的感受，他可以一开头就使你感动，使你颤抖，而只不过是描写了一条街、一间饭厅或一套家俱。关于老处女、衰弱多病的老妇、自我牺牲和献身的恋人、单身汉、吝啬鬼，他都有一大堆来得极快的评语。我们不禁要问："他，带着他的一串任意的想象，从哪里发掘了和积累了这么些东西？"'……我们……为他说句公道话：'……和有关细节的描写，竟然就发生了关于居住者的性格的启示性光明，他们的感情、他们的主要利益，一言以蔽之，他们全部的生活。德国人和英国人，很擅长这一套，却完全被巴尔扎克超过了，而他在法国，则既无前人亦无来者。'《口信》、《被遗弃的女人》和《拉·格雷纳基埃》是关于优秀妇女的痛苦的神圣的三部曲，它本身就足以保障作者的名声。在这部美妙的诗的这三个姊妹章中，妇女被抬到这样的高度，她们的主要特点都是来自一个每人都能感受的大自然。……成为独一无二的典型的这三个个性并非美德的理想化身，首先要做到使他创造的人物与现实相联，但是在魅力、高雅、礼貌、精神上的深处和感受的微妙方面却都朝向理想。《卓越的高底萨》（《戈迪萨尔》）是关于一位商品推销员的有点过分的画像，……这些附属的性格，接近于漫画，说明巴尔扎克用多么大的耐心使他的巨作完整。我们不是从他那里既得到典型又得到夸大，既得到理想又得到个性化吗？《大布雷台希凶宅》（即《戴望楼》）是关于外省生活的一幅最细腻的图画。……这部戏剧是作者所创造的最可怕的一个，它使妇女在梦中都会惊醒。"[11]224-25

四、文学分类

巴尔扎克在给韩斯卡夫人的信中提到了斯丹达尔的《巴玛修道院》："依我看，这是五十年来最美的书了。"[26]172巴尔扎克把当时的法国文学分为以雨果为代表的形象文学、以斯丹达尔为代表的观念文学和自己的折衷主义文学。"有些全才，两面兼顾的智慧，无所不精，要抒情也要动作，有戏剧也有讴歌，相信达到完美必须对事物有一种概括的观察才成。这一派或许就是文学上的折衷主义。它要求照世界原样表现世界：形象与观念，观念在形象之内或者形象在观念之内，还有行动与梦想。"[26]173李清安分析道："巴尔扎克得出了'伟人的一生势必不幸'的结论，并且无可奈何地以'为艺术而艺术'自勉。后世鼓吹'纯艺术'的没出息的艺术家们，把这个口号当作了自己的旗帜，其实是极大的歪曲。巴尔扎克的原意本来是十分清楚的：'凡是凭天赋或勤奋而获得了创作才能的人，都应永远记住：从事艺术就是为艺术本身服务；只能向艺术要求艺术所能给的乐趣，除了艺术在孤寂中所赐予的珍宝以外，不能向它要求其他的珍宝。"[26]176-77

据王路说："1839年5月，巴尔扎克在《（巴黎）评论》上发表了文学评论《贝尔先生研究》。这是法国文学史上第一篇全面而详尽地研究司汤达（斯丹达尔）创作的文学批评专论。……在巴尔扎克看来，《巴玛修道院》是'50年来最美好的书'。"[29]227-28王路也提到了巴尔扎克对文学的分类："在《贝尔先生研究》中，巴尔扎克以高屋建瓴之势对文学进行了整体把握，提出了三种文学观念：'形象文学'、'观念文学'和'文学上的折衷主义'"[29]230。

艾珉则说得更具体一些："在他的文学评论《贝尔先生研究》中，他将当时的文学分为三种类型：一是以抒发主观感受、咏叹哀思冥想和色彩绚丽的景物描写为主要特色的'形象文学'；二是以理性的观察和思考为主要特色的'观念文学'；他自称属于兼收并蓄第三类，即要事实也要抒情，要行为也要梦想的'文学折中主义'。"[20]67艾珉进一步分析道："他所谓的'文学折中主义'，其实是艺术上博采众长的主张。而且他认为无论是雨果还是司汤达，都在一定程度上吸取了另一派的长处，所以在艺术上获得了成功。"[20]68巴尔扎克是兼收并蓄的，"他非但不排斥浪漫主义，还有意识地提倡在写实文学中融入浪漫精神和某些浪漫主义的写作方法。"[20]68艾珉认为巴尔扎克在描写自然景物的时候运用了浪漫手法。"虽说他对浪漫派文学的远离真实有尖锐的批评，对雨果的《艾那尼》甚至批评得十分严厉，可是他乐于在作品中吸纳浪漫主义的表现手法，包括作为浪漫派文学重要特色之一的自然景物描写，他也做得毫不逊色。巴尔扎克自幼对大自然有敏锐的感受力，加上画师般的艺术天赋，往往使笔下的山川之美像他的人物一样充满灵气与活力。可以说，巴尔扎克是以色彩绚丽的浪漫风格点染法国理性精神的第一人。"[20]69-70巴尔扎克的独特之处在于，"在他的作品中，既有细致入微的精确描绘，也不乏浪漫的想象和奇特的构思，乃至荒诞或超现实的成分。他让同时代的两三千个人物活跃在《人间喜剧》的舞台上，同时也不排斥在某些场景中让幽灵出现，鬼魂托梦，撒旦施展威力。……他笔下的人物总是按生活的逻辑行动，而不是按作者的思想逻辑去行动。这一点，是他和雨果的根本区别之一。"[20]71

程代熙在《伟大的现实主义大师巴尔扎克》一文中说："一八五二年七（十？）月四日，……恩格斯在给马克思的一封信里谈到他们都认识的一个俄国青年流亡者爱德华·品得时这样写道：'……他既不懂《宣言》，也不懂巴尔扎克……'"[22]1马克思和恩格斯之所以特别看重巴尔扎克，是因为《人间喜剧》为他们提供了重要的社会学参考："……恩格斯把《共产党宣言》同巴尔扎克的创作相提并论，不是没有原因的。两位经典大师在《共产党宣言》里用科学的语言提出'资产阶级在它已经取得了统治的地方把一切封建的、宗法的和田园诗般的关系都破坏了。……它使人和人之间除了赤裸裸的利害关系，除了冷酷无情的"现金交易"，再也没有任何别的联系了，。……资产阶级撕下了罩在家庭关系上的温情脉脉的面纱，把这种关系变成了纯粹的金钱关系。巴尔扎克……在卷帙浩瀚的《人间喜剧》里真实而形象地表现出来的，就是十九世纪前半期法国资产阶级社会人与人之间这种冷酷的金钱关系。……"[22]1-2

巴尔扎克的创作代表着现实主义的最伟大的胜利。"巴尔扎克生活的那个时代是法国历史上最复杂、社会关系在暴风骤雨中不断发生剧烈的革命演变的时代，即资产阶级革命的时代。巴尔扎克生于一七九九年，在他出世的前十年，爆发了法国历史上著名的第一次大革命。他的童年和青少年时期，是在拿破仑发动的历次战争中渡过的。他亲身经历了法国一八三〇年和一八四八年两次资产阶级革命。他身经三个朝代：拿破仑帝国、波旁王朝和路易·菲立浦王朝"。[22]2从1848年起，又开始了共和国政体。"……他对封建贵族阶级也给予了尽情的嘲笑和鞭挞，但更多的还是无限的惋惜。……他不仅看到了而且充分肯定了资产阶级的胜利。……他对资产阶级社会不是礼赞而是批判。……他不囿于自己的阶级偏见，敢于公开地赞赏那些共和党的英雄。这一切，恩格斯认为就是巴尔扎克'现实主义的伟大胜利之一，是老巴尔扎克最重大的特点之一，'"[22]3。

巴尔扎克抓住了时代的主要矛盾："巴尔扎克的现实主义所具有的那种令人信服的力量，就在于他不光抓住了他所描绘的那个五光十色法国社会的主要矛盾，而且更重要的是他形象地再现了那个主要矛盾的主要方面。在《人间喜剧》里，把这个矛盾的主要方面淋漓酣畅地表现出来的，就是巴尔扎克精心塑造的那一帮子敛财骑士——银行家、高利贷者和工商界的巨子。他们才是那个时代法国社会，特别是巴黎'上流社会'地地道道的主要角色。"[22]3

巴尔扎克描述了围绕金钱而展开的一系列血腥事件："被马克思誉为对现实关系有着深刻理解的巴尔扎克，用蘸满浓墨的画笔给我们绘出了一幅法国资产阶级的血腥史的长卷。……巴尔扎克让我们宛如身临其境地亲眼看到了什么是资产阶级的自由竞争；什么是杀人越货，巧取豪夺；什么是交易所的投机勾当和大鱼吃小鱼；什么是动产和不动产的'合法的'与'不合法的'转让；什么是拍卖和破产，一句话，什么是买和卖。在这里，一切都是商品，连文人的灵魂，女人的贞节，贵族的门第，皇家的诏书，以及名誉和地位，信守和情操等等，……都被他纳入到一个总的主题：黄金的饥渴。"[22]3-4巴尔扎克塑造了泰伊番、纽沁根、杜·蒂埃、高布赛克、葛朗台、戈安得（《幻灭》里的兄弟）等资产阶级典型。

郑克鲁在《关于文学、戏剧和艺术的通信——给E伯爵夫人》译后记中说："巴尔扎克在一开始就指出，十九世纪以来，文学经历了巨大的变化，巴尔扎克正是总结了这些变化，并把它提高到理论的高度。"[24]56巴尔扎克评价雨果《欧那尼》的长文文笔活泼深刻。"……巴尔扎克是从现实主义的观点来评价雨果的浪漫主义手法的。"[24]56郑克鲁充分肯定了巴尔扎克的这篇戏剧评论。"巴尔扎克采用了夹叙夹议的评论手法，读来并不枯燥乏味，应该说这是一篇较优秀的评论文章。"[24]56

陈占元在《人间喜剧》前言译后记中说："1842年，巴尔扎克把从1829年起他所写的小说收集起来，编成一个总集，定名《人间喜剧》，这个名字一方面可以把一系列的创作联系起来，另一方面又可以把全部作品的意义突出地显示出来，所以是非常合适的。远在1833年，写作《乡村医生》的时代，巴尔扎克便想到要把他塑造的人物在他所写的各部小说里互相穿插，这样便把他们联系起来，构成一个完整的社会。1837年，他第一次编集了他的创作，用《社会研究》的名字出版。1841年，他受了意大利诗人但丁的《神曲》的暗示，才决定采用《人间喜剧》这个名字。"[30]73陈占元提到了《人间喜剧》发行的广告词："1841年10月，巴尔扎克和出版商签订了出版《人间喜剧》的合同，跟着出版商便发出了这部作品的预约广告，广告开头这样说：'……作者的计划是要给我们近代社会的人情风俗，穷形尽相，起草一篇忠实的历史，绘就一幅准确的图画。'"[30]73-74巴尔扎克一直把《人间喜剧》描述为一座恢宏的建筑。"全集第一卷第一分册在1842年4月出版，……巴尔扎克在1845年给他的畏友卡娄（罗）夫人信中，把自己的作品比作一座大教堂，……《〈人间喜剧〉前言》是在这样的心情下，一篇总结过去，瞻望未来的辉煌的文字。"[30]74《人间喜剧》取得了多方成就。"……前言里面最使人注意的，同时也是他的作品最使人注意的，就是作者计划的宏大，对社会现实认识的深刻，艺术的精到……"[30]75《人间喜剧》前言共有三个版本。"《前言》（Avant-propos）原文在巴尔扎克生前发表过两次，第一次是1842年7月在《人间喜剧》第一卷最后的分册里面，第二次是1846年单独在《新闻报》上发表的，两次文字略有出入。巴黎路易·康纳尔书店出版的巴尔扎克全集中的前言就有重刊1842年的原文，只有几个地方参照《新闻报》发表的文字加以补充或修正，这里的译文是根据路易·康纳尔书店版译出的。"[30]75

1831年1月10日，"在定期的《巴黎通信》（《鸟笼》杂志）上，巴尔扎克赞扬了司汤达的长篇小说《红与黑》。"[6]22 1840年9月25日（王路说是1839年5月），《巴黎杂志》上"刊登了《贝尔研究》。在论长篇小说《巴尔姆（玛）修道院》的热情的文章中，巴尔扎克第一个评论了司汤达，因而在法国引起了对这位作家的注意。"[6]56

李健吾在《拜（贝）耳先生研究》译后记中说："亨利·拜耳（Henri Beyle）是司汤达的本名；……这最爱热闹的谈笑风生的人，晚年却被贬在罗马附近一个小码头当领事，寂寞、贫困、潦倒。他回到巴黎，请求外交部给他调换一个地方，走出衙门，一跤摔在地上，中风死了。"[31]319斯丹达尔有着浓厚的意大利情结，是他申请被派驻意大利的，所以这里说"被贬"并不合适。"……他（巴尔扎克）比司汤达小十六岁。但是临到再版《巴马修道院》的时候，作者的表弟高尤（Colomb）不得不写信给巴尔扎克，请他加以吹嘘或者提携。司汤达在1838年，仅仅用了五十二天，就写成了到今天为止造诣最高的政治小说或者最有戏剧性的心理小说。……他（巴尔扎克）对司汤达的爱慕，是发自肺腑的"[31]320-21。

1839年4月6日，巴尔扎克在给斯丹达尔的信中充分肯定了《巴马修道院》的独创、新颖："……《修道院》是一部伟大的巨著；……我是写不出的，不属本行，……我画壁画，你塑意大利雕像。您比先前的成就又有了进展。您记得我说的关于《红与黑》的话。好，这一次，一切是独创、新颖。"[2]365巴尔扎克也告诉斯丹达尔不要过度描写："有些地方嫌长；……第一本以后，就没有冗长的地方了，清楚的不得了。啊！这象（像）意大利文一样美"[2]365-66。巴尔扎克说道："我一生颂扬书信写的不多，所以我欢欢喜喜对您说的这些话，您可以信得过的。如果这本卓越的书，很快就能再版的话，您就提起勇气，在结尾上做些必要的发挥，删去开头那些冗长的地方。……此外，若干人物的描绘，缺少外形；不过，这算不了什么，几笔就行。"[2]366巴尔扎克认为作家之间应该成为谏友："您看，我对您在我的书上写的谎话，并不见怪，虽然它曾象（像）一片黑云掠过我的额头；因为我不怕您把我看成俗人，我知道我的缺点，您也知道；所以应该对我多提我的缺点。您看，我是拿您当作朋友看待的。"[2]366

1846年1月10日，巴尔扎克在给高隆的信中提到自己的繁忙："……如果您想到从来没有人帮助我，想到我从来没有用过秘书和代办的话，您就明白为什么我会到一八四六年一月三十日才答复一封去年十一月（二日）里写来的信了。"巴尔扎克又提到作品要讲究形式，语言无可非议最好："他（斯丹达尔）是近代最突出的一位作家；但是不太考究形式；他写文章就象（像）鸟儿唱歌，我们的语言活脱脱就象（像）奥奈斯塔夫人，认为只有无可非议，精修细作的东西才能算好。他死的那样骤，我非常伤心；我们应该把《巴马修道院》修饰一下再版，成为一部完整无瑕的作品。无论如何，这是一部了不起的书，一部不同凡响的作品。"[2]366

1830年，巴尔扎克在《长寿药水》致读者中提到了自己作品中有改编的成分："……《人间喜剧》在创造方面十分丰富，它的作者可以承认作了一次无可指摘的借镜（指从霍夫曼）；如同善良的拉·封丹，他会按自己的方式，不知不觉地去处理一个已有人写过的材料。"巴尔扎克又提倡艺术创新："……他的每一部作品都建立在多少有点新颖的思想上，他认为表达这些思想是富有裨益的；他会重视某些形式和某些思想"[32]88。

五、接受理论

批评界对作家作品的态度往往不被作家所认可，一般读者对作家作品的评价往往存在着好坏之分，也可能产生意图谬误。

（一）批评界

在与意保利特·卡斯狄叶的对话中，巴尔扎克认为有的批评是有失偏颇的："您在文章里用了两栏的篇幅对我进行指责，一方面指责我以一些特殊的例外构成性格；另方面又指责我用一堆微不足道的琐事来拔高这些性格。……究竟什么叫做生活呢？事实上生活就是一堆细小的情况，最伟大的热情就受这些细小情况所制约。在现实当中，一切都是平庸渺小的，但在理想的崇高领域，一切都变得伟大起来。……《高老头》、《幻灭》、《烟花女荣辱记》的文学手法，与《路易·朗贝尔》、《塞拉菲塔》、《驴皮记》、《卡特琳娜·德·梅迪契》的文学手法差别是很大的。"[7]643好的作品应该能够引发读者的思考："我想，一个见信于人的作家，如果能使读者认真地思考问题，便是做了一件大有益的事……"[7]646-47巴尔扎克认为作者没必要自吹自擂："……我要说的话很简短，虽然为了一部十八年来使我全神贯注，并且还需要十年功夫才能完成的著作，即使我与别人发生争论也情有可原。……我写最后一篇序言到现在已将近六年，从那以后我便效法文坛大师，决不再做任何新的解释说明；……我一向认为，解释自己的作品，大肆张扬，自吹自擂，是滑稽可笑之举；而今天，这样做便是荒诞不经了。……"序言往往不被读者看重，"……序言还像装订工用折纸刀折页之后时那样原封不动，连最受欢迎的书也是如此，这真是耻辱！"[7]640-41巴尔扎克认为文学作品应该是时代的记录："我试图写出整个社会的历史。我常常用这样一句话来表达我写这本书的计划：'所谓一代，就是四五千杰出人物扮演的一出戏。'这出戏便是我要写的书。"[7]643

巴尔扎克在《欧也妮·葛朗台》初版序中也指出了创作不该受批评家干预："……倘若有某个作家打算写一部戏剧，那么这种大胆的行为一定会引起文学界的愤懑。在文学界，很久以来就因批评界的所作所为，使所有的东西都遭到扼杀，而且，连发见新的形式、新的体裁以及无论什么样的情节，在这里都成了禁区。"[33]106

1835年3月，巴尔扎克在《高老头》再版序中也提到了批评界和读者的不公："作者的这部作品一定会在未来得到公认，这主要是基于他构思的广阔，倒不是在于个别细节的价值。……作者不能要求公众马上就理解并且领会到整个作品的意义。……不管是对于批评界的偏心，还是对公众在评判这个作品的某些个别章节时所表现出来的那种粗枝大叶的态度，作者都从不曾流露过半点怨言，因为这部作品还不够对称，描绘得也不到家，……才华是不能讨价还价的。然而这个社会却发动了一场如同它过去发动的反对上帝那样的战争来反对诗人，——它置诗人于法律保护之外，在诗人活着的时候，把他们弄到一贫如洗的地步，可是在其下世之后，又不准其家属承继其遗产。"[16]110-11

1835年5月，在《高老头》第三版序中，巴尔扎克也指出了报纸的不公："……《高老头》已经成了十九世纪的这个专制统治者，即报纸陛下最权威指责的牺牲品。这个统治者凌驾于国王之上，它或者给国王以忠告，以夸奖，或者将其打翻在地。……作者清楚地知道，高老头是注定要在文学生活中受罪的，正如他在现实生活中受罪那样。真是个可怜虫！女儿已经不愿认他了，因为他已经没有一点财产了，报纸也借口说他不讲道义，而不理睬他了。"[34]121 误读有时是针对作品中的人物的："……高老头并未得到人们正确的理解，……他既不推理，也不判断，他只知道爱。按照高老头的心愿，只要能呆在女儿的身边，他情愿去给拉斯蒂涅擦皮鞋。在他女儿手头拮据时，他就打算去抢劫银行。……不妨留神一下自己的身边，如果您是一个说老实话的人，就会看到许许多多女性的高老头！总之，高老头的感情就近乎母性的感情。……把作者的所有作品串连起来的这个总的设想，还是不久前作者的一个朋友斐力克思（费利克斯）·达文提出来的。……目的在于要把人们心灵里的作父母的感情尽收笔端，并从各个方面将其描绘出来，就宛若作者极力要将人的一切情操、社会冲突和文明社会的全部复杂情况都跃然纸上。"[34]121-22巴尔扎克也在尽力满足读者对他道德形象的要求："道义的信徒们——他们极为重视作者在前一篇序言里向他们保证要塑造出一个绝对善良的妇女形象的诺言……这部曾要求付出大量劳动的，题名为《空谷幽兰》（《幽谷百合》）的作品，很快就要在一个杂志上发表。"[34]123

1837年1月，在《幻灭》初版序中巴尔扎克说出了自己对批评界攻击的担忧："作者正在重新考虑他创作的总的设想，光是这部《风俗研究》会怎样出现在读者面前，……它招来的批评界的那种种莫须有的攻击，就已然使他心神不安了。"[35]125

1839年，在《夏娃的女儿》和《玛西米拉·道（多）尼》初版序言中巴尔扎克谈到有的批评家不了解作者的整体计划，于是给出了不合适的意见。"……作品有些部分是用来与一个整体相配合，……有些满怀善意但是不知道这部作品的整个计划的批评家，觉得《私人生活场景》的某些部分写得有点过火，……而假如在开头他们不以他们真正的性格出现的话，他们以后就会变得不自然了。"[36]149

在《哲学（理）研究》导言中，达文指出当代文学批评的不正常取向：
"……当今作家之与批评文章，并不是为了开导群众、指导文学，而是为了中
伤诗人、否定科学。……（作品中一以贯之的思想：）《十九世纪风俗研究》
与《哲学（理）研究》……这两个题名正是两个伟大而又表达得十分正确的思
想。"[4]181

（二）读者接受

在《十九世纪风俗研究》序言中，达文这样说到公众读者："一般说
来，公众既没有敌对性的也没有偏好的成见，而最知道把自己的喜爱放在什么
地方。《欧也妮·葛朗台》为巴尔扎克在小说中引起的革命盖了印章。这里实
现了艺术中对绝对真理的追求。这里把戏剧应用于私生活最细小的事件上。这
是一串细小的原因引起了巨大的后果，这是琐碎与崇高、可悲与荒诞的融合。
最后，它应该成为小说，而实际上它就是生活本身。"[11]223-24

达文在《哲学（理）研究》导言中希望读者不要断章取义："如果大家
在这里那里发现了一些缺点，譬如说，稍嫌冗长的描写，过于琐细的分析，使
人扫兴的感想，过分浓烈的色彩，极其花哨的配合，重复的词句，一反作者原
有的丰富色彩而出现的啰嗦累赘，那末是否能把这些缺点算为作者的罪过呢？
要看到这些缺点消失，难道不应该等到这幢建筑完工？到那时，场地自然会打
扫干净的。……到了完工的那天，就会象（像）我们刚才所说的那样，展示
出整个人类的图景，连同那些活动着的画面；这里有社会生活的沧海桑田、个
人生活的遭遇变迁，有天性的发展、感情的起伏、情欲的骚动，有对过失的剖
白、对利害的分析，还有对恶行的描绘，一言以蔽之，是人类命运的生理论。
因此，在《风俗研究》中，……有我们所曾指出过的一切个性。这座建筑物
庞大无比，光辉灿烂，在结构上纷繁复杂，它几乎完全占去了作者的青春时
期。……愈是考虑到自己周围已经有了好些伟大庄严的先驱，便愈会感到难以
着手。"[4]189-90我们看到，完工之后"场地"并未打扫。

1836年10月，巴尔扎克在给韩斯卡夫人的信中提到了读者会对号入座：
"奇怪您还没有收到魏尔代出版的《幽谷百合》……别人要说了，我描绘的
V夫人，既不年轻，又不美丽，而且还是英国人！您看，别人就这样批评我
们！……我还收到周围的人写给我的五封抗议书，说我暴露了她们的私生活。
我在这事上，收到最奇怪的来信。"[2]362

1839年，在《夏娃的女儿》和《玛西米拉·道（多）尼》初版序言中巴
尔扎克谈到了自己作品内容丰富，读者必须适应由此带来的不可避免的缺点：

"然而这部篇幅浩繁的作品将有一个缺点，这个缺点是无可补救的，读者对它必须加以适应。……这部著作包括百部以上各有特点的作品，《一千零一夜》也没有这么浩繁，但我们的文明也是千头万绪的"[36]148。"作者心怀坦白，亲自指出这部作品中违反常规的章节，用上面的游戏之笔把它们突出出来，现在就此截止。……在目前，这部作品的优点还成为问题，它的违反常规之处却是实在的，或者至少直到作者能高兴看到他最早写的三组小说连同它们的续篇重新发表以前，这些违反常规之处是实在的。……再过几天，作者就要发表《蓓阿特丽斯》（又名《强制的爱情》），这篇小说准备放进《私人生活场景》里面，使《私人生活场景》有很大进展。"[36]152-53巴尔扎克非常希望自己的作品最终能够获得读者的肯定。"又一位读者将会注意到人物的名字是经过精心选择的。因此作者看见他的作品逐渐受到赏识。在舆论时不时宣布的晋级里面，他也许会从小说家提升为历史家。……一部书卖不出去甚至就因为它的质量好。这种情况对法国文学是致命的打击；法国文学一定会克服这种现象，但是它也许还要忍受很长时间……"[36]156然而读者可能产生误读："但是作者首先揣测会受到那种可怕的不道德的指摘。也许甚至指为淫书，甚至谬加推许，拿这些作品来同上世纪的色情小说相比。《玛西米拉·道尼》将来一定会被错误的阐释玷污。……《婚姻生理学》和《驴皮记》也是这样。"[36]157

在与意保利特·卡斯狄叶的对话中，巴尔扎克认为时间会肯定成就："……我们有个最高法院，那就是未来的岁月。能够出庭的人有多么幸福啊！"[7]641-642

1831年，巴尔扎克在《驴皮记》初版序言中说："……成功是判断这些复杂问题的最高评判词；如果真是这样的话，《婚姻生理学》也许能完全得到读者的原谅。也许将来它能被人更好地理解，而有一天作者将会感到快乐：人们承认他是个严肃纯洁的人。"[9]93

巴尔扎克在《驴皮记》初版序言中谈到了读者会在自己的心目中建立起作者的形象："……读者读了一部书以后，就不能再对诗人漠不关心了。他们不由自主地想象诗人的形象，把他设想为青年人或老年人，高个儿或矮身材，和蔼可亲的或脾气暴躁的人。作者的肖像一旦在他们的想象中形成以后，就无法改变。他们的判断确定了！"结果是，"你变成了有许多面目的人，变成一个虚构的形象，每个读者都凭个人好恶给你随意打扮，而且几乎总是抹杀你的一些优点，好把他们自己的毛病放在你身上。"面对这些，作者"有权纠正对他评价错误的社会舆论。"[9]90-91

　　而与文学作品相比，广告似乎更为人们所熟悉："……有哪一首崇高的诗歌能比得上巴拉加路牙痛药水或别的药水那样妇孺皆知呢？"[9]91

　　巴尔扎克认为作品中作者自传因素存在着复杂性："……有不少作者，他们的作品的性质鲜明地反映出他们个人的特征：这时作品和人就是同一回事；但还有一些作家，他们的禀性和生活作风与他们作品的内容和形式却形成强烈的对照；因此，没有任何固定的规则可以帮助人们判断出艺术家心爱的思想与他作品中虚构的形象相似到什么程度。"[9]89巴尔扎克举例道："佩脱拉克、拜伦爵士、霍夫曼和伏尔泰等人的性格与天才是一致的，而拉伯雷——这个饮食很有节制的人——本人的生活却与他的漫无节制的风格以及他作品中的形象非常不同……他只喝白水，却赞美新酿的甜酒"[9]89。还有布瓦洛，"他的温和文雅的谈吐与他的傲慢的诗篇的讽刺精神一点儿也不相称。大部分优雅的诗人对自己的优雅毫不在意，……孜孜不倦地尽力把美貌绝伦的人形用理想的形式固定下来，……而自己几乎总是衣著不整，不爱修饰，把美的形象珍藏在心灵中，没有形之于外。"悲剧也是如此："……写出惨绝人寰的悲剧的悲剧家，难道通常不是一些和蔼可亲、风尚纯朴的人吗？"[9]90作者才能与性格之间的不一致会经常出现："……这篇偏重心理分析的随笔大概能说明作家的才能与他的性格之间种种奇怪的不一致。"[9]94这体现了艺术的复杂性："以借助于思想来表现自然为目的的文学艺术，是所有艺术中最复杂的艺术。"[9]94作家往往与自己笔下的人物是心灵相通的："当他（诗人或作家）勾划董毕琪斯小姐的肖像时，要不是他自己吝啬，就是暂时懂得这种吝啬心情。当他写《莱拉》时，要不他自己就是罪犯，懂得犯罪心情，要不就是教唆和目睹过犯罪。"[12]42-43作家写的无非是自己体验过的情感："不是也必须自己受过苦才能将痛苦描绘得如此精彩么！"[37]292

　　面对一部文学作品，读者会产生各式各样的复杂反应："虽然《婚姻生理学》的作者在序言里说明了他写作的动机，但是还有人对他进行没有根据的诋毁，……不过赞扬不会使他得意，正如谴责不会使他痛心一样。虽然作品博得的赞扬使作者深深感动，他却不想听凭群众朝三暮四地评论他的人格。不过要使读者相信，作家不是罪犯时也能描写犯罪行为，这却并不容易！……他的无数著作说明他过着深居简出的生活，证明他生活有节制，如果没有这种节制，便不可能进行富有成效的思想活动。"[9]93

　　女性读者也会对作家产生好奇。"许多女读者……她们不明白，一个道德正派的青年人怎么能够如此熟悉婚姻生活的秘密。……只须使那些不熟悉人的智力活动的人了解思想如何产生就行了。"[9]93-94其实，巴尔扎克的《婚姻生理学》引发了很多争议。"《婚姻生理学》是企图回到十八世纪的细致、生动、讽诮、快乐的文学的一个尝试，……作者不明白我们的风尚为何如此拘谨和虚伪；再说，作者也不许那些风情老手具有吹毛求疵的权利。"[9]96

巴尔扎克认为文学应奉献健康的内容："目前怨言四起，都反对当代作品的血腥色彩。凶残、拷打、被抛进大海的人、受绞刑者、绞架、囚犯、刽子手、冷酷残忍、穷凶极恶……

不久以前，大众拒绝对患病的、正在复原的少年、对文学病院里的忧郁病患者报以同情。大众已经放弃了所有悲悲切切的人，患麻疯病的人，有气无力的哀诗。"[9]97

作品只能如实地反映现实："作家对当今时势嬉笑怒骂的时候，他们往往做得对。社会要求我们描写一些高尚的人物么？但模特儿在哪里呢？你们的褴褛衣衫，你们的失败的革命，你们的高谈阔论的资产者，你们的死气沉沉的宗教，你们的蜕化堕落的政权，你们的落难街头的国王，难道这些是那么诗意盎然，因而值得将他们美化么？"现实是："现在我们只能冷嘲热讽。嘲笑，这是垂死的社会的文学……"[9]98

1831年，巴尔扎克在《十三人党的故事》序中表达了他的理想：

> 在帝政时代的巴黎，可以见到十三个人。他们受同样的情感激励，人人具有很大的毅力，足以忠于同一思想；互相之间坦诚相见，决不会出卖朋友，即使他们的利益相悖；他们极其精明，把联结他们的神圣关系掩盖得严严密密；神通广大，能凌驾于一切法律之上；勇敢大胆，什么事都敢干；福星高照，他们的计划几乎总是马到成功；经历过千难万险，但对他们的失败讳莫如深；无所畏惧，既不会在王爷面前发抖，也不会在刽子手和无辜者面前颤栗；彼此接受对方的身份，不考虑社会偏见；无疑犯有罪行，但有的品质肯定很出色，这些品质能造就伟人，并会跻身于精华人物之列。……这十三个人的关系今日已被打散，至少他们已分散各处。……我们的整个社会神不知鬼不觉地受到这些人物操纵。[39]99-100
>
> ……一个国家拥有荷马式的人物，难道这不是对上帝的冒犯吗？[39]100
>
> ……倘若有哪位读者不满足于最近以来冷冰冰地提供给公众的恐怖作品，笔者可以向他展示冷峻的残忍和惊人的家庭悲剧，……

在平静的场景之后，紧接着是激情的风景，女主人公品行高尚，容貌美丽。[39]100-01

……十三人党个个久经考验，……他们个个是宿命论者，富有感情和诗意，但厌倦了他们所过的平庸生活，向往亚洲式的享受，这种冲动力由于长时间沉睡不动，来势就格外猛烈。……他们除了具有天生的精神、获得的知识和财富，还具有一种狂热，能把各种不同的力量溶合起来，一起喷射出去。于是，他们潜藏的威力——社会秩序无力抵御——具有巨大的行动能力，能量密集，会推翻障碍，摧毁各种意志，给予他们每个人主宰众人的魔力。这个处于社会之外，敌视社会的圈子不接受任何社会思想，不承认任何社会法律，只听从自己内心需要的指使，只服从一种忠诚观念，整个行动起来为了其中的一个人，只要他要求大家的帮助；……他们确信能使一切屈服于自己的任性之下，能巧妙地策划复仇，十三颗心生活在一起；……这是可怕的，又是崇高的。……于是，在巴黎有十三个兄弟，他们互相隶属，而在上流社会彼此装出互不认识；但晚上他们相聚一起，……轮流使用一笔财产，……他们的足迹遍及各个沙龙，他们的手伸入过一切保险箱，……任何首领都不能指使他们，……这是十三个不为人知的国王，确实是国王，而且胜过国王、法官和刽子手，他们长着翅膀，能飞遍社会的上层和下层，却不屑于其中取得地位，因为他们在其中无所不能。[38]103-04

巴尔扎克在《欧也妮·葛朗台》初版序中说明了创作的题材随处都有，甚至在外省：

在外省的偏僻地方，倒时常可以碰见值得认真研究的人物、非常独特的性格，以及那种表面上一片宁静，而内部却被抑止不住的热情搅乱了的生活。……莫非……外省环境里，就会没有诗？[33]105

……作者根本不存任何的奢望，他只不过想在这里充当一名老老实实的书记官的脚色而已。……他不得不把他要涉及的那个微不足道的天地里所发生的事情记录下来。……人们无疑会原谅作者把自己局限在去叙述朴实无华、平淡无奇的故事范围里，尽讲一些简简单单和不加粉饰的外省天天都在发生的事情。[33]106

……他将向诸位表明的是：在生活的美好时刻总有许许多多的幻想、绚丽的希望，……[33]107

在《高老头》再版序中，巴尔扎克自己的言辞正好证明了他创作中会出现的偏颇之处："……这全都是有夫之妇。她们责怪作者，说他把女人都写成了对婚后被禁止的那种种乐趣有着强烈情欲的人，……有位女士说，在这个作者的书里，如果女人还有德行的话，那只不过是出于不得已，或者是出于偶然，而绝非基于她们自己的意志，也不是为了得到满足。……那些德行出众的妇女，都被他看成是郁郁寡欢和万般不幸的人。"[16]112-13巴尔扎克接下来的话又表明自己是被无理指责了："……作者忘记了，他由于任性，有时竟情不自禁的（地）把有德行的和没有德行的妇女刻画得都同样招人喜欢。……作者决定再写出几个最坏的女人，……其实谁都知道，在法国只有一言不发的人才不会给自己招来一大堆指责。"[16]113-14巴尔扎克其实并不相信女子能禁得起诱惑："……为了要知道女人是否有德行，就有必要让她去经历一番诱惑的考验。"[16]116

在《幻灭》初版序中巴尔扎克也指出了自己作品内容的丰富性："……社会制度总是竭力使人们适应其本身的需要，并把人们摧残到面目全非的地步；有多少样式的社会制度，就有多少谋生之道。最后，它竟使得人类社会丝毫不逊于动物界那样的五花八门，……其实，作者的每一本小说，只不过是那部描写社会的长编中的一个章节罢了。每部小说中的人物，同他们在生活里的情形一样，都是在一定的环境里活动的。……这位先生（德·拉斯蒂涅）任何时候都是按照与其社会地位相称的时代精神行事的，他参与了现实生活中那班上流人士所参与的一切事件。"[35]124-25因此，读者阅读时不能断章取义。1844年3月，巴尔扎克在《大卫·赛夏（发明家的苦难）》——《幻灭》第三部初版序中阐明："《大卫·赛夏》本身就是一部完整的小说。……为了了解《大卫·赛夏》也根本不必非知道先前发生的那些事件不可。"[15]173巴尔扎克恳请读者读完整部作品之后再做出评价。"……对于《风俗研究》中意义最大的一部作品，即《幻灭》的结论和道义的力量，大概只有从整体上对这部作品加以考察，才可能真正地理解。只有把它整个地读完之后，才有可能对它作出正确的评价，也才能理解之所以将其列入《人间喜剧》的道理。"[15]174整部《幻灭》创作的时间跨度有点长。"本书第一部分，即《幻灭》出版于一八三五年，《外省大人物在巴黎》则于一八三九年问世，最后一部是在一八四三年印行的。"[15]174

（三）意图谬误

假如读者根据作者最初的创作意图去研究作品，就会产生意图谬误，因为作者经常会在创作开始后推翻或改变原来的创作意图。

在《幻灭》初版序中巴尔扎克指出了自己创作计划的改变：

> ……在开始写《幻灭》的时候，……原先的计划进行不下去了，在创作过程中一切都发生了变化。可是，不能变更的卷码又已经确定了下来，而且出版商又不能等待。因此，作者就不得不在他原先亲自给这部作品定下的创作意图的地方赶快刹车。……但是，当作者怀着满腔的同情去描写一个纯朴的家庭的生活，以及外省一片小小印刷厂的变迁时，就情不自禁地使这幅图画在作品里占了主要的地位，他于是只好不顾自己的愿望，扩大了作品的范围。在再现现实时，你有时也会在不知不觉中犯下错误。……一座初一看不难越过的山头，却要费去你整整一天的行程。因此，不应该把《幻灭》的主题仅仅局限于一个自认为是大诗人的青年的历史和他跟一个女人的关系上。这个女人起初一股劲地给他的信心打气，可是后来又把他扔在巴黎，弄得他身无一文，又无依傍。……作者对于我们时代的这个可怕的渊薮，对于新闻界的情况曾反复思考过。这个新闻界不知吞食了多少人的生命，不知践踏了多少美好的思想，并对纯朴的外省生活的根基起了毁灭性的影响。作者首先反复思考的是我们这个时代的那些最有害的幻想，至今有的家庭还在拿这些幻想来教育自己的后代。在这些年轻人中有的不乏才气，但缺少使他具有理性的意志，而且也还没有确立起不受谬论影响的原则。于是，作品的规模就扩大了。现在作品涉及的已不是去描写个人的生活，而是再现我们这个时代最有趣的现象之一。……虽然他在揭露新闻界真正的内幕时，也不得不感到惭愧，不过他也许能就此说明至今还没有得到说明的许多文学家的命运。这些文学家曾经抱过很大的希望，可是到头来还是落了个失败的下场。此外，对于某些没有才具的人所得到的可耻的成功，也会加以说明，……作者什么时候才会完成他的这幅图画？这，他也不知道，不过他是一定会完成的。……作者每次都有足够的耐心，而公众却没有足够的耐心。……公众要的是书，压根儿不关心书是怎样写出来的。[35]125-27

这里说到了读者的苛求。

在《古物陈列室》《钢巴拉》初版序言中，巴尔扎克同样指出了自己创作计划的改变："在写作'风俗研究'的每一类作品时，……在创作过程中最初所规定的那些比例都受到了破坏。文学作品的提纲就跟建筑设计师的预算表一样，都是非常靠不住的。激发作者动手写作的就是基于想做一个忠实的、真诚的历史家的这个完全可以理解的愿望，这种劳动既向作者要时间，还要他全力以赴。"[25]142

1838年，在《公务员》序中巴尔扎克也提到了自己的写作计划会随时改变："……在精神和身体上我都不具备天才禀赋、财产条件、苏格兰式无邪的精明等等华特·司各特所拥有的地位。……都兰地区为法国的光荣作出了自己的一份贡献，给法国提供了两个伟人：拉伯雷和笛卡尔，……拉伯雷的小说，一部怀疑论的圣经。……如果他（巴尔扎克）放弃最初的想法，采用有了写作大纲之后冒出来的想法，毫无疑问，是觉得后来这些想法更好"[17]130-31。

六、对六个部分的强行界定

1839年，在《夏娃的女儿》和《玛西米拉·道（多）尼》初版序言中巴尔扎克对《风俗研究》的"巴黎生活场景"和"私人生活场景"要描写的内容进行了强行区分："……在《巴黎生活场景》里面可以描写激烈行动或者给它的内容添枝加叶，在《私人生活场景》里面却不可以，……《私人生活场景》旨在表现人生的一个阶段，这阶段包括少年和青年时代的激情，他们最早的过失，初涉世途的行为，不该描写任何根深蒂固的恶德，任何年深月久的情欲，而应该描写各种生活的开端，它们所犯的过失不是来自一套持身之道，而是起于一种事先没有计及它的后果的欲望。总之，这些过失是由于缺乏人生经验所造成的。……"[36]147-48

《哲学研究》导言和《十九世纪风俗研究》导言，是巴尔扎克亲自授意当时身为法国记者和小说家的费利克斯·达文（1807—1836）撰写的，并由巴尔扎克亲笔做了重要修改和许多补充。因此，从某种意义上讲，也可以说是他自己写的。在这两篇导言里，达文对六个场景首先进行了强行划分和界定。

1834年12月，达文在《哲学研究》导言中说："……那思想只不过是作者要安排另外两类作品的一个基础。在这两类作品里，一步深于一步的思想层层演绎，有系于社会前途的新方案，诗意盎然地展示开，本文谈的《哲学研究》便是这两类作品中的第一类。"[4]180

在《哲学研究》导言中，达文说到了《风俗研究》六个场景的划分依据：

我们已经证明，《风俗研究》是对社会现象的一种准确的再现，是一个巧妙地分为若干画室、各室又各有其用意的画廊。其中，"私人生活场景"是一些清新的、绚丽的、朝气蓬勃的乐曲，作品全部完成以后，可以表现出在晨光中开始并即将吐叶开花的人生。这里，将有对童年的描绘，虽则只是从一个角度写来，但表现得非常生动，描绘出人在这个阶段对世事认识得日益清楚；在《夏娃的女儿》里，将写出少女的那些最初的情愫；再下去，就要写二十岁的大孩子那种妙不可言的腼腆；最后，就要写暴露出了人之本性的初次作恶的生活。因此，这里写的主要是一些未经思索的激情和感觉；是一些并非出自故意而是由于缺乏社会经验或对世情无知而犯下的错误；对于妇女来说，其不幸是由于相信要忠于感情；对于纯洁的青年来说，其厄运来自介于最自然的希望与我们本能中最强烈的心愿之间的社会法则所造成的未被发现的矛盾；在这里，忧郁的感情把我们最初犯下的那些可以原谅的错误当作人之常情。在这部书里，表现了人生两个阶段的生活：行将告终的青春时期的最后发展和即将开始的成年时期的最初的谋算。……相反，"外省生活场景"是用来表现人生中这样一个转变：感情、未加思索的行动和不切实际的幻想都被情欲、谋算和思虑取而代之。在二十岁这年纪上，感情还是高洁磊落的；到了三十岁，已经开始处处盘算了，人变得自私自利了。……巴尔扎克……要把这种人生的转变写在一个框架里面；他选择了……外省生活。这里，画面是窄小的，但画布表现了那些使社会普遍感兴趣的主题。巴尔扎克便是用这些图景从各方面给我们表现出人如何从热情坦率变得老谋深算。生活变得严峻了；现实利益每时每刻都跟强烈的感情和最天真的希望在作对。人的许多幻想给破除了。这里，是社会这部机器的种种磨擦，那里，每时每刻都有金钱利益和思想矛盾的斗争，从外表上看来最平静的家庭内部，也产生一出出的戏剧，有时则是一桩桩的罪行。作者把那些卑微庸俗的纷争都揭露开来，这些纷争定期发作，往往在最小的生活细节上造成尖厉刺心的利害冲突。作者带我们去见识那些细微的勾心斗角，彼此的妒恨，家庭里的烦扰，所有这些，每天层出不穷，要不了多久就使人变得低级庸俗，就把最坚强的意志也消磨殆尽。美妙的梦想早已抛到九霄云外去了。每个人都把事情看得很现实，并且在生活中总是用物质利益来衡量幸福。……总而言之，生活成熟了，变成了深红色。在"巴黎生活场景"中，问题更加扩大了。生活是用粗线条描绘的；人生逐渐达到了行将就木的衰老期。要描写这样一个岌岌可危的时期，首都是唯一可用的框架，在这里，病入膏肓的痼疾对心灵的影响并不比对身体的打击更小。在这里，真实的感情成为了一种例外；感情都被利害冲突摧毁了，被这个机器世界的轮轴压碎了；美德遭到毁谤，天真总被出卖；情欲让位给破坏狂和罪恶；所有的一切都抬高身价、各陈利害，可以买进卖出；这是一个杂货市场，一切都标价出卖；利害盘算公开进行，毫不掩饰；人性只有两种形式，即骗与被骗；大家都让文明礼教服从自己，完全为了个人而巧取豪夺；子孙等着长辈死去；诚实的人被视为笨瓜；高贵的言词只是一种手段，宗教被视为一种必不可少的统治工具；刚正不阿只是一种姿态；所有的一切都互相利用、互相买卖；……青年人简直象（像）有一百岁，可以侮辱老年人。正因为这个社会高度文明化，所以才腐朽透顶。在这个社会里，贫穷与奢侈总是同时并存，……以后，如果作者的创作能力与时间都不缺少，他就要开辟另外两个画室，展示一团混战的社会群众之间凶残而华丽的景象；……这将是"政治生活场景"与"军事生活场景"，……最后，作者要把生活安置在乡村环境里，在那里，将重新出现一些被政局、战争和生活的风暴所摧残了的劫后遗孤。……《风俗研究》的构思便是如此。[4]184-87

"……五个本笃会修士合在一起，难道就能写出《风俗研究》的六个部分了吗？而且，在这个丰富的画廊里，每个大厅都可以无边无际地伸展开去"[4]187。

1835年，达文在《十九世纪风俗研究》导言中说："在这种分类中的每一个部分说明我们社会生活的一个方面，仅仅提一下就足以再现人类生活的种种波动。"[11]202

在《十九世纪风俗研究》导言中，关于六个场景的划分达文再次进行了强行界定：

"政治生活场景"……场上人物将代表民众的利益；……在人物的背后，人民与君主面与面相对；……他们不再与个人作斗争，而是与那些人格化了的信念作斗争，……"军事生活场景"是"政治生活场景"的结果。……某些命定来领导民众的特权人物……他们为民众操心，并且驱使他们行动。……作者企图就它们的主要特点来描写进军去格斗的民众的生活。……论到整个一个军队的习俗；舞台……是一片战场；斗争……是法国与欧洲的冲突，那少数旺岱派贵族力图把波旁王朝再次拥上王位，或是逃亡贵族与布列塔尼半岛上共和国的斗争，……所写的将是国家本身，有时全盛，有时被征服。……（在"乡村生活场景"中，）我们将获得行动之后的休息，大自然的风景代替了室内的陈设，在巴黎的骚乱和喧嚣之后的甜美而安定的田园生活——伤后的疮疤；然而，这里还是有同样的利益、同样的斗争，虽然因交锋不多而显得缓和一些，正象（像）在独处中激情温和下来一样。这最后的部分将象（像）一个忙碌的一天的夜晚、一个炎热的夏日的傍晚……宗教的思想、真正的博爱、不加宣扬的美德、各种断念，在这里将以全貌出现……[11]203-05

关于"巴黎生活场景"，达文写道：

"巴黎生活场景"以《贤德的妇女》（《双重生活》）开场。……为了怕对女儿不利，她（克洛夏太太）不敢承认自己是她母亲，……她与高老头有血缘关系，……这部作品充满了运动，作者的天才洋溢着青春的气息。寡妇克洛夏之死是画在六张纸上的一张完美的图画。《钱袋》是巴尔扎克拿手的、动人而纯洁的一部创作，……作者的天才以一种从未见过的灵活性而显现出来。……在读《高利贷者》时人们不得不感到惊讶，巴尔扎克在把高布赛克——夏洛克的兄弟——与葛朗台区别开来所表现的洞察力，前者是明智的、有力的、恶毒的贪婪，而后者是本能的贪婪、纯粹的贪婪。……这每一部作品中的一句话、一个字、一个细节便把它与其他作品联系起来，并写下了这个想象中的社会的历史，这个想象中的社会将成为完整的世界。《拉·马拉娜》提供了三个人物——狄亚德、珠安娜与拉·马拉娜。这些人物的出现使别人对巴尔扎克只能望尘莫及。《狄亚德夫人的历史》是这样一部作品，它不但使女人，甚至使男人也梦中难忘。如果要是没有《路易·朗拜（贝尔）》的话，那么仅这部作品，以它所展示的惊人的分析才能，也足以证明，巴尔扎克固然善于表现感情的戏剧冲突，但也同样善于表现感情的形而上学。《拉·马拉娜》的第二部《狄亚德夫人的历史》比起以运动和形象而取胜的第一部，则在观念上要更加优越。……巴尔扎克的一切特点都充分再现在《十三人的历史》中，它本身就包括了整个的现时代，……十三人的秘密团体在没有联系、没有原则、没有同一性的社会里所发挥的巨大权利体现出了我们的社会里全部使人可以理解和相信的怪诞成分。……《朗日埃公爵夫人》是一部贵族化的作品，只有在圣日耳曼区才能被了解，巴尔扎克出入此地，是它的唯一的画家。……《金眼女郎》中……亨利·得（德）·马赛的性格，根底是真实的，但又被抬高得超乎现实。……费尔米雅妮夫人的形象再一次反驳了关于巴尔扎克不道德的说法。……在《幽谷百合》里，巴尔扎克以惊人的天才迅速实现了他在序言（《高老头》序言）中的嬉弄般的许诺，他在亨利叶特·得（德）·勒南库尔（马尔叟夫人）的形象上画出了理想的美德，……《一妇二夫》（以《交涉》为名在杂志上发表）……这部戏剧进展的方式说明巴尔扎克假如出现在舞台上他会引起怎样的震动，如果他的精力不是全力地投入其他方面的话。他在舞台上必定会开辟出一条新路，但他已经担起了另一个巨大的任务，并决心完成到底。[11]225-29

巴尔扎克何尝不想创作戏剧以迅速了清债务，发家致富，但他直到晚年才在这方面获得成功。

1844年3月，巴尔扎克在《大卫·赛夏（发明家的苦难）》——《幻灭》第三部初版序中对《幻火》的归属的说法也很勉强："本书是《幻火》的第三部：第一部就是用这个书名（《幻灭》）出版的。第二部题名为《外省大人物在巴黎》，现在第三部的出版就使得这部大部头的作品宣告完成。这部作品是以外省生活同巴黎生活作相互比较的；这部作品也就成了《外省生活场景》的压卷之作。"[15]172

达文在《十九世纪风俗研究》导言中说："……在《风俗研究》里，巴尔扎克规定了他在别处所要解决的全部题旨，因此我们现在的任务就是要说明其总体如此宏伟、其情节如此多样的这一部分与其余两个以它为基础的部分有着怎样的联系。"[11]202

达文在《哲学研究》导言里还对《风俗研究》《哲学（理）研究》和《分析研究》三大部分的划分进行了强行界定："这便是《哲学研究》将借以建立起来的雄厚基础。在《十九世纪风俗研究》中，作者揭露了所有的社会创伤，描绘了各种职业的人，走遍了种种场所，研究了各种年龄的人，表现了男人和女人在发生人事的或自然的、身体的或心灵的变化时的状态，在描绘了这些社会现象之后，作者在《哲学研究》里，则来考究这些社会现象的原因。……《哲学（理）研究》的范围似乎也应该比《风俗研究》的范围来得小。事实也是如此。不过，如果作品在篇幅上压缩了，在强度上却又有增加，一言以蔽之，它更紧凑了。"[4]190-91

达文对巴尔扎克的创作表达了充分的信心。"以上这些高超的哲学思想，将被作者思想中尚未孕育成熟的其他几课研究补充完整，但是，正当我们在这里费劲吃力地分析论述着当代这位最热烈、最有活力、最为多产的天才的时候，作者充沛的精力也许会使这几课研究在我们写完这篇枯燥文章之前便吐叶开花。"[4]199

达文在导言中对《哲学研究》部分给予了至高的评价。"《哲学研究》这样一部作品其价值是惊人的，在这部作品中，思想往往会迷失方向，……我们在思想里把《被诅咒的儿子》、《被逐者》、《路易·朗贝（尔）》、《耶稣基督在佛兰德（斯）》和《赛（塞）拉菲达（塔）》这五首伟大的诗归集在一起，……作者是通过我们那些被他的分析所打动了的感情，来表现一种光芒四射的信仰光辉，一种从尘世的痛苦开始而最后到达天堂的基督教的有节奏的轮回。"[4]199

关于《分析研究》，达文说道："……第三部分的标题是《分析研究》，……《婚姻生理学》与《论外表生活》当属于这一部分，……它集中了对于社会原则的讽刺性的考察。在这一部分里还包括一部题为《美德专论》的作品"[4]200。

达文概括道："总之，《风俗研究》是描写社会所有的现象，《哲学研究》中阐明这些现象的原因，而《分析研究》则是探讨其原则。这三句话便是这部深刻得叫人惊奇、细节纷繁得使人意想不到的作品的要谛。而我们试图在这里说明的，也就是它整个的价值。"[4]200

1839年，在《夏娃的女儿》和《玛西米拉·道（多）尼》初版序言中巴尔扎克又对《风俗研究》和《哲学研究》的关系进行了强行界定："……《玛西米拉·道尼》就象（像）前一个集子（《古物陈列室》）里的《钢巴拉》一样，是为了凑足书籍法，按规定的页数而同一篇《风俗研究》搭凑起来的一篇《哲学研究》。这几篇作品毫无相似之处，……这部作品的第二部分是《哲学研究》，作者在这些研究里企图解释作为《风俗研究》的题材的社会事件的底里。"[36]157

《哲学研究》中的作品往往呈现出极端探讨的特征："《玛西米拉·道尼》、《钢巴拉》、《不为人知的杰作》、还有在一张报纸上发表的另一篇'哲学研究'《佛里洛娘子》，以及不久定会发表的《二雕刻家》，都可以说是《驴皮记》的续篇，它们指出思想发展到了极致在艺术家心灵里引起的混乱，说明根据什么法则导致艺术的毁灭。这个主题在任何作品都不象（像）在《玛西米拉·道尼》里面那么明显，……在这些作品里面奇想明显地占突出地位，同以确凿的现实为特征的《风俗研究》形成强烈的对照。"[36]157-58

关于三部分之间的关系，达文在《十九世纪风俗研究》导言中说道："愿他继续前进；愿他能完成他的作品；而用不着回头理会批评他的人的嫉妒的叫喊；……如果他继续前进，他知道向哪里走。他最初的胜利已经答复了我们对他将来的作品的疑问。……当他的巨作的第三部分《分析研究》出现时，面对着这件从来没有人敢从事的勇敢创作，批评者会哑口无言的。细心的读者很容易看出《风俗研究》与《哲学研究》之间的联系；……描写感情、激情、利益与盘算不断地与制度、法律、风俗、道德进行斗争，就是说明人在与自己的思想进行斗争，就是为《哲学研究》很好地准备了道路，在《哲学研究》中，巴尔扎克先生将要说明智力的灾害，使我们在那种智力中看到社会人所具有的最腐蚀性的原则。这是一个很好的主题，我们已经说明了他的诗意，而《分析研究》将完成其结论。"[11]230-31

达文也阐明了作品部分与整体的关系："假如没有把各部分彼此联系起来的思想，假如没有在全部作品完成时三个部分所组成的浩瀚的三部曲，《风俗研究》也会变成一种《一千零一夜》……象（像）许多书一样，成为一部经久的小说和故事的集成。这部作品之所以有统一性，全由于巴尔扎克先生早年对司各特全集所发生的感想。……他把他对司各特的感想告诉笔者：'只作为一个人是不够的；必须作为一个思想体系。伏尔泰与马里乌斯一样，是一种思想，因此他获得成功。这个伟大的苏格兰人，尽管他伟大，但他只不过陈列了许多精心雕刻的石头，……但是，建筑物在哪里？在华特（瓦尔特）·司各特的作品中，我们看到一种惊人的分析的吸引人的效果，但是缺少综合。他的作品与小奥古斯丁街的展览馆很相象，在那里，每件物品本身是华美的，但不与任何东西相关，不服从任何整体，一位天才的创作的才能若不与能调整他的创作的能力相结合，就不是完全的。只有观察和描绘是不够的，一个作家在描绘和观察时必须具有一个目的。……在今日要活在文学里，不是天才的问题，而是时间的问题。在你能与读者中持有健全的见解而又善于判断你的大胆的事业的人成为知音之前，你必须久饮痛苦之杯；你必须容忍别人的嘲笑，忍受不公正；因为有见识的人的无记名投票（通过这种投票你的名声才能受到推崇）是一张一张地投来的。'" [11]207-08

七、作家的命运（晨昏颠倒、生命透支、创作不易、多穷愁之音）、反复修改、政治野心、妇女主题

作家往往晨昏颠倒。1820年9月巴尔扎克给妹妹洛尔写信说："……我要买一把公事房用的旧靠背椅子，至少可以护住我的两侧和脊。你千万不要告诉亲爱的母亲，说我夜间工作" [2]337。

1828年7月巴尔扎克给阿布朗泰斯夫人写信说到自己的忙碌："我实在忙不过来，……我还要拔掉三颗牙呢！" [2]342 1831年巴尔扎克给阿布朗泰斯夫人写信也谈到了自己生命透支："……您就不知道，我现在下午六点钟睡觉，半夜起床，然后一连工作十六小时；我埋头工作，工作又那样置我于死地，我就不会作出错事来。……我只有一小时有空，就是五点到六点吃饭的时间。我发誓要取得自由，不欠一页文债，不欠一文小钱，哪怕把我累死，我也要一鼓作气干到底。" [2]344

1835年4月，巴尔扎克在给珠尔玛·卡罗的信中提到了自己生命透支的现象："……《赛拉菲达》最后几章，给我带来繁重的工作，我患了左边的偏头风。痛了整整三天了，不过，有时厉害，有时又好一点。我想需要换换空气，停止工作，虽然我很不愿意；因为我急于要结束它，时间是最重要的东西。" [2]357

1849年4月，巴尔扎克在给妹妹洛尔的信中又说到了自己生命透支：

我在这里病倒了。……自从二月闹事以来，财产和文学就都光了，我在萨舍（榭）的时候，又害上了一种心脏扩大症（别告诉母亲）。我不能走快，一点高的地方也不能上。我在这里，病到这步田地，梳头也要喘气、心跳；由于不能呼吸空气，我曾经两度完全闷死过去。我现在不能上楼梯，除非特别经心；……我整天吃药！要吃多久，天晓得！反正，只要病没有完全治好，想走过这通往巴黎的三四千公里，不是没有危险的。事一不如意，情感一激动，可怕的窒息便来了；……你知道的那位太太的残酷是病源；加上一八四八年的政变，我期望的六万法郎的写作代价化成了泡影；

　　韩斯卡夫人在这里受到的损失，也改变了我对事业的乐观，凡此种种，就足以送我的命。[2]368-69

　　这可怕的病，对我这好动成性的人来说，的确可怕。（因为什么事也要小心，一点点感情也不许动，一句过分激烈的话也不得说，一步也不能走得太快；这还叫生活么？）半个月以来，受了气候的影响，病更复杂了。我过去一直没有感到亚洲气候的可怕作用。真厉害啊！我天天偏头痛，睡觉也疼个不停。这里冷就极冷，热就极热。……我在巴黎的话，照料可能还不如这里好，这里人人对我亲切，如父母之于子女，子女之于父母，体贴入微，当得起最温暖的家庭。

　　……千万不要叫母亲知道！照你告诉我她的情况，她知道了会难过极了的……

　　……无论如何，我八月一定回来。死也要死在老家……我这样一个病夫，有什么用啊！我想把我和这位举世无双的女朋友的关系安排妥贴，十六年来，她象（像）一颗指路的明星照耀我的生命。

　　……我必须去基辅一趟，向总督致敬，……

　　别用太薄的信纸，因为我简直看不清楚。[2]369-70

我一直怀疑巴尔扎克后来得了糖尿病，它的并发症就是眼睛会视力下降。

巴尔扎克一直想娶一个有钱的寡妇，最后把目标锁定在韩斯卡夫人身上。韩斯卡夫人虽然不是巴尔扎克的真知己，但她却非常了解巴尔扎克，她知道巴尔扎克之所以要娶自己主要是出于经济原因，他一生的梦想一直是要娶一个有钱的寡妇，以借此来摆脱负债累累的窘境，在爱情上他是个甜言蜜语的骗子，经常有他养情妇的绯闻传入她的耳中。之所以延期改嫁，正是因为她的亲戚向她指出了巴尔扎克的真正用意，她只能在把主要财产转移到女儿安娜名下之后才好与他结合。这样，韩斯卡夫人不应该成为被指责的对象，要负主要责任的应该是巴尔扎克。

1836年10月，巴尔扎克在给韩斯卡夫人的信中提到了自己忧郁的心情：

　　……今天晚上，读您最近的来信，我不禁一阵难过，……信上显然有不愉快的情绪，有些话刺痛了我的心。不用说，您不知道我心里有多痛苦，也不知道我在事业上第二次大失败要多大的勇气支持。我第一次失败，是在一八二八年，当时我还不到二十九岁，……但是对一个近四十的人来说，保护不但好笑，而且成了侮辱。在任何国家里，一个人活到这种年纪，软弱无能，两手空空，必然是没有出息的了。[2]358

雪上加霜的是：

我失去所有希望，被迫放弃一切，九月三十日，逃到沙姚，躲在茹勒·桑都（多）住过的小阁楼里，因为我有生以来，再度遭到一个出乎意外的全面失败，倾家荡产，一方面觉得前途渺茫，心绪不宁，一方面感到特别寂寞，因为只有我一个人承当，……就在这时候，接到您的来信，它是那样消沉、那样忧郁。……书信有一种宿命力量，根据我们收信时的不同心情，起好作用，也起坏作用。……

我失败，但是并不认输，我的勇气还在。……我的思想、我的努力和我的全部感情，都寄托在我以外的一个人身上；没有这个人，我就支持不下去了。戴在我头上的东西，假如没有可能转献的话，哪怕是桂冠，我也不要。过去那些岁月，一去不返的岁月，我多不忍诀别呵！……我现在觉得只有责任感支持我活着。我抱着到死方休的工作信念，走进这间小阁楼；我相信我会一天比一天更能忍受下去的。已经一个多月了，我下午六点钟睡觉，半夜起床，给自己规定好了仅够活命的食粮，免得脑筋感到消化不良的坏影响；可是，我不但感到无法形容的疲倦，而且生活事故在脑内风起云涌；后脑里的平衡感觉，我有时候也没有了；甚至于躺在床上，我也觉得我的头好象（像）在左歪右倒，起来的时候，又好象（像）头里有一个沉重的东西压着我一样。……[2]358-59

这又是关于生命透支的描述。

巴尔扎克是要为自己生活的奢华付出代价的："……我心爱的家俱，还有我收藏的书，我还不清楚能不能留下一部分来……工作两年，就能了清一切债务，可是这样生活两年，我不倒下来也不可能。"[2]359

巴尔扎克在给韩斯卡夫人的信中写到了作家不易的生活："既要校对稿件，写作的生活非常单调，又要躲避拒绝服兵役所带来的牢狱之灾。……校样在等着，必须跳进我的风格的奥吉亚斯的牛圈，扫除错误。我的生活只是单调的工作，只有工作上的变化。……我不时站起，望望房屋之海，由我的窗口眺望，从陆军大学到特罗纳的铁栅栏，从先贤祠到凯旋门全在眼下，我吸过一阵空气，重新工作。……我需要空气流畅，我消耗空气消耗的太多。……警察局和国民军还不放松我，要我坐八天监牢；不过，我不出门，他们也就捉不到我了。我这里的房子，用的不是我的名字，所以我就可以明目张胆住到一所设备俱全的公寓了。"[2]362-63在与意保利特·卡斯狄叶的对话中，巴尔扎克也提到了创作之不易："如果我能使您深刻意识到，创作一本书须有临渊履冰之感，那么这封信就算没有白写。"而创作未必总能成功："我们的竞技场上也有倒下的力士，他们死时便把伟大的未来带进坟墓。"[7]651在《幻灭》初版序中巴尔扎克也说明了自己创作之不易："……我在创作自己的作品时，既没有帮助，也没有援助；而且我在工具、工人、材料、方式等各个方面都遇到令人讨厌的障碍。"他往往同时要创作几部作品："……谁不是在自己的文件夹中有成千个题材，有的已经开始创作，其余的已差不多完成呢？……我有不少连载小说的文债，也有正直的人关心我，程度超过我的想象。……驿马飞速送来一封信，从德国内地有个陌生的读者质问我为何不写完《幻灭》？……《赛查·比罗图盛衰记》（'比罗图'即'皮罗托'）分开了……"[35]135-36

1832年6月，巴尔扎克在给珠尔玛·卡罗夫人的信中谈到了自己作为文学家的命运：

　　……我从马车上摔下来了；万分侥幸，没有把我摔死，不过我卧在床上了，放过血，不许乱吃东西，严格禁止看书、写字、用脑筋！……

　　……我的头撞在炎夏的马路上，当时撞得很猛，我昏迷了二十分钟之久，不过我宁可冒着加重疼痛的危险，也要给您写信。

　　其实，您说的话完全对。如果我遇到一个有财产的女人，我会很容易就安于家庭幸福的；但是，哪里找去？世上会有一个女人相信文学也能发财致富？我不但讨厌靠一个我不爱的女人过活，还讨厌要靠勾引才能把她弄到手；所以我只有过一辈子独身生活。

　　……我十分珍贵您的来信；它对我的紧张、忙碌、愤怒多于感动的心灵，正好起了清凉作用。……献身给一个女人，为她谋幸福，是我一向的愿望，难过的是我实现不了这个愿望；但是不顾贫穷，也要谈爱、结婚，我却没有这个胃口。

　　……至于遗失的包裹，公司正在查询，他们承认收到，而且因为有我的名字，所以记得。在这一件事上，文学总算有了一点用处。

......我的头和手都感到疲倦。我母亲在旁边，数着我写的行数。[2]349-50

1832年8月，在给妹妹洛尔的信中巴尔扎克写到想通过创作剧本来改变命运：

......你对我说起可怜的母亲，我眼泪流下来了。我不敢写信给她；因为昨天，我给她写的回信，未免简短了些，我没有法子把心里的话对她一五一十交代清楚。

可是作到这一步，要作多大的努力啊！身体累坏了，疲倦也来了，接着又是灰心！

我希望很快就写出《战争》和《十一点至半夜间的谈话》。得到的稿费，干什么也够了。完成了这过度繁重的工作，我要徒步旅行一次。我的健康需要这样做。随后，如果找到一个落脚的地方，我不休息，马上就开始写《三个红衣主教》，......今年冬季，如果我的环境不改变，我决定写些剧本，好让可怜的母亲摆脱她的困境。我要为她牺牲我的政治前途；千万不要告诉她这话。

......赌注下是下了，风险可也太大啦！只有前进。对于那些开始攻击我的人，我的书是我给他们的唯一的回答。

希望你对他们的批评不太介意；批评是一个好兆：庸俗作品不会引起讨论的！......

告诉母亲，说我还象（像）儿时一样爱她。写到这里，我不禁流下泪来，这是温情的眼泪，失望的眼泪，因为我觉得未来是我的，功成名就的那一天，我还少不了这位爱子心切的母亲！可是何年何月我才功成名就呢？

好好照料咱们的母亲吧，洛尔，为了现在，也为了未来。[2]352-53

1834年巴尔扎克在给妹妹洛尔的信中提到自己想要放弃写剧本的尝试：

我今天抑抑不欢，一定出了什么事。是不是我的亲人里边，有谁不幸呢？......

我写剧本的尝试不顺利，暂时需要放弃。历史剧要有强烈的舞台效果，我又偏不熟悉，......至于喜剧，象（像）莫里哀，我愿意学他，偏偏他又是一位非常难学的大师；必须长而又长的时间才能写出一点差强人意的东西，可是时间我又总是没有。......只有杰作和我的名字，能帮我打开大门，可是我还没有到写杰作的地步。为了不损害我的名声，我只有用别人的名字出面；这又浪费时间，尤其遗憾的是，我就没有浪费时间的条件！实在可惜；这类工作比我的书赚钱，大有可能加快解决我的难题。不过许久以来，我就和我的痛苦较量过了！我战胜了，还要继续战胜。万一失败，是"天亡我也"，罪不在我。[2]355

这告诉我们作家切忌急功近利。

在同一封信里，巴尔扎克还提到了自己所受的金钱羁绊："我应该人寿保险，万一死了，倒好给母亲留下一点钱来；可是我的钱还债以后，我有没有负担保险费的能力呢？问题我回来再考虑吧。"[2]356 1838年，在《公务员》序中巴尔扎克提到了金钱是创作的保障："……偶然是一个好工人，……将来，所有这些片断会凑成一幅镶嵌画；……这幅镶嵌画不会全部是金子做成的，……它显露出毅力多于才能，正直地表明缺乏材料，反复掂量写作方法。……人们可以看到建筑师有一种善意，……他是一个贫穷的都尔人，而不是一个富有的苏格兰人。……批评家说，而上流社会也重复说，金钱与写作毫无关系。……当他们碰不到财运时就会死去；财运对于写下他们的构思或画出他们的画幅是必不可少的……"[17]131-33 巴尔扎克由此得出结论："……必须善于节衣缩食。"[17]133

1834年巴尔扎克在给妹妹洛尔的信中表明他极度窘困的处境，这是穷愁之音易好的前兆：

我作（做）的比我想作（做）的多；有什么办法！我一动笔，就忘记了我的痛苦，也就一时得救了；……

洛尔，我会使我周围的人都讨厌我的，我并不奇怪。哪一个作家的生活，又不是这样？……

一个人心里这样难过，要有多大的毅力才能保持头脑的清醒呀！不分昼夜地工作，而我为了工作，需要绝对安静的时候，还要不断受到打击！我什么时候才能安静呢？会不会有这么一天，哪怕是仅仅一天？也许只有在坟墓里！……那时候，人们才说我对，我愿意这样希望！……其实，我最好的灵感总在我最痛苦的时候才放光芒；这样说来，我的灵感又快要来了！

我写不下去了；我太忧郁了。对这样一位多情的妹妹，老天就该给她一位更幸福的哥哥才对。[2]356

1836年10月，巴尔扎克在给韩斯卡夫人的信中提到了比利时的盗版也损害了巴尔扎克的利益："何况翻版害苦了我们，我们越活下去，书越卖的少。……两千本书，魏尔代只卖掉一千二百本，而比利时的翻版却已经销了三千本。从这件事上，我肯定我的作品在法国没有销路；所以想靠打开销路，解救我的困难，一时还是没有指望。"[2]360

在《幻灭》初版序中巴尔扎克说明了出版商出于对读者兴趣的考虑也会对作品的写作产生制约作用，同时盗版也会威胁作家的利益："……笔者所写的作品受到出版商的趣味及是否能被看中的任意法则的支配。……人们对《老姑娘》已经叫嚷。……必须忍耐书店的要求。……艺术向一切卑躬屈膝，随遇而安，龟缩在角落里、炉底上、天穹中。它能在一切事物中熠熠生辉，不管人们赋予它什么形式。以前艺术是这样的。……笔者发表作品具有奇特的、凌乱的方式，那是由于目前情势的过错，并非他的过错。目前，吞噬着文学，而且长时期还要吞噬文学的贫乏状态的各种弊病之一就是对作家的掠夺，这对十九世纪的欧洲是耻辱，而比利时就对法国作家这样劫掠，……比利时过去夺走了法国文学的欧洲市场，如今连法国本身的市场也夺走了；在法国百万富翁的书柜中，你可以找到比利时出版的书。"[35]133-35

达文在《十九世纪风俗研究》导言中谈到了文学商品化："今天，对艺术说来很不幸，还不能把最纯正的文学活动同金钱利益分割开来，后者扼杀出版业并牵制住它与新诞生的文学的联系。资本要求现成的杰作，就象（像）英国大使要购买现成的爱情一样。"[11]225

达文谈到了人们对巴尔扎克写作计划的质疑："……怀疑是有的。我们已经听见有人预言到作者的气馁，预见他将倒楣；一些嫉妒他的人预言他的失败，假如他们能促使他如此，他们一定尽力而为的。我们每天都要读到关于作者和他的努力的极其错误的论断。我们的一位最激动的批评家指责巴尔扎克在梦想着一套他永远写不出来的幻影一样的作品。另一位认真地提出疑问：按照他的计划出版下去，读者可怎么受得住？……我们的计划如此崇高，是绝不能放弃的。……只有不了解他的人才会把那种凡是立志要写作的人不得不有的自信责备为不够谦虚和说大话。"[11]205-06

达文提到了巴尔扎克对自己的作品要求严格。"……他把最后的《朱安（舒昂）党人》以前的作品都判处死刑，而上述作品的缺点又使他陷于绝望，不得不花上一年的功夫在《朱安党人》的标题下重写。这样一位批评家在我们看来也未免太严厉了，……巴尔扎克要求自己高于一般见识，对于那些卑鄙的暗示、恶劣的取笑和娓娓动听的诽谤，巴尔扎克唯一的回答就是进步。"[11]206-07

　　达文也分析了巴尔扎克的作品中所反映的社会与人的关系："从这种……看法出发，巴尔扎克先生慢慢地、一点一点地实现了他的《风俗研究》，这部分作品不愧是社会的全面确切的画像。它的统一性就是世界本身，人只是其中的一个细节；……既不是完全善良的，也不是完全邪恶的，由于利益关系而与法律斗争，由于感情关系而同习俗作战，他是否合乎逻辑或伟大，全凭偶然。作者也提出要揭示那不断瓦解、不断重新组合的社会，这个社会是威胁人的，因为它本身就受到威胁；总之，把社会的成分一一重建，以获得社会的整体。……我们这一代的习俗不再允许作家追随笔直的道路一点一点地前进，默默无闻地渡过十年，既无奖励亦无报酬，而终有一天达到奥林匹克的顶峰，站在世纪面前，手中拿着他写出的诗、他完成的历史，在一天里收获二十年被忽略的劳动的奖赏，而不必象（像）今天这样先要身受一切艰巨的政治或文学生涯所不免遭受的嘲笑，就好象（像）那是犯罪一样。他必须耐心听取人们责备他不道德，……人是细节，因为他是手段。……人是一架机器，青年时期由感情驾驶，成熟时期由利益和欲望操纵。巴尔扎克的眼光只须不介意地一瞥就能在律师的办公室里、省城的深处或巴黎一间内室的围帐后面找到全世界所要求的戏剧，……风俗、财产的平等和时代的色调使它们都倾向于同一个面貌。"[11]208-09

　　作品必须寓教于乐："只是了解一切还不够，一切还必须实施出来；只思想是不够的，还需不断地创作；只创作也不够，还必须经常娱乐人。"[11]214

　　达文认为巴尔扎克扮演了人类灵魂的工程师的角色："作家不得不在世界是残酷的时候来安慰人，……在激起我们流泪之后，他又在我们心上搽上镇痛剂。他不能叫观看他的戏剧的观众在散场时不怀有一种安慰的思想；在给我们指出了人的邪恶之后，他必须叫我们明白，叫我们相信人是善良的；在指出人类的微不足道时，叫我们相信人是伟大的。……两个相等的人物，一个充满诗意，另一个完全是现实的；一个是庄严而可能的，一个是真实而可怕的。……他必须在美德的一致性中采用某些文学的手法；……朗吉埃公爵夫人、包（鲍）赛扬（昂）夫人、斯邦德夫人、欧也妮·葛朗台、马（莫）尔叟（索）夫人、拉·福色斯·费（菲）尔米雅（亚）妮夫人、那囊、夏倍、刚得兰、凯撒（赛查）和佛朗斯瓦·毕（皮）洛（罗）多、克莱依夫人、珠安娜·得（德）·曼西尼这些人物，……他们确实都有同一性，那就是，都是感情一时把美德引入歧途。因此，必须了解女人也了解男人；必须说明若非由于感情用事，女人绝不会失足，而男人犯罪总是有意的；男人只有效法女子的时候，才是伟大的。而巴尔扎克是怎样洞悉女人啊！他探测了这些经常得不到理解的心灵的一切贞节和神圣的秘密。他在这些孤独的被轻蔑的存在中挖掘出了多少爱情的、忠贞的和忧郁的宝藏！……他得到公正待遇的一天还没有到来，然而无论多么迟，他理所应得的成功是不可避免的。"[11]214-15与《婚姻生理学》一样，巴尔扎克（达文）这种说法明显带有要讨好女性读者的色彩。

关于爱情主题，达文说："为了完整地揭示妇女，巴尔扎克同时也对爱情做了专门的和同样透辟的研究。有了基础，结果就自然而然地产生。作者无孔不入地深入到爱情的一切秘密中，它的肉体方面的精美和灵魂方面的纤细，在这里他打开了一个新的世界。……他具有这种艺术匠心，把最细小最微不足道的细节与整个画面相关连，使最枯燥的科学发展有趣，使神秘主义最不可捉摸的幻影有形。……他的最极端的对比也没有使人感到突然的地方，……各种文学的文体和形式都出现在他的笔下，它们的丰富性使我们惊讶，……这些是在深夜的工作中所产生的。……巴尔扎克样样都写得卓越，……他也是一个伟大的风景画家，……在我们当代文学中都是杰出的片断。他也同样高度地掌握了书信风格。……透过这表面混乱中到处皆是的基础，明智的眼睛会知道如何领会巴尔扎克奉献给我们的人与社会的历史。最近他又迈出了决定性的一步。在《高老头》里可以看到某些以前创造的人物的再现，读者才了解到他的一个最宏伟的志向，就是赋予一个假想的世界以生命和行动，使其中的人物永远活下去，甚而当它生活中的原型早已死去或被人遗忘的时候。"[11]216-17

关于非爱情题材，达文说道："《单身汉》（《比哀兰特》、《都尔的本堂神甫》和《单身汉的家事》的总称。）是作者的一部最有代表性的作品。我们在这里碰不见一般小说家所缺少不了的因素，这里既没有爱情也没有婚姻，很少有甚至没有事件，然而它仍然是有生气的、动人的，结构亦严谨。两个教士的小利益之间的阴沉、曲折的斗争所引起的兴趣可以跟激情或帝国之间最动人的冲突相比。"[11]224

关于女子教育的缺失，达文说道："我们的社会组织得这样坏，妇女的教育是这样幼稚，对艺术有所感受完全是一种例外情况，在这样的社会里这样的戏剧（指《猫打球商店》）每天都发生着。在《复仇记》（即《家族复仇》）中，……没有什么比吉奈佛拉同她父亲的斗争更可怕了。这一幅写照最为辉煌和感人。……难道这不是他对女儿的教育所造成的吗？正是这种教育发展了她的力量。女儿在法律上站得住，但不从父命是有罪的。在这里，作者要显示出：孩子遵循《拿破仑法典》的对当时社会表示驯服的条文而结婚是错误的。他宁肯附合习惯而不顾极少被应用的法律条文。说实在的，当谈起巴尔扎克这些早期的作品的时候，人们怎么能用不道德来责备他呢？不错，一些邪恶的人像出现在他笔下，……批评家，除非他想变得愚蠢，怎能忘记文学的第一个法则，怎能忘记对比的必要性？……把部分从整体中抽出来，并据此发出些诚实人说不出口的责难，这难道忠厚吗？"[11]219

达文也声明作品不要攻击人："巴尔扎克先生集中了惊人的精力在工作上，这使他成为我们文学中的健将；而他也是最不触犯别人的作家。他不批评任何人；他既不攻击他同时代的人，（除了圣伯夫，）也不攻击他们的作品，正如一个巴利阿人（印度的最下级人民），他的天才的专制，把他放在文学的禁令之下。他的胜利，他本身的胜利，是艺术中的真理。要获得这种胜利，一向是那么困难，今日尤甚，因为，无论在文学中在风俗中，特色都逐渐消失，必须要有新的东西。巴尔扎克先生知道如何在这个文学开始多讲理论少写作品的时代中，搜集那些文学所轻视的东西。但是他从来没有声明过他自己是个改革者。……他独自一人辛勤地完成了文学革命中他所分担的责任，而我们大部分的作家却耗费精力在不连贯的、无目标的、无结果的努力上。……巴尔扎克先生把一个素朴的、最绝对的真理引到艺术之中。……想象的飞翔受到控制，想象已被训练得能给与作品的机构以必要的生命量，不多也不少。这种工作真是一切工作中最困难的了；……他的生命是产生自心灵。在别人遭受灭亡的地方，他取得了胜利。在我们所分析的这些作品中，没有幻想、没有夸大、没有谎言，他的人物肖像严格地真实，即使你没有碰见过原型，你也会万无一失地把它认出来。"[11]229-30

1828年7月22日，巴尔扎克在给阿布朗泰斯公爵夫人的信中说："……长篇与短篇：依奈斯的故事是好的，但只能作为一个长篇的附属部分；仅仅作为短篇，它就一无所是了；它象（像）一束花里鲜妍夺目的花朵。"[2]340

在《外省的诗神》中，巴尔扎克说"惟有偏见才有作家。"[3]232这话是否偏颇，还需要深入研究。

艺术与工业文明之间是存在着冲突的。在《贝阿特丽克丝》中，作者关于艺术的当代命运写道："为大众造福的现代工业将逐步摧毁古代的艺术品，创造这些作品的工程，当时无论对消费者来说还是对匠人来说都是富有个性的。我们现在有产品而不再有艺术品了。"[39]5作者后来又借写自然美景之机关于艺术与自然的关系发表了这样的宏论："克华西克半岛的海岸上，花岗岩石头奇形怪状，只有那些能够把这类气势粗犷、蔚为大观的自然景色加以比较的旅行家才会欣赏。……无论是花岗岩礁千姿百态的科西嘉海岸，还是气势磅礴、惊心动魄的撒丁岛海岸，还是北方的玄武岩岸，都没有如此完美的个性。……这里有个天然的穹窿，其宏伟的气派，为远在他方的勃罗奈斯基所仿造，因为再大的艺术成就也还是天工的拙劣的模仿。"[39]216-17

1839年，巴尔扎克在《夏娃的女儿》和《玛西米拉·道（多）尼》初版序言中表达了反对平等的思想，他认为立宪政府使社会风俗变得复杂了："从前君主制度使一切都变得单纯了；各种性格泾渭分明：一个市民、商人或手工业者，一个完全自由的贵族，一个当奴隶的农民，这就是欧洲旧日的社会；……现在，平等在法国造成无穷无尽的细小差异。……形式没有了，文学必须转而描写概念，寻求人类心中最细致的激情。……唯有法国社会才能够在正常的情况中表现出机智和自然，其中每个人可以恢复他的思想和本性。……作者还不知道有哪一个观察家曾注意到法国风俗，从文学的角度看，在典型的多样化、在戏剧性、在机智、在情随事迁方面，都凌驾于别国之上的风俗：在那里什么话都可以说，什么思想都可以有，什么事情都可以做。作者在这儿不加判断，他不说出他内心的政治思想，这种思想同法国大部分人的政治思想是完全相反的，可是用不了很久大家也许会同意他的想法。立宪政府劳民伤财的骗局被揭穿的日子快到了。他是一个历史家，不是别的。他对于自己所选题材的伟大、多样化、美妙，感到很高兴，……作者选择了他的国家的风俗作为题材……是因为他的国家比别的国家都更早地使人看见这个具有比任何别的地方更为繁复的外表的'社会的人'。"[36]149-50

在《夏娃的女儿》和《玛西米拉·道（多）尼》初版序言中巴尔扎克谈到了自己笔下的人物塑造并未按照成长顺序：

……这篇历史在某些要求文章首尾相应的人眼中不幸将有一个最大的缺点。……

比方说，诸位在《私人生活场景》的《夏娃的女儿》里面碰到的女演员佛洛莲正在中年，而诸位在《外省生活场景》的《幻灭》里面却看见她刚刚登上舞台。……总之，诸位将在未知道一个人生活的开端之前就知道这生活的中段，知道了它的结局之后才知道它的开端，未知道诞生的经过就知道死亡的始末。

首先，社会就是这样，……在这个社会里，没有什么东西是一整块的，那里一切都是镶嵌的。你能够按照年代先后讲述的只有过去的历史，这种方式不适用于正前进中的现在。作者面前的模特儿是十九世纪，这模特儿蹦跳得十分厉害，要他呆着不动十分困难。……这部作品的出版人十分风趣地说，以后人们会给《风俗研究》编一个人物简谱，用象（像）下面所拟的文字帮助读者，使他不致在这个广阔的迷宫里迷失道路：

拉斯蒂涅（欧也妮·路易），拉斯蒂涅男爵和男爵夫人的长子，一七九九年在沙朗特的拉斯蒂涅省出生，……拉斯蒂涅虽然出身世家旧族，在一八三○年后，却答应在德·玛赛内阁里当一个次长（参见《政治生活场景》等）。[36]151-52

达文在《十九世纪风俗研究》导言中把巴尔扎克称为历史家：

当一个作家下决心来组织来体现整个一个时代，当他自称是十九世纪风俗、习惯和道德的历史家，而读者也给予他这个称号之时，不管那些假装正经的人说什么，他也不可能在美与丑、美德与不道德之间作任何选择；他不能把麦麸皮与麦粒分开；他不能把温柔多情的女子与刚直有美德的女子分开。……他……必须说出实情，揭露他所看到的一切。为了要批评得公正，我们非得等到他的作品完成时再说，不管结果会怎么样，较大或较小的荣誉都要归于他的原型……如果一切都是真实的，就不能说作品是不道德的。……作者自己经常鼓吹的一部作品《上流社会》，它是一部真实的历史，是《欧也妮·葛朗台》的姊妹篇。那里的背景是外省。……巴尔扎克经过最深刻研究的作品之一便是《巴尔塔萨·克莱依一家》或《绝对的探求》；与《路易·朗贝》、《乡村医生》和《赛拉菲达（塔）》一样，它要求作者在小说家一般必须付出的劳动以外，还须进行大量的研究。……那位崇高的佛拉曼德优越于一切古代与现代的炼金术者，正如我们时代的生物学者比中世纪的要高明一样。……（诗人要达到完美地步，必须成为万物的智慧中心；他应该集中人类全部知识的光辉的综合）……他富有旺盛的、坚强的意志，那就是获得成功的首要条件。……如果说分析的能力是属于有学问的人的，那么就应该说直觉是属于诗人的。……艺术家的使命就是创造伟大的典型，并将完美的人物提到理想的高度。《绝对的探求》在回击关于作者不道德的责难方面，一点也不亚于其他作品。……巴尔扎克在任何一部作品里也不象（像）在这部作品里那样大胆而完整。《幽会》（即《三十岁的女人》）的主题除了他以外是没有人可以处理的。在这里，他在最大限度上是诗人。……这里显示了思想与感情的作用，……《隐秘的痛苦》是一部绝望的书。从来还没有过作家敢于把解剖刀插进母亲的感情中。……三十岁的女人，……毁灭于对幸福的渴望，毁灭于自私自利又不知道怎样去判断世界。这正是作品中光辉的一点。……巴尔扎克创作上的这个过渡是一首印上了可怕的忧郁的诗。……凡是向作者要求道德的人可以读读'私生活场景'中这新出版的第四卷，……[11]220-23

在《夏娃的女儿》和《玛西米拉·道（多）尼》初版序言中巴尔扎克阐明了除了文学家之外，他还要做历史家：

……作者一面描写人物，一面也要描写这个国家，给外国人讲述法国最美丽的胜地和主要的城市，考察十九世纪新旧建筑物的情况，解释在五十年间家具、住宅出现一个特殊面貌的三种不同的制度。由于作者的苦心，人们在一八五〇年也许能知道第一帝国时代的巴黎是什么样的。考古学家可以从他知道圣·约翰关卡的位置和现在完全毁坏了的附近市区的情况。……他（巴尔扎克）认为法国的光荣之一是它现在用它的笔杆震撼着欧洲，就象（像）它在过去曾用它的利剑震撼过欧洲一样。……作者需要做的事情主要是用分析求得综合，刻画和搜集我们生活的各种成分，提出一些主题并且对它们全体加以论证，总之，勾勒一个时代的主要人物以绘画这个时代的广阔面貌。（百科全书式的作品其实是个大杂烩。）他慢慢地得到，但是还是得到了有专长的人的赞许，他们每个人在阅读这个或那个作品的时候都觉得对他们的学问有所增益。有很长时间作者以为他从事艺术和科学是枉费心机，只图自己舒心适意；但是当他知道凡是认真的工作迟早必有所获的时候，他便认识到他想错了。有时一个伟大和著名的医生会对他说，他写他的人物时在医学生理上的精细使他不能忘怀，……有时一个科学家承认这是一篇对于最重大的问题的认真的研究。……有多少慢慢观察得来的知识埋藏在一些形容词下面，这些形容词表面上象（像）是无关痛痒，其实是用来在一千人中使一个人拍案叫绝的。……其中一句话可能要花一个夜晚的功夫，要读几卷书，也许还提出一些重要的科学问题。[36]153-55

巴尔扎克进行了深入思考："……还是人类象（像）别的生物一样，从他们长大的环境取得一点什么东西，并且把他们从那里得到的品质保存许多世纪呢？……本能是一些活的现实，它们的起因就在那些外力使人非做不可的事情里面……要经过几个系代过去，才改变得了那些后天和遗传的本能。"[36]155

1839年4月，巴尔扎克在《外省大人物在巴黎》初版序中说明小说结构上参考戏剧："……在构成《风俗研究》的各类场景中，《幻灭》也许要算最宏伟的了。……小说的第三部将取名为《发明家的苦难》。……在小说的结尾，所有的主要人物将完全象（像）古典主义传统戏剧那样再一次全部集合在一起，为了使其与三部曲的总书名相印证，所有主要人物的那许许多多幻想都会遭到破灭。"[40]160作者也阐明了自己写作这部作品的良好意愿："作者还不得不放过很多细节，舍弃一些人物，否则，这个作品就会超出许可的范围，……要是这本书哪怕能阻挡一个住在外省偏僻地方，生活在和睦家庭环境里的青年诗人跑到京城里去，增加巴黎天堂里的晦气星的数目，就算天从人愿了……倘若能够做到这一点，这本书就算做了一件好事。……在外省，有点才具的人同这种单调的生活总是不相容的。……深渊总是具有诱惑人的力量。但是，这个作品至少可以叫人懂得，要得到高尚和纯洁的名声，坚强和正直可能比才能还更为必要。"[40]165-66

达文在《哲学研究》导言中谈到了巴尔扎克创作的规模："……巴尔扎克先生这些作品的产生以及这些作品以意想不到的发展而丰富起来，以大规模的积累而愈加庞大的方式，都是一种奇异的、值得研究的现象。可以肯定说，文学史很少有这种根据一宗思想而逐渐扩大创作的先例。"[4]181巴尔扎克是跟着感觉走的："……因为害怕写得孱弱无力，他象（像）工匠琢凿大块花岗石那样，根本不照墨线，凿到哪里是哪里。循规蹈矩的工作，会窒息他的灵感，毁了他的神思。因此，他作品里常有主题变换之事，……这是情势所近迫，不得不然。"[4]182达文也谈到了真实与思想的关系："巴尔扎克与众不同的特点之一，便是他首先把近代小说引向真实、引向描绘真正的不幸，而其他的小说家却只写一些离奇古怪、不合常情的东西，这些东西一般来说当然是动人的，但是一点也不使人感动，并且很少有耐人回味的东西。总之一句话，当大家都只在想象上用心的时候，他却在思想上下功夫。……巴尔扎克先生当是一位将来也站得住脚的社会史家。……他从我们时代的贵族、资产阶级和平民的那些苍白模糊的面貌上，选择那些一瞬即逝的表情、细致微妙的变化以及为一般人很难看出来的细腻之处；他研究他们的习性、分析他们的动作、探索他们的眼光以及有时什么都不说明、有时又什么也都说明的声调的变化和面部表情的转换；于是，他的肖像画廊便丰富地展示出来，取之不尽，应有尽有；而占主导地位的，往往是那些富有表情的妇女形象"[4]188。

1836年10月，巴尔扎克在给韩斯卡夫人的信中提到了自己对作品的修改："最苦的事是修改。我费在《该死的儿子》第一卷上的工夫，比我写好几本书还要多；我打算把这一部分提到和《珍珠碎了》一样好。写成一种忧郁的小诗似的作品，无懈可击，我费了将近十二夜晚。我现在给您写信，面前就堆着十月份要出版的四部作品的校样；必须完成。"[2]360巴尔扎克是在负重前行："既然读者漠不关心，那我就只好大显身手；而且必须在借据的威逼、事务的焦灼、金钱最感拮据和密不透风的寂寞与毫无安慰之中，大显身手。"[2]361巴尔扎克在《幻灭》初版序中也提到了作品要反复修改："……过去出版的作品中多数须要修改，而且其中有些还得全部修改，不仅在文风上而且连故事情节都要修改。"[35]124

1836年10月，巴尔扎克在给韩斯卡夫人的信中提到了读物对人的影响："见您在读些神秘主义的作品，我觉得难过；相信我的话，这种读物对您这样的心灵，很有危害，简直是毒药，是麻醉剂，这些书起坏作用；正如放荡会使人精神错乱一样，道德也会使人精神错乱。……这些读物对您是有害的。……别再读这一类东西，我恳求您了；我是过来人，我有经验的。"[2]361

1832年6月，巴尔扎克在给卡罗夫人的信中提到了自己的政治抱负："说到政治，您放心好了，我的根据只是高尚、严肃的正直观点，……我只本着我的信念来写作、行动。我的政治计划和政治生活，不可能一时为人欣赏的。只有我参加政府工作以后，再批判我也还不迟；我什么也不畏惧；我珍惜少数几个人的重视，远过于形形色色的群众的的重视。我对群众根本就瞧不起。……有些事必须顺着心做，一种不可抗拒的力量就引导着我走向荣誉和权势。这不是一种幸福生活。我崇拜女人，而且有一种从来没有完全满足过的爱情需要；从来没有得到过我梦想的女人的爱与了解，……所以失望之余，我就投入到政治热情的狂澜和有关文学荣誉的变化莫测的干燥氛围之中。"[2]348-49巴尔扎克这样做的理由是："也许，我两方面都会失意；……反正要苦自挣扎，那么，一样受罪，与其在卑下的地方受罪，不如在高贵的地方受罪：我宁愿被刀砍，也不愿挨针扎。"[2]349

1831年10月，巴尔扎克在给德·卡斯特里公爵夫人的信中谈到了妇女主题："夫人，《婚姻生理学》，是一本以保卫妇女为目的的书；我明白，如果我为了传播有利于妇女解放和教育机会均等的见解，采取庸俗的作法，开门见山，宣布我的计划，顶多我也就是一个相当可敬的理论的聪明创始人而已；所以，我就必须把我的见解用尖酸、辛辣的新形式包扎起来，干脆说成神秘化了也可以，唤起人们的注意，成为反复思考的资料。所以对于一个经过人生风俗的妇女来说，我这本书的意义，就在于把妇女所犯的一切错误，全部归在丈夫身上。一言以蔽之，等于一次大赦。此外，我还为妇女要求终身使用的自然权利。夫妇结合之前，如果彼此对于品行、习惯、性格没有透彻了解，婚姻便无幸福可言：我坚持这个原则，决不让步。凡是熟识我的人，都知道我自懂事以来，一直忠实于这个观念。在我看来，一个犯错误的少女，正由于无知这个事实，要比一个顺受未来祸害的无知少女，更惹人怜爱。所以，目前我做独身汉，如果以后结婚的话，我要娶就娶一个寡妇。" [2]345-46

参考文献：

[1]苏成全编选. 巴尔扎克研究专题资料[M]. 盛澄华，译. 西安：陕西师范大学学报编辑室，1980.

[2]巴尔扎克书信集[A]//王秋荣编. 巴尔扎克论文学[M]. 成钰亭，译. 北京：中国社会科学出版社，1986.

[3]巴尔扎克. 外省的诗神[M]//《人间喜剧》第8卷. 袁树仁，译. 北京：人民文学出版社，1997.

[4]费利克斯·达文.《哲理研究》导言[A]//王秋荣编. 巴尔扎克论文学[M]. 柳鸣九，译. 北京：中国社会科学出版社，1986.

[5]巴尔扎克. 小市民[M]//《人间喜剧》第15卷. 何友齐，译. 北京：人民文学出版社，1997.

[6]丽列叶娃. 巴尔扎克年谱[M]. 王梁之，译. 北京：作家出版社，1962.

[7]巴尔扎克. 与《星期报》编辑意保利特·卡斯狄叶的对话[A]//《巴尔扎克全集》第30卷[M]. 蔡鸿滨，译. 北京：人民文学出版社，1998.

[8]巴尔扎克. 不自知的喜剧演员[M]//《人间喜剧》第19卷[M]. 李玉民，译. 北京：人民文学出版社，1997.

[9]巴尔扎克.《驴皮记》初版序言[A]//王秋荣编. 巴尔扎克论文学[M]. 方苑，译. 北京：中国社会科学出版社，1986.

[10]巴尔扎克. 法西诺·卡讷[M]//《人间喜剧》第11卷[M]. 沈怀洁，译. 北京：人民文学出版社，1997.

[11]费利克斯·达文.《十九世纪风俗研究》导言[A]//王秋荣编. 巴尔扎克论文学[M]. 刘若端、聿枚，译. 北京：中国社会科学出版社，1986.

[12]巴尔扎克.《驴皮记》初版序言[A]//苏成全编选. 巴尔扎克研究专题资料[M]. 方苑，译. 西安：陕西师范大学学报编辑室，1980.

[13]巴尔扎克. 关于小说创作与历史事实[A]//苏成全编选. 巴尔扎克研究专题资料[M]. 李健吾，译. 西安：陕西师范大学学报编辑室，1980.

[14]巴尔扎克. 论历史小说的创作[A]//苏成全编选. 巴尔扎克研究专题资料. 李健吾，译. 西安：陕西师范大学学报编辑室，1980.

[15]巴尔扎克.《大卫·赛夏（发明家的苦难）》——《幻灭》第三部初版序[A]//王秋荣编. 巴尔扎克论文学. 程代熙，译. 北京：中国社会科学出版社，1986.

[16]巴尔扎克.《高老头》再版序[A]//王秋荣编. 巴尔扎克论文学. 程代熙，译. 北京：中国社会科学出版社，1986.

[17]巴尔扎克.《公务员》序[A]//王秋荣编. 巴尔扎克论文学. 蔡烨，译. 北京：中国社会科学出版社，1986.

[18]巴尔扎克.《人间喜剧》前言[A]//苏成全编选. 巴尔扎克研究专题资料. 陈占元，译. 西安：陕西师范大学学报编辑室，1980.

[19]巴尔扎克. 致《星期报》编辑意保利特·卡斯狄叶先生[A]//苏成全编选. 巴尔扎克研究专题资料. 沈宝基，译. 西安：陕西师范大学学报编辑室，1980.

[20]艾珉. 巴尔扎克传[M]. 北京：华文出版社，2017.

[21]巴尔扎克. 论文学、戏剧、艺术的信[A]//苏成全编选. 巴尔扎克研究专题资料. 马柯，译. 西安：陕西师范大学学报编辑室，1980.

[22]程代熙. 伟大的现实主义大师巴尔扎克[A]//王秋荣编. 巴尔扎克论文学. 北京：中国社会科学出版社，1986.

[23]巴尔扎克.《外省大人物在巴黎》初版序[A]//苏成全编选. 巴尔扎克研究专题资料. 马柯，译. 西安：陕西师范大学学报编辑室，1980.

[24]郑克鲁.《关于文学、戏剧和艺术的通信：给E伯爵夫人》译后记[A]//王秋荣编. 巴尔扎克论文学. 程代熙，译. 北京：中国社会科学出版社，1986.

[25]巴尔扎克.《古物陈列室》《钢巴拉》初版序言[A]//王秋荣编. 巴尔扎克论文学. 程代熙，译. 北京：中国社会科学出版社，1986.

[26]李清安. 巴尔扎克[M]. 北京：北京师范大学出版社，1983.

[27]巴尔扎克.《欧也妮·葛朗台》初版跋[A]//王秋荣编. 巴尔扎克论文学. 程

代熙，译. 北京：中国社会科学出版社，1986.

[28]巴尔扎克. 《一桩无头公案》初版序言[A]//王秋荣编. 巴尔扎克论文学. 程
代熙，译. 北京：中国社会科学出版社，1986.

[29]王路. 巴尔扎克传：未完成的雕像[M]. 石家庄：河北人民出版社，1999.

[30]陈占元. 《人间喜剧》前言译后记[A]//王秋荣编. 巴尔扎克论文学[M]. 程代
熙，译. 北京：中国社会科学出版社，1986.

[31]李健吾. 《拜耳先生研究》译后记[A]//王秋荣编. 巴尔扎克论文学[M]. 程代
熙，译. 北京：中国社会科学出版社，1986.

[32]巴尔扎克. 《长寿药水》致读者[A]//王秋荣编. 巴尔扎克论文学[M]. 郑克
鲁，译. 北京：中国社会科学出版社，1986.

[33]巴尔扎克. 《欧也妮·葛朗台》初版序[A]//王秋荣编. 巴尔扎克论文学[M].
郑克鲁，译. 北京：中国社会科学出版社，1986.

[34]巴尔扎克. 《高老头》第三版序[A]//王秋荣编. 巴尔扎克论文学[M]. 程代
熙，译. 北京：中国社会科学出版社，1986.

[35]巴尔扎克. 《幻灭》初版序[A]//王秋荣编. 巴尔扎克论文学[M]. 蔡烨，译.
北京：中国社会科学出版社，1986.

[36]巴尔扎克. 《夏娃的女儿》和《玛西米拉·道（多）尼》初版序言[A]//王
秋荣编. 巴尔扎克论文学. 陈占元，译. 北京：中国社会科学出版社，1986.

[37]费利克斯·达文. 《十九世纪风俗研究》导言[A]//《人间喜剧》第24卷[M].
袁树仁，译. 北京：人民文学出版社，1997.

[38]巴尔扎克. 《十三人党的故事》序[A]//王秋荣编. 巴尔扎克论文学[M]. 郑克
鲁，译. 北京：中国社会科学出版社，1986.

[39]巴尔扎克. 贝阿特丽克丝[M]//《人间喜剧》第4卷. 张裕禾，译. 北京：人民
文学出版社，1997.

[40]巴尔扎克. 《外省大人物在巴黎》初版序[A]//王秋荣编. 巴尔扎克论文学
[M].程代熙，译. 北京：中国社会科学出版社，1986.

第二节　巴尔扎克的社会思想

巴尔扎克的社会思想有进步的地方，也有落后之处，他所有的矛盾都通过思想获得了呈现。

1934年12月6日，巴尔扎克通过达文在《哲学研究》导言中说到了思想的

毒害：

> ……在我们看来，巴尔扎克先生明显地把思想视为使得人紊乱、因而也是使得社会解体的一种最厉害的因素。……他相信，思想凭借一时的激动情绪而会增强力量，对人必然会变成一种毒药、一把匕首，……根据卢梭的名言，就是："思想着的人是一种堕落的动物。"菲拉莱特·沙斯勒这样说过："毫无疑问，再没有比这更具有悲剧性的了。人日益趋向文明，便是日益接近自我毁灭。……美妙的德廉美修道院，什么也不干，就是这个修道院的规矩，……" [1]191-92

> ……他（巴尔扎克）作品的伟大，正是由于这一思想。……俗语这样说："剑鞘总被剑锋磨破"。而巴尔扎克先生，他便把这表现在《路易·朗贝（尔）》中！……贝纳西（《乡村医生》中的主人公）说："可见，致人死命的不是手枪，而是思想。" [1]192-93

思想具有两面性——积极和消极，达文这里重点强调了思想的负面作用。德廉美修道院的院规应该是"做你想做的事"。

达文又说："在写到人类社会之前，巴尔扎克首先致力于解剖人，可以说这便是作品的统一性之所在。" [1]194 "解剖人"的过程，使巴尔扎克得出了正确或错误的结论，我们要仔细甄别。

达文的话中带有巴尔扎克自我狡辩的意味："……事实上，没有一个作家比他更成功地为每一个社会阶层塑造出了自己的人物形象。如果说他把富翁们的世界写走了样，看来他是高兴这样做的，以便去抚慰苦难的世界；……将来他的作品总会得到公正的评价的。如果说华特·司各特是为华衮锦衣说话，那末巴尔扎克先生则是使我们去同情勇敢忍受的不幸和司空见惯的忧伤。一旦针对了有钱人，他的文笔和嘲讽就辛辣、尖锐起来；对于穷人和受苦者，他的调色板上只有柔和的色彩。……难道不是'思想杀害了思想家吗？'这便是巴尔扎克先生一步紧接一步加以表现的、真实得近乎残酷的事实，曼弗雷特（德）是这事实在诗歌中的表现，正象（像）浮士德是它在戏剧中的表现一样。" [1]196-98事实上，巴尔扎克从骨子里是瞧不起穷人的，他所谓的"苦难的世界"只是他所关心的一些贵族女性。

达文又说："……巴尔扎克决不会遗忘任何一种人类感情、任何一种观念，人类的一切心灵都要通过他那可怕的坩埚，正象（像）整个社会都要通过他的笔下。……《魔鬼的喜剧》（《魔宫喜剧》），表面上看来滑稽突梯，但

却是对政府的一则辛辣的批判，它所写的是一种政治骚扰……"[1]198巴尔扎克
讽刺的是资产阶级政府，他一直坚持法国应该实行贵族统治。

一、蔑视群众，反对革命，反对平等

1844年，巴尔扎克在《农民》献词中提到了作品与时代的关系，同时也
表达了自己反民主，反人民的思想："卢梭在《新爱罗绮斯》开头写道：'我
看见了我的时代的风尚，我发表了这些书信。'我可不可以学这个伟大作家，
对您说：'我研究我的时代的进程，我发表这部作品'呢？"[2]178在《农民》
中，巴尔扎克同情贵族，揭露资产阶级，对农民则是一副憎恨的态度。他在献
词中写道："……许多文人追求新颖题材，把广大阶层的人忽略了，这篇研究
的目的就是要将这个阶层的主要人物刻画出来。……过去对王朝歌功颂德的人
而今转而歌颂人民，……人们将罪犯写成诗歌，对刽子手表示怜悯，把无产者
几乎奉为神明！……各种宗教兴风作浪，……许多盲目的作家被民主思想弄得
头晕眼花，在这种情况之下，我们不是迫切需要将农民描写出来吗？……有朝
一日，这种从大革命产生出来的不合群的元素（即农民），会把资产阶级消灭
掉，和过去资产阶级把贵族吞食掉一样。……法国人没有记起，拿破仑甘冒失
败的危险，也不肯把群众武装起来。"[2]178-79这些话，对了解巴尔扎克的社会
思想至关重要。

巴尔扎克在《谈〈农民〉的创作》中说："在一个'人民'承袭了历朝
佞臣的习气的时代，……这些厄罗斯特拉脱没有一个有勇气深入农村，把我们
今日依然称为弱者的人如何长期阴谋推翻那些自以为强者的人，就是说，把农
民如何反抗财主，作一番研究……这些农民使所有权终于成为一种又存在又不
存在的东西，使整部民法变成一张废纸。……这些不知道疲倦的破坏者，这些
穿墙钻穴的人……"[3]98-99巴尔扎克是把农民当作完全的破坏者来塑造的。

1832年6月1日，巴尔扎克致信卡罗夫人时表达了自己是蔑视群众的：
"我珍惜少数几个人的重视，远过于形形色色的群众的重视。我对群众根本就
瞧不起。"[4]115

巴尔扎克在《古物陈列室》《钢巴拉》初版序言中说到青年普遍向往首
都，同时表达了自己反对革命精神："在外省人中，存在着三种类型的优秀人
物，他们无时无刻不想离开自己的家乡跑到巴黎去。……巴黎自古以来就吸引
着贵族、工业和才学之士。因此，它网罗了王国各地的英才，……这样一来，
京城就取代了整个法国。……《古物陈列室》就是专门描写由于这种普遍的疯

狂心理而造成的种种不幸场景之一。法国之所以动辄就发生改朝换代的事情，以及她愈来愈浸透着不利于她的繁荣的革命精神的主要原因之一，恰恰也就在这里。"因为，"……所有这班沽名钓誉之徒都极力想染指政权，且彼此预先就把它加以瓜分，因此就给政权造成不可补救的损失。所有他们这些人根本不是在进行创造，而完全是在破坏。"[5]139-40

1849年4月30日，巴尔扎克在给妹妹洛尔·絮尔维勒夫人的信中表达了自己保守的社会思想："……二月革命造成的种种灾祸，还没有结束。这次以拉马丁为首的群众性民主暴动，给法国带来了大难，人人受害！"[6]370

巴尔扎克在《论劳动的信》（本文写于1848年春，当时并未发表。直至1906年9月1日才在《两世界杂志》上首次发表。）中说："在目前情况下，对于共和派的种种空想，难道能够不加任何思考吗？沉默可能意味着灾难，就我自己来说，我要打破这种沉默。"由于一直崇拜君主专制政体，巴尔扎克是坚持反对共和政体的，甚至是为反对而反对。"……有一家组成临时政府的报纸（指《国民报》），突然抄袭些恫吓的词句，宣称如果有人主张另外一种政府形式而不赞成共和国，他就是祖国的叛徒。这家报纸就是这样给我们以自由，让我们做它喜欢的事。君主的朕意已成过去，如今又有了恐怖主义者的朕意。看来这篇文章实在为时过早。现在提出的种种要求，六个月之后，就将难以为继了。"面对共和临时政府的统治，人们开始出现了犹疑。"现在的临时政府比过去的路易-菲力浦更不懂得什么叫沉默。许多人被他们的成功吓倒，又主张实行摄政了。……有人曾谈到亨利五世。但是，波旁家族的这位领袖拒绝在法国执政，……他不愿意。"[7]706-07

巴尔扎克简直被国王的概念鬼迷心窍了："人们不再立什么国王了，而要植树造林。"[7]707本页注2标明："……此处巴尔扎克利用rois（国王）和bois（树木）的谐音，讽刺国家工场的做法。"

巴尔扎克坚决反对左派激进政权："如果左派取得多数地位，我不愿预测他们内部将出现的不和，那肯定是很激烈的；……法兰西不会垮台，法兰西各民族也不会消亡，但是她将处于无政府状态，或是在很长时期处于激进政权统治之下。"[7]708

巴尔扎克对"劳动者"的概念提出质疑："……劳动者这个词只有一种解释，就是工人。这样就像施用魔法似地，把诸如智力劳动、指挥运筹、发明创造、行旅往来、学术活动等等其他所有的劳动都抹杀了。"[7]708

巴尔扎克反对缩短工时而增加工资的做法："顷刻之间，所有的工资都翻了一番，由于劳动时间缩短，劳动日增值，必然造成产量下降，产品价格提高。"他分析道："……由于政治局势分明险恶，使顾客大大减少了。"他也进行预测："……生产厂家肯定要破产。"他的话有点危言耸听："有人闭口不谈这些后果，我们要说正是这种无法估计的力量导致社会的解体，也就是人们所说的社会问题。"巴尔扎克认为取消特权必然会产生恶果："有人不希望再有特权，不论是哪一种、哪一类的特权全都不要；那么就得取消海关，因为海关就是为受保护的工业制造特权的。……这种措施可能给它以致命打击，因为你自己的产品涨了价，外国工业就会使它们的廉价商品大量涌入法国。"[7]708-09

巴尔扎克是反对七月王朝的，他认为七月王朝是牺牲了根本的东西而获得非常的利益的："路易-菲力浦在十七年中，对外一贯忽略、牺牲法国的道义和政治利益，以促进法国的贸易和繁荣，从而使物质上的兴旺发达达到空前未有的程度。国内贸易和对外贸易总和超过二十亿法郎。"巴尔扎克对资产阶级一直是持否定态度的。"一八四○年九月我曾写道，依靠利益，就是毫无依靠；贸易，脑满肠肥的资产阶级，是一切力量中最具有欺骗性的。"其结果就是："用诺曼底马贩子的手腕，可以一帆风顺，但是在法国这样的国家里，却维持不了二十年，到第十八个年头便垮台了。"[7]709-10

巴尔扎克认为自己在目前的政府里还是有机会的："……不能像那位部长公民要求的那样，把既没受过教育，也没有知识的人派到议会去，而要把国内各方面的杰出人物送到那里去，因为这样我们才能有更多的机会看到议会里有伟大的政治家，尤其应当派去有勇气的人，他们能够坚决有力地去对付那些造成混乱的意见！"[7]710巴尔扎克这是在暗指他自己。

巴尔扎克有些看法还是很有远见的，这是出于他敏锐的本能："……如果对某个人说：'你每天只劳动若干小时'，这就等于把时间缩减，就是损害人类的财富。取消计件劳动更为糟糕，因为我认为这就等于推翻了'按劳付酬'这一基督教的伟大社会原则。这两项建议本身就是对个人自由、对私有财产和公共财富的侵犯。这实际上是打着一种似是而非的理论旗号的专横，实施起来也是错误的。这是用团队训练代替自觉自愿的生产。我对工人们感到失望，我看出这种错误只是出于一个经济学派的善意和想把事情办好的愿望虽然无可怀疑，但是，我们不妨审视一下这种名曰劳动组织的理论所产生的后果，到目前为止，我们看到的只有混乱而已。"[7]710-11我们看到，后来的社会实践证实了巴尔扎克的这些观点。

巴尔扎克下面的说法也是正确的："在各行各业里都有优秀工人、一般工人和差劲的工人，……"[7]711而荒谬的是，"……优秀工人能做、而且愿意做各种包工计件活，你们不让他们做！……一个十八岁的年轻人一天劳动十小时挣一百个苏，四十岁的工人也挣一百个苏，没有经验的和有经验的，至少要养活三口人的，和可能只有身上穿的工作服，少许房租，除了个人需要之外别无其他负担的单身汉，都是挣一百个苏。"[7]712-713这就是后来社会的极端平均主义。"……靠拉平工资和限定劳动时间来管理劳动，首先就是毁灭社会，挖社会的墙角；另外，这本质上也是对生产的破坏，因为你们迫使优秀的工人只像一般的工人那样劳动。如果他不能得到更多的收入，为什么他要干得更好些呢？"[7]713后来在社会实践中，用一些虚假的荣誉称号来唤起人们的劳动积极性，人毕竟是天生爱荣誉的。巴氏的观点具有最本质的预见性。

巴尔扎克当时已经看到了劳力过剩的问题。"在美洲，一个工人每天的劳动值二十法郎，在俄国值十五法郎，而在巴黎和伦敦，根据他的劳动强度，才值五法郎或十法郎。这是因为巴黎和伦敦劳力过多，……"[7]713而对于雇主与工人的关系，巴尔扎克说道："改变雇主和工人之间和睦相处的方式，就等于搞垮本国的贸易，而贸易为了自身的利益，会解决生产中出现的问题。"[7]714

绝对的平等就意味着最大程度的不平等。"想要利用劳动时间和工资的平等，使个人生产达到平等，等于想要实现人人的胃口、身量、头脑一律平等的幻想，也就是要使人的能力平等，这是违反自然规律的。实际上，在为这封信排版的工人中，有的人一个工作日里拣一万四千个字母，有的人拣一万字母，还有的人拣七千！十岁的孩子只能拣两千！如果按日工资付给他们工钱，那就会使书的价格上涨一倍。这就是你们要使法国的生产出现的面貌。"[7]714

商业有自己的运行规律，巴尔扎克认为国家不该过多地干预。"……国家干预商业事务，不论是现在还是未来，都要上当受骗的；……国家是以保护者的面目出现的。今天，国家像医生一样匆匆赶来。而它却正在扼杀病人。……一切商业的本质和基础，就是自由。……管理劳动，就更不足为训了，这是荒谬的专横。生活就是斗争，不论是个人生活、社会生活、商业生活、工业生活、农业生活或是各民族之间的生活，都是如此。……一个人在这场斗争中是得胜还是失败，是贫还是富，是被人遗忘还是赫赫有名，是走运还是倒霉，都是根据自己的能力或幸运决定的。……整整一个民族的劳动是不可分的！他将按照自己的份额，根据自己的力量，得到报酬。……借口雇主压迫工人，便用铅封封住自发的努力精神。……一个国家，如果优秀和聪明的工人按自己所想、尽自己所能地从事劳动，却不能使一家人得到温饱，那么这个国家就不是井然有序的国家。但是，这个错误并不在于雇主，这是国家的罪过。" [7]714-16

巴尔扎克这样的看法也很有见地："历届政府都做错了。……要整顿，并不是靠什么革命措施，而是要用经过缜密研究的、合乎逻辑的、合情合理的制度，控制住消费，而不是控制生产。" [7]716

巴尔扎克这样谈论里昂起义的后果："在这里我要指出，自从里昂发生那场灾难以来，在法国，工人和无产者已不像在其他地方那样令人怜悯了。……巴黎多数行业的工人都有互助基金，有了基金他们便可以举行罢工，要挟雇主、控制投机。" [7]716

问题岌岌可危。"今天，劳动组织的问题，由于它拆散了商业机器，从而使工人处于危难之中。" [7]716

一直对英国有着很深偏见的巴尔扎克难得地认为英国某些方面还是比法国做得好的："国家不要去操心管理劳动，组织劳动，而要像英国那样促进销售，为本国产品寻求和开拓销路。这才是保护工人和商业的唯一办法。在这方面英国一直做得非常出色。" [7]717

巴尔扎克的有些见解还是非常正确的："资本是商业的生命，也是商业的血液，关于人们向资本展开的严酷斗争，还需要在另函中阐述，届时我将提出证明，资本是过去的劳动，它反过来又向现在的劳动投资，给资本制造麻烦，不论以什么方式触及繁荣，都是阻碍未来的劳动；另外，我们还将研究捐税问题，捐税也要彻底整顿。" [7]719 这些观点自有其深刻之处，那么高度地评价过巴尔扎克的创作的马克思可惜未能看到巴尔扎克这篇文章。

巴尔扎克在《社会问题入门》（本文写于1840—1848年间，仅仅是一些分散、零乱的手稿，由比利时的洛旺儒子爵收集、保存。直至1933年，经根特高等学校教授贝尔纳·居荣先生加以整理、注释，才在比利时首次出版。）中这样论政权："……政权只可能有两种存在方式：或是贵族政体，或是民主政治。"巴尔扎克一直在探讨整个宇宙的规律，他认识道："宇宙间并无绝对的权力。"任何事物都会受到其它事物的制约，所以，"纯粹的权利（力）是不会产生任何结果的。"社会与自然具有同源性，"政治上和自然界有一种相同的现象：两种力量的斗争产生生命"。至于生命的性质，巴尔扎克说："生命是中性的：它是两种势均力敌的力量相反相成的结果。"而"死亡是一种原则对另一种原则的胜利。"政权具有存在的必要性，"……政权乃任何社会组织之所必须。政权分为两个互相区别的方面：它应当有所意愿而且能够贯彻其意愿，它就是意志和行动。"[8]720-721这部分内容几乎是逐字逐句从教权主义者波纳尔的《随想录》里搬来的。应该属于巴尔扎克的读书笔记。

说出下面这样的话需要很大的勇气："以子虚乌有的、不可能实现的平等的名义、以苦难深重的无产者的名义来要求改变国家、改变社会，这等于让冰岛人、堪察加人向居住在气候温和地区的人类的元老、地球的贵族们宣战，……人类就其总体而言不就是自然法则的证明，不就是经常、持久、绝对的不平等法则的证明吗？"[8]722

巴尔扎克认为家庭才应该是社会的基础："从政治上说，人是社会的基础。但假若我们所说的人不是指三口之家：男人、女人、孩子，那么这种说法就不对了。"所以"人是指家庭而言。"[8]723

人到底性本恶还是性本善？其实，人自出生之日起，就兼具善恶的潜质，之后以哪方面的导向为主，完全取决于家庭和社会综合培养的结果。"霍布斯（英国哲学家）说：人性本恶，社会使之向善。"而"J·J.卢梭说：人性本善，社会使之堕落。"[8]723两者都各执一端。

人类奉行的也是自然竞争法则："……大自然对待人类就像它对待动物一样，弱者灭亡，强者生存。"[8]724

人类自始已然："……所谓野蛮状态显然已经大致具备了任何社会的要素：家庭、服从的必要性、危急关头赋予首领特别的权力。"[8]725

人类语言很早就产生了："在刚刚形成或刚刚有人居住的国家或地区，到处都能发现语言或语言的雏形。有时记数方法还没有出现，语言就已经相当发达了。"[8]725

于是，卢梭的理论又有了依据："在对旅行家们搜集的严肃而精确的知识作如上考察之后，结论是：从自然状态中找不出任何反对社会的论据。"[8]726

关于俘虏的话虽然有点血腥，但应该就是野蛮人的逻辑："我们所谓的野蛮习俗是必要的。吃掉俘虏自有其必要性。把俘虏放回去倒是一件荒唐事。野蛮人没有监狱，捆绑奈何不了灵巧的人，用一个人来看守一名俘虏会削弱自己的战斗力，杀掉俘虏是势所必然。而从白白杀掉俘虏到食用俘虏的肉，其间的差距是有与无的差异。"[8]726这样的逻辑貌似有理，但连动物都很少吃同类。

习俗是一种行为习惯。"……从必要到习俗只有一步之差。习俗又产生流弊，这情形和一般的社会一样。"[8]726

这又是关于绝对平等的探讨："人们一直想到自然的法则中寻找社会的法则，而精心观察发现的自然法则完全证明了所有社会法则的合理性。这些法则告诉我们，平等是最可怕的空想。"[8]726

自然赋予了万物以生存的权利。"大自然就这样赋予它的万物以在这层空气中生存的权利，从中获取养料的权利。这正是社会权利的最完整的图解。最广义的社会权利正是精神上、肉体上生存于某一环境，某一范围、某一习俗网中的权利。"[8]726-727而权利又千差万别。"由显而易见的、支配地球万物的自然法则，由大气环境中万物生长的权利，可以得出什么结论？是最触目惊心的不平等，是构成大千世界壮观景象的多样性（多样化的统一）。"[8]727

从某种意义上说，差别并不等于不平等，巴尔扎克这里混淆了概念："任何种类中的所有树木、任何群体里的所有动物，其活力、寿命、形态、高矮、大小都是一样的吗？"由此便得出了错误的结论："这一事实证明了同类生物之间的不平等。"于是荒诞的想象便产生了："倘若我们看到世间万物都只是相等的一个个等份，那么大自然的目的岂不荒谬之至？"[8]727

同理，"……海洋生物也有强有弱，弱者居多，强者极少，骇人听闻的不平等现象。寿命长短不均，生活机会不均，强者之间相互尊重，鲨鱼、海象从不相互攻击，正如狮子和狼也不相互攻击一样。"[8]727

还是用平等代替了差别的概念："……若将杨树种成长达一法里的一排并对它们进行观察，你会发现它们的命运各不相同。"[8]728

由此推及人类："……男女结合繁殖后代的现象，这种现象也造成最骇人听闻的不平等……"[8]728

下面的话是有道理的："不可更改的、永恒的权利，唯一的社会权利，在于权利的普遍性，即每个社会成员都有权根据自己的体力和能力去享受社会上的各种利益。我们全都享有同等的权利在我们所处的社会环境中求发展。"[8]728

巴尔扎克把这种自然竞争称为战争状态："如果说这是一种战争状态的话，那么这是存在于森林、海洋、空气、陆地的芸芸众生之间的一种自然的战争状态。"[8]728

巴尔扎克这样谈到自由意志："……自由意志是大自然赋予的自由。"人类在自然和社会中都要受到制约："既然大自然没有赋予人类一种无限的能力，而是限制他的能力并迫使他在一个不知怜悯为何物的环境中活动，那么社会所应给予其成员的就不应比大自然赋予人类的更多。"那么自由意志是不是绝对的呢？"自由意志的真正含义就是不受约束、做自己想做的事的能力，不受任何精神或物质力量的左右而作（做）出自己的决定的能力。"[8]729这里，巴尔扎克又把问题推向了极端。

巴尔扎克设想出完全独立的个人："……在自然状态下一切都受每个人的气质左右。"[8]729但巴尔扎克也意识到绝对的自由意志是不可能存在的："每个人都有其独特的秉性，换言之，他在自然状态下表现出某种身体与精神间的联系，这种联系使他做出这一类事情而不是那一类事情来。……因此，在这方面并无自由意志可言。"同样，"在头脑中更无自由意志可言。……因为在自然状态下没有一个人是孤立于其他人的。……任何有智慧的生物都只能按照其机体的条件而生存（拉末耐：《纲要》，第6页）。这样，组织是凌驾于作为组织成员的生物之上的。"反复探索的结果，是巴尔扎克最终否定了自由意志的意义："纵观人类的所有行为，从最微不足道的行为到最重大的行为，我们的理性都会从中发现一个决定性的原因，甚至出自本能的行为或思想，亦即没有经过事先判断、没有既定的理由、没有外界影响而发生的行为或思想也是如此，说自由意志是个毫无意义的字眼是完全正确的。"[8]729-30因而，所谓的自由意志并不具有现实意义："自由意志这个词只能表示如下意义：自由地为自己作（做）出决定，不受上帝或国王的左右。"[8]730

巴尔扎克之所以论述自由意志，原因如此："那些企图破坏社会的人，每次想要破坏任何现状，例如破坏宗教，破坏政府，总是有一批巧舌如簧的诡辩家为他们作先导，力图廓清基础，创立起某些根本不存在也不可能存在的原则。他们为了推翻现存的权力（教会与王权）而创造出一些哲学谬说：自由意志、信仰自由、政治自由，这些谬说通过革命而得到体现。"[8]730

若自由意志仅仅局限在一种思想能力，它是没错的："在把自由意志理解为不受约束的思想能力时，自由意志不失为一种正确的观念。它来自一种天赋的权利，连最残酷的暴君也无法消灭这种权利；只有把人杀死才能阻止他按自己的意愿去思想。"但进入到行为领域，"……任何行为，……都不得不受各种关系的制约，所以是有限度的。"[8]731

巴尔扎克在杂稿中说：

"调和自由意志与理性。"

"在绝对必要的情况下根本不会有考虑的余地，那时候自由意志又将如何？"

"如果没有自由意志，有没有命定的必然性呢？是听天由命还是仔细思量？"巴尔扎克感到了矛盾。

"如果我们既不受必然性支配，又不受自由意志支配，那受什么支配呢？支配我们行为的法则是什么？是一种称之为理性的法则，亦即我们与事务之间的关系的法则。"

"人看见、感受、思考，于是产生一种东西名曰思想。"

"这产生于他的思想已经强于他了，部分已经强于整体：思想比人的生命更长、能够征服别人，等等……"[9]741

"决定行为的原因是在我们身外还是在我们身上？答案不是宿命论就是自由论。提出这个两难推理的哲学家们忘了，应当既是前者又是后者。"[9]741-42巴尔扎克实际上是个二元论者。

巴尔扎克在《社会问题入门》中又论述了思维能力来源于社会的规律，"……许多现已发现的种族并无思维能力。"因为他们还没有形成社会。"思想有其法则，这些法则来自社会，因为思想原是语言的果实，而语言又是社会的产物。"[8]732

巴尔扎克又论及了记数法："记数法是对于无限的一种证明，记数法的形成并非一日之功。众所周知，是毕达哥拉斯发现了数与数之间的关系。"[8]732很多原始人已经开始记数，毕达哥拉斯进行了理论上的深化。

巴尔扎克之所以坚持宗教与王权，理由是："进步在某些方面、在一定限度内是可能的，但在宗教和政治方面却没有进步的可能，因为宗教和政治所依据的思想是正确、完善、绝对的。"[8]732-33

巴尔扎克又论及奴隶制："奴隶制简言之便是一个人的劳动成果完全归另一个人所有。大家倘若以为奴隶制已经废除，那就大谬不然。"[8]733巴尔扎克接下来谈到了工业社会的奴隶："在我们眼皮底下就有不称为奴隶的奴隶，他们比称为奴隶的奴隶，比土耳其的奴隶、古代的奴隶、黑奴更为不幸。这三种奴隶还能活命。现代工业却不让它的奴隶们吃饭。古代只杀有罪的奴隶，工厂主却让他无辜的奴隶饿死。古代奴隶主、土耳其人……允许奴隶保留其宗教、道德观念；现代工业则让它的奴隶道德沦丧、人格堕落，而当他们由于饥饿并且缺乏道德观念而不再服从命令，聚集或联合起来的时候，政府就向他们射击或者将他们投入监狱。"[8]733

巴尔扎克如下的认识形同狄更斯的《双城记》："贫困到了一定的比

率，就不仅是政府的耻辱，而且是对它的控诉，宣告它的破产。等穷人多到一定数量，而富人屈指可数时，革命就为期不远了。革命会不会爆发，就看有没有一个领袖、一个事件，而任何事件都会产生自己的领袖，正如任何领袖都会制造事件一样。"[8]733-34

巴尔扎克也意识到了工农矛盾："……政府想维持低廉的面包价格，根本不关心农人的疾苦。这样是长久不了的。贫穷的农民将无法精耕细作，产量将会下降。在此期间，工业却会使人口增长更多。工人会无粮可买，或者，如果农民维持粮食价格居高不下，工人的工资就会不够购买食品之需。"矛盾的结果是："在这种时候我们就将面临不是工人拿起武器斗争就是农业凋敝的困境。"[8]735

巴尔扎克说的如同经济学家："……工资是直接与食品价格相联系的。"而在工农两者之间，巴尔扎克更关心工人："让工人吃得更好更便宜，让他每日的工资节余一部分下来，这是政府应当关心的最慈善的计划，这比取消黑奴买卖意义更大，这是法国的富国之本：法国的强盛完全在于每公斤肉价六十生丁和每公斤面包十五生丁之中。"[8]734-35

巴尔扎克在杂稿中说：

"叛国罪是最大的罪行。造反永远不应该得到赦免。"

"没有绝对的权力，犹如没有绝对的平等。"

"人类本性是相似的，在法律面前是平等的，而在政治上则既不平等也不相似。"

"如果象棋的所有棋子都是平等的，你还能下棋吗？"[9]739

"如果有个家族或者有个人地位高到了无法加以惩治的地步，国王就应当像亨利三世那样越出法律行事（派人谋杀德·吉斯公爵）；既然臣民不再受法律约束，那么国王也可以不受法律约束。谋杀德·吉斯公爵之举即使不合法律，也是正确的；谋杀孔西尼的做法也是正确。"[9]739-40

这里有马基雅维里的味道。

"如果债权人对债务人不采取任何行动，如果禁止放债，全社会都将从中获得好处。"

"证明社会的基本单位不是个人而是家庭。"

"由家庭构成的国家有一个好处，那就是它有巨大的保障。富有的家庭不领薪水为国效劳（公平合理）。"

"如今，想发财致富的人也想参与国家的事务。"[9]740巴尔扎克便是其一。

"看见、感受、思考、产生思想、记忆、归纳、推理、抽象、构想、专业化。"

"科学与力量。"

"动机与行动。"

"本能、情感、打算。"[9]742

这些应该是写作提纲。

"人民当家做主了吗？"

"如果人民是主人，人民是否应当统治，如果应当，他又能否统治？"

"儿童和妇女在语法上讲是人民的一部分，而在政治上讲则不应该算作人民的一部分。"

"当家做主的人民应当在每个重要政治行动上受到咨询。"

"可是这么一来，等到做出决定，这一行动已经不再可行了。"[9]

这就是伯罗奔尼撒内战中雅典战败的原因，阐明这样的思想直接导致了苏格拉底的死亡。

"人们发明了选举。"

"……证明：决策应当来自对所有方面关系的透彻了解，而人民却没有这种了解。"[9]742

"这种关系法则是由事物本身决定的，是事物永恒的结果，这个法则的内容构成一国的最高权力，它高于人民，因而从这个意义上说，人民并不是当家做主者。"

"应当加以考虑的不是票数，而是理由。这样，内阁的280张票可能只代表280条理由。"

"而反对派的100票却可能代表了1000条理由。"

"在这种情况下，理由在少数派这边。"

"目前法国政治的最大错误，就是以为自由是社会目的，其实自由只是一种手段。"

"占有能使人看到事物的真正属性，而占有欲却常常是骗人的；所以反对派的人掌权以后总是改变原来的想法，有些蠢人把这种改变称做叛变。"

"哲学或者政治把人召集起来总是会造成巨大的苦难，而宗教每星期日聚集起人来却是为了造福于人。"

"推举代表并非表达自己的意愿，而是给代表以代理权；所以从来没有一届内阁是代表人民的。"

"人民进入政府，等于是动力想当机器。"[9]743

"法国大革命是以血流成河为代价来进行的一场各种偏见之间的相互交流。"[9]743-44

"权力是手段，众人的幸福是结果。到人民有了权力，他却只要结果不要手段"。

"所有政党、所有体制都可能有自己的三日，然而只有顺应国家需要的政治团体才能长久。"

"能够跻身高位的有两种东西，不是老鹰就是爬行动物。"[9]744

"银子和金子是商品，但是，一旦银子和金子上升为符号，它们就进入了法律的范畴。"

"试图进行操之过急的改革，便是以长时期无法治愈的灾难来取代可以忍受而且已忍受了多年的困苦，以绝望来取代腐败。任何改革都应当缓慢地、有所仿效地进行。"也就是法先王之法。

"在大自然里没有孤立的东西，一切都相互联系，由于所有精神事实之间也和物质事实之间一样存在着相互联系，因而关于某种超自然力量的存在问题就有了明显的证明。"[9]744巴尔扎克这里把复杂问题简单化了。

"……公民集会时势必发生的情况……无产者、农民和穷人将占七比一的数量，与财产最无缘的人会成为与财富最休戚相关的人的主宰。那样的话如果要选举代表，选出来的无疑将是什么也不代表的代表。"[9]745-46

"选举只有在人人平等或是人人同等开明的社会里才有可能实现。"

"无神论与民主之间有一种显而易见、有目共睹的相关性。民主不希望社会有统一的权力，犹如无神论不希望世上有个上帝；民主把权力归于公民，犹如无神论将上帝归于物质的某种效应或物质本身。"

　　"……没有比执行一个由大家通过，或者据认为是大家通过的法案更为可怕的事情了。"

　　"建立于真正的原则之上的社会尽管被革命推翻，也仍然会重新复活；而那些建立在违背自然秩序的基础上的社会却只要一次革命就能永远推翻。"

　　"假如你说既没有自由意志也没有自由，你就陷入前生注定论和宿命论了。"

　　"……教育是抗衡天生倾向的力量。"

　　"来自人民的权力摇摇欲坠，而来自上帝的权力则坚如磐石。权力可以是有争议的或者是无可争议的。这就是历史科学。"[9]746
对待贵族，巴尔扎克是哀其不幸，怒其不争：

　　"对那些惯于在富丽堂皇中生活的人来说，难道果真有什么比拥挤嘈杂、泥泞难行、大呼小叫、臭气冲天、街道狭窄、万头攒动更令人厌恶的么？商业区或手工作坊区的习惯，难道不总是与大人物的习惯相悖么？经商的人和劳动的人就寝时，贵族还刚想进晚餐呢；待他们高声活动的时候，贵族又休息了。这两种人的打算永远碰不到一处：前者算计收入，后者算计支出。因此，风俗习惯截然不同。这一评论毫无轻蔑之意。贵族阶级在某种程度上代表着一个社会的思想，正如资产者和无产者代表着社会的体制和行动一样。"[10]187-88巴尔扎克处在平民的位置，却一直崇拜着贵族的生活模式。我们看到，那善于行动的一方终于取代了空想的一方而成了统治力量。"（实际上下层阶级的野心家们正是用崇高的思想来掩盖他们的真实意图）……民众是通情达理的，只有在居心叵测的人将他们挑动起来的时候，才会将良知抛在一边。……平等大约会成为一种'权利'，而任何人类强权都无法将它变成'事实'。为法国的幸福起见，在全国普及一下这个思想，看来十分有益。……寥寥数语可以引起一场大革命，在这方面，法国是世界上独一无二的国家。……一旦贵族失去了绝对优越的条件，他们就变得软弱无力，民众就会立即将他们推翻，……圣日耳曼区之所以暂时被压倒，就是因为它不肯承认，要存在必须对自己有所约束。"[10]188-90

　　巴尔扎克深有感慨："庄严雄伟的贵族宅邸及高楼大厦，内部处处富丽堂皇，陈设精美华丽，……还未出生便已富有的幸运的主人，自由自在地活动其中，从不受到任何冒犯；惯于从来无需降低身分（份）去计算日常生活细小开支，时间可以自由支配，可以早早地接受高等教育。总之，贵族的传统习惯所赋予他的社会力量，他的对手即使通过学习、再加上坚韧的毅力和志向也很难与之抗衡。……正是这普遍的自私自利，导致了这个特殊阶层的失势。……只有在民众同意给他们这些优势的条件下，只有在他们自己能保持这些条件的情况下，各式贵族才能保住这些优势。……艺术、科学和金钱形成了社会三角，权力的盾形纹章就镶嵌在这个三角之中，现代的贵族也必须从这里产生。一个重要的定理与一个高贵的姓氏具有同等的价值（科学）。罗特希尔德家族（犹太银行家），……事实上是王子（金钱）。一位伟大的艺术家事实上是一个寡头，他代表着整个世纪，而且几乎总是成为法律（艺术，'拿破仑用剑没有征服的事业，我要用笔去完成它。'）。因此，能言善辩，作家的绞尽脑汁，诗人的天才，商人的韧性，将多种光彩夺目的优点集中于一身的政治家的坚强意志，将军的利刃，这些可以单枪匹马征服整个社会并强加于社会的本领，当今的贵族应当集所有这一切之大成，努力攫为己有，正如往昔贵族阶级垄断了物质力量一样。……它完全颠倒了主宰其生存的句子词序。它本来应该将刺激平民的贵族家徽扔掉而悄悄地保留权势，结果却让资产阶级抓住了权势，自己死死抓住贵族家徽不放，而且总是将自身居于数量劣势而不得不服从的必然规律忘在脑后。人数勉强占社会千分之一的贵族阶级，当今也好，往昔也好，都应该大量增加其行动手段，以便在出现重大危机时，能够以同等的力量与民众相抗衡。在当代，行动手段应该是真正的力量，而不是历史的回忆。不幸的是，法国的贵族依然沉醉在已经烟消云散的往日权势之中，死死抱住那种妄自尊大、目空一切的态度。其实用这种态度它很难自卫。……一八三○年其失败的原因即在于此。……也由于对其利害关系完全缺乏全面的看法。他们贪图并无把握的现在，毁掉了确有把握的未来。……这些家族的成员，保持着高雅的风俗习惯：彬彬有礼，衣着华丽，语言优美；贵族的那种假正经和傲慢，与他们的日常生活已浑然一体。本来这些习俗只应该是生活的次要部分，当它成为生活的主要内容时，那就是低级趣味了。……圣日耳曼区，不能象

（像）大人物一样表现出保护者的姿态，却象（像）暴发户一样贪婪。一旦在世界上最聪明的民族面前证明了，复辟的贵族阶级为自己的利益组织了政权和财政，从这一天起，这个阶级偏偏要搞贵族政治。……圣日尔曼区不但没有返老还童，反倒更加老态龙钟。……如果说，对国王的宝座来说，首先是缺少一位顾问，那种与伟大的时代同样伟大的顾问；那么贵族尤其缺少的，是对其自身总体利益的认识。……圣日尔曼区对于并非贵族而担任大臣职务的人嗤之以鼻，自己又生不出可以担任大臣职务的优秀贵族。它本可以真正为国家效力，……它却卖掉自己的土地到交易所去从事投机买卖。" [10]191-97 旁观者清，巴尔扎克这一整体评价是对的。"缺乏远大的目光，许许多多小错误累积成一大堆问题；……外省的贵族往往比宫廷贵族血统更纯，然而由于常常受到触犯，也已渐渐疏远。所有这些原因集合在一起，就产生了圣日耳曼区极不协调一致的风习。在体制上，它并不是铁板一块；在行动上，它前后不一，……它既没有完全抛弃损害它的那些问题，也没有接受可能拯救它的思想。……这时圣日尔曼区的女子并无十分轻佻的举动，也毫无十分庄重的表现。她们的激情，除了几起例外，都是虚假的。可以说她们在纵情享乐。" [10]198-200

在《戈迪萨尔第二》中，巴尔扎克说："这些不过是为了取悦于自罗马社会以来就变得既贪婪而又麻木的人类的器官，感谢最为精致的文明的培育，这器官要求之苛刻，已经变得漫无边际了。这器官，就是巴黎人的眼睛！" [11]420-21 这里我们似乎听到了卢梭的声音，那就是反对自罗马以来的所有的文明或进步。巴尔扎克在作品中介绍了四位推销员，顺便表达了他对共产主义的看法："最后一位的头发则是红褐色的，留一丛扇形胡须，呆板得象（像）共产主义者；他威严、令人肃然起敬，领带系得无懈可击，语言简洁。" [11]424 整部小说对资产者充满了赞扬，对顾客尤其是对最后的英国女人则微含讽刺和否定。

在《初入教门》中，巴尔扎克借阿兰先生之口表达了对共产主义的观点："……我自己也奉派离开修院，去一个'火山口'坐镇。我要去一家大工厂当工头，那里所有的工人都中了共产主义理论的毒，梦想着摧毁社会，杀死主人，殊不知这将意味着工业、商业和工厂的死亡。……他们无疑先是由于贫穷、而后又受坏书毒害而误入歧途的。" [12]412

二、崇拜君主政体

巴尔扎克在杂稿中说："王权不止是一种原则。它是一种必要，人民需要君王甚于君王需要人民。"他又说："君主是国家利益的经常性的化身。"[9]744

巴尔扎克在《人间喜剧》前言中认为宗教是促成社会稳定最重要的因素："基督教，特别是天主教，我在《乡村医生》里说过，既然是压制人类邪恶的一套完整的制度，因此它也是稳定社会秩序的最大的因素。"[13]84-85巴尔扎克又从宗教引出了君主政体："教育，是民族最伟大的生存原则，是一切社会里把恶的数量减少把善的数量增加的唯一的手段。……基督教创造了现代各民族，它将使这些民族生存下去。毫无疑问，这样我们才需要有君主政体的原则。天主教和王权是一对孪生的原则。……我在两种永恒真理的照耀之下写作，那是宗教和君主政体，当代发生的事故都强调二者的必要，凡是有良知的作家都应该把我们的国家引导到这两条大道上去。"[13]85不管有人怎么为巴尔扎克辩护，巴尔扎克还是有着反动的一面："选举如果普及到各个阶层去的话，就会给我们一个由群众统治的政府，这是唯一的不负责任的政府，在这个政府里面，暴力是没有防范的，因为暴力就叫做（作）法律。"[13]86巴尔扎克的这种思想极端且偏颇。他往往以历史家自居："人们同小说家争吵，说他想当什么历史家，……我动手写的著作，它的篇幅将等于一部历史"[13]86。其实，巴尔扎克瞧不起真正的历史家，而自己又企图在文学家之外还成为历史家。

1847年，巴尔扎克在《俄罗斯和旅行者》一文中表达了自己赞成极权的意见："我不是虚伪的人，而且早就对极权表示赞赏，……我更喜欢一人掌权的政府，而不喜欢许多人执政的政府，因为我感到，我永远无法和民众融洽相处，也不能吸引他们；而试图这样做的一些人，最后都感到很糟糕。但是我想，我可以与一个人融洽相处，哪怕他是个最大的独裁者，这也许是无稽之谈。"[14]653这确实是无稽之谈，表面上看这种想法是逆整个世界潮流而动的，越是到今天，问题越清楚，专制政府越来越不是世界发展的潮流，真正的民主政府在世界范围内正在占据着绝对的统治地位，因为这样的政府是经得住论证的。下面的观点才是巴尔扎克的真正想法："我觉得俄国政府更胜一筹，从滑稽可笑的角度来看，它比我们的议会两院更让人感到有消遣娱乐的特点。"[14]654这是反话，着眼点在于"滑稽可笑"。"《喧哗报》、《缉私船报》和我们所有的小报，就北方巨人讲了种种笑话，拿君主专制和鞭刑开玩笑；……这个国家一向是众矢之的，屡遭贬损，受尽挖苦羞辱；但是，它却像一头顽强的熊，始终挺身向前。……拿破仑临终时还把俄国看成是欧洲的一大危害：它不是一股盲目的共和政体的力量，便是一股盲目的蛮族征服力量。这便是这位伟大军事家的遗嘱。我并不想写一部《论俄罗斯》的巨著，而是要用开场白的形式告诉读者们：‘你们要当心！’”[14]654俄罗斯后来的发展不幸被拿破仑言中。

巴尔扎克要想成功娶得韩斯卡夫人，必须获得俄国沙皇的允许，于是巴尔扎克对俄国沙皇的赞扬无以复加：“有人说皇上面貌如何俊秀，还有人写过文章，这都是确实的；在欧洲，也可以说在世界其他地方，没有人能跟他相比。他成竹在胸，却不露声色，因为他像拿破仑一样，能够流露出令人无法抵抗的微笑。如今尼古拉皇帝就像《一千零一夜》里描绘的那样，是唯一的权力的象征。他是穿着军服的哈里发。伊斯坦布尔的皇帝与沙皇比起来，不过是个专区区长而已。……如今只有中国和日本这两个国家的君主和俄国一样。”由于之前一位法国人写的关于俄国的文章，深深地得罪了沙皇，于是巴尔扎克写道：“在俄国的各个城市，在俄罗斯帝国各地区定居的法国商人，都已成为俄国人，他们回到法国，从来不说一点不利于帝国和俄罗斯民族的话。”[14]655巴尔扎克不惜侮辱法国的同胞：“妄自尊大是法国人的性格，因为如果他不妄自尊大，不认为法国之外都是不文明的，那他的性格还有什么用呢？法国人的排他性达到了极点，以致大部分法国人不知道基辅，……最后一个可汗已经有名无实，他就是克里姆若哈伊。”[14]657这是指乌克兰最后的首领拉祖莫夫斯基，被女皇叶卡捷琳娜二世废黜，巴尔扎克在此处误写为克里姆若哈伊。巴尔扎克的赞美很富有天才：“我在游历过天主教的罗马之后，迫切希望看看希腊正教的罗马。彼得堡还是个处在摇篮时期的城市，莫斯科也不过刚刚成年，而基辅却是北方的永恒之城。我不否认，当时我的愿望也包含着好奇，但真正严肃的动机却出于长达十五年的友情。……艺术家大家庭里最近去旅行的有李斯特、柏辽兹，……柏辽兹无疑被俄国百姓与沙皇之间的完全和谐所感动，他深深体会到，对于一个充满悦耳声音的国家，是奈何它不得的。”[14]658-59我们知道，巴尔扎克与韩斯卡夫人之间不只是友情。

巴尔扎克也控制不住提到了外国人在俄国提心吊胆的心理：“狄德罗、梅尔西爱·德·拉里维埃和拿破仑到俄罗斯去的时候，天晓得他们是何等谨慎小心！……凡是往这个国家去的，不论是最突出的或是最普通平常的例子，都

让人提心吊胆。"[14]659-60

去看韩斯卡夫人，巴尔扎克匆匆赶路："如果我是拉巴丁或是维克托·雨果，我也许会像拿破仑一样，在我身后拖着整个欧洲，……这八百里路（古法里，约三千二百公里）到底还是在八天之内就走完了。……我比通知到达日期的那封信还早到十天。"[14]660-61这次旅行，巴尔扎克可谓辛苦。"人们常说法国军队打仗时如何狂热，能卷起积雪的大风如何猛烈，但是比起旅客们自私自利的风暴来，那真是小巫见大巫了。……（取行李时）我不止一次被人挤到后面"[14]665。

巴尔扎克这样记述途经的德国："在德国，有四种不同的速度；就我所知，这是个最会坑人骗钱的国家。……多给德国车把式一些报酬，比给法国马车夫的多得多，德国的马车夫（注3：此处原文为法国的马车夫，疑有误。）谈起你时，就会说：'你送这位先生去吧，是个法国人！'"[14]666巴尔扎克也写到了德国人的冷漠："在德国人身上，这种冷漠可说达到了登峰造极的程度。"[14]667巴尔扎克又说："这四档速度，价钱都不一样。在整个德国，到处都是这样，不论在客栈旅店、工厂作坊，价格都分几等，到处都会遇到低档、中档和高档的差别。几乎所有的德国人都满足于中档的价钱……"[14]669

为了赶路，巴尔扎克没工夫计较："……我气得火冒三丈，又明知浪费几分钟关系重大，于是从衣袋里掏出一枚一百苏的硬币，用法语喊道：'来，我付钱！'有人说路易-菲力浦不是什么强有力的人物，可是我可以证实，只要看到这位国王的形象，便能克服汉诺威人的冷漠态度。"有了这番操作，"六七分钟后，我们便启程了。……"[14]670

从汉诺威到克拉科夫也是风尘仆仆："奔驰的快马像机车一样冒着热气，风驰电掣般地把我们带到站台前面，这时正响起最后的铃声。这番较量终于结束，……如果我们再换一次车的话，一切就全完了，那么多钱等于白花了。……"[14]670-71

旅行并不顺利，于是巴尔扎克喊道"……Mein Gatt，Terteifel（注2：德文，正确的写法是derteufel：见鬼！），……放开嗓门这样大声叫喊，的确把人吓了一跳，本来我是留着嗓门，准备有朝一日把议会里的骚乱压下去的。"[14]672该页注4标明：从1831年起，巴尔扎克就想进入议会，他曾多次试图在图尔、富热尔和康布雷等地参加竞选，但都未成功。

从布罗迪到拉济维罗夫，巴尔扎克提到了德·哈凯尔先生："……我向德·哈凯尔先生谈了我的情况，他非常客气地答应为我排除一切困难。……"[14]690

巴尔扎克这样说到俄国人的服从："服从，无论如何得服从，冒着生命危险也得服从，甚至服从变得荒诞不经而且有悖天性时，也得服从。……这种特有的服从精神，就是俄罗斯和波兰的根本区别。……波兰人思想上无拘无束，行动上肆无忌惮，……这种天性就是波兰毁灭的真正原因。一个守纪律的国家，顺从的斯拉夫民族，会吞噬不守纪律的斯拉夫人和憎恶顺从的国家。罗马之所以强盛，就在于有纪律，盲目服从他们的领袖，后来造成北方强大的游牧部落征服欧洲。……如果说在无法预见的未来，俄罗斯能侵占世界，也得靠它的服从精神。……要征服世界，没有任何一个民族比俄国人组织得更加严密。因此，凡是有识之士，都会为法国现时的无纪律状态悲叹；在法国，对任何事情都要争论一番，思想正朝着否定一切发展，人的各种想法都具有波兰人言行轻率的特点，……我国民族性格的改变应当引起人们深思，因为正是这样的变化导致波兰遭受这所有的灾难。……而今它已经被摧垮，……凡此种种，不归咎于民族精神的堕落，又是什么呢？"巴尔扎克把俄罗斯人的服从推向了极端："服从就是俄罗斯的根本大法，历代皇帝也竭尽全力在臣民中强化服从精神。……服从精神崇高神圣，但在法国懂得这种深刻道理的人可能为数不多，而且还会把它说成是野蛮愚昧。……"[14]691-92这是巴尔扎克正统思想延伸的必然结果，这种思想同时又是反民主的，虽然它具有一定的内在合理性。这是自古以来的一种矛盾，那就是民主在日常生活中很重要，在非常时期则需要通过服从来达成统一，甚至是盲目服从。这种盲目服从的结果，就是能导致行动的胜利，当然，这种行动可能是进步，如拿破仑的行动，也可能是世界性的灾难，如浩浩荡荡的一些社会运动。

关于官员的级别、衔称，巴尔扎克写道："在俄国，衔称就相当于中华帝国官员的品级，这是俄国人在俄罗斯帝国中社会地位高低的特殊标志。据说，皇帝意识到这样一来，他便限制了自己的权力，……我们法国也存在着品级的种种弊端，却没有君主专制来补救。……众议员自己也有缴纳五百法郎税额的品级。……政府再不像路易十四时代那样，有权就地录用有才能的人。年龄、纳税额，一切都成为品级。由此便产生老人政治的现象，它败坏了法国内阁的作风，使内阁对不论来自哪方面的各种风险都束手无策。"[14]693-94

在俄国旅行需要专门的许可证："……在俄国旅行，如果没有专门许可证，不能乘驿车旅行，……这种许可证叫做podroznia（注2：应写为podorojnaIa，……）。"[14]694注释中的"I"应小写为"i"。

关于从拉济维罗夫到别尔季切夫的旅程，巴尔扎克写道："……这位总督就是很有名望的比比科夫将军，他管辖着沃利尼亚、乌克兰、波多利亚，还有小俄罗斯的一部分；……"[14]695离韩斯卡夫人越来越近，巴尔扎克兴奋异常："……这是我在旅途中度过的最美好的夜晚。在这陌生的荒野里飞快地奔驰，你可能想象不到其中的魅力。此时我的心情犹如胆小鬼跳起回旋舞一样兴奋激动。那铃声的节奏更使我的遐想恣意驰骋。"渴望的心情溢于言表："……到达乌克兰！这已不是一种愿望，而是渴望，……我的向导是个非常坚强的汉子，……看看我，看我是不是跟他一样，也是有血有肉的人。一个表面看来最好享乐、最脆弱的人，激情可以给他带来超越一切物质力量的耐力；我在一生中，从来还没有这样意志坚强，矫健有力。……"[14]696-97

巴尔扎克一厢情愿地这样解读俄国的农民："……到处都可看到成群结伙的农夫、农妇，无论是去劳动或是收工回来，都显出欢喜愉快、无忧无虑的神情，几乎所有的人都一边走一边唱歌。肯定事先谁也不知道我要从这里经过，也没有什么官府衙门命令这些人表现出乐呵呵的样子，这完全是他们本性的自然流露。……很显然，比起两千万法国普通百姓，……俄国农民的生活要强上百倍。俄国农民有自己的木屋，自己耕种相当于二十多阿尔邦的土地，土地的收益归自己所有，不欠主人任何东西。不过他每星期要为主人劳动三天，所用的时间超过三天的，都要计酬。……农民缴纳的捐税也是微不足道的。地主则必须储备足够的小麦，以便在荒年时供养农民。……因此，这里的农民像大家子弟一样过着无忧无虑的生活。有人管他饭吃，给他钱花，对他来说，奴役已不是一种痛苦，而是幸福安宁的源泉。因此，你若要给俄国农民自由，同时要他劳动，要他交税，他便拒绝这样的自由。"这是巴尔扎克出于文学性的想象，过于想当然了。"愚昧无知，是农民的特点；他们机灵诡诈，但要启发他们的智慧则需要几个世纪的时间。跟他们谈自由，等于让他们像黑奴那样，认为以后再也不必劳动了。如果这样，建立在服从基础上的整个帝国就会瓦解。……如今农民只想着挣钱，然后喝得烂醉。零卖烧酒是地主的一项主要收入，这样他们便把农民的工钱又收了回来。因此，自由这个词对农民说来就意味着自由地喝酒。……他们体力充沛，吃苦耐劳，而且像东方人一样，相信一切都是命中注定的。……木头房屋、村庄、城市，都带有游牧部落营地的特点，都不是为长远打算而建造的。在这个国家里，砖造的房屋屈指可数。……"[14]697-99

从别尔季切夫到威尔卓尼亚（韩斯卡夫人在基辅的领地，距别尔季切夫六十公里），巴尔扎克看到了一种奇怪的现象："……在这里，我又看到一个使我惊异的情景：所有的房屋仿佛都在跳波尔卡舞，就是说都是歪歪斜斜的，有的向右倾斜，有的向左倾斜，有几处已经坍塌，大部分都显得破旧不堪，其中有许多比我们集市上的小木屋还小，脏得像猪圈一样。……巴黎若有三个经纪人来此一游，就会把它们统统拆除。……"[14]701巴尔扎克终于见到了梦想的古堡："……我远远看到一座类似卢浮宫、类似希腊神庙的建筑，落日的余晖照得它金光闪烁，高踞在河谷之上。"[14]702这是威尔卓尼亚古堡，巴尔扎克即将在这里与韩斯卡夫人会面。

1848年4月19日，巴尔扎克在《立宪报》上发表了《政治信仰声明》一文：

世界大同会会长公民，[15]703

……

如果我落选，（注1：这年四月二十三日举行议会选举，二十九日公布选举结果，巴尔扎克落选。）我自然毫无怨言。……我切望能靠完全自愿的选举当选，而不愿依赖动员来的选票当选。

自一七八九年至一八四八年，在法兰西，或者说在巴黎，政府的组成每十五年便变更一次。于今为我国荣誉计，寻求并建立一种持久的形式，一种持久的权威和统治，以利于我国繁荣昌盛，利于我国商业贸易及作为我国贸易生命线的技艺，……为使法兰西的一切财富不致遭受周期性的冲击，现在不是正当其时吗？……

但愿新的共和国强盛而明智，因为我们需要政府按照出租人的意愿，签订比十五年或十八年（注2：指复辟政权十五年，七月王朝十八年。）更长的租约！这就是我的期望，也是我的全部政治信仰。

……就在昨天，还有人说我为钻营候选人资格，匆匆从俄国内地赶来。我于二月二十四日（二十二日起义，二十四日路易-菲力浦退位并逃出巴黎）之前十天旅游归来，……[15]704

公民，请接受我的敬意，并向贵会诸会友将我列入候选人名单表示谢意。

德·巴尔扎克

四月十七日，星期一[15]705

在《公务员》中，巴尔扎克论述了官僚制度的形式主义和繁礼缛节："……赶忙设法使自己成为必不可少的，于是用文牍来代替积极的行动，发明了一种无所作为的力量，叫做（作）报告。"[16]448是报告毁了这一切。"……越是把赞成和反对双方的理由拿来争论不休，判断力就越差。法国最美好的事物都是在没有报告的情况下完成的，那些决定都是顺乎自然地做出的。……报告尽管写得漂亮，法国却濒于破产了。人们总是坐而论，却不起而行。当时法国每年要写一百万份报告！官僚体制就此统治一切！……他们象（像）香菌寄生在梨树上一样，依附于公众事务，而又对公众事务全然漠不关心。"[16]448-49这是一个非常折磨人的职业，"一个胸怀大志的人为了爬上高位也会未老先衰。……这里只有懒汉、低能儿或小人，才有立足之地，才有出头之日。……这官僚体制完全由一群鼠目寸光的人组成，成为国家繁荣富强的障碍。……它因循守旧，害怕一切新事务；它让一切营私舞弊之事永久存在下去，自己也赖以生存；……如果有一个有识之士胆敢摆脱它而自行其是，或是想要启发它，指出它的愚蠢，那就一定要受到压制。"[16]450-51接下来巴尔扎克主张政府机关实行严格的上下级关系，以对抗"政权内部的"无政府状态。"……也有真正有用的人，勤勤恳恳工作的人，他们都是那些寄生虫的牺牲品。对国家忠心耿耿的人在这一大群昏聩无能者面前处处碰壁，最终为无耻的叛卖所整垮。……就这样，……多少勇敢的人心灰意懒，最严于律己的人也会萎靡不振，因为那种种不平使他们困怠厌倦，那消磨意志的烦恼使他们变得麻木不仁。……固然，一个国家似乎不会由于一个有才华的公务员让位于一个庸才而立即受到亡国的威胁。对国家说来很不幸的是，表面上看起来，对于它的存在谁也不是不可缺少的，但是随着一切都在日益萎缩，长此以往，国家也就会逐步衰亡。……由于一切已经虚弱，一旦有事，就不堪一击。得志的蠢才受宠，而一个有才华的人倒下，人们竟然无动于衷，这就是我们倒霉的教育和风气所造成的结果。它逼得聪明人玩世不恭、天才走向绝望。"[16]451-52巴尔扎克反对"立宪"过分发展。理想的办法是"完全按当年君主专制时期的办法把他们（公务员）一一作了安置。"[16]455

莫洛亚说："巴尔扎克认为最佳政体应该是能够产生最强大效能的政体。然而，他认为，要获得这最大的效能就必须使国家的权力集中。我们还记得他虚构的卡特琳娜·德·梅迪契和罗伯斯庇尔的那段对话。他赞同这两个代表国家理性的人物，出于同一原因，他也崇拜拿破仑。和大多数同龄青年一样，他也曾是'奥斯特利茨的孩子'；他对少年时期的狂热仍记忆犹新。"[17]417-418巴尔扎克一直在构思有关拿破仑题材的作品，不过考虑到很难把它出色地写出来，最后他还是放弃了。莫洛亚说："请重读《妇女再研究》

中有关拿破仑皇帝的颂词：'他被描绘成一个无所事事的人，其实他曾经是一个无所不为的人！他代表过有史以来最完美、最集中、最专制、最严厉的权力……他什么都能做到，因为他什么都有决心去做……极其专横，又极其公正，视情况而定，他是真正的国君！……'这就是纯粹的巴尔扎克观点，没有一点专横，就谈不上公正。在万不得已之时，即法律不能伸张正义之时，就只能求助于君主，乃至'十三人集团'。"[17]418

巴尔扎克一直是不认可七月王朝的。"1830年革命后，假如资产阶级的君主政体强有力的话，巴尔扎克也许会承认它的。但是'我们进行了一场伟大的革命，而成果却为几个小人窃取了……7月革命最致命的错误在于没有给路易-菲力浦三个月的时间实行独裁统治，以便巩固人民及国王的权力'。要想为民众谋福利，唯一有效的办法就是实行极权制度（或者尽可能地集中权力）。'所谓代议制政府其实是一场没完没了的纷争……政府的本义应该是稳定。'（巴尔扎克《思想、主题、片断》）巴尔扎克对1830年建立起来的君主立宪政体的软弱无能哀叹不已，两年后，即1832年，他转向了保王党派。其实这既非出于夏多布里昂式的虔诚热情，也不似警觉的珠尔玛所指责的那样出于向上爬的野心，而是因为他觉得合法的君主专制是最能为人们所接受的制度。"[17]418

巴尔扎克的政治观点是极端的。"后来巴尔扎克的这一政治观点引起了福楼拜和左拉的愤慨，他们评论说：'他是天主教徒，保王派……产业主……十足的老好人，但仅仅是二流货色而已。'巴尔扎克是二流货色！简直是疯话！比福楼拜更为激烈的共和派阿兰却能理解巴尔扎克的政治观，他指出：'他虽然拥护王权和教权，但是对两者都不相信。'的确，从信仰的绝对意义上讲，他对两者都不相信，但是他相信它们的实用价值。巴尔扎克珍视传统、家庭、君主制，因为这些都是既成事实，也因为其中蕴藏着民族的生命力。在他看来，不停地更换首脑，用朝三暮四的思想去指导行动，只会削弱国家。他认为稳定本身就是件好事。这种观点可以导致他拥护人民的专政或者君主专制，信仰拿破仑或者马拉，同样也可以使他崇拜路易十四。拿破仑的唯一错误是没能使政权永固长存。好的国王可以来自下层，也可以来自上层。巴尔扎克最讨厌不稳定的庸人政府。有时他还幻想建立一种集体的专政。'假如法国有十五个能人联合起来，组成法兰西政府，并且推举一个相当于伏尔泰的首领，那么所谓立宪政府的玩笑，这种由平庸之辈组成的走马灯似的政府很快就会消失。'力量能够同时带来权力和合法性。"[17]418-19

接下来莫洛亚就巴尔扎克作品中的人物和卡斯特里夫人来探求巴尔扎克的政治观点。"这并不意味着力量只能来自一个方面。巴尔扎克既理解米歇尔·克雷斯蒂安和泽·马尔卡斯，同样也非常理解德·封丹纳伯爵和亨利·德·玛赛。他的宠儿之一荷拉斯·毕安训谈起埃斯巴侯爵夫人时说过：'我恨这种人，最好来一场革命把这帮家伙斩尽杀绝。'巴尔扎克本人也曾对卡斯特里侯爵夫人如此恼恨，虽然他的伤痛是因虚荣心而不是贫困引起的。人们也可以说巴尔扎克是革命派，因为他描绘了一个糜烂的社会，并且流露出要改造这个社会的愿望。只不过他是从资产阶级的角度来描绘的，身为资产阶级的儿子，他只求在这个社会中谋得一个席位。"[17]419

三、宗教思想

巴尔扎克写作时所奉行的两条原则是尽人皆知的。莫洛亚说："那么我们来看看他的君主制和宗教思想吧……什么是他的宗教思想呢？他在《神秘之书》的序言中解释道：神秘主义就是纯原则意义上的基督教。他把圣约翰的《启示录》视为架设在基督教神秘主义与印度、埃及、希伯来和希腊的神秘主义之间的一座桥梁。他的这种观点由雅各布·波墨传给居荣夫人，传给费讷隆。到十八世纪出现了斯威登堡这样一个福音传道者，他同圣约翰、摩西、毕达哥拉斯比肩而立。之后在法国又有圣马丁出来提倡。这就是路易·朗贝尔所信奉的，也是巴尔扎克所捍卫的宗教。在1832年致夏尔·诺迪耶的信中，巴尔扎克重新提起他二十岁时作过来的哲学探索。那时他正躲在阁楼上贪婪地阅读莱布尼兹和斯宾诺莎的论著。这些书把他引向了何处呢？他被引入了两难推理：要么承认上帝与物质同在，既如此，上帝就与另一个不同于他的强者并存而不再是全能的主宰；要么承认上帝先他一切存在，他取自身的精华创造了世界，这样一来人类社会，或者说整个世界便不该有罪恶。正如司汤达所说：'在战场上，上帝同时处于两个敌对的阵营而自相残杀。'任何经院哲学都不免要走入死胡同。"[17]419-20

巴尔扎克自青年时代起就一直坚持着对世界进行哲学探究。"那么如何是好呢？采取皮浪的怀疑主义态度，还是满腔热诚地投入基督教的怀抱而不去穷根究底？青年时代的巴尔扎克在理智上是倾向怀疑主义的。1824年，他说过：'任何人都有癖好，宗教不过是最崇高的一种而已。'1837年他又说：'我既没有入教，也不打算皈依，因为我没有任何宗教信仰。'最终他还是选中了基督教。哪一种基督教呢？天主教吗？是的，童年时代他曾为之激动不已，后来又写过许多感人的故事来捍卫它。在《乡村医生》中，他宣扬基督教文明的力量。在《幽谷百合》中，他描写基督徒感人的温情。然而这一切仍不足以把他列为正统的天主教徒。他说过：'天主教教义是一套自欺欺人的假话。'"[17]420

虽然不是真正的教徒，巴尔扎克却认为宗教很有用。"不过，这位教化人的作家认为教会可以维护道德的和社会的真理。为了弄清这位不信教者对宗教的作用持何种看法，需要回顾一下他所描绘的社会，那是一个金钱主宰一切，弱肉强食，黑白颠倒，是非不分的社会。'1840年的法国是什么状况呢？那是个人欲横流，没有爱国主义，没有良心，政权软弱无力的国家……'面对飞扬跋扈的邪恶，天主教建立了一套'阻止人类滑向堕落的完整体系'。头脑清醒的巴尔扎克并不认为天主教教义具有绝对的价值；而是看中了天主教那些崇高而丰富的神话故事。因为人类除去神话之外还能接受什么呢？'要全民族都去研究康德是不可能的。'对民众来说，信仰和习俗要比研究和论证更有实际意义。"[17]420

巴尔扎克很热心地探讨宗教事务。"弗朗索瓦·莫里亚克写道：'我没有忘记，如果说巴尔扎克信奉天主教，那也是像德·波纳尔和德·迈斯特一样，出于策略和实用主义的考虑，因而肯定不是最虔诚的。不过在他的灵魂深处和作品中激荡着一股真正的宗教潜流……只消重读一下《路易·朗贝尔》和《乡村医生》就不难看出，巴尔扎克一方面过于熟知世间的罪恶，同时也深谙人类固有的善良……'（《巴尔扎克的现实意义》，321-337，巴黎，《法兰西信使》1950）这不单纯是沼泽区的资产阶级用来使妻子恪尽本分和保护私人财产的狭隘的天主教义。巴尔扎克准备在《人间喜剧》未来的作品中以相当多的篇幅去描写基督徒的善行。灵魂的得救是悄悄地、秘密地进行的，不过慈善行为能创造一些可见的奇迹。贝纳西医生和韦罗（萝）尼克·格拉斯兰都是靠行善积德来赎罪的。"[17]420-21

巴尔扎克的《无神论者望弥撒》集中地表达了巴尔扎克的宗教观。"一个信徒可能会对这位宗教卫士居高临下的态度感到不快。但他对宗教虽不信仰，却无亵渎之意。在优美的短篇小说《无神论者望弥撒》中，不信鬼神的外科医生德普兰请神甫来为他的恩人——一个可怜的挑水夫做弥撒超度灵魂。他的学生毕安训对此迷惑不解，他答道：'我是以一个怀疑论者的善良愿望去祈祷的，"主啊，如果确实有那么一个你用来安置那些生前十全十美的人的地方，请别忘了好心的布尔雅吧……"亲爱的，你看，这就是具有我这种观点的人所能做到的一切。上帝该是个好心的家伙，他不会怪罪我的。我敢向你起誓，我甘愿舍弃家产，只要布尔雅的信仰能够在我头脑里生根。'老师病危时，毕安训一直在他身边照料他，这位弟子始终不敢肯定赫赫有名的外科医生德普兰到死还是个无神论者。在巴尔扎克身上，除了德普兰的不可知论之外，还混杂着他所塑造的一些高尚的神甫的某些品质。"[17]421

巴尔扎克在《社会问题入门》中说："宗教的本意是抑制坏的倾向，发扬好的倾向，宗教便是整个社会。它也许并非由神创立，而是人的一种需要。"[8]726其实，这样的思考会经常萦绕在深刻作家的心中："社会性的国家能否尽善尽美？这种完美是否有其限度？有无可能发明一种社会形式，使人没有作恶的可能？使人行善比作恶更有好处？"[8]722

巴尔扎克认为早期人类也是有信仰的："宗教建筑在人类的一种与生俱来的感觉上，这种感觉的表现非常普遍，从未见过一个部落、部族、未开化的游牧民族、或处于自然状态的人是没有信仰的。"这种信仰属于初朴的迷信，是人类对自然环境的一种直接反应，实际上就是对宇宙规律的一种模糊的敬畏。"这种先天的感觉，是所有哲学加以开发利用的矿藏，它们在这里锻造出驳斥所谓感觉论、唯物论哲学的锐利武器。"早期人类总把这种信仰社会化，认为任何灾难都是一种至高无上的存在对人类过错的惩罚。"这种感觉在最接近所谓洪荒时期的那场灾难的民族中间尤为强烈，它设想人类曾经受到一种贬谪、一种惩罚、一场斗争结果的影响，对一位愤怒的至高无上的胜利者的不正确认识招致的斥逐。"[8]735-36

巴尔扎克还对地球的命运进行了思考。"在地球以往的日子里曾有过一些庞大的生物，如今已不复存在了。地球也许是从高一级的世界层次跌落、谪降下来的。可以断定，它发生过变化。"对人类整体和个体而言，善恶都是一种选择。"……人类能够从至恶过渡到至善（或是从至善到至恶，假如我们的星球有属于它自己的生命的话，因为它正在匆匆走向死亡）。人类有一种前途，人亦有各自的前途。"[8]736

巴尔扎克首推天主教："天主教是最完美的宗教，因为它谴责那种对已经有定论的事物重新加以审视的做法，而且它通过教会兼收并蓄了几世纪以来在宗教方面的补充说明，因而更亲密地接近了上帝。其他异端邪说给欧洲带来的厄运，证明了天主教的正确。在天主教会里天启一直持续不断，而异教徒得到的天启则是有限的。"[8]736-37

巴尔扎克在杂稿中阐述了很多宗教思想：

"……宗教是人与上帝之间的关系的总和，而上帝是唯一有权认可世俗权力和政治权力的。它分为两方面：教会和家庭。"

"因而社会若要存在，就应当是宗教的、政治的、世俗的。"

"一切与宗教有关的事物应当是不可更迭的；一切与政治有关的事物应当是极难改变的；一切世俗的事物应当随着社会的变化而变化。"

"制度则应当是稳定不变的。"

"宗教更应当是永恒的。"

"任何违背宗教的事都不能去做。"

"符合制度的行为是合法的。"

"合乎法令便是遵从民法的规定。"[9]737

"……宗教是不容置疑的、自发的。"

"宗教维护制度，犹如制度维护宗教，这两种权力应当如灵魂与肉体一般紧密结合起来。"巴尔扎克一直认为宗教和政权是相辅相成的关系。

"国家的力量不在于国民的富有，而在于当国家有需要的时候，促使国民以其财富为国出力的那种情感。"

"证明宗教情感乃是国家力量之所在，对国家和君王的忠诚不过是人对上帝尽本分的必然结果。"这是王权神授的思想。

"即使没有天启，也还有我们对上帝存在的感觉，这就相当于天启了"。

"在政治上，如果与一种原则相反的主张是荒谬的，那么这原则就应当被视为真实的、绝对的原则，在这原则及相反的主张之间搞折中是不够的。"巴尔扎克所肯定的原则暗指王权。

"我们所在的地球，以及我们人类，从属于另一等级的东西，即宇宙；宇宙又从属于上帝。"[8]738上帝是一切规律的总称。

"这样，人、人类、宇宙、上帝，便是四种等级的真实的东西，一级从属于另一级，这就是人类科学值得认真研究的对象。"[8]738-39

"我存在。我思索。我说话。"

"一个无神论的社会，很快就会发明出一种宗教来。"[9]739

"教会发明了所谓'圣宠'，然而'圣宠'抹杀了自身的任何

业绩，这是取代上帝。不过从社会角度来说，这种理论更好一些，
因为它使人产生恪行善事、呼唤上帝来自己心中的愿望。"[9]741

在《小市民》中，费利克斯的话让人想起莫里哀《伪君子》中所表达的
宗教危害家庭幸福的主题："莫黛斯特，您在重复您的忏悔师的说教。请相信
我，没有比教士对家庭事务的干预更有害于家庭幸福的了。……"[18]264接下来
面对莫黛斯特异常狂热的情绪，他又不耐烦地叫了起来："您那些混帐教士使
您晕头转向了！"[18]265

四、论犹太人

去看望韩斯卡夫人，巴尔扎克不舍昼夜，终于到了克拉科夫："……我
从巴黎出发以来，日夜兼程赶路，一直没有停歇，我想如果一休息，我就完
了，就会感到腰酸背痛，因为心里挂虑着旅行，就把疲劳抑制住了。"[14]675

巴尔扎克对犹太人抱着很深的偏见："……克拉科夫，这座古都的遗
骸，为了应有尽有，连犹太人这样的蛀虫也留在这里。"[14]675

巴尔扎克也写到了巴黎的波兰人："……巴黎的波兰人沉醉于幻想，他
们对自己的国家已一无所知，为了激励民族感情，不惜屠杀六千地主，置六万
农民于死地；……"这种极端的做法后果严重："……像一七九二年时那样，
忿激的共产主义者回答说：'人虽然死去，但原则永存！'这种有血腥味的蠢
话使十万人付出生命的代价，使加利西亚十年之内一片废墟。……其结果比屠
杀事件更加严重。……每条大路上都有饥饿的幽灵在游荡，有人用鞭子驱赶他
们，他们把马车包围起来，车上便扔下大量的施舍。"[14]676-77

巴尔扎克对布罗迪和犹太人感慨道："……我们的监狱也比这家叫做
（作）俄罗斯旅馆的客栈房间让人看着舒服，这是布罗迪最好的旅馆。……在
德国，在法国，犹太人……除了经商有术、贪婪成性之外，已把犹太人的一切
特点丢得精光。"[14]677-78

巴尔扎克这样分析波兰的犹太人："犹太民族在世界任何地方都不像在
波兰这样，如同田野里的青苔一样蔓延滋长。我知道，人们都说尼古拉皇帝对
这些入侵势力恨之入骨。犹太人丝毫没有放弃自己的习俗，不论他们在什么地
方扎根繁衍，对那里的习俗都没有作任何让步。他们不能占有土地，在俄国，
也不准他们租赁土地，所以他们只能经商或者放高利贷，于是他们便放高利贷
和经商，这倒是不幸中之大幸。在一些小城镇里，我看见犹太人熙来攘往，有
如过江之鲫，他们穿着主教式的长袍到犹太教堂去，那一身装束看起来好不古

怪，使我暗暗发笑，就像看假面舞会一样，但是在那里谁也不觉得惊奇。波兰的犹太人始终害怕像他们的祖先那样，在中世纪横遭掠夺压榨。他们习惯于把自家的财富体积化小，便于随身携带，在他们身上这已经成为一种根深蒂固的种族本能。……他们的妻子都戴一顶别有特色的软帽，在靠每个耳垂的上部，各有一块很大的菜心型宝石，在珍珠衬底上显得格外耀眼。这就是每个犹太人家庭的财富。男人一心想着把小珍珠换成大珍珠，把大的换成更大的；然后把光泽差的换成光泽纯净的，再换成光泽毫无瑕疵的珠子。钻石也是一样。……有些犹太妇女戴的便帽价值一百、二百、三百法郎，甚至常常高达六十万法郎，六十万法郎在波兰就相当于一百万。所以波兰是世界上珍珠数量最多、成色最好的国家。"[14]678-79巴尔扎克下面的话有道听途说的味道："在波兰，珍珠都是随时佩带在身上的，甚至夜里也不摘下来，据说这是为了防止珍珠凋零消损。珍珠像时装一样，需要经心佩带。在波兰，人们只知道珍珠的价值。……"犹太人的民族特征非常明显："……犹太人拥有钻石或珍珠项链，有妻子头戴的软帽，便可走遍天下，不怕任何艰难险阻。在所有的犹太人中，对钻石和珍珠的了解就像与生俱来的知识一样，他们在母亲的怀抱里就进了学堂，从童稚时便开始具有慧眼，惯于观察宝石、珍珠，鉴别估价。"[14]680

关于犹太人性格，巴尔扎克写道："犹太人从来不与基督徒联姻，但为了成为贵族和拥有土地，他们可以改变宗教信仰。……促使犹太人转变为基督教徒的，是积累巨额财富的愿望，……他们干起投机勾当胆大包天。神不知鬼不觉便积累起大量财富，转眼间又化为乌有。……很难想象究竟有多少马匹被他们盗走，尤其是在边境一带地方。一旦能发笔大财，犹太人便会杀人不眨眼。这个民族有他们独特的习俗和迷信，他们还保留着未开化的传统。比如，家里如果有个犹太人毫无抢劫的念头，不敢冒险洗黑钱，克扣卢布，欺诈基督教徒，而是无所事事，悠闲度日，那么家里便供养着他，给他钱花，把他当成天才；文明国家却相反，那儿的天才在资产者眼里只是白痴；不过犹太人家里的圣徒得像伊斯兰教的苦行僧一样，不断地诵读《圣经》，守斋，祈祷。"[14]681-82

犹太人非常重视宗教："布罗迪的犹太人即使有几百万钱财可赚，也不会放弃他们的宗教仪式"[14]682。

快到威尔卓尼亚的时候，"……一群犹太人把我包围起来，我数了数竟有二十五个之多，……他们向我伸过一双双贪婪的手，都被我用手杖挡了回去，因为每双手都要摸摸我的表链，看它有多重，是不是纯金的。这些贪婪的家伙围着我吵闹，令我不寒而栗。……这时我看到了真正的大草原，因为乌克兰是从别尔季切夫开始的。在这之前我们所看到的都不值一提。这是一片无边无际的小麦王国，像库柏笔下寂静的大草原。……"[14]701-02

五、论女人和爱情、婚姻

巴尔扎克交往的女性多限于交际花，他对女性的认识也局限于此，因而产生了一些偏颇。莫洛亚说："巴尔扎克十分熟悉交际花，他相信她们的情欲与爱情也是可以结合的。他喜欢她们的肉体、她们奢华的排场和对男人的熟悉了解，喜欢她们敢于冒险的精神，以及朝露般短暂的青春华年中的诗意。在他的作品中，她们组成了一个独特的世界，有她们自己独特的语言、法规、年轻的情人、阔绰的老头和她们自己的悲剧（诸如柯拉莉之死，爱丝苔的自我牺牲）。对于男子，'爱情从来只是一种被我们的想像（象）所美化了的饥渴'，或者是他们向社会挑战时所期待的一种支柱。拉斯蒂涅在他的冒险中需要的但斐纳·德·纽沁根，勃龙代的前程仰仗蒙柯奈夫人。勃龙代说：'傻瓜们若想高升，唯一的机会就是利用爱情。'为什么一定是傻瓜呢？若是没有洛尔·德·贝尔尼，巴尔扎克会有什么出息？难道他不是寄希望于同韩斯卡夫人的婚姻，以求出人头地吗？而且爱情也不能说是唯一的希望。当谈不上爱情的时候，还有友谊，还可以结社。一个赤胆忠心的朋友或一群忠实的伙伴，同女人一样也是巴尔扎克的主人公所梦寐以求的。贵族社会之所以使巴尔扎克如此神往，正因为它也是一个能激励自己的成员的封闭的团体。巴尔扎克只身步入社会之初，也因惧怕孤独需要寻找过斗争的伙伴。从弗利谷多的伙伴，到虚构的十三人集团、红马会、伏脱冷和他的一班人马，都来自神秘的帮派思想，足以填补爱情的空缺。"[17]426

在《贝阿特丽克丝》中，维尼翁分析了年轻人为什么会钟爱中年妇女（应该是巴尔扎克自己的经验之谈）：

> 首先，那些被小伙子看上的中年妇女比青年妇女要更加懂得爱情。一个成年男子同年轻的女子过于相似，所以不会对她钟情。这样的感情同那喀索斯的传说很相近。除了这种反感之外，我以为，双方都没有经验也是使他们疏远的原因。因此，年轻女子的心只有那些用或真或假的感情作手段的男人才能理解，其道理也是一样的，只是机智的程度不同罢了。这种差别使中年妇女对年轻小伙子更富有吸引力，因为小伙子显然感到自己肯定会获得她的青睐，

而他的追求又使女人的虚荣心得到高度的满足。总之，青年人扑向成熟的果子是理所当然的，而中年妇女提供的正是上等的美味秋果。中年妇女的目光那样热情，那样温柔，既放肆又有节制，无精打采得恰到好处，并且闪耀着爱的残辉，这难道对小伙子不起一点作用吗？她们有高雅的谈吐；美丽的金黄色的肩膀，使她们看上去那样端庄；她们丰腴、圆润，富于曲线美；她们的胖手上有可爱的小窝窝；她们的肌肤滋润，前额气宇轩昂，里面翻腾着万千思绪；她们有一头精心保养、修饰的美发，白色的细头路看得一清二楚；她们的颈项有美丽的皱褶，颈窝极具诱惑力；她们在颈部费尽心机地打扮，以便突出头发和肤色的对比，以便显示她们在生活和爱情上的放肆骄横。于是她们的棕色头发似乎也变成了金黄色，变成了标志人到中年的琥珀色。这一切难道对小伙子不起一点作用吗？另外，这些女人运用她们的微笑和谈吐来施展为人处世的本领：她们能说会道，她们为了赢得您的一笑，可以把整个世界奉献给您；她们极其自尊自傲；她们会发出令人心碎的绝望的叫喊，她们会同情人断绝来往，然后又巧妙地言归于好，从而使爱变得更加炽烈；她们使极其简单的装饰千变万化，好让自己显得年轻；她们随时都会撒娇说自己已经人老珠黄，为了让情人对她们说些宽慰的话；她们达到目的后的那股高兴劲儿颇有感染力；她们对情人忠贞不渝：她们听从您的意愿，她们终于爱上了您，她们紧紧抓住爱情不放，就象（像）死囚抓住生活中最微不足道的细节一样；她们象（像）那些什么都要辩护而又不使法庭感到厌烦的律师，把全身的解数都使了出来；总之，只有在她们身上，人们才会看到无私的爱情。我不认为人们有一天会忘记她们，正如人们不会忘记伟大、崇高的事情一样。年轻女子消遣的办法成千上万，这些妇女却一个也没有；她们也不再有自尊心、虚荣心和小心眼儿；她们的爱情好比卢瓦尔河的入海口，汇聚了生活中的所有支流，所有失望，而变得十分开阔，……[19]128-29

这一段可以恰到好处地概括巴尔扎克和贝尔尼夫人之间的爱情。

在《贝阿特丽克丝》中，巴尔扎克发表了对结婚风俗的见解："瑞士和德国的手工业工人，法国和英国的世家都遵循同样的习惯，婚礼之后出门旅行，这不是很奇怪吗？"巴尔扎克质疑道："是象（像）正经的老派人那样躲开公众开始夫妻同床的小家庭生活的风化水准高呢，还是躲开家人在大路上陌生人的面前抛头露面的风化水准高呢？"[19]264-65巴尔扎克显然是赞成前者，他是不赞成结婚旅行的。他倾向于传统的思想在萨宾娜给母亲的信中也有所表露："庄重崇高的布列塔尼，何等的信仰之邦，宗教之乡！但是，进步窥伺着布列塔尼，人们在这里架桥筑路，新思想也会跟着来到，那就要同布列塔尼的崇高永别了！一旦人们向农民证明，他们与卡利斯特是平等的人，只要他们愿意相信，他们肯定再也不会象（像）我看到的那样自由，那样自豪！"[19]273巴尔扎克对交际花和良家妇女进行了对比，"这两种截然相反的女性，心里都藏着一个小小的愿望：此是向往贞洁，彼是向往放荡。冉-雅克·卢梭是首先大胆指出这一点的人。于此，是尚未熄灭的圣洁之光的残辉；于彼，则是我们始祖身上泥土的遗迹。"巴尔扎克如此分析堕落的原因："堕落！……也许就是什么都想知道。"[19]374说谎，对于女性来说往往是一种必需，巴尔扎克却说道："说谎的开始，也就是不顾羞耻的开始。……女子们熄灭爱情的冷酷无情的态度，许多人都感到惊讶。但是，她们如果不用这种办法来与过去告别，人生对她们来说就没有尊严了，一旦堕入致命的放荡生活，就再也不能自拔了。"[19]385

在《三十岁的女人》中，巴尔扎克对婚姻生活的极度痛苦进行了概括："请相信我的话，千万别结婚，"德·哀格勒蒙（对德·罗克龙尔）说，"……娶一个美貌的妻子吧，她会变得难看的；娶一个健壮的姑娘吧，她会变得娇弱的。你以为她多情，其实她冷淡；或者表面上冷淡，实际上多情得非杀死你，或非教你名誉扫地不可。有时候，最温柔的女人却是任性的，而任性的女人永远也不会变得温柔；有时候，你到手的宝贝儿既幼稚无知又娇嫩脆弱，她却可以对你施展铁一般的意志、魔鬼般的性子。"[20]467

在《三十岁的女人》中，巴尔扎克这样论痛苦，最后的着眼点是侯爵夫人的痛苦：

> 确实，相信感情能灭而复生难道不是一种错误吗？感情一旦开花结实，不就永远埋藏心底了吗？随着坎坷的人生感情时而平息，时而苏醒，但始终存于心底，久而久之，必然使心灵起变化。因此，一切感情只有一个高潮，那就是初次爆发的时期，时间可长可短。因此，痛苦，我们最持久的感情，只在初次爆发的时候才剧烈难忍，以后就越来越弱，或者因为我们适应了痛苦的打击，或者因为我们本性中的惯性定律起了作用：为了生存，本能地从利己

主义的动机出发，以一种势均力敌却又缓慢迟钝的力量去抵抗摧毁性的痛苦打击。但在所有的痛苦中，哪一种痛苦能够真正用得上"痛苦"这个词？丧失父母是自然给人类安排的哀伤；身体上的病痛是暂时的，挫伤不了心灵，如果病痛长期不愈，那就不再是病痛，而是死亡了；要是一个年轻妇女失去一个新生婴儿，夫妻的恩爱不久可以给她送来另外一个，因此失去婴儿的悲伤也是暂时的。总之这些痛苦以及许多其他类似的痛苦几乎可以说是一些打击，一些创伤，任何这类痛苦都不伤元气，除非异乎寻常地连续不断出现，才会扼杀促使我们寻找幸福的情感。真正巨大的痛苦则是一种致命的痛苦，足以同时毁灭过去、现在和将来，使每一部分生命都失去完整性，使人的思想永远不健全，在嘴唇上和额头上永远打下烙印，粉碎或瓦解快乐的原动力，使心灵萎靡不振，使人厌弃世间的一切。更有甚者，这种痛苦之所以巨大无边，这种痛苦之所以压抑身心，是因为它降临在人们风华正茂、丰姿秀逸的岁月，摧毁的是一颗活生生的心灵。痛苦撕开了一个大伤口，产生巨大的疼痛；谁也摆脱不了这种疾病，除非有诗意般的变化：或者朝天国的路上走，或者虽然留在凡间，却返回社会，欺骗社会，在社会上扮演一个角色，于是他开始认识社会的内幕，人们躲在里边盘算、哭泣、作乐。在这次重创之后，社会生活已无神秘可言，从而被无可挽回地否定了。在一般象（像）侯爵夫人这样年岁的女人身上，这第一次痛苦，这个最令人心碎的痛苦，总是因同样的过失引起的。心灵伟大、外貌美丽的女人，尤其是年轻女郎，总是全力以赴地奔向天性、感情和社会把她推往的地方。如果她的这种生活失败了，而且她失败后还留在世上，那么她就要体验最难忍的痛苦，因为她把初恋看成最美的情感。为什么这种不幸从来不曾感召过画家和诗人？但这种不幸难道能描绘吗？难道能吟咏吗？不能，这种不幸所酿成的痛苦，其性质是难以进行艺术剖析和描绘的。再说，这类痛苦从不吐露：要安慰一个痛苦的女人，必须善于猜测，她辛酸地感受到、虔诚地怀抱着的痛苦永远留在心里，如同雪崩，崩雪向山谷坍塌，先毁坏山谷，而后在那里找一个位置安顿下来。[20]471-73

在《小市民》中，巴尔扎克这样论真正的爱情和虚假的爱情："真正的爱情总是笼罩上深奥莫测的脑膔，它的表白也是如此，因为它以自身为证明，而不象（像）虚假的爱情，感到有必要放一把大火。假如蒂利埃的客厅里钻进去一位观察家，把两种情景相比较，看到泰奥多兹的浩繁准备和费利克斯的简单质朴，准能写出一部书来。一个是自然，一个是社会；一个是纯真，一个是虚假。"[18]205

在《小市民》中，巴尔扎克这样论述少女的爱情："除了她们的理想，什么都不存在，全是粪土。这种想法使许多少女丢弃了微有瑕疵的宝石，而当她们成为妇女以后却对假宝石爱不释手。"[18]262虽然这不能概括所有少女的真实情况，却确确实实反映了一类少女的情感经历。

莫洛亚引述巴尔扎克的话说："女人的爱抚会麻痹作家的诗情，销蚀最顽强的斗志。"[17]443巴尔扎克又说："我心中没有一时一刻是孤独的，因为你永远伴随着我，正如我的痛苦、我的工作和我的血液永远与我同在。"[17]445这是对韩斯卡夫人说的。

巴尔扎克在《公务员》中这样论中年人的爱情："最初的白发带来了最后的情欲，那是最炽烈的情欲，因为它横跨于少壮即逝和老衰将至之间。四十岁是荒唐的年龄。到这时候，男人要求人家为了他而爱他……"[16]496德·吕卜克斯自语道："啊！人到了四十岁，还是会迷上女人的，可是已经没人爱了。"[16]643

巴尔扎克在《三十岁的女人》中将年轻姑娘和三十岁妇人进行比较，认为后者从各方面都胜于前者："年轻姑娘的幻想太多，太没有经验，往往把性的问题和爱情问题搅在一起，很难叫青年男子满意；而成年妇女却懂得她所要作的全部牺牲。前者受好奇心支配，受并非爱情的诱惑所支配；后者却顺应自觉的感情。前者对男人让步；后者对男人选择，而选择本身不就是极大的奉承吗？妇人是有经验的，她们的见识几乎总是付出高昂的代价从不幸中获得，当她委身的时候，她给予的东西好象（像）超出了她自身；而姑娘因无知、轻信、不懂事理，不会对比，不会品评，她只是接受爱情，体会爱情。妇人是教导人的，在我们喜欢听人指导并以服从为乐的年纪，她谆谆善诱；姑娘什么都想学，正当妇人温柔多情的时候，她们却表现得幼稚无知。姑娘对你来说只不过是一次胜利，妇人却迫使你不断争夺。前者只有眼泪和快乐，后者却是欢畅与内疚兼而有之。一个姑娘成为情妇，她准是堕落不堪了，人们会厌恶地把她抛弃，而妇人却有上千种手段既保持权力又保持尊严。前者过分屈从，使你过得舒适、安全，然而无聊，而后者做了大量的牺牲，必定会希望爱情生活丰富多采；前者只让自己一个人名誉扫地，后者却为了你的利益毁灭整个家庭。姑娘只有一种风情，以为把衣服一脱，什么都解决了，而妇人却有万般的娇姿媚态，情深似海，含而不露，总之，她满足了一切虚荣心，而黄毛丫头只能满足一种虚荣心。再者，三十岁的女人心中会产生犹豫、恐惧、担忧、慌乱和风暴，而这一切在姑娘的爱情中是从来遇不到的。到了这个年纪，妇人要求青年男子归还她为他牺牲的尊严，她只为他活着，关心他的前途，愿他过美好的生活，并使他的生活光彩夺目：她服从，她祈求，她指导，她堕落，她升华；她善于在任何时机安抚慰问，而姑娘只会抱怨呻吟。总而言之，除了她的地位提供的种种有利条件之外，三十岁的女人可以变成姑娘，扮演各种角色，具有羞耻之心，甚至遭不幸之后会变得更美。在这两种女人之间有意料之中和意料之外的区别，有强和弱的区别，差别之大难以估量。三十岁的女人满足一切，而姑娘什么也满足不了，否则就不成其为姑娘了。"[20]498-99关于妇女解放巴尔扎克也有自己的见解："女人的圣洁是跟社会的义务和自由不相容的。解放妇女，就是腐蚀妇女。允许一个外人进入家庭圣地，不就等于引狼入室吗？允许女人引外人进来，这不是一个错误吗？或确切地说，不是等于一个错误的开端吗？应该不折不扣地接受这个理论，要不然就得宽恕情欲。……法兰西似乎允许偷盗。"[20]500

在《小市民》中，巴尔扎克这样从柯尔维尔太太论四十岁女人的爱情："上了四十岁的女人，尤其是尝过爱情的毒苹果的女人，会感到一种庄严的惊恐，她发现有两件东西正在死去：一是她的肉体，二是她的心灵。如果按最世俗的观点将女人分为两大类，分别称之为有节操的和有罪的，那么可以说，从四十这个可怕的数字开始，她们全都感觉到一种极为强烈的痛苦。或因服从天命，或因将愤懑埋在心底或神坛脚下，她们恪守妇道，然而天性的欲望却落了空，她们不无惊恐地想到一切都已完结。这种念头隐藏之深显得奇特而似恶魔所为。有时，她们会做出惊世骇俗的叛教行为，其原因盖出于此。而她们中间不守妇道的则处于一种头晕目眩的境地，或以疯狂或以死亡告终，或者其情欲增长到与处境相等的地步。这种危机的进退两难在于：或者她们得到幸福，过着一种淫逸的生活，于是只能呼吸这种香烟弥漫的空气，在这种温柔乡里忙乱，在这种气氛中奉承成了爱抚，她们如何能够放弃这种生活？或者——而那是一种少见的极为奇特的现象——她们在追逐一种可望不可即的幸福时，只得到一种使人厌倦的欢乐，她们在这场狂热的追逐中被虚荣心的满足所刺激，在这场赌博中象（像）输红了眼、象（像）下双倍赌注的赌徒那样不甘罢休，对于她们，这仅存的风韵就是她们在赌博中孤注一掷的最后一笔赌注

了。"[18]150-51

在《外省的诗神》中，巴尔扎克这位写道："富豪们纵情声色享乐无度，未老先衰，结婚又晚，成婚时血气已经早衰，最后必然使社会上层的人种退化。"他进而说："对于发育不全的孩子，母亲心里总是十分溺爱的。"[21]60-61这一点，巴尔扎克在贝尔尼夫人身上深刻地体会到了，他把这种体验融塑到了《幽谷百合》的莫尔索夫人的形象中。在《贝阿特丽克丝》中巴尔扎克则给出了近乎荒诞的理由：这样的孩子会长久地留在身边陪伴母亲。实际上母亲之所以这样做往往是出于护弱本能。

在《外省的诗神》中，卢斯托对迪娜说的话揭示了女人情感的变化多端："女人爱我们的时候，她们会宽恕我们的一切，甚至我们的罪行；她们不爱我们的时候，对我们什么都不宽恕，甚至我们的美德！"[21]190-91

在《老姑娘》中，巴尔扎克写道："爱情是一个伪币制造者，不断地将硬币换成金路易，也常常将金路易作成硬币。"[22]382老姑娘决定嫁给杜·布斯基耶后，阿塔纳兹大受打击，于是巴尔扎克写道："当心灵和想象将不幸放大几倍，使之成了肩上或额上难以承担的重负时，当怀抱已久的希望破灭了的时候，当一个人虽然有力量，但是对自己已经没有信心，虽然有坚强的意志，但是对前途已经失去信心的时候，这个人就垮了。"[22]419-20

在《朗热公爵夫人》中，巴尔扎克写道："对心灵来说，没有微不足道的小事。心灵能将一切放大。在心灵的天平上，历时十四年的王国衰落，和女子一只手套堕地，可以具有同等的重量，而且这只手套几乎总是比王国还重。这是显而易见的毋庸置疑的事实。在事实后面，有激情的问题。"[10]166事实上，《十三人故事》中的三部作品都是探讨有关激情的专题式的作品。关于朗热公爵夫人，巴尔扎克写道："可能其中有一位修女，对他（将军）来说，比生命还珍重，比荣誉还宝贵。……罗西尼是将人类激情移植于音乐艺术之中最多的作曲家。其音乐作品数量之繁多，规模之浩大，将来必有一天会赢得人们如同对荷马史诗一般的敬意。……到演奏感恩赞美诗时，从音乐骤然形成的风格中，如果依然辨认不出那是一颗法兰西灵魂，是绝不可能的。显然法国国王的胜利在这位修女的内心深处激起极大的欢乐。"[10]167-68将军称病留了下来。"无法持久却仍在持续着的爱情，越过宗教的坟墓又来扰乱她的平静。在爱情的辉煌光焰面前，这颗心感到幸福，又为这幸福而惊惧不安。女子们将自己掩埋在宗教坟墓之中，以便成为基督的配偶而得到重生。"[10]171不信仰宗教的巴尔扎克口中说出"宗教坟墓"的字眼是再正常不过的了。"人类的天才所创造的各种乐器之中，毫无疑问，管风琴是最伟大、最大胆、最精彩的乐器。它本身就是整整一个乐队，一只灵巧的手可以要它演奏一切，表达一切。它是唯一有力的媒介，只有它才能够将人们的祈祷传达到天国。……猛然间，她向他叙述了自己长期的悲伤，向他描述了自己精神上漫长的病痛。她每日消除一种感官，每夜割断某一思念，渐渐地使自己变得心如死灰。又有几处柔弱无力的起伏，然后，她的乐声一步步染上深深哀愁的色调。顿时，回声将忧伤一倾而尽，势如暴风骤雨。最后，骤然间，高音区爆发出一曲协奏。……她仿佛重又投入刚才曾有一刻工夫走了出来的坟墓之中。"巴尔扎克用音乐的比拟非常形象地传达出了朗热公爵夫人此时的矛盾心理。"对于充满柔情和富有诗意的灵魂，对于痛苦和受伤的心，音乐，乃至歌剧音乐，难道不是它们沿着回忆的足迹所展开的一篇作品么？……"[10]171-73 将军也迅速感觉到了这种变化。"将军无法怀疑，在这颗对外界来说已属死亡的心中，他会重新找到与自己的激情同样炽热的激情。……原来她一直钟情于他。孤寂使她心中的爱情滋长，正如往日一个接一个地跨过这位女子在她与他之间设置的重重障碍，使他心中的爱情更加增长一样。"第二天他去望弥撒，"管风琴重又响起，但已不是同一双手在演奏了。……他突然听到心上人的声音就在他身边响起。他辨认出了那明亮的音色。这声音由于颤抖而稍稍变了样，这战栗却赋予她少女的羞涩所包含的全部娇媚。这声音从合唱的众声中突出地显露出来，……这声音在人的心灵上产生的效果，正如在暗色的装饰框缘上一条金线或银线对视觉产生的效果一样。那么，这果真是她了！"[10]174-75 神甫告知院长"以前经常离开她的居室。……泰蕾丝修女，就是在小教堂中领唱的那位。"[10]176

接下来就是一对情人相见。"在木栅边，即使有尊敬的院长在场，任何人恐怕都是不能会见的。不过，为了照顾信奉天主教的王位和神圣宗教的解放者，尽管院长铁面无私，规定也可以暂时放一放，"听忏悔的神甫眨眨眼道，"我替您去说说。"事情有所进展。"第二天上午，午休之前，听忏悔的神甫来到，告诉法国人说，泰蕾丝修女和院长同意晚祷前在接待室的木栅门处接待他。……"[10]177 接着巴尔扎克描写木栅门处环境和宁静的感觉。"男子修道院创立的不多。……男子天生就是要行动，就是要完成劳动的一生。……还有什么比这更具有悲剧色彩呢？两位情人在大海中，在花岗岩的山岩上单独相会，但是一念之差、一个不可逾越的障碍却将他们分开。……一片光明之中，他看见一位女子立在那里。可是折在头上的修女巾拉下来了，将她的面庞遮住。……将军未能瞥见修女赤裸的双脚。如果他见了，定会感到她消瘦得多么可怕。虽有粗布道袍道道褶痕遮掩，这位女子的形体再也显露不出来，他仍然可以揣度到，泪水、祈祷、激情、孤寂的生活已经使她憔悴不堪了。"[10]178-79

"这里没有什么公爵夫人，"修女答道，"在您面前的是泰蕾丝修女。……"

往日这位女人是巴黎时装王后，生活于奢华之中，她的声音与那个环境是那么协调，谈吐是那样轻浮、富于嘲讽意味。而今从这张嘴里吐出这样的话语，而且用这样谦恭的语气，这仿佛一声霹雳，把将军震呆了。

"……亲爱的安东奈特，……"

听到往日对自己那样冷酷无情的男子温柔地呼唤着自己的名字，修女内心一阵激动。……头巾轻轻抖动，泄露了她的激动心情。[10]180

"你认识这个骑兵么？"院长向她投过犀利的目光，问道。

"认识，我的母亲。"

"回到你的居室去，我的女儿！"院长用命令的语气说道。

……公爵夫人朝门口走去，但是她又转过身来："我的母亲，"她以极其镇静的口气说道，"这位法国人是我的一个兄弟。"

"那你不要走了，我的女儿！"老妇人怔了一下，回答道。[10]181

"……设法让我能见你吧！我现在如醉如痴地疯狂地爱着你，正象（像）你过去希望我爱你的那样。"

"你要控制自己，我的兄弟。如果你的面部流露出世俗的激情，或者你的眼睛流下泪水，我们的院长就会将我俩无情地分开。"

……在这位女子身上，只剩下了灵魂。[10]182

"……为寻找你，我走遍了天涯海角。五年来，我无时无刻不在思念着你，你占据了我整个的生命。我的朋友们，……曾经全力以赴帮助我，搜遍了法国、意大利、西班牙、西西里和美国的每一所修道院。每次寻找失败，都使我的爱情更加炽烈地燃烧起来。……"

"公爵已经死了，"他急切地说道。

泰蕾丝修女满面绯红。[10]183

将军像在背台词："……我以整个心灵最热烈地爱恋着你：如果你跟随我隐居遁世，我保证，除了你的声音，我不再听别的声音讲话；除了你的面容，我不再看别人一眼……" [10]184-85（引文有所省略）

在《经纪人》中，巴尔扎克这样慨叹："……上流社会的女性，又要到什么时候才能不靠袒胸露臀来争奇斗艳，而改为竞相展示善良和智慧呢？" [23]345

在《浪荡王孙》中，巴尔扎克借拿当之口这样论爱情："……夏尔-爱德华对爱情的看法是再正确不过了。他认为人的一生中不可能有两次爱情，只能有一次，象（像）海样深，却比海更无边无涯。无论老少，这爱情袭来时就象（像）上帝的慈悲降临到圣保罗身上一样。一个人也可能活到六十岁还没有感受过这种爱情。用海涅的一句绝妙佳句来说，这爱情可能是'暗藏的心病'，是我们心中一种无限的情感和外界一种有形的美好理想的结合。" [24]392

关于婚姻和家庭，艾珉在《三十岁的女人》的《题解》中概括得很准确："巴尔扎克一直认为，家庭是社会的基础，而以财产、门第为杠杆的婚姻制度恰是破坏家庭、造成种种私生活悲剧的根源，其中受害最深的便是女子，巴尔扎克通过女主人公朱丽之口，对这种婚姻制度提出了强烈的控诉：'婚姻不过是合法的卖淫！'一个天真无邪、活泼愉快的少女，一旦套上婚姻的枷锁，委身于一个对她毫不理解、和她毫不相称的男人，从此便陷于不幸的深渊。她们受社会礼俗的约束，要么含悲忍苦地充当奴隶，时刻面临被遗弃的危险；要么因在婚外寻求幸福而遭受社会乃至子女的谴责。她们的短暂幸福，往往造成家庭、子女的极大不幸和自己终生的痛苦。" [25]604

关于男女之道，巴尔扎克在《高老头》中写道："忧郁的人需要女子若即若离的卖弄风情来提神；而神经质或多血质的人碰到女子抵抗太久了，说不定会掉头不顾。换句话说，哀歌主要是淋巴质的表现，正如颂歌是胆（汁）质的表现。" [26]308巴尔扎克往往很会奉承女性，他说："女人即使在最虚假的时候也是真实的，因为她总受本能支配。" [26]323

在《外省的诗神》中，巴尔扎克说："不幸使诗情如闪光的水柱一般喷射出来，而幸福则吞噬了更多的诗情。" [21]228这里所表达的意思与"穷愁之音易好，欢愉之辞难工"的意思相同。

六、庸人、公证人、律师和诉讼代理人、外省公务员、见习员、密探、恶魔

在《三十岁的女人》中，巴尔扎克这样论庸人："世间有些人，他们的平庸无能对多数认识他们的人是深藏不露的，这样的人不是很多吗？高位、名门、要职、装璜门面的礼节、极其谨慎的行为，以及财产的声望，凡此种种都是他们的护身符，使他们的内心世界免受批评。这些人有点象（像）君主，君主的身材、性格和生活习惯，人们从来不知底细，也从来不能作恰如其分的评论，因为君主不是离人们太远，就是离人们太近。这些徒具虚名的人只问不说，他们有一种技巧，就是把别人推到前台，免得面对面交锋，然后极其巧妙地牵动每一个人的情感或利益，用这种办法来愚弄比他们高明的人，把别人当作傀儡，把别人降低到他们的水平，然后认为别人渺小。于是乎他们平庸而又固执的思想，自然就胜过了别人伟大而不断变化的思想。所以要想判断这些空虚的头脑，衡量它们反面的价值，观察家不仅需要智力超群，更要洞察入微，不仅要有眼光，更需要长期观察，不仅思想高尚、伟大，更要细致、敏锐。然而无论这些沽名钓誉的人如何巧妙地遮盖他们的弱点，他们却很难瞒过自己的妻子、母亲、孩子或家庭至交，但是这些人在涉及共同名誉的事情上几乎总是为他们严守秘密，甚至常常协助他们哄骗社会。如果说，因为至亲好友的共谋，许多傻瓜被当成了伟人，那么同样也有相当数量的伟人被当成了傻瓜。因此社会政权总有那么一批虚有其表的栋梁之材。"[20]430-31

巴尔扎克在《公务员》中写道："能够不受任何考虑的阻拦，任用自己选中的人才的，惟有拿破仑。因此，自从这一伟大的意志陨灭以来，'能'与'权'就分家了。而在朝气蓬勃之后，继之以软弱疲塌，这种鲜明的对比对法国比对任何其他国家都更加危险。"[16]576巴尔扎克这样论及年老的大臣："正当他们需要鹰一样的目光时，却已视力模糊；正当他们需要加倍的精力时，却已筋疲力尽。"[16]578拉布丹要见的大臣："他和所有六十岁的大臣们共有的通病是对一切困难都采取搪塞的办法：……他这样弄权已经七年之久，……因此，谁也不敢去指责一个为庸人所发明，用以取悦庸人的制度。"庸人政治是灾难性的。"他（拉布丹）想象不到，他刚刚完成的那一生中的伟大事业，对大臣说来只不过又是一项理论而已。这个政治家只能把他同那些茶余饭后的发明家和炉边的空谈家混为一谈。"[16]579-80

在《三十岁的女人》中，巴尔扎克这样定义公证人："巴黎常见的那种

又粗又胖的公证人，是值得尊重的人，这等人一板一眼地干蠢事，重重踩着别人包藏起来的伤口，还要问别人为什么叫苦连天。这种人一旦得知他们所干的害人傻事的缘由，便说：'说真话，我事先可一点儿也不知道啊！'"[20]522巴尔扎克很善于概括一些普遍存在的社会规律。在《小市民》中，他这样写道："资产阶级相信公证人说的话远甚于相信诉讼代理人所说的话。公证人比任何其他司法助理人更接近他们。巴黎的有产者去诉讼代理人那里时不无疑惧，诉讼代理人那种好斗的胆气令他们惶惑不安，而他每次到公证人那里却总是体验到新的乐趣，他赞赏公证人的明智和通情达理。"[20]258-59

在《小市民》中，巴尔扎克这样分析了律师与诉讼代理人之间的严格界限："外国人、外省人、上流社会的人，也许不知道律师之于诉讼代理人，犹如将军之于军需官。在律师同业公会和诉讼代理人协会之间存在着一条必须严格遵循的规矩。不管诉讼代理人如何年高德劭、生性倔强，都必须去律师家商谈事务。诉讼代理人是规划战斗计划、筹备军需品、调动一切的行政人员；而律师则展开战斗。不知为什么法律要给主顾两个人而不是一个人，正如不知为什么作家需要一个印刷厂老板和一个书商。律师同业公会禁止其成员进行任何属于诉讼代理人业务范围的活动。一位大律师踏进诉讼代理人事务所的情况是绝无仅有的，他们在法院碰头，但在社交场上这种界限就不存在了。有几个律师，尤其是在拉佩拉德那样的处境下，有时会违反惯例去找诉讼代理人。不过，这类情况极为罕见，而且几乎总是出于紧急情况。"[18]253

巴尔扎克在《公务员》中这样论外省公务员："外省公务员一般是过得很好的，住得很宽敞，有花园，能喝到便宜的好酒，决不吃马排骨，饭后还能有甜食这样的奢侈品。他们不但不负债，还能有点节余。大家不知道他们靠什么吃饭，都说他们不是靠薪水吃饭的！如果是单身汉，他所经过之处，各家的母亲都会向他招手致意；如果他已结婚，就可以偕妻子参加总税务长、省长、副省长、钦差大臣家的舞会。他的个性得到尊重，他有家财，可以以才智出名，他还有机会使人家为请不到他而遗憾。全城都知道他，关心他的妻子、儿女。他家也请客，如果有条件的话，例如有一位有钱的岳父，他还可能成为议员。他的妻子受到小城市里洞察入微的监视，所以如果家门有所不幸，他总是知道的；而在巴黎，一个公务员遇到这种事可能自己一无所知。总之，外省的公务员让人当回事儿，而巴黎的公务员则算不得什么人。"[16]522-23这一点从莫泊桑的公务员题材的短篇小说中就可以看到。

巴尔扎克在《公务员》中这样介绍政府机关里的见习员："政府机关里

的见习员就象（像）教堂唱诗班的孩子、连队里的子弟兵、戏院舞蹈班的学员，是一种天真烂漫，带有盲目幻想的人。要是没有幻想，我们将何去何从呢？幻想给我们以力量去咀嚼那空虚贫乏的艺术，使我们凭着信仰去吞噬一切科学的最初成果。幻想是一种不着边际的信念。而见习员对政府机关还真有信念！它本来是冷酷、残暴、僵硬的东西，他却不这样看。只有两种见习员：富的和穷的。穷的见习员富于希望，并且需要一个职位；富的见习员则穷于才智，什么都不需要。一个富有的家庭决不会天真到把有才能的子弟放到政府机关中去。富的见习员总是委托给一位高级职员，或放在主任身边受栽培，那深刻的哲学家比尔波盖把这种栽培称为政府机关中的高级喜剧，其内容就是为他减免见习期的种种讨厌的事，直到他获得一个职务。富的见习员从来不会使各办公室感到可怕，公务员们知道他威胁不着他们，因为他只着眼于政府机关中的高级职位。那个时期，很多家庭已在开始发愁：'我们的孩子将来怎么办？'在军队中发迹的机会已经不多。"[16]497-98可见，《红与黑》中的矛盾带有普遍性。"那些穷见习员，也是唯一真正的见习员，大多是死去的公务员的遗孤，寡母靠微薄的养老金茹苦含辛把儿子养大，直到能参加远征军。最后死去时，把他留在和他所能想望的最高职务——文书、科员，或是什么小头头——相接近的地方。他们总是住在房租便宜的市区，一大早就出发。对他们说来，唯一的'东方'问题，就是天色如何。他们必须步行，得小心翼翼保持衣服整洁，还要把万一遇到一场骤雨而需要躲避一下的时间计算在内。为此要操多少心啊！人行道、铺石板的大道和沿河的大街都是他们的恩人。如果由于某种奇特的原因，您竟然在一个冬天的早晨七点半或八点钟走在巴黎街头，在刺骨的严寒、冬雨、或任何一种坏天气中看见一个怯生生的、脸色苍白的年轻人，手里没有烟卷，那么请注意他的衣袋吧！……您会看见一条长面包的轮廓，那是他母亲给他准备的，好让他度过早饭和晚饭之间的九个钟头而肠胃不受损害。不过见习员们的赤子之心也很少能持久。一个从五光十色的巴黎生活中得到启发的青年，很快就会发现一个副处长和他本人之间令人生畏的距离。……是不稳定的恩赐和固定薪金之间的距离！一个见习员很快就发现靠这个职业爬上去是不可能的。……他发现办公室里的钩（勾）心斗角，他看到他的上级是通过什么样的不正常的途径爬上去的：一个是娶了一个失足少女，另一个娶的是一位大臣的私生女。"[16]498-99

巴尔扎克虽然在《长寿药水》致读者中对密探鄙夷不屑，但在小说里对密探还是有所容忍的。"佩拉德和科朗坦是不是可憎？真是愚蠢的问题！拿破仑皇帝说：'何必抓住一个间谍不放呢？他已经不再是一个人了，他也不再有人的感情，他只不过是机器上的一个齿轮。他执行了他的任务。假如机器不是如此运转的话，任何一个政府都无法生存。'连巴尔扎克笔下那些正直的人，如善良的但维尔，对无赖也相当宽容。一个艺术家所要做的不是去谴责这些人，而是把他们呈现在读者面前；而对于一个事业家来说，则是要认识他们，以便提防或利用他们。'有些美德在人们执政时是要戒除的。'此外，一本小说的道德寓意需要通过读者本人的道德观来起作用。假如某个青年人读过《人间喜剧》之后并不谴责卢斯托和吕邦泼雷的话，那就说明他是以同样的观点来对待自己的。'"[17]440

巴尔扎克笔下的恶魔形象是一个复杂的存在。"令人惊奇的是这位比谁都善于活灵活现地描写恶魔的小说家竟然如此重视社会价值。事实上，他所塑造的恶魔没有一个不是依存于社会的。在他看来，一个人的存在取决于社会环境和经济地位。因此不论他怎样为王权和宗教辩护，他仍然受到马克思主义者的青睐。他为他们的理论提供了依据。他们更喜欢现实主义的保王派巴尔扎克，而不欣赏号召人们去'理解那些善良的富人'的空想主义共和派欧仁·苏。他们喜欢高布赛克和伏脱冷而不喜欢《巴黎的秘密》中的鲁道夫王子。为了将社会风暴搬上舞台，'必须让那些藏在舞台下面的巨人兴风作浪'（巴尔扎克《致希波利特·卡斯蒂耶的公开信》）"[17]440-41。

虽然本能让巴尔扎克坚持道德，但创作的激情却让他迷恋邪恶。"然而巴尔扎克如何协调那么多相互矛盾的道德观呢？他并不着意去协调它们，只是像所有的艺术家那样，拿着画笔去描绘。让后来的评论家去评判巴尔扎克的哲学思想，让贝尔托神甫去超度他的灵魂吧！'真正的诗人应该像上帝一样藏身于他所创造的世界之中，只有通过他的造物才能看到他。'巴尔扎克超越了他的人物，这些人物在他们最美好的时刻可以超越人类的弱点（随即被宽恕的弱点）而达到至高无上的境界。尽管他的作品中描写了那么多的邪恶，然而这一超越偏见和激情的理解使得作品成为一种力量和明达的源泉。阿兰说：'我发现，若要真正地研究人，就必须以巴尔扎克教给我们的这种粗暴方式去爱他们。'"[17]441

《高老头》中，米旭诺为了三千法郎向密探告发了伏脱冷。关于伏脱冷，巴尔扎克写道："他这个人不仅仅是一个人了，而是一个典型，代表整个堕落的民族，野蛮而又合理，粗暴而又能屈能伸的民族。一刹那间高冷变成一首恶魔的诗，写尽人类所有的情感，只除掉忏悔。"[26]362

七、论退休、慈善机构、诉讼费、继承权

巴尔扎克在《小市民》中论退休，分析得津津有味，也很全面，同时不乏幽默色彩："从工作到退休的过渡时期的确是职员的一大关口。退休后不会或不能以其他职务代替他们原先职务的人都会发生奇怪的变化：有些人死了；不少人迷上了钓鱼，这种无所用心的活动倒是与他们在办公室里的工作颇为接近；还有些机灵点的则变成了股东，失去了自己的积蓄，却为自己能在企业里占有一席之地而沾沾自喜。"[18]97

在《初入教门》中，巴尔扎克通过阿兰先生之口发表了对慈善机构的看法："我们所从事的并非您所见过的那种慈善事业。那种慈善事业分为若干部门，各由一些假道学的骗子加以经营，完全成了一种买卖，我们实行的则是伟大卓越的圣保罗所阐释的那种慈善。因为，我的孩子，我们认为，只有慈善才能医治巴黎的创伤。这样，对于我们来说，灾难、贫穷、痛苦、忧伤、邪恶，不管出自何种原因，发生于哪个社会阶层，在我们眼中都有同等的权利。尤其是，无论信仰或观点如何，一个不幸的人首先是个不幸的人，我们只有在把他从绝望和饥饿中解救出来以后，才能劝他转向我们神圣的母亲教会。……巴黎的各类贫困中，最不易发现而又最为艰难的就数正派人的贫困了。特别是那些刚刚陷于贫困的上层资产者家庭的贫困，因为他们把隐瞒自己的贫困看成荣誉攸关的事情。……这类苦难是应该特别加以关心的。"[12]412-13像巴尔扎克笔下的赛查·皮罗托就属于阿兰先生所说的这种贫困的资产者。

《经纪人》中，巴尔扎克通过德罗什之口介绍了扣除诉讼费的专业知识："假如有人欠你一笔钱，而只要你的债权人之一向他发出债务扣押通知，那么你的一切债权人也都可以起而效尤。所有的债权人都申请清偿，那么法庭怎么办呢？……它将扣押的款项在所有的债权人之间按比例分摊。这种由法官监督的分摊叫做'派份儿'。假如你欠了人家一万法郎的债，而你的债权人通过债务扣押搞到了一千法郎，那么他们每一家便可获得相当于其债权额的百分之几；这种分配用法律上的行话来说便是按债权比例清偿，即根据各自的债权数目分配。但他们必须凭法庭文书发出的一项法律文件才能提款，这种文件的名称是'债权人序列明细表提要'。这项工作由诉讼代理人先作准备，再由法官列表，各位可以想见那是一叠叠贴满印花的公文，上面疏疏落落地写着几行字；稀稀拉拉的几个数字，在成栏成栏的空白之中显得很冷落。表列的第一项便是扣除诉讼费。而扣押一千法郎或一百万法郎，诉讼费都一样。所以在

诉讼费名下吃掉（比如说）一千埃居是轻而易举的，尤其是出现争端时更是如此。"[23]367-68

1830年，巴尔扎克在《长寿药水》致读者中论及了继承权问题，他极端地认为人们普遍地希望亲人死去："……依照某些哲学家的说法，人类社会在向进步的道路发展，那末，它是否将这种等待长辈死去的艺术看作朝善迈出的一步呢？这门学问创造了一些堂而皇之的职业，有了这些职业，有的人便可以靠死亡而生。有些人的职业是希望别人死亡，他们孕育死亡，每天早上蹲在一具尸首上，而晚上用尸首作枕头：他们是助理教士、主教、临时雇员、养老储金会参加者，等等。……一个谋杀犯不如一个密探使我们那么厌恶。谋杀犯或许是屈服于疯狂的行动，他会后悔和洗刷干净自己。然而密探总是密探：……他任何时候都是卑劣的。谋杀犯要是象（像）密探那样卑劣就不堪设想了！你们难道没有看到，在社会中，有许许多多人在法律、风俗和习惯的影响下时刻想着亲人的死，盼望亲人的死吗？……正当纯洁得光采照人亲人晚上将天真无邪的额角送给他们亲吻时，他们一边说'晚安，父亲'，一边在蓄意谋杀。他们随时盯着那双眼睛，他们盼望这双眼睛闭上，而这双眼睛每天早上天一亮却又睁开，好象（像）这篇研究里的贝尔维戴写的眼睛那样。天知道在人们的头脑中犯下了多少杀父之罪！……整个欧洲文明建立在继承权上，犹如建立在一个支轴上，要取消继承权是疯狂的举动……"[27]86-87

八、复杂矛盾的巴尔扎克

首先，巴尔扎克是个非常深刻的作家。有些人生哲理和规律，而且是很少有人能够如此细腻地观察到的非常微妙的现象，被巴尔扎克形象、精要地概括了出来："有一种值得注意的社会现象，人们肯定注意到过，但可以说从未有人加以表述，公之于众，那就是有些从青年到老年社会地位渐次上升的人身上，表现出一种当初的习惯、精神和举止复归的现象。比如蒂利埃从精神上来说又变成了门房的儿子，他又重复他父亲说过的某些笑话，总之在他生活的河面上又泛起了往日的泥沙。"[18]142

在《小市民》中，巴尔扎克借赛里泽之口表达了这样的富有哲理的话："对于虚荣的人，满足或威胁其自尊心就能把他们抓在手心；至于吝啬鬼，掏空或装满其钱包就能左右他们。"[18]205

在《小市民》中，巴尔扎克表达了这样的哲理："明天我就什么都知道了，"德罗什对高德夏说，"没有比失败者（指赛里泽）更饶舌的了！"[18]258

在《小市民》中，巴尔扎克表达了这样的社会理想："社会有两种完善的极致：其一是那么一种文明状态，发展到这种状态时，道德的普遍灌输消除了犯罪的念头，耶稣会教士达到了这种早期基督教所展示的卓越境界；其二是那么一种文明状态，发展到那种状态时，公民的相互监督使犯罪没有发生的可能，现代社会所追求的这种境界，使犯罪变得十分困难，只有丧失了理智才会去犯罪。"[18]284

在《德·拉尚特里夫人》中，巴尔扎克写道："真正的银行家在金钱方面如同作家在思想方面，应当无所不知，无所不晓。"[28]309-10

在《德·拉尚特里夫人》中，巴尔扎克这样描写孤独生活的魅力："孤独自有荒蛮生活的魅力，任何尝过那种生活的欧洲人都乐而忘返。……在那几个世纪中，任何隐遁修行的人都没有重新回到社会生活中来。孤独生活能够治愈几乎所有的精神创伤。"[28]314-15这是难得的真理性的概括。

在《德·拉尚特里夫人》中，甚至注释也能给予我们以哲学性的启发。如337页注："见《效法基督》：'人有两张翅膀能超脱于尘世万事之上，这两张翅膀就是朴实和纯洁。'"

在《初入教门》中，戈德弗鲁瓦惊奇地发现："这（贝尔纳先生）是迫害夫人和她女儿、维萨尔骑士的刽子手啊！"[12]499但他们还是以德报怨，用一万五千法郎帮助了贝尔纳一家。

"好吧。"戈德弗鲁瓦看着老人（贝尔纳先生）说，"救了您的女儿，使她起死回生，使她年轻、美丽、鲜艳、活泼地回到您身边；使您免于蒙受外孙声名狼藉之辱；使您晚年幸福，受了敬重，总之，救了你们三个人的那个女人……"

他的声音中断了。

"她是个曾被您判处二十年劳役的无辜的女人！"戈德弗鲁瓦对着布尔拉克男爵（即贝尔纳先生）叫了起来，"您曾在您的检察公署（贝尔纳先生是前任总检察长，王家法庭首席庭长）残酷地辱骂过她，您曾诋毁她的圣洁品德，您曾夺走她的爱女，送上最可怕的死路，让她死于断头台上！……"[12]518

贝尔纳先生也诚心忏悔："……我知道十八个月来对我做的无数不同寻常的好事是一位我曾在履行公职时严重伤害过的人的善行。我十五年后才认识到她是清白无辜的。而这是我在行使职权中唯一的内疚。"[12]519这是一个法不容情的故事，贝尔纳先生连外孙的偷窃都不肯原谅。面对人们的以德报怨，那位前总检察长抬起眼睛说："天使们就是这样复仇的。"作品的结束语是：

"这一天，戈德弗鲁瓦被接纳为济困扶危教友会的成员。" [12]520-21从而为这一理想团体补充了后续力量。

《高老头》中，巴尔扎克写道："年轻人发狠要在夜里读书，十有九夜是睡觉完事的。要熬夜，一定要过二十岁。" [26]217由拉斯蒂涅引出的这句话应该是巴尔扎克的经验之谈。众所周知，巴尔扎克的作品主要是在夜里写出的，那么他对熬夜的习惯的养成一定有着切实的体会。巴尔扎克通过拉斯蒂涅这个人物形象概括出这样的哲理："青年人陷于不义的时候，不敢对良心的镜子照一照；成年人却不怕正视；人生两个阶段的不同完全在于这一点。" [26]288

巴尔扎克有着广泛的兴趣。他在《不自知的喜剧演员》中提到精神感应学。

莱翁说："……封丹纳太太，虽然未来的事她十次能说中八次，却从来料不到自己会输掉押在彩票上的赌注。" [29]62

"精神感应学也是如此。"毕西沃指出，"人们不能自己感应自己。"

"好嘛！又出来精神感应了！"加佐纳勒叫道，"哎哟哟，你莫（们）怎么什么都知道？……"

同样，巴尔扎克对占卜学也很感兴趣。在《小市民》中，柯尔维尔喜欢通过拆名字进行占卜术。"在办公室里，大家为可怜的奥古斯特-冉-弗朗索瓦问卜时，他拆出了'我发了那么一大笔财'的预言。大家都取笑他。然而十年后事实证明这个预言的正确。泰奥多兹拆出的是个凶卜。关于他妻子的卜辞使他不寒而栗，他从不告诉别人，因为弗拉薇·米诺莱·柯尔维尔拆出来是：'柯。老太太姓氏受玷远走高飞。'" [29]144

巴尔扎克对动物磁力说、骨相学和面相学同样兴趣浓厚。

在《初入教门》中，巴尔扎克写道："斯拉夫诸民族拥有许多秘方，……在波兰，有些被当作巫婆的农家妇女用草汁根治了狂犬病。" [12]475这种说法不知是否可信，因为直至今日，狂犬病仍为世人所畏惧。

巴尔扎克在《长寿药水》致读者中说："……他的每一部作品都建立在多少有点新颖的思想上，他认为表达这些思想是富有裨益的；他会重视某些形式和某些思想……" [27]88

莫洛亚引述阿兰的话说："我们有时诅咒人类的处境，因为我们总是把它同根本不存在的抽象的完美境界相比较。其实，我们的前提应该是人类本身，他们的现状和他们吵吵嚷嚷的存在。如果不承认这就是世界的本来面目，那我们只好去寻死。巴尔扎克医治了人们的悲观厌世态度，这就是他的卓越贡献。"[17]429

　　其次，巴尔扎克是矛盾的。波德莱尔在《浪漫主义艺术》中写道："这就是他，一个处于神话般的破产境地，处于夸张和变幻莫测的冒险事业中，并且总是忘记点亮神灯的人，一个不懈地从事'绝对之探求'的执著的梦幻追寻者……这个在生活中贪欲难以忍受，而写出的作品却妙不可言的怪人，这个既富有天才又十分虚荣的胖孩子，他身上的优点和缺点难分伯仲，致使人们在摒弃他的缺点时唯恐排斥了他的优点……"[17]438

　　莫洛亚引用阿兰在《同巴尔扎克在一起》中的话来评论巴尔扎克的天才与平庸的悖谬统一："不错，巴尔扎克的缺点往往正是他的优点。他之所以能够把风俗小说'这种下里巴人的东西改造成一种令人称道、妙趣横生，而且往往是高雅脱俗的作品，是因为他投入了全部自我'。如果说他善于把两个公证人的争斗描绘得如同两国之间的战争一样重要，那是因为他本人曾经深受金融和法律这两架残酷机器的压榨。'他的天才在于他能够身处平庸而不加改动就把平庸变得崇高起来。'"[17]438

　　对巴尔扎克来说，他的作品就是他生活的再版。"那些断言《人间喜剧》言过其实的人只能怪他们自己没有这方面的经历。对巴尔扎克而言，这些都再真实不过了。这部作品定义表他的生命。他同时看到三千个人物生活在他的周围，在这些人的身后是'一部降格的启示录'。在那遥远的未来，'当地球如梦幻中的病人一般翻身转动，沧海变桑田的时候'，他看到了包括我们这个世界在内的数十个世界的尸骨。什么人的头脑能承受这样繁重的思索和这样复杂的幻象？他知道，在他超量的创作活动中，他是以生命来换取作品的！如同《驴皮记》里的拉法埃尔一样，他无法遏制欲望，也不能停止创作。他的双脚深深陷在日常生活的泥潭之中，他的精神早已飞升到他自己充当造物主的那个世界。"[17]438

　　巴尔扎克的矛盾也在社会思想上有所体现。"《人间喜剧》中的实用道德观有两个侧面：其一我们可以从亨利埃特·莫尔索写给费利克斯·德·旺德奈斯的教诲信中略知一二。记得她曾告诫费利克斯'要尊重社会法规，但在荣誉问题上绝不让步'。可是伏脱冷给吕西安·德·吕邦泼雷和欧也纳·拉斯蒂涅的忠告却体现了另一种截然不同的处世哲学。伏脱冷说：'历史有两种，一种是官方的，骗人的历史，那里面以高尚的情感解释行动；另外一种是秘史，是唯一真实的历史，这里面以结果来判断手段。总的说来，人都是听天由命的，他们承认结局，归顺胜利者。那么你就去争取胜利吧，成功了，你就是清白无罪的。你的行为本身不算什么，重要的是人们对你的看法。要保持美好的外表，把生活的阴暗面隐藏起来，而把最光彩的一面亮给人家看。一切都在于形式。'"[17]439

巴尔扎克是在以自己的身份为伏脱冷和亨利埃特·莫尔索这两个对立的人物说话。"巴尔扎克赋予恶魔伏脱冷和天使般的亨利埃特·莫尔索同样雄辩的口才。他不遗余力地以他自己的方式进行这种咄咄逼人的讽刺抨击。也许是辩证法要求每一种思想都有自己的对立面，也许是每个人物的语言都要符合他的性格。但是这种道德观上的二重性也反映出巴尔扎克本人的天性和他的生活经历之间的冲突。他的天性宽厚温和。从戈蒂耶到戈兹朗，只要不是心怀忌妒的人，对这一点都意见一致。甚至《人间喜剧》中的恶魔都喜欢把自己变成打抱不平的人。有必要重提乔治·桑的话，她说巴尔扎克'既天真又善良'。但是有两个重要原因使他像个悲观主义者：一是个人的原因，即他本人的不幸；另一个是历史的原因，即时代的弊病。"[17]439

皮埃尔·洛勃里耶在《巴尔扎克作品中的艺术技巧》中写道："因此他用来描绘社会的笔调只能是黑色的，而且他有意选用黑色。'伟大的作品以其充满激情的一面流传于世。'所谓激情'就是过度，就是恶'。在《人间喜剧》中，过错和罪行有时也受到惩罚，但是坏人在他的小说里常常是获胜者。'巴尔扎克笔下那些恶人逞凶作恶的场面实在描写得太精彩了，以致使我们产生一种既欣赏又厌恶的复杂感情，正如奥德修斯在独眼巨人面前，或者水手辛巴德（达）停靠在神奇的海岛上撞见妖怪时的那种感受。'他喜欢用这种地狱的火光照亮他的百丑图。他之所以像诋毁恶魔一样冷酷地摧残天使，也许更不留情，是因为他在最优秀的人身上看到了命运的残酷。在他看来，圆满的结局只能是'虚假的美'的一种表现。埃斯巴夫人想要使她丈夫——一个极好的人——被判禁治产，这个坏女人找到了一个坏法官，结果她胜诉了。拉斯蒂涅和玛赛这种野心勃勃、冷酷无情的轻浮子弟能够统治法国，而路易·朗贝尔、德·阿泰兹或拉布丹这类具有雄才大略的仁人志士却只能空怀抱负。"[17]439-40

社会的复杂性有时并不能让人很容易理解，伟人和平民也不在同一个思维轨道上。"《一桩神秘案件》中年轻高尚的洛朗丝看到无辜的米许被送上断头台而愤愤不平。拿破仑在耶拿战场上指着军队对这位青年女子说了如下这番话：'这里是三十万将士，他们也都是无辜的！可是明天，他们之中有三万人将要战死，为他们的国家捐躯……请记住，小姐，人应该为国家的利益而死，就像为自己的荣誉而死一样。'巴尔扎克对此丝毫不予谴责，他只是加以验证。你要改变社会形态吗？掌权的人可以更换，但是不同阶层不同种类的人依然存在。总还是会有劳动者、官僚和抬轿子的脚夫，至多是抬轿子的换了人，或者轿子改成了马车，仅此而已。"[17]440

　　巴尔扎克主要写贵族社会，不过对其他阶层的人物也有所涉及。"这本书（《邦斯舅舅》）的重要性，还在于描绘了下层小资产阶级，和他过去描写得最多的巴黎社会层次大不相同的一些平民典型。通常他总是写巴黎的富贵阶层，也就是1822年前后他站在拉雪兹神甫公墓的高处对之垂涎三尺而终于跻身其间的那个上流社会。在《人间喜剧》中，公爵夫人比轻佻女工要多。《赛查·皮罗托》、《公务员》、《小市民》只是少数例外。《幻灭》中由报纸、剧院和风流场所引进的那些记者、艺术家，是复辟王朝时期上层社会的边缘人物。《邦斯舅舅》这本反映路易-菲力浦时代的小说，故事也是从1843年上层社会的汉诺威街卡缪索·德·玛尔维尔家里开始的，但不久就转移到沼泽区诺曼底街的一所贫穷的四层楼上，邦斯在那里收藏艺术精品，简直成了博物馆。在这所破败不堪的房子里发生着一连串弱肉强食的可怕故事，人们可以看到一些阴暗的人物在那里游荡，如算命的巫婆和她那讨厌的阿斯塔罗特（大蛤蟆），还有专门盘剥穷人的经纪人等等。然而这阴暗的故事却沐浴着诗一般动人的温柔的友情之光（这也是巴尔扎克的梦想之一）。是的，他向那些诽谤他的人们证明他'比任何时候都更加伟大'。"[17]522-23

　　关于巴尔扎克的葬礼，莫洛亚写道，"圣菲利浦-鲁尔区的本堂神甫同意让巴尔扎克的灵柩在博戎小祭堂里停放两天。因此，巴尔扎克终于在死后'从这扇他所独有的，对他来说比任何天堂乐园之门更为珍贵的小门通过'（雨果《见证录》，2.69）。葬礼于8月21日星期三举行，没有什么隆重的排场。十九世纪最伟大的小说家没有任何正式头衔。他的王国不在这个世界上。盖棺的黑色旗帜上没有标志，没有蒙黑纱的鼓乐队，也没有穿花边制服的仪仗。不过从上午十一时起，所有'怀念和景仰他的人'纷纷聚集在圣尼古拉教堂和小祭堂周围。那些长期同他一起，为他排字的印刷工人在人群中占了相当大的比例。（《巴尔扎克先生的逝世及其葬礼》，《侧影》周刊）内政部长巴罗什代表政府出席仪式。从点着蜡烛的停尸堂到教区教堂的送葬过程中，由内政部长、维克托·雨果、亚历山大·仲马、弗朗西斯·威等作家协会会员执绋。在灵柩台前，部长对坐在身边的雨果说：'这是一位杰出的人物。'雨果回答：'这是一位天才。'"[17]581

　　人们成群结队地自愿来为这位伟大的作家送行。"送葬的行列绵延好几条大街，几乎看不到尽头。大仲马和雨果是步行去的。下午很晚才到达拉雪兹神甫墓地。雨果差一点夹在灵车和一座大墓碑之间被挤碎。他在墓前发表了一篇演说，人们以一种肃穆的感情认真倾听。雨果事后记载：'我演说之际，太阳渐渐西斜，巴黎在落日的霞光中显得很远很远，我听见脚下的泥土滚入墓穴，它们落在棺柩上的低沉响声打断了我的讲话。'拉斯蒂涅曾经在这墓地的山丘之上向巴黎发出挑战。而这一天，巴黎却在悼念拉斯蒂涅的塑造者。"[17]581-82

维克托（多）·雨果说：

在最伟大的人物当中，巴尔扎克属于头等的一个，在最优秀的人物当中，巴尔扎克是出类拔萃的一个……他所有的著作汇成了一部书，一部活生生的、光辉灿烂、意义深远的书。我们当代全部文明的来龙去脉、其发展及动态，都以令人惊骇的现实感呈现在我们面前。这部奇妙的书被巴尔扎克命名为《喜剧》，其实也可以说是一部《历史》。它以无限丰富的形象和风格超过了塔西佗的历史著作，达到了苏埃托尼乌斯的高度，超过了博马舍而堪与拉伯雷媲美……它在大量的真实、夸张、平庸、粗俗、物质的描写中，会突然让人觉察到最忧郁最带悲剧色彩的理想……

这就是他为我们留下的作品，一座高大而坚固、建立于花岗岩基石之上的丰碑，在这丰碑的上空将永远闪耀着巴尔扎克的不朽声誉，伟人们自己奠定了基石，后人在上面为他们建立塑像。……喔！这位强壮且不知疲倦的劳工，这位哲学家、思想家，这位诗人和天才，曾经和我们一起经历了生活的战斗狂澜、日常的争吵与搏斗，正如各个时代所有伟大人物都经历过的一样。今天他终于在这里安息了。他摆脱了非议与仇恨，在走进坟墓的当天，也进入了光荣。从今以后，他将超然凌驾于笼罩在我们众人头顶的云雾之上，在祖国的星空闪闪发光。[17]582

巴尔扎克虽然逝于中年，但他已经发挥出了他文学创作的几乎所有的潜力，所以他并没有留下太多遗憾。"在这同一天，巴尔贝·德·奥尔维利写道：巴尔扎克之死是文化界的巨大不幸，在我们这个时代去世的人物中，只有拜伦之死能与之相比。是的，拜伦和巴尔扎克一样，刚刚跨出青年时代，正当创作的成熟之年就离开了人世，留下了一部未完成的巨著。《唐璜》这部诗篇同《人间喜剧》这部更为伟大的诗篇一样，都还没有写完，尤其是后者，可以说我们仅仅读到了它的一半……瓦尔特·司各特的一生像一轮红日那样，走过了晴朗而漫长的整整一天之后落下山去……歌德这位命运的宠儿，早在有生之年就已经享有未来的不朽盛名，成为人们心目中的大理石雕像，而巴尔扎克却是在他生命的中途，正当他的才华与创作计划的规模日益扩大之时，溘然病逝……"[17]582-83这种评价并非完全出于客观，只是掺杂了个人美好的意愿而已。

莫洛亚也提到了圣伯夫的顺应时势的话："巴尔扎克的宿敌圣伯夫于9月2日在他的《月曜日谈话》中，一开始就宣称今后他将摒弃一切个人恩怨，以全新的眼光来评价巴尔扎克的作品，他是这样写的：有谁比他更好地描绘了帝国时代的元老和美女？有谁比他更深切地打动了复辟王朝末期的公爵夫人和子爵夫人的心灵？这些饱经世故的三十岁女人，以一种模糊的热切心情盼望看到她们自己的这位画家为她们所画的肖像……最后，有谁比他更巧妙地从现实中汲取素材，充分地表现了七月王朝时期得胜的资产阶级？……如果说巴尔扎克先生在法兰西以惊人的速度获得了巨大的成就，那么从欧洲范围来看，他的声誉则更加伟大，更加无与伦比。例如在威尼斯，曾经有一批人以巴尔扎克作品中的主要人物自许，采用这些人物的名字，在生活中扮演这些角色。有一个时期，人们只看见拉斯蒂涅，朗热公爵夫人，摩弗里纽斯公爵夫人，而且在这出社会喜剧中，肯定不止一个男演员或女演员坚持要把他们的角色演到底。……"[17]583

莫洛亚写道："作过一番颂扬之后，圣伯夫仍忍不住从他的秘密武库里找出一些毒汁，巧妙地稀释之后射将出去。甚至在巴尔扎克死后，他说仍不能接受'这种经常挑逗人心、瓦解意志、刺激神经、染上各种色彩和花纹的风格，正如我们的大师们所批评的那样，这是一种亚洲式的令人舒舒服服地堕落的风格'。他也不能赞同巴尔扎克所公开承认的对斯威登堡、梅斯麦以及形形色色卡廖斯特罗的偏爱。圣伯夫接着说道，他之所以坚持要指出巴尔扎克的这些弱点，目的在于'不让我们对于一位有杰出才能的人的崇敬和悼念，超出能够为人接受的限度'。同时他还肯定地说乔治·桑是一位比巴尔扎克更伟大的作家。我们希望——并且相信——这种说法会使乔治·桑感到不快。"[17]583-584圣伯夫还是由于嫉妒而没有对巴尔扎克做出客观公允的评价。

参考文献：

[1]费利克斯·达文.《哲学（理）研究》导言[A]//王秋荣编. 巴尔扎克论文学

[M]. 柳鸣九，译. 北京：中国社会科学出版社，1986.

[2]巴尔扎克. 《农民》献词[A]//王秋荣编. 巴尔扎克论文学[M]. 陈占元，译. 北京：中国社会科学出版社，1986.

[3]巴尔扎克. 谈《农民》的创作[A]//苏成全. 巴尔扎克研究（专题资料）[M]. 西安：陕西师范大学学报编辑室，1980.

[4]巴尔扎克. 致朱尔玛·卡罗夫人[A]//苏成全. 巴尔扎克研究（专题资料）[M]. 西安：陕西师范大学学报编辑室，1980.

[5]巴尔扎克. 《古物陈列室》《冈巴拉》初版序言[M]//《人间喜剧》第24卷，袁树仁，译. 北京：人民文学出版社1997年版。

[6]巴尔扎克. 通信集[A]//王秋荣编. 巴尔扎克论文学[M]. 成钰亭，译. 北京：中国社会科学出版社，1986.

[7]巴尔扎克. 论劳动的信[A]//《巴尔扎克全集》第30卷[M]. 蔡鸿滨，译. 北京：人民文学出版社，1998.

[8]巴尔扎克. 社会问题入门[A]//《巴尔扎克全集》第30卷[M]. 蔡鸿滨，译. 北京：人民文学出版社，1998.

[9]巴尔扎克. 杂稿[A]//《巴尔扎克全集》第30卷[M]. 何友齐，译. 北京：人民文学出版社，1998.

[10]巴尔扎克. 朗热公爵夫人[M]//《人间喜剧》第10卷. 袁树仁，译. 北京：人民文学出版社，1997.

[11]巴尔扎克. 戈迪萨尔第二[M]//《人间喜剧》第14卷. 刘方，译. 北京：人民文学出版社，1997.

[12]巴尔扎克. 初入教门[M]//《人间喜剧》第15卷. 何友齐，译. 北京：人民文学出版社，1997.

[13]巴尔扎克. 《人间喜剧》前言[A]//苏成全编选. 巴尔扎克研究专题资料[M]. 陈占元，译. 西安：陕西师范大学学报编辑室，1980.

[14]巴尔扎克. 俄罗斯和旅行者[A]//《巴尔扎克全集》第30卷[M]. 蔡鸿滨，译. 北京：人民文学出版社，1998.

[15]巴尔扎克. 政治信仰声明[A]//《巴尔扎克全集》第30卷[M]. 蔡鸿滨，译. 北京：人民文学出版社，1998.

[16]巴尔扎克. 公务员[M]//人间喜剧：第14卷. 资中筠，译. 北京：人民文学出版社，1997.

[17]安德烈·莫洛亚. 巴尔扎克传[M]. 艾珉、俞芷倩译. 杭州：浙江大学出版

社，2014.

[18]巴尔扎克. 小市民[M]//《人间喜剧》第15卷. 何友齐，译. 北京：人民文学
出版社，1997.

[19]巴尔扎克. 贝阿特丽克丝[M]//人间喜剧：第4卷. 张裕禾，译. 北京：人民文
学出版社，1997.

[20]巴尔扎克. 三十岁的女人[M]//《人间喜剧》第4卷. 沈志明，译. 北京：人民
文学出版社，1997.

[21]巴尔扎克. 外省的诗神[M]//《人间喜剧》第8卷. 袁树仁，译. 北京：人民文
学出版社，1997.

[22]巴尔扎克. 老姑娘[M]//《人间喜剧》第8卷. 袁树仁，译. 北京：人民文学出
版社，1997.

[23]巴尔扎克. 经纪人[M]//《人间喜剧》第14卷. 丁世中，译. 北京：人民文学
出版社，1997.

[24]巴尔扎克. 浪荡王孙[M]//《人间喜剧》第14卷. 资中筠，译. 北京：人民文
学出版社，1997.

[25]艾珉.《三十岁的女人》题解[A]//《人间喜剧》第4卷. 北京：人民文学出
版社，1997.

[26]巴尔扎克. 欧也妮·葛朗台　高老头[M]. 傅雷，译. 北京：人民文学出版
社，1980.

[27]巴尔扎克.《长寿药水》致读者[A]//王秋荣编. 巴尔扎克论文学[M]. 郑克
鲁，译. 北京：中国社会科学出版社，1986.

[28]巴尔扎克. 德·拉尚特里夫人[M]//《人间喜剧》第15卷. 何友齐，译. 北
京：人民文学出版社，1997.

[29]巴尔扎克. 不自知的喜剧演员[M]//《人间喜剧》第15卷. 何友齐，译. 北
京：人民文学出版社，1997.

第七章　巴尔扎克与左拉、贝克特

左拉奉巴尔扎克为自然主义的先驱，而自然主义实质上是现实主义的另一种称谓；贝克特《等待戈多》中的戈多形象直接来源于巴尔扎克的《投机商》，他深化了巴尔扎克所关注的人类生存危机。

第一节　左拉的自然主义是巴尔扎克现实主义的一种延伸和变体

现在学界有一种普遍的错误看法，认为自然主义不是现实主义。自然主义应该是左拉在巴尔扎克的现实主义盛极难继的情况下另辟蹊径的结果，它是现实主义的一种延伸，一种变体。左拉的自然主义概念来源于果戈理的自然派，自然派就是19世纪现实主义在俄国的称谓。左拉文论中的"自然"往往是指以人为中心的现实生活。20世纪80年代柳鸣九已经确定了左拉的现实主义者的身份。恩格斯对巴尔扎克和左拉的评价在中国学界造成了长期的困扰。

左拉的自然主义主张是受了泰纳的三因素决定论的影响。据鲍文蔚说，"布吕及耶尔在'巴尔扎克的小说的历史意义'一文里，指出他（泰纳）这种科学精神（指种族、环境、时间三因素决定论）受到巴尔扎克在小说上运用科学方法的影响。"[1]329之后，三因素决定论启发了左拉的自然主义理论的诞生。

巴尔扎克在《论艺术家》中说："由于世上有过拉辛，有些人就要求凡是诗人都得学拉辛，殊不知正因为有过拉辛其人，这就有必要反对一味模仿他的风格"[2]29。同理，在巴尔扎克之后，左拉另辟蹊径。

现在很多外国文学史的编写还把现实主义和自然主义分开，这种做法是错误的，自然主义是现实主义的一种延伸，一种变体。在文学史中，自然主义只该占现实主义一章中的一节，而不该在现实主义之外另立章节。

一、左拉的自然主义是在巴尔扎克的现实主义盛极难继的情况下另辟蹊径

现实主义的概念是在巴尔扎克去世后产生的，它源于法国画家库尔贝的画展，有人蔑称之为现实主义，意思是很少艺术上的提升，与现实生活如出一辙。1855年，库尔贝干脆就把自己的画展命名为现实主义。库尔贝对现实主义的解释是："像我所见到的那样如实地表现出我那个时代的风俗、思想和它的面貌，一句话，创造活的艺术，这就是我的目的。"[3]141-42之后，这个概念被引进到文学领域，人们认为巴尔扎克是现实主义创作的伟大代表。郑克鲁先生主编的《外国文学史》中说："自然主义一词经历了一个变化过程。……在19世纪，这个词进入美术领域，用来指再现真实的现代绘画，这种绘画上的现实主义从1855年起，具有粗俗的内涵。卡斯塔尼亚里在1863年的《画评》中写道：'自然主义流派断定，艺术是各种形态和各种程度的生活的反映，它的唯一目的是，通过将自然引导到最高度的力量和最强烈的程度来再现自然。……'1865年，左拉接受了这个词。"[4]（379）可见，这里的现实主义和自然主义是通用的，它们的特征都是反映时代的风貌。左拉在《论小说》中也提出了与库尔贝同样的原则："最重要的问题是要使活生生的人物站立起来，在读者面前尽可能自然地演出人间的喜剧。"[5]246只不过库尔贝关注的更广泛一些，而左拉明确地把人物作为自己关注的中心。

到了左拉创作之时，再沿着巴尔扎克的创作轨迹前进已很难突破，于是左拉必须另辟蹊径，他"立志在文学上'自己摸索一条道路'，"[6]232于是受孔德的实证论、泰纳的社会学和当时遗传学、实验医学等的影响，提出一套自然主义文学理论。左拉主张"文学家应当是一位'单纯的事实纪录者'"[6]232"小说家只是一名记录员，"[7]201他实际上就是主张作家应该像自然科学家在实验室里做实验一样，纪录下自己所观察到的社会现实，他所说的"小说家只是一名记录员"，与巴尔扎克所说的"从来小说家就是自己同时代人们的秘书"[8]143是一回事，就是纪录事实，只不过左拉的纪录要求达到科学的精密，那么，他比巴尔扎克就更加忠于现实了。左拉的这种创作方法在当代被极端演绎成分秒体，就是要纪录下每分每秒发生的事实，这就过于琐屑了。

如果我们能在巴尔扎克逝世后把他称为现实主义创作的大师，那么比他更现实的左拉为什么就不能被归入现实主义之列呢？就是因为他提出了"自然主义"这个名词吗？这样的理由并不充分。我们说，左拉的自然主义就是现实

主义的一种，它是巴尔扎克的现实主义的一种延伸，一种变体。

福楼拜在1867年2月致马里古尔的信中就曾主张"小说应当科学化"[9]395，他的"客观而无动于衷的描写"就应该是这方面的初步尝试，只是左拉在这方面的尝试更加集中而系统。左拉认为小说的积极作用就在于描绘人和事时，能符合某一科学定理，特别是能研究环境对人的影响。因此，自然主义小说的理论和实践，使作品人物的思想行为呈现出生理、病理、遗传等特征以及变态心理、反常动作。自然主义的描写琐碎可能是琐碎了一些，但谁能否认左拉所关注的内容就是现实生活的一部分？环境决定人，那么环境描写和人物描写哪一项能脱离细节描写？通过30卷的《巴尔扎克全集》，可以发现，没有人在生活琐事和环境细节描写上能比巴尔扎克更过分的了。左拉在《论小说》中说："居斯塔夫·福楼拜是迄今运用描写最有分寸的小说家。……福楼拜把巴尔扎克拥塞在小说开头几章里的、象（像）拍卖商一样的冗长的描写减少到了最低限度。"[5]252就因为左拉的关注重点与巴尔扎克不同，就强行地把他从现实主义的范畴驱逐出去，这无异于说因为香蕉是水果，所以苹果不能是水果，这是再荒谬不过的事情。

除了描写方面，左拉对巴尔扎克还是推崇备至的："人们还不能把萨尔都、小仲马和奥日埃诸位先生同巴尔扎克相提并论呢；就是把所有的剧作家一个个叠起来，也达不到他的高度。"[7]219据郑克鲁先生主编的《外国文学史》中说："左拉认为巴尔扎克'压倒了整个世纪'，……巴尔扎克描画了整个社会，创建了现代小说，是自然小说之父。"[4]398我们现在都把巴尔扎克当作现实主义的代表，可见，左拉所阐述的自然主义概念就是指现实主义。

左拉在《戏剧中（上）的自然主义》中说："巴尔扎克和司汤达（斯丹达尔）都在潦倒中，在公众的轻蔑和否定中几乎默默无声地离开人世。但他们在他们的作品中却留下了本世纪的自然主义公式。"[7]198左拉认为巴尔扎克和斯丹达尔的工作中就包含了他所倡导的科学因素："他们借小说作调查研究，……他们的工作在于观察人，解剖人，分析人的肉体和大脑。……请拿《高老头》或《贝姨》同从前那些小说，同十七世纪及十八世纪的那些小说来作一番比较吧，您就会讲出自然主义所完成的进化是怎样的了。"[7]198这里，左拉是把巴尔扎克和斯丹达尔当作了自然主义的范例，那么，他所阐述的自然主义实际上就是现实主义的另一种称谓。左拉接下来的话就是用自然主义的概念替代了现实主义的说法："巴尔扎克和司汤达，一位生理学家和一位心理学家，摆脱了浪漫主义的浮华词藻，……在我们同这两位开山鼻祖之间，一边有居斯塔夫·福楼拜先生，另一边有龚古尔兄弟爱德蒙和于勒，他们带来了文风的学问，以新的修饰法确立了公式。"[7]200左拉更是直接把他们叫作自然主义小说家："我们只须再去拜读一下巴尔扎克的，再去拜读一下居斯塔夫·福楼拜先生和龚古尔兄弟的，一句话，再去拜读一下自然主义小说家们的作品就行了。"[7]215可见，左拉把这些作家都纳入自然主义的范畴，他与他们并不对立，对立是后世人为造成的，这不只是造成了左拉与那几位著名作家的对立，而且造成了现实主义与自然主义的对立。

左拉在《实验小说论》中引用《实验医学研究导论》的作者克洛德·贝尔纳的话说："我们把实验者这个名称给予这样的人，他按某种目的用简单或复杂的调查方法来变化或修改自然现象，并使这些现象显现在自然并不把这些现象呈现出来的环境或条件中。"[10]229这里的"显现"一词运用到文学领域，也就是小说家可以对观察对象进行修改，这不是左拉的专利，也不为自然主义所独有。换言之，"显现"只是"再现"的一种方式，而"再现"却是现实主义的主要特征。

二、左拉文论中的"自然"往往是指现实生活

左拉的理论著作有《卢贡-马卡尔家族》的总序、《戏剧上的自然主义》、《实验小说论》和《论小说》等。在左拉的心里，自然就是现实，所以在他的文论中不时地会有对现实的强调："现实是出发点，是有力地推动了小说家的冲击力；小说家遵循着现实，向这个方向展开场景，同时赋予这场景以特殊的生命"[5]251。也就是集中观照和呈现的生命。左拉又说："对作家和学者来说，两者的工作一直是相同的，他们都必须以现实来代替抽象，以严格的分析来代替单凭经验的公式，这样一来，作品中就……只有真实的人物，每个人物的真实的故事，日常生活中的相对事物。"[7]193可见，左拉通过自然一直孜孜以求的真实是无法同现实相脱离的。他甚至更为直白地说道："我们教育人们的是生活的痛苦的学问，我们提供的是现实的高尚的教训。"[7]203也就是作家通过艺术的提炼，向人们展示生活的知识和规律。

以果戈理为首的俄国现实主义开始时被蔑称为自然派，后来他们索性就接受下了这个称呼。左拉在《戏剧中（上）的自然主义》一文中一开篇就对自然主义的概念进行了解释："我的弥天大罪似乎是发明并抛出了一个新的名词，用以指出同世界一样古老的文学流派。第一，我相信这个词并非是我自己发明的，因为在某些外国文学中已经用了这个词；我至多不过是把它应用在

我们自己的民族文学的当前的发展中罢了。"[7]189考虑到这篇文章写于1880或1881年，而左拉的文艺论文"不少最初刊登在俄国出版的杂志《欧洲导报》上，从一八七五到一八九〇年，左拉一直是这个杂志的撰稿人。"[11]216那么，他这里所说的外国文学已经使用了这个名词，就应该是指俄罗斯以果戈理为首的自然派。左拉又说："从亚里斯（士）多德到布瓦洛的全部文学批评已在阐说这个原则，即一部作品都应该以真理为基础。"[5]234他这里强调的应该是客观事实。虽然左拉的自然主义提倡文学使用自然科学的研究方法，甚至像卢梭一样提出"返回自然"[10]226，但一到了文学领域，果戈理的自然派和左拉的自然主义中的"自然"就都是指现实生活了，而不是大自然，这和塞万提斯、莱辛和歌德笔下的很多"自然"的概念是一致的。至于自然派和自然主义，只是国内对同一概念的两种翻译而已。

左拉在《实验小说论》中说："实验方法既然能导致对物质生活的认识，它也应当导致对情感和智慧生活的认识。从化学而至生理学，再从生理学而至人类学和社会学，……实验小说则位于这条道路的终端。"[10]227这也就是声明他关注的中心是人类学和社会学。左拉又说："我还要引述克洛德·贝尔纳的这个令人难忘的比喻：'实验者是自然的预审法官。'我们这些小说家们则是人类及其情感的预审法官。"[10]232这就从自然那里脱离了出来，其实，左拉只是高悬着"自然"的幌子而已，关注的却永远是现实，但他的这个幌子却给后世带来了无限的困扰。他又引用贝尔纳的话说："得自实验的观念……应当在被观察到的现实即自然中永远具有一个立足点。"[10]233这里，现实和自然的用法是同一的。左拉又说："我们应该象（像）化学家和物理学家对无生命物体所做的那样，或者象（像）生理学家对有生命物体所做的那样，对性格、情感、人类以及社会的事实进行分析。"[10]237这样他就阐明了他关注的绝不是大自然，而是人类社会。他又进一步解释说："我们最重大的课题就在于研究社会对个人、个人对社会的相互作用。"[10]238可见，社会现实才是左拉真正关注的中心，他要研究的就是社会与个人之间的相互作用。

三、左拉现实主义者身份的确定

一直影响人们对左拉评价的就是恩格斯在1888年写给哈克奈斯的信中评价巴尔扎克时说的话："他是比过去、现在和未来的一切左拉都要伟大得多的现实主义大师"[12]269。恩格斯是社会学家，他不是文学大师，他对文学的认识难免会有所偏差。

　　柳鸣九是法国文学研究的大家，虽然我们不该盲目地相信权威，但权威深厚的艺术功力所培养出的艺术直觉却往往是靠得住的。柳鸣九在《法兰西文学大师十论》这本书中有一篇文章叫《重新评价左拉的几个问题》，其中对左拉的评价公平持正，对恩格斯的评价也显现了超常的智慧和勇气。

　　关于左拉，柳鸣九写道："在思想倾向上，左拉是一个伟大的激进民主主义者；在现实主义思潮的发展中，左拉是新阶段的承上启下的伟大代表人物；在艺术再现现实的成就上，左拉是自己时代社会的书记；在作品的认识价值上，左拉至今仍有巨大的深刻的现实意义。"[13]240柳鸣九这里已经阐明了左拉就是现实主义发展中非常重要的一环，指出了他的作品具有长久的现实意义。

　　柳鸣九接下来的话进一步肯定了左拉的现实主义者的身份："在现实主义思潮的发展中，左拉是一个划时代的推动者与立新者。以真实地描写为基本特征的现实主义，是一个随着历史的发展而不断发展、不断深化、不断充实的思潮与方法。"[13]242左拉作为一位现实主义作家，只是探索出了与巴尔扎克不同的表现现实的方法而已，那就是把科学研究的方法引进文学创作。柳鸣九指出了左拉对巴尔扎克的这种发展："由于巴尔扎克所受时代的限制，他未能真正解决现实主义进一步与自然科学的结合。这个历史性的任务是由左拉来完成的。"[13]242了解巴尔扎克的人都知道，他对人体磁力学特别感兴趣，但并未就此形成体系；巴尔扎克也写过《婚姻生理学》之类的作品，但那并不是什么真正的生理学研究，他只是一味地在讨好女性读者，同时过于放肆地贬损天下的丈夫。倒是左拉，他在现实主义创作中真正地引入了科学研究的方法。那么，我们能因为左拉引入了科学研究的方法就把他排除在现实主义之外么？不能。

　　柳鸣九说明了左拉用科学方法写实的好处："左拉第一次把人的生理机制、把人的'血'与'肉'带进了文学，使文学中的人不再仅仅是思想情感的体现者，而且也是具有自然机能、由生理机制运转的血肉之躯，这就从整体上扩大了对人描写的范围，并且使得文学中人的心理活动与精神活动有了实实在在的物质根由，从而充实了文学中的心理描写。"[13]244与此相较，巴尔扎克笔下的著名的葛朗台的形象，虽是杂取种种而合成了一个，并没有摆脱是思想的传声筒的性质，而左拉的人物要更加有血有肉一些，是活生生的现实生活中的人。

　　柳鸣九非常明确地指出了自然主义与现实主义的关系："在左拉的思想中，所有这一切只不过是他原来属于巴尔扎克传统的写真实的文艺思想的一种延伸与发展，因而，他很自然地用自己理论体系中的术语'自然主义'来称呼司汤达、巴尔扎克这些现实主义作家，……我们没有任何理由把左拉的自然主义与传统的现实主义对立起来，而应该把它视为传统现实主义的深入发展，视为传统现实主义的新形式、新阶段。"[13]243 可见，自然主义就是现实主义的一种延伸、一种变体、一种新的探索，从左拉把斯丹达尔和巴尔扎克都纳入自然主义这一体系来看，他心目中的自然主义也就是现实主义的另一种称谓。

巴尔扎克是以写社会史见长的，左拉在这方面也做出了特别的贡献，这是现实主义的最重要的特征，就是反映一个时代的总体态势和发展脉络。左拉的"整个家族史小说实际上也就反映了从五十年代初到九十年代初的法国现实。……十九世纪后期法国社会生活的种种方面，几乎应有尽有……至少在对政界官场、对下层人民生活、特别是对工人与农民生活的描写，其细致详尽的程度是超过《人间喜剧》的。"[13]247 假如我们对巴尔扎克和左拉都有足够深入的了解，就会知道这些评价都是再正确不过的，其正确的程度，可以经受得住未来长时间的考验和论证。《人间喜剧》中表现的主流就是贵族与资产阶级之间的较量，但除了这两大阶级，社会上还有其他各色人等，而且人数要远为众多，但这些却不是巴尔扎克关注的重心，他没有做到的，左拉做到了，他忽视遗漏的，左拉补全了，这就是左拉的成就所在。左拉说："在一切年代里，都有人否定前进的步伐，都有人否认后起之秀有完成前辈们没有做过的事情的能力和权力。但这些都是些无益的愤怒、无能的视而不见。"[7]219 左拉面临来自社会的压力远远大于巴尔扎克。

恩格斯对巴尔扎克和左拉的评价并不公平。对此，柳鸣九写道："恩格斯对左拉的评判是不符合客观实际的。……恩格斯在1888年对左拉作评论的时候，左拉还没有走完他激进的行程，他的两部重要的小说《萌芽》与《金钱》尚未问世，而现代资本主义还没有充分显示自己巨大的生命力与相当完备的自我调节的功能。"[13]255 用我国其他学者的话说，这时，巴尔扎克已经逝世多年，恩格斯可以对他盖棺定论，但左拉尚处在创作的盛期，这时对他做出否定性的评价为时尚早。还有的学者说，恩格斯只是个预言家，又不是算命先生，这话也对，就像我们的天气预报有时会出错一样，但那只是预报，又不是实报。

四、左拉的文艺理论和创作实践既是自然主义的，也是现实主义的

多少年来，关于左拉都有一个错误的观点，那就是认为左拉的文艺理论

是自然主义的，创作实践却是现实主义的。朱维之、赵澧主编的《外国文学史》里面的说法就比较典型："他（左拉）是法国自然主义文学的主要倡导者，但是他的优秀作品往往突破了他的自然主义理论的框框，而成为现实主义的创作"[9]517。这种观点并不客观，它不只割裂了左拉，而且割裂了现实主义和自然主义。其实，左拉的理论和创作实践是统一的，既是自然主义的，又是现实主义的，自然主义只是现实主义阵营中的一个分支而已。有人甚至认为左拉的自然主义是于浪漫主义和现实主义之外另立一派。自古以来，文学创作方法大体上被分为重主观的浪漫主义和重客观的现实主义，左拉的绝大部分创作可以被归入后者，极少部分可以归入前者，他如何能另立一派？2012年有位匿名作者在新浪博客里发表了一篇长文，说现实主义和自然主义有重合之处，这种说法并不精确。

左拉的文论和创作都是以人为中心的，他在《戏剧上的自然主义》一文中说："作家们只须从基础上把握结构，尽量提供有关人的文献并在逻辑的秩序中呈现它们。这就是自然主义……"[14]236这里我们就明了了，他所说的自然主义，实际上指的就是以反映人的生活为主要内容的现实主义。

吴岳添在《左拉短篇小说选》译者前言中说："左拉并非一个纯粹的自然主义作家，他的作品中糅合着浪漫主义、现实主义和自然主义的风格。"[15]这是一种和粥的说法。我们说，左拉与福楼拜一样，早年都受过浪漫主义的影响，实际上这是作家成长的正常道路，莎士比亚、雨果、狄更斯和马克·吐温也无不如此，年轻时比较乐观，充满理想，作品里较多浪漫的喜剧因素，随着年龄日长，认识世界日益深刻，作品里于是更多地呈现出悲剧气息，这也就进入到了现实主义创作阶段，也就是左拉所说的自然主义。左拉最早发表的中篇小说集《给妮侬的故事》（1864）和长篇小说《克劳德的忏悔》（1865）都带有明显的浪漫色彩，后来的《卢贡-马卡尔家族》则属于现实主义的作品。

柳鸣九在《娜娜》代译序《〈娜娜〉——暴露文学的典范》一文中写道："左拉第一次在法国文学中揭示了资产阶级的淫糜之风如何渗透到公共文化生活中，使文艺娱乐糜烂变质成为了色欲的工具。"[16]这就是一个现实主义者的贡献。

1982年2月，倪受禧、刘煜在《萌芽》前言《漫话左拉与〈萌芽〉》一文中写道："在创作中，左拉一直想抓住他自然主义理论的两条支柱：遗传规律和生理决定论（他以后创作的《三个城市》和《四福音书》也是这样）。在卢贡-马卡尔家族谱系分支图上，他把每个人的遗传特征一一注明，……在《萌芽》中，这两点也表现得很明显。"[17]可见，左拉的理论和创作实践分离的说法并不可信，只是他的现实主义独具特征罢了。

从19世纪60年代末开始，左拉以巴尔扎克的《人间喜剧》为榜样，拟就了一个庞大的创作计划，要写一部第二帝国时代一个家族的自然史与社会史，这就是由20部小说构成的《卢贡-马卡尔家族》（1869—1893）。作品所反映的时代的特点是"贪欲""野心""享乐"，是一个充满了疯狂与耻辱的时代。左拉认为，这个家族，如果是生在另一个时代，处于另一种环境，就不会像它现在这样。左拉共写了五代人，他们遍布于政界、军界、司法界、宗教界、文化界、社交界、金融界、工矿企业、农村田野，引领我们看到了法国社会的全景，反映了很多社会问题。

另一方面，左拉开始醉心于理论探讨，相继发表了几篇重要论著，对自然主义进行了全面的思考和阐释。创作与理论的相得益彰，构成了他自然主义文艺思想的完整体系。事实上，这些自然主义理论，是现实主义创作方法的进一步丰富。海明威与菲兹杰拉德之所以都被归入迷惘的一代，因为他们的作品都具有世界大战后的迷惘性质。那么，巴尔扎克和左拉也一样，他们都致力于反映现实，只是各有侧重而已，他们都是自然主义的，同时也都是现实主义的，只不过巴尔扎克代表的是法国现实主义的第一个高潮，而左拉代表的是第二个高潮，仅此而已。

朱维之、赵澧、崔宝衡主编的《外国文学史》欧美卷中说："左拉决心在创作中实践自己的理论。从1868年起，他着手写一部多卷集的庞大作品。"[18]360这部庞大作品就是《卢贡-马卡尔家族》。我们说，他是创作在先，之后提出了理论，并在接下来的创作中贯彻了这种理论。

在《外国名作家传》中，由张英伦主笔的左拉部分一开篇就说："对法国文学史略具常识的人都知道，左拉是十九世纪后半期法国最重要的现实主义作家之一，也是法国自然主义文学的主要倡导者。"[19]1284这里已经承认了左拉是现实主义作家的地位，只需再说一句：自然主义是现实主义的一种延伸，一种变体，就将永远结束关于左拉自然主义归属问题的争论。

参考文献：

[1]鲍文蔚.泰纳《巴尔扎克论》译后记[A]//苏成全编选.巴尔扎克研究专题资料[M].马柯，译.西安：陕西师范大学学报编辑室，1980.

[2]巴尔扎克.论艺术家[A]//苏成全编选.巴尔扎克研究专题资料[M].盛澄华，

译. 西安：陕西师范大学学报编辑室，1980.

[3]陈惇. 西方文学史：第二卷[M]. 成都：四川人民出版社，2003.

[4]郑克鲁. 外国文学史：上卷[M]. 北京：高等教育出版社，1999.

[5]左拉. 论小说[M]//伍蠡甫. 《西方文论选》下卷. 辛滨译. 上海：上海译文出版社，1988.

[6]伍蠡甫. 西方文论选：下卷[M]. 上海：上海译文出版社，1988.

[7]左拉. 戏剧中的自然主义[M]. //伍蠡甫、胡经之. 《西方文艺理论名著选编》中卷. 毕修勺、洪丕柱，译. 北京：北京大学出版社，1986.

[8]巴尔扎克. 古物陈列室、钢巴拉初版序言[M]//王秋荣. 巴尔扎克论文学. 程代熙，译. 北京：中国社会科学出版社，1986.

[9]朱维之，赵澧. 外国文学史欧美部分[M]. 天津：南开大学出版社，1985.

[10]左拉. 实验小说论[M]//伍蠡甫、胡经之. 《西方文艺理论名著选编》中卷. 毕修勺、洪丕柱译. 北京：北京大学出版社，1986.

[11]中国青年出版社. 外国文学名著题解[M]. 北京：中国青年出版社，1983.

[12]恩格斯. 致玛·哈克奈斯[M]//纪怀民. 马克思主义文艺论著选讲. 北京：中国人民大学出版社，1982.

[13]柳鸣九. 法兰西文学大师十论[M]. 上海：复旦大学出版社，2004.

[14]左拉. 戏剧上的自然主义[M]//伍蠡甫. 《西方文论选》下卷. 伍蠡甫，译. 上海：上海译文出版社，1988.

[15]左拉短篇小说选[M]. 刘自强、吴岳添、严胜男译. 长沙：湖南文艺出版社，1993.

[16]左拉. 娜娜[M]. 罗国林，译. 广州：花城出版社，1993.

[17]左拉. 萌芽[M]. 倪受禧、刘煜译. 长沙：湖南文艺出版社，1994.

[18]朱维之、赵澧、崔宝衡. 外国文学史欧美卷[M]. 天津：南开大学出版社，2004.

[19]张英伦. 外国名作家传[M]. 北京：中国戏剧出版社，2002.

第二节　塞缪尔·贝克特《等待戈多》中的戈多
来源于巴尔扎克的《投机商》

塞缪尔·贝克特的《等待戈多》和巴尔扎克的《投机商》两部剧里面的戈多都处于被等待的状态，最后也都是虚出，即没有实际登场，两部剧表现的主题相同，也就是反映人类普遍的生存危机，《投机商》是一部以悲剧形式上演的喜剧，《等待戈多》则是以喜剧形式上演的悲剧，两个戈多法语发音相近，贝克特的戈多直接来源于巴尔扎克的戈多。

戈多到底是谁？关于这个问题有人问过贝克特，他的回答是不知道。他的这种故弄玄虚却把问题留给了后人。

一、同样的等待

贝克特的《等待戈多》中的戈多与奥诺雷·巴尔扎克的《投机商》中的戈多一样地被等待，一样地被当作是一种挽救的力量而被剧中人所关注。

贝克特的《等待戈多》，是一部远离现实主义传统的作品。这部剧共分两幕，两个衣衫褴褛的流浪汉爱斯特拉冈和弗拉季米尔（简称戈戈和狄狄），在路上等待戈多。在等待中这对难兄难弟在毫无意义地闲聊，做些动作以打发时间。奴隶主波卓和奴隶幸运儿从这里路过，帮他们打发掉一些时光。第一幕结束时，一个男孩来报信，戈多先生今天不来了，明天准来。第二幕表现的是第二天的继续等待，几乎是第一幕的完全重复。只不过，一天之间，波卓已成了瞎子，幸运儿已成了哑巴，枯树上长出了几片叶子。戈多一直不来，戈戈和狄狄就一直等待。接下来的日子，两个流浪汉还将重复着这样的活动，等待是这部剧的主旋律，而等待毫无希望。

贝克特的远离现实主义传统的戏剧是否脱胎于现实主义的传统呢？这是确定无疑的。巴尔扎克的剧本《投机商》就是这样的一部现实主义的作品。这部五幕剧剧情开始于1839年，地点是主人公麦卡代家的大客厅。剧本一开始，就揭示了麦卡代的窘境，虽然革命后房租已经很低，但股票投机商麦卡代还是拖欠了6个季度的房租，他的家具被扣押了，面临着要被房东布雷迪弗拍卖的危险。麦卡代说："我租您的房子住了十一年，现在您要把我赶走？……您知道我过于轻信，吃了大亏。戈多他……"[1]49这里首次提到了戈多，这是麦卡代的经济合伙人，卷款私逃了，使麦卡代陷入了接近破产的境地。而据布雷迪弗描述，"戈多精力异常充沛，为人随和，知足常乐！……他同一位秀色可餐的……小女子一起生活……"[1]49戈多卷走了15万法郎，麦卡代靠戈多留下的清理证券继续勉强做了8年生意，结果负债累累。戈多若是意外携带财富归来，麦卡代将获得拯救，但8年的苦苦等待，麦卡代对此已经不抱希望。麦卡代的等待与戈戈和狄狄的等待具有相同的绝望属性，他一直只是以戈多要回来了为借口在拖延债权人，最后在破产的前夜，被逼无奈之下他让德·拉布里夫假扮回来的戈多，以此继续欺瞒债权人。

二、同样的虚出

贝克特笔下的戈多与巴尔扎克笔下的戈多，最后的结果又都是虚出——没有真正地登台的在场。这就像莫里哀《答尔杜弗》的前两幕，答尔杜弗虽然没出场，却一直是人们谈论的中心，我们称这种没有实际出现的在场为"虚出"。好在答尔杜弗在第三幕出场了，可《等待戈多》和《投机商》中的戈多却始终没有登场。

《等待戈多》中的戈多一直没有出场，人们却都在谈论他，这就是一种虚出的状态。登场的角色一共有五个，主要的是其中的两对，戈戈和狄狄，波卓和幸运儿，还有报信的小男孩。第六个角色没有出场，却是全剧的中心，那就是戈多。他通过登场人物的对话而存在，报信的小男孩被认为来自于戈多那里。

在《投机商》中，由于给不起嫁妆，麦卡代的女儿朱莉也很难出嫁。整部剧以戈多卷款私逃后造成的窘境开始，以戈多回来为麦卡代料清了债务结束，麦卡代的债权人们说他们的债务都被戈多偿还了，剧本的最后一句台词是麦卡代说的话："我一再让人看戈多，自己总有权瞧瞧他吧。去看望戈多！"[2]389戈多回来是回来了，巴尔扎克却没有让他登场，这同样是一种虚出的状态。

使用核心人物虚出这种手法需要剧作家具有足够的魄力，否则这种尝试很容易失败。如何让这个人物一直不出场，又一直处在人们关注的中心，这并不是轻而易举的事情。如果主要人物一直没有登场，却在结尾突然出现，这就会显得很突兀，而且落入了俗套，这样的剧本难免要受到欧里庇得斯戏剧最后请神下来一样的指责。莫里哀对人物虚出进行了部分尝试（当然部分是害怕宗教迫害的原因，莫里哀要努力把答尔杜弗塑造成宗教界的害群之马之后才敢让他登场），巴尔扎克和贝克特却做得十分彻底，他们干脆让主要人物自始至终完全虚出。这样的做法不只大胆，而且相当高妙。

三、同样的主题

《等待戈多》与《投机商》主题相同，反映的都是人类生存的危机。戈戈和狄狄与麦卡代一样都是在苟延残喘，回避现实，虽生犹死，这是人类面临的共同的窘境。

戈戈和狄狄在等待中害怕孤独，害怕分离，但又无法互相沟通和了解。他们不停地用可有可无的毫无意义的谈话来打破沉寂，同时又做一些毫无意义的动作。戏剧的第一句台词是"毫无办法"，这句话之后又被多次重复。两个流浪汉对戈多一无所知，却又无可奈何地把戈多看作是能使他们得救的唯一希望，他们无奈地继续等下去，而等待又遥遥无期，他们苦闷得直想上吊。《等待戈多》确立了贝克特成为"荒诞派"戏剧家代表的地位。这部剧就是人类在这个荒诞世界中的尴尬处境的反映。其中情节严重弱化，动作减少到最低限度。它的意义在于，贝克特表现了当代人与自己生活环境的格格不入，并由此而产生的惶惶不可终日的绝望情绪。"作者看到了社会的混乱与荒谬，更感受到作为这个世界上的人，已经既弄不清自己的生活处境，也无法知道自己行动的意义和存在价值，孤苦无告，被动可怜，只有靠可望而不可即、飘忽不定的希望来聊以自慰。"[3]331在可望而不可及这个意义上，戈多有点像卡夫卡笔下的城堡。贝克特用荒诞的形式表现荒诞的内容，他"极为夸张地强调了这个世界已经彻底丧失了蓬勃的生机和旺盛的生命力，而且在这个没有希望的世界上，人变得日益渺小，渐趋萎缩，仅能说一些相同的无聊话语，做一些同样的滑稽动作。"[3]334而这种无聊的荒诞就是常态的人生，这是人们难以挣脱的厄运。

这种生存窘境，也就是戈戈所说的"奋斗没有用""挣扎没有用"，我们在《投机商》中感受到的更为具体而丰富。面对极端的生活困境，麦卡代感慨道："一个遭难的人，如同扔在养鱼塘里的一块面包，每条鱼都来吃一口。债主都是凶恶的白斑狗鱼！……直到债务人——就是这块面包——被吃光了，他们才住口！"[1]493在被房东逼迫之下，麦卡代只好以放弃转租权为代价，希望能再拖上三个月。但三个月之后呢？他是看不到希望的，能坚持下去的，只有依靠顽强的生命力。麦卡代已经拖欠仆人们一年的工资，而仆人们又都不是省油的灯，他们也都以各自的手段在啃咬主人这块面包。麦卡代怎么拚（拼）命做生意都是徒劳，总是负债，他每天都要费力地去应付上门讨债的债主。所以麦卡代痛苦地对妻子说："今天，夫人，所有的感情都在消退，让金钱给赶跑了。现在人们只讲利益，因为家庭不复存在！有的只是个人！"[1]506麦卡代已经被逼迫得想要不择手段了，他玩世不恭地说道："只要能救自己，我什么都干得出来，……您拿石膏假冒白糖出售，从而发了财，只要没有引起官司，就能当上议会议员、贵族院议员或大臣！……说到底，欠债有什么不光彩的？欧洲哪个国家不欠债？……生活，夫人，是永无止境的借贷。……无债一身轻，可也无人想着你；而我的债主们，却处处关心我！"[1]507这是一个人要狗急跳墙时说的非常泄气的话，也是对荒谬现实的一种有力揭露。麦卡代又说："我要在投机的大赌桌上保住一席之位，使人相信我的资金实力，究竟采用什么手法，您就不要责备了。……您应当协助我，用表面的豪华掩饰我们的穷困。勋章离不开武器，而武器是不干净的！……不止一个比我的手段还恶劣。"[1]508幸亏有妻子和女儿的全力阻拦，他才没有最终做出有损名誉的事。巴尔扎克是让麦卡代一直保持住了自己的荣誉，但剧中也客观地写到了他谎话连篇，欺骗成性，这本来就是投机商的一种职业特征，可谓是无奸不商。同时，麦卡代这个形象身上有着终生负债的巴尔扎克自传的性质。

麦卡代的女儿朱莉完全了解父母的处境，因此学会了陶瓷彩绘技艺，以便不再依赖父母。朱莉还是有人向她求婚的，有小会计米纳尔和富家子弟德·拉布里夫。但米纳尔工资只有1800法郎，并不能令麦卡代满意。米纳尔是戈多的私生子。他本来指望能靠朱莉的嫁妆作为发家的资本，可知道了麦卡代的穷困处境后他决定放弃求婚。麦卡代把希望放在了德·拉布里夫的身上："要一个其貌不扬、所带嫁妆惟有品德的姑娘出嫁，我倒要请教最有手腕的母亲，这难道不是一件魔鬼的差使吗？……至于德·拉布里夫先生，只要看他那套马车，看他在香榭丽舍大街挥鞭抽马的气派、他在歌剧院里的轩昂神态，最挑剔的父亲也会感到满意。我在他那儿吃过饭：房间雅致，漂亮的银餐具、上点心用的镀金盘，都有他的族徽，绝不是借来的。……也许他厌倦了风流艳遇……还有，据梅里库尔讲，他在杜瓦尔府上，听见了朱莉那美妙的歌声……"[1]515-516麦卡代在自己家里与德·拉布里夫见面之后才知道，他也是一个负债在逃的浪荡子弟，他使用化名米肖南，他也希望通过娶朱莉获得一笔嫁妆来摆脱窘境。麦卡代知道了真相后见他衣冠楚楚，就让他假扮戈多，以蒙骗讨债的债权人，因为麦卡代这时已真正遇到了绝境，第二天就要被迫宣布破产，他已准备好剃须刀，随时准备自杀。

对于《投机商》，艾珉在题解中说道："本剧的最大特色，在于以强烈的色彩刻画了破产人垂死挣扎的心态和交易所投机事业的风云变幻。入木三分的心理分析，具有广泛现实意义的题材，加上安排得相当紧凑的情节和尖锐的冲突，使全剧自始至终扣人心弦。"[4]767而麦卡代所遭逢的窘境，《等待戈多》中的戈戈和狄狄在更深的层次上体味着，因为他们根本无法指望《投机商》中戈多从天而降式的意外归来那种结尾。贝克特"笔下的主人公往往都生活在死亡与疯狂的阴影中，受尽了痛苦与折磨，却得不到丝毫的报偿。"[5]238

四、悲喜之间

贝克特虽是爱尔兰人，却长期生活在巴黎。1906年，贝克特生于爱尔兰首都都柏林，母亲是法国人。上中学时，校长又是法国人，而且他当时的学业中法文最优，这对他后来长期生活在法国形成了一定的影响。1927年，贝克特获得法文和意大利文学士学位。1928年，他在巴黎高等师范学院和巴黎大学教授英文。1937年或1938年，他因为厌恶爱尔兰的神权政治和书籍检查制度而定居巴黎。1945年开始在巴黎从事文学创作和翻译工作。他先是创作了一系列的小说，在小说中，贝克特"所揭示的是人类生存的困惑、焦虑、孤独，人的精神同肉体的分离，人对自身的无法把握，人的自主意识丧失之后的无尽悲哀和惨状。……当人们读过贝克特的小说之后，得到的……是一种在浓云密雾中穿行和在荒凉世界中受困的体验。"[6]164而我们看到这种主题在他创作的戏剧中得到了延续，使他名噪世界的，正是他的戏剧作品《等待戈多》。1969年，贝克特被授予诺贝尔文学奖，理由是"因为他那具有新奇形式的小说和戏剧作品，使现代人从贫困境地中得到振奋。"[7]146"得到振奋"属于溢美之词，贝克特的创作整体上是关注世界的荒谬和人生的荒诞，而他的戏剧创作一直延续到20世纪80年代。

贝克特的《等待戈多》创作于1948年，1952年出版，由罗歇·布兰导演，于1953年在巴黎巴比伦剧院上演。而巴尔扎克的《投机商》，又名《麦卡代》，开始时叫作《好吹牛的人》或《自命不凡的人》，于1848年创作完成，丁巴尔扎克去世后的1851年8月25日在巴黎竞技剧场首演，连演73场，被认为是作家最好的剧作。1868年，这部剧又在法兰西剧院上演，并成为这座剧院的保留剧目。1935年、1936年和1948年，这部剧被杜兰改成"三幕四景，重新搬上舞台，直至近四十年，此剧仍不时有演出机会"[4]767。所以，贝克特不知道巴尔扎克这部剧是不可能的，他的《等待戈多》虽然彻底颠覆了传统戏剧的表演方式，但里面的深层的相似还是特别明显的，所以我们认为，贝克特的戈多（Godot），就来源于巴尔扎克的发音接近的戈多（Godeau）。这一点早已有人注意到："戈多这一人物的由来同巴尔扎克的一个喜剧剧本《自命不凡的人》有关，该剧中就有一个众人都在谈论又始终不曾露面的神秘人物戈杜"[6]167。"戈杜"直接被李玉民翻译成"戈多"，应该是有意指出二者之间的明显的联系。

巴尔扎克的《投机商》，本来演绎的是人们司空见惯的破产的悲剧，却因为作者加上了一个在现实生活中不太可能发生的结尾而使悲剧变成了喜剧，戈多携带着财富从加尔各答归来，他已经与米纳尔的母亲结了婚，并还清了麦卡代的所有债务。米纳尔再次向朱莉求婚，获得了应允。整个故事有惊无险，但这样的结局也降低了主题表现的深度。田红卫在《寻找戈多——论塞缪尔·贝克特的戏剧〈等待戈多〉》一文中说："默卡迪特（即麦卡代）利用假戈丁（多）的出现进行了孤注一掷的投机。但这一欺骗行为被发现了，默卡迪特破产了，戈丁的最后归来成为泡影。"[8]87这种说法并不确切。贝克特的《等待戈多》却还原了人类命运悲剧的常见面目，戈戈和狄狄凄凄惨惨，痛苦地强捱时日，而这种痛苦又是遥遥无期的，这就显现了这类题材所该有的深度。"贝克特从形式上说是在戏仿，但他表现得更为抽象，也就更为概括，含义更广。"[9]244在《等待戈多》初演的"幕间，它的支持者和反对者就在休息厅里大打出手。"但它很快获得了普遍的认可，"不多几年里，《等待戈多》被译成数十种文字。"[7]144贝克特笔下的戈多明显地来源于巴尔扎克的《投机商》，但《投机商》是以悲剧形式上演的喜剧，贝克特的《等待戈多》是以喜剧形式上演的悲剧，二者的差别虽在微秒之间，但因《等待戈多》没有一个狗尾续貂式的结局而显得更胜一筹。

参考文献：

[1]巴尔扎克. 投机商[M]//《巴尔扎克全集》第26卷[M]. 李玉民，译. 北京：人民文学出版社，1998.

[2]巴尔扎克，等. 《法国戏剧经典》19世纪卷[M]. 李玉民，译. 杭州：浙江大学出版社，2011.

[3]项晓敏. 外国文学史教程[M]. 北京：北京大学出版社，2015.

[4]艾珉. 《投机商》题解[A]//《巴尔扎克全集》第26卷[M]. 北京：人民文学出版社，1998.

[5]陈惇. 西方文学史：第3卷[M]. 成都：四川人民出版社，2003.

[6]郑克鲁. 外国文学史：下[M]. 北京：高等教育出版社，1999.

[7]张英伦. 外国名作家传[M]. 北京：中国戏剧出版社，2002.

[8]田红卫. 寻找戈多：论塞缪尔·贝克特的戏剧《等待戈多》[J]. 北京：华北电力大学学报（社会科学版），1996，（4）：87.

[9]聂珍钊. 《外国文学史》下[M]. 北京：高等教育出版社，2015.

后　记

　　巴尔扎克作为重要作家的地位已经确立，为了全面地研究认识巴尔扎克，我们还必须直视他不堪的生活，他崇拜金钱，生活奢靡，他对感情绝不忠实，蔑视丈夫的角色，他苛求亲情，利用友谊，这些平庸的特征与他的伟大事业形成了悖谬式的对比，然而，他生活中所有不堪的方面，最后都指向了写作，并最终达成了他生活与事业之间的统一。

　　我国在把某位外国重要作家介绍进来的时候，往往一味地宣扬他伟大的一面，不敢提及其生活或性格中的任何不足之处，以防吓跑了读者和研究者。但这位作家在我国已经确立了自己足够的地位之后，我们应该让关心他的人群了解到在他伟大事业的背后往往有着不堪的生活现实，而正是这些不堪的现实成就了他事业上的伟大。巴尔扎克就是这样的作家，他创作了伟大的《人间喜剧》，但同时他也是肉体凡胎，有着一般人的弱点，他的生活一塌糊涂，正是他这样的生活现实成就了他伟大的写作事业，他的生活与事业之间，既相互悖谬，又最终达成了统一。

　　对巴尔扎克同声一气的赞扬，回避了伟人平庸的一面。随便翻开一本外国文学史或其它提及巴尔扎克的文字，我们都能看到对于巴尔扎克伟大之处的同声一气的赞扬。

　　朱维之、赵澧、崔宝衡主编的《外国文学史》中介绍巴尔扎克时，提到了马克思认为巴尔扎克"对现实关系具有深刻理解"，恩格斯认为巴尔扎克的作品中有着"了不起的革命辩证法"。[1]254

　　陈惇主编的《西方文学史》中说："高屋建瓴的历史感和精细入微的现实感相结合，构成了《人间喜剧》的鲜明特色。"[2]138

　　伍蠡甫主编的《西方文论选》中提到恩格斯对巴尔扎克创作的评价，是"当时法国社会特别是巴黎'上流社会'的卓越的现实主义历史。"[3]142

　　《人间喜剧》出版前言中，我国编者这样介绍巴尔扎克："他以二十年的辛勤工作，创造了《人间喜剧》这一小说史上的奇迹。"[4]1

··········

上面所引关于巴尔扎克的介绍文字道出了巴尔扎克及其创作的本质特征，但目前巴尔扎克在我国已经确立了他作为重要作家的地位，每年都有关于巴尔扎克的论文产生，现在更为全面地介绍巴尔扎克的时机已经成熟。若想客观地研究巴尔扎克，还必须正视之前被回避的这个伟人生活中的平庸甚至不堪的方面，而正是这些不堪的生活成就了他伟大的写作事业。巴尔扎克是普通民众中的一员，是我们中的一位，只是他更有毅力得多，对于事业，更加持之以恒地努力。只有这样全面地了解巴尔扎克，才会对我们今天的现实起到足够的借鉴意义。

参考文献：

[1]朱维之、赵澧、崔宝衡.外国文学史[M].天津：南开大学出版社，2004.

[2]陈惇.西方文学史[M].成都：四川人民出版社，2003.

[3]伍蠡甫.《西方文论选》下卷[M].上海：上海译文出版社，1988.

[4]巴尔扎克.《人间喜剧》第一卷[M].北京：人民文学出版社，1997.